团省委视察工作

镇长戎国平深入车间安全检查

开展创先争优活动

文化三下乡

谏壁青少年为敬老院老人送欢乐

谏壁镇做健康美丽女人培训班

全民健身

证书

授予镇江市京口区谏壁镇
"江苏省环境优美乡镇"称号

2007-2009年度
江苏省创建文明乡镇工作

先进乡镇

江苏省精神文明建设指导委员会

莺歌桥

翻水河

谏壁污水处理厂效果图鸟瞰

《京口年鉴》荣获

- 首届中国地方志年鉴特等奖
- 第三届全国年鉴编纂出版质量评比综合二等奖
- 第三届全国年鉴编纂出版质量评比条目二等奖
- 第三届全国年鉴编纂出版质量评比装帧设计二等奖
- 第四届全国年鉴编纂出版质量评比综合二等奖
- 第四届全国年鉴编纂出版质量评比框架设计一等奖
- 第四届全国年鉴编纂出版质量评比条目编写一等奖
- 第四届全国年鉴编纂出版质量评比装帧设计二等奖
- 第五届全国年鉴编校质量评比二等奖

京口年鉴

(2011)

主　审

胡宗元　　郭　建

京口区人民政府主办

京口区史志档案办公室编

方志出版社

图书在版编目（CIP）数据

京口年鉴. 2011/京口区史志档案办公室编. ——北京：方志出版社，2011.11

ISBN 978-7-5144-0333-6

Ⅰ. ①京… Ⅱ. ①京… Ⅲ. ①区（城市）-镇江市-2011-年鉴 Ⅳ. ①Z525.33

中国版本图书馆CIP数据核字（2011）第236454号

京口年鉴(2011)

编　　者： 京口区史志档案办公室

责任编辑： 罗　滔　　冯　松

出 版 者： 方志出版社

（北京市建国门内大街5号中国社会科学院科研大楼12层）

邮编　100732

网址　http://www.fzph.org

发　　行： 方志出版社发行部

（010）85195814　85196281

经　　销： 新华书店总店北京发行所

法律顾问： 北京市大禹律师事务所

印　　刷： 扬中市人民印刷有限公司

开　　本： 889×1194　　1/16

印　　张：

字　　数： 717千

版　　次： 2011年11月第1版　　2011年11月第1次印刷

印　　数： 001～800册

ISBN　978-7-5144-0333-6/K・275　　定价：180.00元

镇江市京口区地方志编纂委员会

（2011年11月起）

《京口年鉴》编辑部

《京口年鉴》撰稿单位审稿人员名单

（按姓氏笔画排序）

丁　宪　马荣虎　王　兵　王　忠　王壮保　王荣兵　乔引玉　刘　平

吕小康　孙长康　戎国平　朱文仲　朱家巍　朱裕根　严志平　何广林

何光荣　吴秋平　宋武平　张　健　张小龙　张永生　张玉平　张立明

张和松　张德军　李　军　李莉珺　杜承华　杨国平　沈成钧　邵晓清

郑苏真　陈军越　陈国兴　周奇恒　周祥华　房林虹　林黎明　郎德虎

陈　康　金德荣　姜厚荣　柏　经　柳建华　赵反修　赵晓文　郦锡梅

徐　艺　顾永赋　顾成权　顾明华　高晓明　尉利亚　崔小立　曹　蕾

梅永生　黄少青　曾　强　谢红星　谢根龙　韩铜民　满子琴　廖伟根

谭雪峰　阚爱萍　潘朝中

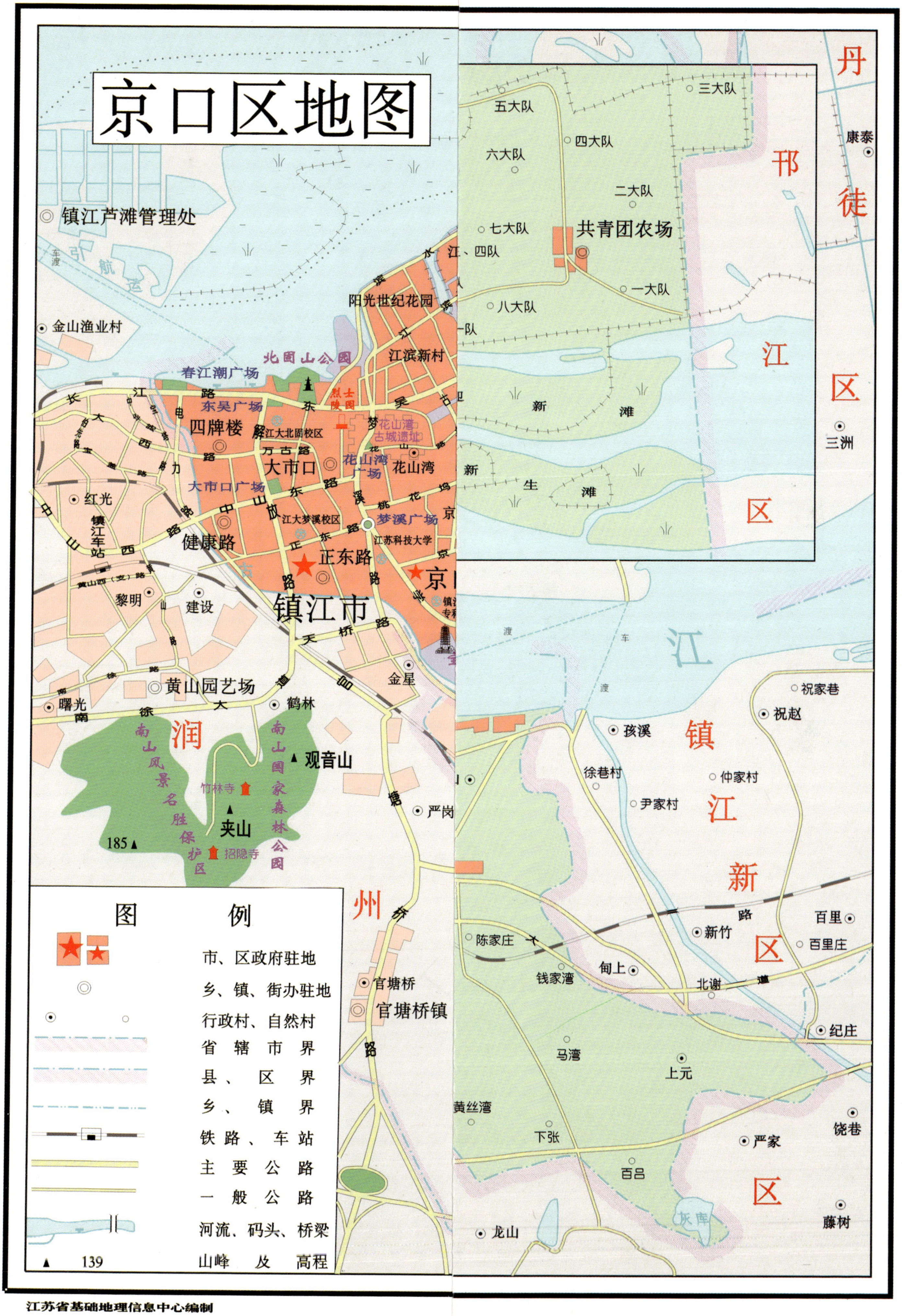

江苏省基础地理信息中心编制

2005 年，省委书记李源潮（右二）视察京口大项目建设

2005 年，省长梁保华（左一）视察京口和谐社区建设

2008年，省长罗志军（中）视察健康路社区卫生服务中心

2008年，卫生部部长陈竺（二排左二）视察社区卫生服务中心

2007年，省委常委、省军区司令员陈一远少将（左二）视察区国防指挥中心建设

2007 年，市委书记史和平(右二)调研京口和谐社区建设

2009 年，市委书记许津荣(中)视察归国博士创业园

2009年，市长刘捍东（左二）视察社区建设

2010年，市政协主席郭礼荣（右四）视察京口社区建设

2008年，市人大党组书记、常务副主任张甫雄（左二）视察"一个载体两项制度"建设情况

2010 年，区委书记胡宗元(右一)深入拆迁现场指导工作

2008 年，区长郭建(左一)检查安全生产

华东地区最大的综合性购物中心——镇江八佰伴

百富商业广场竣工开业

苏宁广场奠基

世纪联华盛大开业

欧尚超市开门迎客

2009 年，区委副书记孙国平(右三)现场推进大项目建设

2010 年，区政协主席贾国祥(前左二)参加“百名委员科技行”活动

2010 年，区人大常委会党组书记、常务副主任戴善民(中)视察老小区整治

全面达小康数据表

指标名称	计量单位	省目标值	达标情况
一、经济发展			
1、人均地区生产总值	元	≥24000	★
2、二、三产业增加值占GDP比重	%	≥92	★
3、城市化水平	%	45	★
4、城镇登记失业率	%	<5	★
二、生活水平			
5、居民收入			
（1）城镇居民人均可支配收入	元	≥16000	★
（2）农村居民人均纯收入	元	≥8000	★
6、居民住房			
（1）城镇人均住房建筑面积	平方米	30	★
（2）农村人均钢筋、砖木结构住房面积	平方米	40	★
7、居民出行			
（1）农村行政村通灰黑公路（或航道）比重	%	100	★
（2）城镇人均拥有道路面积	平方米	12	★
8、居民信息化普及程度			
（1）百户家庭电话拥有量	部	200	★
（2）百户家庭电脑拥有量	台	40	★
9、居民文教娱乐服务支出占家庭消费支出比重	%	18	△
10、恩格尔系数	%	<40	★
三、社会发展			
11、R&D经费支出占GDP比重	%	≥1	★
12、高中阶段教育毛入学率（初中毕业生升学率）	%	≥90	★
13、卫生服务体系健全率	%	≥90	★
14、社会保障			
（1）城镇劳动保障三大保险各自覆盖面	%	≥95	★
（2）新型农村合作医疗覆盖面	%	≥85	★
15、人民群众对社会治安的满意率	%	90	★
16、城乡村（居）民依法自治			
（1）城镇社区居委会依法自治达标率	%	90	★
（2）农村村委会依法自治达标率	%	95	★
四、生态环境			
17、绿化水平			
（1）城市绿化覆盖率	%	40	★
（2）森林覆盖率	%	20	★
18、环境质量综合指数	分	80	★

注：“★”已达标；“△”未达标。

地区生产总值(亿元)

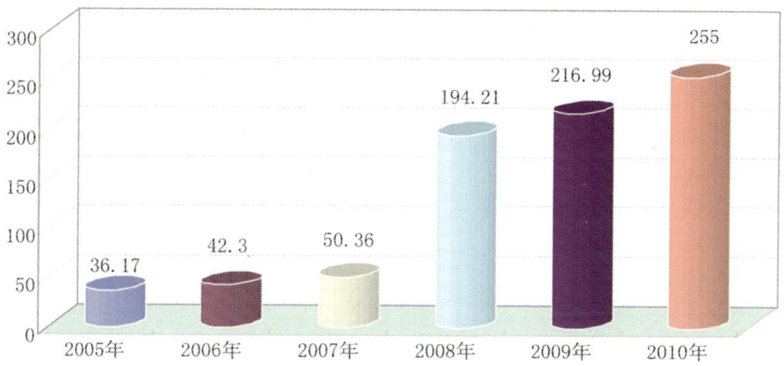

2010年三次产业比重(%)

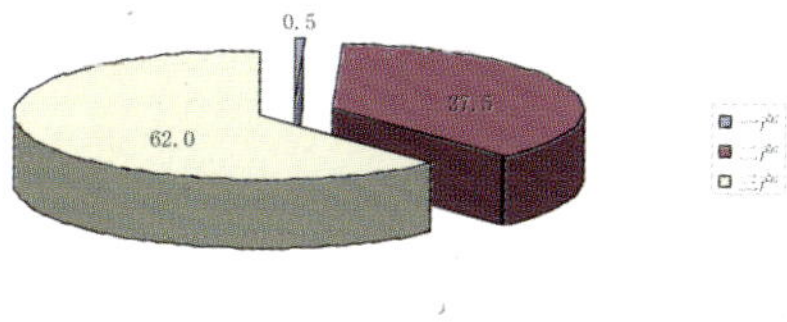

2005年三次产业比重(%)

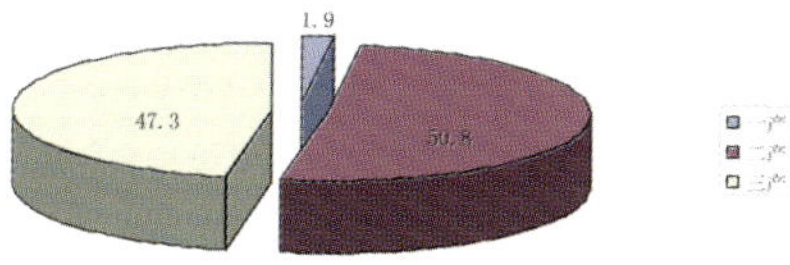

一般预算收入(亿元)

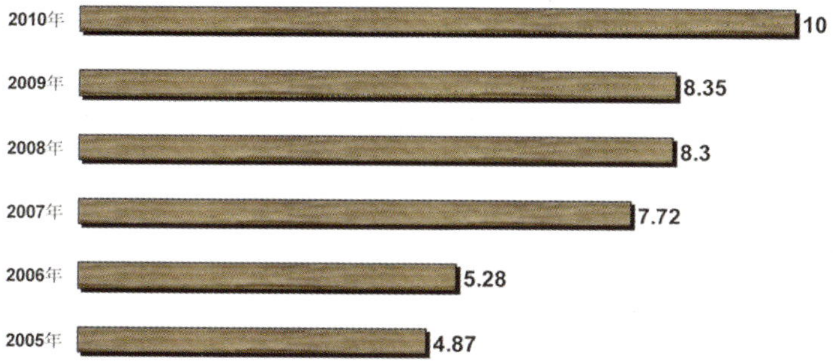

全社会固定资产投资(亿元)

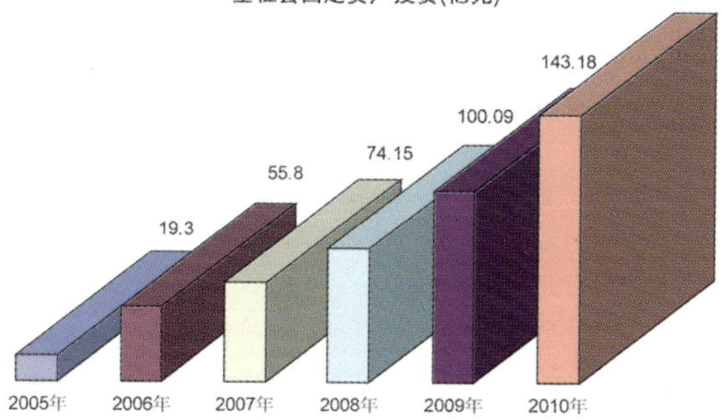

实际利用外资(万美元)

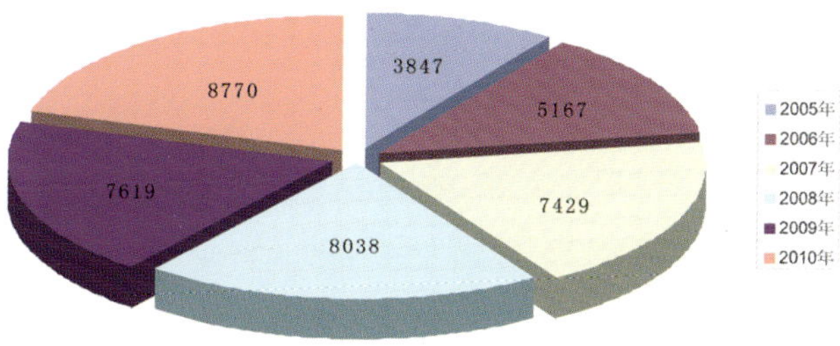

规模工业增加值(亿元)

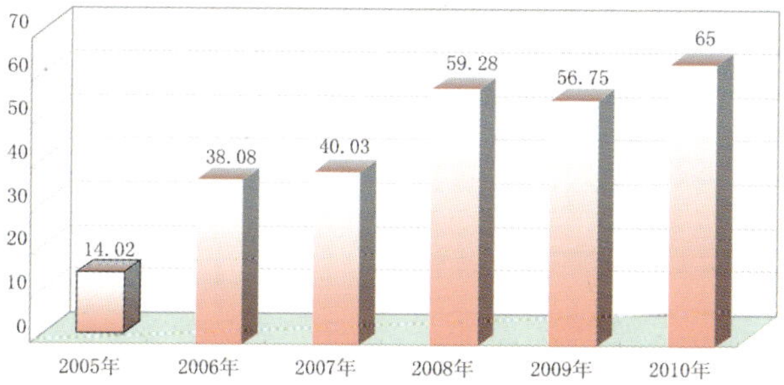

社会消费品零售总额(亿元)

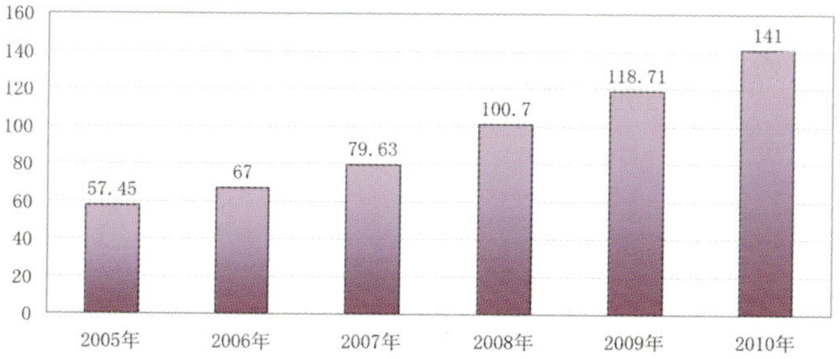

城乡居民收入(元)

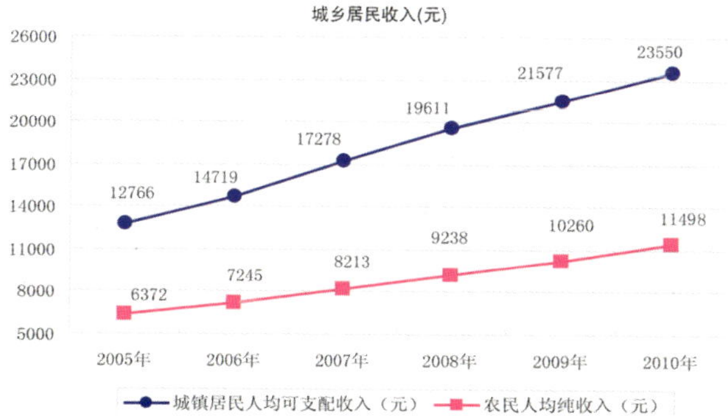

爱励鼎胜“交通运输用高强度大规格铝合金板带项目”签约仪式

“十一五”期间，始终把项目建设作为推动发展的第一抓手，坚定不移地抓大投入、上大项目，连续开展“大项目建设绩效年”、“项目建设深化年”等主题活动，五年累计推进3000万元以上产业类项目178个，投产亿元项目14个。中储粮仓储、物流、加工三大体系陆续建成，完整的油脂油料“全产业链”基地初具雏形；八佰伴销售势头火爆，彻底改写镇江高端消费格局；欧尚超市、红豆广场带动周边区域的商业开发，形成新的消费热点……一个个优质项目的背后，是京口发展质量的全面提升。

全面开工建设的长三角地区最大粮油加工、仓储、物流基地——中储粮公司

鼎胜铝业生产车间

索普 60 万吨醋酸造气项目竣工投产

鸿泰钢铁技改生产线

全国最大危化品现代物流企业——宝华物流

谏壁电厂 100 万千瓦机组项目投资加快

宝华半挂主体厂房封顶

华东地区最大的综合性购物中心——镇江八佰伴

百富商业广场竣工开业

苏宁广场奠基

世纪联华盛大开业

欧尚超市开门迎客

九泰药业集团新大楼落成

伊势蛋鸡项目签约

皇冠假日酒店封顶

宜必思酒店落成

大禹山创意新社区规划图

“十一五”期间，把培育战略性新兴产业作为调结构、促转型的主攻方向，完成大禹山创意新社区的规划编制，爱励鼎胜合作项目、绿洲新能源、科捷锂电池、海龙核材等新兴产业项目多点开花、亮点纷呈。随着这些项目的陆续投产，京口将进一步巩固新能源和新材料、油脂加工和粮食物流、现代特色物流、服务外包、海洋工程装备制造、都市观光农业等领域的先发优势。未来，随着爱励鼎胜合作项目的运营，中国的大飞机上将镌刻下“京口制造”的印记；随着海工装备基地加快建设，昔日的芦苇滩上将呈现“千亿海工”的壮丽画卷。

京口工业园区鸟瞰

新民洲港口产业园港盛重工项目远眺

正在建设中的金海岸码头

新民洲港口产业园为新加坡 IMC 公司生产的“海上浮动式码头”

海龙核材新厂区开工典礼

绿洲新能源项目建设现场

科捷锂电池项目建设现场

市委书记许津荣（右一）会见江苏绿洲新能源公司董事长陈宝生一行

国家级科技孵化基地——京口高创中心揭牌

“十一五”期间，始终把人才作为决定未来竞争的第一资源。积极营造惜才、爱才、用才的浓厚氛围，先后建成京口软件园、归国博士园、学府科技园等一批创新创业载体，优化人才发展的软环境，形成吸纳人才的“强磁场”，吸引哈佛大学博士后李溪、海归博士兄弟陈宝生和陈宝兴、斯坦福大学博士后崔立峰等一批高层次领军人才。1 人入选国家“千人计划”，2 人进入国家“千人计划”面试，10 人获得省“双创计划”资助，人才引培工作全市领先。

市长刘捍东(左一)视察京口高创中心

归国博士创业园建成投入使用

蓝舶科技外景

中煤电子实验中心

中福马省工程技术研究中心揭牌

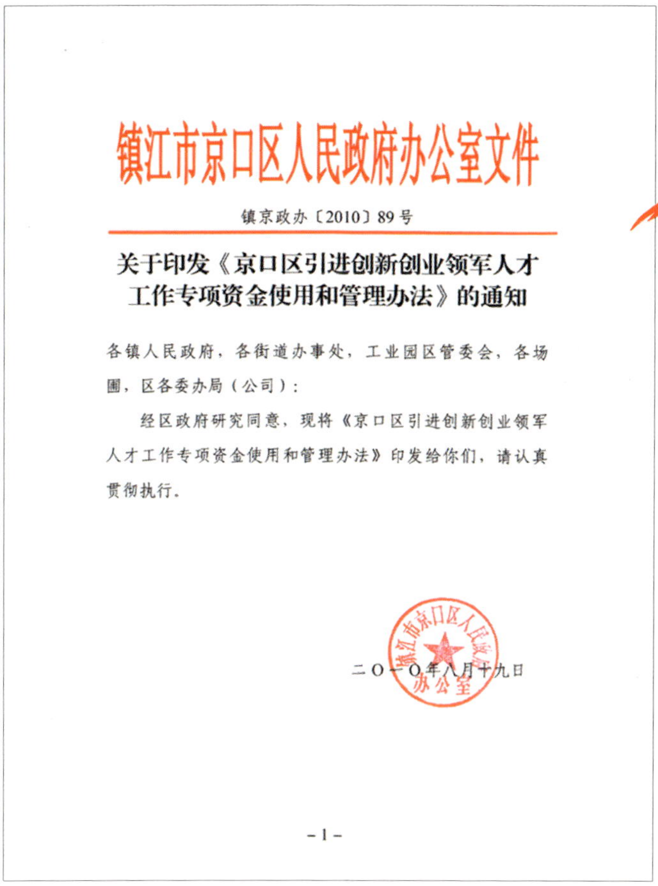

镇江市京口区人民政府办公室文件

镇京政办〔2010〕89号

关于印发《京口区引进创新创业领军人才工作专项资金使用和管理办法》的通知

各镇人民政府，各街道办事处，工业园区管委会，各场圃，区各委办局（公司）：

经区政府研究同意，现将《京口区引进创新创业领军人才工作专项资金使用和管理办法》印发给你们，请认真贯彻执行。

二〇一〇年八月十九日

-1-

李溪：入选国家“千人计划”

陈宝兴：进入国家“千人计划”面试

崔立峰：进入国家“千人计划”面试

如意江南（双井路棚户区）奠基仪式

“十一五”期间，始终统筹城乡一体化发展，用高起点的规划引领发展，用市场化的办法建设城市，用精细化的管理优化环境，稳步推进整体城市化和城市现代化，出台全区城乡一体发展的《意见》和《规划》，实施“富民强村”工程，对双井路、大市口 AB 片区等一批关键节点进行改造开发，建成金港大道、谏辛公路、燕舞桥等一批路桥工程，实施 320 万平方米拆迁，建成41.2万平方米安置房，城市化水平达到96.6%。不久的将来，338米的苏宁广场将在京口傲然矗立，如意江南、皇冠假日酒店等“百米楼群”规模日渐壮大，京口的城市品质必将跃上新的台阶。

龙吟坊商务休闲街区日渐火爆

建成后的第一楼街步行街

环境优美的生态小区——香江花城

设施配套的安置小区——方家湾新村

秀丽的滨江新城区

竣工通车的禹山路

风景如画的北固湾广场

滨江大道

巨龙腾飞——金港大道

京口工业园区金鼎大道

新民洲新民大道

重建后的谏壁燕舞桥

建成后的谏辛公路

谏壁污水处理厂效果图

新建成的谏壁污水处理厂

"十一五"期间，一切从群众的愿望出发，真心实意服务群众，扎实做好促民富、解民忧、保民安的各项工作，五年累计投入14亿元用于民生建设，统一城乡最低生活保障标准，基本实现城乡基础性保障和社区卫生服务全覆盖，创成区域教育现代化，区老年活动中心、疾控中心、古城公园、街道文体中心等一批民生设施投入使用，城乡居民"两个收入"分别比"十五"末增加84.5%和80.3%，在全市率先实现全面小康，获得"全国和谐社区建设示范区""全国民生建设百强区"等荣誉，实现经济发展与民生改善的同步跨越。

新落成的恒顺实验小学

新落成的润阳实验小学

新落成的中山路小学香江花城校区

新建成的卫生综合大楼

新建成的区世代服务中心

“康复集团”象山社区卫生服务中心挂牌

免费优生筛查项目启动仪式

廉租房实物配租现场

加紧建设中的京口区示范性养老机构

“春风行动”——农村劳动力转移大型专场招聘会

的区老年活动中心

大学生创业基地——大祥时尚街开展创业培训

新落成的四牌楼街道街道文体中心

江滨新村社区体育公园

江滨新村社区图书馆

区人民检察院乔迁新址

公安京口分局新楼落成

成立群防群治巡防大队

区综合应急救援大队揭牌

国防指挥大楼投入使用

象山镇组建全市首支女子民兵“三战”分队

京口美术馆外景

举办首届体育运动会

京口区银联农村小额贷款有限公司开业庆典

“义工在社区闪光”启动仪式

整治一新的虹桥港

申林农庄一景

整治后的西山水库大坝

扬子江林木基地

共青团农场千亩大棚西瓜基地

镇党委书记　李牧

镇党委副书记、镇长　房林虹

镇江市京口区象山镇

国家科技部领导视察象山科技工作

市委书记许津荣视察京口五星级酒店项目

市长刘捍东视察虹桥港整治工作

市委常委、组织部长魏红军视察象山党建工作

市委常委、常务副市长秦景安视察京口高创中心

区委书记胡宗元视察象山工作

五星级镇江帝宝花园酒店奠基典礼

九泰药业大楼落成典礼

大学生网购中心奠基仪式

象山镇创业服务志愿团社区行暨东风社区商会成立

镇领导慰问保洁员

苏宁广场奠基仪式

财富广场奠基仪式

京口区健康路街道

市委副书记张庆生调研街道文明城市创建工作

京口区健康路街道按照科学发展增实力，争先争强树形象，打造内涵丰富品牌街道的思路，围绕服务城市、服务居民两大主题，在壮大城市经济、打造特色产业街区、提升服务业发展水平、优化城市环境上下工夫，努力构建“一核、两基地、四街区、二十楼”的发展格局，奋力打造现代商贸服务集聚区，实现整体实力跻身全市街道“第一方阵”，争当城市经济发展排头兵。以大项目建设为“第一抓手”，走大投入拉动大产出之路。快速平稳完成大市口 A、B 地块拆迁工作，服务苏宁、财富广场建设；以创业创新为“第一动力”，深入开展“创业街道看健康”活动，全年新增注册资本 25 亿元，新增民营企业 500 多家，高新产值占比达 60% 以上，在城市经济的内涵提升上实现赶超，实现经济工作有亮点、社区建设有特色、城市管理有新意、党建工作有内涵。

区领导视察苏宁广场

区、街道领导热情参与文明城市创建

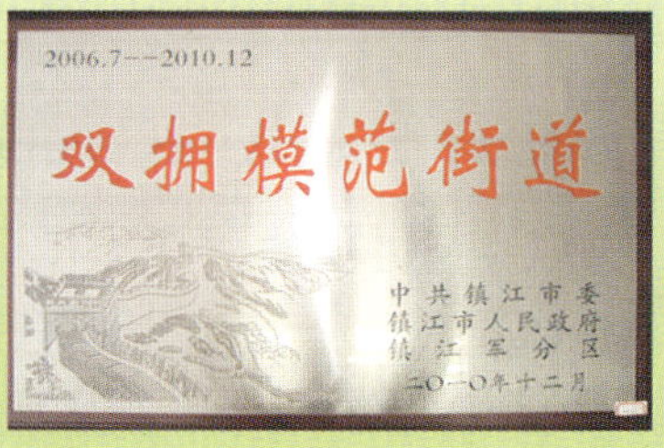

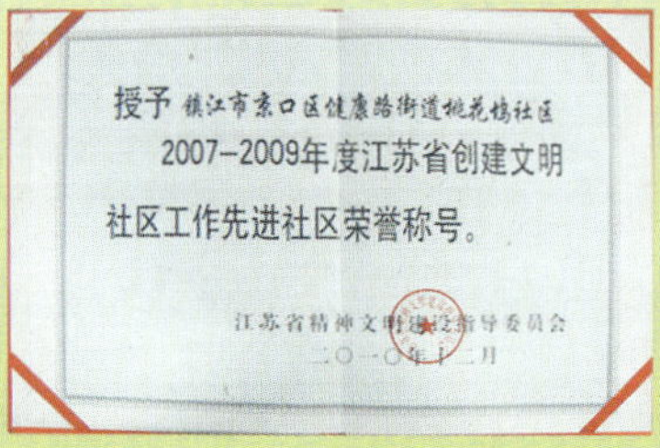

冯士超副市长赴街道点评创先争优活动

辖区重点企业新春座谈会

"奉献在岗位,党员证先锋"主题活动启动仪式

街道在桃花坞社区"不给别人添麻烦,自己动手美家园"活动

健康路街道《民情记录本》发放仪式

街道妇联"三八"节"六好"评比

社区大学生村官工作室成立

街道创先争优动员大会

上海青浦区夏阳街道友好学习调研

创业颂——健康路街道承办区创业型城市主题文艺表演

魅力京口——健康路街道主办大型文化活动

京口区四牌楼街道

中联部副部长、机关党委书记陈凤翔
一行到街道考察社区党建文化建设

市委书记许津荣视察龙吟坊创业工作

市长刘捍东视察皇冠假日酒店

2010 年，四牌楼街道在区委、区政府的正确领导和社会各界的大力支撑下，依托滨水优势，抢抓机遇，只争朝夕，埋头苦干，克难创新，不断探索街道工作科学发展、特色发展、和谐发展之路，取得了省侨务系统五五普法示范单位、省残疾人文化进社区试点单位、省城乡社区校外辅导工作优秀辅导站、省文明标兵社区等一批荣誉，顺利完成“十一五”期间的各项工作任务。同时，区域经济快速崛起，人居环境日新月异，基层党建创新示范，社区文化繁荣发展，社会事业和谐推进，居民生活小康小雅……一个独具魅力的滨水特色街道初具雏形。

积极投入创业型城市创建工作，举办“青春飞扬、春满滨江”活动，成立“滨江青春鸟”创业团队，设立大学生创业实训基地

成立全市首家人大代表接待中心和政协委员联络中心

成立全市首家社区消防工作站

皇冠假日酒店顺利封顶

开展“大爱镇江”——爱之行走进四牌楼的活动，为社区困难群体的免费提供“爱心报亭”

在全区大学生村官中成功招聘阳光世纪花园社区负责人

举办“爱在四牌楼，夕阳无限好”系列活动，为丰富辖区老年人生活搭建平台

道署街社区打造的“乐助之家”，为“新市民”提供多项服务

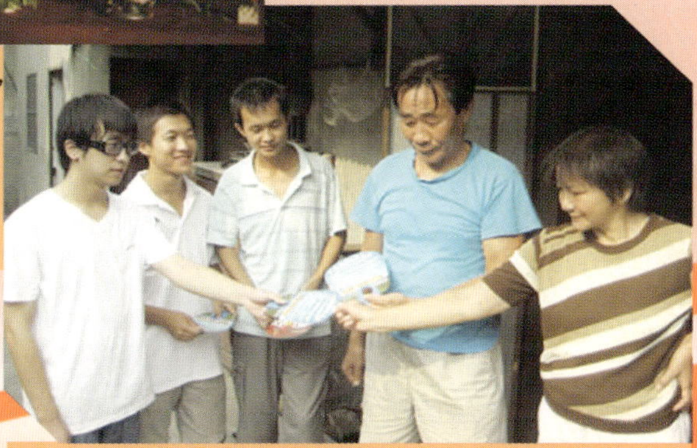

街道印制1万把文明扇，通过温馨的方式将文明创建知识传递到居民手中

京口区大市口街道

省、市纪委到米山社区视察廉政文化进社区工作

省 610 检查组一行到大市口街道检查指导“无邪教地区”创建工作

市委书记许津荣视察米山社区

大市口街道位于镇江市中心繁华地段，东接象山镇，南至中山东路，西沿古运河，北临大西路、东吴路，总面积 4 平方公里。辖 12 个社区。辖区内交通便捷，金融网点集中，文化教育娱乐设施众多，有八佰伴、镇江商业城、第一楼街步行街、宜必思酒店、镇江日报社、市新华书店及镇江“城市客厅”、烈士陵园等各企事业单位 100 余家。2010 年末户籍人口 60797 人、23247 户。街道办事处驻青云门府学新村 1 号。2010 年，街道被评为“省工会工作模范街道”“省老年人体协工作示范街道”“省全民健身活动先进单位”“市安全生产先进集体”“市社会治安综合治理先进街道”“全市社区创业就业工作先进单位”。鼓楼岗社区被评为“省级退管工作示范点”，茶山社区被评为“省绿色社区”，米山社区被评为“2007~2009 年度省群众性精神文明建设先进单位”。

西藏达孜县考察团参观华润社区 135 民主议事制度和社区建设

巴勒斯坦外国友人参观米山社区建设

街道廉政文化书画展

宜必思酒店开业

大市口街道大项目镇江八佰伴试营业当天人潮涌动

京口区正东路街道

市政协主席郭礼荣视察正东社情民意站

区委书记胡宗元、区委常委、组织部长倪兆顺赴恒美嘉园社区

2010年，正东路街道完成一般预算收入7368万元；全社会固定资产投资13.1亿元，规模以上固定资产投资11.3亿元；规模工业销售3.5亿元，利税3050万元；社会消费品零售总额14.7亿元；实际利用外资200万美元。欧尚超市学府店、AO汽车生活馆营业；天正置业广场(大润发京口店)、锦江之星经济型宾馆开工建设；恒泰新村安置房交付使用；恒泰商业地块挂牌上市。完成了各类科技项目23个。完成专利申请数224件，完成授权专利发明228件。镇江学府科技创业园被认定为省高创中心。先后实施古运河中段征地拆迁、虎踞桥片区拆迁和戴家湾"城中村"改造征地拆迁，拆迁490户，拆迁总面积9.76万平方米。完成恒泰新村三期回迁，回迁185户。街道获得江苏省模范工会职工之家、镇江市双拥模范街道、镇江市信访"四无"街道、京口区"五好"党工委等荣誉称号。贺家弄社区被评为全国妇联基层组织建设示范社区。

举办第四届社区运动会

"激情正东"广场活动已举办35场

省高创中心学府科技创业园

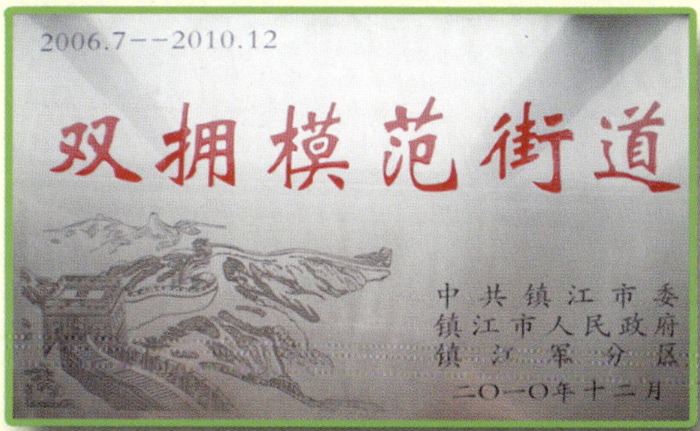

正东路街道文体中心

京口工业园区

副省长史和平在爱励鼎胜铝业航空航天及交通运输用大规格高强度铝合金板项目奠基仪式上讲话

中国商用飞机有限责任公司副总经理、C919大型客机总设计师吴光辉出席爱励鼎胜铝业航空航天及交通运输用大规格高强度铝合金板项目奠基仪式

中组部人才局局长徐家新调研园区“千人计划”项目

市委书记许津荣现场推进鼎胜铝业技改项目

市委常委、组织部长魏红军督查“331计划”落实情况

区委书记胡宗元推进爱励鼎胜铝业项目场地平整工作

区委常委、常务副区长徐建锋推进正恺电子技改项目

区人大代表参观园区项目建设现场

政府特别奖颁发仪式

镇江新民洲港口产业园

镇江新民洲港口产业园(农场)总面积22.5平方公里，辖1个行政村，人口2000人左右。2010年港口产业园在区委、区政府的正确领导下，认真贯彻区委、区政府的工作部署，紧紧围绕区委区政府提出的“一个高于、两个突破、三个提升”的总体目标，以年初区委、区政府下达的各项目标任务为抓手，积极开展了以“科学发展破瓶颈、创新业绩争一流”的主题教育活动。同时，更加注重“三农”工作，更加注重基础设施工作，更加注重民生工作，突出重点，深入推进鼎盛重工、金海岸公共码头等项目新社区、园区服务中心，全力实现了“项目建设、园区建设、港区建设、特色农业园建设、生态建设”五大突破，统筹抓好社会事业、解决民生、平安创建、自身建设等各项工作，促进了党建和社会各项事业的全面协调发展。

区委书记胡宗元督查指导农场防汛工作

建党暨创先争优动员大会

在海洋工程装备基地推介会上园区与相关单位签定投资意向协议

正在建设中的服务中心

新建的“一纵两横”道路

鼎盛重工项目

正在建设中的新社区

金海岸港口近况

京口区人民法院

市中级人民法院院长帅巧芳、区委书记胡宗元调研法院工作

行政庭与市国土局签订共建协议

走上街头进行法制宣传

开庭到病床前

小学生法制夏令营

授牌仪式

京口区法官协会成立

召开涉诉信访听诉会

集中发放执行款

当事人手工刺绣谢法官

京口区人民检察院

党组书记、检察长　柳建华

市委常委、政法委书记黄宝荣视察新侦查指挥中心大楼

召开第三届京口检察理论研究年会

延伸法律触角，成立京口区人民检察院驻谏壁镇检察室

公安部、省公安厅交办、督办的被告人施某某等人涉嫌组织、领导传销活动案由京口区检察院依法提起公诉

岗位练兵——案件研讨论辩赛

"依靠群众、反腐倡廉、服务大局"主题举报宣传

新侦查指挥中心大楼封顶

丰富业余生活，开展拔河比赛

《京口年鉴》主要机构（单位）简称全称对照表

简　称	全　称
区　委	中国共产党镇江市京口区委员会
区人大常委会	镇江市京口区人民代表大会常务委员会
区政府	镇江市京口区人民政府
区政协	中国人民政治协商会议镇江市京口区委员会
纪　委	中国共产党镇江市京口区纪律检查委员会
区委办	中国共产党镇江市京口区委员会办公室
人大办	镇江市京口区人民代表大会常务委员会办公室
政府办	镇江市京口区人民政府办公室
政协办	政协镇江市京口区委员会办公室
统战部	中共镇江市京口区委统一战线工作部
政法委	中共镇江市京口区委政法委员会
综治办	镇江市京口区社会治安综合治理委员会办公室
法　院	镇江市京口区人民法院
检察院	镇江市京口区人民检察院
机关工委	中共镇江市京口区委区级机关工作委员会
法制办	镇江市京口区人民政府法制办公室
史志办	镇江市京口区史志档案办公室
团区委	中国共产主义青年团镇江市京口区委员会
妇　联	镇江市京口区妇女联合会
文明办	镇江市京口区精神文明建设指导委员会办公室
关工委	镇江市京口区关心下一代工作委员会
农　委	镇江市京口区农业委员会
发改和经信委	镇江市京口区发展改革和经济信息化委员会
城管局	镇江市京口区城市管理局
交通局	镇江市京口区交通运输局
科技局	镇江市京口区科学技术局
科　协	镇江市京口区科学技术协会
文体局	镇江市京口区文化体育局
卫生和人口计生局	镇江市京口区卫生和人口计划生育局
人社局	镇江市京口区人力资源和社会保障局
住建局	镇江市京口区住房和城乡建设局
安监局	镇江市京口区安全生产监督管理局

民宗局	镇江市京口区民族宗教事务局
国资办	镇江市京口区国有资产管理办公室
台　办	中共镇江市京口区委台湾工作办公室 镇江市京口区人民政府台湾事务办公室
侨　办	镇江市京口区人民政府侨务办公室
侨　联	镇江市京口区归侨侨眷联合会
工商联	镇江市京口区工商业联合会
机关事务服务中心	镇江市京口区区级机关事务服务中心
残　联	镇江市京口区残疾人联合会
文　联	镇江市京口文学艺术界联合会
公安京口分局	镇江市公安局京口分局
工商京口分局	镇江工商行政管理局京口分局
环保京口分局	镇江市环境保护局京口分局
国土京口分局	镇江市国土资源局京口分局
规划京口分局	镇江市规划局京口分局
国税三分局	镇江市国家税务局第三税务分局
地税二分局	镇江市地方税务局第二税务分局
供销社	镇江市京口区供销合作总社
环卫所	镇江市京口区环境卫生管理所
九　中	镇江市第九中学
十　中	镇江市第十中学
中山路小学	镇江市中山路中心小学
市实小	镇江市实验小学
鼎胜铝业	镇江鼎胜铝业有限公司
中储粮	中储粮镇江粮油有限公司
鸿泰钢铁	江苏鸿泰钢铁有限公司
宝华半挂	镇江市宝华半挂车配件有限公司
宝华物流	镇江宝华物流有限公司
步行街	镇江第一楼街步行街
高创中心	镇江市京口区高科技创业中心
金舟软件	镇江金舟软件科技股份有限公司
惠通集团	镇江苏惠通集团有限责任公司
中煤电子	镇江中煤电子有限公司
蓝舶防腐	镇江市蓝舶金属防腐有限公司
亿华系统集成	镇江市亿华系统集成有限公司
大元生物	江苏大元生物科技有限责任公司

目 录
CONTENTS

概 况
OVERVIEW OF JINGKOU

京口区组织机构及领导人名录
LEADING BODIES AND LEADERS

特 载
FEATURES

专 文 SPECIAL ARTICLES

大 事 记 CHRONICLES OF EVENTS

人 物 CHARACTERS

中共京口区委员会 JINGKOU COMMITTEE OF THE COMMUNIST PARTY OF CHINA

京口区人民代表大会 THE PEOPLE'S CONGRESS OF JINGKOU

京口区人民政府 THE PEOPLE'S GOVERNMENT OF JINGKOU

政协京口区委员会 JINGKOU COMMITTEE OF THE PEOPLE'S POLITICAL CONSULTATIVE CONFERENCE

民主党派·社会团体 DEMOCRATIC PARTIES AND SOCIAL ORGANIZATIONS

政法·人民武装 POLITICS AND LAW· MILITARY AFFAIRS

城乡建设
CONSTRUCTION OF URBAN AND RURAL

城市管理·环境保护 URBAN MANAGEMENT AND ENVIRONMENTAL PROTECTION

综合管理 OVERALL ECONOMIC CONTROL

工业经济 INDUSTRY ECONOMY

商贸流通 DOMESTIC TRADE

开放型经济 OPEN ECONOMY

农业·水利 AGRICULTURE·WATER CONSERVANCY

财政·税务 FINANCE·TAXATION

科技·科协
SCIENCE AND TECHNOLOGY·SCIENTIFIC ORGANIZATIONS

教 育
EDUCATION

文化·体育·旅游 CULTURE·SPORTS·TOURISM

广播·电视·网络 BROADCASTING·TELEVISION·NETWORK

劳动和社会保障 LABOUR AND SOCIAL SECURITY

社会生活 SOCIETY

聚焦京口 FOCUSING JINGKOU

镇·街道·场圃·工业园 TOWNS·NEIGHBOURHOOD FARMS·INDUSTRY ZONE

友好往来
FRIENDSHIP DISTRICTS

书目·题录
BOOKLISTS·TITLES

统计资料
STATISCAL DATA

附 录
APPENDIXES

彩色画页 COLORED PAGES

索　引 INDEX

概 况

责任编校：殷 红

地情概况

【位置、面积】 京口区是江苏省镇江市市辖区之一，位于江苏省西南部长江与京杭大运河十字交汇处，东接镇江新区，南和丹徒区为邻，西与润州区隔古运河相望，北接扬州市邗江区。地处北纬32°10′～32°15′，东经119°26′～119°38′。全区面积124.686平方公里，其中象山镇22.582平方公里，谏壁镇29.418平方公里，京口工业园区4平方公里，共青团农场24.773平方公里，正东路街道4.92平方公里，大市口街道2.318平方公里，健康路街道1.892平方公里，四牌楼街道4.097平方公里，以及长江水域和滩涂30.686平方公里。（国土办）

【地貌】 京口区地处宁镇山脉东段，属宁镇扬丘陵地区和长江冲积平原区，地势为中部高，东、西及沿江地带地势平坦，岗坡丘陵穿插其间。其中部有焦山、象山、汝山、京岘山、老山、鼎石山和焦顶山，由北自南排列；东部有雩山，东西向排列。区内除新民洲为主江中沙州外，其他基本上形成以丘陵岗坡地为主的地形特征。沿江低地近代由长江泥沙淤积而成。（方 志）

【资源】 京口区内多低山丘陵，并以黄棕土壤为主，岗地以黄土为主，平原以潜育型水稻为主。全区耕地面积1581公顷，其中粮田1140公顷、常年菜田面积206.7公顷。设施农业面积203.3公顷，林地1180公顷，优质果品基地25.3公顷，养殖水面140公顷。

辖区内水资源比较丰富，长江、运河流经境内。现有长江岸线33公里，有国家二级长江堤防16公里；全区水域面积3786.5公顷，其中长江水面2000.6公顷。除涝方面，有排涝站17座，装机1920千瓦，总流量28.8立方米/秒；灌溉方面，有灌溉站13座，总装机容量710千瓦，总流量4.54立方米/秒。

区内植物资源丰富，有各类树种80余科，500余种。自然植被以落叶阔叶树为主，其中有麻栎、枪树、黄连木、山槐、枫杨等。药用植物有700余种。引进树种有黑松、杉木、泡桐等。

区内矿产资源种类不全、经济价值不大。谏壁镇的雩山有零星含铁石英砂岩出露，青龙山有白云石、石灰石，象山镇袁家村有石灰石。黏土主要分布在沿江一带。

（农委办）

【建置沿革、区划】 京口是镇江的古称之一，最早见于《尔雅》"绝高为之京"，古人把高平之地称为京，北固山下的江称口，谓之京口。汉称京口里，至东吴孙权筑铁瓮城，置京口镇，使京口一度成为东吴的政治中心。晋时置晋陵郡，郡治由丹徒镇移治京口，从此京口始为郡（州）、府治所在地。晋永嘉之乱，大批士族南渡，为此侨置兖、徐二州于京口。南朝宋置南徐州，隋置润州，宋升润州为镇江府，镇江名称一直沿用至今。民国18年（1929）春，江苏省会由南京迁镇江，治所也一直在京口。1949年，镇江解放后，市、县分设，市区及近郊归镇江市管辖，乡镇归丹徒县管辖。1983年，实行市管县体制，市区设立城区和郊区。同年12月将城区更名为京口区，郊区更名为润州区。1992年11月，镇江市行政区划调整，古运河以东的大市口、四牌楼、健康路、正东路4个街道，象山、汝山、丹徒、谏壁4个乡镇和甘露茶叶试验场，为京口区管辖范围。至2010年年底，京口区辖大市口、四牌楼、健康路、正东路4个街道，象山、谏壁2个镇和京口工业园区、共青团农场、京露茶场。全区共有67个社区、10个行政村。（殷 红）

【人口】 2010年末，全区常住人口330126人，其中男169844人、女160282人，分别占总人口的51.45%和48.55%，男女之比1.06:1。全区总户数为127026户。全年迁入15298人，迁出20745人。全年出生2194人（男1155人、女1039人），死亡1483人（男835人、女648人）。外来流动人口61439人（登记在册）。全区实有总人口391565人。

2010年末，全区常住人口分布情况：正东路街办13945户、44821人；健康路街办30524户、82983人；大市口街办23247户、60797人；四牌楼街办20864户、54584

人;象山镇(含共青团农场)24208户、52789人;谏壁镇(含工业园区)14238户、34152人。

(黄旭梅 唐伟)

【民族】 京口区有回族、蒙古族、满族、苗族、水族、土家族、朝鲜族、维吾尔族、布依族等29个族别,主要散居于4个街道。其中:大市口街道2400人,四牌楼街道1600人,健康路街道近1300人,正东路街道600人。全区少数民族6142人,占全区实有总人口的1.6%。

(民宗局)

【方言】 京口话属于镇江语系,而镇江话是属北方方言的次江淮方言,位于北方方言与吴语两大方言交汇处。古代的镇江话属吴语,由于东晋、十六国期间少数民族入侵,北方人口大量流入镇江、扬州一带,因而语言发生变化。镇江市虽属北方方言范畴,但构成复杂,其中既有吴语的遗痕,又有旗腔(类似京腔)的影响。与普通话相比,镇江话没有全浊声和舌尖后声母,鼻化元音介于前鼻音韵母之间,in、ing、en、eng、n、l不分,有入声调。词汇中保留丰富的吴语词。

(方 志)

【交通】 京口区作为镇江的主城区之一,区内交通十分便捷。

城市道路:东西向主干道有中山东路、长江路、正东路、东吴路、学府路、京口路、桃花坞路、大西路(东段)、滨江旅游专线、江滨大道、禹山北路、守泽路等;南北向干道有解放路、电力路(北段)、梦溪路、古城路、石马湾路、小米山路、谷阳北路、谷阳路(北段)、经十二路(北段)等。

主要公路:镇(江)澄(江阴)公路、金港大道、沿江公路、谏辛公路、雩龙公路。

公交:截至2010年底,辖区内公交线路有:1、2、3、4、5、6、8、9、10、11、12、14、15、16、18、19、20、21、22、23、24、25、28、28、39、101、102、104、105、106、115、116、118、123、130、133(双层客车)、135路,其中10、21、22、23、24路有部分空调车;大运量公交有D1、D4;空调专线有K8、K201、K218、K219路;专线车有龙山线、驸马庄专线;夜班车有31、32、33、34、35路和丹徒新区夜班专线。其中旅游线路有2、8、104、115、133路到金山公园;4、104、133路到焦山公园;4、8、12、14、116、133、135路到北固山公园;12、101路到宝塔山公园;15、18、106到南山风景区;另外还有镇江到扬州平山堂的旅游专线。直达火车站的线路有2、3、4、5、10、15、19、22、23、24、31、32、33、101、105、118、123、133、K8、K201、K218、5219、D1、D4路等;20公里以上的线路有9(第二人民医院—谏壁)、21(迎江桥—上党)、22[(1)我家山水—韦岗温泉(2)我家山水—小衣庄(3)我家山水—东昌]、23[(1)中医院—高资中学(2)中医院—下蜀]、24[(1)火车站—大港港区(2)火车站—国亨化学]、25(我家山水—彩虹城)、28(江滨公园—鼎胜铝业)、29(江滨公园—东方村)路及丹徒新区夜班专线(火车站—端丹花苑)。

(王 勖)

【风景、名胜】 京口依山傍水,风景秀丽多姿,其真山真水具有独特的山水风貌,向以"天下第一江山"而闻名于世。著名的镇江三山,有两山在区域内,焦山"山裹寺",以雄秀见长;北固山"寺冠山",以险峻称雄。焦山定慧寺为全国重点寺庙。区内珍珠项链长江路上有春江潮广场、江滨公园;古运河风光带上有河滨公园、珍珠广场、宝塔山公园;市区还有大市口广场、梦溪广场、京口广场、健康广场、花山湾广场、古城公园等旅游景区、景点及健身广场。

作为国家历史文化名城,京口不仅有着众多的自然风光,还有着深厚的历史底蕴。焦山碑林为全国重点文物保护单位。碑林中现存有重要摩崖石刻80多处,藏碑400余方。尤以"大字之祖"瘗鹤铭以及苏轼、米芾、黄庭坚、陆游等书法大家的墨迹碑刻和摩崖石刻为最,堪与西安碑林媲美。五柳堂、张云鹏故居、三国铁瓮城和东晋花山湾古城墙遗址、宋代铁塔等7处为江苏省文物保护单位。另有30处镇江市文物保护单位和12处镇江市文物保护控制单位。(方 志)

【雨情】 2010年汛期雨量696毫米,雨日39天,最大日雨量95毫米,发生于7月13日;最大连续降雨量189毫米,雨日2天,发生于7月12日至7月13日。6月17日入梅,7月18日出梅,历时32天,梅雨期雨日6天,雨量296毫米。

(马志良)

【水情】 2010年汛期(5~9月)长江出现高水位,超警戒水位(▽7.0米)天数共46天。最高水位为吴淞▽8.03米,出现在7月16日;最低水位为▽4.38米,出现在5月12日;长江(大通站)最大流量65400立方米/秒,出现在6月30日,长江最小流量为31300立方米/秒,出现在5月11日。 (马志良)

2010年国民经济和社会事业发展情况

【概况】 2010年,全区上下围绕"苦干实干,争先争强"主基调,认真贯彻落实国家、省、市各项促进经济增长的政策措施,扎实工作,努力实现"十一五"规划确定的各项目标任务,全区经济和社会事业发展呈现出平稳较快发展的态势。全年完成地区生产总值260.46亿元,增长13.6%;地方财政一般预算收入10亿元,同比增长20.2%;全社会固定资产投资186.84亿元,同比增长31.6%;社会消费品零售总额139.91亿元,同比增长18.6%,圆满完成区七届人大三次会议确定的各项目标。

(经 晶)

【项目建设彰显成效】 2010年,全区全社会固定资产投资186.84亿元,同比增长31.6%,其中规模固定资产投资149.18亿元,同比增长23.8%,技改投入80亿元,增长37.9%。全年组织实施推进重点产业项目68个,其中纳入市重点考核项目11个,涉及总投资438亿元,完成投资78亿元。全区一批科技含量高、带动性强、附加值高的重大项目正积极推进实施。鼎铝25万吨技改、海工基地、索普醋酸三期技改等工业项目开工建设，苏宁广场、财富广场等大体量城市综合体项目建设加快。总投资3亿美元的爱励鼎胜交通运输用高强度大规格铝合金板带项目和总投资10亿元的日本伊势食品株式会社的伊势蛋鸡产业项目已签订正式投资合作协议。 （经 晶）

【服务业发展速度加快】 2010年，全区实现社会消费品零售总额139.91亿元，同比增长18.6%；全年实现服务业增加值160.41亿元，同比增长16.6%，占GDP比重达62%，比上年提高2.6个百分点。全年新增服务业规模企业23家。烟草公司、中江能源、百盛商城和中石化等4家企业全年营业额超10亿元。中储粮仓储物流和恒伟食品冷链物流建成运营，八佰伴国际购物中心、欧尚超市、镇江商业城购物广场竣工营业，皇冠假日酒店、锦江之星经济型酒店等主体封顶，大润发京口店项目正加快建设之中。 （经 晶）

【工业经济平稳发展】 2010年，全区定报工业增加值64.78亿元，同比增长15%；定报工业销售261.85亿元，同比增长28.6%，定报工业利税22.39亿元，同比增长38.6%。大力实施推进“千百亿工程”，重点扶持鼎胜铝业、鸿泰钢铁、索普集团、中储粮、港盛重工等企业做大做强。紧紧围绕新兴产业实现倍增发展，全力推进鼎铝25万吨技改、海工基地、绿洲薄膜太阳能、科捷锂电池、海龙核材等新兴产业项目建设，并引导其产品向上下游延伸、高端化发展，为打造全区航空配套产业、海洋工程机械、新能源新材料等三大新兴产业基地创造有利条件。 （经 晶）

【农业经济高效优质】 2010年，全区农业增加值1.46亿元，增长3.9%，新增高效农业面积148公顷，完成绿化造林337公顷，新建三大合作组织12个，吸引“三资”开发农业资金3.14亿元。重点发展现代高效蔬果产业和珍稀食用菌产业。着力打造休闲观光农业新亮点，提升现有休闲农庄档次和接待水平，万山雨农庄正式对外营业，双鱼农庄顺利推进，瑞京农科园、我家农庄、申林景观等农家乐项目已在市内外形成一定影响。建成京口区农产品科普展示厅。严格按农产品生产技术规程操作，6个农产品获无公害质量认证。 （经 晶）

【开放水平持续提高】 2010年，组织招商活动30余场次，接待60余批次来访客商团组。全年新批外资项目6个，增资项目1个，合同注册外资完成7555万美元。实际到位外资完成8770万美元，占市计划109%，同比增长8.9%，出口45200万美元，同比增长27.29%，外经营业额870万美元。大力开展创业型城市创建工作，全区民营经济发展迅速，全年新增民营企业2994家，同比增长266.4%；新增个体工商户6647户，同比增长84.7%；新增注册资本累计完成216.55亿元，同比增长1649.23%，增幅在全市排名第一；吸纳民资351.6亿元。 （经 晶）

【科技创新明显增强】 2010年，全区共申报国家、省、市各类科技项目80项，已立项36项。获科技扶持资金2200多万元，科技贷款900万元。完善高端人才引培机制，1人入选、1人面试国家“千人计划”，5人获得省“双创”计划、6人获得市“331”计划资助，争取上级人才扶持资金1100万元。注重以载体吸纳人才，完成大禹山创意新社区规划编制，加快园区高创中心、网购中心等平台建设，学府科技创业园投入使用，启动创新载体建设9.2万平方米，建成4.3万平方米，京口软件园创成国家级高创中心。引导企业加大研发投入，建成中煤电子院士工作站，惠通电子、中福马机械、鼎胜铝业等3家企业建成省级工程技术研究中心，全社会研发投入占GDP比重达2.28%。 （经 晶）

【社会事业和谐发展】 2010年城乡居民“两个收入”达到23550元、11498元，分别增长10.1%和12.1%，被评为“全国民生建设百强县（市、区）”。进一步提高城乡低保标准，发放困难群众物价补贴113.5万元。深入推进“三大改造”，实施戴家湾、新华村、新生村、象山花园二期等项目22个，累计拆迁101万平方米，基本完成60%的城中村改造任务，建成恒泰新村、京润华庭等安置房40多万平方米、回迁居民1087户。改造老小区30万平方米、拆除违法建设4.4万平方米。实现省级区域教育现代化，建成全国社区教育实验区、省级素质教育先进区。建成完善一批城乡社区文化活动中心，“魅力京口”品牌获得普遍认可。实现社区卫生服务网络全覆盖，医疗卫生体制改革稳步推进，基本医疗保险、新型农村合作医疗保险实现全覆盖。圆满完成上海世博等重大事件安保任务，实现省社会治安安全区“七连冠”。积极推进“青山绿水”行动计划，稳步推进节能减排，实施黑臭河流整治工程，建成花山古城遗址公园。 （经 晶）

2010年社会主义精神文明建设情况

【概况】 2010年，京口区精神文明建设工作以创建全国文明城市为抓手，推进指标达标创建、着力改善城乡面貌、努力提升文明指数、精心培育亮点项目，施玉亮等三人成功当选镇江市第三届“大爱之星”。组织开展“学双百、争三好”、“我是90后”主题教育活动，进一步打响“七彩的夏日”青少年暑期活动品牌，实现校地共建全覆盖。 （李 鲁）

【积极开展文明城市创建工作】 2010年是镇江市文明城市创建的关键之年，京口区以创建为民、创建惠民为指导思想，把发展的目光、有限的财力更多地投向城乡环境、文体科教、医疗卫生、社会保障、就业再就业等民生领域。确定推进指标达标创建、着力改善城乡面貌、努力提升文明指数、精心培育亮点项目四项重点任务,并形成《2010年京口区文明城市创建工作实施意见》下发全区。细化创建任务,将其分解为30项指标,制定《京口区争创全国文明城市主要任务推进序时分解表》,明确23家职能部门的具体任务、责任人、完成时间及挂钩区领导,统一创建步伐,确保各项创建工作协调发展。设计、策划、启动特色活动——"细节文明在京口'3+1'行动",即:"细节文明在京口——社区在行动、机关在行动、学校在行动","细节文明在京口——志愿者在行动",以社区面貌的切实改变、机关干部的身体力行、"小手拉大手"的连环带动、志愿者"我奉献、我快乐"的激情感染,在全区干群中变过去"要我创"为"我要创"。编印《京口区创建文明城市简报》,在《京口电子日报》开辟"文明新风"专栏,解读文明城市创建的目的、意义、标准和要求;策划和重点宣传一批文明城市创建的先进典型;将6月份定为全区"社区宣传栏整治月";7月份,组织外国语学校100名文明小使者开展"我为宣传栏换新颜"活动;8月份,四牌楼街道滨江志愿者在江滨文化广场举行"文明在社区"志愿行动启动仪式暨"文明之风"广场文艺演出;正东路街道在梦溪广场举办"你我同参与,共创文明城"纳凉晚会,用群众喜闻乐见的形式宣传创建;仅"两个测评"(括注)期间,全区悬挂横幅、标语,出新各类宣传广告牌1600余条(块),进一步提高群众对文明城市创建的知晓率和参与率。 (李 鲁)

【认真组织公民思想道德建设】 2010年,紧扣社会主义核心价值体系建设,加强社会公德、职业道德、家庭美德、个人品德宣传教育;积极参与全市精神文明建设重大活动,在镇江市第三届"大爱之星"评选活动中,京口区施玉亮、王刚、张梅芳三人顺利当选;陈天赐等12人获全市"百佳文明和谐农民家庭"称号;"京口群贤"选树活动等6个项目入选"大爱镇江"2010活动项目,四牌楼街道"三助"项目荣获三等奖;广泛开展"公民道德建设宣传月"系列教育实践活动;通过京口电子日报、《镇江宣传》、《镇江画报》等媒体对"京口群贤"获得者的先进事迹进行持续深入宣传,广泛开展"鲜花送群贤"、"群贤与京口共奋进"、"我学群贤、弘扬大爱"活动,引导广大群众学习先进、崇尚先进、争当先进。 (李 鲁)

【不断深化未成年人思想道德建设】 认真组织开展"学双百、争三好"、"我是90后"主题教育活动。用社会主义核心价值体系教育引导青少年,争做一个有道德的人,在主题教育活动中贯穿学习英雄模范人物的高尚精神和优秀品质。紧紧抓住宣讲、读书征文竞赛、红旗火炬代代传和我为祖国添光彩实践活动等几个关键环节,活动有声有色。进一步打响"七彩的夏日"青少年暑期活动品牌。结合深化"学双百、争三好"、"我是90后"主题教育,围绕创建文明城市,倡导低碳生活,"迎世博、迎亚运,讲文明、树新风",建设生态文明,构建和谐社会等方面进行丰富多彩的活动。各基层单位共开展活动310多场次,参加的青少年约2.45万人次。积极开展共建"校外教育辅导站"活动。与辖区各高校协商,联手合作,分期分批推进校外教育辅导站建设,在试点的基础上全面铺开。2010年初与江苏大学、江苏科技大学举行校地共建校外教育辅导站的仪式并签订共建协议书。全区70个社区(村)全部以签约的形式形成校地共建校外教育辅导站的模式,实现校地共建全覆盖。 (李 鲁)

【着力发挥文明单位作用】 建立健全文明单位预申报制度,以文明村镇和文明家庭建设为载体,广泛开展精神文明创建活动,倡导健康文明的生活方式,丰富农民的精神文化生活。大力实施"现代农民再教育工程",养成文明健康的生活方式,进一步提升农民的文明素质;深入开展文化、科技、卫生"三下乡"活动,为广大农民办好事、做实事;广泛开展"城乡结对、文明共建"活动,组织区各级文明行业和文明单位与农村行政村结对共建,进一步提升文明村镇创建水平。 (李 鲁)

◆资料链接◆

赵伯先故居

赵伯先故居

赵伯先故居,又名"天香阁",位于镇江新区大港街道,始建于清道光(1821—1850)年间,占地面积1224平方米。

赵伯先是辛亥革命领导人之一,与孙中山、黄兴、胡汉民等人一起组织领导了第一次广州起义、第二次广州起义,黄花岗起义失败后,因忧愤成疾逝世。

故居前后四进,东为廊房。第二进为大厅,接待宾客,喜庆祭祀之场所。第三进为楼房,即"天香阁"藏书楼,于"文革"期间濒临坍圮,遂改为平房。从2006年6月起,镇江新区投入500多万元,对故居主体进行修缮,用200多幅照片再现了赵伯先革命的一生。

故居1985年被丹徒县人民政府列为文物保护单位。1999年被江苏省人民政府列为省级文物保护单位。

京口区组织机构及领导人名录

责任编校：段广凤

中共镇江市京口区委员会

书　记
　　胡宗元
副书记
　　郭　建
　　孙国平
常　委
　　余国根(2010-03～　)
　　徐建锋
　　姚敬源
　　魏春林(　～2010-05)
　　倪兆顺
　　何光荣
　　马国进(2010-08～　)
　　张玉平(2010-08～　)

区委办公室
(区委研究室、区委保密委员会办公室)

主　任
　　何广林
副主任
　　乔引玉
　　赵晓文
　　郭　健
研究室主任
　　赵晓文
研究室副主任
　　李海洪
机要局局长
　　李　瞰
国家保密局局长
　　孙荣军

组　织　部
(区委企业工委、区党员电化教育中心)

部　长
　　倪兆顺
副部长
　　盛　杰
　　吴大明
　　杨国平(　～2010-10)
　　刘　平(2010-10～　)
企业工委书记
　　杨国平(　～2010-10)
　　吴大明(2010-10～　)
企业工委副书记
　　许俊超
企业工委纪工委书记
　　赵飞(2010-04～　)
电教中心主任
　　邱乔森

区级机关工委

书　记
　　盛　杰
副书记
　　纪　莹(女)(　～2010-04)
　　徐紫玉(女)
　　陈军越(女)(2010-04～　)
纪工委书记
　　陈　涛(　～2010-04)
　　陈军越(女)(2010-04～　)

老干部局
(关心下一代工作委员会)

局　长
　　张　健
副局长
　　吉其鸿
　　刘亚洁(女)

宣　传　部
(精神文明建设指导委员会办公室)

部　长
　　何光荣
副部长
　　冷小惠(女)
　　吴惠平
　　梅永生
文明办主任
　　冷小惠(女)
文明办副主任
　　范舒茜(女)

区人民广播电台

台　长
　　梅永生

统　战　部
(区委台湾工作办公室)

部　长
　　姜厚荣
副部长
　　张永生
　　朱　庆
　　丁永忠(　～2010-04)
台办主任
　　宋冬生
台办副主任
　　施家文

侨　联

侨联主席
　　李　静(女)

政 法 委

书 记
孙国平(~2010-03)
余国根(2010-03~2010-06)
马国进(2010-08~)
副书记
潘朝中
万 钧
张经阁

社会治安综合治理委员会办公室

主 任
潘朝中
副主任
芮建芬(女)

信 访 局

局 长
廖伟根(~2010-10)
王荣兵(2010-10~)
副局长
庄真林
叶 晶(女)

党 校

校 长
孙国平
副校长
邵晓清
仲智华(~2010-10)

行政学校

副校长
邵晓清

史志档案办公室(档案馆)

主 任
蒋依民(~2010-10)
满子琴(2010-10~)
副主任
金 华
殷 红

京口区人大常委会

主 任
胡宗元
副主任
戴善民
徐 军
严柳生
郑苏真(女)
党组书记
戴善民
党组副书记
徐 军

人大办公室

主 任
戴红照
副主任
华 怡(女)
马伟民

内务司法工作委员会

主 任
刘天安

财经工作委员会

主 任
李 勇

社会事业工作委员会

主 任
马祖明
副主任
周建华(2010-04~)

人大代表工作联络委员会

主 任
赵国华

京口区人民政府

区 长
郭 建
副区长
徐建锋
蒋嵩峰
余国根(~2010-03)
曹丽虹(女)
马国进(~2010-08)
丁浩北(~2010-12)
陈跃生(2010-02~)
宋平生(2010-08~)
陈德福(2010-08~)

政府办公室
(法制办公室、研究室、外事办公室、侨务办公室)

主 任
陈德福(~2010-10)
杨国平(2010-10~)
副主任
乔引玉
廖伟根(~2010-10)
陈国兴
李成根(2010-04~)
王荣兵(2010-10~)
满子琴(女)(~2010-10)
郭先武
袁在森(2010-04~)
薛 莲(女)(2010-10~)
蒋伟文(2010-10~)
党组书记
陈德福(~2010-10)
杨国平(2010-10~)
党组副书记
李成根
研究室主任
陈国兴(~2010-04)
法制办副主任
殷云仙(女)(~2010-10)
陈 坚(2010-10~)
外事办主任
陈国兴(2010-04~)
侨办主任
李成根
侨办副主任
杨晓萍(女)(~2010-04)
陈志慧(2010-04~)
纪检组长
李成根(~2010-04)
杨 旻(2010-04~)

区政府接待办公室

主 任
乔引玉
副主任
栾群文(女)

机关事务服务中心

主 任
乔引玉

发展改革和经济信息化委员会

主 任
吴秋平
副主任
姜春虎(~2010-04)
何道海
杨志强
顾 胤
党组书记
吴秋平
纪检组长
王珺晨(女)

统计局

局长
周绍林(~2010-06)
张和松(2010-10~)
副局长
张和松(~2010-10)
王玉萍(女)
黄吉祥(2010-04~)

安全生产监督管理局

局长
赵反修
副局长
黄吉祥(~2010-04)
姚斌
吴建华(2010-04~)
纪检组长
徐波

教育局
(区政府教育督导室)

局长
薛安明(~2010-10)
廖伟根(2010-10~)
副局长
孙文吉
李云芳(女)(~2010-10)
赵军(女)
于咏梅(女)(2010-04~)
党委书记
薛安明(~2010-10)
廖伟根(2010-10~)
党委副书记
张建强
纪委书记
范荣庆
督导室主任
薛安明(~2010-04)
督导室副主任
于咏梅(女)(~2010-04)
第九中学校长
左云鹏
书记
杜龙
中山路小学校长
刘正才
书记
李烽(女)
市实验小学校长
施勤(女)
书记
陈锡频

文体局(旅游局)

局长
李莉珺(女)
副局长
曹明军

科技局(知识产权局)

局长
孙长康
副局长
许华耕
宜建美(女)

知识产权局

局长
孙长康
副局长
贡强

民政局
(民族宗教事务局)

局长
李军
副局长
谢铭柏(2010-04~)
丁永忠(2010-04~)
陈淮
陈清(女)
党组书记
李军
纪检组长
黄彩萍(女)
民族宗教事务局局长
丁永忠

双拥办

主任
韦志明

司法局

局长
季冰(~2010-04)
朱裕根(2010-04~)
副局长
李震(2010-04~)
李卉
商伟民
陈琳(~2010-04)
党组书记
季冰(~2010-04)
陈琳(2010-04~)
党组副书记
张建栋

人力资源和社会保障局

局长
吴大明(~2010-10)
刘平(2010-10~)
副局长
张亚南(女)
宋扬
党组书记
吴大明(~2010-10)
刘平(2010-10~)
副书记
李尧
纪检组长
李尧

机构编制委员会办公室

主任
吴大明(~2010-10)
刘平(2010-10~)
副主任
孙沛晖(女)

社会保险管理中心

主任
宋扬(~2010-04)
王正辉(2010-04~)

劳动就业管理中心

主任
吴伟良

财政局

局长
谭雪峰
副局长
马荣虎
孙光明(~2010-10)
肖波
赵正军
蒋剑
党组书记
谭雪峰
副书记
马荣虎
纪检组长
范冬云(女)
国资办主任
蒋剑
会计结算中心主任
徐兰芳(女)

住房和城乡建设局

局　长
　　黄少青
副局长
　　钟志敏
　　孙忠建(　~2010-10)
　　朱海平
党委书记
　　黄少青
副书记
　　常加华
纪委书记
　　常加华
村镇办主任
　　孙忠建(　~2010-10)

城市管理局

局　长
　　杜承华
副局长
　　朱会斌(　~2010-04)
　　王胜云(2010-04~　)
　　杨兆生
　　张保忠
党组书记
　　杜承华
纪检组长
　　金凡舒(女)
环卫所所长
　　张保忠

交通运输局

局　长
　　王壮保
副局长
　　罗炳国
　　成　功
党组书记
　　王壮保
党组副书记
　　纪莹(2010-04~　)
纪检组长
　　陈军越(女)(　~2010-04)
　　田壮民(2010-04~　)

农业委员会(水利局)

主　任
　　柏　经
副主任
　　潘建康
　　岳传荣
　　陈兰芳(女)
　　杨丽华(女)
党组书记
　　柏　经
纪检组长
　　王建中
水利局局长
　　潘建康

商　务　局

局　长(主任)
　　崔小立
副局长
　　吴建华(　~2010-04)
　　吴红霞(女)
　　王晓方(　~2010-10)
　　于建民(2010-04~　)
　　时建平(2010-04~　)
党组书记
　　崔小立
副书记
　　吴建华(　~2010-04)

人口和计划生育委员会

主　任
　　朱裕根(　~2010-04)
副主任
　　邱　萍(女)(　~2010-04)
　　殷文琪(女)(　~2010-04)
党组书记
　　朱家巍(女)(　~2010-04)

卫生和人口计划生育局

局　长
　　赵　慧(女)(　~2010-04)
　　张立明(2010-04~　)
副局长
　　顾建元
　　邱　萍(女)(2010-04~　)
　　殷文琪(女)(2010-04~　)
　　王德标
党委书记
　　赵　慧(女)(　~2010-04)
　　张立明(2010~04~　)
副书记
　　郭海军
纪委书记
　　郭海军
京口医院院长
　　王　炜
书　记
　　陈晓君

审　计　局

局　长
　　顾成权
副局长
　　张　伟
　　谭志江
党组书记
　　顾成权
副书记
　　刘　倩(2010-04~　)

物　价　局

局　长
　　谢红星
副局长
　　戚秀平
　　王卫星(女)
党组书记
　　谢红星

商贸总公司

总经理
　　张小龙(　~2010-04)
副总经理
　　高敏修(　~2010-04)
　　范定洪(　~2010-04)

物资集团总公司

董事长、总经理
　　张小龙(　~2010-04)
副董事长、副总经理
　　薛　峰(　~2010-04)

工业发展总公司

总经理
　　严志平(　~2010-04)

国有资产经营总公司

董事长、总经理
　　张小龙(2010-04~　)
副总经理
　　严志平(2010-04~　)
党委书记
　　张小龙(2010-04~　)
党委副书记
　　严志平(2010-04~　)
　　王征宇(2010-04~　)
纪委书记
　　高明修(2010-04~　)

供销合作总社

主　任
　　王征宇(　~2010-04)

马荣虎(2010-04~)
副主任
纪成忠
倪 坚
党组书记
王征宇(~2010-04)
马荣虎(2010-04~)

城乡建设投资中心

主 任
周祥华
副主任
吴长安(~2010-04)
黄 培(2010-01~)
财务总监
谢秀英
党组书记
郭祥堂
党组副书记
周祥华

政协京口区委员会

主 席
贾国祥
副主席
朱长龙
谢志荣
姜厚荣
陆春生
沈成钧
党组书记
贾国祥
副书记
朱长龙
秘书长
曾 强

政协办公室

主 任
曾 强
副主任
王兴伟(~2010-04)
朱 静(女)(2010-04~)

提案委员会

主 任
冷 斌(2010-04~)

学习法制委员会

主 任
姚家驹

经济科技委员会

主 任
孙木林(~2010-04)
姜春虎(2010-04~)

社会事业和海外联络委员会

主 任
方尚功

文史资料委员会

主 任
部顺金(~2010-04)
副主任
王兴伟(2010-04~)

京口区纪律检查委员会(监察局)

书 记
姚敬源
副书记
陈洪生
徐 翔
监察局局长
陈洪生
纪委常委
王志斌(~2010-10)
刘 倩(~2010-04)
刘 松(2010-06~)
办公室主任
王志斌(~2010-10)
丁建东(2010-10~)
干部教育室主任
刘 倩(~2010-04)
孔晓颖(女)(2010-04~)
基层工作一室主任
庄福寿
基层工作二室主任
史俊生
监察局副局长
杨少华(女)
纪检监察室主任
田壮民(~2010-04)
陈 俊(2010-04~)
党风廉政建设室主任
王 勇
信访室主任
刘 松
案件审理室主任
陈 俊(~2010-04)
陈 涛(2010-04~)
执法监察室主任
周 震

京口区人民法院

院 长
尉利亚
副院长
蒋建平
陈 林
汪忠春
刘红斌(女)
党组书记
尉利亚
纪检组长
李 焱(女)
政治处主任
钱小兵

京口区人民检察院

检察长
柳建华
副检察长
徐开宏
蒯玉梅(女)
张艳春(女)
束玉兴
党组书记
柳建华
党组副书记
周新华
纪检组长
周新华
政治处主任
李 震(~2010-04)
宦宇新(2010~04~)

反贪污贿赂局

局 长
蒋 松

反渎职侵权局

局 长
束玉兴

京口区人民武装部

部 长
张玉平(~2010-05)
庄金勤(2010-05~)
政 委
魏春林(~2010-05)
张玉平(2010-05~)

社会团体

京口区总工会

主　席
　　丁　宪
副主席
　　薛　莲(女)(　~2010-10)
　　殷　明
　　陈娴敏(女)(2010-10~　)

共青团京口区委

书　记
　　吕小康(　~2010-10)
副书记
　　曹　蕾(女)
　　顾洪涛(2010-10~　)

京口区妇女联合会

主　席
　　房林虹(女)(　~2010-10)
　　朱家巍(2010-10~　)
副主席
　　肖春英(女)
　　朱爱华(女)(2010-04~　)

区　文　联

主　席
　　阚爱萍(女)
副主席
　　陶宝强

工　商　联

会　长
　　陆春生
副会长
　　张永生
党组书记
　　张永生

科　协

主　席
　　贡联辉

残疾人联合会

理事长
　　金德荣
副理事长
　　刘立建
　　杨立军

市垂直部门

公安京口分局

局　长
　　丁浩北(　~2010-12)
　　宋武平(2010-12~　)
政　委
　　王琦梦
副局长
　　金家银(　~2010-01)
　　陈　俊(2010-01~　)
　　姚恒清
　　张伯良(　~2010-01)
　　闵锁银
　　陈廷桥
　　杨建明(2010-01~　)
纪委书记
　　马贻俊
政治处主任
　　束建中

国土京口分局

局　长
　　顾永赋
副局长
　　康　云(2010-04~　)
　　祝　迪
　　虞明航
　　沈　坚(2010-10~　)
党工委书记
　　顾永赋
党工委副书记
　　吴行春
纪工委书记
　　吴行春
党工委委员
　　康　云(2010-04~　)
　　祝　迪
　　虞明航
　　沈　坚

环保京口分局

局　长
　　朱文仲
副局长
　　何坤兴(　~2010-03)
　　侯永建
党支部书记
　　魏永大
党支部副书记
　　朱文仲
　　江　隽
　　何坤兴(　~2010-03)
　　侯永建

工商京口分局

局　长
　　仲从扬(　~2010-05)
　　徐　艺(2010-05~　)
副局长
　　丁化逸
　　曲铎凡
　　丁桂林
　　范晓慧
　　周　健
纪检组长
　　丁化逸

地税二分局

局　长
　　王　兵
副局长
　　张乃新
　　杨宁夫(2010-02~　)
　　孙　斌

国税三分局

局　长
　　韩铜民
副局长
　　陈　林(　~2010-12)
　　张力军

规划京口分局

局　长
　　高晓明(　~2010-11)
　　梅　亮(2010-11~　)
副局长
　　杨龙山
　　韩建军

(区委组织部干部科)

工作报告

强势抓开局 转型促跨越
奋力开启京口“十二五”发展的新征程

2010年12月29日在区委六届十一次全体(扩大)会议上的报告

区委书记 胡宗元

同志们：

这次全会是在圆满完成“十一五”任务、即将迈入“十二五”的关键时刻召开的一次重要会议。会议的主要任务是：深入贯彻党的十七届五中全会和省委、市委全会精神，落实中央和全省经济工作会议要求，认真总结今年，科学谋划“十二五”发展，全面部署明年各项工作，动员全区上下强势抓开局，转型促跨越，奋力开启京口“十二五”发展的新征程。

下面，我代表区委常委会，讲四点意见：

一、苦干实干，创造了跨越发展的新业绩

2010年是“十一五”发展的收官之年，也是京口团结拼搏、取得丰硕成果的收获之年。一年来，全区上下面对复杂多变的发展形势，牢牢把握强投入快增长、调结构促转型、抓统筹惠民生的工作主线，苦干实干、争先争强，圆满完成全年各项目标任务。预计实现地区生产总值255亿元，增长14%；一般预算收入突破10亿元，增长20.5%；实际到位外资8770万美元，增长15.1%。

1.转型发展步伐加快。大力发展现代服务业和战略性新兴产业，三次产业比重进一步优化为0.5:37.5:62。完成规模服务业投资110亿元，增长58%；实现社会消费品零售总额141亿元，增长18.5%。新兴产业投资18亿元，增长14倍；高新技术产业产值81.8亿元，占规模以上工业产值的比重达到31%。全年推进3000万元以上项目68个，鼎铝技改、鸿泰技改、中储粮、八佰伴、百富商业中心等项目投入运营，绿洲新能源、科捷锂电池、宝华半挂主体厂房封顶，大润发京口店、帝宝花园酒店、海龙核材开工建设，爱励鼎胜合作项目、伊势蛋鸡正式签约。全社会固定资产投资达200亿元，增长39.7%，连续24个月增幅全市第一。

2.创新能力显著增强。落实高端人才引培机制，1人入选、1人面试国家“千人计划”，5人获得省“双创”计划、6人获得市“331”计划资助，争取上级人才扶持资金1100万元。注重以载体吸纳人才，完成大禹山创意新社区规划编制，加快园区高创中心、网购中心等平台建设，启动创新载体建设9.2万平方米，建成4.3万平方米，京口软件园创成国家级高创中心，学府科技创业园成为省级创业园。引导企业加大研发投入，建成中煤电子院士工作站、鼎铝博士后工作站，新增省级工程技术研究中心3个，全社会研发投入占GDP比重达2.28%(去年京口区为2.2%，全市今年和去年均为2%)。积极争创知识产权示范区，申报各类科技项目74个，获得专利授权736件，新增高新技术企业4家，争取上级科技扶持资金1800万元。

3.城乡环境展现新貌。深入推进“三大改造”，实施戴家湾、新华村、新生村、象山花园二期等城中村改造项目29个,累计拆迁97万平方米,基本完成60%的城中村改造任务,建成恒泰新村、京润华庭、新民洲农民新社区等安置房26万平方米。积极应对国家信贷政策的变化调整,新增融资6亿元用于城市改造。连续两年获得省级土地执法先进区称号。零龙公路、338省道加速建设,莺歌桥即将通车,东部地区路网框架不断完善。集中力量整治菜市场外溢、渣土扬尘等突出问题,改造老小区30万平方米、拆除违法建设4.2万平方米,城市管理工作全市领先。建成古城公园,实施虹桥港、玉带河、一夜河、古运河整治,全面完成主要污染物减排任务,人居环境明显优化。

4.人民生活持续改善。加大公共财政投入力度,全年民生类支出3.4亿元,增长36%,入选首届"中国民生建设百强区"。以全民创业助推经济发展、增加群众收入,建成创业载体8个,新增私营企业2994家、个体工商户6647户、注册资本216.6亿元,私营个体企业注册资本增幅列全市第一。城乡居民"两个收入"达到23550元、11490元,分别增长11%和13%。提高城乡低保标准,落实稳定物价的各项措施,发放困难群众物价补贴113.5万元。巩固区域教育现代化创建成果,出台《教育改革发展意见》,加快教育布局调整,新建改造校舍2.5万平方米。广泛开展群众性文体活动,丰富群众精神文化生活。深化医药卫生体制改革,实现居民合作医疗全覆盖。探索社区网格化、信息化管理模式,强化社区服务功能,提高社工专业化水平,和谐社区建设稳步提升。圆满完成第六次全国人口普查任务。推进"三项排查",落实领导干部带案下访,有效化解一批信访案件,通过"五五"普法终期考核,再次创成全省"社会治安安全区"。

5.党的建设不断加强。建立健全学习实践科学发展观长效机制,扎实开展创先争优活动,全面启动"第六轮党建先进区"争创工作,抓党建促发展的氛围更加浓厚。实行差额选拔干部制度,扩大村、居"两委会"公推直选范围,激发了干部队伍活力。社区党建文化入选"全国基层党建创新优秀案例"。开展"学准则、讲党性、守纪律"主题活动,加大"三问"工作力度,完成惩防体系框架建设,廉洁从政的责任意识、自律意识不断增强。切实抓好文明城市创建,注重长效管理、素质培养,形成了"细节文明在京口"等一批工作品牌。党管武装扎实有力,完成军地互办实事,再获"省级双拥模范区"称号。设立社区商会,社区与非公经济"双服务、双发展"模式全市推广。劳动关系和谐企业创建深入推进。人大围绕区委中心工作开展专项调研和督查,政协"百名委员科技行"主题活动成效明显,服务大局、推动发展的水平进一步提升。

2010年经济社会的快速发展为京口"十一五"画上了圆满句号。回顾五年历程,面对前所未有的机遇与挑战,全区上下坚持科学发展、率先发展、和谐发展不动摇,开拓进取、团结拼搏,探索实践了具有京口特色的发展路径,为"十二五"乃至更长时期的发展奠定了坚实基础。五年来的实践证明:项目投入是跨越赶超的关键保证。我们坚定不移抓大投入、上大项目,累计完成固定资产投资573亿元,保持了年均14.3%的GDP增速,一般预算收入实现翻番,工业销售、社会消费品零售总额分别增长2.6倍和2.5倍,区域实力迈上了新的台阶。转型升级是竞争苏南的必由之路。实施城市服务业和先进制造业"双轮驱动",全面优化生产力布局,服务业增加值占GDP比重比"十五"末提高13.8个百分点,新能源、新材料、海工装备、粮油加工物流等新兴产业特色基地加快建设,综合竞争力得到了新的提升。城乡一体是统筹发展的基本要求。科学谋划城乡一体化发展的《意见》和《规划》,累计拆迁320万平方米,建成安置房41.2万平方米,改造老小区167万平方米,城市化水平达到96.6%。民生幸福是社会和谐的重要基础。累计投入14亿元用于民生建设,实现城乡基础性保障和社区卫生服务全覆盖,城乡居民"两个收入"分别比"十五"末增加了84.5%和80.3%,率先建成全面小康,获得了"全国和谐社区建设示范区"等21项省级以上"京口荣誉"。　改革开放是富民强区的不竭动力。实施行政区划调整,稳步推进政府机构、干部人事制度、园区管理体制、事业单位、教育和医药卫生体制等改革工作,完成64家企业改制,累计利用外资3.7亿美元,是"十五"期间的2.2倍,发展的后劲活力明显增强。党的领导是干事创业的根本保障。扎实开展先进性教育、学习实践科学发展观、创先争优等主题教育活动,创设"三创三比"、"双争双先"、"三服务一提升"等实践载体,党建文化、廉政文化、党务公开、社区统战等品牌影响逐步扩大,各级党组织推动发展、服务群众、促进和谐的能力水平明显提升,全区上下想干事、能干事、干成事的氛围更加浓厚。

成绩源自于全区上下的共同实践,经验凝聚着干部群众的集体智慧。经过五年的艰苦奋斗,我们完全可以自豪地说,京口已经胜利完成了"十一五"发展目标,站在了一个崭新的历史起点上。我们应该满怀豪情、阔步前进,努力建设京口更加美好的明天!

二、高点定位,准确把握发展新阶段的目标要求

十七届五中全会强调,要把转变发展方式作为贯穿"十二五"的主线。中央和省经济工作会议进一步突出了加快转型升级的要求。按照省委的战略部署,镇江明确提出"十二五"期间"与苏南其他城市同步迈入基本现代化"的目标。联系京口实际,我们要清醒看到,在京口迈向"第二个率先"的进程中,现代服务业和新兴产业引领发展的趋势日益明显,城乡一体化步伐不断提速,我们已经进入到现代化建设的关键期、转型发展的攻坚期、城乡一体的加速期。全区上下必须充分认清"十二五"发展所面临的新形势、新要求,以只争朝夕、时不我待的精神,抢抓机遇,乘势而上,继续创造京口跨越发展的新辉煌。

"十二五"时期,全区上下要高

举中国特色社会主义伟大旗帜，以邓小平理论和“三个代表”重要思想为指导，以“践行科学发展观、率先基本现代化”为主题，以转变发展方式为主线，深化改革开放，加快结构调整，推进城乡一体，着力改善民生，积极打造创新创业、生态宜居、幸福和谐的现代化苏南一流城区。通过“十二五”的努力，实现京口综合实力强势攀升。地区生产总值年均增长13%以上，地方一般预算收入年均增长20%以上，全社会固定资产投资年均增长20%，累计完成实际到位外资5亿美元，形成一批特色产业基地和百亿企业方阵。经济结构不断优化。服务业增加值占GDP比重达到70%，高新技术产业产值占规模工业产值比重每年提高3个百分点，战略性新兴产业销售占规模工业销售比重达到50%以上。城乡一体加速推进。全面完成“城中村”改造和老小区整治，城乡基础设施更趋完善，社会保障体系和公共服务体系更加健全，城市化水平达到99%以上，基本实现整体城市化。社会发展更加和谐。富民水平逐年提高，力争实现城乡居民收入五年“倍增”。基层基础不断巩固，社会事业均衡发展，社会管理规范有序，公民素质普遍提高。

实现上述目标，要把握好以下要求：必须把率先基本现代化作为战略任务。注重发展过程与结果的有机统一、发展速度与效益的相互协调，努力实现经济社会的全面、协调、可持续发展，加快建设现代化的苏南一流城区。必须把转型升级作为主攻方向。实施现代服务业和战略性新兴产业“双轮驱动”，坚持好中求快，加快转型升级，构建更具竞争力的现代产业体系，实现结构调整和发展质量的同步跨越。必须把自主创新作为重要动力。坚持人才引领、创新驱动，大力发展创新型经济，建设创新型城区，提升企业自主创新能力，实现由资源驱动向创新驱动的重大转变。必须把城乡一体化作为关键抓手。围绕整体城市化和城市现代化的目标，促进城乡经济、基础设施、公共服务等方面一体化发展，加强环境保护和生态建设，形成区域良性互动、协同共进的发展格局。必须把改善民生作为根本出发点和落脚点。完善保障和改善民生的制度安排，把推动创业就业放在重要位置，协调发展社会事业，提高社会保障水平，促进社会公平正义，让发展成果惠及京口人民。

三、奋发作为，努力实现“十二五”发展强势开局

2011年是“十二五”开局之年。全区上下必须高扬“创新、跨越、突破”的总基调，进一步解放思想、加速赶超，努力实现“发展质量新提升、城乡面貌新变化、人民生活新改善”的奋斗目标。在具体指标上，按照快于周边区域、快于全市平均、快于赶超对象的总体要求，实现地区生产总值增长14%；一般预算收入12亿元，增长20%；全社会固定资产投资260亿元，增长30%；实际利用外资1亿美元；高新技术产业产值占规模以上工业产值比重达34%；城镇居民人均可支配收入和农民人均纯收入分别增长13%和14%。（市指标分别为12%和13%）

明年要重点抓好六项工作：

（一）推动现代服务业跨越发展

把服务业作为结构调整的重点，更加突出“速度提升、比重提高、结构优化”的方向，全面落实现代服务业两年跨越发展《实施意见》，力争服务业占GDP比重达到66%以上，打造省级现代服务业集聚区。提升传统服务业品质。以吸纳高端消费为目标，加快建设苏宁广场、财富广场、天正置业广场、皇冠假日酒店、帝宝花园酒店、如意江南等项目，巩固八佰伴、商业城等龙头企业旺销势头，引进优质企业和精品项目，提升高端市场份额。培育更多商贸网点，通过欧尚超市、红豆广场、第一楼街等载体集聚人气，引导企业错位发展、合理竞争，形成各具特色、共同繁荣的商业格局。推广社区“网格化”管理模式，大力发展家政服务、专业配送、居家养老等家庭服务业，形成一批“京口服务”品牌。释放生产服务业效能。把握二、三产业融合发展趋势，引导骨干工业企业“主辅分离”，引进研发设计、商务咨询、法律、会计、营销策划、售后服务等高端业态，构建功能完备的生产服务体系。整合港口岸线和水陆交通资源，做优粮油、医药、食品、危化品等物流特色，发展第三方、第四方物流，建设区域性现代物流产业高地。壮大信息技术、软件研发、医药研发等现有外包产业规模，开拓外包服务领域，力争全年新增服务外包企业25家、合同额突破1亿美元（目前，我们已经创成省级服务外包示范区，要争创国家级服务外包示范区，前提是镇江市要创成国家级服务外包示范市。但目前镇江还没有创建成功，我们要提前做好各项准备工作，为争创打好基础）。发挥交通区位和产业优势，规划建设具有辐射性的专业市场。拓展新型服务业业态。加强楼宇经济引导，健全业态准入、业绩考核、竞争淘汰等机制，提升楼宇综合收益。主动对接全市旅游业发展，完善配套服务设施，做大京口旅游业规模。发挥金融机构密集的优势，推动金融服务和金融产品创新，力求在发展民间创投、风险投资、私募基金等方面取得突破。挖掘和开发辖区文化资源，加大招商引资力度，引进培育文化企业，推动京口文化产业从无到有、从小到大。坚持市场化道路，建立共享合作机制，稳步推进新河街保护性开发，建设一批文化精品项目。

（二）构筑产业发展新优势

发展战略性新兴产业是调整产业结构、转变发展方式的重大抉择，更是实现绿色增长、进位赶超的重要抓手。要围绕“工业销售超千亿”目标，实施“百亿企业帮扶计划”，重点支持一批战略性新兴产业基地建设，力争明年完成新兴产业投入25亿元，实现新兴产业销售143亿元。在建设特色产业基地上展示作为。全力服务爱励鼎胜合作项目建设，加速鼎铝25万吨技改项目投产见效，支持企业开发高精度铝材、车用材料等高附加值产品，引导扶持绿洲新能源、科捷锂电池、海龙核材等成长型企业发展壮大，着力建设全国一流的新能源、新材料研发生产基地。围绕

“海洋工程产业发展规划”,依托港盛重工等企业,拓展延伸海工装备领域,促进临港型优质项目落户建设,壮大海工产业基地规模。全力服务中储粮粮油加工、仓储、物流三大体系建设,引进区域型总部,实施小包装和二期5万吨级码头项目,打造长三角油脂加工和粮油物流基地。在现代特色农业上培育亮点。围绕服务城市、服务市民的定位,充分利用新民洲、谏壁、象山的山体水体资源,积极发展特色养殖、休闲观光等现代农业,不断提升京口农业的产业化、市场化水平。要加大力度推进双鱼山庄、新民洲现代生态农业园等重点农业项目建设,做优现有“农家乐”企业综合环境和经营水平,吸引更多市民消费,形成京口现代特色农业的品牌亮点。在提升招商引资水平上扩大成效。发挥骨干企业和重大项目的带动作用,在抓好单个项目引进的同时,注重提高产业链招商的力度和成效,推动新兴产业整体性转移。支持有条件的企业“走出去”、“请进来”,用好国际国内两个市场、两种资源,提高企业竞争力。推动宝华半挂技改项目早日建成投产,带动配套企业落户,紧盯汽车紧固件、冷藏车厂搬迁等项目,做大做强汽车零部件产业。加快实施伊势蛋鸡项目,发展食品、饲料加工和生物科技等产业,建设较为完整的产业链条。在园区开发建设上实现突破。要按照打造名副其实的省级开发区的目标追求,强化“项目兴园”的工作理念,下大力气引进实施更多优质大项目,提高在建项目的投速、投效,增强综合实力,力争位次排名有较大前移,提高对全区利用外资、工业销售、财政收入等主要经济指标的贡献份额。着力引进战略投资者和世界500强企业,共同开发园区。启动京口工业园区二期开发。落实新民洲港口产业园基础设施配套,确保农民安置房和行政服务中心按时交付使用。抓紧实施两个园区整体拆迁工作,全面提升园区的对外形象。

(三)增强科技创新驱动作用

全面落实中央、省、市中长期人才规划纲要,推动科技创新和人才创业,增强经济发展的原动力。加大人才引培力度。呼应全市新一轮“创新人才集聚工程”,结合京口新兴产业发展趋势,加快引进培养高层次领军人才、高水平创新创业团队、高素质管理人才、高技能实用人才,确保全年引进10个以上创新创业领军人才和团队,力争更多人才进入国家和省、市扶持计划。增强企业创新能力。落实全市“千企创新工程”,引导创新要素向企业集聚,鼓励优势企业建立工程技术中心、院士工作站和博士后工作站等平台,培育自主知识产权和自有品牌。支持鸿泰钢铁、谏壁电厂、索普集团等骨干企业加大技改力度,推动企业成为研发投入主体、技术创新主体、成果应用主体,确保明年新增高新技术企业5家,全社会研发投入占GDP比重达到2.4%。加快载体建设速度。实质性启动禹山创意新社区建设,强势推进规划范围内的城中村改造和安置房等配套设施,引导相关工业企业转型发展。支持社会资本建设创新载体,实施学府科技创业园二期、高创中心二期、大学生软件实训基地、网购中心等项目,确保全年开工建设10万平方米创新载体。充分发挥京口软件园、归国博士创业园、学府科技创业园等平台作用,探索完善运行管理模式,加强创新成果的就地转化,真正把创新载体建设成为优质企业和领军人才集聚发展的高地。做优创新创业环境。增加科技人才投入,强化配套服务功能,严格兑现各项扶持政策,进一步营造适宜创新创业的优良环境(科技人才经费,2009年我们安排了1000万,2010年安排了1300万,2011年要按照20%以上的增幅,安排资金1500万以上)。鼓励企业、高校、科研院所、金融机构建立创新联盟,积极探索资助、融资、风投、合作等多元化的投入机制,构建运作高效、充满活力的技术创新体系。

(四)加快宜居京口建设步伐

继续大力推进“三大改造”,完善城市功能,彰显城市品位,努力建设生态宜居的现代化城区。加大城市建设力度。引导城区内工业企业“退二进三”,创造条件改造城市棚户区。实施孟家湾、薛家湾等城中村改造,基本完成城中村改造任务,全年拆迁100万平方米。精心运作在手资源,加速丹徒、谏壁集镇改造,切实改善集镇环境。实施焦山路、象山路、江滨大道东延等城市干道建设,力争启动镇澄路改造,完成横山东路、雩龙公路南段工程建设,进一步完善区域路网。创造良好居住环境。高质量推进戴家湾、象山花园二期等安置房建设,认真做好回迁安置工作,确保象山花园一期、米山雅居等安置点顺利回迁。加强房地产市场的分析研究、合理引导,促进东部地区住宅开发与商业布局、基础设施、公共服务的匹配融合,推动房地产业持续健康发展。优化生态环境质量。强化绿色增长理念,发展低碳经济,倡导低碳生活方式,确保完成节能减排各项任务。深入开展生态市创建,形成黑臭河流整治长效机制,完成合山、鼎石山(原称宝塔山)生态景观建设,实施古运河、一夜河等河道疏浚工程,建成索普西区绿化带6.5万平方米,新增绿化造林面积2000亩,为镇江创建国家生态市作出更大贡献。提升城市管理水平。立足更高起点,学习借鉴先进地区的经验做法,严格落实精致化管理的具体措施,实现城管各项工作的常态、高效、优质。以城管示范路、示范小区创建为抓手,加大城管环卫基础设施投入,狠抓影响市容市貌关键节点整治,切实解决违法建设、占道经营等突出问题,整治老小区30万平方米,用更加整洁优美、畅通有序的环境,展示城管工作的形象和水平。

(五)提高民生事业发展水平

把保障和改善民生摆在更加突出的位置,健全公共服务体系,增强富民惠民成效,不断提升人民群众生活品质。发展优质均衡的社会事业。围绕建设苏南一流教育强区的目标,全面落实《教育改革发展意见》,加大改革力度,优化资源布局,实施“校安工程”,促进教育公平。有序推进卫生系统绩效考核,建成京口区妇女健康服务中心和谏壁镇、四牌楼社区卫生服务中心,建立覆盖城乡居民的公共卫生服务体系。加强文体基础设施建设,优化群众性文化体育活动的环境。完善社会保险扩面征收长效机制,构筑城乡统一的社会保障体系。健全困难群众救助机制,改善和提高弱势群体生活水平。完善居家养老服务网络,建成区级示范性养老机构,推动老龄事业健康发展。深入做好消费市场的监督管理,促进市场价格总体水平保持稳定。浓厚全民创业的良好氛围。巩固和发展全民创业的良好局面,大力度推进 "大学生创业示范区"建设,总结推广大祥时尚街等创业孵化基地的运行模式,促进创业工作向高层次、特色化方向发展,吸引大学生创业项目200个、创业就业2000人。要根据各个区域的实际情况,因地制宜、因势利导,拓展个性化的创业就业路径,让更多的群众劳动致富,提高收入水平。强化社区建设的工作力度。实施新一轮社区办公用房达标工程,调整优化社区布局,加快建设正东路睦邻中心、左湖中心社区等公共服务平台。加强城市老小区、新建小区管理,健全服务机制,打造一批特色鲜明的社区建设典型。发挥社区"两委"班子作用,提高社工队伍素质,建立健全竞争机制,不断提高社区工作水平。

(六)营造和谐稳定的发展环境

创造文明和谐的社会环境,是经济社会快速健康发展的重要保障,更是执政为民的重要责任。深化"平安京口"建设。推动社会管理创新,实施社会风险评估机制,完善"大防控"、"大调解"体系建设,严格落实信访稳定责任,深入开展领导干部大接访、大下访活动,畅通群众利益诉求表达渠道,有效化解社会矛盾。抓好食品药品质量安全和生产安全,确保群众安居乐业、社会和谐稳定。加强民主法治建设。以争创省"法治工作先进单位"为抓手,大力推进依法行政,强化公正廉洁执法,制定实施《"六五"普法规划》,广泛开展法制宣传教育,提高依法治区水平。积极支持人大、政协履行职能,更加重视统战、群团和人武双拥工作,进一步巩固和衷共济、团结奋进的良好局面。提高城市文明水平。认真落实全国文明城市创建的各项任务,保持全民共建共创的良好态势,完成"档案馆国家二级馆"建设。加强公民素质建设,广泛开展群众性精神文明创建活动,充分发挥"京口群贤"带动作用,努力倡导积极向上、互助包容的社会新风尚。

四、开拓创新,着力提升党建工作整体水平

深入开展创先争优活动,积极创建"第六轮党建工作先进区",推动党建工作科学化发展,用更加优异的成绩向建党90周年献礼。

保持奋发作为的昂扬斗志。新的起点、新的机遇,给我们提供了大显身手的广阔空间。要精心组织纪念建党90周年系列活动,用骄人的业绩激励人心,用美好的前景鼓舞斗志,用创新的举措推动发展,唱响时代主旋律,振奋干群精气神。各单位、各部门要认清自身在全市、全省的位次,拿出敢闯敢试、敢为人先的工作激情,争当第一、创造唯一、打响品牌。开发园区要激活发展机制,做强特色产业,加速进档升位;谏壁镇要瞄准"全省百强",壮大财政实力,加快赶超步伐;象山镇要在加速整体城市化上展示更大作为,增创发展优势;各个街道要在城市经济、社区建设、城市管理等方面,做出新的亮点。

夯实推动发展的基层基础。扎实推进"强基工程",按照民主公开、竞争择优的原则,精心组织党委换届工作,选优配强各级领导班子,以开拓进取、朝气蓬勃的领导集体,带动各层各级创造更大的发展业绩。要全力服务转型发展。围绕建设"创业型"农村党组织、"创新型"企业党组织、"服务型"社区党组织和"创优型"机关党组织的目标,充分调动广大党员干部的积极性和创造性,在各条战线竞相作为、争当优秀,展示京口转型发展的生机活力。要充分凝聚民心民力。统筹兼顾发展的新要求与群众的新期盼,与时俱进、改革创新,不断赋予党建新的内涵,用改善民生的成效检验工作,用群众满意的程度树立形象,真正把党组织建设成为服务群众、推动发展的坚强战斗堡垒。

锤炼干事创业的能力素质。各级领导班子和领导干部,要提高学习实践的能力。把学习作为一种追求,善于学习新知识、接受新理念,尤其要深刻研究当前积极稳健、审慎灵活的宏观政策,分析研判复杂多变的经济形势,结合京口实际,谋划应对措施,增强工作预判性,把握发展主动权。要提高狠抓落实的能力。牢固树立实干兴区的理念,大力弘扬求实、务实、落实的工作作风,苦干、实干、拼命干,真正把各项重点工作抓到底、抓到位。要提高破解难题的能力。针对制约区域发展的重大瓶颈、影响项目建设的实际问题,发扬迎难而上、埋头苦干的拼劲韧劲,强化协调服务,善于争取支持,用超常规的举措和力度,取得各项工作的突破。

提升廉政为民的良好形象。进一步完善惩防体系,严格落实党风廉政建设责任制,加大问责问廉问效力度,加强对重要权力节点的监控,增强教育防范和制度约束的实际成效,引导党员干部把《廉政准则》作为从政指南,始终做到严于律己、秉公用权、清正廉洁,彰显人格品行的感召力。牢固树立群众观念,坚持群众路线,通达社情民意,切实解决好关乎群众利益的实际问题,始终与人民群众同呼吸、共命运、心连心,不断增强执政为民的公信力。

同志们,展望"十二五",我们肩负着转型发展的历史重任,承载着人民群众的殷切期盼。让我们在科学发展观的引领下,强势抓开局,转型促跨越,努力创造无愧于时代、无愧于人民的业绩,为开启京口"十二五"发展的新征程而努力奋斗!

政府工作报告

2011年1月12日在京口区第七届人民代表大会第四次会议上

区长 郭 建

各位代表:

现在,我代表京口区人民政府向大会作工作报告,请予审议,并请区政协委员和各位列席人员提出意见。

2010年和"十一五"回顾

2010年,在市委、市政府和区委的正确领导下,在区人大和区政协关心支持下,我们深入贯彻科学发展观,按照"苦干实干、争先争强"的总要求,创新克难,锐意进取,保持了全区经济社会持续、健康、快速发展,完成了区人大七届三次会议确定的各项目标任务,实现了"十一五"圆满收官。

一是综合实力迈上新台阶。预计实现地区生产总值255亿元,增长14%,人均6.7万元。地方财政一般预算收入突破10亿元大关,增长20.5%。现代服务业提速发展。预计完成服务业增加值158亿元,占地区生产总值62%,完成社会消费品零售总额141亿元,增长18.5%。八佰伴购物中心、镇江商业城购物广场开业,发展态势喜人。苏宁广场、财富广场等城市综合体建设进展顺利,国际饭店改造升格为五星级酒店,宜必思酒店开业,皇冠假日酒店封顶装潢,大市口中央商圈集聚辐射能力明显提升。欧尚超市繁荣兴旺,大润发京口店加快建设。信息服务业营业收入56.5亿元,服务外包执行额4961万美元,分别增长47.2%和68%。中储粮粮油、宝华危化品、恒伟食品、九泰药品等专业物流业加快发展。制造业加速升级。规模以上工业增加值、销售和利税分别增长15%、29.8%和40%。全区工业技改投入80亿元。鸿泰技改竣工投产。鼎铝技改规模不断扩大,科技含量不断提高。索普集团发展良好,谏壁电厂100万千瓦机组扩建项目即将投入使用。中储粮百万吨大豆压榨项目投料试产。绿洲新能源、科捷锂电池项目加快推进,海龙核材项目开工。投资3亿美元的爱励鼎胜铝业合作项目正式签约,即将开工建设,为构筑新兴产业发展优势奠定重要基础。生态高效农业稳步发展。投资10亿元的伊势蛋鸡项目成功签约,新民洲现代农业产业园加快推进,新增农村合作经济组织12个,入社农户705户。

二是发展活力明显增强。投入持续增长,完成全社会固定资产投资200亿元,增长39.7%,增幅全市领先。完成实际到位外资8770万美元。投资结构优化,新兴产业投资18亿元,增长14倍;规模服务业投资110亿元,增长58%。科技创新水平提升,全社会研发投入占GDP比重2.28%。推进高新技术产业集聚区建设,完成大禹山创意新社区规划编制,建成创新创业载体4.3万平方米,京口高创中心升格为国家科技企业孵化器,新增学府科技园省级高创中心,归国博士园集聚效应显现,中煤电子建成我区第一家企业院士工作站,惠通集团、中福马机械、鼎胜铝业等3家企业建成省级工程技术研究中心。新增高新技术企业4家,完成高新技术产业产值81.8亿元,占规模以上工业比重31%。李溪博士入选国家"千人计划",申报新一轮国家"千人计划"2人、省"双创计划"14人、省"科技创新团队"3个。申请专利950件,争取上级科技扶持资金2200万元。园区承载力提高,工业园区高创中心主体封顶,蔡家路开工建设,积极推进上隍路、338省道建设。新民洲被列入全市海洋工程装备制造基地,新民洲港务公司五万吨级公用码头开工建设,农民新社区、园区综合服务中心建设完成90%实物工程量。

三是改善民生成效良好。城镇居民人均可支配收入和农民人均纯收入分别达23550元和11490元,分别增长11%和13%。为民办实事项目完成良好。突出大学生创业特色,全面推进创业型城市建设,建成创业孵化基地8个3.6万平方米,扶持创业9774人,新增注册资本216.6亿元,私营企业2994户,个体工商户6647户。健全就业帮扶机制,新增城镇就业10852人,转移农村劳动力733人。扩大社会保障范围,新增扩面10500人,安置被征地农民1362人。推进工资集体协商,组建劳动人事争议仲裁委员会,保障企业和职工合法权益。城乡低保标准统一提高,落实低收入群体物价上涨动态补贴政策。落实为老政策,按时足额发放"尊老金",建成居家养老服务平台。为248名特困残疾人实施助明、助行、助听康复行动,为110名重度残疾人免费实施生活护理服务,区残联被评为省"十一五"助残先进集体。实施校舍安全工程,新建改造校舍2.53万平方米。加强校园安全防控,清理整顿无证幼儿园。社区卫生服务中心率先加入市康复、江滨两大医疗集团,实施基本药物目录制度,药品价格平均下降44.2%。谏壁镇社区卫生服务中心改扩建工程主体封顶,农村孕产妇住院分娩补助等四项公共卫生服务项目全面实施。完成新河街历史文化街区保护性开发规划编制,实现基层文化信息资源共享工程服务点全覆盖,剧本《如此智慧》获首届国家戏剧文化奖小型剧本类一等奖。

四是城乡环境不断改善。完成拆迁101万平方米,建设安置房40多万平方米,回迁安置1087户。做好征地拆迁工作,积极服务北部滨水区建设,保证了江滨大道东延、象山路、象山花园、御带河花园等市重点工程顺利实施。融资6

亿元实施戴家湾、新生村、新华砖瓦厂、前官庄等城中村拆迁改造。拓宽改造雩龙公路，莺歌桥春节前竣工。推进房地产业持续发展，开工建设商品房145.8万平方米。综合整治弥陀寺巷、花山湾八区等30万平方米老小区，人居环境不断改善。推进环卫体制改革，组建保洁公司，消除保洁盲区。大城管考核始终保持优秀等级，全市领先。新建改造公厕13座、垃圾中转站4座。完成九里街、学府路菜市场升级改造。拆除违法建设4.4万平方米，遏制新生违建。建成斜桥街等4条市容示范路和香江花城、双井路等9个无乱涂乱画小广告社区。落实生态市创建任务，谏壁镇通过省环境优美乡镇考核。完成绿化造林3055亩，建设索普生态绿化带4.5万平方米，古运河、一夜河、玉带河等河流整治效果初显。连续两年实现全区范围秸秆零焚烧。积极推进“青山绿水”行动计划，建成花山古城遗址公园，合山整治完成征地拆迁。荣获全国地质灾害防治十有区和省土地执法先进区称号。

五是社会和谐稳定不断巩固。积极开展文明城市创建活动，完成第九届村民委员会和第四届社区居民委员会换届选举，开工建设象山镇左湖村综合服务中心。通过省“五五”普法终期考核验收。实现连续28年无责任退兵，荣获第九届省双拥模范区称号。完善应急处置工作机制，深入开展社会矛盾纠纷大排查大调解，圆满完成全国“两会”、世博会等重要时期维稳任务，再次被评为省信访“三无”区。严格落实安全生产责任制，未发生重特大责任安全事故。开展食品添加剂、奶制品等专项整治，做好食品安全监管工作。完成全国第六次人口普查登记工作。组建区国有资产经营管理总公司。深入开展放心消费创建活动，大市口街道、大祥时尚街、八佰伴商场等被评为省级先进区域和先进单位。积极为镇江新区、辖区单位做好服务工作。

六是行政效能进一步提升。完成区、镇政府机构改革。全面推进行政权力网上公开透明运行，加强电子政务建设，深化行政审批制度改革，行政权力“挂起”421项。落实政府组成人员联系人大代表、与区政协工作情况交流等制度，自觉接受人大、政协的监督，办理人大代表建议123件、政协委员提案153件，答复率、满意率和基本满意率100%。落实政府常务会议学法用法制度，集中学习法律法规9部，提高科学决策和依法行政水平。认真贯彻《廉政准则》，加强对拆迁安置、国有资产处置、重大工程建设等重点领域监督，加强财政监督和审计监督，加大行政监察和责任追究力度，坚决纠正行业不正之风，从源头上预防和治理腐败。

各位代表，刚刚过去的2010年为“十一五”发展画上了圆满句号。五年来的奋斗和变化，让每一位京口人都倍感自豪。五年来，我们坚持又好又快，在科学发展道路上跨越奋进，积极应对国际金融危机的严峻挑战，抢抓机遇，全力保增长、调结构、促转型，实现了经济持续健康发展。地区生产总值年均增长14.3%，财政总收入、地方财政一般预算收入分别是“十五”末的1.66倍和2倍，服务业贡献份额持续提升，占地区生产总值比“十五”末提高了14.8个百分点。五年来，我们始终把大力改善民生、促进社会和谐稳定作为政府工作的根本目标，让改革发展的成果最大程度普惠群众。2008年实现全面小康省定目标值，区财政民生类投入累计达9.45亿元，年均增长23.9%，城乡居民收入比“十五”末分别增长85%和78%，实现省区域教育现代化目标，医疗、保障等公共服务水平大幅提升。五年来，我们坚持把解决当前和发展长远相结合，狠抓项目建设，增加有效投入，实现投资、消费、出口协调发展。累计完成全社会固定资产投资573亿元，是“十五”的10.6倍，年均增长59.6%。实际到位外资累计完成3.7亿美元，是“十五”的2.2倍。现代服务业和先进制造业“双轮驱动”，经济转型升级步伐加快。工业园区、新民洲港口产业园区发展迈上了新台阶。五年来，我们始终保持奋发有为的精神状态，突破发展难题，激发创新活力。累计拆迁320多万平方米，融资18.4亿元，城乡建设、生态建设、社会建设等领域精彩纷呈，广大干部群众自信自强、团结拼搏、奋勇争先的精气神成为推进未来发展最珍贵的财富。

各位代表，我们深切感受到，“十一五”发展成就来之不易，离不开市委、市政府和区委的正确领导，凝聚了全体人民代表、政协委员和社会各界人士的智慧与汗水。在此，我代表区人民政府向为京口跨越发展努力奋斗的全体人民代表、政协委员、驻区各单位和广大干部群众表示衷心的感谢和崇高的敬意！

各位代表，我们也清醒地认识到，发展中还存在一些深层次问题需要解决。经济总量和综合实力还需增强，现代服务业和新兴产业发展刚刚起步，转型升级任务艰巨；财政收入新增长点不多，收支平衡压力巨大，支持和调节发展能力不强；整体城市化和城市现代化水平还需要进一步提升；民生改善、社会事业发展与群众期盼仍有较多差距；长期积累的一些深层次问题对维护社会和谐稳定，加强社会管理创新提出了很多挑战。这些问题，我们都将在今后工作中认真解决。

“十二五”展望

未来五年，我们将进入转型发展的攻坚期、跨越赶超的加速期、富民强区的关键期。新一轮产业科技革命风起云涌，为我们加快发展新兴产业和现代服务业、加速转型升级带来了新机遇。“长三角”区域一体化，给我们承接资本、技术、人才等各类要素带来了新契机。全市加大城市化、工业化力度，为我们进一步拓展了发展空间。我们将敏锐把握这些有利条件，在大有可为的战略机遇期更加奋发作为，抢抓新机遇，增创新优势，推动我区发展跃上更新更高平台。

“十二五”时期全区经济社会发展的指导思想是：高举中国特色社会主义伟大旗帜，以邓小平理论和“三个代表”重要思想为指导，以“践行科学发展观、率先基本现代化”为主题，以加快转变发展方式为主线，以科技创新和人才建设为支撑,大力改善民生,深化改革开放,加快结构调整,加速整体城市化,为建设创新创业、生态宜居、幸福和谐的现代化苏南一流城区而努力奋斗。

“十二五”期间,我们将努力让综合实力再上新台阶,地区生产总值年均增长12%以上,实现总量翻番。地方财政一般预算收入、全社会固定资产投资、社会消费品零售总额年均增长20%、20%和19%以上。让产业结构更加优化,服务业增加值占地区生产总值比重超过70%,高新技术产业产值占规模以上工业比重每年提高3个百分点以上。新兴产业销售占规模工业销售比重提高到50%以上。让科技创新能力更强,全社会研发投入占地区生产总值比重2.7%,百亿元地区生产总值专利授权数25件,科技进步贡献率达60%。让人民生活更加富裕,力争城乡居民收入五年翻番,增长率高于全市平均水平,养老、医疗、失业、工伤、生育等社会保障体系更加完善。让生态环境更加宜人,全面完成“城中村”改造和老小区整治,城乡基础设施更趋完善,城市化率99%,人口自然增长率控制在2.6‰以内,森林覆盖率超过26%,单位GDP能耗和二氧化碳排放量下降、主要污染物排放削减、耕地保有量完成上级下达任务。

推进“十二五”发展,我们将坚持转型升级,实施现代服务业和战略性新兴产业“双轮驱动”,大力推进结构调整,实现科学发展,实现基本现代化目标。坚持整体城市化,提升城市现代化水平,加强环境保护和生态建设,促进城乡经济、基础设施、社会事业、就业保障等方面一体化发展。坚持创新驱动,大力发展创新型经济,提升区域自主创新能力,打造人才荟萃的智力高地,构筑更强竞争优势。坚持民生优先,以富民为根本目标,大力促进创业就业,提高社会保障水平,推进基本公共服务均等化,加强社会管理创新,协调发展各项社会事业。

2011年主要工作

2011年是“十二五”开局之年,按照区委六届十一次全体扩大会议要求,我们将高扬“创新、跨越、突破”的总基调,进一步解放思想、加速赶超,努力实现“发展质量新提升、城乡面貌新变化、人民生活新改善”的奋斗目标。今年国民经济和社会发展主要预期目标是:地区生产总值增长12%,地方财政一般预算收入增长16%。全社会固定资产投资增长20%,实际到位外资8000万美元。高新技术产业产值占规模以上工业产值比重33%,全社会研发投入占地区生产总值2.38%,服务业增加值占地区生产总值64%,社会消费品零售总额增长19%。城镇居民人均可支配收入、农民人均纯收入分别增长12%和13%。认真完成各项节能减排任务,实现“绿色增长”。

围绕上述目标,我们将重点抓好以下几个方面工作。

一、坚持民生优先,协调发展各项社会事业

将群众最关心的问题作为政府工作的出发点,大力改善民生。激发创业活力,稳定充分就业。以创业促进就业,巩固全民创业良好势头,鼓励引导各类群体创业致富,私营企业、个体户注册资本增长25%以上。加快创新创业载体建设,新增10万平方米。广开就业门路,抓好城镇困难群体、失地农民就业援助,提供更多的卫生保洁、园林绿化等公益性岗位,让大龄的、缺少技能的人通过劳动增加工资性收入。提高社会保障水平。做好社保扩面征缴,开展共商薪酬活动,提高工资集体协商履约率。提高居民医疗保障水平,缓解群众看病贵难题。维护物价稳定,落实物价补贴政策,保障低收入群体基本生活水平不因物价上涨而降低。加快发展养老服务,落实为老政策,建设镇、街道养老服务工作站,形成居家养老、社区养老、集中养老等多种方式相互补充的格局。发展慈善事业,完善城乡社会救助制度,推进城乡低保规范化建设。加强残疾人服务和保障体系建设,推进居家护理常态化。提供优质公共服务。加快完善公共卫生体系建设,完成谏壁镇、四牌楼街道社区卫生服务中心改扩建工程,80%以上社区卫生服务中心创成省示范中心,满足群众基本医疗卫生需求。实施文化惠民工程,扩大向社会免费开放文化公共设施范围。深入开展全民健身活动,构建全民健身服务体系。

二、加速转型升级,积极构筑现代产业发展新优势

深入实施现代服务业和战略性新兴产业“双轮驱动”,全面提升产业核心竞争力。

加速现代服务业跨越发展。加快建设大市口商贸商务主中心。把握商贸流通业综合和细分发展趋势,统筹发展城市综合体和连锁专卖店、直销购物中心、特许经营、生活体验中心等各类专业消费载体,推动城市向消费主导型转变。积极服务苏宁广场、财富广场等城市综合体建设,支持商业城、八佰伴做大做强,加快推进皇冠假日、帝宝花园等五星级酒店建设,推进电子商务、法律咨询、会计审计、工程咨询、信用评估、认证认可、广告租赁等商务新兴业态快速发展。鼓励更多银行、证券、保险等金融机构来我区设立分支机构,发展创业投资、风险投资、股权投资等新型金融业态,建设金融集聚区。大力度推进大禹山创意新社区建设,打造创意产业基地。放大“省级国际服务外包示范区”效应,争取新增服务外包企业25家、合同额突破1亿美元。推进“软件百企”工程,在智能电网、工业软件、基础软件等领域培育重点企业。积极发展创意设计、动漫游戏等产业,推动文化产业大发展。努力在第三方物流服务和第四方物流企业引进上实现新突破,培育壮大中储粮、宝华、恒伟、九泰等物流企业,加快建设新民洲综合物流基地,打造粮油、冷链保鲜食品、药品、危化品等专业物流新优势。推进家政服务、养老托幼、食品配送等传统业态连锁化、规模化经营。

加快新兴产业集聚发展。围绕新材料、新能源、海洋工程等战略性新兴产业,集中资源和力量,发挥政策叠加效应,打造新兴产业特色基地。全力推进爱励鼎胜铝业合作项目,建设高性能特种铝材制造基地。推进绿洲新能源尽快投产达效,加快科捷锂电池、海龙

核材等项目建设，打造以光伏、核级材料和电池材料为主的新能源、新材料产业基地。推进新民洲公共码头建设，发挥深水岸线和腹地资源优势，促进临港型优质项目落户建设，发展海洋工程产业。

促进传统产业升级改造。围绕到2015年实现千亿工业销售目标，实施“百亿企业培扶计划”，推进传统优势产业升级改造。运用高新技术改造提升金属压延、机械制造、粮油加工等传统优势产业，促进产业链向研发、设计、营销、服务等领域延伸。鼓励引导企业加大技术改造投入，引进专利、专有技术、软件及配套技术，促进传统产业升级进入新兴产业和高新技术产业领域。推动宝华半挂技改项目尽快投产，抓好汽车紧固件、冷藏车等项目，发展汽车零部件产业。培育壮大鼎胜铝业、鸿泰钢铁和中储粮等规模骨干企业，打造出行业领军型的“百亿企业”。开展节能降耗、清洁生产，探索“绿色增长”和低碳经济发展新路。加快传统农业转型升级，积极发展都市休闲观光农业和现代种植养殖业，推进伊势蛋鸡项目建设，加快新民洲现代产业园区建设。

提升开放型经济水平。抓住国际先进产业转移的机遇，积极引进技术和知识密集型的现代服务业和战略性新兴产业项目，吸引企业设立研发机构、营销中心、设计中心和区域总部。坚持国资、民资和外资齐上，引进一批技术含量高、带动作用强、发展潜力大、资源能耗低的项目。完善两大园区配套设施，提升承载力。拓展工业园区发展，优化新民洲港口产业园区功能布局。加强外事、侨务等工作，更好地发挥其在扩大开放中的作用。

三、坚持创新驱动，强化科技人才支撑

建设人才荟萃的智力高地。发挥人才第一资源作用，重视人才集聚的“磁铁效应”，注重柔性引才、以才聚才，完善政府、民间、市场等多元化主体的人才引进格局，引进一批符合我区产业发展方向的高层次科技人才、高素质管理人才、高技能实用人才，确保引进10个以上创新创业领军人才及团队。完善资助奖励、投融资扶持等优惠政策，确保人才引得进、留得住、干成事。

提高区域自主创新能力。强化科技第一生产力作用，加大财政投入，调动企业科技创新积极性。扶持科技型中小企业，优先安排科技扶持资金，发展科技银行、科技小额贷款公司，支持企业通过技术入股、技术外包、委托开发、购买成果等形式，突破关键技术，获得自主知识产权。积极建设研发、检测等公共服务平台，满足科技创新需求。促进企业与高校、科研院所建立产学研合作组织和创新战略联盟，推进与高层次科研院所合作，加快科技成果转化。推进企业院士工作站建设，支持企业建设省级以上工程技术研究中心、重点实验室。

提高教育现代化水平。落实教育优先发展战略，增加教育投入，确保生均教育经费、生均公用经费逐年增长，全社会教育投入增长比例高于地区生产总值增长比例，办人民满意的现代化教育。深入实施素质教育，推进基础教育优质均衡，大力发展学前教育，巩固小学教育优势，提高初中教育质量。提高特殊教育办学水平，积极发展非学历教育，构建社区教育、终身教育体系。优化教育资源布局，化解学校基本建设债务。加强名校长、名师建设，加强拔尖人才培养与引进。深入推进“平安校园”建设，营造文明安全稳定的教育环境。

四、加速整体城市化，提升城市品质

深入推进“三大改造”。力争全年拆迁100万平方米。加快长江路、东吴路、禹山北路、学府路、宗泽路等轴线连片开发改造，积极服务好焦山路、338省道、上隍路等市城建重点工程建设。改善生态环境。服务青山绿水工程，推进合山、古运河等生态环境整治，彰显山水花园城市特色。推进生态市建设，加强污水和河道综合整治，同步做好截污、清淤和沿岸景观绿化，完成黑臭河流和排污口整治任务。推进绿化造林，新增造林1000亩以上。多渠道解决农作物秸秆综合利用，确保综合利用率达98%以上。提高城管现代化水平。完善大城管考核体系，加快垃圾中转站、公共厕所、建筑垃圾处置场等环卫基础设施建设，进一步提高城管现代化水平。加强沿街经营业态、公共环境整治，推进解放路升级改造，打造一批城管示范路、示范社区（村）和示范小区。

五、加强社会建设，维护和谐稳定

创新社会管理。推进社会管理由防控型向服务型转变，推动人财物向基层倾斜。按照社区综合性管理服务设施布局规划，科学调整社区布局，高标准实施社区综合服务用房建设。创新外来人口和特殊人群服务管理体系，健全“以证管人、以房管人、以业管人”的流动人口服务管理新模式。激发体制机制活力。创新零散税收、房屋租赁税委托代征机制，加大综合治税力度。深化办学体制、学校人事管理制度改革，完善绩效考核，激发教育活力。深入推进医药卫生体制改革，探索社区卫生机构管理新模式。推进国有资产管理改革，创新村级集体资产管理办法。加强精神文明建设。围绕争创全国文明城市目标任务，开展群众性精神文明创建活动，加强未成年人思想道德建设，弘扬爱国主义、民族精神、创新创业创优的时代精神，倡导诚信、健康、大爱的文明风范。实施“六五”普法计划，提高群众法治和文化道德素养。区档案馆创成国家二级档案馆。维护和谐稳定。加强大调解机制、大防控体系建设，建立社会稳定风险评估机制，完善突发事件应急处置机制，有效预防和妥善处置各类群体性事件。深化“平安京口”建设，加强社会治安管理，加强科技防范网络建设。落实安全生产和食品安全责任，严防重特大事故发生。支持工青妇等人民团体开展工作，加强人民武装、“双拥”、民族宗教等工作。

今年我们还将集中力量，办好以下十件实事：

1. 建设大学生创业示范区，吸引300名大学生入户创办企业，扶持大学生创业就业2000人，创业带动就业6000人。

2. 改造老城区、城中村、老集镇40万平方米以上，整治老小区30万平方米以上，建设安置房20万平方米以上。

3. 建成上隍路、蔡家路。

4. 实施贫困残疾人家庭无障碍环境改造工程；扩大虚拟养老院服务能力，以政府购买方式提供居家养老服务1500人。

5. 实施校舍安全工程，新建加固校舍1万平方米。

6. 建成京口区妇儿健康服务中心。

7. 新建2个健身休闲广场，新改建30条体育健身路径。

8. 新建改造菜市场1.5万平方米。

9. 开展谏西地区环境综合整治，完成索普西区生态绿化带建设。

10. 实现谏壁地区区域供水。

六、强化政府效能建设，提高公信力、执行力

坚持改革创新。把改革创新精神贯穿于政府工作各个环节，鼓励支持一切有利于发展的创新创造活动，探索新体制、新机制，激发干事创业激情，推动京口在新的起点上跨越发展。始终恪尽职守。始终保持攻坚克难的勇气、敢为人先的锐气，勇于负责、真抓实干，不断提高应对复杂局面、驾驭市场经济的能力。时刻关注民生，为人民群众办好事、办实事。实施依法行政。深化行政审批制度改革，优化办事流程，提高办结效率。建立健全民主决策机制，自觉接受人大和政协监督，认真办理人大代表建议和政协委员提案，高度重视群众监督和新闻舆论监督，推进政府决策的民主化、科学化。更加务实高效。倡导雷厉风行的工作作风，以快节奏、高效率推进跨越发展。加强重大项目建设、民生工程督查推进力度，确保各项工作及时落实到位。实施政务公开，推进行政权力网上公开，提高"12345"政府热线服务水平，提高政府服务效能。自觉廉洁从政。加强党风廉政建设责任制，深化惩治和预防腐败体系建设，从源头上预防和治理腐败。完善重大权力节点监控机制，加大审计监督和行政监察工作力度。厉行节约，集中财力改善民生，保持清廉、为民、务实的政府形象。

各位代表，"十二五"征程已经开启，前景无限美好，催人奋进。让我们在区委的坚强领导下，紧紧依靠和团结全区人民，坚定信心，锐意进取，创新实干，为京口率先实现基本现代化而努力奋斗！

◆资料链接◆

焦山炮台遗址

焦山炮台遗址

焦山炮台(亦称焦山抗英炮台)遗址，位于镇江市焦山东部。占地面积600平方米。

清廷为加强长江要塞防务，拱卫南京，于雍正年间在象山东码头修建炮台。鸦片战争爆发后，于道光二十年(1840年)，又在焦山修建炮台。同治十三年(1874年)，两江总督李宗羲命彭玉麟在焦山东督造明暗炮台，形成扇面，对准东、南、北江面。光绪二十六年，两江总督张之洞于焦山两峰建快炮台。民国27年(1937年)12月29日，驻守焦山的国民党军队对日本侵略军进行炮击，不仅使日军推迟进占焦山时间，还打死打伤多名日军。由于日军调集飞机配合，强烈对焦山进行轰炸，炮台被毁。

解放后，为保护焦山炮台遗址，1979年和1982年，镇江市人民政府曾两次拨专款对焦山炮台、炮堡遗址进行修缮。1982年3月25日，焦山炮台被江苏人民政府列为省级文物保护单位。1983～1985年，市政府拨专款修理4、5号炮堡及营门等。1996年7月，江苏省全民国防教育委员会命名焦山抗英炮台遗址为省级国防教育基地。

专 记

“十一五”回眸和“十二五”展望

“十二五”时期(2011~2015年)是京口深入贯彻落实科学发展观,深化改革开放、加快转变发展方式的攻坚期,也是谋求跨越发展,加速整体城市化,率先迈向基本现代化的关键时期。《镇江市京口区国民经济与社会发展第十二个五年规划纲要》按照国家、省、市“十二五”发展有关要求,主要明确了京口“十二五”期间经济和社会发展的主要目标、工作原则、重点任务和实施保障举措,是未来五年发展的宏伟蓝图,是全区上下共同奋斗的行动纲领,也是全区各类专项规划和相关政策制定的重要依据。

一、“十一五”率先建成全面小康社会

“十一五”期间,是我区发展史上经历挑战最严峻、考验最多的时期,也是我区综合实力提升最快、城乡面貌变化最大、群众获得实惠最多的时期。在市委、市政府的正确领导下,全区上下深入贯彻科学发展观,认真落实各项宏观调控政策,积极应对各种复杂变化,解放思想,开拓创新,苦干实干,争先当强,有效化解国际金融危机冲击,推动了经济社会跨越发展,全面完成“十一五”规划确定的各项目标任务,率先实现全面小康省定目标值,为“十二五”发展奠定了坚实基础。

(一)经济实力迈上新台阶

至2010年末(预计数,下同),全区GDP突破255亿元,一般预算收入跨越10亿关口,分别年均增长14.3%和16.6%,高于镇江全市平均水平;人均GDP达66630元(约合9813美元),年均增长13.6%;5年累计完成固定资产投资573亿元,是“十五”期间的10.6倍。2010年实现定报工业销售260亿元、社会消费品零售总额141亿元,分别是2005年的4.1倍和2.5倍。

(二)结构调整取得新进展

积极发展城市经济,服务业增加值占GDP比重提高14.8个百分点,三次产业占比逐步优化为0.5:37.5:62。建成八佰伴购物中心、百富商业广场等一批大型城市综合体,苏宁广场、财富广场、帝宝花园酒店、皇冠假日酒店等加快建设,商贸主中心地位凸显。高新技术产业产值年均增长30.5%,2010年达81.8亿元,占规模以上工业产值的31%。新兴产业发展迅速,2010年完成投资18亿元,增长14倍。搬迁转产高耗能、高污染企业28家,单位GDP能耗下降20%。京口工业园区、新民洲港口产业园区累计投资20.6亿元,建设亿元以上项目14个,集约集聚发展态势明显,特色产业基地初具规模。自主创新能力进一步增强,建成中煤电子院士工作站、鼎胜铝业博士后工作站、国家科技企业孵化器等一批高层次产学研平台,新增创新载体面积6万平方米,年专利申请量增长1.7倍,研发经费占GDP比重达2.28%。

(三)城乡面貌发生新变化

出台《关于加快城乡一体化发展的意见》、《京口区城乡统筹发展规划》,明晰了城乡一体化和加快城市化发展的路径。五年城乡建设累计投入86亿元,实施拆迁320万平方米,完成54%的城中村改造,建成安置房41.2万平方米,开发了一批现代化精品小区,区域形象明显改善。建成金港大道、谏辛公路等23条道路,完成燕舞桥改造工程,争取市级重点基础设施建设项目2个,建成污水处理厂、22万伏变电站等大型基础设施4个,全区道路里程增加45.8公里。大力推进“青山绿水”工程,整治黑臭河流8条,绿化覆盖率达43%,森林覆盖率达25%,人均拥有绿地达到16.6平方米,象山镇、谏壁镇通过“全国环境优美乡镇”省级考核。

(四)民生水平得到新提升

城镇居民人均可支配收入达23550元,农民人均纯收入11490元,年均增长13.5%和12.8%;恩格尔系数38%,比“十五”末降低2%。五年来累计新增城镇就业26424人,转移农村劳动力总数达6770人,扶持创业3703人,城镇登记失业率降低0.2个百分点。2010年民生支出3.4亿元,增长36%。整治花山古城遗址公园、建成恒顺实验小学、实施免费婚检优生筛查等实事工程,累计改造老小区26个190万平方米,全面实现社区办公用房“二次达标”,被评为“全国和谐社区建设示范区”。率先实现城乡低保并轨,城镇养老保险、新型农村养老保险覆盖率达98.5%和80%,失业保险覆盖率99.66%,基本医疗保险、新型农村合作医疗保险实现全覆盖。

(五)改革开放实现新突破

完成新一轮政府机构改革,实施卫生系统人事制度改革,规范公务员、教师队伍津补贴制度,推进事业单位分类改革,干事创业活力得到充分激发。彻底化解集资兑付问题,完成企业改制64家,改制面达85.2%,企业活力有所增强。五年累计合同到位外资7.8亿美元,实际到位3.7亿美元,分别是“十五”的1.4倍和2.2倍;吸纳民资152.5亿元,净增私营企业1971家、个体工商户6022户,规模以上民营企业由2005年37家增加到2010年98家。

(六)社会事业取得新进步

实现省级区域教育基本现代化,新建改造校舍6.17万平方米,建成全国社区教育实验区、省级义务教育均衡发展先进区、省级素质教育先进区,全区人均受教育年限达14.5年。高标准建成区疾控中心、卫生监督所等一批医疗卫生基础设施,稳步推进医药卫生体制改革,实现社区卫生服务网络全覆盖。社会文体事业繁荣发展,“魅力京口”影响力不断扩大,实现社区(村)体育设施全覆盖,圆满完成市下达十六、十七届省运会夺金任务。平安京口、法治京口建设深入推进,实现省社会治安安全区“六连冠”,再次荣获“省级双拥模范区”称号,社会和谐程度不断提高。

“十一五”期间取得的成绩明显,但面对新形势、新要求,我们的发展还存在一些问题和不足,主要是:经济增长尚未完全摆脱粗放模式,结构调整任务艰巨;现代服务业品质有待提高,规模化、品牌化、特色化发展需要进一步增强;新兴产业扩张规模总量、拉长产业链条的速度还需加快,实现爆发式增长的任务还很艰巨;整体城市化、城市现代化水平还不够高,公共服务均等化、社会事业优质化水平需要提高,维护社会和谐稳定还面临复杂局面。所有这些都需要我们在今后发展中采取有效措施加以解决。

二、“十二五”全面开启现代化建设新征程

“十二五”时期,我们仍处于可以大有作为的重要战略机遇期。迈入后金融危机时代,经济全球化发展不断深入,新一轮产业科技革命加快推进,为我们加快战略性新兴产业发展,全面推进转型升级带来新机遇。长三角区域经济一体化进入国家战略,为我们接受核心城市辐射,接轨国际、引进国际资本和先进技术带来新契机。镇江城市功能布局调整加快,建设开发力度加大,将为我们进一步扩展发展空间,加快城市现代化进程带来新动力。

(一)指导思想

“十二五”时期京口区经济社会发展的指导思想是:高举中国特色社会主义伟大旗帜,以邓小平理论和“三个代表”重要思想为指导,以“践行科学发展观、率先基本现代化”为主题,以加快转变发展方式为主线,以科技创新和人才建设为支撑,大力改善民生,深化改革开放,加快结构调整,加速整体城市化,为建设创新创业、生态宜居、幸福和谐的现代化苏南一流城区而努力奋斗。

(二)工作原则

——坚持转型发展。高扬跨越发展主旋律不动摇,更加注重把发展的过程和结果统一起来,坚定不移推进结构调整,推动量质并举的高效发展,依托现代服务业和战略性新兴产业“双轮驱动”,加快经济转型升级步伐,为率先迈入基本现代化作出积极贡献。

——坚持城乡一体。突出城市化领先优势,彰显“山水花园城市”特色,以改善人居环境、提升城市品位为重点,加快推进整体城市化和城市现代化,为做大做强城市经济拓展空间。加强环境保护和生态建设,促进城乡经济、基础设施、社会事业、就业保障等方面一体化发展,形成区域良性互动、协调发展的新格局。

——坚持创新引领。把握科技是第一生产力,人才是第一活跃要素的本质要求,坚决走创新驱动之路,全面提升以企业为主体的区域自主创新能力,大力发展创新型经济,加快建设创新型城区,努力实现由资源驱动型发展向科技、人才驱动型发展的转变,构筑更强竞争优势。

——坚持民生优先。把富民作为改善民生的突出任务,力争居民收入五年翻番,大力促进就业创业,提高社会保障水平,加快发展各项社会事业,推进基本公共服务均等化,加强社会管理创新,促进人的全面发展和社会全面进步。

(三)总体目标

经济增长。2015年,全区GDP在2010年基础上实现翻番超510亿元,年均增幅确保12%,力争13%。人均GDP达13万元。地方一般预算收入超过24.9亿元,年均增长20%。全社会固定资产投资500亿元,年均增长18%。实际到位外资1.5亿美元,年均增长11%;定报工业销售达800亿元,年均增长25%。社会消费品零售总额达336亿元,年均增长19%。

结构优化。优化“三二一”产业结构,服务业增加值占GDP比重2015年达70%。高新技术产业产值占规模工业产值比重每年提高3个百分点左右,2015年达46%;新兴产业销售占规模工业销售比重提高到50%。城市化率达到99%。

民生幸福。2015年,城镇居民人均可支配收入4.34万元,年均增长13%。农民人均纯收入2.22万元,年均增长14%。城镇调查失业率小于5.5%。五年累计新增城镇就业超过3万人。城乡基本社会保险覆盖率99%,新型农村合作医疗住院实际补偿比50%以上。

科技创新。全社会研发经费支出占GDP比重提高到3%,百亿元GDP专利授权数25件。科技进步贡献率达60%。

资源环境。人口自然增长率控制在2.6‰以下。城市建成区绿化覆盖率提高到47%,森林覆盖率超过26%。单位GDP能耗和二氧化碳排放量下降、主要污染物排放削减、耕地保有量确保完成市下达任务。

"十二五"经济社会发展主要指标

表1

指标名称		单位	2010年预计完成	2015年目标	年均增长(%)
经济增长（7项）	地区生产总值	亿元	255	510	12~13
	人均地区生产总值	万元	6.66	13	>12
	地方一般预算收入	亿元	10	24.9	20
	全社会固定资产投入	亿元	200	500	20
	实际到位外资	亿美元	0.88	1.5	11
	定报工业销售	亿元	260	800	25
	社会消费品零售总额	亿元	141	336	19
结构优化（4项）	服务业增加值占GDP比重	%	62	70	
	高新技术产业产值占规模工业产值比重	%	31	46	每年提高3%
	新兴产业销售占规模工业销售比重	%	40	50	
	城市化水平	%	96.6	99	
民生幸福（6项）	城镇居民人均可支配收入	元	23550	43400	13
	农民人均纯收入	元	11490	22200	14
	城镇调查失业率	%		<5.5	
	五年新增城镇就业	万人	2.6424	3	
	城乡基本社会保险覆盖率	%	98.4	99	
	新型农村合作医疗住院实际补偿比	%	45	50	
科技创新（3项）	全社会研发经费支出占GDP比重	%	2.28	3	
	百亿元GDP专利授权数	件	22	25	
	科技进步贡献率	%	53	60	
资源环境（7项）	人口自然增长率	‰	1.8	2.6	
	城市建成区绿化覆盖率	%	43	47	
	森林覆盖率	%	25	26	
	万元地区生产总值综合能耗下降率	%	比"十五"末下降20%	完成市下达任务	
	万元地区生产总值CO2排放削减率	%		完成市下达任务	
	主要污染物排放削减率	%		完成市下达任务	
	耕地保有量	万亩		完成市下达任务	

备注：1.各项指标如果统计口径发生调整，按新口径进行增幅比照。

2.主要污染物是指二氧化硫、化学需氧量、氨氮、氮氧化物。

三、"十二五"规划的主要工作任务

（一）构建产业发展新格局，打造基本现代化先行区

加速产业结构战略性调整，坚持现代服务业和战略性新兴产业"双轮驱动"，构建现代服务业为主导，先进制造业为支撑，都市生态农业为特色，结构优化、技术先进、清洁安全、附加值高、吸纳就业能力强的现代产业体系。

1. 科学规划产业布局。坚持以更小的资源投入、空间占位和环境成本，赢取更高的经济、社会和生态效益，推动产业科学布局，努力抢占新兴产业制高点，提高现代服务业核心竞争力，打造"一中心两园区五基地"。一中心，建设更加繁荣的大市口商贸商务主中心，突出现代服务业主导地位，提高城市经济发展水平，提升城市中心区品质。两园区，加速京口工业园和新民洲港口产业园开发建设，构筑战略性新兴产业发展主阵地，形成经济发展增长极。五基地，一是大禹山创意新社区新兴产业孵化基地；二是高性能交通铝材料制造基地；三是特色粮油加工基地；四是海洋工程装备产业基地；五是新材料、新能源产业基地。

2. 优先发展现代服务业。坚持国际化引领、市场化推动、信息化提升、城市化带动、集聚化发展方向，把推动现代服务业大发展作为产业结构优化升级的战略重点，围绕《江苏省现代服务业产业指导目录》要求，发挥现代服务业对制造业转型升级的渗透、助推和加速作用，在科技信息、现代物流、商务服务、服务外包、现代金融业等生产性服务业领域寻求新发展。把握全市更大力度推进城市化有利契机，加快各类现代服务业集聚区建设，促进人流、物流、资金流和信息流的加速集聚，实现服务业高端化发展。推动服务业由低端向高端、传统向现代、单一向综合转变，打造现代服务业发展高地。

高端商贸商务业。依据城市人口分布特征，重点提升加强大市口中央商贸商务区建设。引进更

多国内外知名运营商和知名品牌，加快发展品牌直销购物中心、城市商业综合体等新型业态，扩大高端消费市场份额。加快建设苏宁广场、财富广场等一批汇集商业、办公、居住、旅店、展览、餐饮、会议和文娱的城市综合体。抢抓市场需求不断扩大，产业层次不断提升，新技术不断涌现的机遇，积极发展连锁经营、特许经营、大型超市、仓储式超市和电子商务等新业态。

创意型服务业。主要包括四类。一是科技服务业。发挥鼎胜铝业、中福马等省级工程技术中心的示范效应，加快建设一批产学研相结合的工程技术转化中心、科技创业中心及各类科技公共服务平台，培育一批专业、规范、高效的科技服务机构，形成开放协作、功能完备、高效运行的科技服务体系。二是软件和信息服务业。巩固以惠通集团嵌入式软件为代表的优势产业，着力推进软件服务化和软件网络化发展，支持有自主知识产权的软件产品产业化，积极拓展电子商务、网络游戏等新兴市场。三是服务外包。强化软件开发、新药中间体研发、船舶设计管理等三大外包特色，发挥省级国际服务外包示范区作用，积极引导企业由低端外包向技术含量高、附加值大的业务转移，大力培育和开拓外包新市场，建立完善接发包服务平台。四是文化创意产业。融合区域文化背景，大力发展创意设计、新兴媒体、动漫游戏、广播影视、出版发行、工艺美术、演艺娱乐等产业，努力提高文化产业规模化、集约化、特色化水平。

房地产业。紧抓镇江建设“山水花园城市”契机，加快城市东部地区优质房地产集聚开发，积极引进龙头型地产商，坚持走精品化、高端化之路，打造精品小区、绿色小区、花园社区。推动房地产业由单纯的住宅为主，向商业地产、科技地产等多种内涵同步发展，促进房地产业健康可持续发展。

现代物流业。依托深水岸线资源、高速路网，错位竞争，大力发展综合物流中心、专业物流中心和配送中心。加快发展第三方、第四方物流，培育壮大以中储粮、宝华物流、恒伟物流等企业为代表的粮油物流、港口物流、危化品物流、冷链保鲜物流、药品物流及专业化统一配送分销网络。

家庭服务业。把握居民多样化、个性化、高级化的生活需求方向，总结推广社区“网格化”管理经验，重点发展家政服务、社区服务、养老服务、健康服务、医疗服务，积极拓展家庭用品配送、实物租赁、家庭救助、教育培训等服务新产品和新市场，完善服务设施，增强服务功能，提高服务水平。

现代旅游业。加大旅游资源整合包装力度，做好北部滨水区文章，发挥焦山、北固山等旅游品牌辐射效应，不断完善体验旅游、智慧旅游等功能配套，探索建设智慧旅游平台，打造旅游品牌。优化旅游消费环境，加强餐饮、休闲等配套设施建设，加快皇冠假日酒店、帝宝花园酒店等高星级酒店和一批经济型连锁酒店建设，培育发展夜晚旅游消费市场，实现城市建设与旅游发展的联动。积极引进战略投资者，提升旅游业策划、建设、经营和管理的市场化水平。

现代金融业。充分发挥现代金融对城市经济发展的积极推动作用，促进资金流、信息流汇集，为我区打造中央商务区提供重要支撑。鼓励企业上市，积极发展中小企业融资和信用担保、再担保，发展创投基金、股权基金、债券等金融创新服务，吸引更多的投资银行、信托管理、金融租赁、融资担保、货币经纪等金融专业服务机构落户或开展业务，协助推动金融机构网点建设布局与整体城市化同步。

3. 加快发展新兴产业。围绕《镇江市新兴产业发展规划纲要》，科学判断未来市场需求变化和技术发展趋势，强化核心关键技术研发，以科技创新为先导，大力发展科技含量高、市场前景好、成长性强、附加值高的战略性新兴产业，抢占新技术产业前沿高地，形成我区产业竞争新优势。坚持充分发挥市场的基础性作用与政府引导推动相结合，坚持科技创新与实现产业化相结合，坚持整体推进与重点领域跨越发展相结合，坚持提升经济长远竞争力与支撑当前发展相结合。重点发展新能源、新材料、航空制造、电子信息、海洋工程等比较优势强、发展前景广的新兴产业；加快培育生物医药、节能环保、物联网等产业；加快形成先导性、支柱性产业，切实提高产业核心竞争力和经济效益。力争“十二五”期间新增2~3个省级以上特色新兴产业基地。

4. 大力推进制造业升级。围绕“千亿京口工业”目标，按照“产业高端化，企业规模化，品牌自主化，生产绿色化”的思路，大力推进制造业转型升级。一是推进产业高端化。引导企业生产体系加快向高端攀升，促进制造业向产业链高端发展，不断提升高新技术产业比重。二是推进企业规模化。扶持重点企业和项目做大做强，推动企业规模化提高市场占有率，降低生产经营成本，提升综合竞争力。到2015年，形成以百亿企业为核心，一批50亿企业及成长型中小企业为后备的梯次发展结构。三是推进技术品牌自主化。通过引进和研发，鼓励企业在核心技术和关键技术上拥有更多的自主知识产权，打造一批拥有较强创新能力和市场竞争力的名牌产品和支柱产业。四是推进生产绿色化。深化节能减排工作，引导企业构建低碳管理模式，鼓励企业开发应用新技术，调整产品结构，依靠科技创新，淘汰落后产能，发展循环经济，推行清洁生产，降低产值能耗。

5. 加快开发园区转型。优化开发园区产业定位和功能布局，京口工业园着力建设新材料、新能源等特色产业基地，打造新兴产业集聚区。新民洲港口产业园立足“海工、船舶、港机”三个产业方向，初步建成海洋工程装备基地。强化产业特色发展，推动产业转型升级，形成独具特色的产业竞争优势。积极推动工业园区规划扩充，加快两个园区开发建设，提升承载能力。创新园区融资方式，加快水、电、气、路等基础配套设施建设，提升园区综合配套能力。加快园区从形态开发向功能开发转变，重点引进和培育主导产业的总部基地、研发设计、物流配套基地。推动园区集约发展，实现以规模扩张为主向以资源和功能整合为主转型。鼓励园区创新管理体制，建立完善高效的资本运营机制、风险评估机制和专家咨询机制，实施与发展实绩挂钩的目标考核和薪酬奖励制度。引导京口工业园与新民洲港口产业园积极互动、资源共享、优势互补，探索两园联动开发的新思路、新模式，以园区联动开发争取省、市扶持。2015年，两个园区工业销售总量占全区比重超过50%；京口工业园区排名实现晋档升位，进入省级开发区第二方阵；新民洲港口产业园形成海工船舶港机200亿产业规模。

6. 提升开放型经济水平。适应国际变化，以科技创新和产业升级为基础，积极推动开放型经济转型升级。优化外资利用结构，加强引资效益评估，强化"招商选资"，重点引进技术水平高、产业关联度大、带动力强的龙头企业和项目，加大引进跨国公司和世界500强企业。引导资本集聚投向高新技术产业、新兴产业和现代服务业。将利用外资与推进创新结合起来，更加注重引进国外先进技术、管理经验，引进各类创新创业团队，实现由引进资金向引进全要素转变。继续实施"科技兴贸"和"出口品牌"战略，鼓励出口企业加快发展，巩固传统市场，开拓新兴市场，提高出口产品档次、附加值、竞争力。支持有实力的骨干企业"走出去"，开展跨国经营及上市融资。

7. 积极发展现代都市农业。围绕提升农业综合生产能力，发挥农业经济效益、生态效益、社会效益最大化的原则，积极发展基于现代科技、管理水平和面向都市为主的现代高效农业。改善农村生产生活条件，提高生活质量，增加农民收入。发展农民专业合作、土地股份合作、社区股份合作组织，规范土地承包经营权流转，推进农业适度规模经营。支持各类农产品深加工及其商贸流通，提升农业产业化经营水平。

（二）强化科技人才支撑，打造创新创业集聚区

1. 强化人才智力支撑。进一步加大人力资本投入，建立完善多元化的人才发展投入机制，引导鼓励企业、高校和科研院所投资人力资源开发。加快调整人才结构，加强创新创业领军人才队伍建设，突出引进新兴产业和现代服务业发展领域紧缺人才。加快构建充满活力的人才发展体制机制，树立正确用人导向，落实和完善各类人才培养引进使用政策，加强人才服务，优化创新创业环境。实现人才资源总量、每万劳动力中研发人员、高技能人才占技能劳动者比例、主要劳动年龄人口受过高等教育的比例、人力资本投资占GDP比重、人才贡献率等指标明显提升。

2. 增强自主创新能力。坚持把产业结构调整与自主创新紧密结合起来，原始创新、集成创新和引进消化吸收再创新取得新进展。强化企业创新主体地位，重点引导和支持创新要素向企业集聚，推动企业进一步成为技术创新需求主体、技术创新活动主体、研发投入主体和创新成果应用主体。加大财政对科技创新的投入，积极引导社会资本参与创新投入，引导企业加大科技研发投入。重点关注科技型中小企业，优先安排科技扶持资金，鼓励创新开拓增值业务、二次开发扩展边缘业务，多元化发展。实施知识产权战略，加强知识产权创造、运用、保护和管理。

3. 加快创新载体建设。强化重大创新载体建设，高起点规划建设大禹山创意新社区，打造战略性新兴产业孵化基地。加强服务平台建设，提高技术公共服务、技术成果交易、创新创业融资服务和社会化人才服务"四大平台"建设水平，支持优势企业建立研究院、工程技术中心、博士后工作站和院士工作站。以企业为主体、市场为导向，更大力度推进产学研紧密结合，促进企业与高校、科研院所建立产学研合作组织和产业技术创新战略联盟，形成资源共用、风险共担、利益共享的长效合作机制。

4. 健全多元化投入机制。遵循"政府引导、广泛参与、社会融资、金融扶持"的原则，拓宽投入渠道，创新工作机制，真正实现投入资金的多元化，为创新创业提供充足的资金保障。建立健全融资平台市场化、公司化运作机制，进一步提升平台融资能力，积极争取银行贷款支持。增强平台收益，减少融资风险，实现滚动发展。综合运用规划引导、政策撬动、土地经营、项目融资等路径和手段，积极开展信托投资计划融资、债券融资等，尽可能筹集社会闲散资金投资创新创业载体基础设施建设，最大限度的拓宽筹资渠道。

5. 促进全民创业。深入推进创业型城市建设，以大学生创业为特色，加快大学生创业示范区建设，提升创业区域专业化水平。强化政府服务，优化创业环境，落实创业扶持政策，建立健全以信息、技术、市场、资金、人才和政策服务为主要内容的创业平台，鼓励引导各类劳动群体开展自主创业，构筑发展的持久动力。

6. 壮大民营经济。认真落实国家、省、市各项政策，按照"非禁即入"原则，放宽市场准入，鼓励扩大民间投资，支持民间资本进入基础产业、社会事业、公共服务等领域。推进信用担保、信息网络、人才培训、专业化辅导、法律援助、行业协会等建设，加强中小企业融资服务体系、市场信息服务平台、公共技术服务平台和教育培训体系建设。引导民营企业通过引进技术、自主研发、改进工艺与设备等途径，不断提高产品附加值和竞争力，加快升级改造。

7. 强化政策保障。加大对创新创业的引导和支持力度。充分发挥财政、金融、税收杠杆作用，加大财税支持力度；整合财政性专项引导资金，扩大资金规模，提高资金使用效益。积极改善供地方法，支持创新创业重大项目建设，鼓励节约集约利用土地。认真研究制定配套政策，将鼓励创新创业的相关政策具体化，增强可操作性，并抓好落实。建立创新创业政策联动协调机制，把鼓励创新创业的各项政策落到实处。

（三）加快整体城市化步伐，打造山水花园新城区

按照镇江"山水花园城市"的总体定位，做好北部滨水区文章，彰显生态山水特色，拓展城市发展空间，完善服务功能，强化科学管理，提升品质内涵，推动城市发展

转型,建设山水花园新城区。

1. 构筑区域发展新优势。随着沿江高速、京沪高铁、宁杭高铁、宁镇扬轻轨等区域交通工程的竣工和实施,城区与禄口机场半小时通达,铁、公、水、空等多种运输方式整合,现代化综合交通体系逐步完善,区域发展优势更加凸显。按照镇江城市整体发展规划,加快城市路网建设和改造,发挥交通对经济社会发展的先导作用,实现中心城区路网贯通,完善城市骨干路网体系。进一步放大"同城效应",积极主动承接发达区域产业辐射,融入到长三角大区域,融入"一小时经济圈"。顺应行政中心南移,充分发挥存量空间资源的最大效益,大力发展城市经济。积极服务市重点工程,推进长江路、中山路和解放路等重点路段城市设计,丰富城市形态,提升城市形象。

2. 彰显山水特色。深入实施"青山绿水"工程,推进市区山体水系治理,优化城市山水景观。按照"一山一景、一河一廊"的城市景观要求,彻底拆除主城区山体周边和河道两侧违法建设和不符合规划的破旧建筑,充分利用辖区花山、象山、禹山、玉带河等山水资源,深度挖掘历史文化内涵,做好"山水生态京口"文章,打造城市生态文化品牌。

3. 倡导低碳生活。引导公众消费观念和价值观念适应低碳发展的需要,促进生活方式的低碳转变。大力宣传低碳环保的理念,引导公众从节电、节水、节碳、节油、节气等做起,控制或者注意个人的碳排量,通过减少生活作息时所耗用能量,从而减低碳,特别是二氧化碳的排放,推动建立绿色生活方式。

4. 加快三大改造步伐。高起点规划老城区、城中村、老集镇区域,采用市场化等多元方式筹集改造资金。结合道路交通建设,采取整体搬迁、集中整治、局部改造等形式,有序实施旧城开发建设,争取提前完成老小区、城中村改造任务。加快推进老丹徒集镇、谏壁镇镇容镇貌改善。坚持阳光拆迁,规范运作,保障民生,促进发展,积极妥善安置拆迁群众,根据拆迁体量和安置需求,高品质建设安置小区,为公众营造宜居舒适的优美生活环境。

5. 提升管理水平。坚持城市建设与管理、发展与环境并重,进一步优化完善大城管格局,构筑高效规范的城市管理体系。以网络技术为支撑,加强信息化管理,建立健全"数字化、网格化"管理模式,增强城管实时处置能力。加强违法建设、渣土扬尘、户外广告、占道经营等专项整治力度,加快实施垃圾分类处理,建立完善长效管理机制。改善提升农村管理水平。加快环卫基础设施建设,重点做好老小区环卫设施更新改造和新开发地块环卫设施配套工作,按照城市发展规划和配套需要,实现垃圾中转站、公共厕所、建筑垃圾处置场等基础设施科学布局、规范建设、高效运转。

6. 优化生态环境。围绕全国生态市创建下达的各项任务,认真落实"国家环保模范城市创建提标工程"、"城乡污水处理设施建设工程"、"黑臭河流整治工程"、"农村环境综合整治工程"要求,大力开展谏西区域环境综合整治,加大对该区域化工企业执法力度,严格监督企业达标排放。按照"项目引导、先急后缓、分步实施"原则,分步推进区域内村(居)民搬迁,加速索普西侧宽带绿化隔离带建设。积极构筑东部生态体系,结合市古运河河道综合整治,实施城东森林景观绿化带建设,形成东部工业区与城区之间天然绿色屏障。高标准落实生态建设工程,积极推进污水处理,截污清淤及河道两岸绿化等工作。所有镇建成国家级生态乡镇,扩大生态村、绿色社区、绿色学校覆盖面,实现东部城市生态环境的根本改善。

7. 提升城市品质内涵。按照"错位发展、特色竞争、传承城市文脉"的思路,结合城区改造,实施新河街等历史文化街区保护性开发,积极推进梦溪园扩建、铁瓮城保护等一批历史文化保护工程,提升历史文化名城的地位和品位,丰富城市内涵。

(四)加快改善民生,打造幸福和谐首善区

更加注重保障和改善民生,积极推进基本公共服务均等化,紧紧围绕与广大群众切身利益直接相关的就业、教育、医疗、卫生、养老等突出民生问题,多管齐下,改革创新,努力实现"学有优教、劳有应得、病有良医、老有乐养、住有宜居"的目标,打造活力、健康、幸福的首善之区。

1. 率先实现教育现代化。立足基本实现教育现代化的新平台,深入实施人才强区战略,按照做优小学教育,做精中学教育,做活民办教育,发展特殊教育和终身教育的思路,进一步加强教育改革与发展。优化教育结构和资源配置,2012年全面完成校舍安全重点工程。推进"一校一品"建设,鼓励学校特色化、差异化发展。加快优秀教师群体和农村教师队伍建设,优化教师队伍学科和年龄结构。注重学生创新意识培养,争创省级义务教育优质均衡改革发展示范区。推进办学体制机制改革,鼓励民办教育发展。加快发展学前教育,将学前教育纳入政府公共服务体系,加强镇、村幼儿园建设,实施0~3岁婴幼儿早教计划。提升特殊教育质量,建成全国特殊教育先进区。大力发展社区教育,建成全国社区教育示范区。

2. 提升公共卫生服务水平。深化医药卫生体制改革,坚持基本医疗卫生的公益性,优先满足群众基本医疗卫生需求。加大对公共卫生事业投入,加强公共卫生服务网络建设,健全覆盖城乡居民的多层次医疗保障体系。完善城乡社区卫生服务网络,根据城市框架的延伸和老城区的改造,优化调整社区卫生服务中心和站的布点。不断健全城乡社区卫生服务功能,改善医疗条件,推进社区卫生服务中心标准化建设。全面落实国家、省基本药物目录制度,实行药品零差率。不断拓展重大公共卫生服务项目,提高公共卫生服务和突发性公共卫生事件应急处置能力。积极参与公立医院改革,全面落实双向转诊、专家坐诊制度,积极探索与医疗集团的合作途径,提升医疗卫生服务水平。

3. 加强人口服务管理。坚持计划生育的基本国策,稳定低生育水平,促进人口长期均衡发展。完善人口和计划生育公共服务体系,加强人口信息化管理,加大出生缺陷干预力度,提高出生人口素质。积极应对人口老龄化挑战,健全公共养老服务设施网络,鼓励社会力量发展多层次养老服务,探索发展银发产业。大力发展社区居家养老,积极做好对独居老人的结对关爱和紧急援助服务,关注老年人精神文化需求,做好老干部工作。加强妇女儿童活动阵地建设,全面落实妇女儿童事业发展规划,切实保障妇女儿童合法权益。做好精神病人等特殊人群的服务和基本生活保障。

4. 发展文化体育事业。适应群众文化需求变化,弘扬主旋律、提倡多样化,使精神文化产品和社会文化生活更加丰富多彩。加大公共领域文化投入,加强文化基础设施建设,建设特色文化街区,实现文化服务网点全覆盖。充分挖掘历史文化资源,唱响"魅力京口",打造更多的文化品牌,加强基层文化队伍建设,提升文化软实力。大力发展体育事业,加强改善体育设施建设,优化配置体育活动资源向社会开放,促进全民健身运动,活跃民众生活、增强社会活力。

5. 促进充分就业。坚持把扩大就业作为民生之本,实施更加积极的就业政策,多渠道开发就业岗位,鼓励自主创业,发挥创业带动就业的倍增效应。建立人力资源市场预测和预警机制,实现城乡就业公共服务体系全覆盖。完善城乡困难群体就业援助机制,重点解决好高校毕业生、城镇就业困难群体、被征地农民的就业问题。加强职业技能培训和职业观念教育,提高劳动者就业能力和市场竞争力,缓解就业结构性矛盾。加强劳动监察执法,完善劳动争议处理机制,切实保障劳动者合法权益。开展和谐劳动关系企业创建活动,倡导企业诚信用工和劳动者诚信劳动,构建和谐劳动关系。完善居民收入分配制度,实施收入倍增计划,严格执行最低工资标准,全面推行企业工资协商制度和政府指导线制度,形成职工工资正常增长和支付保障机制,不断提高劳动者薪酬水平。

6. 提升社会保障水平。坚持广覆盖,保基本,多层次,可持续方针,着力完善城乡统筹的多元化社会保障体系。加强企业职工养老保险、居民养老保险、被征地农民基本生活保障,加快被征地农民、农村居民纳入城市公共服务体系进程,提高城乡低保、新型农村合作医疗、城镇居民基本医疗保险、新型农村社会养老保险全覆盖水平。积极推进机关事业单位工作人员养老社会化发放。健全人口和计划生育利益导向机制,实现计划生育奖励扶持制度全覆盖。加快拆迁安置房等保障性住房建设,加大棚户区改造力度,切实改善困难家庭和低收入家庭的住房条件。巩固城乡一体的最低生活保障体系,及时调整保障标准。加强残疾人帮扶,健全社会救助体系,完善社会福利体系建设,大力发展慈善事业。

7. 加强社区综合管理。实施新一轮社区办公用房达标工程,建立健全覆盖城乡社区基础管理和服务网络,大力加强社区睦邻中心建设,提高城乡社区自治和服务功能。调整优化社区布局,积极整合社区资源,探索建设新型社区服务综合平台,健全新型社区管理和服务机制,加强农村社区基本设施建设,提升社区综合服务能力和水平,打造健康、和谐、文明、幸福城市新社区。

8. 强化精神文明建设。大力加强社会主义核心价值体系建设,充分发扬人民民主,健全民主监督机制。加强公民思想道德体系建设,提升群众法治和文化道德素养,积极培养公民高尚情操及公德教育,加强职业道德意识。广泛开展文明创建活动,健全文明城市创建工作长效管理机制,推动服务行业和执法部门服务水平整体提高,落实市下达争创全国文明城市和国家双拥模范城的各项任务。不断完善档案馆公共服务功能,建成国家综合档案二级馆。加强未成年人思想健康教育,净化青少年成长的社会环境。加强社区志愿者队伍建设。积极开展公益性文化服务项目,大力弘扬爱国主义、民族精神、创新创业创优的时代主流精神,倡导积极向上、诚信、健康、大爱的文明风范。

9. 完善公共安全保障体系。加强社会治安综合治理,深入推进平安京口、法治京口建设活动,积极争创法治区创建先进单位。依法严厉打击各种违法犯罪活动,构建打防控一体化、立体型的社会治安防控体系。完善突发公共事件应急预案及应急处置体系,完善群体性突发性事件的预警和防范机制,提高预防和处置突发性公共事件的能力。加强食物药品安全监管,推进药品经营质量信用系统建设,健全安全检疫体系,确保居民用药安全。坚持安全第一、预防为主和综合治理,全面落实安全生产责任制,健全安全生产社会化监督网络。加强消防管理,消除安全隐患。强化企业安全生产主体责任,加强重点行业监管。

10. 维护社会和谐稳定。完善信访制度,畅通信访渠道,落实信访责任,积极开展矛盾纠纷大排查,畅通和规范群众诉求表达,利益协调、权益保障渠道。建立重大工程项目建设和重大政策制定的社会稳定风险评估机制。推进司法公正和司法体制改革,强化法治文化宣传和普法工作,加强基层法律援助工作站建设,实行"应援尽援、全面覆盖"。推进双拥优抚安置,创建一流人武工作。巩固和壮大最广泛的爱国统一战线。发挥工、青、妇等人民团体作用,做好民族、宗教、民防、侨台、外事等工作,营造科学发展和谐环境。

11. 提高政府行政效能。积极开展电子政府建设,完善政府对外公共服务平台,实施城市数字化、网络化管理,加强电子政务建设,形成统一、高效、开放的电子政务网络。提高行政监督的刚性和有效性,促进政府管理和服务创新。

四、"十二五"规划的组织实施保障

(一)加强实施推进

规划确定的产业发展方向、转变发展方式、自主创新等重点任务,政府要创新体制机制和完善政策,维护公平竞争,加强市场监管,保障市场机制正常运行,引导市场主体的自主行为实施。规划确定的教育、公共卫生、社会保障等公共服务领域的任务,要切实履行职能,运用公共资源全力完成,兑现对人民的承诺。规划确定的空间布局、生态建设、社会管理、改革等任务,要统筹协调,健全规章制度,加大执法力度,并辅之经济手段加以落实推进。

1. 重点项目建设。围绕"十二五"规划重点任务,实施一批关系京口发展全局的重大项目。初步安排"十二五"期间重大项目共49项,总投资746亿元,计划投资667亿元(详见附表)。其中:"十一五"结转重大项目15项,总投资228亿元,计划投资150亿元;"十二五"计划投资重大项目34项,总投资518亿元,计划投资517亿元。

2. 重点举措到位。优化财政支出结构,公共财政优先投向基本公共服务、社会发展、教育、科技人才、公共安全、节能减排、生态建设等领域。国土、岸线等公共资源优先保障龙头型企业和基地型项目,重点支持新兴产业和现代服务业发展。

3. 重点指标落实。强化责任意识,维护规划的权威性和指标的刚性,把排出的27项指标作为核心理念体现到京口发展方式和发展战略转型升级的整个过程中,落实到各个部门和各个工作环节,确保各项任务的圆满完成。

(二)加强组织领导

区政府成立《纲要》实施领导小组,协调解决规划实施重大问题,监督检查重大事项进展和落实情况。各地各部门要把实施《纲要》摆在突出位置,作出专门部署,精心组织,狠抓落实。要立足部门实际和职能特点,按照要求制订具体实施方案,明确重点,突出自身特色,确保实施《纲要》的任务落到实处。

(三)加强宣传引领

广泛组织规划宣传,及时披露相关政策和信息,给市场主体以合理预期和正确导向,在全区上下形成关心《纲要》、熟悉《纲要》、支持《纲要》、监督《纲要》实施的良好氛围。

(四)加强督查考核

健全经济社会发展综合评价体系、各领域配套政策体系及干部考核体系,切实形成促进科学发展的激励与约束机制。深入贯彻《江苏省发展规划条例》,突出衔接协调,维护规划权威,加强公众监督,健全规划中期和后期评估制度;完善政府向人大、政协的报告和沟通机制,加强规划实施督查。建立定期开展重大规划项目实施情况督查制度。

"十二五"重大项目投资计划

表2

单位:万元

序号	项目名称	实施单位	总投资	建设规模
一	"十一五"结转重大项目(15项)		227279	
	(一)工业类(5个)		754651	
1	技改25万吨铝板带箔加工	鼎胜铝业	120000	新增销售50亿元,利税4亿元
2	"上大压小"项目	谏壁发电厂	411100	新增销售80亿元,利税4亿元
3	环保项目	谏壁发电厂	12751	新增销售3亿元,利税3000万元
4	新民洲海洋工程装备制造	港盛重工	200000	新增销售30亿元,利税3亿元
5	鸿泰节能减排研发中心	鸿泰钢铁	10800	新增销售2亿元,利税2000万元
	(二)服务业类(7个)		1376662	
6	苏宁广场	苏宁置业	496027	总建筑面积40万平方米
7	财富广场	市城投公司	149135	总建筑面积20万平方米
8	如意江南	市城投公司	567000	总建筑面积20万平方米
9	帝宝花园大酒店	帝宝花园酒店	40000	总建筑面积55000平方米
10	皇冠假日酒店	强凌酒店	37500	总建筑面积4.5万平方米
11	新民洲公共码头一期	金海岸投资	62000	建设2个5万吨级公用码头
12	天正置业广场(大润发项目)	天正置业	25000	总建筑面积5万平方米
	(三)城建和基础设施类		140179	
13	道路建设(3个)	市交通局、区交通局	38000	338省道拓宽、338省道金港大道接线工程、京岘山南路延伸工程
14	城市改造基础建设(6个)	市园林局、市路桥工程总公司、市城投公司、象山镇、谏壁抽水站	102179	古运河、一夜河、翻水河整治、虎距桥等改建
	(四)社会事业类项目		1300	
15	社区卫生服务中心综合大楼(2个)	谏壁镇、四牌楼	1300	总建筑面积约1万平方米

续表2

序号	项目名称	实施单位	总投资	建设规模
二	“十二五”计划投资重大项目(34项)		5179254	
	(一)工业类(10个)		1523893	
1	交通运输用高强度大规格铝合金板	爱励鼎胜铝业	327760	新增销售50亿元,利税5亿元
2	技改35万吨连铸连轧高精度铝板带生产	鼎胜铝业	100000	新增销售70亿元,利税5亿元
3	年产10万吨汽车用铝板	鼎胜铝业	150000	新增销售30亿元,利税3亿元
4	年产10万吨易拉罐	鼎胜铝业	150000	新增销售30亿元,利税3亿元
5	“上大压小”项目二期	谏壁发电厂	400000	新增销售80亿元,利税4亿元
6	中储粮20万吨小包装油和菜籽油压榨	中储粮公司	25000	新增销售10亿元,利税1亿元
7	非晶硅薄膜太阳能光伏电池二期	绿洲新能源	100000	新增销售20亿元,利税2亿元
8	冷藏汽车	飞驰汽车	100000	新增销售25亿元,利税2.5亿元
9	33万吨/年醋酸乙烯	索普股份公司	126000	新增销售20亿元,利税2亿元
10	20万吨/年醋酸乙酯联产15万吨/年醋酸丁酯技术改造	索普股份公司	45133	新增销售10亿元,利税1亿元
	(二)服务业类(11个)		1926000	
11	大禹山创意新社区	象山镇	300000	总规划建筑面积230万平方米
12	北固湾广场城市综合体(大东地块)	市水投	800000	总建筑面积约50万平方米
13	华联国际广场城市综合体(色织总厂)	市国投	200000	占地6万平方米
14	新河街历史文化街区	京口城投中心	60000	占地5.3万平方米
15	铝业仓储物流基地	鼎胜铝业	100000	占地10万平方米
16	新民洲公共码头二期	金海岸投资	200000	建设3个万吨级、5个千吨级公用码头
17	中储粮码头二期	中储粮公司	30000	新建5万吨级码头一座
18	八佰伴高星级酒店		35000	
19	苏宁凯悦高星级酒店	凯悦集团	40000	
20	镇江书城	凤凰传媒集团	25000	
21	内河航运项目	香港兆祥集团	136000	
	(三)农业类(2个)		140000	
22	150万只蛋鸡养殖及相关产业链项目	日本伊势食品株式会社 伊康农业	100000	蛋鸡生产养殖基地及饲料厂、有机肥厂、液蛋加工厂等
23	新民洲现代农业园	共青团农场	40000	规划面积5000亩
	(四)城建和基础设施类项目		1366000	
24	道路建设(9个)	市干道办、市交通局、市城投公司	326000	大西路拓宽及片区改造、338省道金港大道接线工程、学府路三期、象山路、焦山路、横山东路、镇澄路、胜利路、新双井路
25	城市改造基础建设(2个)	市园林局、市国土局、市土地收储中心	40000	鼎石山(宝塔山)、合山
26	三大改造项目	有关镇、街道、京口城投中心	1000000	城中村、老集镇、老城区改造
	(五)社会事业类项目		223361	
27	街道睦邻中心	象山镇、正东路	10000	
28	综合示范性养老机构建设项目	区民政局	3000	总建筑面积9434平方米
29	城东森林景观绿化带	区农委	200000	宽1千米,长5千米

续表2

序号	项目名称	实施单位	总投资	建设规模
30	京口区计生指导站(世代工程二期)	区卫生和人口计生局	500	总建筑面积2500平方米
31	社区办公用房达标工程	区民政局		
32	教育现代化校舍改造项目	区教育局		
33	灭螺工程(2个)	区卫生和人口计生局	8161	综合开发灭螺工程、石驳硬化灭螺工程
34	环卫设施建设(2个)	区城管局	1700	垃圾中转站4座、公厕升级改造

(区发改和经信委)

创业型城市建设

区创业就业工作紧紧围绕“以创业带动就业”的发展战略,认真贯彻落实市、区关于建设创业型城市的工作要求,主动结合区域优势,不断完善就业服务体系,紧扣全民创业主题活动,力抓重点,强化落实,全面完成年度各项工作考核目标。

围绕全年就业工作目标任务,以全面落实创业扶持政策为主线,以再就业援助为重点,充分发挥政策扶持效用,认真贯彻各项促进措施,推动全民创业工作的有序开展,先后制定《建设创业型城市工作实施意见》、《关于在全区开展机关与社区结对帮扶创业服务活动的实施意见》等,每年安排专项资金用于全民创业奖励、创业培训以及服务体系建设;设立中小企业发展基金用于支持中小企业发展。优化大学生京口创业扶持政策,率先打破大学生创业奖励户籍限制,统一城乡创业帮扶措施。

围绕创建工作要求,把建设创业型城市宣传工作列入主要议事日程,采取灵活多样的形式,广泛开展宣传活动。编印《京口创业指南》,广泛宣传全区各地的创建做法,组织创业明星进行巡回演讲,举办创业者论坛,组织实施“一对一”创业结对帮扶活动,开展农村劳动力转移招聘会,评选大学生创业“十佳店铺”。各镇、街道也充分利用各自优势,独创性地开展形式多样的创业宣传活动。全年共扶持创业9774人,创业带动就业50144人;创业意识教育培训32846人;其中SYB培训1315人,大学生创业培训868人。

为培育更多的创业载体,鼓励和引导更多的有识之士走上创业之路,制定总体规划,实行项目化推进。通过行政推动与市场运作相结合的办法,从强化服务手段、丰富服务内容、提高服务水平等方面着手,大力推进创业孵化基地建设,充分发挥创业孵化基地推进创业的作用。目前,京口高创中心已打造成“政企产学研”相结合的创新联盟,大祥时尚街、江大东风步行街已成为大学生的创业乐园,京口归国博士创业园已成为高层次人才的创业摇篮。被市政府列为镇江市大学生创业示范区,经市政府批准的《镇江市京口区大学生创业示范区建设方案》已组织实施。截至2010年,京口区已建成创业孵化基地11个,总面积8.3万平方米;在建(待建)创业孵化基地8个,总面积达3.6万平方米。已经认定的市创业实训基地4个、创业孵化基地7个、大学生创业载体7家。(区人社局)

2010区政府机构改革

在市委、市政府的高度重视和市编办的指导下,经过区镇两级党委、政府的精心组织,圆满完成全区县乡两级机构改革任务,区政府机构由原来的22个精简为19个;各部门人员编制数原则上做到只减不增,全区乡镇行政编制从184名减少至165名,减少19名,精简10%;乡镇事业编制从2001年乡镇事业单位改革前的225名精简至126名,减少99名,精简44%。

2009年11月5日,市委、市政府召开辖市区政府机构改革工作会议后,区委、区政府高度重视,责成区编办立即着手开展政府机构改革的各项准备工作;11月6日,区编办根据市里要求,参照兄弟县区的做法,在充分调查研究的基础上,形成区政府机构改革初步方案;12月19日,《京口区人民政府机构改革方案》经区政府常务会议研究通过,以区委、区政府名义上报市委、市政府审批。2010年2月24日,区政府召开全区机构改革动员大会,郭区长宣布市委、市政府批复的《京口区机构改革方案》并对全区机构改革工作提出明确要求；4月16日，区委、区政府正式下发《镇江市京口区人民政府机构改革方案》（镇京发〔2010〕11号）；4月底前，区各部门完成"三定"（定编定岗定职责）规定草案的研究制订和上报工作；区编办加班加点仅用10天左右的时间完成对各部门方案的审核修改，报区编委审核；5月31日，区政府完成各部门"三定"规定的批复工作并下发文件；文件下发后一个月内全区完成机构设置和人员的定编定岗工作。

新政府机构的设置，对区级各部门职能重复交叉和关系不顺的问题进行认真梳理和重新界定，使各部门职责更加清晰、关系更加顺畅和协调。如将区建设局的职责、区机关事务管理处的住房制度改革职责，整合划入区住房和城乡建设局；将区护协税领导小组办公室的具体工作由区财政局相关内设机构承担，不再保留区护协税领导小组办公室；将区卫生局的职责、区人口和计划生育委员会的职责，整合划入区卫生和人口计划生育局；将原与区人事劳动和社会保障局合署办公的区机构编制委员会办公室单独设置，仍列区委机构序列，既是区委工作机构，又是区政府工作机构；在区卫生和计划生育局增挂区食品药品管理局的牌子，增加食品监督管理的职能。

（区编办）

京口大拆迁

2010年，京口区以更加积极主动的姿态融入城市发展大局，全力服务老城区、城中村、老集镇"三大改造"发展战略，注重城乡统筹，强势推进拆迁。全年完成拆迁项目39个，拆除水塔6座，拆迁面积101万平方米。合山整治工程、新生村地块、新华砖瓦厂等拆迁相继完成，千余被拆迁户乔迁新居。

全区上下统一部署、合力攻坚，统筹城乡一体化互动发展。始终将科学发展观理念，贯穿于拆迁工作的全过程。坚持依法拆迁，阳光拆迁，规范操作，严把分户、确权等敏感的政策关，在公平、公正、依法、规范、有序的基础上快速推进。全年所有的拆迁地块都真正地做到了：拆迁一处、稳定一片、造福一方，真正把平安拆迁落到实处。大力弘扬苦干实干，狠抓落实的优良作风。面对拆迁工作的重重困难，众志成城，合力攻坚，面对拆迁工作中的矛盾，大家精诚团结，凝心聚力，以情感人，以理服人，工作得到广大群众的认可和支持。

加强拆迁管理、规范拆迁行为，坚持以人为本，切实维护拆迁当事人的合法权益。严格按照法律法规和程序开展拆迁安置的管理工作，认真组织各拆迁项目的前期准备工作，签订项目协议，制订项目实施细则。做好拆迁项目的风险评估、许可听证、民意调查，完善相关手续。派出精干力量，全力搞好服务工作。在具体拆迁实施过程中，严格落实"三公开、一透明、一监督"的工作制度，真正做到和谐拆迁，惠民拆迁。

及时收储信息资料，确保统计报表制度化，及时详实地反映全区各拆迁安置项目动态情况。制成统一表式发至各项目部，并联网对接每日定时汇总上报，分送相关部门和领导，既为领导决策提供支撑，也为各拆迁项目实施的后续工作进度和质量起到一个推进作用。

加大对拆迁人员的培训、指导、考核、监督、处罚力度。强化约束和管理，教育工作人员严格落实拆迁政策，防止短期行为和临时思想，切实维护拆迁工作的可持续性。订立严格的工作流程，做到分清职责，明确责任。全面强化重要权力节点监控工作，提高制度建设的科学性、针对性和可操作性。及时梳理苗头性动向性问题，协调方方面面的关系和利益，疏导情绪，化解矛盾，消除各种不稳定因素，创造宽松和谐的拆迁大环境。

大力加强拆迁房屋产权确认工作。拆迁房屋的产权确认是拆迁工作中一项十分重要的工作，是拆迁工作顺利开展的必要基本保障。为严格规范拆迁房屋的产权确认，在每一个拆迁现场派驻专职工作人员，与拆迁项目部及相关职能部门共同组成房屋确权审核组，对每户房屋进行产权确认。向各个拆迁现场提供必要的技术档案资料，以便做好产权认定工作。

及时做好拆迁中的信访接待工作，为和谐拆迁安置保驾护航。拆迁安置工作关系到百姓的切身利益，对任何一个细节不能及时有效的妥善处置，可能会引发误解，给社会带来不安定因素。在来信来访中，重点做到："认清一个准则、抓住二个支点、坚持三个办理、把握四个及时"。一个准则：以"实事求是、依法处理、区别对待、限期解决(答复)、属地治理、有利稳定"为工作准则；二个支点：研究解决在拆迁安置工作中群众反映的重点和热点问题；三个办理：坚持特事特办、急事快办、难事巧办；四个及时：对政策有明文规定的及时答复。对重大复杂的疑难问题及时汇报，待明确后回复。对涉及属于职责交叉的及时会商，并在约定时间内作出答复。对上级转批和直接交办的事，进行分类处理，及时反馈其结果。真正做到："件件有着落、事事有回音"。通过有效的行政裁决与细致信访处置相结合机制的发挥，平稳地化解了拆迁中的诸多矛盾和往年遗留问题，为推进和谐拆迁，平稳安置工作提供了支撑。（区住建局）

为民办实事项目落实情况综述

2010年,区政府确定10件为民办实事,具体完成情况如下:

1.为特困残疾人免费实施助明、助行、助听康复行动,为重度残疾人免费实施生活护理服务计划。据调查,免费实施助明、助行、助听康复行动的特困残疾人共248名,其中助明行动34名白内障患者已安排入院手术,为63名低视力残疾人发放了助视器;助行行动为22名残疾人安装了假肢,为87名残疾人配发了轮椅;助听行动为32名听力障碍者发放了助听器,对10名0~6岁聋儿进行了免费康复训练。“三助行动”10月中旬已全部完成。为110名重度残疾人免费实施生活护理服务计划3月份已落实到位。

2.新建创业孵化基地3家;新增城镇就业6000人,扶持创业1000人。新建创业孵化基地:新建创业孵化基地4家,分别是学府科技创业园、京口高新技术创业服务中心、第一楼街数码广场和谏壁新街创业街等。学府科技创业园总面积4000平方米,现已入驻科技型中小企业11户,带动就业150人。京口高新技术创业服务中心总面积8000平方米,总户数30户,已入驻26户,带动就业200人。第一楼街数码广场总面积5000平方米,总户数150户,已入驻45户,带动就业142人。谏壁新街创业街总面积220平方米,34间沿街门面已全部投入营业,带动就业70人。新增城镇就业10852人,完成全年目标任务的180.1%;扶持创业2123人,完成全年目标任务的212.3%。

3.改造老城区、城中村60万平方米,整治老住宅小区30万平方米,建设安置房15万平方米。

改造老城区、城中村:共实施戴家湾、新华村、新生村、象山花园二期等城中村改造项目29个,累计拆迁97万平方米。

老小区整治:实施综合整治的老住宅小区有5个:弥陀寺巷片区、腰刀巷片区、桃花坞五区、花山湾八区、十区。其中,弥陀寺巷、腰刀巷、花山湾八区、十区为综合整治,桃花坞五区为专项整治。整治总面积30万平方米,有近4000户、1.2万人受益。今年老小区改造以“既雪中送炭,又锦上添花”为整治目标,将整治重心放在大市口周边的弥陀寺巷和腰刀巷两个片区,两个小区占据了全区改造项目总量的70%以上。整治工程主要包括内管网改造、道路改造修复、拆除违章建筑、新建小区垃圾箱房、公共车库、楼道内墙出新、小区绿化等工程。

安置房建设:京润华庭二期安置房2.8万平方米已竣工,至11月,顺利完成镇大公路(一、二、三期)、禹山东路、纬八路项目拆迁户回迁。象山花园、米山雅居安置房正加紧建设,年底竣工11.8万平方米。新民洲农民新社区安置房6.5万平方米基本竣工。戴家湾20万平方米安置房拆迁已基本结束,并与南通亚伦房地产公司达成合作开发意向。

4.新建改造垃圾中转站4座、公厕13座。本年度新建的垃圾中转站有3座,分别是江山名洲中转站、尚海茗苑小区中转站和宗泽路中转站,江滨小区中转站为改造项目。江滨小区中转站改造和江山名洲中转站新建12月初已完成并启用;尚海茗苑小区和宗泽路中转站我区承担的土建部分已全部完成,设备待明年初市城管局统一招标到位安装后,即可投入使用。13座公厕已于12月20日前全部竣工验收并交付使用。

5.升级改造九里街、桃花坞菜市场,建设丹徒集镇综合服务市场。九里街市场改造完成,5月18日已正式投入使用。桃花坞市场正根据市加固改造要求重新设计建设方案。丹徒集镇综合服务市场因学府路东延项目尚未实施,现已建成一简易菜市场,已投入使用。另外,还实施了包家湾菜市场的升级改造,更名为“学府路菜市场”,11月28日已投入使用。

6.新建睦邻中心、社区综合服务中心2万平方米,建设居家养老服务平台。今年组织实施的社区综合服务中心项目有3个,分别是象山镇左湖村、正东路街道和谏壁镇月湖社区。象山镇左湖村办公服务用房:项目位于丁长路(粮食大卖场西侧)建筑面积8000平方米,已于12月28日举行开工典礼。正东路街道睦邻中心:项目位于京岘山南路西侧,建筑面积1.8万平方米。项目规划选址已通过,拆迁已进场,预计明年上半年开工建设。谏壁镇月湖社区综合服务中心:项目位于镇大铁路南侧、谏辛公路西侧,建筑面积3000平方米。目前,已完成发改委立项、土地征用、环保评审等手续,已通过市行政服务中心向市规划局报审,准备元旦过后开工建设。以上项目因为涉及市国土规划等审批,推进有些缓慢,区政府分管领导多次邀请市规划等部门进行对接。

居家养老服务平台:项目位于银泉小区,面积约110平方米。中心内设机房、呼叫中心、对外业务办理接待大厅、管理中心等。该项目已建成并于11月1日正式对外运营,已有近千名老人纳入服务系统,省、市民政及老龄办领导现场视察后都给予了充分肯定。

7.拓宽改造雩龙公路,重建莺歌桥。雩龙公路:施工单位已进场,民房拆迁、征地已基本结束,河塘清淤,路基范围内的全部完成,信息杆线、自来水迁移协议已经签订,正在同步进行杆线迁移工作与道路施工,力争春节前完成路基施工。莺歌桥:目前,灰管桥、南、北慢车道桥已安装完毕,快车道桥下部结构已基本完成,正在安装上部结构的预制件,预计2011年春节前竣工。

8.实施校舍安全工程,新建改造校舍2.5万平方米。

今年新建改造校舍2.5万平方米任务已全部完成。其中主要工程有:八叉巷小学拆除原南教学楼、综合楼、简易用房,并在原址重建教学楼。目前,新教学楼主体工程即将封顶，北教学楼加固工程已于9月1日开学前完成并交付使用。完成了五条街小学撤并和市实小新校区配套楼、敬业楼拆除工作，市实小重建项目的总体设计正在论证。

9.改扩建谏壁镇社区卫生服务中心，实施农村孕产妇住院分娩补助等四项重大公共卫生服务项目。谏壁镇社区卫生服务中心目前在建的办公医技综合楼在拆除原门诊楼和住院楼的基础上进行建设，总面积3840平方米，主楼共六层，预计投入990万元。12月5日工程主体已封顶，正在进行墙体建设和内装修，预计2011年4月投入使用。

四项重大公共卫生服务项目方面，全年共实施农村孕产妇住院分娩补助344人、农村妇女孕前和孕早期补服叶酸318人、35~59岁农村妇女乳腺癌和宫颈癌检查3586人，均100%完成年度计划。

10.启动实施新河街历史文化街区保护开发工程。该项目已由东南大学建筑规划设计院完成规划设计，目前等待市政府相关扶持政策出台，广东浙商控股集团对该项目表示了极高的投资热情，高层领导多次与区领导、东南大学规划设计院进行项目方案对接。同时，对新河街改造的商业运营也提出了切实的商业规划和运作方案。文史研究方面：文史资料调查工作小组已成立，初步报告已形成。

（区政府办公室）

◆资料链接◆

沈括故居

沈括故居

沈括故居，位于梦溪园巷。北宋科学家沈括（公元1031—1095）晚年定居于此，著述《梦溪笔谈》。

1985年，为纪念沈括逝世890周年，镇江市人民政府整修了建于梦溪园遗址上的严氏宗祠，辟为沈括纪念室，占地1333平方米，计2幢建筑物。陈列沈括生平事迹图片资料、实物、模型等。前幢房间三间，为清代修建的硬山顶平瓦房，坐东朝西，当中设正门入园，门上方嵌有茅以升题写的“梦溪园”大理石横额。内室陈列宋代原物“梦溪”石刻，记载梦溪园建于宋元丰八年（1085年）七月十五日。后幢为清式厅房三间，坐北朝南，内有沈括全身座像，挂有方毅、钱三强、钱伟长所题“梦溪园”、“通才硕学”、“学坛巨擘”三块匾额。厅室内还挂有两对抱柱联语：“数卷奇文物态无心匀翠墨，一钧初月南航北架为苍生”；“沈酣于东海西湖南州北国之游梦里溪山尤壮丽，括囊乎天象地质人文物理之学笔端谈论自纵横”。

1985年11月，沈括故居被公布为市级文物保护单位。1997年，被命名为江苏省爱国主义教育基地。

立足创新驱动 激发转型动力
全力打造高新技术产业集聚区

中共京口区委书记、区人大常委会主任 胡宗元

2010年2月21日

今天的动员大会，主要是专题部署高新技术产业集聚区建设的各项任务，动员全区上下迅速从节日的氛围中走出来，立即投入当前各项工作，精心谋划全区高新技术产业集聚区建设。刚才，郭区长作了一个很好的动员报告，目标要求、政策举措十分明确。五家单位的表态发言，符合区委、区政府的要求，适应当前的发展形势。希望各个单位认真对照目标任务，紧张快干，抓好落实，努力打造一批高新技术产业发展的新亮点。推进京口区高新技术产业集聚区建设，就京口而言，我感到要重点解决三个方面的问题：

第一，要解决好创新载体如何从小到大、从分散到集聚的问题

创新载体建设是提升创新能力、吸纳创新要素的重要手段。尽管通过近年来的努力，京口区在创新载体建设上取得了一定的成效，高创中心、归国博士创业园以及一些企业的研发设施，已经解决了载体建设从无到有的问题，但总体上看，现有的载体总量偏少、规模偏小、布点分散，远远不能适应产业发展和企业扩张的需求。如果京口区在新一轮发展中没有这种意识，慢人一拍，不仅难以集聚各类创新要素，就是现有的高层次人才和科技型企业也会逐步流失，我们就会丧失竞争的主动权。这一点，我们已有这方面的教训，留不住、长不大的情况已经存在。今年，市委、市政府提出要建设100万平方米的创新载体。京口区的任务是确保建成10万平方米、力争建成15万平方米，仅占市里的十分之一和七分之一左右。这与京口所处的区位、区域优势、科教资源不相适应。要切实增强责任感和紧迫感，必须围绕15万平方米的目标，争取建设更多的创新载体，为高新产业集聚区建设多挑担子、多作贡献。要解决小而散、留不住、长不大的问题，必须做好三件事。

*第一件事，要加快重点项目建设。*各个责任单位要进一步分解细化载体建设的目标任务，排出详细的建设计划。特别是对于高创中心二期、软件实训基地、工业园区高创中心和一些企业研发中心等事关全年目标完成的项目，要倒排工期，及早启动，全力推进。只有抓住机遇，抛开争论，苦干实干，我们才能实现争先争强的目标。象山镇要充分发挥区位优势，抓住城中村改造的机遇，为创新载体建设开辟更大的空间；要依托在手项目和现有载体，精心谋划大学生创新创业基地建设，确保顺利完成市委、市政府交办的任务。具有区位优势和良好条件的村和社区，也要盘活利用存量资产，推进产业楼、科技楼建设，为集聚高新技术产业和高层次人才创造条件。对于两个园区来讲，重点是要依托现有的产业基础，借助企业的力量，建设一批专业化、特色化的创新载体，提升产业的发展内涵。各个街道也要在楼宇经济、总部经济、创新载体建设上狠下工夫，特别是对辖区内的闲置资源要花大力气整合，实现创新载体“从无到有”的突破。

*第二件事，要科学合理规划布点。*应该讲，不同区域的资源禀赋、基础条件各不相同，创新载体建在哪里、怎么来建，如何合理区分功能定位，需要从全局的高度整体布局，防止形成各自为政、内部竞争的局面。从现有的条件来看，在京口区范围内已经难以找到成

片的土地进行集中建设，现在讲集聚发展就是要按照实事求是的原则，根据各个区域的实际情况，引导创新载体向最适合发展的区域相对集中，做到取长补短、优势互补。比如，科技孵化、科技研发、大学生创新创业、服务外包等占用的空间资源不多，应该优先向学府路、经十二路、宗泽路等区域集中，加速形成集聚效应。科技孵化成功后的成果转化，要充分发挥园区的承载功能，确保科技孵化毕业的企业在京口开花结果。所以我们在哪里创建新载体，建什么样的载体，如何实现功能区分，都需要好好地研究。

*第三件事，要提升载体的服务功能。*载体建设的高标准，并不单纯意味着造价高、成本高，关键是要满足企业的需要，适应产业的发展。要注重把科技服务体系建设和载体建设有机结合起来，在建好技术资源共享设施、实验培训设施等公共服务设施的同时，更加重视软件服务的作用，超前谋划好各类创新载体的运作管理模式，集成各类优势资源，为入驻企业的发展提供便捷有效的服务。要更加注重全区创新载体的整合利用，形成协作网络，避免重复建设和资源浪费。要积极为大学生创新创业提供良好工作和生活条件，最大限度地降低创业成本。

第二，要解决好创新载体如何打造特色、提高水平的问题

目前，京口的创新载体与先进地区相比，在规模总量上还有很大差距。只有比特色、比内涵，才能在错位竞争中赢得主动。我感到，重点是要发挥三个方面的作用：

*一是要发挥创新载体对高新产业发展的引领作用。*创新载体建设既涉及对现有产业布局的重组洗牌，也包含着对未来产业结构的预测判断。可以讲，创新载体的特色，在更大程度上是体现为产业特色和发展方向。我们要结合国家的产业政策和省政府的高新技术产品目录，加快建设一批具有京口特色的创新载体，在差别竞争中做优产业特色。要牢牢抓住能够代表京口特色和水平的软件研发、医药研发、船舶控制等服务外包产业，加大扶持力度，形成拳头产品，进一步扩大京口服务外包产业的知名度。在这里，我还想强调一下京口的高新技术产业产值占规模工业比重这一指标。由于高新产品目录调整、部分骨干企业生产下滑等因素的影响，2009年这个指标为28.1%，与08年相比下降了9.4个百分点。尽管今年市里下达给京口的任务只有28.9%，但刘市长在全市科技创新大会上，明确要求镇江高新技术产业产值占规模以上工业的比重必须达到35%。但是大家都应该有一个共识，京口作为主城区，一定要有更高的目标，要按照力争实现35%的要求，狠下工夫、全力攻坚，努力达到全市平均水平。

*二是要发挥创新载体对科技人才的吸纳作用。*载体建设的最终目的还是为各类科技人才服务。正是有了京口高创中心、蓝舶研发中心等一批载体的支撑，才有了名通科技、大元生物等一批高成长性科技企业的入驻发展。我们在建设创新载体的同时，就要把眼光瞄准各类高层次人才，提前做好人才招引工作。要把人才引进的数量和质量作为衡量载体建设成效的重要标准，打响省级高创中心、国际服务外包示范区等品牌，进一步创新人才柔性流动机制，以更加长远的眼光、更加开阔的胸襟、更加有效的政策，吸引更多高层次人才到京口来创业兴业。要围绕大学生创新创业基地建设，充分发挥政府部门的信息优势、组织优势，主动为企业牵线搭桥，促进企业与大专院校、科研院所的对接合作，真正把京口建设成为大学生创新创业的首选之地。

*三是要发挥创新载体对企业自主创新的带动作用。*今天有许多科技型企业的负责人参加了会议，相信大家与我有一个同样的感受：经过金融危机的洗礼，企业对创新的需求从来没有像今天这样迫切，创新对企业的作用从来没有像现在这样凸显。只有依靠科技创新，企业才能“危”中见“机”，走出困境，赢得竞争。希望在座的每一位企业家，要切实增强主体意识和危机意识，把自主创新作为企业的生存之本，着力打造一批重点实验室、工程技术中心等平台，集中力量开发技术含量高、市场前景好的新产品，增强核心竞争力。也衷心希望有意向、有条件的企业，与我们联手合作，共同打造京口的创新创业平台，区委、区政府将给予最大的扶持和更多的优惠，帮助企业做大做强。

第三，要解决好高新技术产业集聚区建设如何强化保障、优化环境的问题

*一是要与科技人才和企业家培养感情。*近年来，一些高层次人才不仅到京口来投资创业，还为我们引进了许多科技人才，形成了“葡萄串”效应。蓝舶科技有限公司尽管把化工企业生产放到了其他地方，但凭借着对京口的深厚感情，最终还是把研发总部放在了京口。但也有少数企业，尽管我们帮助争取了不少的政策扶持，但最终还是选择到其他地方开花结果。因此，我们在服务企业、服务人才的过程中，要注重加强与科技人才、高科技企业负责人的感情联络，建立起相互之间的信任和友谊，让更多科技人才和科技型企业在京口扎根创业、发展壮大。

*二是要加强组织领导。*区里已经成立了专门领导小组，由郭区长总负责，倪部长、曹区长、马区长担任副组长。要像推进其他重点工作一样，定期召开会议，督查工作进度，及时研究和解决存在的困难和问题。各个责任单位主要领导要强化“一把手抓第一生产力”的意识，围绕各自目标，分解任务，明确责任，确保各项工作落到实处、收到实效。要同步推进载体建设与招商引智，争取工程一旦竣工交付就有项目和人才入驻发展，早日发挥创新载体的应有功效。

*三是要加大争取力度。*当前，从上至下对高新技术产业发展的扶持力度越来越大，要抢抓机遇，积极争取，在借力发展上实现新突破。比如，市政府今年将集中60%以上的科技经费，设立新能源与智能电网、战略性高性能材料和高端制造等重大科技专项，要求各地也要明确自己的新兴产业发展重点。发改委、科技局要围绕京口的

产业和在手项目,加强对上的沟通衔接,争取更多的政策和资源向京口倾斜,确保今年争取各项扶持资金2000万元以上。

四是要优化外部环境。严格兑现区委、区政府关于高新技术产业发展的各项优惠政策,运用财政、税收、金融等经济杠杆,对科技型企业给予政策倾斜和财力物力扶持,激发企业的积极性。要倡导创新创业的人文精神,努力提高公众的科技素养,在全社会形成追求创新、崇尚创业的良好氛围。

总之,全区上下一定要切实增强责任感和紧迫感,进一步解放思想、开拓创新,苦干实干、争先争强,为建设创新型城区、推动京口跨越发展作出更大的贡献!

狠抓转型升级　创造发展新优势

中共京口区委副书记、区人民政府区长　郭建

2010年10月25日

在后危机时代,要在新一轮竞争中赢得主动,在未来发展格局中占据有利地位,必须积极主动应对挑战,解决好加快转变经济发展方式问题,以转型促跨越、以跨越促转型,努力实现从量变到质变的飞跃,保持科学发展、跨越发展的良好态势。当前及今后一个时期,是实现跨越发展的关键阶段,客观审视国内外经济发展大环境大背景和自身发展内在要求,正如梁保华书记在全省加快转变经济发展方式大会上所指出,加快转变经济发展方式比以往任何时候都更加重要、更加紧迫。

加快转型升级,要敏锐认识基础和机遇。当前自主创新引领转型升级,节能减排倒逼转型升级,政策支持助推转型升级,已经成为共识,各层各级都在把转型升级从概念落实到行动,从被动转化为主动,从旁观转变到参与。京口经过近两年的努力,新兴产业和现代服务业发展具备了一定基础,“高新技术产业集聚区”建设更加速了要素聚集。这些有利因素交汇在一起,为加快转型升级提供了保证、增强了信心。**加快转型升级,要勇于面对压力和挑战。**京口发展一直为综合实力不强、产业结构不优、创新能力不足、人才支撑不够等难题所困扰。伴随着金融政策变化、房地产调控继续、原材料价格上涨、劳动力成本上升等诸多因素的综合影响,生产要素供给矛盾将更加突出。要应对难题,就必须进一步优化经济发展环境,提供更为有效的服务,提升组织经济运行的能力和水平。

(一)切实加强思想重视。认识高度决定工作力度,对转型升级的认识越到位,思考全面深刻,行动就有力有效。必须要不断增强加快转型升级的坚定性自觉性,围绕高新技术产业、新兴产业和现代服务业发展等重点领域,主动深入研究,积极探索新路径、新办法,做到人人都能时时想,亲自抓,具体干,把转型升级各项目标任务真正落到实处。特别要高度重视科技发展的前瞻性、趋势性成果,围绕新能源、新材料、电子信息、航空制造、海洋工程等重点新兴产业市场和产品的细化与分工,狠抓招商,主动出击,该拼该抢决不谦让,切实提高新兴产业招商有效性、成功率。

(二)全力推进特色基地和项目建设。特色基地是推动产业转型升级、促进产业集聚集约发展的关键。市委、市政府明确要求每个辖市区都要建设1~2个省级以上基地。京口要尽快实现“零突破”。要在最有希望的领域下工夫,抓紧开展高性能特种航空航天铝材加工基地申报,加快推进鼎铝和爱励铝业合作项目,力争早开工、早建设。加速推进鼎胜铝业技改,确保尽快投产达效。积极推进新民洲海洋工程装备制造基地建设,认真做好海工基地报告会的后续跟踪落实工作。大禹山创意新社区要完成规划,明确政策,启动拆迁建设,加快重大项目开工建设。积极争取市新兴产业政策与资金支持,推进薄膜太阳能、动力电池、粮油加工等产业基地建设。加快转型升级,项目始终是生命线。要加快在建项目进度。绿洲新能源、科捷锂电池要确保年内试产。要高度重视正兴项目,加强与投资商沟通,加快重新选址,加快报批工作,力争年内开工。中储粮大豆压榨项目年底前要竣工投产。海龙核材要加快推进与中国核动力研究设计院合作,早出成果,填补我区产业空白。汽车紧固件项目要加快跟进,力争年内开工建设。

(三)加速传统产业升级改造。引导企业通过自主研发、改进工艺与装备等途径往“微笑曲线”两端走,今年内要完成企业技改投资75亿元,推进金属压延、粮油加工等传统产业创新升级。要高度重视传统产业和新兴产业的高位嫁接,引导企业主动寻求世界500强、行业领军企业合资合作,做到外资瞄准“500强”、内资盯住“中字头”,推进资本、技术和人才的合作,加速传统产业的升级步伐。要鼓励引导企业加大技术改造投入,推动传统产业产品升级进入新兴产业和高新技术产业产品目录。全力推进鸿泰、宝华、港机技改等项目,确保尽快投产达效。深入推进“千百亿工程”,加快培育鼎铝、鸿泰和中储粮等成为行业领军型的百亿级“巨头”。今年高新技术产业产值占规模工业比重力争达到全市平均水平。

(四)突出科技人才创新驱

动。转型升级要聚焦自主创新、掌握核心技术。要加大科技创新投入，确保全年R&D投入5.8亿元，占GDP比重达到2.3%，超过全市水平。要更加突出企业在科技创新的主导地位。发挥科技资金的撬动作用，引导企业加大科技研发投入，确保大中型企业研发经费占销售收入比重超过1.58%。重点关注科技型中小企业，优先安排科技扶持资金，鼓励创新开拓增值业务、二次开发扩展边缘业务，多元化发展。推进创新创业平台建设。咬定全年10万平方米目标，加快高创中心二期等载体建设进度。围绕新兴产业发展，积极鼓励企业对高效非晶硅薄膜电池、航天航空高温合金、锂电池循环寿命等与我区产业发展密切相关的核心技术进行攻关，确保各类研发机构发挥实效，力争新建和引进1~2家省级以上重点实验室、研发中心和检测机构。促进企业与高校、科研院所建立产学研合作组织和产业技术创新战略联盟。尽快形成人才荟萃、高端智力聚集的人才高地。要舍得投入，按照省人才工作会议要求，整合各类财政性奖励和配套资金，确保人才培养、引进和奖励专项资金不低于财政一般预算收入3%。建立完善多元化的人才发展投入机制，引导鼓励企业、高校和科研院所投资人力资源开发，联合引才。要激发人才活力，形成正确的用人导向，注重以实绩和贡献率评价人才。要建立责权利统一的用人机制，鼓励创新，宽容失败，让各类人才放心、大胆的创新创业。要营造良好环境，为人才干事创业提供贴心服务。认真做好国家“千人计划”、省“科技创新团队”、省“双创人才”的申报服务工作。

（五）扩张发展城市经济。京口是主城区，具有得天独厚的服务业发展优势。要加快发展“2.5”产业。高度关注制造业向高技术含量、高附加值的现代服务业延伸趋势，努力向产业链上游的研发、产品设计、技术专利、技术集成和下游的品牌构建、系统服务、物流等现代服务业领域发展。推进“软件千企”工程。保持服务外包高速增长态势，确保全年服务外包合同额、执行额超7000万美元和4500万美元。支持物流业做大做强。抓住市行政中心搬迁机遇，整合楼宇资源，着力在楼宇总部经济上求突破。要提升现代商贸业层次，积极服务苏宁广场、财富广场、百富商业广场建设，拓展高端消费市场。引进一批实力强、信誉好的房地产企业，打造一批品牌楼盘和小区，放大“宜居京口”效应。抓住全市打造“山水花园城市”和加快旅游业发展契机，加速推进皇冠假日、帝宝花园、洲际等五星级酒店建设，让高端群体和外来游客食、住、消费在京口。

奋力迈出整体城市化的坚实步伐

中共京口区委副书记 孙国平

2010年10月10日

京口是主城区，也是老城区。因为“主”，京口的形象一定程度上代表着镇江的城市形象；因为“老”，群众生活环境长期得不到显著改善，状况难以尽如人意，与经济社会的快速发展不相匹配。近年来，京口区在市委、市政府坚强领导下，以“在全市率先实现区域整体城市化”为目标，以城中村、老城区、老集镇“三大改造”为抓手，不断加大城市整治出新力度，一举打开了发展的新局面，迈出了实现区域整体城市化的坚实步伐。

一、准确把握发展特征，强势启动“三大改造”

面对如火如荼的发展态势和日新月异的城市面貌，发挥京口毗邻城市、辐射农村的区位优势，全面推进城乡一体化，率先实现整体城市化，势在必行、迫在眉睫。

实施“三大改造”是呼应镇江跨越发展的必然之举。在“跨越发展、后发先至”的旗帜下，“南城北水”建设快速推进，新市镇建设强势启动，镇江城市面貌正在发生着前所未有的巨大变化，“山水花园城市”已经初见雏形。作为主城区，面对城市重心西移南迁的压力和挑战，只有抢抓机遇、发展自己，以更大的魄力推进“三大改造”，以更大的手笔提升城市形象，才能与全市跨越发展合调合拍，才能进一步巩固和强化主城区的地位。

实施“三大改造”是拓展区域发展空间的必然之举。2009年京口人均GDP达到8351美元，进入到城市化快速推进和经济转型升级的重要关口。多年的发展累积，使得京口区域内已经基本没有成片的土地可供开发，简单地规模扩张难以为继，只有走集约集聚之路，依靠大力度的拆迁改造实现大规模的“腾笼换鸟”和“二次开发”，才能有效拓展区域发展空间。近年来快速推进的城乡一体进程，已经进行的200余万平方米拆迁改造，使部分近郊区域基本实现了城乡“无缝对接”，也为区域整体城市化打下了坚实基础、提供了有利条件。

实施“三大改造”是满足群众热切期盼的必然之举。社会在发展，群众的需求也在提高。近年来，京口的城乡建设虽然取得了较大进步，但是与发展的速度和群众的要求相比，还存在较大差距。特别是一些城中村、老城区、老集镇，几十年没有大的变化，群众反响强烈，对改变形象的呼声越来越高。同时，虽然拆旧建新不是整体城市化的全部内涵，但是在现实情况下,只有通过拆迁改造带动基础设施的配套完善,促进各类资源的整合优化,才能实现人居环境与区域发展的"同频共振"。

二、集中精力推进实施,"三大改造"成效明显

始终突出"加速城乡一体、加快转型升级"的主题,围绕"在全市率先实现区域整体城市化"的目标,举全区之力推进"三大改造",城市形象为之一新,群众信心为之一振。

一是高起点规划。编制完成了《京口区城乡统筹发展规划》,对辖区存量资源、可改造地块等进行了全面的梳理摸排,明确了每个地块的功能定位和开发方向,为"三大改造"及后续招商工作提供了规划支撑。按照新市镇建设要求,加快编制谏壁镇区域发展规划、京口工业园区总体规划,加大"三集中"力度,集中配套基础设施,统筹布局产业发展,推动了镇区、园区的联动发展。抢抓新兴产业的发展机遇,启动禹山创意新社区建设,积极谋划2.3平方公里区域内的整体拆迁,努力为转型升级开辟广阔空间。依托金港大道、零龙公路等全市重点路网建设,实施沿线土地整理,带动了周边地块的整体拆迁。新民洲发展总体规划、海工基地建设规划获得市政府批准,港盛重工二期等一批项目快速进展,近12万平方米的农民新社区即将建成,中海油、上海电气集团等高质量项目加紧洽谈,"千亿海工"基地蓝图初现。

二是高标准实施。根据城中村、老城区、老集镇各自不同的特点,分类推进43个"三大改造"项目。在城中村"腾笼换鸟"上下工夫。"城中村"是拓展发展空间最大的潜力所在。因此,京口区把"城中村"作为"三大改造"的重中之重,遵循"先易后难、滚动发展,成片开发、自求平衡"的理念,推动"城中村"的整体拆迁。今年计划实施"城中村"改造项目19个,涉及32个自然村、拆迁面积超过100万平方米,占到全区城中村面积的近70%,能够整理城市近郊土地近7000亩。充分利用"城中村"城市化程度较高的优势,积极引进战略投资者,吸引现代商贸、科技研发、服务外包等项目落户,欧尚超市、京口软件园等投入运营,进一步带动了城市周边的人气商气。在老城区"二次开发"上下工夫。老城区是城市发展的先行者,承载着辉煌的过去,也面临着更新的压力。近年来,通过对大市口AB地块、双井路等一批关键节点的拆迁改造,京口成功引进了苏宁广场、财富广场等一批城市综合体项目;通过自筹资金实施花山、合山、古运河、玉带河等山体水体整治,老城形象有了明显提升。今年,继续大力推进老城区"二次开发",以项目带动拆迁,启动中心城区改造地块5个,引进了凤凰书城等一批高质量项目,盘活中心城区土地近800亩,有效地使老城区的区位优势转化为了发展的资源优势,提高了城区开发的效益水平。在老集镇"强镇旺市"上下工夫。老集镇经过长期发展,成为了某一区域的经济、社会和文化中心,具有一定的集聚、辐射和带动作用。"强镇旺市"就是按照"区域中心、一流市镇"的定位,依托现有基础,全力服务中储粮、高创中心二期、帝保花园酒店等重点项目,积极扶持服务外包及粮油加工、仓储、物流等特色产业发展,增强镇域经济实力,打造一流强镇,形成京口发展的次中心和新引擎;利用已经形成的辐射能力,做好繁荣市场、促进消费的各项工作,推动服务业快速发展,集聚人气、吸纳商气,形成区域性商贸中心。

三是高效率推进。咬定一个目标,即:确保全年拆迁120万平方米以上,完成60%以上城中村改造,力争2011年基本消灭"城中村"。狠抓三个关键,即:抓招商,将目光投向市场、瞄准企业,盯紧各类"老板",调动政府与市场两个方面的积极性,借钱办事、借力发展。今年以来已经通过"三大改造"项目融资4.5亿元。抓项目,进一步明确每个改造地块的功能定位,精心做好项目包装,有针对性地引进一批层次高、体量大、带动力强的优质项目,真正让黄金资源发挥黄金效益。特别是,认真做好与市、区规划的对接工作,统筹布局配套设施,坚决避免短时期内的"二次腾笼"。抓推进,按照"早启动、早清场、早建成"的要求,明确每个地块的进度要求,任务到人、责任上肩,始终保持推进强势。倒扎时点开展专项督查,每周编发"三大改造"工作简报,在各个地块之间形成了浓厚的比学赶超氛围,有效加快了项目拆迁建设进度。

三、统筹兼顾和谐共享,提升整体城市化的品质

区域整体城市化,不仅是形态上的城市化,也是发展模式上的现代化。京口在狠抓"三大改造"的同时,牢牢突出"和谐共享"的要求,以更大地力度推动城乡一体化发展,协调发展各项社会事业,让群众共享、快享、享好发展成果。通过"三个创"实现了"三个好":创业,让群众拥有好收入。大兴全民创业之风,既抓"高、精、尖",又抓"小、灵、活",鼓励大学生、致富能手、下岗工人等群众大胆创业,宜商则商、宜工则工、宜农则农,在"铺天盖地"的基础上实现"顶天立地"。完善帮扶机制,突出做好市场营销、企业管理、财务运营等技能培训,让群众既敢"下海"更能"远航",打造了大学生创业的特色亮点。今年上半年,"两个收入"绝对值领跑市区,增幅全市领先。创优,让群众享受好民生。围绕"优质、均衡"两个关键词,强化城乡优质资源的科学调配,健全城乡一体的公共服务体系,不断推动教育、卫生、文体等各项社会事业高位均衡发展。围绕"宜居京口"建设,进一步加大山体、水体、废弃宕口等开发力度,建成了古城遗址公园等一批高质量城市景观,努力实现"显山、露水、透绿、现蓝"的目标,7月份京口入选全国首批"民生建设百强区"。创新,让群众享有好治安。适应新形势、新变化,创新社会管理方式,深入持久地开展矛盾隐患排查,完善重点人头管理、虚拟社会管控、突发事件处置等机制,畅通群众意见建议反映渠道,形成一套与整体城市化相适应的社会管理体系,实现了从源头上化解矛盾、消除隐患。

创新形式 突出实效 确保对口协商工作有声有色

京口区政协主席 贾国祥

2010年1月21日

近年来，镇江市京口区政协将与政府部门对口协商纳入重要议事日程，不断探索协商形式，拓展协商内容，总结出了一套行之有效的办法，工作开展得有声有色。

一、借助平台，扩大对口协商的影响

为了引起各方重视，统一各方共识，京口区充分利用政府、政协一年两次的对口协商平台，不但相互通报工作情况，而且针对群众普遍反映的热点、难点问题展开对口协商，共同探讨明确解决问题的办法和措施。

在2009年政府、政协上半年工作情况通报会上，加入了以"百名委员企业行"为主题的对口协商议程，并且邀请政府所有组成部门、政协常委以及相关人士代表参加会议，展示对口协商的工作流程，赢得了政府部门以及社会各界对对口协商工作的重视，取得了很好的效果。

二、融入全局，拓宽对口协商的渠道

注重将对口协商融入全局，融入具体工作，以对口协商之功提升全局工作之效。一是对口协商与民主评议相结合。将对口协商贯穿于民主评议的始终，使评议始终处于协商讨论、民主团结良好氛围中。在对政府部门民主评议之前，相关专委会与政府部门首先协商拟定评议方案，评议过程中及时与被评议单位沟通告知收集到的意见和建议，协商制定整改措施，既提高了民主评议的实效性，又增进了专委会与政府部门间友谊，取得了"一评多赢"的效果。二是将对口协商与提案办理相结合。根据计划安排，提案委定期牵头，组织承办单位、提案人、相关专委会进行协商，让三方面对面地进行沟通交流、协商解决办法，形成提案办理的合力。三是对口协商与视察调研相结合。视察中注意收集群众反映的问题，并与相关部门协商制定解决方案。比如，社会事业委组织的视察中，发现江苏大学旁，一边是马路市场拥堵，一边是农贸市场闲置不用，经与象山镇、区城管局沟通，得知该问题涉及市国土、规划等部门，区内难以解决，于是三方共同拟定解决方案，并以《社情民意》信息形式经市政协转报给市政府，建议被市政府采纳，问题得以根本解决。

三、围绕中心工作，丰富对口协商的内容

本着为党委政府分忧、为群众解难的原则，精选议题，找准对口协商的切入点。一方面，围绕全区关注的大事要事，开展对口协商。为应对金融危机，区政协今年开展了"百名委员企业行"活动，各专委会纷纷组织委员走访、调研企业，在依靠自身力量协调化解一些矛盾的同时，收集了企业反映强烈的33个问题带给了政府相关部门。为了推进问题的解决，在7月份召开的政府、政协情况通报会上，还专题就这些问题进行了对口协商，政府主要领导及分管领导也就此发言，并明确了责任单位、责任领导和解决时限，有力促进了全区经济社会发展。另一方面，围绕群众关注的热点、焦点，开展对口协商。比如，针对群众反映的京口广场无人管、脏乱差的问题，社会事业委经过调研，将情况反映给区委、区政府，区建设局闻讯后主动上门协商制定整治方案，落实了整治措施，建立了长效管理机制，赢得了群众的认可。

四、规范流程，保证对口协商的实效

通过近两年对口协商的实践，总结出了"确定对口协商主题及内容，协商制订工作方案，组织调研视察和座谈，形成交流协商意见，开展对口交流，共同制定整改措施，总结完善提高"七个流程，切实做到了"三个有"。一是事前有准备。年初拟定对口协商方案，并纳入政协年度工作要点。协商前，组成班子深入调研，确保切实掌握实际情况，反映问题有的放矢，提出建议具有可操作性，必要时邀请熟悉专业的委员参与。二是协商有力度。坚持以理服人、以据服人，确保每次协商都能形成明确意见。如，围绕居住房破墙开店事宜与环保、工商、消防、卫生等部门协商时，针对部门之间相互推卸责任的情况，专委会拿出相关文件，明确指出部门职责所在，使得部门不仅信服，而且在专委会的牵头下，协商制定了多个部门联合监管方案。三是事后有督查。对口协商形成意见后，一方面整理报送区委、区政府及有关部门，督促有关部门抓紧落实。另一方面，跟踪关注协商意见落实情况，必要时组织委员视察、提请主席会听取通报，确保取得实效。

开展执法检查　推动科学发展

京口区人大常委会党组书记、副主任　戴善民

2010年10月8日

科学发展观是我们党站在历史和时代的高度，总结国内外发展的经验教训，吸收人类文明进步新成果的基础上提出的以经济建设为中心的发展观，是做好新时期人大工作的重要思想指南。近年来，京口区人大切实树立和落实科学发展观，运用人大监督机制，认真开展执法检查，积极推动科学发展。

一、开展《中小企业促进法》执法检查，促进发展环境的优化

把促进发展环境的优化作为人大推动科学发展的重要工作内容，组织开展《中小企业促进法》执法检查。一是充分准备。成立执法检查领导小组，制定执法检查方案，召开了动员暨法律培训会议。二是深入调研。先后召开了区直部门座谈会、各镇(街道、园区)座谈会，调查《中小企业促进法》贯彻实施情况；专门听取了区政府相关情况汇报；走访市相关职能单位，征求了意见和建议；常委会领导亲自带队分4个执法检查小组赴20家中小企业进行视察调研，掌握第一手资料。三是认真审议。主任会议对执法检查报告进行专题讨论，常委会审议时，针对法律宣传贯彻还不够深入，有关政策和法律条文执行不到位，信息公开渠道还不够完善，中小企业融资难、用地难，发展环境需要进一步完善等问题。要求政府，统一思想认识，完善、细化各类鼓励、支持中小企业发展的政策和措施，加大政策兑现力度，转变工作作风，强化服务意识，严格依法行政，提高办事效率和服务质量，进一步营造有利于中小企业发展的环境；逐步建立以政府为主导的中小企业投资信用担保公司，建立健全中小企业信用担保机构风险补偿和激励机制，搭建融资平台，促进银企合作，进一步拓展融资渠道，进一步解决中小企业融资难的问题；营造公平竞争环境，加大财政支持力度，妥善解决中小企业在公平税赋、国民待遇等方面的问题，进一步完善和落实引导、扶持中小企业发展的政策措施。完善人才引进、培训体系，加强对企业管理人才和技术人才的培训，建立和完善信息咨询服务体系，搭建信息公开和交流平台，健全领导与部门挂钩联系企业制度，进一步健全中小企业服务体系建设；　引导中小企业加大技术改造力度，建立健全现代化管理制度，提升企业核心竞争力。四是跟踪问效。区政府认真研究审议意见，积极整改落实，各有关部门进一步加大工作力度，切实做到了思想认识到位、组织领导到位、工作责任到位和保障措施到位；积极构建银企互动平台，建设中小企业与金融机构间的绿色通道，完善中小企业担保体系建设，推中小企业上市融资步伐，建立健全中小企业信用担保机构风险磁补偿和激励机制，进一步拓宽了中小企业融资渠道；围绕“一城两园三基地”培育壮大了一批特色鲜明、结构优化、产业链完整、服务体系健全和市场竞争力强的中小企业产业集群，进一步促进了中小企业积聚发展；做大做强区中小企业服务中心，构建信息服务体系、信用服务体系、人才服务体系，认真落实经济运行监测机制，加大服务协调力度，进一步优化了中小企业发展环境。

二、开展《科技进步法》执法检查，推动发展方式的转变

把推动发展方式的转变作为人大推动科学发展的主要着力点，认真开展《科技进步法》执法检查。成立区人大常委会领导、部分组成人员和市、区人大代表以及有关专家组成的执法检查组，先后听取了区政府关于贯彻《科技进步法》的情况报告以及区科技局、发改委、人事劳动局、财政局等部门的汇报，举办了《科技进步法》专题法律讲座，察看了正恺电子、中福马机械、大元生物等科技企业，召开了基层单位分管领导、企业负责人、科技人员座谈会，走访了税务、工商、银行、高校等相关单位，广泛听取了有关单位、专家和市、区人大代表的意见和建议。总结归纳了企业自主创新意识不强，总体创新能力比较弱；高层科技人才匮乏，人才引培、激励政策不完善；公共技术服务平台建设有待加强；科技投入不足，投资融资渠道不畅等四个方面的问题和不足。常委会认真审议，提出了明确审议意见，要求政府及相关职能部门，加强宣传，促进企业进一步树立创新意识，增强科技创新的主动性，增强人民群众科学素养，形成全民讲科学、用科学、崇尚科学的浓厚氛围；结合实际，建立健全和完善科技人才政策和计划，确保人才不仅引得进，还要留得住、用得好、用出成果、用出效益；建立多层次科技人才培养、培训和交流机制，优化用人环境，充分发挥人才在创新中的自主性、积极性和创造性。加快建设各类科技服务平台，大力培植和发展技术服务和技术交易市场，加速推进科技创新载体建设，充分利用区域内的高校优势，密切产学研结合，提高科技成果转化和高新技术企业孵化的承载能力；增加成果转化资金，设立领军人才专项资金，科技创新创业风险投资引导基金，为企业自主创新和成果产业化提供贴息和担保，完善科技经费监管制度，依法保障科技投入，优化投入结构，引导、扶持和促进企业自主创新。区政府认真研究处理常委会审议意见，进一步统一思想，强化责任，加强对科技工作的规划部署。深入企业走访调研，明确了优化载体结构、优化产品结构、优化产业结构、优化人才结构的工作方针；通过创新服务模式、开展多形式的宣传培训等方式增强企业科技创新意识；不断完善科技与人才政策，大力引进科技创新人才；大力推进产学研合作，积极建设科技创新载体；坚持把科技投入作为预算保障的重点，强化科技经费的投入和监管，提高资金使用效益。

重点突破　整体推进
着力构建具有京口特色的惩防体系

中共京口区委常委、区纪委书记　姚敬源

2010年12月8日

根据省委和省、市纪委关于“惩防体系基本框架形成年”的总体部署，近年来，京口区委、区政府把握系统性、阶段性和可操作性的要求，结合实际，突出重点，扎实推进，构建了具有京口特色的惩防体系基本框架，得到了党员干部的普遍认可，人民群众对全区反腐倡廉建设成效的满意度达到98.6%，机关干部对领导班子、领导干部述职述廉的综合满意度达到93.8%。

一、以责任落实为关键，着力增强惩防体系建设的保障力

1.加强组织领导。区委、区政府高度重视惩防体系建设工作，切实承担主体责任，严格落实党风廉政建设责任制，坚持把惩防体系建设纳入党建和经济社会发展总体部署，统筹规划、同步推进。区党政主要领导牵头负责，在区委常委会、区政府常务会议集中学习中纪委五次会议、省纪委六次会议以及国务院、省政府廉政工作会议精神，并讨论通过了《京口区惩治和预防腐败体系基本框架建设系列模型》、《京口区政府廉政工作意见》。区纪委认真履行组织协调和监督检查职责，协助区委抓好惩防体系建设工作的部署、推进和督查，促进各项任务的贯彻落实。党委统一领导、党政齐抓共管、纪委组织协调、部门各负其责、人民群众支持和参与的良好局面得到进一步巩固和发展。

2.强化责任落实。积极开展党政主要领导履行“一岗双责”工作报告活动。同时，对反腐倡廉各项工作任务实行项目化分解、项目化管理、项目化落实。专门印发《全区党风廉政建设和反腐败工作区各有关单位责任分解意见》，逐项分解、逐条细化全区党风廉政建设和反腐败各项工作目标和任务，明确了主办、协办单位和办事机构，做到履行职责有规范、落实责任有保障、追究责任有依据。

3.狠抓督促检查。把检查考核作为落实责任制的重要手段，纳入党政领导班子、领导干部目标管理。2010年10月份，由区委办、区政府办、纪委、组织部、宣传部组成的联合检查组，对象山、健康路、人社局等11家重点单位，惩治和预防腐败体系基本框架构建、党务公开、建立重要权力节点监控机制、党风廉政建设责任制等四项工作的开展联合检查，全面推进我区惩防体系建设工作，确保完成全年各项工作目标；进一步完善了报告制度、检查考核、谈话制度等各项配套制度，共开展区纪委负责人同下级党政主要负责人谈话12余人次，干部述职述廉399人次，个人重大事项报告16人次。并通过廉政档案、党务公开栏等一系列形式，把责任考核结果与干部选拔任用和奖惩结合起来，与反馈、通报、公示等结合起来，不断延伸责任制范围。

4.严格责任追究。我们坚持从严执纪，把握追究重点，按照“谁主管、谁负责”的原则，依据《京口区党风廉政建设责任追究实施办法》，运用教育、组织、纪律等手段，对领导班子和领导干部不按责任制规定履行职责的，严肃实施责任追究。2010年以来，对10名乡科级领导干部实施党风廉政建设责任追究。

二、以制度建设为主线，着力提升惩防体系建设的实效性

1.积极构建拒腐防变的教育机制。在全区党员干部中开展“学准则、讲党性、守纪律”主题教育活动。通过举办“学准则”专题辅导报告会、组织观看警示教育片、征集心得体会文章等形式多样的活动，促进党员干部进一步坚定理想信念，增强宗旨意识、党性观念。继续加强廉政文化建设，扎实推进廉政文化示范点和“六进”单项先进地区联创工作。开展反腐倡廉美术工艺作品征集活动，共征集绘画作品40余幅，工艺作品8件，并报送市纪委展览，有8幅（件）作品获奖。加强领导干部廉洁从政教育，举办第二期新上岗乡科级领导干部党风廉政集中教育培训班，对78名学员进行了为期一周的廉政教育培训和党风廉政知识测试，区委主要领导亲自到场进行集体廉政谈话，切实增强了新上岗乡科级领导干部廉洁从政、廉洁自律意识。

2.建立健全权力运行的监督机制。建立重要权力运行监控机制。全面开展重要权力节点监控机制建设。制定出台《工作意见》和《问责办法》，在机关部门试点的基础上，在全区全面推开重要权力节点监控工作。全区共排查梳理重要权力171项，其中针对性地重点监控54项重要权力，对群众意见比较集中，具有共性的如干部提拔、财务管理、工程建设、政府采购等权力，由区纪委监察局牵头，会同组织部、财政局、住建局等单位，统一制定监控办法和追究办法，其他单位和部门则遵照执行。深化党务公开工作。认真贯彻落实全市深化党务公开工作会议精神，研究出台了《关于进一步深化全区党务公开工作的意见》，调整了党务公开领导小组成员，进一步修订完善了三级党务公开目录，大市口华润社区党务公开目录被镇江市纪委转发。把重大事项决定、重要人事任免、重要项目安排以及大额度资金使用等重要权力的运行情况作为公开的核心内容，积极推广党代表列席党委会、询问质询、听证等制度，抽取区农委等6家区级机

关部门及领导班子面向社会公开述职述廉。据统计,2010年全国共有海南、陕西等7地区的148人次来我区学习考察党务公开工作。构建行政权力网上公开透明运行机制。开通行政权力网上公开透明运行平台,实现所有行政机关全覆盖、所有权力事项全覆盖的网络体系。坚持把内部监督、外部监督、专门监督有机结合起来,着力构建在内控中规范、在阳光下运行、在网络上监督的“三位一体”权力运行监控体系。推进电子监察系统建设,加强对行政权力网上运行监督,进行绩效评价,提高行政效能。切实加强行政监察工作。会同有关部门加强对宏观调控、结构调整、环境保护、规范和节约用地等方面的监督检查,确保政令畅通。加强和改进行政监察工作,2010年以来,区纪委、监察局共组织行政效能检查50余次,有效地促进了机关工作人员勤政廉政、务实高效。把优化经济发展环境作为推动科学发展的重要抓手,专题召开全区优化经济发展环境工作会议,加大监督检查力度,及时处理企业反映的问题,全力打造全市“办事效率最高、收费标准最低、服务态度最好”的首善之区。

3.加快构建源头治理预防机制。一是落实干部选拔任用工作四项监督制度。把竞争性选拔作为干部选拔任用的一项重要制度,严格执行公开选拔、公推公选、公推直选、两推一考、竞争上岗、空缺岗位差额竞岗等相关制度,基本形成了“靠制度选拔干部”、“在一线培养干部”、“以表现评价干部”的新机制,使竞争性选拔任用干部在制度的框架内有章可循、规范操作。注重选拔工作的计划性、针对性和公正性,积极构建了事前报告、事后评议、离任检查、违规失责追究的监督链,做到全程公开选拔信息、全程监督选拔工作,全程运用“差额推荐、差额考察、差额酝酿、差额票决”为主要内容的“四差额”方式选配干部,有效提高了选人用人的公信度。扎实治理拉票行为。把治理拉票行为,作为干部选拔任用工作中极为重要的环节,在县处级后备领导干部集中调整工作中,召开专题会议学习传达了中央认真治理拉票行为的文件精神,切实提高每位参加推荐的领导干部整治拉票行为的纪律意识,有效防止了拉票行为的发生,落实干部选拔任用工作公开、公平、公正的要求。2010年以来,京口区先后对镇(街道)党(工)委书记、政府办主任、区卫生和人口计生局局长、区司法局局长、教育局局长、统计局局长等重要正职岗位进行定向差额推荐,对京口工业园区副主任、港口产业园区副主任等3个副职面向全省公开招聘专业技术人才。二是创新建立拆迁安置监管制度。严格执行《拆迁安置监督管理暂行办法》,大力推行“三公开、一透明、一监督”拆迁政策,实现阳光拆迁、和谐拆迁。近年来,未发生因拆迁引发的重大信访事件。出台《关于加强对拆迁项目中房屋拆除管理的意见》,强化房屋拆除监管,自执行该制度以来,房屋拆除残值平均增加了30%以上。三是探索建立政府采购工作的监管制度。为加强对政府采购工作的监管,研究制定了政府采购绩效评估制度,不仅要求将政府采购商品全部实行集中采购,更重要的是用市场同期最低价来衡量政府采购的绩效,实现用最少的钱买最好的商品和服务,并建立了从领导到具体经办人等各个层面的工作问责制度。2010年以来,通过有效监管,节约采购成本50.16万元。四是完善乡科级领导干部及后备干部个人和家庭财产申报制度。研究出台《京口区廉政档案申报工作管理办法》,对乡科级领导干部及其后备干部的个人和家庭财产申报工作提出明确要求,进一步规范相关干部个人及家庭财产申报行为,有效从源头上预防腐败。目前,全区有432名干部建立了包括个人及家庭财产状况在内的廉政档案。

4.不断完善纠风治理长效机制。坚持纠建并举,认真解决损害群众利益的突出问题。深入治理教育乱收费,加大督查力度,严格收费管理,全区实现教育收费“零投诉”。继续实行药品和医疗器械集中招标采购,2010年以来,药品、诊疗费、挂号费让利患者1410.94万元。进行“小金库”专项治理“回头看”,源头堵塞财政资金流失的漏洞。认真开展制止公款出国(境)旅游专项工作,进一步压缩经费、组团数量和规模,从严控制在外停留时间,改进和完善相关管理制度,不断巩固和扩大治理成效。扎实开展工程建设领域突出问题专项治理工作,组织对全区2008年以来11个使用国有资金和政府投资500万元以上项目进行梳理排查,对查有问题的项目通报批评,责令整改。开展“三优一满意”民主评议基层站所活动。配合办好“行风热线”,积极发挥监听员作用,2010年以来,共办理群众举报投诉12件(次),对群众反映的违规拆迁补偿等方面的问题,一一调查核实,及时纠正到位。

5.着力构建从严治腐惩戒机制。进一步畅通信访渠道,深入开展信访监督,扎实推进目标管理,全力加强信访稳定,切实加大督查督办力度,不断提升信访举报工作水平。完善查办案件协调机制,加大与公安、检察等部门的联系配合力度,增强办案工作合力。不断改进和完善案件线索排查方法,建立全区党员名册,提高案件线索的成案率。严格依纪依法审理案件。加强案管工作,实行案件统一管理,规范办案程序,规定办案时限,确保办案质量。坚持把办案与预防结合起来,通过剖析案例、健全制度、堵塞漏洞,发挥办案的治本作用。2010年以来,全区立案查处涉及征地拆迁、“三资”管理等方面的各类违纪违法案件12件。通过办案,挽回经济损失400余万元。认真研究和剖析查办案件发生的特点和规律,制定下发纪律检查建议书、监察建议书各1份,要求相关部门从队伍建设、制度建设等方面加强管理。

三、以创新实践为动力,着力打造惩防体系建设的工作特色

1.在工作方法上,突出分类分层次构建惩防体系基本框架。围绕反腐倡廉制度建设这一主线,按照“543”工作法即“五大机制、四张网、三问”的思路,构建惩防体系基本框架。及时调整区惩治和预防腐败体系建设工作领导小组，研究制订并提请区委下发《区级惩防体系制度建设任务分解表》，定性定量分解给区有关职能部门抓好落实。截至目前，区级层面共建立完善惩防体系基本框架制度86项，其中支撑框架基础性制度42项，具有京口特色创新制度12项，保障性制度22项。在落实好区本级惩防体系各项任务的基础上，加强对镇、街道、园区和部门惩防体系建设的指导和督查，采取下基层调研、召开专题座谈会等方式，在机关选择区教育局、城管局、卫生和人口计生局三家为试点单位，在基层选择谏壁镇、大市口街道为试点单位，全区各单位各部门以试点单位为参照，根据自身实际，进一步梳理完善各项制度规定，着手编制各有特色的惩防体系基本框架，及时发布反腐倡廉制度建设动态信息，加大对重要制度的宣传普及。目前全区已建成了区本级、机关部门以及基层单位多个层面的惩防体系基本框架。

2.在工作特色上，充分体现京口作为镇江市主城区的区域特征。结合京口主城区特点，明确构建思路，专门组建班子，开展试点，组织调研，重点织好教育、监督、纠风和组织四张网，突出加强城市社区党风廉政建设，积极构建具有京口特色的惩防体系。一是构建教育网。把反腐倡廉教育贯穿于干部培养、使用、管理的各个环节，提高教育的针对性、实效性，筑牢拒腐防变的思想道德防线。二是构建监督网。扎实推进党内民主建设，加强党内监督，严格落实民主议事决策制度和公开制度，推进党务公开、政务公开，让权力以群众看得见的方式运行，做到有权必有责、用权受监督、违纪违法要追究。三是构建纠风网。牢固树立以人为本的理念，紧紧围绕人民群众最关心最直接最现实的利益问题，大力纠正损害群众利益不正之风，把保障和改善民生的各项政策措施落到实处。四是构建组织网。充分发挥基层纪(工)委委员、基层党组织纪检委员、党风联络员、特邀监察员的作用，依靠基层组织网络和社会群众支持参与推进反腐倡廉建设。

3.在工作载体上，切实开展"问责问廉问效"主体活动。切实加强党员干部作风建设，在全区组织开展"问责问廉问效"主题活动。明确"三问"对象，将党政机关及其领导干部作为"三问"主要对象。突出"三问"重点，做到对全区新增中央投资项目、重点建设项目实施"全程问"；对征地拆迁、工程建设、安全生产、环境保护等群众反映强烈的热点难点问题，组织"专题问"；对机关作风建设、行政权力网上公开运行情况进行"及时问"。拓展"三问"领域，使"三问"由区级机关向镇、街道、村(社区)以及基层站所延伸。运用"三问"结果，将"三问"处理情况纳入单位及个人年度考核，并作为其考核评定、奖励惩处、评先评优、选拔任用的重要依据。2010年以来，共发出"三问"通知书10余份，实施提醒谈话5人，诫勉谈话2人，对防违治违、"三资"管理等方面不作为、乱作为、失职渎职，造成不良后果的6名干部给予了纪律处分，并对3名乡科级领导干部实施责任追究。通过开展"三问"活动，切实增强了全区党员干部的责任意识、廉洁意识、效能意识，保障了惩防体系建设工作的实际成效。

瞄准"领军型"人才　助推"葡萄串"效应
紧紧围绕高新人才集聚和新兴产业增长实施"人才京口"工程

——关于我区领军型创新创业人才工作的调查与思考

中共京口区委常委、区委组织部部长　倪兆顺

2010年12月10日

领军型创业创新人才，是指具有高层次、高技能，拥有较强自主创新创业能力，能够引领和带动新兴产业发展的高端人才。实现经济转型升级，大力发展高新技术产业，不仅是科学发展观的要求，也是建设创新型京口的必然选择。聚焦高新产业发展，离不开高层次创新创业领军人才的支撑。引进一个高端人才，可以壮大一个企业，兴起一个产业。新近出台的《国家中长期人才发展规划纲要》指出，人才是我国经济社会发展的第一资源，提出了"服务发展、人才优先、以用为本、创新机制、高端引领、整体开发"的指导方针。省委、省政府更是把人才作为首要的发展战略，放到特别突出的地位。面对这一新的形势和要求，京口作为镇江的主城区，迫切需要思考和回答的问题是，如何在有限的空间资源上，实现无限的科学发展。对此，我们围绕领军型创新创业人才队伍建设作了如下的调查和思考。

一、强化实施领军型创业创新人才工作的紧迫性和可行性

1.强化领军型创业创新人才队伍建设，是引领新兴产业发展的必由之路。科学技术是第一生产力，人才资源是第一资源。实践证明，人才，特别是领军型创业创新人才在创新创业中具有引领作用、骨干作用、带动作用，决定一个地区的核心竞争力。领军人才的集聚和支撑，能够突破科技瓶颈制约，提升发展质量和效益，有力促

进区域经济的转型升级和新兴产业持续快速发展。省委梁保华书记多次强调"谁拥有人才,谁就拥有未来",京口实施经济强区、科教强区、文化强区工程,关键要靠人才支持;打造产业集群、创新高地、特色基地,首先要建设人才高地。

2.只有具备了人才优势,才有科技优势、产业优势和竞争优势。人才背后是技术、是项目、是产业。实践证明,人才优势是科技优势的基础,科技支撑是产业优势的保证,产业优势加人才优势才能形成真正的竞争优势。因此,在经济转型升级的发展态势面前,无论是发展新型产业、壮大传统产业、打造特色产业基地,都离不开人才的支撑。只有着力人才的引进、培育以及留住人才、用好人才、宽容人才、支持人才,才能登临发展的制高点。

3.京口的"三大优势",为引进领军人才提供了必要条件。

我区作为镇江市的主城区,在人才引进上具有三个方面的相对优势。一是区位优势。我区处在上海和南京两大都市圈的交汇处,地处"一小时沪宁创新圈",具备了与上海、南京人才圈的交流与融合,从已落户京口的人才情况来看,他们选择在京口创新创业,而居住、兼职、研发在上海、南京的共有9人。二是高校优势。区内拥有江苏大学、江苏科技大学、镇江高等专科学校等多所大专院校,各类、各级科研开发机构421个。随着产学研、政金企一体化进程的加快,我区具有成果转化的得天独厚的优势,而且这种优势已在逐步显现。据不完全统计,江大、江科大的教授在我区企业兼职的不少于30名,尤其是高层次归国博士,很受江大、江科大的欢迎,不仅可以做兼职教授,而且可以专职从事研发工作。目前,已落户的归国博士已有2人在江大做兼职教授,5人在上海、南京的高校做兼职教授,这样既缓解了高校一流人才短缺的问题,又为归国博士一边做兼职,一边做创业提供了学业相长的便利,更为高风险的创新创业解除了后顾之忧。三是居住优势。随着我区城市化进程的加快,一批新型高档小区拔地而起,它们环绕在我区的创新载体周边,为领军型人才提供了优质、通达的生活便利。

二、我区领军型创业创新人才工作的现状和启示

(一)我区领军型创业创新人才工作呈现以下三个特点:

1.领军型创业创新人才数量不断增加,靠以情感人加快了人才集聚。从人才数量上看,目前,据不完全统计,全区全脱型创新创业人才10人,半脱型创新创业人才15人,柔性流动高层次人才26人。其中,经过国家级认定的"千人计划"1人,面试2人;省认定的"双创"人才11人;市认定的"331"人才9人,今年在报的市"331"人才15人,在培的国家级"千人计划"3人。三年来引进本科以上人才118人,海外博士、高级工程师有120多人,省"双创"人才引进和市"331"人才入围人数及增速已连续两年位居全市前列,今年是全市唯一超额完成省、市人才考核任务的辖区。从项目类别上看,我区已初步形成软件开发及服务外包类企业56家、生物医药外包类企业2家、三新产业类企业12家。客观地说,京口的人才政策优势并不明显,高新产业基础也不占优势。但这三年来,我区人才工作能始终走在全市前列,靠的是以情感人、以情动人、以情留人,靠的是人才工作的"葡萄串"效应。靠以情感人,我区先后引进了陈宝生、崔立峰、张飞、庞海、周晓冬等6名归国博士。靠人才工作的"葡萄串"效应,通过以上6名博士的牵线搭桥,我区又先后引进了李溪、唐幸福、余颖、董明东、李义连、朱培颐、康慨、夏志杰、谢少平、郑涛等22名海外博士,以才引才比例达到了60%以上,人才集聚的"葡萄串效应"日渐放大。京口爱惜人才、善待人才、支持人才的口碑,在领军人才"圈子"里慢慢传开,得到领军人才的充分认可。

2.政府引导投入的力度逐年加大,靠以载体聚人增强了吸引力。坚持人才平台优先建设,是引进人才、留住人才的关键举措。区委、区政府投入资金建成省级高创中心(软件园)、创成省级国际服务外包示范区。在政府的引领下,区工业园区建成京口归国博士创业园、正东路街道建成京口学府科技园,并同时引领民间资本进行创新载体建设,高创中心二期、园区高创中心、恺源网购中心、大学生软件实训基地、金茂软件培训学校等创新载体,相继规划建设。在政府资助搭建京江软件公共技术服务平台、绿洲新能源技术中心的基础上,鸿泰技术研发中心、中盛粮油检测中心、镇江质量检测服务中心、中煤电子院士工作站、鼎铝博士后工作站等科技研发平台陆续建成。区委区政府在人才资源上的优先投入,促进了人才工作、载体建设的先行一步,为人才工作增添了"助推器"。

3.人才引领和产业驱动初显成效,靠以支撑和服务留人扩大了影响力。在领军型创新创业人才的引领下,我区已初步形成人才与产业的双轮驱动效应。初步形成了以京江软件、智比特信息与大元生物、蓝德特药业为主体的软件与生物医药服务外包产业,以绿洲新能源、美华多晶硅、三晶电子、太谷电力、电池及薄膜材料检测为产业链的光伏产业,以环能通为主体的新兴环保产业,以科捷锂电池、纳米碳化硅检测、海龙核材料、鼎盛铝业为龙头的新材料产业,以中盛粮油、宝华半挂、中煤电子、煤达矿用、飞格光电为群体的新技术产业。其中,虽然部分企业现在还是单个的、矮小的,但他们是真正的"小荷才露尖尖角"。我们坚信,他们成长起来、发展起来、壮大起来、引领起来,定将成为未来京口新兴产业的基石,作用不可小视,未来不可限量。

但是,我们也清醒地看到,在领军型创业创新人才的引进、培育、使用、支持、服务上我们还存在需要继续努力的地方,尤其在领军型创业创新人才日趋激烈竞争的态势面前,放眼苏锡常,对比兄弟辖市区,我区领军型创业创新人才工作的短板主要表现为:领军型创业创新人才政策不断完善,但尚不完备和更具吸引力;领军型创业创新人才逐步增加,但规模仍然偏小;领军型创业创新人才初步呈现小范围集聚趋势，但分布不均衡。新兴产业有所显现，但产业特色及集聚尚未成形；创新创业载体有序建设，但现有载体平台对项目支撑力不强；领军型创业创新人才项目启动资助，但对项目的综合配套服务还不健全，尤其是风投和融资机构发展滞后。

（二）领军型创业创新人才工作的启示

对比苏、锡、常先进地区和兄弟县市区的工作实践，结合我区的具体情况，领军型人才工作有如下启示：

启示一：思想解放、产业谋划、快人一拍是前提。思想解放要求我们瞄准新兴产业的发展，把人才工作作为重要的发展战略，放在更加突出的地位。引进领军人才，既要立足区域产业发展定位，又要有超前意识，敢于无中生有，催生新的产业。产业发展水平与人才建设水平常常是互动的关系。一般而言，如果超越产业基础和产业发展定位，引进的领军人才名气再大、层次再高，也可能是“空中楼阁”。另一方面，任何一个产业都不是天生存在的，特别对高科技产业而言，领军人才常常是产业形成和产业突破的核心推动者，只要具备相应的基础条件，领军人才就能发挥出创造性的价值。同时，许多发展潜力大、投资回报高的高新技术项目具有投资周期长、市场风险高的特点，是否敢于资助这样的人才和项目充分反映了一个地区对待人才的胆识与气度。在人才日趋激烈竞争的态势面前，人才工作始终快人一拍，显得尤为重要。

启示二：注重投入、服务配套、科学引导是保障。引进领军人才，既要重金以待，又要走出高待遇的误区，善于把工作重心转移到综合配套上。领军人才的成功引进只是一个良好的开端。项目能否顺利落户、健康发展、形成产业优势，才是人才引进工作的最终目标。高额资助能够产生有效的激励效应，也彰显政府渴求人才的环境。但如果没有较好的创新创业平台和持续高效的综合配套服务，高新企业就犹如在真空中生存。而初创期的高新企业，犹如待哺的婴儿，离开资助、合作、融资环境的支撑，亦难以生存发展。因此，落地人才能否留住、落户项目能否产业化、落成企业能否发展壮大，就更加需要载体平台、融资环境、风险投入和政府重大项目资助等后续政策的支撑。

启示三：领导重视、部门联手、上下联动是关键。引进领军人才，既要落实责任、加强目标考核，又要优化服务理念，强化服务举措，乐于当好人才“帮办”。领军人才引进尽管只是一个专项工作，但又是一项着眼长远、事关区域发展的战略性工作，更是一项系统工程，需要全区上下统一思想，齐心协力；更需要集成各部门优势，协同推进；还需要整合社会资源，广泛参与。这就要求尽快强化工作机构，明确职责分工，落实相关责任。强化奖惩兑现，提高服务质量。

三、实施“人才强区”战略目标的设想及建议

未来五年，是我区经济社会和人才事业发展的战略机遇期。面对新形势新任务，必须进一步增强责任感、使命感和危机感，牢固树立人才优先发展的理念。要以领军型创业创新人才队伍建设为重点，坚持围绕跨越式发展引进人才，坚持走人才特色竞争的道路，坚持人才使用效能优先的原则，坚持打造最优环境服务人才，努力把京口建设成高端人才聚集和优质劳动力富集地带，围绕打造“人才京口”品牌，为“人才强区”提供坚强的人才保证和智力支持。

到2015年，我区领军型创业创新人才工作的总体目标设想是：

1.人才引进——数量质量进一步提升，结构逐步优化。推进全区人才结构战略性调整，使领军型创业创新人才的分布、层次和类型等结构更加合理。在现有人才工作基础上，积极实施人才国际化战略，大力引进海外高层次人才和团队，力争每年引进不少于10个领军型创新创业人才及团队。探索建立政府引导、企业主体、项目依托、平台支撑、市场运作“五位一体”创新团队引进机制，重点加大对带技术、带项目、带资金创新团队引进力度。更加注重柔性引才引智，以才引才，以才聚才，加快完善政府、民间、市场等多元主体的人才引进格局，建立不求所有、不求所在、但求所用、来去自由的柔性流动机制和固定与流动、专职与兼职相结合的灵活引才机制。实施人才引进“精英计划”，创新“人才+项目+资金”、“人才+团队”的人才引进模式，积极依托猎头公司和人才中介组织，加大创业型人才引进和培养力度。充分发挥市场配置人才资源的基础性作用，促进人才与经济协调发展，到2015年，高新技术产业产值占规模工业产值的比重每年提高3个百分点左右，战略性新兴产业销售占规模工业的比重提高到60%。

2.产业集聚——确立主导产业优先发展方向，产业集聚度不断提升。在现有新型产业布局的基础上，重点引进软件及服务外包、新能源、新材料、新型环保、新技术等高端人才，侧重发展软件及生物医药服务外包、光伏、大功率锂电池、节能环保、金属压延、海工装备等高新产业，积极培育文化创意、工业设计、职业培训等新型产业。促进产业集群化、高端化、生态化发展，促使人才规模效益显著提高，加快我区优势新兴产业的集聚，巩固和扩大我区人才竞争的比较优势。

3.多元投入——人才投资优先政策进一步彰显，资助、融资、风投、合作的力度进一步加大。加大区两级财政对科技创新的投入，人力资本投资占全区国内生产总值比例达到或超过全市平均水平，人才贡献率达到35%。确保科技人才经费稳定增长并高于财政经常性支出增长。积极引导社会资本参与创新投入，引导企业增加科技投入。积极鼓励区属公司参股或借鉴种子资金办法支持创新型企业发展。积极引导区属有资金少高新技术的民营企业参股创业型企业。鼓励有条件、有实力的优势企业建立研发中心、工程技术中心、公共技术服务平台、博士后工作站和院士工作站。积极引导社会资本参与园区式、楼宇式、嫁接式创新载体建设。积极引导区属高新技术企业与大专院校、科研院所、高新企业建立产学研基地、成果转移合作基地、特色产业基地、区域企业总部基地。

4.优化服务——人才发展环境进一步优化,人才使用效能明显提高。积极构建党管人才、领导重视、上下协同、注重投入、优化服务的工作机制,强化区人才工作联席会议和人才办公室的功能,完善人才管理体制,创新人才培养开发、评价发现、选拔任用、流动配置、激励保障机制,营造充满活力、富有效率、更加开放的人才制度环境,形成全区上下思才若渴、见才若羡、待才若己、用才若善的浓厚工作氛围。积极为已落户人才提供创新载体、产业基地以及项目报批、资助支持、生活便利、就医上学等"保姆式"服务。实施知识产权战略,加强知识产权创造、运用、保护和管理。

四、打造"人才京口"品牌的措施及要求

未来京口的发展,如果是高新产业异军突起,高新产业占比和贡献率占主导地位,这就是人才强区的工作成效,这就意味着真正打造了一张货真价实的"人才京口"品牌。为了实现这一目标,应注重从以下几方面下工夫:

(一)强化政策优势,以别具特色的优惠措施吸引人才

1.完善人才资助政策体系。在现有配套、创业用房、租赁住房、培训资助政策基础上,加大区两级财政对引进人才的专项资助,加大区级财政年度人才专项资金预算,通过一事一议、种子资金对落户人才项目给予区级资助。设立区创业用房补偿专项资金,支持企业入驻由社会资本建设的各类创新载体,支持企业转化科技成果。对符合条件的高层次创新人才创办的企业给予科技创新贷款贴息。建立特聘专家制度,研究制定重点产业人才特殊津贴制度。实施高层次人才培养及学术活动资助,促进人才保值增值。

2.健全投融资扶持政策。一是搭建创新创业的金融扶持政策体系。逐步形成促进创新企业从种子期、成长期、扩张期到成熟期各个发展阶段完整的投融资基金连。针对种子期企业融资难,设立创业投资引导资金,实施创业投资企业风险补贴政策;针对成长期、扩张期企业担保难、贷款难,设立针对重点企业群体的担保贷款绿色通道;在企业成熟期阶段,推动企业借助资本市场进一步做大做强。鼓励发展民营创投,鼓励引进外来创投,加快形成创投机制。发挥政府创业风险投资资金的引导作用,建立风险投资退出机制。

3.完善人才奖励政策。既突出重点产业高端人才,又体现梯度关注各类优秀人才。既奖励落户人才,又奖励引进人才的人才。既奖励人才的综合创业成效,又奖励人才的单项创业成效,既奖励高端人才,又奖励紧缺的重点人才。建好海外人才信息工作站,依托海外主流人才机构、华侨华人社团和留学生组织的社会关系网络,大力扩展海外招才工作站(点);建立海外引才专员制度,实行绩效奖励,努力构建覆盖世界主要发达国家和地区的海外引才网络。

(二)创建创业载体优势,以各具特色的创业载体集聚人才。

1.拓展人才集聚空间。大力发展支柱产业、新兴产业和特色产业。加快京口工业园区高创中心、镇江蓝舶科技园、文化创意园、学府科技园等重点创新载体建设,注重功能定位,立足差别竞争,打造特色品牌。加快推进大禹山创意新社区的开发建设,注重彰显"在工作中休闲,在休闲中创业"的建设理念,大力集聚创业人才和创新项目,让人才来京口能干事,干得成事。

2.创设人才技术支撑平台。一是加快建立一批公共服务平台。建立以特色产业基地、重点实验室、工程技术研究中心为核心的"公共研发平台",以提供检测条件和手段的"公共检测服务平台",以提供科技文献、情报、信息服务为主的"科技信息服务平台",以提供高新技术产权交易、风险投资为目的的"知识产权交易平台"等,完善公共服务职能,提升公共服务水平,强化促进企业健康发展的支撑功能。二是全面推进产学研深度合作。在区、产业园区、人才、企业四个层面,全方位加强与高等院校、科研院所、高新企业的合作。以企业为主体,推进院士、博士后、研究生工作站的建设。建立区域内科技教育项目合作机制和大中专院校毕业生就业信息共享机制,围绕区域共性技术难题开展联合攻关,着力打造促进科研成果转化的共建共享平台。畅通高校、科研机构、企业高层次人才双向流动渠道,建立大学教授、科研专家进企业挂职和企业人才进大学、科研院所深造的交流互动机制。探索产学研联合培养研究生的"双导师制",实行人才、项目、基地一体化培养模式。三是加强创新创业过程辅导。建立初创型创新创业人才导师制,聘请成功企业家进行全过程指导;推进企业集团与高层次创新创业人才企业的深度合作,促进企业快速成长。

(三)创建服务优势,以高品质的服务留住人才。

1.健全服务网络。一是建立专门服务机构。区、镇、园区和特色创新载体,建立专门人才服务机构,建立一支懂产业、懂科技、懂企业管理和经营、懂商业运作模式的专业人才工作队伍。二是提高人才服务水平。开通人才服务热线,开辟人才服务绿色通道,颁发京口英才服务卡,努力为高层次人才创新创业提供功能齐全、水平专业、标准规范的一站式、全过程、全方位、全天候服务。

2.丰富服务内容。加强产业跟踪服务。帮助企业扩展营销渠道,对于符合政府采购条件的企业产品,优先参与政府采购项目招投标;组织企业参加"广交会"、"高交会"等展会,设立展销专柜,帮助推介产品、开拓市场。探索建立海归创业者联谊会和产销联盟,通过创业者自身的联合,实现信息共享、共同发展、互惠互利。实施服务满意工程。制订高层次人才享受生活待遇暂行办法,满足高层次人才在出入境、居留、医疗、社保、购房、税收、子女入学、配偶安置等生活方面的需求,促进高层次人才安居乐业。

3.营造宜居的生活环境。按

照“布局合理、环境优美、交通便捷、配套完善、设施完善”的要求，扩大人才团队优惠租房需求。成立人才俱乐部，办好人才沙龙。支持领军型创业创新人员、留学人员、名校校友等开展活动，营造浓郁的人文氛围。

3.营造健康的社会环境。加大宣传表彰力度，着力提升领军型创业创新人才的社会知名度和影响力。大力表彰有突出贡献的领军型创业创新人才，激发人才创业创新的积极性、主动性，营造良好的社会氛围。营造公正的法制环境，加强知识产权（版权）保护，强化依法行政，加强社会综合治安，建设稳定、文明、健康、祥和的社会环境。

让阳光少年在成长中体味快乐

中共京口区委常委、区委宣传部部长　何光荣

2010年11月10日

未成年人占到全区人口的五分之一多，能不能把这一代人教育好、培养好，既是对执政使命的担当，也是对执政能力的考验。近几年来，我区认真贯彻落实中央8号文件以及省、市关于未成年人思想道德建设的一系列精神要求，实施“社会育人、活动育人、环境育人、家庭育人、团队育人”五大工程，夯实基础、打造特色，努力打响“阳光少年，快乐成长”工作品牌，被省文明委命名表彰为“全省未成年人思想道德建设先进区”。

一、突出机制、阵地、队伍三大建设，为“阳光少年，快乐成长”培基固本

强化机制建设。从组织领导、投入保障、部门联动三方面着力，为未成年人思想道德建设工作顺利开展培基固本。一是建立健全党委统一领导、党政群齐抓共管、文明委组织协调、有关部门各司其职、全社会积极参与的领导体制和工作机制。二是落实经费投入。区财政每年将未成年人思想道德建设资金纳入预算，安排专项经费，由区文明委统一安排，对未成年人思想道德教育重点项目、场馆建设和课题研究、作品创作等进行补贴，对各部门开展的品牌活动给予奖励扶持。三是各部门合力作为，形成有利于未成年人健康成长的联动机制。区文明办积极发挥牵头抓总的职能作用，各镇、街道和关工委、团区委、妇联、教育局等部门每年围绕未成年人思想道德建设工作重点制定具体意见，有计划、有布置、有落实、有考核。

强化阵地建设。走整合资源、区域共建、阵地共享之路，想方设法为青少年提供更多的教育实践和活动场所。大办文化项目。先后建成京口文化馆、京口图书馆、京口美术馆、镇（街道）文体活动中心等文化设施，并向全区青少年免费开放。丰富活动基地。将梦溪园、宗泽墓、瑞京农业科技示范园等10处场馆挂牌作为爱国主义教育基地；与南山农业科技园等单位结对，建立各类德育、学生劳动实践基地100余处。建设专业场馆。加强区少年宫建设，坚持开展科技、文化、艺术等活动和培训；加强中小学体育馆、图书馆、活动中心建设，十中成立全区首家少年军校。

强化队伍建设。突出抓好教师和志愿者两支队伍，不断提升素质和水平。一是切实加强教师职业道德建设。实施“三心三爱”（事业心、责任心、上进心，爱生、爱校、爱岗）树师表形象工程，以制度建设推动学校德育工作的长效建设。二是充分发挥“五老”人员、社区干部、专业人士等志愿者在教育未成年人中的特殊作用。关工委组织进一步健全，热心青少年教育的法律志愿者、心理志愿者等专业志愿者队伍不断壮大，目前全区仅“五老”骨干队伍已近8000人。

二、突出学校、家庭、社区三大环节，为“阳光少年，快乐成长”密织网络

充分发挥学校的主导作用。学校是未成年人思想道德教育的主渠道，全区各中小学始终把德育工作摆在素质教育的重要位置，贯穿于教育教学的各个环节。按照贴近实际、贴近生活、贴近未成年人的工作原则，努力构建适应发展需要的德育课程体系，深化“一校一德育课题”创建活动。通过几年来持之以恒的精心组织实施，目前，全区各中小学已基本形成“一校一品”的德育工作特色。

充分发挥家庭的基础作用。深入实施“同成长、双合格”（父母和孩子共同成长，争做合格父母、培养合格人才）家庭育人工程，引导家长加强自身思想道德修养，努力为孩子做好榜样。针对单亲家庭、困难家庭和流动人口家庭，开展“社会妈妈”、“恒爱行动”等量身定做的活动，用爱的阳光温暖每一位孩童，让流动（留守）儿童学习不孤单、生活不孤独，我区在关爱流动（留守）儿童快乐成长方面的经验被全国妇联加以推广。

充分发挥社区的桥梁作用。全区69个社区（村）全部建立校外教育辅导站，并以此为载体，充分发挥“五老”人员作用，广泛开展各种怡情益智的文化体育活动和力所能及的公益性劳动，确保广大青少年离校不离管，离校不离教。与江苏大学开展“共建校外教育辅导站”志愿者服务活动，使高校的优质教育资源渗透到各社区（村）的教育辅导站，从而不断提高辅导站建设水平。

三、突出活动、环境、文化三大重点，让“阳光少年，快乐成长”成为现实

策划设计未成年人快乐成长的“阳光活动”。深入开展“新三

好”(在学校做个好学生、在家庭做个好孩子、在社会做个好公民)实践活动,培养全面发展的阳光少年。教育系统坚持开展“我的祖国”主题教育活动、“五好小公民”读书活动等,让学生在实践活动中感知做人的真谛,体验成长的快乐。区关工委每年开展1~2个主题实践活动,自2004年以来,已累计开展“爱我镇江、爱我京口”等7大项主题实践活动,参与人数达16万人次;“七彩的夏日”青少年暑期活动多年来坚持做到“三早三有”,即早部署、早动员、早落实,有检查、有总结、有表彰,年年有新意,年年有发展。

精心营造未成年人快乐成长的“阳光环境”。区文明办牵头,联合文化、教育、工商、政法委等部门定期开展校园周边环境专项检查,消除各类安全隐患,深入开展“平安校园”创建活动。认真组织开展预防未成年人犯罪工作,政法委、检察院、法院、司法、公安等部门以高度的责任意识,探索建立跨部门合作机制,通过在每所学校配备一名专业法律校长、加大普法宣传力度等措施,有效预防未成人犯罪的发生;通过健全诉前考察制度,建立适合未成年人身心特点的少年庭,在办案中进行有针对性的教育、感化和挽救,尽可能减轻“犯罪标签”给失足青少年带来的负面影响。街道、社区认真开展矫正工作,对涉嫌轻微刑事案件作撤案、不起诉处理的未成年人由“社区阳光观护中心”进行帮教,通过家访、组织其参加公益活动等举措,使迷途少年早日重返阳光正道。

努力构建未成年人快乐成长的“阳光文化”。有效的文化参与对未成年人思想道德的影响,胜过空洞的理论说教。我区青少年自编自演的舞蹈《龟兔小乐队》、自创的童谣《福娃的祝福》等不仅获得省“五星工程奖”金奖等奖项,更成为深受辖区未成年人喜爱的精神食粮。以培养未成年人创新精神和实践能力为重点,扎实开展阳光科普教育,通过组织“科技大篷车进校园”、举办校园科技节、参与省“金钥匙”科技知识竞赛等,培养青少年的好奇心,为其终身学习打好基础。推动阳光体育运动广泛开展,教育、关工委、团委及街道(社区)以“达标争优、强健体魄”为目标,不断丰富体育活动的形式和内容,吸引广大青少年走向操场、走进大自然,体会“我运动、我快乐”,成为身心健康的阳光少年。

大力发展新兴产业 全面提升核心竞争力

中共京口区委常委、常务副区长 徐建锋

2010年4月10日

立足当前发展的新阶段新形势,只有深刻理解加快转变经济发展方式的重要性和紧迫性,才能真正把转变发展方式作为贯彻科学发展观的重要目标,作为实现“跨越发展、后发先至”的战略举措,深化理性思考,把握工作规律,契合京口实际,加快经济转型升级,加速城乡一体进程。

一、直面挑战,凝聚发展新兴产业的共识

今年,区委区政府以“苦干实干,争先争强”作为工作主基调。京口经济发展要“争先”,就必须要“弯道抢先”,在后金融危机时代抓住机遇、把握机遇、赢得机遇,实现经济“华丽转身”。京口经济发展要“争强”,就必须要“直道超越”,在更加激烈的区域竞争环境下,推动新兴产业加速爆发,全面提升核心竞争力,实现跨越发展。

(一)大力发展新兴产业是实现科学发展的需要。从区划调整的1993年到至今,15年时间工业总产值实现了从10亿元到223亿元的跨越,这是一个主要靠资源驱动、开发扩张、外延发展的阶段。京口辖区地域小、资源少,如果按照前三年用地平均水平,再过两年将“无地可供”,扣除共青团农场因素,甚至连基本的口粮地、蔬菜地都没有了。经济增长方式已到了非改不可地步,必须走科学发展、可持续发展之路。

(二)大力发展新兴产业是应对多变的宏观形势的需要。国家新近出台政策大幅提高六大产能过剩行业准入门槛;劳动力、原材料价格不断上涨;节能降耗、环境保护提出更高要求;国际贸易保护主义抬头,出口受阻,内需拉动乏力等等;这就要求我们注重转变增长方式,依托新兴产业来适应变化的发展环境。

(三)大力发展新兴产业是抓住新兴产业发展机遇的需要。一轮经济危机过后,都有一波新技术突破,催生一批新兴产业高速增长,后危机时代要求强化机遇意识,紧跟新兴产业步伐,在未来新的产业发展中争取赢得主动权。

(四)大力发展新兴产业是实现爆发式增长的需要。爆发式增长,体现在速度成倍增态势,并且持续高速增长。爆发式增长的基础必须是新兴科技和新兴产业的深度融合,代表着未来产业发展的方向,必须要抢占产业链的高端,并不断创新提升核心竞争力。必须以新能源等最新起点填补空白,以最强的推动力加速发展实现爆发。

二、强化措施,促进战略性新兴产业的快速发展

后危机时代,经济格局发生深刻变化,主要呈现4大趋势:一是经济动力加速向“内”生转变;二是经济支撑加速向“实”体回归;三是经济结构加速向“高”端升级;四是经济形态加速向“低”碳过渡。分析趋势，在发展新兴产业过程中，要求抢抓后国际危机时期的机遇，争夺科技和产业发展制高点，以战略性新兴产业为引领跨越的强大引擎，推动经济转型升级，增创发展新优势。

（一）规划引领，抢占新兴产业制高点。

积极呼应“丁卯科技城”建设，沿经十二路、学府路、宗泽路区域，编制大禹山新社区等高新技术产业集聚区规划，围绕新能源、新材料、航空产业及海洋工程等重点产业，把握融合性与差异性，前瞻性与现实性，突出重点与统筹兼顾，稳步发展与率先突破，高新技术产业与传统优势产业相结合的原则，在规划引领下推动新兴产业建设与发展。京口工业园和新民洲港口产业园规划，坚持有所为、有所不为，按照“竞争性最强、成长性最好、关联度最高”的原则，真正走产业高端化、企业规模化、技术品牌自主化、生产绿色化的“四化”之路，形成符合转型升级要求，科学合理的新兴产业布局。重点发展：以薄膜太阳能电池、锂电池负极材料为代表的新能源，以航空航天铝材为代表的航空产业新材料，以港口机械为代表的海洋工程等产业。

（二）依托科技改造传统产业，加速新兴产业规模发展。

京口工业发展历史上经历了从小到大，从弱到强的曲折过程。每个阶段有着不同追求目标：1983年刚建区时，全区50多家区属企业和街办企业工业总产值约3000万元，当时把突破亿元作为奋斗目标，到1992年10年间突破亿元目标；1993年京口、润州区划重新调整后，随着4个乡镇工业介入，工业总产值约10亿元，把冲刺百亿作为奋斗目标，到2005年达到80亿元；2006年经济统计属地管理，随着索普集团等划归在地统计，到2009年已达223亿元。瞄准超越千亿的奋斗目标，需要坚定信心，抢抓机遇，依托科技创新，加速新兴产业规模发展。集中精力打造5个百亿特色产业基地：

一是以鼎胜铝业为龙头新材料基地。总投资12亿的鼎胜技改，总投资5亿的鸿泰技改项目全面动工，达产后两家企业销售将超百亿。目前，鼎胜空调铝箔稳居全国第一，鼎胜有望成为京口第一家上市公司，成为第一家地税过亿企业。爱励国际与鼎胜铝业合作项目推进顺利，有望10月签约，年内开工，成为世界上最先进的航空铝材生产企业之一。按照市政府要求5年内高性能航空航天铝材加工基地实现500亿规模，发展前景喜人。

二是以中储粮为龙头百亿粮油加工基地。目前百万吨级油脂、大豆仓储，百万吨级精炼加工，百万吨级物流码头已建成并投入运行，随着百万吨级大豆压榨项目投产，以及与之相配套中储粮小包装油、蛋白提纯、饲料加工等延伸高科技生物制品项目建设和引进，总产值将突破百亿目标。

三是以索普集团为龙头百亿绿色化工基地。随着普莱克斯工业气体等配套工程投入运作，三期60万吨/年醋酸工程技术改造、33万吨/年醋酸乙烯等项目开工建设，索普醋酸可以稳居亚洲第一，世界前三位，通过技改投入，技术创新，预计三年内可实现超百亿目标，这也是市政府千百亿工程重点项目之一。

四是以港盛重工为龙头百亿海洋工程基地。目前，港盛机械一期已经达产，总投资2000万美元的二期工程抓紧建设，随着港口产业园腹地开发的深入，以港盛重工为龙头，突出海工产业、船舶产业、港机产业三大方向，强化招商和项目推进，海工装备基地目标是5年产值超百亿。

五是以正兴集团为龙头百亿新能源摩托车基地。积极推进正兴集团250万套轮毂及100万辆油电混合动力摩托车、宝华搬迁技改等项目建设，争取尽快形成百亿车用配件企业群。目前，宝华半挂技改搬迁年内即将投产；正兴一期正抓紧推进，随着项目（三期）的建设达产，预计总产值可望超百亿。

（三）加速载体建设，拓展新兴产业发展空间。

发展新兴产业，载体建设是基础，也是关键。载体是集聚新兴产业资源、汇集新兴产业资本、吸引新兴产业人才的重要平台，是新兴产业发展的重要支撑。市委、市政府对今年创新创业载体建设提出明确要求，全市要新建100万平方米以上的科技孵化基地。京口区目标也十分明确，要确保完成10万平方米，力争15万平方米。重点推进好规划的2.3平方公里大禹山新社区，完善地域资料，摸清可用地块、推动区域内企业“退二进三”，算好成本账，为新兴产业发展腾出更大空间。

同时强化孵化平台建设，一是公共技术服务平台。重点推进好鸿泰节能研发中心、绿洲太阳能光伏产业技术服务中心等科技资源集成开发利用平台建设，实现园区、基地和特色产业集聚区共建共享。二是产学研合作平台。重点抓好江苏大学、江科大研发中心和高创中心二期、科技孵化楼等平台建设，将高校的人才、研发优势转化为发展新兴产业的胜势。

（四）发展城市经济，丰富新兴产业内涵。

把城市经济作为新兴产业发展的战略重点，促进新兴产业培育特色、提高比重、优化质量。

一是发展服务外包。结合优势产业和服务外包产业基础状况，培育三大特色，错位竞争。（1）大力发展软件服务外包。实施“软件百企”工程，加强软件和服务外包产业的培植力度，保持服务外包离岸接包签约合同额和执行额高速增长。引导现有的江苏惠通、京江软件等企业做强做大，构建欧美软件外包承接中心。（2）大力发展医药服务外包。以小规模化学合成和定制合成为手段的医药服务外包为重点，以大元生物等为依托，做大医药研发、医药物流等外包业务。（3）大力发展船舶设计管理研发外包。以亿华系统集成、金舟软件等企业为基础，依托江科大优势专业，开展船舶设计、造船管理软件、船舶自动化控制系统集成等外包服务。

二是发展特种物流。充分利用和发挥好区位、岸线等优势资源，重点发展5类特种物流体系。（1）以中储粮为龙头的，辐射长三角的粮油物流;(2)以宝华物流为龙头的,服务陶氏化学等世界知名化工企业危化品化工物流;(3)以恒伟物流为龙头,服务百事集团等世界500强企业的食品物流;(4)以恺源商贸物流为龙头的,创新创业全覆盖式网购及配送物流;(5)以存仁堂、九泰基地为龙头的,基本药物药品配送物流。

此外,抓住世博会机遇,深入挖掘历史文化底蕴,做足滨江山水文景资源文章,推动文化产业、旅游业发展。要适应消费结构升级,提高生活服务业发展水平。大力发展面向民生的服务业,加快培育健康服务、医疗服务、养老服务和社区服务,拓展商贸服务。

(五)强化招商,推动新兴产业集聚发展。

一是持之以恒抓招商选资。紧紧围绕新兴产业的发展重点,紧扣产业链构筑的关键环节,大力开展专题招商、小分队招商、网络招商、产业链招商等活动。要结合实际,挖掘传统产业资源,理清新兴产业脉络,在增量上做文章,发掘一批投资额大、带动性强的产业链高端项目、传统产业嫁接项目。

二是引智引技并举。新兴产业项目依附于高端人才、核心技术,引进1名领军人才往往带来一批核心技术、一批优质项目。通过舍得给高薪、舍得给股份、舍得给市场、舍得给管理权,重点引进掌握新兴产业核心技术的高层次领军团队和行业拔尖人才。认真实施创新创业人才引培工程,落实人才引进政策,以产业集聚为重点,以创新载体、重点科研项目为依托,力争全年落户创新创业人才、团队5个以上。

三是夯实新兴产业发展基础。认真研究新兴产业发展趋势,研究新兴产业落户配套条件,在软件、硬件环境上做好准备。要做好投资评估、风险评估、市场评估,发挥归国博士创业园等载体最大化效用,处理好新兴产业落户中“财政投入+招商引资+资本市场”的关系,用小投入撬动新产业,实现大发展。

三、优化环境,营造新兴产业发展良好的氛围。

(一)抓好运行监测。突出新兴产业坚持重点企业监测制度,完善产品产量、原辅材料价格、企业用电和主要经济指标旬报、月报制度,及时分析重点产业运行态势。

(二)抓好政策落实。认真落实现有各项新兴产业政策措施,明确产业发展导向,对重点产业加大政策扶持力度。在用地、道路、管网以及水、电、气等资源要素供应、配套设施建设方面,给予优先保障。

(三)形成优化服务的合力。建立联席会议制度,及时协调解决新兴产业发展中的各类问题,帮助企业化解创新技改中的矛盾,帮助企业拓宽融资渠道,拓展市场,减轻负担,降低生产成本,创新思路,条块联动,为新兴产业发展营造良好氛围。

关于深化平安法治京口的思考和对策

中共京口区委、区政法委书记　马国进

2010年12月3日

即将过去的2010年是京口区积极顺应宏观形势复杂变化、实现跨越发展的一年,也是政法工作压力明显增大、绩效显著提升的一年。一年来,京口区政法工作在区委、区政府的正确领导下,高扬“苦干实干、争先争强”的主基调,遵循“发展是硬道理、稳定是硬任务”的战略思想,深入推进社会矛盾化解、社会管理创新、公正廉洁执法三项重点工作,平安京口、法治京口建设全市领先地位进一步巩固,为京口区经济社会“十一五”圆满收官提供了坚强的政法保障。

2011年,是京口区政法工作既面临黄金机遇又面临严峻挑战的一年。从机遇看,一方面,加强和创新社会管理已经成为中央加强社会建设、维护社会和谐稳定的重要战略举措。党的十七届五中全会和省委十一届九次全会都对创新社会管理、加强基层基础工作提出了全新的要求,树立了“以人为本、注重民生、优化环境、增强活力、促进和谐”的社会管理新理念,指明了由防控型管理向服务型管理转变的发展方向,为京口区进一步推动政法事业科学化、规范化、制度化建设奠定了思想基础、明确了工作方向。另一方面,当前京口区正处于经济社会、城市建设加速发展期,各项事业的蓬勃发展必将从多方面多层面推动社会管理、社会建设工作的现代化进程。从挑战看,虽然目前京口区社会形势总体平稳,但今年以来周边省、市发生的一系列有较大影响的群体性事件和我市、京口区发生的一些苗头性事件提醒我们,在当前国际国内多种复杂因素的影响作用下,在区域经济转轨、社会转型的大背景下,在征地拆迁、环境治理、医疗教育、企业改制等工作不可避免地与群众利益发生碰撞的现实面前,社会维稳形势依然严峻,特别是伴随着社会民主法治、网络信息的加快发展,群众依法维权意识、信息平等意识不断增强,各类矛盾敏感性、关联性、突发性和破坏性进一步显现,呈现出风险因素叠加、涉及情况复杂、矛盾燃点降低、表现形式激化、处置难度增大的特征,如处置不当、化解不利,必将引起新的群体性事件,造成较大的社会负面影响。这些老问题新特点给京口区今后一段时期的维稳工作带来了极大的考验。为顺应时势,应对挑战，明年京口区政法工作将立足“新、亮、好”三字，通过机制创新、亮点打造、成效提升全面展现新时期政法工作保驾护航、为民服务的时代使命。

一、加强机制建设，维护社会稳定

2011年是我党建党90周年，是“十二五”规划开局之年，也是我区迈向整体城市化和基本现代化的关键之年，在这样一个特殊年份里，创造和谐稳定的社会局面，保障经济社会快速健康发展更显重要。我区政法维稳工作将以“少出事，不出大事，坚决杜绝有影响的事”为目标，深刻把握目前发展机遇期和矛盾凸显期的基本特征，全面掌握明年特殊年份发展压力增大、社会矛盾叠加相对集中等一系列影响稳定的特定因素，切实增强忧患意识，居安思危，未雨绸缪，通过“一个提升和四个建立”，切实化解各类社会矛盾。“一个提升”是全面提升维护社会稳定的水平。通过加强依法执政、依法行政和司法公正，从政府行为上控访；通过加强“六五”普法工作力度，提升全民法律素养，从法制教育上减访；通过发挥大调解机制的职能作用，从解决问题上化访。同时，着力研究涉法涉诉和终结信访件“息诉息访”新举措，使问题解决不反复，数量下降不反弹。“四个建立”一是建立更科学的决策机制。全面建立和落实社会稳定风险评估机制，把社会稳定风险评估制度作为实施决策的“前置程序”和“刚性门槛”，凡是在涉及群众切身利益的重大决策、重大政策、重大工程、重大措施实施之前，都要进行先期预测评估。对可能引发大规模社会矛盾的暂缓实施。二是建立更完善的积案化解联动机制。结合实际，因地制宜，进一步分析积案结构，一案一策，制定切实可行的工作方案。由包案领导牵头，联席办协助，属地为主导，专项小组参与，集交办、会办、督办、查办等于一体，有效化解各类积案。三是建立更严厉的依法打击非访机制。对去省进京的非正常访，实行先处置行为再受理问题。坚决纠正部分上访人存在的小闹小解决，大闹大解决的错误心态。对重点人非正常访的行为登记在案、建卷立档，对带来严重后果的，依法严肃处置，树立法律权威和政府公信力。四是建立更高效的群体性突发事件应急处置机制和保障机制。健全应急管理体系，制定完善应急预案。做到一旦发现问题能第一时间赶到现场、第一时间上报信息、第一时间稳控事态、第一时间制定处置方案。在人员上配齐配强，在经费上足额拨付，在装备上给予保障，进一步提高处置突发性、群体性事件的能力和水平。

二、创新社会管理，提升管理成效

近年来，京口区在加强社会管理、维护社会和谐稳定方面做了大量的工作，但随着经济体制、社会结构以及人们思想观念的深刻变化，社会管理滞后，社会管理与经济社会的发展不相适应的矛盾和问题日益突出。加强社会建设、创新社会管理比以往任何时候都显得更为重要、更加紧迫。从全国大局看，社会管理创新是制定和落实“十二五”规划的重要任务。从我区情况看，社会管理创新是推进京口加快建设苏南一流城区的重要举措。从工作现状看，社会管理创新是提升政府管理和公共服务能力的必由之路。

实现对社会的有效管理，必须积极主动适应变化，创新社会管理理念，在以变应变中理清社会管理创新的整体思路，结合京口实际，关键是突出“六个创新”：一是基层基础工作的创新。基础稳则全局安，基层基础是政法工作的支撑和保障。推进社会管理创新，最根本的在于抓好基层、打好基础。一方面，对一些有基础、有实效、有影响的工作，如“135”民主议事、信访代理、“4+”巡防模式、网格化管理、网络居委会等，进一步深入总结、挖掘、完善和提升，经论证条件成熟的，将通过现场会、经验介绍会等不同方式进行推广宣传，进一步扩大影响面。另一方面，进一步加快基层政法综治规范化建设步伐，把握城市化加快的契机，充分整合辖区资源，全面提升政法综治中心和十位一体综治办建设水平。在今年各镇、街道政法综治中心和村、社区综治办开展规范化建设的基础上，重点解决好形式和效果相统一的问题，做到专职人员、办公场所、装备设备、经费保障、工作责任“五落实”。明年确保综治办 “1、2、3”级建设达到“15%、30%、55%”比例要求，争取提高“1”级数量，综治中心实现70%以上规范化建设达标。技防建设上，加快实施“满天星”工程，积极探索社会化的渠道，强化全民参与意识，提升“大防控”硬件水平。二是流动人口的管理创新。健全“以证管人、以房管人、以业管人”的服务管理新模式，建立完善城乡流动人口服务管理机构，加强公安和社区(村)的有效对接，构建起流动人口动态式服务管理平台。三是特殊人群帮教管理创新。完善以司法部门牵头，社区组织参与，部门配合的帮教机制，进一步做好社区矫正工作，加强对社区服刑人员的教育矫正、监管管理和帮困扶助。建立刑释解救人员与家庭、组织相衔接的责任制。四是社会治安综合治理的创新。通过有效排查调处社会各类矛盾纠纷，夯实社会管理的基础。加大对城中村、城乡结合部和重点地区、繁华地段的治安乱点整治力度。努力构建打防管控结合、人防物防技防结合的治安防控体系，实现管理无盲区，防控无死角，治安无乱点。五是网络虚拟社会管理的创新。进一步健全网上综合防控体系，以块为单位，在政法综治中心，安排专人负责网情监督、舆情研判、网评引导，主动占领网络阵地，把网上防范控制与网下落地查处结合起来，切实防止网上非法活动演变为现实社会危害。六是社会组织管理服务的创新。对新经济组织、新社会组织坚持培育发展与监督管理并重，提升功能与发挥作用并举，努力探索“两新组织”管理服务的体制机制和有效办法，真正把社会管理创新延伸到“两新组织”。

三、深化平安法治建设，提高创建水平

平安环境是政法工作的最高追求，法治文明是社会进步的重要标志。通过近几年的努力，京口区的平安、法治创建工作有基础、有亮点、有影响,下一阶段平安建设、法治建设工作将更注重与城市建设、城市管理相结合,与城市文明创建同步推进,不断夯实创建基础,拓展创建阵地,提升创建成效。

平安建设上。树立文化创平安理念,以平安文化引领平安创建。探索打造“以人为本、明礼守法、和谐安定”的京口平安文化,通过开展系列平安创建和平安文化主题活动,营造全民创平安大环境。加强平安文化载体建设,围绕平安主题,将古城公园建设成为京口区平安文化的主阵地,并在适当地区新建一批平安文化墙和平安文化街。在平安文化推广过程中,注重“五个结合”:平安文化与法制教育相结合、与治安防控相结合、与矛盾纠纷排查化解相结合、与公正廉洁执法相结合、与维护稳定相结合。一是全力以赴维护大局稳定。时刻绷紧稳定弦,总结和推广奥运、国庆、平安拆迁、群体性事件处置等好经验、好做法,抓牢重点人头、抓好信访积案、抓准形势研判,确保控的了、管的好、稳的住。二是切实抓好大防控体系建设。尽最大力量整合公安、群众性、社会组织,包括街镇行政执法、环卫保洁等其他各个方面的力量和技防设施,建强街面路面、城镇社区、家庭住宅、单位内部四张防控网。三是完善大调解体系建设。进一步完善人民调解、行政调解、司法调解有机结合的“大调解”机制,深化“大调解机制提升年”活动成效,真正发挥好信息收集和形势研判机制的作用,一方面,妥善解决好条块间、条口间工作联动、资源共享的问题;另一方面,进一步探索研究提升大调解机制效能的意见,在试点成熟后,在全区面上进行推广。四是深化系列平安创建。继续推进平安镇(街道)、村(社区)、校园、医院、企业等系列创建活动,建立起“责任共担、平安共享”的社会化创建新模式。

法治建设上。以争创法治工作先进单位为目标,在今年启动全省首批法治城市创建,通过五五普法考核验收的基础上,着重抓好依法行政、公正司法、基层民主自治和法治宣传几个方面。一是大力推进依法行政。不断健全政府公开、行政问责等制度,健全领导干部学法用法责任制,提高依法决策、依法执政水平。二是切实保障公正司法。通过加强执法能力建设、规范执法行为、强化执法监督、严格廉洁执法,进一步提高政法机关执法能力、执法水平和执法公信力,维护社会公平正义。三是深化基层民主自治。以民主法治社区(村)创建活动为载体,新增一批省级示范社区(村);进一步创新基层民主管理和基层自治的模式,全面推行社区听证制、民主议事制,最大限度地让居民、村民实现自我管理;深入研究城市动迁问题,在方家湾等村民集中安置小区里,探索出一套“村民变市民”的教育管理模式,实现与城市文明的对接。四是强化法治文化宣传。着重在传播法律思想、弘扬法治精神,培育公民崇尚法律的法治意识和诚实守信的文化意识上多下工夫。继续开展好“12·4”、“法律六进”等法治宣传活动,推出一批群众喜闻乐见的法治文艺作品。

◆资料链接◆

镇江近代江防工事遗址

镇江近代江防工事遗址

镇江近代江防工事遗址,位于镇江焦山、北固山公园及象山一带。

镇江地处长江与京杭大运河交汇点,水陆交通要冲,历来是兵家必争之地,军事要塞。近代以来,镇江战事频繁,留下不少江防工事。现留存的有:焦山公园大门原象山东码头炮台弹药库一处,象山西峰悬崖绝壁上碉堡一座;焦山北麓半山、中部巨公崖下、别峰庵之北汲江亭东面各有碉堡一座;焦山西峰,今索道站东北有圆形炮台;北固山东麓、西峰绝壁处各有碉堡一座;金山公园西北,今鱼池之侧有碉堡一座。1948年冬,国民政府于长江南岸,筑永久性防御工事,遍设碉堡,封锁江面,妄图阻止我解放军渡江南下,所筑碉堡为钢筋混凝土,就地捣制而成。1949年4月23日,解放军百万雄师横渡长江,其苦心经营三月之久的长江防线,全面崩溃。

镇江市人民政府1999年12月22日公布,镇江市文物管理委员会2000年7月30日立碑,碑高1.46米,长1米,是镇江市文物保护单位。

大 事 记

责任编校：段广凤

1月份

21日

▲ 区委书记胡宗元与到京口区考察的美国MPX公司中国代表钱鸿滨先生就光触媒空气环保机项目进行洽谈。

▲ 区委书记胡宗元、区长郭建等四套班子领导以及各部门负责人分成8组走访慰问了镇江军分区、镇江船艇学院、防空旅等19家驻区部队。

2月份

1~2日

▲ 区委书记胡宗元，区委常委、常务副区长徐建锋，区委常委、组织部长倪兆顺会见了到京口区考察京口软件园和归国博士创业园的旅美归国博士林野先生。

5~6日

▲ 区委常委、常务副区长徐建锋率队赴天津拜访负责德铝投资项目前期洽谈的外方代表陈海丰先生。

21日

▲ 区委常委、组织部部长倪兆顺会见了考察京口工业园区情况的希腊Sunlight Creating Energy（意译：阳光创能公司）的首席代表陈乃礼先生。

27日

▲ 区领导胡宗元、郭建、徐建锋会见了考察京口区鼎胜铝业公司的爱励国际（德铝）欧洲区副总Olli-Matti Saksi先生一行。

3月份

4日

▲ 区委常委、常务副区长徐建锋会见了到京口区进一步洽谈新型环保空调项目的美国MPX公司技术总监黄骏先生。

9日

▲ 省委宣传部调研组调研京口区党员干部冬训工作，区委常委、宣传部部长何光荣陪同。

20~21日

▲ 区领导胡宗元、郭建、徐建锋参加接待了考察京口区鼎胜铝业的中国商用飞机公司副总经理吴光辉先生一行。

25日

▲ 区领导胡宗元、郭建、徐建锋参加接待了到京口区考察的中国建筑材料集团有限公司副总经理马建国一行5人。

▲ 区委常委、常务副区长徐建锋会见了到京口区进一步推进新型环保空调项目的美国MPX公司技术总监黄骏先生、南京利科电子系统有限责任公司总经理盛玉熙先生一行7人。

27日

▲ 区委常委、常务副区长徐建锋、副区长陈跃生会见了到京口区洽谈总投资50亿元蛋鸡生产基地项目的日本伊势食品株式会社常务董事曹乃颖小姐、日本专修大学李建平博士、江苏瑞蚨通软件科技有限公司董事长周岳新。

31日

▲ 市委书记许津荣调研医药卫生体制改革和重点项目建设情况，区领导胡宗元、郭建、徐建锋、曹丽虹、马国进陪同。

4月份

2日

▲ 省科技厅副厅长杨锐一行调研区重大成果转化项目的准备情况，区委书记胡宗元、区长郭建、副区长陈跃生陪同。

20日

▲ 市长刘捍东调研京口区工作，区领导胡宗元、郭建、徐建锋、陈跃生陪同。

22日

▲ 省侨办主任陈兴荣一行调研京口区社区侨务工作，区领导陈跃生、姜厚荣陪同。

5月份

3~5日

▲ 区长郭建率队赴上海参加SNEC第四届（2010）国际太阳能光伏大会暨（上海）展览会。

10日

▲ 区领导胡宗元、徐建锋、魏春林一行赴上海开展太阳能光伏专题招商活动。

12日

▲ 省安委会督查京口区安全生产工作，区委常委、常务副区长徐建锋陪同。

15日

▲ 科技部司长耿战修、省科技厅处长蒋洪一行视察京口区高

新技术创业服务中心,副区长陈跃生陪同。

16~25日

▲ 区委副书记孙国平、副区长蒋嵩峰率团参加中国镇江农业项目南方——厦门、深圳发布会。

16日

▲ 中国工程物理研究院一行考察海龙核材料、科捷锂电池、正恺电子三家企业和工业园区管委会,区领导倪兆顺、陈跃生陪同。

20~21日

▲ 市"五五"普法考核验收组检查考核京口区工作,区委书记胡宗元致欢迎辞。

27日

▲ 市委常委、组织部部长魏红军调研京口区社区党建工作,区常委、组织部部长倪兆顺陪同。

6月份

1日

▲ 市文明城市创建工作督查组调研指导京口区工作,区委常委、宣传部部长何光荣陪同。

7日

▲ 区委书记胡宗元、副区长陈跃生会见台湾玉珍斋食品、台湾鹿宝建设两家公司客商。

9日

▲ 省委政法委执法监督巡视组巡视京口区执法规范化建设工作,区领导孙国平、丁浩北陪同。

11日

▲ 省政府督查组检查京口区实施《纲要》情况。

▲ 省督查组检查京口区指导医药卫生体制改革工作,副区长曹丽虹汇报了区医改工作情况。

21日

▲ 市委组织部、团市委领导、专题视察指导谏壁镇月湖社区"新镇江青年"团建工作,并提出要求,区委常委、组织部部长倪兆顺陪同。

23日

▲ 市纪委调研京口区纪检监察工作,区委常委、纪委书记姚敬源陪同。

24日

▲ 市委副书记张庆生一行视察淮扬镇铁路线形,区领导胡宗元、徐建锋陪同。

25日

▲ 区委常委、常务副区长徐建锋参加市交通局、规划局、上海铁路城市轨道设计研究院和区政府联合召开的淮扬镇铁路线型专题协调会。

29日

▲ 区领导胡宗元、徐建锋会见爱励铝业(德铝)考察团一行4人。

30日

▲ 区委书记胡宗元会见台湾省嘉南农田水利会会务委员颜东义、新竹市农会理事长柯堂能等一行。

▲ 市纪委副书记胡培红调研京口区纪检信访工作,区委常委、纪委书记区委常委、纪委书记姚敬源陪同。

7月份

5日

▲ 中联部副部长、机关党委书记陈凤翔一行实地考察四牌楼街道江一社区滨江党建文化建设,区委书记胡宗元陪同。

6日

▲ 区委副书记孙国平、副区长蒋嵩峰参加省民委和京口区开展的综治平安联系点共建活动

15日

▲ 省纪委宣教室主任轩杰、市纪委副书记高庆国视察大市口街道廉政文化进社区工作,区委常委、纪委书记姚敬源陪同。

20日

▲ 团省委副书记丁纯视察指导"新镇江青年"团建工作,区委书记胡宗元、副区长陈跃生陪同。

28~29日

▲ 区领导胡宗元、徐建锋接待考察京口区的爱励国际公司执行副总裁兼首席法律顾问克里斯托弗·克莱格一行11人。

28日

▲ 区委书记胡宗元率区四套班子领导分别走访慰问镇江军分区、陆军镇江船艇学院、73056部队、区人武部、军分区干休一所等部队。

29日

▲ 区领导贾国祥、陈跃生参加在香港召开的由镇江市政府与机械工程师学会联合举办的新民洲海洋工程装备基地推介会。

8月份

1日

▲ 副区长陈跃生会见广东浙商联合投资(控股)有限公司董事长胡刚峰、董事周国权等一行5人。

15日

▲ 区领导胡宗元、徐建锋就商飞、爱励国际、鼎胜铝业合作事宜赴上海拜访中国商用飞机制造公司吴光辉副总。

16日

▲ 区政协副主席陆春生代表京口区应邀参加在北京举行的全国政协欧洲艺术考察汇报展开幕式。

17日

▲ 区委常委、常务副区长徐建锋会见日本伊势食品株式会社大桥一史,双方就合作框架协议的细节问题作进一步沟通。

30日

▲ 市创先争优领导小组调研京口区工作,区委常委、组织部部长倪兆顺陪同。

9月份

1日

▲ 市领导慰问京口区抗日老同志,区委常委、组织部部长倪兆顺陪同。

9日

▲ 市双拥办调研京口区双拥工作,区领导孙国平、张玉平、蒋嵩峰陪同

15日

▲ 副市长王萍视察。京口区麻疹强化免疫活动开展情况,副区长曹丽虹陪同。

17日

▲ 区委书记胡宗元、区长郭建、区政协主席贾国祥、区政协副主席谢志荣、陆春生陪同市政协领导调研京口区政协工作。

17日

▲ 海口纪委考察京口区党

务公开工作，区委常委、纪委书记姚敬源陪同。

25日

▲ 省“双创人才引进计划”专家组综合评审京口区6家企业，区委常委、组织部部长倪兆顺陪同。

10月份

12日

▲ 副市长陈建设调研京口区太阳能光伏科技服务平台，副区长陈跃生陪同。

13日

▲ 区领导胡宗元、郭建、徐建锋在市委副书记张庆生、副市长冯士超的率领下赴上海洽谈爱励铝业与鼎铝合作项目。

13日

▲ 市人大解放军代表团视察京口区双拥工作，区领导张玉平、郑苏真陪同。

14日

▲ 新疆生产建设兵团农四师考察京口区基层党建工作，区委常委、组织部部长倪兆顺陪同。

15日

▲ 三亚市纪委考察京口区党务公开工作，区委常委、纪委书记姚敬源陪同

21~23日

▲ 区领导胡宗元、郭建、孙国平、贾国祥、戴善民、徐建锋参加150万只蛋鸡生产基地及配套产业项目签约仪式。

23日

▲ 区委书记胡宗元在江浙书画名家邀请展开幕式上致辞。

26日

▲ 区委书记胡宗元与省妇联副主任顾敏为“好苏嫂”家政示范店揭牌。

11月份

1日

▲ 市委常委、常务副市长、市第六次人口普查领导小组组长陈照煌视察健康路街道人口普查现场登记工作，区领导胡宗元、徐建锋陪同。

1~9日

▲ 区领导郭建、贾国祥、陈跃生率相关单位负责人赴北京、成都、上海开展新兴产业、现代服务业小分队招商活动。

2日

▲ 省统计局调研组指导京口区人口普查工作，区委常委、常务副区长徐建锋陪同。

9日

▲ 军分区领导视察新民洲港口产业园，区政协主席、新民洲港口产业园开发建设总指挥贾国祥陪同。

11日

▲ 南通市港闸区考察团参观京口区党建文化，区领导倪兆顺、马国进陪同。

22~27日

▲ 区委书记胡宗元率队赴香港开展招商引资活动。

25日

▲ 副区长陈跃生陪同台湾多弘投资有限公司、顺明塑料管道（南京）有限公司一行考察京口工业园区。

12月份

2日

▲ 团省委副书记张国梁一行调研谏壁分类引导进城务工青年工作，区委常委、组织部部长倪兆顺陪同调研。

5-6日

▲ 区委书记胡宗元、区长郭建接待了日本伊势食品株式会社董事秋元先生一行。

10日

▲ 区委书记胡宗元、区长郭建会见了日本生命科学股份公司董事长、医学博士周长芳，德国赢创工业公司大中华区财税总监曹尔宁，日本ELGA GROUP株式会社董事长黄河和江苏伊康农业科技有限公司董事长周岳新一行。

15日

▲ 省委老干部局领导调研京口区工作，区委常委、组织部长倪兆顺陪同。

29日

▲ 中共镇江市京口区委员会举行六届十一次全体（扩大）会议。区委书记胡宗元向大会作《强势抓开局、转型促跨越，奋力开启京口“十二五”发展的新征程》的工作报告。

30日

▲ 市安全生产目标考核组来京口区进行考核，区委常委、常务副区长徐建锋出席汇报会。

▲ 省综治和平安建设工作考核组检查京口区工作，区领导马国进、丁浩北陪同检查。

人　物

责任编校：段广凤

京口区党、政、军领导人名录

胡宗元

中共京口区委书记、京口区人大常委会主任。简介见《京口年鉴(2008)》第57页。

孙国平

中共京口区委副书记、政法委书记。2010年3月不担任政法委书记。简介见《京口年鉴(2002)》第77页。

郭　建

中共京口区委副书记、京口区人民政府区长。简介见《京口年鉴(2008)》第57页。

贾国祥

京口区政协主席、党组书记。简介见《京口年鉴(2006)》第51页。

戴善民

京口区人大常委会党组书记、常务副主任。简介见《京口年鉴(2008)》第58页。

姚敬源

中共京口区委常委、纪委书记。简介见《京口年鉴(2006)》第53页。

何光荣

中共京口区委常委、宣传部部长。简介见《京口年鉴(2006)》第53页。

余国根

挂职市援疆指挥组组长。简介见《京口年鉴(2004)》第74页。2010年3月任京口区委常委、政法委书记。2010年6月挂职市援疆指挥组组长。

魏春林

中共京口区委常委、人武部政委。简介见《京口年鉴(2006)》第53页。2010年8月调离京口区。

马国进

中共京口区委常委、政法委书记。简介见《京口年鉴(2008)》第60页。2010年8月任京口区委常委、政法委书记。

徐建锋

中共京口区委常委、京口区人民政府副区长。简介见《京口年鉴(2006)》第52页。

倪兆顺

中共京口区委常委、组织部部长。简介见《京口年鉴(2006)》第53页。

张玉平

中共京口区委常委(兼)、人武部政委。1966年8月出生,江苏丹阳人,汉族,大学,1987年加入中国共产党。1985年9月南京工程兵学院学员。1989年7月第十二集团军工兵团,历任舟桥三连排长、团政治处组织股副连职干事、正连职干事。1995年4月镇江军分区政治部,历任组织秘书办副营职干事、组织干部科正营职干事、副科长。2002年3月镇江军分区司令部政治协理员。2005年3月任高邮市人武部代政委、政委。2007年5月兼任高邮市委常委。2008年2月任京口区人武部部长。2010年5月任京口区人武部政委。2010年8月兼任京口区委常委。

徐　军

京口区人大常委会副主任。简介见《京口年鉴(2004)》第73页。

严柳生

京口区人大常委会副主任。简介见《京口年鉴(2008)》第59页。

郑苏真

京口区人大常委会副主任。简介见《京口年鉴(2008)》第59页。

蒋嵩峰

京口区人民政府副区长。简介见《京口年鉴(2002)》第78页。

曹丽虹

京口区人民政府副区长。简介见《京口年鉴(2004)》第74页。

丁浩北

京口区政府副区长、党组成员,公安京口分局局长、党委书记。1958年5月出生,江苏武进人,汉族,大学,1987年5月加入中国共产党。1980年8月镇江地区公安处政保科民警。1982年3月镇江地区公安处、市局预审科民警。1985年9月镇江警校教师。1987年9月镇江市公安局法研室民警。1990年5月任镇江市公安局法制办副主任。1993年2月任丁卯分局副分局长。1995年2月任丁卯分局副分局长兼丁卯所长。1996年2月任镇江市公安局预审科科长。1997年12月任镇江市公安局经案支队副支队长。1999年7月任镇江市公安局经案支队支队长。2002年2月任镇江市公安局经济犯罪侦查支队支队长。2002年9月任丹阳市公安局局长、党委书记。2004年12月任京口区公安分局局长、党委书记。2008年1月兼任京口区政府区长助理、党组成员。2009年4月任京口区政府副区长、党组成员,公安京口分局局长、党委书记。2010年12月调离京口区。

陈跃生

京口区政府副区长、党组成员。1966年1月出生,江苏扬中人,汉族,大学,1990年加入中国共产党。1989年8月江苏财政高等专科学校教师、学生科副科长、科长。1995年3月任京口区政府办公室副主任。1997年6月任京口区汝山乡党委副书记、乡长。1999年9月任京口区汝山乡党委书记。2001年4月任京口区工业发展总公司党委副书记、总经理、2002年4月任京口区谏壁镇党委书记。2006年8月任京口区谏壁镇党委书记(副县级)。2007年11月任京口区象山镇党委书记(副县级)。2010年2月任京口区政府副区长、党组成员。

宋平生

京口区政府副区长、党组成员。1973年10月出生，江苏镇江人，汉族，硕士研究生，1993年11月加入中国共产党。1996年8月省委组织部选调至江苏东海油脂有限公司任工程技术部主管（挂职）。1997年6月京口区谏壁镇企管站工作。1997年10月任京口区谏壁粮山鞋厂副厂长（挂职）。1998年7月任京口区谏壁镇镇长助理。1999年4月任京口区委组织部科员。2000年1月任京口区委组织部干部科副科长。2002年2月任市委组织部干部教育处科员、副科级组织员。2003年7月任市委组织部干部教育处副处长。2004年3月任市政府办公室综合一处副处长。2005年12月任市政府办公室综合一处副处长、主任科员。2008年12月任市委组织部企事业干部处处长、市高级经营管理人才评价推荐中心主任。2009年7月任江苏索普集团党委副书记、副总经理（挂职）。2010年8月任京口区政府副区长、党组成员。

陈德福

京口区政府副区长、党组成员。1964年2月出生，江苏高邮人，汉族，硕士研究生，1984年6月加入中国共产党。1986年7月江苏理工大学教师。1994年8月任京口区计经委副主任、党委委员。1996年12月任京口科技局副局长、党组成员。1998年6月任京口区谏壁镇副镇长、党委委员。1999年11月任京口区谏壁镇党委副书记、镇长。2001年10月任京口区计经局局长。2002年1月任计经局党组书记。2005年3月任京口区发改委主任、党组书记，统计局局长。2006年2月任京口区外经局局长、党组书记，民营经济发展局局长。2008年3月任京口区政府党组成员、区政府办公室主任、党组书记。2010年8月任京口区政府副区长、党组成员。

朱长龙

京口区政协副主席、党组副书记。简介见《京口年鉴（2004）》第75页。

谢志荣

京口区政协副主席。简介见《京口年鉴（2002）》第82页。

姜厚荣

京口区政协副主席、统战部部长。简介见《京口年鉴（2004）》第76页。

陆春生

京口区政协副主席。简介见《京口年鉴（2004）》第76页。

沈成钧

京口区政协副主席。简介见《京口年鉴（2004）》第76页。

京口区2010年获国家、省表彰的先进人物名录(部分)

2010年京口区获国家表彰的先进人员

表3

姓　名	性别	工作单位	荣誉称号	授予单位	获得时间
张玲玲	女	大市口街道	第二次全国经济普查工作国家级先进个人	国务院第二次全国经济普查领导小组	2010-01
郭　韵	女	区史志档案办	作品《醋香盈袖》荣获中国当代散文奖	中国散文学会	2010-09

2010年京口区获省表彰的先进人员

表4

姓　名	性别	工作单位	荣誉称号	授予单位	获得时间
蒋建平	男	区人民法院	省涉法涉诉信访工作先进个人	省委政法委	2010-04
尉利亚	男	区人民法院	省个人二等功	省高级人民法院	2010-06
贾永平	男	区检察院	省检察机关先进工作者	省人民检察院	2010-06
葛　飞	男	区人社局	省优秀人民调解员	省高级人民法院、司法厅	2010-09
戎海鹏	男	区人民法院	省清理执行积案活动先进个人	省委政法委省高院	2010-09
李益成	男	区人民法院	省维护国防利益和军人军属合法权益工作先进个人	省高院省军区政治部	2010-09
董　勇	男	区人社局	省优秀劳动保障监察员	省人社厅	2010-10
李　俊	男	区人民法院	省涉诉矛盾纠纷化解工作先进个人	省高级人民法院	2010-12

◆资料链接◆

中山纪念林塔

中山纪念林塔

中山纪念林塔,位于北固山中峰。占地面积15平方米。

民国19年(1930年)春,镇江各界人民为追念孙中山先生,开展爱国造林运动,特建此塔。该塔为石质结构,通高4米,塔座四面嵌有大理石碑,镌刻楷书,均为孙中山先生有关植树造林的遗训。落款为"中华民国十九年三月十二日,江苏省会造林运动委员会建"。1986年,为纪念孙中山先生诞辰120周年,发扬中华民族植树造林优良传统,响应中共中央、国务院关于绿化祖国的号召,深入开展全民义务植树运动,对中山纪念林塔进行整修,11月12日举行揭幕仪式。

1986年11月7日,中山纪念林塔被市政府列为市级文物保护单位。

中共京口区委员会

责任编校：郭　韵

综　述

【概况】 2010年，京口区委牢牢把握强投入快增长、调结构促转型、抓统筹惠民生的工作主线，苦干实干、争先争强，保持了经济社会平稳较快发展的态势，实现地区生产总值260.46亿元，增长13.6%；一般预算收入突破10亿元，增长20.2%；实际到位外资8770万美元，增长15.1%，圆满完成年度任务和“十一五”经济社会发展目标。（申　博）

【转型发展步伐加快】 大力发展现代服务业和战略性新兴产业，三次产业比重进一步优化为0.56∶37.85∶61.59。完成规模服务业投资95.9亿元，增长41.9%；实现社会消费品零售总额139.91亿元，增长18.6%。新兴产业投资15.6亿元，增长10倍；高新技术产业产值77.03亿元，占规模以上工业产值的比重达到31.1%。全社会固定资产投资达186.84亿元，增长31.6%，连续24个月增幅全市第一。（申　博）

【创新能力显著增强】 落实高端人才引培机制，1人入选、1人面试国家“千人计划”，5人获得省“双创”计划、6人获得市“331”计划资助，争取上级人才扶持资金1100万元。注重以载体吸纳人才，完成大禹山创意新社区规划编制，加快园区高创中心、网购中心等平台建设，启动创新载体建设9.2万平方米，建成4.3万平方米，京口软件园创成国家级高创中心，学府科技创业园成为省级创业园。引导企业加大研发投入，全社会研发投入占GDP比重达2.28%。新增高新技术企业4家，争取上级科技扶持资金1800万元。（申　博）

【人民生活持续改善】 加大公共财政投入力度，全年民生类支出3.4亿元，增长36%，入选首届“中国民生建设百强区”。以全民创业助推经济发展、增加群众收入，城乡居民“两个收入”达到23767元、11498元，分别增长10.1%和12.1%。提高城乡低保标准，落实稳定物价的各项措施，发放困难群众物价补贴113.5万元。巩固区域教育现代化创建成果，出台《教育改革发展意见》，加快教育布局调整，新建改造校舍2.5万平方米。广泛开展群众性文体活动，丰富群众精神文化生活。深化医药卫生体制改革，实现居民合作医疗全覆盖。探索社区网格化、信息化管理模式，强化社区服务功能，提高社工专业化水平，和谐社区建设稳步提升。圆满完成第六次全国人口普查任务。（申　博）

【党的建设不断加强】 建立健全学习实践科学发展观长效机制，扎实开展创先争优活动，全面启动“第六轮党建先进区”争创工作，抓党建促发展的氛围更加浓厚。实行差额选拔干部制度，扩大村、居“两委会”公推直选范围，激发了干部队伍活力。社区党建文化入选“全国基层党建创新优秀案例”。开展“学准则、讲党性、守纪律”主题活动，加大“三问”工作力度，完成惩防体系框架建设，廉洁从政的责任意识、自律意识不断增强。切实抓好文明城市创建，注重长效管理、素质培养，形成了“细节文明在京口”等一批工作品牌。党管武装扎实有力，完成军地互办实事，再获“省级双拥模范区”称号。设立社区商会，社区与非公有制经济“双服务、双发展”模式全市推广。劳动关系和谐企业创建深入推进。人大围绕区委中心工作开展专项调研和督查，政协“百名委员科技行”主题活动成效明显，服务大局、推动发展的水平进一步提升。（申　博）

重要会议

【区委六届十次全体（扩大）会议】 会议于2010年7月8日召开。区委书记胡宗元作题为《加快转型升级、加速城乡一体，努力增创京口跨越发展的新优势》的工作报告。会议动员全区上下苦干实干、争先争强，加快转型升级，加速城乡一体，圆满完成全年目标任务，努力创造京口跨越发展的新优势。会议充分肯定了2010年上半全区经济社会发展取得的成绩，认为转型升级步伐加快，人才引培成效明显，“三大改造”强势推进，全民创业氛围浓厚，社会事业协调发展，跨越发展合力增强，经济社会发展取得了较好成绩。会议指出，京口正处于转型发展、跨越发展的关键阶段，必须下定决心，加快转型升级步伐，切实增强转变经济发展方式的紧迫感和责任感。会议要求2010年下半年要突出抓好两大重点工作：一方面，要推动转型升级，提升城市经济品质内涵。把转型发展作为当前和今后一段时期经济工作的主题，结合“十二五”规划的编制，深化对培育新兴产业、推动自主创新、加快结构调整等重大问题的研究，进一步明晰现代服务业和先进制造业发展的方向和路径，真正做到早转、快转、真转，抢占未来发展的制高点。要把握新兴产业的发展重点，围绕全市“5+X”新兴产业发展规划，制定政策措施，加强引导扶持，打造省级战略性新兴产业基地，确保全年新兴产业投入20亿元以上。要提升项目投入的产出效益，围绕发展现代服务业和先进制造业，进一步加大项目投入力度，争取项目建设的更大成效，在现代服务业的业态优化和品牌特色上打造新亮点，在先进制造业的规模提升和技术升级上争取新跨越，在产业链延伸和大项目引进上力求新突破。要放大人才与创新的驱动效应，实行政策、资源、人才等要素倾斜，倾力打造高新技术产业集聚区，进一步发挥高端人才与科技创新对转型发展的驱动作用，引进用好高端人才，加快构筑创新载体，充分激发创新活力。另一方面，要推进城乡一体，加速宜居京口建设步伐。呼应镇江“山水花园城市”的定位，紧扣京口整体城市化的目标，推动城市形态、民生事业、社会管理的改善提升，不断增强宜居京口的竞争力和吸引力。一要在“三大改造”(老城区、城中村、老集镇改造)上快出形象。目标任务再落实，思路理念再创新，工作力度再加大，确保全年拆迁120万平方米以上。二要在改善民生上更有成效。以改善民生为出发点和落脚点，扩大公共服务，加速城乡融合，增强城乡居民的幸福感和满意度。三要在社会管理上和谐有序。强化基层基础建设，塑造文明法治新风，维护大局和谐稳定。会议强调，要深入开展“创先争优”活动，引导全区各级党组织和广大党员，充分发挥战斗堡垒和先锋模范作用，全力创造跨越发展一流业绩。要在争先争强中展示作为。围绕赶超目标，找准对象、盯住强手，抢时间、抢项目、抢进度，在发展实绩、增幅水平、位次排名等方面，率先当强，勇争一流。要在苦干实干中树立形象。措施必须更加扎实，执行必须更加有力，督查必须更加严格，让脚踏实地、埋头苦干在京口蔚然成风。要在团结奋进中凝聚合力。进一步凝聚各方力量，激发广大党员和人民群众投身发展、创新创业的壮志豪情，巩固聚力发展、合力干事的和谐局面。区委副书记孙国平主持会议，并要求全区上下把思想统一到区委书记胡宗元的讲话精神上来，把共识凝聚到区委的安排部署上来，把要求落实到具体工作中去，咬定目标、突出重点，狠抓落实、全力推进，确保高质量完成全年各项目标任务。区发改和经信委、科技局、各镇、街道、京口工业园区、港口产业园作表态发言。 (申　博)

【区委六届十一次全体(扩大)会议】 会议于2010年12月29日召开，区委书记胡宗元作《强势抓开局，转型促跨越，奋力开启京口“十二五”发展的新征程》的工作报告。会议号召全区上下强势抓开局，转型促跨越，奋力开启京口“十二五”发展的新征程。会议充分肯定了2010年取得的成绩，认为转型发展步伐加快，创新能力显著增强，城乡环境展现新貌，人民生活持续改善，党的建设不断加强，是京口团结拼搏、取得丰硕成果的收获之年。会议指出，“十一五”的发展实践证明，项目投入是跨越赶超的关键保证，转型升级是竞争苏南的必由之路，民生幸福是社会和谐的重要基础，改革开放是富民强区的不竭之力，党的领导是干事创业的根本保障。会议要求，“十二五”时期要以“践行科学发展观、率先基本现代化”为主题，以转变发展方式为主线，深化改革开放、加快结构调整，推进城乡一体，着力改善民生，积极打造创新创业、生态宜居、幸福和谐的现代化苏南一流城区。会议强调，2011年必须高扬“创新、跨越、突破”的总基调，奋发作为、强势开局，努力实现“发展质量新提升、城乡面貌新变化、人民生活新改善”的奋斗目标。着力抓好六项重点工作：一是推动现代服务业跨越发展。提升传统服务业品质，释放生产服务业效能，拓展新兴服务业业态，努力打造省级现代服务业集聚区。二是构筑产业发展新优

区委六届十一次全体(扩大)会议

势。在建设特色产业基地上展示作为，在现代特色农业上培育亮点，在提升招商引资水平上扩大成效，在园区开发建设上实现突破。三是增强科技创新驱动作用。加大人才引培力度，增强企业创新能力，加快载体建设速度，做优创新创业环境，增强经济发展原动力。四是加快宜居京口建设步伐。加大城市建设力度，创造良好居住环境，优化生态环境质量，提升城市管理水平，着力建设生态宜居的现代化城区。五是提高民生事业发展水平。发展优质均衡的社会事业，浓厚全民创业的良好氛围，强化社区建设的工作力度，不断提升人民群众生活品质。六是营造和谐稳定的发展环境。深化“平安京口”建设，加强民主法治建设，提高城市文明水平，为经济社会快速健康发展提供重要保障。会议强调，各级党组织和广大党员干部，必须保持奋发作为的昂扬斗志，夯实推动发展的基层基础，锤炼干事创业的能力素质，提升廉政为民的良好形象，用更加优异的成绩向建党90周年献礼。区委副书记、区长郭建主持会议，并就贯彻全会精神提出三点要求：一是保持思想认识的高度统一，实现“十二五”跨越发展；二是鼓足创新创业活力，实现强势开局；三是以更加务实高效的工作作风，狠抓当前。区四套班子全体领导参加会议，各镇、街道、园区作表态发言。 （申　博）

重要工作

【提升现代服务业发展水平】 顺应镇江城市化趋势，进一步增强城市经济竞争力，服务业增加值占GDP比重达到61.6%。精心培育城市商圈。全力推进镇江苏宁广场和如意江南项目，打造镇江市的城市地标；八佰伴、百福商业中心、欧尚超市正式运营，第一楼街步行街持续旺市，城市东部“商圈容量”不断扩大。加强政策研究，强化市场分析，房地产业保持健康平稳发展。加快发展特色产业。扶持中储粮、宝华物流、九泰药业、恒伟物流、京口纸业等物流企业做大做强，打造了现代物流业发展新格局。突出软件外包、医药外包、船舶研发外包三大方向，引导外包企业集聚发展、差别竞争，培育了一批龙头型、基地型骨干企业。做大做优楼宇经济。强化楼宇资源整合利用，借助滨江时代广场、南徐国际大厦、兴地商业广场、皇冠假日酒店等项目，推动中介、金融、商务、咨询等业态集聚发展，积极引进区域型总部，加快楼宇经济由点状分布向带状集聚的转变，打造滨江楼宇经济带。 （申　博）

【加速先进制造业集聚发展】 狠抓有效投入、产出效益、税收贡献等关键指标，推动先进制造业高端化、规模化、集约化发展，做强谏壁地区和新民洲两大工业板块。京口工业园区围绕“百亿园区”目标，加快在手在建项目推进，成功引进爱励鼎胜合作项目，加快产业链拓展和高科技企业落户，新材料、新能源、汽车零部件等特色产业加快形成。谏壁镇依托中储粮等龙头企业，引进配套项目，调轻产业结构，粮油加工物流“全产业链”基地初具雏形。伊势蛋鸡项目顺利签约，加快发展食品、饲料加工和生物科技等产业。新民洲港口产业园依托重点企业、深水岸线、开阔腹地，围绕海洋工程、港口物流等产业定位，大力开展招商引资，全力化解瓶颈制约，开发建设稳步推进。 （申　博）

【增强科技创新的驱动作用】 认真落实“创新驱动、绿色增长”的要求，完成大禹山创意新社区规划编制。落实高端人才引培机制，12人次入选国家、省、市人才扶持计划。推进创新平台建设，启动高创中心二期、网购中心等载体建设9.2万平方米，京口软件园创成国家级高创中心，学府科技创业园成为省级创业园。引导企业加大投入力度，建成中煤电子院士工作站、鼎铝博士后工作站，新增省级工程技术研究中心3个。积极争创知识产权示范区，申报各类科技项目74个，获得专利授权736件。 （申　博）

【强化项目投入的带动效应】 围绕排定的68个3000万元以上产业类项目，细化进度要求，落实推进责任，从头抓起，快出形象，提升推进实效。鼎铝技改、鸿泰技改、中储粮、八佰伴、百富商业中心等项目投入运营，绿洲新能源、科捷锂电池、宝华半挂主体厂房封顶，大润发京口店、帝宝花园酒店、海龙核材开工建设，爱励鼎胜合作项目、伊势蛋鸡正式签约，产业发展的后劲活力显著增强。 （申　博）

【全力以赴推进“三大改造”】 推进城中村、老城区、老集镇“三大改造”，实施戴家湾、新华村、新生村、象山花园二期等改造项目29个，累计拆迁101万平方米，基本完成60%的城中村改造任务，建成恒泰新村、京润华庭、新民洲农民新社区等安置房26万平方米。新增融资6亿元用于城市改造。连续两年获得省级土地执法先进区称号。零龙公路、338省道加速建设，莺歌桥即将通车，东部地区路网框架不断完善。 （申　博）

【多措并举改善人民生活】 扎实推动创业就业，建成创业载体8个，新增私营企业3032家、个体工商户6748户、注册资本217.1亿元，私营个体企业注册资本增幅列全市第一。围绕建设“苏南一流教育强区”目标，进行调整优化教育布局，素质教育整体水平稳步提升。扩大文化基础设施覆盖面，群众性文体活动深入开展。集中力量整治菜市场外溢、渣土扬尘等突出问题，改造老小区30万平方米、拆除违法建设4.2万平方米，城市管理工作全市领先。建成古城公园，实施虹桥港、玉带河、一夜河、古运河整治，全面完成主要污染物减排任务，人居环境明显优化。推进“三项排查”，落实领导干部带案下访，有效化解一批信访案件，通过“五五”普法终期考核，再次创成全省“社会治安安全区”。（申　博）

【“十一五”区委工作发展回眸】 “十一五”是京口在科学发展道路上不断取得新成就的五年。五年来，在市委的正确领导下，区委认真贯彻党的十七大精神，坚持以科学发展观为指导，团结带领全区广大干部群众，抢抓机遇、顽强拼搏，经济社会实现又好又快发展，党的建设得到巩固加强，圆满完成了各项目标任务，为开启“十二五”，进军现代化奠定了坚实的基础。

国民经济快速提升，综合实力显著增强。五年来，积极应对宏观调控趋紧、区域竞争加剧和全球金融危机的挑战，自我加压、奋发作为，用“高于全市平均、高于周边地区、高于赶超对象”的标准谋划发展，用“求特色、树品牌、争一流”的要求推动工作，圆满完成了“十一五”规划的各项目标任务。2010年实现地区生产总值260.46亿元，人均6.8万元，分别是“十五”末的7.2倍和1.8倍。财政一般预算收入突破10亿元，比2005年翻一番。完成定报工业销售261.9亿元，社会消费品零售总额139.91亿元，分别是“十五”末的4倍和2.4倍。五年累计实施10亿元以上重大项目16个，完成全社会固定资产投资560.7亿元，是“十五”期间的10.1倍。中储粮、八佰伴、欧尚超市、百富商业中心等项目投入运营，苏宁广场、财富广场、如意江南、爱励国际、鼎铝技改等项目加快建设，三次产业比重优化为0.56∶37.85∶61.59。

改革开放步向深入，发展活力充分显现。五年来，坚持解放思想、与时俱进，积极探索科学发展的体制机制，以加快城市化推动经济社会发展，以提高创新能力促进发展方式转变，以现代服务业和新兴产业“双轮驱动”做强区域综合实力，走出了一条具有京口特色的发展路径。完成行政区划调整和新一轮政府机构改革，实施干部人事制度、园区管理体制、投融资机制、事业单位、教育和医药卫生等体制改革，科学发展的体制机制逐步完善。五年累计实际利用外资3.7亿美元，进出口总额22.7亿美元，新增私营企业5509家、注册资本254亿元。京口工业园区跻身省级开发区行列，新能源、新材料、汽车零部件等特色产业初步形成；新民洲港区基础设施加快建设，海工装备产业基地获得市级批复。大禹山创意新社区完成总体规划，航空信息产业园等项目签约落户。科技人才工作成效显著，累计27人次入选国家、省、市人才扶持计划，获得授权发明专利52件，京口软件园、归国博士创业园、学府科技园等创新载体投入使用，全社会研发经费支出占GDP比重达到2.4%，连续7次通过“省科技进步先进区”考核，被评为“省知识产权示范区”。

城乡一体加速推进，区域面貌焕然一新。五年来，始终紧扣城乡一体化、整体城市化的目标，主动作为、借力发展，大力实施“三大改造”，全面加强生态建设，不断创新社会管理，实现了改善环境和拓展空间的双重效益。累计投入86亿元用于城乡建设，拆迁320多万平方米，建成安置房41.2万平方米，改造老小区190万平方米。建成禹山东路、谏辛公路等23条道路，完成莺歌桥、燕舞桥改造。实施“青山绿水”工程，建成古城公园，完成虹桥港、玉带河等8条河流整治，绿化造林9200亩，建成区绿化覆盖率43%，象山镇、谏壁镇通过“全国环境优美乡镇”考核。完善城市长效管理机制，大城管考核保持全市领先。严格落实节能减排要求，关停小化工企业6家，单位GDP能耗下降20%。

民生事业优质发展，群众生活持续改善。五年来，始终把提高群众生活质量和水平作为衡量发展成效的重要标志，切实解决群众最关心、最直接、最现实的突出问题，全力推动创业就业，不断完善社会保障，率先建成全面小康，用实实在在的惠民成效，增强了人民群众的幸福感和满意度，形成了共建和谐京口、共享发展成果的生动局面。累计投入9.8亿元用于民生建设，占区级可支配财力比重达54.5%，入选首届“中国民生建设百强区”。坚持创业带动就业，新增“省级充分就业社区”43个，2010年末，城乡居民“两个收入”分别达到23767元和11498元，比“十五”末增长86.2%和80.4%。调整优化城乡教育布局，推动教育高位均衡发展，创成省级区域教育现代化、“省义务教育均衡发展先进区”、“全国社区教育实验区”。率先实行药品“零差价”，区疾控中心、卫生监督所、世代服务站等医疗卫生设施建成使用，被评为“省社区卫生服务先进区”、“省人口计划生育优质服务先进单位”。高标准建成区老年活动中心、示范性养老机构等服务设施，为老服务体系逐步完善。统一城乡低保标准，五年发放困难群众物价补贴789.8万元，基本实现城乡基础性保障政策全覆盖。着力推进“文化京口”建设，蓬勃开展文明城市创建，全面建成镇、街道文体活动中心，形成 “魅力京口”等一批群众性文化活动品牌。

民主法治更加健全，社会大局和谐有序。五年来，坚持依法决策、民主决策、科学决策，积极支持人大履行职能，法律监督、工作监督力度不断加大。推行依法行政，落实政务公开，规范行政行为，保证了行政权力阳光运行。充分发挥政协独特优势，持续开展“百名委员主题活动”，服务发展的效能明显提升。深入推进平安法治建设，创新社会管理，实施社会稳定风险评估机制，高质量通过“五五”普法省级考核，被评为全省信访工作“三无”区，连续七年荣获“省社会治安安全区”称号。加强基层民主自治，深化和谐社区建设，创成首批“全国和谐社区建设示范区”。人武、双拥、群团等工作亮点纷呈，先后获得“省双拥模范区”、“省工会工作模范区”、“省未成年人思想道德建设先进区”、“全国青年中心建设先进区”等荣誉。

党的建设全面加强，执政能力不断提高。五年来，始终围绕推动发展、服务群众、凝聚人心、促进和谐的目标定位，坚持以科学理论指导党建，以科学制度保障党建，以科学方法推动党建，不断提升党建科学化水平。深入开展保持共产党员先进性、学习实践科学发展观、创先争优等主题教育活动，实施新一轮“强基工程”，各级党组织创造力、凝聚力、战斗力明显增强，广大党员先锋模范作用进一步发挥。坚持为发展配干部，探索实践竞争性选拔干部机制，注重在基层一线选拔任用干部，有效激发了各级干部的工作激情。推进学习型党组织、学习型领导班子建设，区委学习中心组被评为“省级理论学习先进集体”。统筹推进组织、思想、纪检、统战等工作，打造了党务公开、廉政文化、“京口群贤”选树、社区统战等党建工作品牌，社区党建文化被中组部评为“全国基层党建创新优秀案例”，获得“全市廉政文化建设先进地区”、“市党建工作先进区”等一系列荣誉称号。

（杨　帆）

党员代表投入光荣的一票

组织工作

【深入开展创先争优活动】 按照中央、省委、市委的统一部署，自2010年6月以来，全区认真贯彻党的十七大和十七届四中、五中全会精神，以邓小平理论和“三个代表”重要思想为指导，深入贯彻落实科学发展观，共有14个区委直属基层党（工）委，486个基层党组织、11000多名党员参与到活动中。各级党组织紧紧围绕“推动科学发展、促进社会和谐、服务人民群众、加强基层组织”的总体目标，以“推动科学发展、建设美好京口”为主题，以“双争双先”（即每个党组织争当京口科学发展的先锋队，每名党员干部争做为民、务实、清廉的先进典型）主题实践活动为载体，精心组织、周密部署，突出重点、有序推进，努力使创先争优活动成为群众满意工程。　（组织科）

【圆满完成村（社区）党组织换届工作】 按照市委组织部统一部署，全区村（改居）、社区党组织换届工作从8月初开始，到11月底全面完成。全区10个行政村，20个村改居、42个城市社区，全部采取公推直选的方式选出新一届领导班子。新一届村居党组织班子的文化程度、年龄结构、女性委员职数、大学生村官数均有了较大的改善：新一届村党组织书记的平均年龄为43.4岁，具有大专以上学历26名，占87%，比上届高17个百分点，其中4名女干部当选村（改居）党组织“一把手”；新一届社区党组织书记的平均年龄为41.1岁，大专以上学历40名，占95%，比上届高17个百分点，其中22名女干部当选社区党组织“一把手”；双强型村干部比例达到50%以上；有8名大学生村官通过竞选当选为村（改居）、社区党组织书记，28人当选为副书记，7人当选委员，占到全区大学生村官总数的63.4%。（组织科）

【远程教育工作实施“分级管理”】 以科学发展观为指导，围绕全区城乡一体化发展的总体要求，积极实施远程教育“分级管理”，扎实推进远程教育工作持续稳步进行，取得良好成效。一是做好评估分级。区远教办在深入普查调研的基础上，对全区76个终端站点的环境状况、设备状况、技能状况和使用情况进行评估，严格把关，根据得分将所有站点分为三级：一级站点设施齐全、管理规范、课件丰富；二级站点运行状况良好但软件资源不够丰富；三级站点存在硬件损坏、管理松散的问题。二是实行分级管理。根据分级结果，选优配强各级站点管理员，全区55名大学生村官全部担任终端站点的专（兼）职管理员。同时，针对各级站点提出不同的工作要求、管理目标，形成梯次推进、整体提升的工作格局，确保远程教育分级管理落到实处，产生实效。三是强化分类学习。结合全年组织工作要点，制定下发全区远程教育工作学习培训计划，明确了学习贯彻十七届四中全会精神、创业致富能力培训、基层党组织建设、推进城乡一体化发展等四大学习主题。各站点按照“一村（居）一主题”的要求制定各自的年度计划、季度主题和月度时间安排，并通过公开栏、短信等方式通知到参学对象，确保学习培训工作有计划、有实效。（组织科）

【创新“六步法”公开遴选优秀大学生村官】 2010年4月，区委组织部面向全区大学生村官公开选拔社区党组织主要负责人，丁方品和胡涛同志分别当选为四牌楼街道阳光世纪花园社区和健康路街道健康社区的党组织负责人。在选拔过程中，创新使用“六步法”公开遴选优秀大学生村官。具体做法是：一.设槛。一方面，根据大学生村官普遍工作年限短的现状，适当降低资历门槛，扩大初始遴选范围，即满足中共正式党员、工作2年的大学生村官均可报名。另一方面，注重遴选对象的群众满意度和公认度，提高民意槛。要求镇、街道党（工）委提供符合遴选条件的大学生村官近1年来在村（居）两委会民主测评情况，原则上民主测评率在30%以上方可参加公开选拔。二.亮绩。实行大学生村官目标管理培养模式，规定报名对象按照每年填写的《京口区大学生村官职业规划书》中制定的目标，结合个人完成情况提供述职述廉材料，所在镇、街道党（工）委依据大学生村官现实表现，需填写鉴定意见。区大学生村官公开选拔工作领导小组办公室将信息汇总后，统一在京口党建网站上进行公示。三.考能。采取笔试与驻点调研相结合的方法，注重考察大学生村官的综合素质，特别是担任“一肩挑”职位的思维与执行能力。邀请高校社会学与行政管理学专家、市大学生村官选聘办领导共同组成命题组，参照公务员考试模式，突出大学生村官担任村（居）主要职务所需的能力，进行集体命题。按笔试成绩高低安排前4名竞职人员到相关公选社区驻点调研，并且要求各自撰写一篇高质量的调研文章。四.公议。组织晋级的大学生村官开展公开竞职演说，围绕谋发展、定目标、谈措施，表述今后的工作思路，接受村（居）群众现场提问，由街道班子成员、中层干部、村（居）工作人员、全体党员、群众代表进行评议打分。每个职位按照综合得分从高到低，分别确定前2名作为差额考察对象。由区委组织部、乡镇、街道党（工）委组成联合考察组对各2名差额考察对象进行考察，考察合格的，确定为建议人选分别提交乡镇、街道党（工）委研究决定拟任党组织书记正式人选，考察不合格的，按序递补。同时将拟任正式人选在乡镇、街道和村（居）进行为期7天的公示。五.民选。公示期满后，组织召开村（居）全体党组织委员大会，等额选举产生由大学生村官任职的党组织书记。在充分听取党内外群众意见的基础上，将任职的大学生村官推荐为村（居）委员会主任候选人，待到村（居）委员会换届时按照《村民委员会组织法》、《城市居民自治组织法》进行选举。六.入库。通过公开遴选当选的优秀大学生村官统一作为科级党政后备进行培养。在任职期间将与区委组织部副部长、乡镇、街道党工（委）专职副书记、组织委员开展多对一帮包活动，加强对大学生村官担任“一肩挑”职位的指导，保障村（居）各项工作有序开展。在干部培训、交流时，优先考虑担任“一肩挑”职务的大学生村官，从而进一步激发大学生村官工作的潜能与活力。（干部科）

【成功举办京口区第十三期中青年干部培训班】　11月15日至12月3日，成功举办京口区第十三期中青年干部培训班。本期中青班正处于全区冲刺“十一五”的关键时期，与前几期相比，在学员选拔、办学形式、培训内容等方面，都有新的特点。在整体安排上，从专题设计、布局安排、师资力量、考察学习、组织管理、服务保障，到整个教学过程，都精心安排，认真组织。一是领导重视，组织严密。对于这期中青班，各级领导高度重视，学员名单，由区委组织部研究，从后备干部名单中几经筛选而产生。区委党校组成专门管理班子，强化措施，落实责任，在管理上，注重学员自我管理，建立了班委会和党支部，制定落实了学员管理、生活管理、考勤、考试考核等方面的制度，形成了学校管理与学员自我管理相结合的管理机制。在整个学习期间，班主任、班委、支部以及各小组的负责同志，认真履行职责，学习上起带头作用，遵守纪律上率先垂范，在日常生活中热心为同志们服务，确保全体学员学习期间生活愉快，圆满完成学习任务。二是注重质量，安排科学。这期中青班，在教学内容的安排上，围绕当前领导干部普遍关注的热点、难点、疑点问题组织教学，做到“六个结合”，即注意知识性和实践性相结合，针对性和前瞻性相结合，理论学习和学员演讲相结合，单向授课和双向互动相结合，第一课堂和第二课堂相结合，课堂教学和外出学习相结合。学员不仅在省委党校听取了高层次专家教授的授课，还开展了军事训练、赴革命圣地延安考察学习。为进一步落实竞争选拔机制，提高中青年干部竞先争优意识，安排了学员演讲和两轮民主推荐优秀班干部、学员的环节，取得很好的效果。三是态度端正，自觉遵纪。19天的培训，学员们十分珍惜这难得的学习机会，正确处理工学矛盾，集中精力，以极大的热情投入紧张的学习，做到态度端正、刻苦钻研、按时上课、认真听讲、勤奋好学。学习期间，学员们自觉遵守党校的各项规章制度，严格要求自己，服从管理，尊敬师长，互相团结，保持了良好的课堂秩序和团结友爱的生活氛围，为树立京口干部形象做出了榜样。（干部科）

【围绕建设高新技术产业集聚区打造人才高地】　高新技术产业集聚区既是产业的集聚、项目的集聚、资金的集聚，同时也是人才的集聚，特别是高层次人才的集聚。2010年，京口区紧紧围绕建设高新技术产业集聚区的要求，重点突出创新创业领军人才引进培养，实施“引、育、用、留”四结合的人才战略，培养造就一支数量充足、结构合理、门类齐全、绩效显著的高层次人才队伍，为建设高新技术产业集聚区提供坚强有力的人才保障和智力支持。一.借水行舟，千方百计“引”人才。面对日趋激烈的人才争夺，京口区紧紧抓住海外高层次人才回国创业的难得契机，创新引才模式，简化引才程序，加大高层次人才引进力度。一是依托产业园区吸纳人才。依托以京口工业园、新民洲港口产业园为主的各类园区，推出一批特色项目，外引一批具有技术创新能力、项目组织能力的高层次项目人才。二是依托重点项目集聚人才。依托国家千人计划、省双创人才引进计划、市“331”工程等人才项目，引进一批有自主知识产权和完整创业计划的高层次人才，2010年共引进国家千人计划1人、省“双创”人才计划资助5人、市“331”计划9人。三是依托专业机构招才引智。进一步拓宽引才渠道，加强与高校科研院所、专业网站、中介机构、猎头公司、专业社团的交流合作，发挥海外引才联络点和海外联络员的作用，大力引进海外高层次人才到区创业，对引进人才层次较高、数量较多的单位或个人给予一定的人才引进奖励。此外，定期向海内外发布领军人才需求目录，建立领军人才信息库。二.注重培养，舍得投入“育”人才。制订人才优惠政策，落实人才专项资金，对符合条件的高层次人才给予配套资金、租房安家、生活津贴等经费补助。发挥辖区高校和科研机构的优势，鼓励企业主动对接高校院所，大力开展产学研合作。建设一批工程技术中心及企业研发中心，着力培养一批京口本土的科技领军人物、科技骨干和创新人才团队。加大与知名大学、研究机构、跨国公司的合作力度，资助领军人才参加国内外学术交流、合作研发、培训研修；成立领军人才协会或俱乐部，建立领军人才交流合作平台。三.量才任贤，不拘一格"用"人才。加强创业风险投资公司建设，2010年新建立1家风险投资公司，为人才的创业提供资金保证。加强京口工业园区、镇江新民洲港口产业园区、京口区高创中心和归国博士园等高层次人才载体建设，不断提升园区的集聚吸纳能力，使京口成为国内外高层次人才争相向往的"热土"、创新创业人才的"摇篮"和施展才华的"舞台"。四.创优环境，优质服务"留"人才。不断完善人才的公益服务、市场服务和社会服务等服务体系，充分利用法律、金融、税务、专利、管理咨询、产权交易等社会中介服务机构，为领军人才提供专业化、特色化、个性化服务。建立人才项目申报工作流程，细化分解任务，明确部门工作职责，实行专人跟踪服务，加强对人才项目申报的指导和服务，积极帮助人才申报国家、省、市各类科技、人才和产业项目。 （干部科）

【实施"人才京口"工程】 2010年，京口区始终以"领军人才总量、领军人才层次、领军人才结构"三突破为目标，瞄准"领军型"人才，助推"葡萄串"效应，紧紧围绕高新人才集聚和新兴产业增长实施"人才京口"工程，努力培养一支数量充足、结构合理、高端引领的领军人才队伍。一.领军型创新创业人才数量不断增加，靠以情感人加快人才集聚。从人才数量上看，据不完全统计，全区全脱型创新创业人才10人，半脱型创新创业人才15人，柔性流动高层次人才26人。截至2010年底，经过国家级认定的"千人计划"1人、省认定的"双创"人才10人、市认定的"331"人才12人。从项目类别上看，京口区已初步形成软件开发及服务外包类企业56家、生物医药外包类企业2家、三新产业类企业12家。京口区人才工作取得一定成绩，靠的是以情感人、以情动人、以情留人以及人才工作的"葡萄串"效应。靠以情感人，京口区先后引进了陈宝生、崔立峰、张飞、庞海、周晓冬等6名归国博士。通过以上6名博士的牵线搭桥，又先后引进了李溪、唐幸福、余颖、董明东、李义连、朱培颐、康慨、夏志杰、谢少平、郑涛等22名海外博士，以才引才比例达到了60%以上，人才集聚的"葡萄串"效应日渐放大。二.政府引导投入的力度逐年加大，靠以载体聚人增强吸引力。坚持人才平台优先建设，是引进人才、留住人才的关键举措。区委、区政府投入资金建成省级高创中心（软件园）、创成省级国际服务外包示范区。在政府的引领下，区工业园区建成京口归国博士创业园、正东路街道建成京口学府科技园，并同时引领民间资本进行创新载体建设，高创中心二期、园区高创中心、恺源网购中心、大学生软件实训基地、金茂软件培训学校等创新载体，相继规划建设。在政府资助搭建京江软件公共技术服务平台、绿洲新能源技术中心的基础上，鸿泰技术研发中心、中盛粮油检测中心、镇江质量检测服务中心、中煤电子院士工作站、鼎铝博士后工作站等科技研发平台陆续建成。区委区政府在人才资源上的优先投入，促进了人才工作、载体建设的先行一步，为人才工作增添了"助推器"。三.人才引领和产业驱动初显成效，靠以支撑和服务留人扩大影响力。在领军型创新创业人才的引领下，京口区已初步形成人才与产业的双轮驱动效应。初步形成了以京江软件、智比特信息与大元生物、蓝德特药业为主体的软件与生物医药服务外包产业，以绿洲新能源、美华多晶硅、三晶电子、太谷电力、电池及薄膜材料检测为产业链的光伏产业，以环能通为主体的新兴环保产业，以科捷锂电池、纳米碳化硅检测、海龙核材料、鼎盛铝业为龙头的新材料产业，以中盛粮油、宝华半挂、中煤电子、煤达矿用、飞格光电为群体的新技术产业，它们将成为未来京口新兴产业的基石。

（干部科）

【不断推进竞争性选拔干部工作】 京口区以提高选人用人公信度为重点，不断深化干部人事制度改革，把进一步研究和实践竞争性选拔干部工作作为重要课题来抓，不断深化公开选拔、公推公选、公推直选、两推一考、差额竞岗等改革探索，不断强化领导班子和干部队伍建设，为优秀人才脱颖而出开

换届选举工作人员深入到党员家中宣传公推直选相关政策

辟“快车道”。

一、突出重点,不断强化竞争性选拔干部的工作导向。努力增强竞争性选拔干部计划制度、措施的配套性、协调性和科学性,防止简单地唯票取人,唯考取人,唯年轻取人,以实现用人程序公正与好中选优的统一、制度成果与实践结果的统一。1.增强选拔工作的计划性。根据全区领导班子和干部队伍建设的需要,定期对领导班子和干部配备情况进行分析,把竞争性选拔作为干部选拔的一项重要制度固定下来,每年做出科学的安排,原则上凡能适合采用竞争性选拔的领导职位出现空缺时,尽量采取这种选拔方式,确保经常有序开展,避免忽冷忽热。一是逐步增加比例。凡出现改善领导班子结构需要集中选拔、领导职位出现空缺且本单位无合适人选、选拔专业性较强职位和紧缺专业职位等情况时,优先采用竞争性方式选拔。二是扩大推荐选拔职位范围。有计划地拿出更多的机关领导职位进行公开选拔,并逐步推广到事业单位领导干部选拔当中。三是加大重要部门竞争性选拔干部力度。更多地拿出政府组成部门的领导职位进行公开选拔。如全区在2004年首次公推公选中山路小学校长之后,认真总结经验,于2005年4月又一次成功的公推公选了区交通局局长和团区委书记,率先在全市公推公选政府组成部门“一把手”提名人选,公推公选逐步成为京口区经常化的领导干部选拔形式。2.增强选拔方式的针对性。根据不同职位特点和工作实际需要,采用不同的竞争性选拔方式。选配正职突出民意和业绩,主要采用公推公选的方式;选配副职着眼在更大范围内发现人才,主要采用公开选拔、两推一考的方式;选配部门中层干部,主要采用竞争上岗的方式;选配专业和紧缺人才,主要采用公开招聘的方式;选配基层党组织领导班子成员,主要采用公推直选的方式。京口区专门拿出区城投中心副主任、京口工业园区副主任、港口工业园区副主任等三个领导职位面向社会公开招聘专业技术人才,全省近百名高级职称专业人才参与竞争,取得良好的效果。3.增强选拔过程的公正性。进一步改进测试方式,提高测试命题的科学化程度。根据选拔职位的不同,广泛采用公开竞职演讲、现场解答专家提问、安排解决现实问题,以及对参与者进行必要的关于道德品质、能力素质、心理素质等方面的测试问卷和胜任特征模型分析,使竞争性选拔由传统的、模拟的考试转变为现代的、科学的测试。努力提高测试命题质量,将选人用人的要求充分体现到测评内容中,切实提高了命题的针对性。同时,考察中,坚持定性与定量相结合,重“量”不唯“量”,重“分”不唯“分”。进一步打破“一选定终身、一用定终身”的状况,建立动态化的竞争性选拔机制,实施干部聘任制,适当延长试用周期,给足干部展示的时间和空间。

二、规范运行,不断提高竞争性选拔干部工作的公信度。进一步规范程序,提高选人用人公信度,始终围绕公开公平公正原则操作竞争性选拔干部工作,努力把公开、平等、竞争、择优贯穿干部选拔的全过程。1.全程公开选拔工作信息。每次实施竞争性选拔,区委组织部都及时将工作简章、考察人选和公示人选在主要新闻媒体和网络上进行公示;及时组织召开情况说明会,将考试安排和笔试、面试的方式方法向考生做通报;及时召开考察工作会议,通报考察方式和考察内容;及时将考察情况、排序方法及理由、区委常委会票决结果向考察人选进行通报。2.全程监督选拔工作情况。区纪委对从命题、笔试、面试等环节全程进行实时和现场监督,并抽调专门人员参与考察工作。面试评委既邀请命题专家,还将部分“两代表一委员”吸纳进评委队伍,进一步扩大了群众在干部选拔任用过程中的知情权、参与权、选择权和监督权,强化了干部选拔任用工作的民意基础。3.全程运用“四差额”形式。实际工作中尝试运用以“差额推荐、差额考察、差额酝酿、差额票决”为主要内容的“差额方式”选配干部,逐步建立开放竞争式选人机制,真正实现由“多数人在多数人中选人”。2010年,京口区对区卫生和计划生育局局长、区司法局局长等乡局级正职岗位实施空缺岗位差额竞岗,对镇、街道党(工)委书记和拟提正科级后备人选实施非定向差额推荐,这是扩大干部初始提名权的一次重要尝试,也是强化竞争性选拔干部的一项重要举措。

三、创新思路,不断完善竞争性选拔干部工作的机制。在干部竞争性选拔上不断拓展领域,完善竞争性干部选拔机制。1.分类选拔,构建“靠制度选拔干部”的规范运行机制。京口区按照干部的不同层次分别制定不同的工作方案,实现选拔工作的规范化,先后制定了《京口区公推公选领导干部的实施意见(试行)》、《京口区区级机关中层领导职位竞争上岗实施意见》、《京口区事业单位中层干部竞争上岗和一般干部考调实施办法》、《京口区区级机关中层领导职位竞争上岗实施细则》等一系列制度,使竞争性选拔在制度的框架内,有章可循,规范操作。定期拿出建设、财政、交通、卫生、教育等重要部门、重点岗位,明确选拔范围和选拔方式,让符合条件的人员都参与到重点岗位的竞争中来,从而选拔出真正适合的人选。2.强化基础,构建“干部在一线选拔”的使用导向机制。在干部引培上,本着“人才在一线培养、干部在一线选拔”的工作思路,注重把打基础、重培养放上重要工作日程。2010年3月,京口区在全区大学生“村官”中公开遴选村(居)党组织书记,并依法实行村和社区居委会书记、主任“一肩挑”,为2010年和2011年的村(居)两委会集中换届提前布局,当选的优秀大学生村官统一作为乡科级党政后备干部进行重点培养。截至2010年底,全区有8名大学生“村官”,通过竞争性选拔的方式当选为村和社区的主要负责人。对在竞争性选拔工作中脱颖而出但未被使用的优秀差额人选,做好鼓励和思想引导,纳入后备干部队伍,组织开展教育培训,并适时因岗量才使用。3.不断完善,构建“以实绩评价干部”的满意度测评机制。在选拔出合适人选后,对其在新岗位上的表现进行测评,坚持定性与定量相结合,科学设置评价指标,积极创新测评方式,开展选人用人满意度测评。同时,在较大范围内对全区竞争性选拔干部工作进行满意度测评,突出用人导向、执行纪律、制度改革、选任环节、选任结果和用人不正之风等重点,综合运用民主测评、问卷调查、座谈讨论、网络测评等形式进行评价,并量化统计,以此不断提高和完善竞争性选拔干部工作的质量和满意度。 (干部科)

【推动大学生村官干事创业】 切实发挥组织部门教育引导作用,做好大学生村官的培养和管理工作,推动大学生村官在基层干事创业。一.加强学习,提高综合素质。一是组织集中学习。积极组织大学生村官参加区委组织部举办的"周末讲坛"等各种学习活动,并要求镇(街道)定期组织大学生村官集中学习。二是鼓励自主学习。举办大学生村官读书自学活动,要求每一名大学生村官撰写读书笔记;组织大学生村官参加团区委"图书漂流"等活动。三是举办学历提高班。组织大学生村官参加市委组织部主办的农业推广硕士学位班;京口区还与江苏大学联合举办大学生村官工程硕士学位班,由区财政、所在镇(街道)或村(社区)以及本人各承担学费的30%、30%、40%,现已有8人被江苏大学工程硕士学位班正式录取。二.狠抓管理,健全管理机制。一是完善工作机制。制定各种保障政策,不断提高大学生村官待遇,保证大学生村官能够选得来、留得住、干得好。二是搭建工作载体。引导大学生村官围绕大学生村官为民工作室、远程教育站点、矛盾纠纷调解、便民服务代理等各种基层工作平台,创新服务方式,健全服务机制,积极投身社会管理事务,努力服务基层群众。三是做好各项考核。认真做好大学生村官的年度考核工作,评选年度全区优秀大学生村官并进行表彰;做好服务期满的大学生村官考核工作,及时续签劳动合同。三.搭建平台、鼓励勇挑重担。一是举办公开选拔。2010年4月,面向全区大学生村官公开选拔四牌楼街道阳光世纪花园社区和健康路街道健康社区的党组织负责人,通过层层选拔,丁方品和胡涛同志分别当选。当选一年来,2个社区的各项工作都取得各级领导的好评。二是全面参加村(社区)换届。在2010年四季度的村(社区)两委换届中,京口区要求所有符合条件的大学生村官必须参加,经过公推直选,所有参选的大学生村官均顺利进入村(社区)两委班子中。有8人当选为村(社区)党组织书记,4人实现书记、主任一肩挑。四.磨炼能力、增强干事本领。一是谋划职业规划。区委组织部结合每位大学生村官的个性、能力、专业的特点,有针对性地帮助大学生村官制定自己的职业规划,以帮助大学生村官更好的认识自己,选择适合自己发展的职业道路。二是实行多岗锻炼。按照区各部门、镇(街道)和村(社区)的工作特点,有计划地安排大学生村官到重点工作、信访一线、地块拆迁、项目推进、招商引资等一线轮岗锻炼,增加大学生村官的基层工作经验和处理危难险重问题的能力。三是积极鼓励创业。积极落实有关政策要求,帮助大学生村官创业致富。根据京口区是主城区的区域特点,重点扶持大学生村官进行门店经营、网店运营等方面的创业项目,并指派"创业导师"进行手把手的指导。 (干部科)

【"十一五"组织工作回顾】 "十一五"期间,在区委的正确领导下,在市委组织部的正确指导下,全区组工系统坚持以邓小平理论和"三个代表"重要思想为指导,认真贯彻落实科学发展观,紧紧围绕区委区政府中心工作,找准组织工作服务"十一五"发展的科学定位,以组织工作项目化管理为抓手,大力实施"强基工程",深入推进组织工作改革创新,不断提高组织工作科学化水平,努力为京口跨越发展提供坚强的组织保证。主要做了以下三个方面的工作。

围绕中心大局,以扎实有力的举措服务全区科学发展。一.深化主题实践活动,浓厚了创先争优的氛围。紧紧围绕"推动科学发展、建设美好京口"的要求,深入开展第三批先进性教育、学习实践科学发展观、创先争优等主题实践活动,全区各级党组织和广大党员干部,在推动跨越发展、瞄准赶超目标、打造党建品牌、创建和谐示范单位、服务基层群众上取得了明显成效。通过建立健全促进科学发展的干部考核评价机制、学习培训机制、贯彻民主集中制的长效机制、联系服务群众机制等制度建设,构建了学习实践科学发展观的长效机制。通过开展"双争双先"活动、引导镇(街道)明确跨越赶超的对象和具体举措、培树优秀典型等工作,浓厚了"比、学、赶、超"的氛围,为推动全区跨越发展提供了内生动力。二.服务重点项目建设,发挥了干部的骨干作用。紧贴区委重点工作谋划推进组织工作,围绕服务全区阶段性中心工作和重点工程,每年分批抽调优秀机关干部、年轻干部、后备干部参与区各项重点工程、各类国家、省、市级创建工作、地块拆迁等工作。分批选派大学生"村官"到信访、综治等单位进行岗位锻炼,解决这些部门人手紧张的问题。围绕服务新农村建设、和谐社区建设,加大对选调生、大学生村干部培养选拔的力度,引进大学生村官71名,为村(社区)基层党组织提供了新鲜血液。三.发挥"葡萄串"效应,打造了"人才京口"品牌。强化以才引才,加快了高层次创业创新领军人才的集聚。积极组织申报国家"千人计划"、江苏省"双创人才"和镇江市"331计划",累计有23人次获得国家、省、市级人才认定,其中1人入选国家"千人计划"。省"双创"人才引进和市"331"人才入围人数及增速已连续两年位居全市前列。建成京口软件园、京口工业园区高创中心、京口区归国博士创业园等人才孵化基地,积聚了高端软件及信息服务外包产业。京口软件园创成国家、省级高创中心。江苏鼎盛铝业股份有限公司通过省级博士后工作站的认定。中煤电子建成院士工作站。牵头制定

九里社区党总支换届选举大会

出台《创新创业领军人才工作专项资金使用管理办法》,建立健全209人的高层次人才库。进一步健全了领军人才创新创业服务体系。

突出重点工作,以项目化管理的方法提高落实执行力。一.全面提升了基层党建工作水平。创成第五轮党建工作先进区。深入实施"强基工程",强化项目化管理举措,每年实施各具特色的农村党建"432"工程,强化了富民强村、规范化建设、民主管理、队伍建设等方面的年度工作目标的实施。全面完成社区党组织二次达标、村级党组织活动室达标、党员服务中心建设等任务,全面推广"一站式"服务平台和为民全程代理制度。加大"两新"组织党组织组建力度,实施动态管理,实现全覆盖的目标,完成"五有"达标任务。建成64个远程教育站点,发挥了"管学用"功能。加强示范点建设,江一社区获省级先进基层党组织称号。全面实施"公推直选",选优配强了村党组织书记。扎实推进镇党委换届相关试点工作,圆满完成镇、机关部门党委换届任务。二.加强了领导班子和干部队伍建设。建立健全乡局级领导干部综合评价机制,构建干部考察、考核、考评三位一体的综合评价体系,强化了领导干部的考学、评学、督学机制。落实促进科学发展的考核评价机制,引导各级领导班子和领导干部以正确政绩观落实科学发展观。着力提高干部能力素质,实施"接轨上海100工程"、"新毛遂创新业"挂职锻炼活动、举办"周末讲坛"、开展自学读书活动。积极探索在急难险重工作中考察干部工作,有计划选派干部到"五个一线"接受实践锻炼。注重从严管理干部,在全省首创乡局级领导干部离任交接制度。通过实施三责联审、领导干部社会舆情分析、经济责任审计等制度,强化了干部的监督管理。3、构建了机关作风建设的长效机制。持续开展基层评议机关活动,定期组织机关作风暗访,举办"三服务一提升"活动成果展,建立健全了"三服务一提升"活动的长效机制。大力实施提高机关落实执行力、机关岗位责任制、机关党员领导干部下基层等制度,提高了机关工作效能。

勇于改革创新,以品牌经营的理念提升组织工作水平。一方面,在常规工作上注重推陈出新。在基层党建工作上,打造了"富民党建"、"服务型党建"、"区域党建"、"民生党建"、"135民主议事"、为民服务代理制等品牌,并健全了相关工作规范。在干部管理上,经区委常委会研究,出台了规范区委常委会议事决策、领导干部辞职实施办法、领导干部任职试用期实施办法、区委管理的干部职务名称等干部管理文件。对股级干部管理、干部考察工作进行了规范。在人才工作上,探索建立区级人才初始荣誉制度,切实发挥人才工作"葡萄串"效应。在大学生村官的培育上,出台大学生村官培养管理办法,创设大学生村官"为民工作室",指导大学生村官制定五年创新创业规划。通过公开选聘大学生"村官"担任村(居)两委会主要负责人、公推直选等竞争性选拔方式,选拔8名大学生"村官"担任村(社区)党组织书记,数量和比例皆为全市前列。另一方面,在重点工作上注重不断创新。社区党建文化建设品牌效应不断扩大,完善了社区党建文化建设工作体系,初步建立社区党建文化建设评价体系,打造了"1+5"的社区党建文化建设示范点布局。举办社区党建文化建设论坛,并借市《党建之窗》集结成果。《社区党建文化建设的探索和实践》在中组部《党建研究》上以3个版面进行刊载。《紧紧围绕高新人才集聚和新兴产业增长实施"人才京口"工程》获省党建学会优秀论文。《社区党建文化建设新旅》电视片在中组部党建读物出版社公开发行,社区党建文化建设经验在浦东干部学院学习型党组织建设培训班上进行推介。《社区党建文化建设的探索和实践》作为全市唯一案例入选"全国基层党建创新优秀案例"。干部人事制度改革力度不断加大,积极探索公开选拔、公推公选、公推直选、两推一考、竞争上岗、空缺岗位差额竞岗等多种形式的竞争性选拔办法。面向全省公开选聘副科级专业技术人才,实施乡局级正职空缺岗位定向差额推荐,对镇、街道党(工)委书记和拟提正科级后备人选实施非定向差额推荐。以镇党委换届为契机,实施"四差额"选拔谏壁镇党委委员。竞争性选拔逐步成为京口区经常化的领导干部选拔方式。城乡统筹的基层党建工作新格局初见雏形,明确了城乡党建一体化建设的总体目标、主要内容和措施,42个城市社区与30个村(村改居)分别结成共建对子,推进了党群资源城乡共享、党群工作城乡互动、党群活动区域联动。

(办公室)

纪检监察

【概况】 2010年，区纪委在区委和市纪委的正确领导下，以科学发展观为指导，认真学习领会十七届四中、五中全会精神，贯彻落实中央、省、市纪委的工作部署，按照标本兼治、综合治理、惩防并举、注重预防的方针，狠抓各项工作的落实，积极推进惩防体系建设，全区党风廉政建设和反腐败工作取得新的成效，为京口经济发展和各项社会事业建设提供了坚强有力的保障。（办公室）

【全力推进惩防体系建设】 根据省委和省、市纪委关于"惩防体系基本框架形成年"的总体部署，按照"机制+制度+制度执行力保障"的工作思路，从反腐倡廉教育机制、监督机制、源头治理、纠风机制和惩处机制五个方面着手，积极构建具有京口特色的惩防体系基本框架，得到了党员干部的普遍认可，人民群众对全区反腐倡廉建设成效的满意度达到98.6%，机关干部对领导班子、领导干部述职述廉的综合满意度达到93.8%。一是明确目标任务。2010年为"惩治和预防腐败体系基本框架形成年"。为落实惩防体系建设各项工作目标，区委专门制定下发了《京口区区级惩防体系制度建设框架模型》以及《2010年区级惩防体系建设工作任务分解表》，全区各级纪检监察组织按照中央和省、市委、区委的工作要求，加快惩防体系建设步伐，分级分类加速构建惩防体系基本框架。二是强化工作推进。加强对镇、街道、园区和部门惩防体系建设的指导和监督，组织召开惩防体系基本框架建设工作系列座谈会，认真梳理2008年以来反腐倡廉制度建设情况，及时解决惩防体系建设过程中发现的情况和问题，确保惩防体系建设顺利推进。三是狠抓工作试点。在机关选择区城管局、教育局、卫生和人口计生局三家为试点单位，在基层选择谏壁镇、大市口街道、四牌楼街道为试点单位，开展惩防体系基本框架建设，为全区各单位、各部门分级分类构建具有京口特色的惩防体系基本框架提供参照。目前全区已初步建成了区本级、机关部门以及基层单位三个层面的惩防体系基本框架。（办公室、廉政室）

【巩固提升廉政文化建设水平】 全面实施廉政文化"精品工程"和示范点建设"升级工程"，扎实推进廉政文化示范点和"六进"（进学校、进机关、进社区、进企业、进家庭、进农村）单项先进地区联创工作，不断放大廉政文化品牌效应，提升廉政文化建设水平。一是丰富载体资源，以"媒"传廉。通过建立廉政文化一条街、设立廉政文化春夏秋冬"四景"、开辟廉政文化展览室等多种形式，丰富廉政文化宣传的载体和内容。二是举办特色活动，以"艺"颂廉。组织开展"廉政文化活动月"活动，通过举办廉政文化摄影作品展、廉政文化灯谜会、廉政文化书画节、社区廉政文化论文征集等各类活动，让广大居民在潜移默化中接受廉政文化教育。全年共开展各种形式的廉政文化特色活动60余场次，吸引了万余人次的社区居民参与其中、接受教育。开展反腐倡廉美术工艺作品征集活动，在全区范围内广泛宣传发动，共征集绘画作品40余幅，清官塑像、京剧脸谱、剪纸等工艺作品8件，其中5件作品在省、市评比中获奖。三是组建宣传队伍，以"情"唱廉。组建了100多支老年合唱队、京剧票友会、社区艺术团，经常性地开展廉政歌曲演唱、廉政文艺演出等活动，通过声情并茂的演唱，在社区唱响廉政文化之歌。2010年年底，全区拥有省级廉政文化进社区示范点2个，市级廉政文化进社区示范点18个，省、市级廉政文化进社区示范点总数在全市名列前茅。京口廉政文化建设工作经验被《镇江日报》等媒体报道。（干教室）

【建立健全重要权力节点监控运行机制】 制定出台《工作意见》和《问责办法》，紧扣"事前防范、事中监控、事后问效"三大环节，在2009年机关部门试点的基础上，在全区全面推开重要权力节点监控工作。共排查梳理重要权力171项，对其中54项重要权力进行重点监控，对群众意见比较集中，具有共性的如干部提拔、财务管理、工程建设、政府采购等权力，由区纪委、监察局牵头，会同组织部、财政局、住建局等单位，统一制定监控办法和追究办法。推进电子监察系统建设，加强对行政权力网上运行监督，进行绩效评价，提高行政效能。区委常委、区纪委书记姚敬源撰写的《构建重要权力节点监控机制》一文被《镇江日报》等媒体刊载。（廉政室）

参观美术作品展

【"四个结合"深化党务公开工作】 一是与建立重要权力节点监控机制相结合,促进权力阳光运行。把党务公开工作和建立重要权力节点监控机制两者有机结合,将重要权力节点的运行情况,纳入各级党组织《党务公开目录》之中,对重大事项决定、重要人事任免以及大额资金使用等34项权力实施监控。二是与加强基层民主监督相结合,不断提高群众满意度。大力推行"135"民主议事(即坚持一个核心,发挥社区党组织的领导作用;把握组织关、议事关、认同关三个环节,明确社区民主议事的工作程序;运用党群议事会、共建议事会、社区环境圆桌会、社区矛盾协调会、社区物管三方协调会五种形式,建立社区民主议事的工作机制)制度和建立村(社区)监督委员会制度,保障群众的参与权、知情权和监督权,促进基层民主监督和民主管理,切实解决基层实际问题。三是与党员领导干部作风建设相结合,积极探索面向社会公开述职述廉工作。组织区党代表、人大代表、政协委员以及社会各界人士,对区农委等6家单位领导班子及其成员的述职述廉情况,在网上进行公开评议。据统计,参与投票1604人次,共收集各类意见、建议24条。四是与制度问责体系相结合,加大责任追究力度。建立党务公开工作的日常监督检查和年度考核相结合的工作制度,研究制定了《党务公开责任追究实施办法》。对推进党务公开不力的单位和个人,按实施办法进行责任追究。党务公开工作走上制度化、规范化轨道。2010年,海南、陕西、天津、大连等7个省市的148人次到京口区学习考察党务公开工作。

(廉政室)

全区纪检监察工作会议

【深入开展"三问"活动】 紧扣区委提出的"跨越发展"要求,在全区深入开展"问责问廉问效"主题活动,出台《关于深入开展"问责问廉问效"活动的意见》,进一步明确"三问"重点,做到对全区新增中央投资项目、重点建设项目实施"全程问";对征地拆迁、工程建设、安全生产、环境保护等群众反映强烈的热点难点问题,组织"专题问";对机关作风建设,行政权力网上公开运行情况进行"及时问"。组织开展"下"问"上"、"民"问"官"等活动,丰富"三问"形式,提升工作效能。对谏壁创建国家环境优美乡镇考核验收工作、对创业型城市建设等工作进行督查,有效地推进了重点工作的开展。2010年,区纪委、监察局组织行政效能检查50余次,发出"三问"通知书10余份,实施提醒谈话5人次,诫勉谈话2人次,扣发工作性津贴2人次。区委常委、区纪委书记姚敬源撰写的《创新"三问"机制,建设"勤廉"京口》一文被《创新》等刊物录用。

(执法室)

【强化"四项制度"提升信访工作水平】 一是首办责任制,对上访人员和案件明确分管领导和首办责任人;二是来访登记制,认真听取当事人对问题和案件处理存在的疑问,及时做好登记,针对性地做好法律宣传、政策解释和思想疏导工作;三是双项承诺制,对群众反映的问题认真负责,对在工作职责范围内的,承诺及时予以处理和反馈,对超出工作范围不能处理的,承诺积极帮助协调,增强上访人员的信任,降低多头上访机率,为息访打好基础;四是定期回访制,对办结的大要案或上访老户定期回访,及时跟踪了解案件处理结果的落实情况,防止引发重新上访和群体上访。2010年,共接收群众来信62件次,同比增长19.23%。接待群众来访53批139人次,接收电话举报32件(次),接收网络举报3件(次)。

(信访室)

【加大查案办案工作力度】 始终将案件查办工作摆在重要位置,不断加大查办案件工作力度,案件查办继续保持强劲势头,2010年,共立案查处各类违纪违法案件12件,其中党纪立案10件,政纪立案2件,已审结11件。在已立案的案件中,失职渎职类案件8件,妨害社会管理秩序类3件,贪污贿赂类案件1件;涉及乡科级正职1人、乡科级副职1人。通过办案挽回经济损失430余万元。在查办案件过程中,一是重视协调配合,密切与公、检、法、行政执法等部门的沟通,进一步增强了查办案件工作合力。2010年与公安机关协作查办案件5件,与检察院协作查办案件3件,其中由纪委自行查办然后移送公安机关处理的案件3件。二是不断创新工作方法。按照镇、街道、园区和机关的顺序逐步建立全区党员名册数据库,对公安机关等部门移送的行政处罚名单,认真研究查办案件发现的新问题,重点对网络舆情案件进行全面分析,妥善处置了2起网络舆情,撰写的《把握网络舆情　增强监督力度》调研文章，先后被省纪委网站、市人大《民主与建设》等刊用，同时也被市纪委《2010年调研成果汇编》收录。三是狠抓案件质量。严格按照案件检查的工作流程，对调查取证、初查初核、立案调查、移送审理等各个环节进行严格把关，保护被调查人和证明人的合法权益。认真落实“一案两报告”（案件调查报告、案件剖析报告）制度，向2家单位分别发送了《纪检监察室建议书》和《监察建议书》各一份。首次运用先期处理的方式对一起诈骗案进行了先期处理。

（纪检监察室、审理室）

【深入推进纠风治乱工作】 按照“为民、务实、清廉”的要求，认真解决损害群众利益的突出问题。深入治理教育乱收费，实施规范收费公开承诺，推行“教育收费监督卡”制度，开展规范教育收费巡视督查月活动，加大督查力度，严格收费管理，2010年，未收到一起反映教育乱收费投诉。继续实行药品和医疗器械集中招标采购，2010年，药品、诊疗费、挂号费共让利患者1113万元。在全区卫生系统推进“住院一日清”制度，开展“病人选医生”和“放心药房”活动，群众综合满意率达到95.7%。组织“小金库”专项治理“回头看”，从源头堵塞财政资金流失的漏洞。认真开展制止公款出国（境）旅游专项工作，进一步压缩经费、组团数量和规模，从严控制在外停留时间，改进和完善相关管理制度，不断巩固和扩大治理成效。扎实开展工程建设领域突出问题专项治理工作，组织对全区2008年以来11个使用国有资金和政府投资500万元以上项目进行梳理排查，对查有问题的项目通报批评，责令整改。加强基层党风廉政建设，开展“三优一满意”民主评议基层站所活动。配合办好“行风热线”，积极发挥监听员作用，2010年，办理群众举报投诉5件（次），对群众反映的城管收费等方面的问题，一一调查核实，及时纠正到位。（执法室、廉政室）

【组织开展学习“廉政准则”活动】 2010年，区纪委以“学准则、讲党性、守纪律”主题教育活动为抓手，在全区党员干部中开展“四廉”教育，深入学习贯彻《廉政准则》。一是学廉。举办“学习《廉政准则》，促进廉洁从政”专题辅导报告，并以《廉政准则》释义一书为基本学习材料，把党性党风党纪的学习教育作为各级党组织“三会一课”的重要内容。二是宣廉。利用网络、电台、板报、宣传栏等多种载体，大力宣传《廉政准则》的主要内容，推广学习贯彻《廉政准则》的经验、做法，使党员领导干部熟知，纪检监察干部精通，广大群众了解。举办“学习《廉政准则》，促进廉洁从政”专题辅导，举行“学准则”知识测试，组织开展“学准则”心得体会文章征集评选，并将获奖文章汇编成《崇廉心语》一书，赠阅全区乡科级领导干部。三是考廉。以《廉政准则》内容为重点，组织全区党员干部党性党风党纪知识测试，增强党员领导干部学习《廉政准则》的效果。四是警廉。通过组织观看案例警示教育片、召开警示教育大会、典型案例剖析、赴警示教育基地等形式，开展各类警示教育活动，警示广大党员干部遵章守纪、廉洁从政。（干教室）

举办乡科级领导干部党风廉政教育培训班

【督促推进行政权力网上公开透明运行工作】 坚持“科学合理、注重实效”的原则，积极推进行政权力网上公开透明运行工作，对各部门的权力阳光系统运行情况进行绩效评价，对各权力单位权力阳光系统所需硬件设备配备等情况进行监督检查，并通过上网查数据、核对卷宗等方式，不断加大行政权力网上公开透明运行工作督促推进的力度，努力提高权力阳光系统运行的整体水平。2010年，网上公示行政许可累计接件958件，行政处罚13件，在数据交换系统上，已初步实现与市系统平台对接，并通过市里的考核验收。（执法室）

【举办新上岗领导干部培训】 举办第二期新上岗乡科级领导干部党风廉政集中教育培训班，对78名学员进行了为期一周的廉政教育培训和党风廉政知识测试，区委主要领导亲自到场进行集体廉政谈话，切实增强了新上岗乡科级领导干部廉洁从政、廉洁自律意识。

（廉政室）

【开展党政“一把手”讲廉课活动】 各单位、各部门党政主要领导根据反腐倡廉建设重点，结合队伍建设与工作实际，每年每人至少上一堂廉政党课。同时开展“廉政党课月”活动，共征集廉政党课教案20余篇，扩大了党风廉政宣传教育工作的覆盖面和影响力。（干教室）

【狠抓队伍建设】 在全区纪检监察系统深入开展“做党的忠诚卫

士、当群众的贴心人"主题实践活动,并按照上级纪委的统一部署,扎实推进"模范履职、文明执纪"集中学习教育活动,在讲党性、重品行、作表率、创事业四个方面,对全区纪检监察干部提出了明确要求,促进了全区纪检监察干部队伍业务能力和工作水平的新提升。进一步落实中纪发〔2009〕9号、10号文件精神(中纪发〔2009〕9号文为《关于加强地方县级纪检监察机关建设的若干意见》,中纪发〔2009〕10号文为《关于县级纪检监察机关办公办案装备配置标准和实施办法的通知》),规范推进区纪检监察机关建设各项工作,加强基层工作室建设,强化派驻机构的统一管理和业务指导,组织村、社区开展党风廉政建设座谈,广泛收集听取意见和建议,提升了基层工作室和各派驻机构的整体水平。加大纪检监察干部的教育培养、选拔使用和轮岗交流力度,不断优化队伍结构,激发队伍活力,2010年,共提拔交流纪检监察干部17人。

(办公室)

全区纪检监察工作推进会

【"十一五"全区纪检监察工作回顾】 本届区纪委常委会自2006年6月换届以来,在区委和市纪委的正确领导下,以科学发展观为指导,认真学习贯彻中央和省、市纪委全会精神,坚持标本兼治、综合治理、惩防并举、注重预防的方针,积极推进京口特色惩防体系建设,狠抓各项工作的落实,有力促进了全区经济社会又好又快发展。2006年,区纪委、监察局被省委、省政府授予"全省纪检监察先进集体"称号;2007年,成功创成首批"全市廉政文化建设先进地区";2008年,被区委、区政府表彰为"三创三比"主题实践活动优胜单位;五年中,有四年在全区机关作风建设年度评比中名列前三,一年名列第四,分别被评为优胜和先进单位,受到区委、区政府表彰。

加强监督检查,有效保障跨越发展。主动深入经济社会发展第一线,切实履行监督检查职能,有效保障中央和省市区重大决策部署贯彻落实。主动服务大局,紧紧围绕大项目建设、城市改造、防违治违和生态市创建、创业型城市建设等区委、区政府重点工作开展监督检查。为加强机关作风建设,不断提升工作效能,先后组织开展"效能建设推进年"、"软环境建设推进年"、"问责问廉问效"系列主题活动,机关各部门和广大基层干部责任意识明显增强,工作作风明显改进,办事效率明显提高,全区经济发展环境不断得到优化。五年来,累计组织行政效能检查260余次,发出"三问"通知书50余份,实施提醒谈话45人次,诫勉谈话22人次,扣发工作性津贴2人次,2名乡科级干部延期转正。在全市率先出台《房屋拆迁安置监督管理暂行办法》,加强对拆迁安置工作的全程监督,实现阳光拆迁。出台《防治违法建设责任追究暂行办法》,有效遏制和及时查处各类违法建设行为。

突出制度主线,全力构建惩防体系基本框架。按照中共中央《建立健全惩治和预防腐败体系2008~2012年工作规划》、省委《实施办法》、市委《工作意见》等文件的要求,以制度建设为主线、以权力制约为核心、以"五大机制"为支撑,建成区本级、机关部门以及基层单位三个层面的惩防体系基本框架。加强反腐倡廉制度建设。先后开展了"廉政制度建设深化年"、"反腐倡廉制度规范执行年"、"反腐倡廉制度体系框架构建年"等活动,建立完善区级层面制度86项,其中基础性制度42项,具有京口特色创新制度12项,保障性制度22项。完善党风廉政建设责任制。落实《党风廉政建设责任追究实施办法》,对15名乡科级领导干部实施责任追究,组织开展区纪委主要负责人同下级党政主要负责人谈话近200人次,干部述职述廉1300余人次,个人重大事项报告100余人次。开展重要权力节点监控。全区排查梳理出重要权力117项,对其中54项重要权力进行了重点监控。在全市率先建成行政权力网上运行系统,并依托电子监察平台对行政权力的运行情况进行实时、全程监控。深化党务公开工作。组织开展"党务公开规范年"等活动,实施党务公开"三级联动",制定完善区、镇(街道)、村(居)三级党务公开目录,健全党务公开的领导机制、责任体系、考核办法等一系列相关配套制度。推进基层党风廉政建设。结合京口实际,探索加强城市社区党风廉政建设,重点织好教育、监督、纠风和组织四张网,该做法被省纪委作为加强城市社区党风廉政建设的一项创新举措以专刊的形式予以刊发。

强化教育引导,着力抓好领导干部廉洁自律工作。探索推进"分类分层次加强针对性教育"课题试点,加强对党员干部特别是领导干部的理想信念和廉洁从政教育。五年来,先后开展"学习新党章、学习《中国共产党党员纪律处分条例》"、"加强党性修养,坚持廉洁从政"、"学准则、讲党性、守纪律"等主题教育活动,举行典型案例通报会,举办新上岗乡科级领导干部党风廉政集中教育培训,以学习贯彻《廉政准则》为重点,举办专题辅导报告,组织党员领导干部学准则知识书面测试,征集评选学准则心得体会文章,并汇编成《崇廉心语》一书,赠阅全区乡科级领导干部。加强廉政文化建设,不断提升廉政文化建设水平。成立区廉政文化研究会,高点定位、立足长效、科学谋划,制定廉政文化建设规划,通过积极整合社会、行政、文化资源,构建"齐抓共建"的大建设格局。组织开展"廉政文化建设普及年"、"廉政文化建设提升年"等活动,狠抓廉政文化示范点争创工作,实施了廉政文化"精品工程"和"升级工程",开展廉政文化"六进"活动。相继建成学府路二百米廉政漫画长廊、京口路廉政格言警句布幔一条街、桃花坞廉政文化一条街等一批特色街区,打响"滨江大舞台"、"和煦清风"广场文化活动等一批廉政文化建设品牌,成功举办"勤廉颂"歌咏比赛、"镇江八坤"廉政书画展等多场大型廉政文化活动。五年来,全区范围内共建成廉政文化布幔灯箱特色街(路)12公里、廉政文化宣传廊(栏)1500米、大型廉政文化宣传广告牌1200余平方米。截至2010年底,全区共创成省级廉政文化示范点3家,市级廉政文化示范点53家,区级廉政文化示范点167家,在全区形成了"倡廉、尊廉、崇廉、践廉"的良好社会风尚。在2007年成功创成首批"全市廉政文化建设先进地区"基础上,2010年顺利通过市级"廉政文化进社区先进地区"考核。京口区廉政文化建设工作得到中纪委以及省、市领导充分肯定,《人民日报》、《新华日报》等媒体先后作出报道。

切实关注民生,坚决纠正损害群众利益的突出问题。按照"为民、务实、高效、清廉"的要求,坚决纠正损害群众利益的突出问题。深入治理教育乱收费,严格教育收费管理。实行药品和医疗器械集中招标采购,药品、诊疗费、挂号费让利患者3716万元。制定下发《京口区100万以下工程项目招投标监管办法》,累计对126个100万元以下项目招投标实施监管,共节约资金400余万元。进一步加强采购的监督管理,制定完善了《京口区政府采购目录》、《关于办公用品定点采购的通知》等16项制度,累计节约金额804.59万元。扎实开展工程建设领域突出问题专项治理工作,组织对全区2008年以来使用国有资金和政府投资500万元以上的11个项目进行梳理排查,对查有问题的9个项目进行通报批评,并责令整改,整改率达90%。组织"小金库"、制止公款出国(境)旅游等专项治理工作,改进和完善相关管理制度,不断巩固和扩大治理成效。强化便民服务网络建设,实现全区100%的镇(街道)建立便民服务中心、100%的村(居)建立便民服务室的目标,实现了全区便民服务网络的全覆盖。开展"三优一满意"(作风优良、服务优质、环境优美,群众满意)民主评议基层站所活动,创新评议形式,基层面对面评议取得良好效果。

区纪委六届五次全会

坚持从严执纪,严肃查办违纪违法案件。严格依纪依法办案,坚持有案必查、有案查好、一查到底,始终保持惩治腐败的高压态势。进一步畅通信访渠道,深入开展信访监督,不断提升信访工作水平,五年来,共收接群众来信来访等各类举报投诉298件(次),信访举报主渠道作用得到充分发挥。不断完善查办案件的协调机制,加大与公安、检察等部门的联动,增强了办案工作合力。五年来,全区纪检监察机关共立案58件,其中涉及乡科级领导干部11件,给予党纪政纪处分61人次,为国家集体挽回和减少损失1000余万元。改进和完善案件线索排查方法,高度重视网络等新媒体的作用,不断提高案件线索的成案率。建立审理助辩人队伍,确保案件质量,实现符合审理助辩条件的案件100%助辩,维护被调查人的合法权益。开展受处分人员回访教育活动,组织各种回访活动200余次,帮助受处分人员协调解决了相关问题。加强对典型案件发案规律和原因的研究剖析,发挥查办案件的治本功能。

狠抓队伍建设,努力提高纪检监察干部队伍素质。组织开展学习实践科学发展观活动、"做党的忠诚卫士、当群众贴心人"主题教育活动、"模范履职、文明执纪"集中学习教育等活动,进一步规范纪检干部履职行为,提升执纪办案工作水平。认真贯彻中央关于加强县级纪检监察机关建设的要求,改革完善了基层纪检监察管理体制和工作机制，按照上级要求，于2008年制定出台《京口区纪委监察局派驻机构统一管理考评办法》，注重加强对派驻干部的日常管理和考核，于2009年出台了《关于全区镇(园区)、街道纪检监察资源重组的实施意见》，成立了2个区纪委基层工作室，基层工作室运作走上规范化轨道。（办公室）

宣传工作

【概况】 2010年，区委宣传部在区委的坚强领导和上级宣传部门的正确指导下，秉承“在继承中创新、在改进中加强”的理念，把京口实际和上级要求紧密结合，发挥比较优势，坚持创新创优，打造品牌特色，彰显工作亮点，全面提高宣传思想工作的生命力和影响力，为京口“加快转型升级、加速城乡一体”提供了思想文化保证、舆论支持和精神动力。（崔　悦）

【强化党员干部理论学习】 贯彻落实中央《关于推进学习型党组织建设的意见》精神，把中心组学习作为加强思想理论建设、提高执政能力和领导水平的重要举措，完善学习制度，适时组织开展检查、督促、指导，增强学习实效性。区委中心组全年组织学习12次，专题召开四套班子领导学习十七届五中全会精神研讨会，讨论完善“十二五”规划，精心谋划2011年发展的目标、思路和重点。将“党员上讲台讲理论”作为理论教育的重点和创新工作进行布置和推广。围绕各阶段重大主题和广大干群关心的热点、难点问题，搭建宣讲平台，组织普通党员干部开展学习宣讲，有条件的社区利用远程教育平台、PPT课件进行讲座，创新活动形式，丰富宣讲内容。全年组织宣讲57场。组织好党员冬训工作，提高了对科学发展观内涵、实质和要求的认识。进一步做好理论调研，全区在市级以上刊物发表调研文章26篇，其中省级2篇。区委书记胡宗元撰写的《把握区域发展特征　打造苏南一流城区》获得“抢抓机遇与镇江跨越发展”征文活动一等奖。在《镇江宣传动态》、《精神文明建设简报》、《文明城市创建简报》刊发信息30余条。《文明城市创建“3+1”行动》在《江苏精神文明建设简报》刊发。（崔　悦）

细节文明在京口你我共创文明城启动仪式

【强化舆论引导】 一是紧紧围绕区委、区政府中心工作做好宣传，为全区的经济社会发展鼓劲造势。全年围绕“跨越发展”主旋律，精心策划、服务大局，组织开展了全民创业、创先争优、“十一五”成就等系列专题新闻宣传。在央视《新闻联播》中播出《京口区破解居民看病难》报道，并配发了评论。《新华日报》、《镇江日报》、镇江新闻频道用稿的质与量均实现了新提升。《镇江日报》头版头条用稿22篇，在各辖市区中名列第一。《小城新医改，破解看病难》、《共青团农场关爱农民工子女志愿服务行动启动》在央视新闻频道的准点新闻中播出。《新华日报》头版刊出《京口：转型从择商选资开始》和《京口：引一个人才来一个团队》。二是抓好资源整合，实现了区电台广播与市文广集团的强强联合，做到了新闻节目与专题节目同步提升，播音质量与传输效果齐头并进。三是不断提高网上舆论引导水平，不断提升“京口电子日报”办报水平，增加信息量，提高稿件质量，有效提高了点击率，扩大了在全区的影响力。四是网络建设和管理取得新成效。网络发言人、网评员队伍健全，认真落实市长、区长信箱办理和“镇江论坛”在线回复工作。做好网络舆情引导处置。建立“监控—反馈—处置—总结”网上舆情监控工作机制，编发《一周网络焦点》47期，采取刊发主题贴或跟帖等方式，对网上舆情进行正面引导。（崔　悦）

【全力做好文明城市创建工作】 认真贯彻落实市委市政府创建文明城市的各项任务要求。一是细化分解创建举措。制定《京口区争创全国文明城市主要任务推进序时分解表》，明确23家职能部门的具体任务、责任人、完成时间及挂钩区领导，确保各项创建工作协调发展。区四套班子相关领导，每人挂钩一家单位，协调解决创建中的相关问题。二是策划主题活动。设计、策划、启动了“细节文明在京口‘3+1’行动”，即：“细节文明在京口——社区在行动、机关在行动、学校在行动”，“细节文明在京口——志愿者在行动”，以社区面貌的切实改变、机关干部的身体力行、“小手拉大手”的连环带动、志愿者“我奉献、我快乐”的激情感染，在全区干群中变过去“要我创”为“我要创”。三是建立快速反应机制。全区建立区——镇(街道)、

“大爱之星”给小朋友们宣讲

职能部门——村(居)、科室三级联动快速反应机制。一旦市委、市政府发出创建指令,立即在第一时间通过召开会议、现场办公、开展督查、下发整改通知书等形式,将相关要求部署落实到创建任务的第一线。四是激发全民参创热情。“两个测评”(城市公共文明指数测评、未成年人思想道德建设测评)迎检期间,37个机关部门、1000余名干群志愿分片包干了辖区内的23条道路,维护公共秩序、保洁卫生环境、清理盲道占用,他们不计报酬、风雨无阻,为全市创建大局贡献了自己的力量。 (崔 悦)

【精神文明建设硕果累累】 围绕“大爱镇江”,配合“大爱镇江”活动选树典型,“开展鲜花送群贤”活动,通过《镇江日报》、《镇江画报》等媒体加强“京口群贤”宣传。“京口群贤”选树活动等6个项目入选“大爱镇江”2010活动项目,推荐18名候选人参选第3届“大爱之星”评选。在正式揭晓的获奖名单中,京口区四牌楼街道百名党员“助困、助弱、助创业”工程获得优秀项目三等奖;“见义勇为好市民”施玉亮、保护百姓安危的好警察王刚、用母爱为自闭儿童开启心灵之门的好教师张梅芳当选第三届“大爱之星”;“爱民模范”张宝华获得“大爱之星”入围奖。开展“迎世博讲文明树新风”、“大爱有行”关爱空巢老人志愿服务行动、“三下乡”、“城乡结对、文明共建”等活动。广泛开展“做一个有道德的人”、“我们的节日”未成年人系列主题实践活动,认真组织开展暑期“七彩的夏日”活动并表彰先进集体和个人。扎实做好文明系列评选。开展2009~2011年度系列文明创建预申报工作。审核、推荐2007~2009年度省级文明乡镇、行业、单位、社区,举办电子台账培训班,积极指导各单位做好迎检准备。全面开展“三无三有”文明社区创建工作。认真做好中山东路(西段)“百城万店无假货示范街”争创工作。 (崔 悦)

【加强未成年人思想道德建设】 不断深化未成年人思想道德建设先进区的内涵。主题教育活动成绩突出,每年围绕一个主题开展活动,并将活动成果汇编成册。2010年开展了“我是90后”主题教育活动,汇编《为90后喝彩》征文集。“校地共建”校外辅导站建设经验在全市交流和推广。协调江苏大学、江科大、高专的130多名大学生志愿者和50多名退休老教授分别到全区各社区(村)担任校外教育辅导站的顾问、副站长和义务辅导员,与70多个社区(村)以签约的形式形成了校、地共建校外教育辅导站的模式,实现全覆盖。不仅社区青少年受益,大学生志愿者也得到了锻炼和提高。“结对双帮”关爱特殊弱势群体青少年。对110名重点青少年安排133名“五老”志愿者“结对双帮”,开展跟踪帮教,促进有效转化,同时开展捐资助学活动,帮助这些青少年健康成长。 (崔 悦)

【文化产业发展取得突破】 把握区情实际,推动文化产业发展,将文化创意产业确定为全区文化产业发展的重点。落实文化产业相关优惠政策,帮助《傲视千雄》网游项目成功入选省文化产业引导资

文化产业发展交流与项目说明会

金资助项目，使辖区文化产业项目首次获得省文化产业引导资金资助，实现了零的突破。该项目《傲视千雄》网络游戏自9月份上线至年底实现营收500多万。举办全区文化产业发展交流与项目说明会，编印《京口区文化产业发展交流与项目说明会指南》和《文化产业相关政策汇编》。京口文化产业园和新河街历史文化街区保护开发2个项目参加深圳文化产业招商会签约。"大禹山创意新社区"作为京口转型升级、集约发展的战略决策，完成概念性规划设计，一批体量较大的创业创新载体也在规划建设之中。加大文化产业考核力度，将文化产业发展纳入区委、区政府对基层单位的经济目标责任考核之中。全市首家专业开发和运行大型网络游戏的高科技企业易乐网络科技有限公司落户京口高创中心。八佰伴大地影城正式营业，与中影东方国际影城一起繁荣了镇江电影市场。（崔　悦）

【完善文化基础设施建设】 推进文化信息资源共享工程支中心及基层服务点的建设，实现基层服务点全覆盖。全面建成6个镇（街道）文化站、67个社区文化活动室、10个村"农家书屋"。谏壁镇粮山文化大院就是其中的代表，社区利用闲置的小学校舍，投入70多万元，设立乒乓球室、台球室、书画室、图书室、篮球场、健身广场等活动场所。以文化大院为依托，广泛开展丰富多彩的文化活动，形成了以文聚人、以文化人、以文悦人的良好乡风。粮山文化大院也成为全市唯一入选"乡风文明环省行"活动的项目。三级公共文化设施全部达标，制度健全，活动正常。区图书馆被文化部评定为二级馆。（崔　悦）

【群众性文化活动蓬勃开展】 2010京口区"幸福的生活"文化艺术节期间，开展了群众文艺作品大赛、基层书画摄影作品展、民间艺术新人大赛、电影乡村（社区）行、民俗健身项目展示等群众喜爱的文化活动。社区文化活动丰富多彩，各具特色。组织开展第二届京口区机关体育运动会，全区46家机关事业单位的1104名运动员参加了比赛。区文体局因为在17届省运会中成绩显著，被市委、市政府记三等功。京口区被教育厅授予省阳光体育先进区，解放路小学被教育部授予全国艺术教育先进学校。曾被省文化厅评为"五星工程奖"优秀服务项目的"魅力京口"广场文化活动，自2006年以来已持续开展达到百场，产生广泛影响。2010年共举办了"京口区获奖节目新春巡演"、"创业颂"广场文化活动巡演、"五五普法"主题活动、"魅力京口"百场特别演出等26场广场文化活动。省特色文化团队康盛剧社自成立以来，立足时代发展实际，加强作品创作，精品力作不断呈现。同时，坚持走出去展示剧社及成员的风采，实施"黑头发"战略，吸引带动了一批戏剧爱好者，为传承戏剧文化、弘扬古城新风、丰富社区群众文化生活、促进中外交流作出了积极贡献。区文联主席阚爱萍的书法作品被中国文字博物馆珍藏，同时代表江苏出席全国第六届书法代表大会，被评为当代书坛全国五百家培养人才。中央数字电视书画频道为其作了"兰若书翰香墨池"的专访。（崔　悦）

【文艺精品力作不断涌现】 加强重点文艺作品创作，阚爱萍书法作品被授予"第七届中国文化艺术政府奖'文华奖'"最佳创作奖；舞蹈《军训之夜》获得全国第三届艺术展演一等奖；剧本《如此智慧》获首届全国戏剧文化奖小型剧本类一等奖；王娟琀的《勐力板之梦》在全国第二届中山图书奖中获奖，《浮光掠影看日本》获"中国当代散文奖"；郭韵的散文《醋香盈袖》获"中国当代散文奖"，并入选《中国散文家代表作集》；孙海莎书法作品入选中国第三届刻字艺术展。6个节目获得第九届江苏省"五星工程奖"，获奖数为辖市区最多；故事《糖心山芋》获省少儿曲艺大赛表演一等奖；获市级表彰的单位和节目达50多个。（崔　悦）

【"十一五"成就展】 为全面系统反映"十一五"期间京口区经济社会发展成就，激励全区上下奋战"十二五"，区委宣传部牵头组织编印了《辉煌"十一五"精彩新京口——京口经济社会发展成果回眸》画册。历时1个多月，数易其稿，遴选200多幅图片，最终形成130多页、图文并茂的宣传画册。（崔　悦）

【江苏历代花鸟画高层论坛暨著名花鸟画家提名展】 2010年9月28日，由省文联主办，区委宣传部、省文联书画研究中心、京口美术馆联办的江苏历代花鸟画高层论坛暨著名花鸟画家提名展，在京口美术

江苏历代花鸟画高层论坛

馆举行。此次活动内容有省文联书画中心镇江创作基地授牌、观摩画展、主题演讲、论文研讨、交流笔会等。省文联及市区相关领导出席活动。（崔 悦）

【"十一五"宣传思想工作回顾】推进理论宣传，充分发挥科学理论的指导作用。充分发挥理论学习在宣传思想工作中的基础性作用，不断完善理论学习、宣传、教育制度，着力用科学发展观武装干部、教育群众、推动实践。坚持思想引领，推进思想解放。加强科学发展观的学习宣传，开展"推动科学发展，建设美好京口"主题教育活动。在区电台、京口电子日报开设专栏专版，指导基层单位和部门紧密结合工作实际开展学习宣传活动。认真组织全区各级党委中心组学习，推进学习型党组织、学习型领导班子建设。积极落实上级相关要求，研究制定《关于进一步推进党委中心组学习规范化建设的实施意见》。每年组织开展检查、督促、指导，增强学习实效性。区委中心组两次被省委宣传部、省委组织部评为"理论学习先进集体"。积极探索基层党员理论教育新形式。将"党员上讲台讲理论"作为理论教育的重点和创新工作进行布置和推广，建立以社区党校为主阵地、热难点问题为主题、支部党员为主体的党员理论教育方式。2009年在部分社区试点，2010年全面推开，全年组织宣讲57场。通过基层走访、调研指导、现场点评、奖励先进社区等办法，规范工作程序，创新活动形式，提高活动成效。同时，加强基层党校建设，组织好党员冬训等工作，被省委宣传部评为2009年度冬训工作先进区。

认真抓好舆论引导，为改革发展稳定的大局营造良好氛围。坚持团结稳定鼓劲，把握正确舆论导向，遵循宣传规律，不断提高舆论引导能力和水平。强势开展对外宣传。大力宣传全区各行各业各方面发展的新举措、新业绩、新特色，加强与上级媒体的沟通联系，市级媒体新闻用稿每年都有所增长，省级媒体宣传全面提升，央视等中央媒体宣传实现新突破。精心组织对内宣传。紧紧围绕区委、区政府中心工作做好宣传，为经济社会发展鼓劲造势，引导各级党组织和党员干部在思想认识和工作步调上与区委区政府保持统一。抓好资源整合，实现了区电台广播与市文广集团的强强联合。提升"京口电子日报"办报水平，两次进行改版。结合重点工作任务要求，开展创业富民、小康京口、"弘扬'三创'精神 服务'三大'建设"等专题宣传活动。认真做好舆情应对。安排专人专门负责网情监管工作，加强对各类舆情的收集研判。建立《一周网络焦点》编发制度，科学研判、加强协调，及时化解了一批负面舆情。

"我们的节日"迎春猜灯谜活动

推进思想道德建设，促进社会和谐。把建设社会主义核心价值体系作为思想道德建设的核心，广泛开展理想信念、民族精神教育，用社会主义荣辱观引领社会风尚。广泛开展学习宣传和教育活动。组织开展"弘扬文明礼仪，建设和谐京口"、"细节文明在京口"等主题教育活动，推动全社会形成"知荣辱、树新风、促和谐"的良好风尚。围绕纪念改革开放30周年、建国60周年等开展形式多样、内容丰富、特色鲜明的宣传教育活动，成功组织开展"在灿烂的阳光下"大型诗歌演唱会等系列活动、重点活动。注重先进典型的培树引领。配合"大爱镇江"活动积极选树典型，京口"大爱之星"群星闪耀，7人当选"大爱之星"和"大爱之星"入围奖，3个活动当选优秀项目。组织开展第二届"京口群贤"选树宣传活动，经多项程序，从77位候选人中遴选出7大类28名"京口群贤"。通过"鲜花送群贤"、《镇江日报》、《镇江画报》媒体宣传等方式扩大活动影响。未成年人思想道德建设成效显著。构建学校、家庭、社会"三位一体"教育网络，主题教育活动、校外辅导站建设、"结对双帮"关爱特殊弱势群体青少年、"七彩的夏日"暑期活动等形成品牌，被省文明委授予"全省未成年人思想道德建设工作先进区"称号，为辖市区唯一。

推进精神文明建设，努力提升区域文明程度。深入开展群众性精神文明创建活动，着力在提高群众素质，营造和谐社会环境上下工夫。大力开展文明城市创建活动。认真贯彻落实市委市政府创建文明城市的各项任务要求，加强领导、细化分解创建举措，建立快速反应机制。开展"细节文明在京口'3+1'（社区、机关、学校，志愿者）行动"，激发全民参创热情。组织协调好"城市公共文明指数和未成年人思想道德建设测评"迎检工作，组织动员各相关单位全力以赴，机关社区志愿者分片包干，为全市创建大局贡献力量。认真做好文明系列创建工作。重新修订区级系列文明创建的《管理办法》

和《考评细则》。扎实开展省、市、区级文明行业、单位、社区、村镇的评选工作,加强指导,创建结合,实行动态管理,增强文明单位的公信力。江一社区被命名为“省文明社区标兵”。组织文明行业、单位和村镇开展“城乡结对、文明共建”活动,发挥文明单位的影响力,推动城乡创建协调发展。广泛开展群众性精神文明创建活动。认真组织开展“三无三有”文明社区创建、“迎世博讲文明树新风”、“大爱有行”关爱空巢老人志愿服务,“三下乡”、“四进社区”等活动。推荐上报谏壁镇粮山社区文化大院为全市唯一“乡风文明环省行”项目,展现以文化人的良好乡风。推动中山东路(西段)“百城万点无假货示范街”创建工作。

推进文化建设,推动事业繁荣产业发展。召开全区文化工作会议。坚持两手抓,推进文化事业增优势,发展文化产业强实力。大力推进公共文化基础设施建设。全面完成“区有两馆、镇(街道)有一站、村(社区)有一室”的建设目标,推进文化信息资源共享工程和全民健身工程建设,建成区级国民体质监测中心,实现基层服务点全覆盖。加强队伍建设。区文联顺利完成换届工作。广泛开展“特色文化社区、特色文化团队、特色文化家庭、特色文化标兵”创建工作,扶持打造了“京口八坤”、康盛剧社等文化团队,康盛剧社被授予“省特色文化团队”称号。“魅力京口”广场文化活动持续开展超百场。举行“江苏历代花鸟画高层论坛暨著名花鸟画家提名展”等高层次艺术展览交流活动。书画、舞蹈、戏剧等文艺精品创造取得丰硕成果,一大批作品获得国家、省级奖项。文化产业发展取得实质性进展。引导全区上下增强加快文化产业发展的责任意识,举办全区文化产业发展交流与项目说明会,两个项目参加深圳文化产业招商会签约。指导辖区文化企业名通公司做好项目包装,帮助其网游产品项目获得省文化产业引导资金资助,实现全区此项引导资金零的突破。积极支持中影东方国际影城、八佰伴大地影城等文化企业发展。 (崔 悦)

统战工作

【概况】 2010年,统战工作坚持“苦干实干,争先争强”主基调,紧紧围绕区委、区政府的工作重点,充分发挥统战涉及面广,人才汇聚的优势,整合统战资源,运用特色创建引领基层统战工作。区工商联稳步推进社区商会建设,至2010年11月,社区商会的总数达到10家。为此,市委统战部、市工商联组织各辖市区统战部、工商联在京口区召开全市社区商会建设现场会,总结推广全区社区商会建设的做法和经验,对加强全市工商联组织建设起到了推动作用。区侨联积极开展基层侨联组织建设的实践,先后成立了大市口街道高桥北社区侨联、正东路街道侨联,成为全市首家街道和社区侨联,区侨联也受到省侨联的表彰。台办以服务台企,促进发展为抓手,积极为台商化解在生产、生活中遇到的矛盾和问题,力求让台商安心、舒心、放心,顺利成立了由16家台湾同胞投资企业组成的镇江台协京口联委会。

2010年,是“十一五”收官之年。五年来,统战各条口结合自身情况,不断推进服务发展的主题实践,努力开展既能反映自身工作特点和成效,又能适合社区情况的统战活动,努力打造社区统战工作品牌,把社区统战的形式和内容提高到一个新水平,在不同的领域、不同的层面形成着力于发展京口的氛围,取得实效。民族宗教工作坚持开展“创优、创新、创特”活动,全力推动社区民族工作上台阶, 宗教管理上规范。大市口街道千秋桥社区、四牌楼街道江一社区先后被省民宗局授予“江苏省民族工作示范社区”称号,丹徒基督教堂荣获“江苏省模范宗教活动场所”荣誉称号。侨务工作解放思想,大胆创新,积极拓展社区侨务工作。健康路街道、四牌楼街道先后荣获“全国社区侨务工作先进单位”称号,正东路街道江苏科技大学社区荣获“全省社区侨务工作先进单位”称号。全国侨务系统“侨法宣传角”在四牌楼街道揭牌成立,这是镇江市首家“侨法宣传角”。全国侨务系统“侨爱工程”送温暖医疗队授旗仪式在四牌楼街道举行,此属全省首家。台办也多次被市台办评为“镇江市对台服务优胜单位”,区委统战部被市委授予“全市统一战线工作先进集体”称号。 (统战部办公室)

【以制度建设提升保障力】 2010年,统战工作立足实践,把制度建设作为履行统战双重任务之职,确保统一战线围绕中心、服务大局的

京口区各界人士中秋联谊会

宗旨更加鲜明、效果更加突出，在坚持“党管统战”制度化、规范化、长效化建设，健全细化量化统战考核工作的基础上，不断加强统战牵头的协调制度、党派活动促进制度、统战工作的创新制度和统战成员教育制度的建设，在全力服务、努力促进发展的工作中，发挥优势、凝聚人心、鼓舞士气，以稳健的统战工作，优化和谐关系，努力在全区大局中争贡献。

（统战部办公室）

【党派活动实行“三会”制度】 根据市委统战工作会议和区委党建工作会议精神，统战部积极探索党派工作新路子，进一步完善交流、沟通的方法和路径，更好地汇聚各界人士的意见和建议，不断提升新形势下统战工作的效能。自2010年始，党派活动实行“三会”制度，即在做好民主党派组织和无党派联谊会指导、服务的同时，坚持每年召开由民主党派支部负责人、无党派代表人士参加的情况通报会、工作交流会和联谊会制度。

（统战部办公室）

【开展创业帮扶活动】 3月26日上午，区政协副主席、区委统战部部长姜厚荣率领统战部有关人员赴谏壁镇西街社区，就创业帮扶工作进行调研。

（统战部办公室）

【召开统战工作会议】 4月8日下午，召开由各乡镇、街道统战委员参加的统战工作会议，贯彻区党建工作会议精神，部署统战工作。统战部、民宗局、工商联、侨办、台办、侨联等部门就贯彻区党建工作会议精神，谈了意见，区政协副主席、统战部部长姜厚荣最后提出统一思想，明确目标；周密计划，明确任务；整合资源，开拓创新；加强服务，夯实基础等要求。

（统战部办公室）

【机构改革】 根据《镇江市京口区人民政府机构改革方案》，自4月14日起，区政府侨务办公室、区民族宗教事务局不再在统战部挂牌，区政府侨务办公室在区政府办公室挂牌，区民族宗教事务局改在区民政局挂牌。

（统战部办公室）

【赴基层调研统战工作】 4月28日上午，区政协副主席、区委统战部部长姜厚荣率统战部有关领导赴谏壁镇，就进一步落实区党建工作会议精神，如何加强和做好基层统战工作，与基层的同志进行座谈交流。（统战部办公室）

【市统战部部长例会在京口区召开】 6月29日下午，全市统战部部长会议在京口区召开，来自全市各辖市区委统战部部长参加了会议，市政协副主席、市委统战部部长宦祥宝出席会议。（统战部办公室）

赴谏壁镇西街社区创业帮扶

【扬中市无党派联谊会到区学习交流】 8月25日上午，区委统战部接待了由扬中市政协副主席、无党派联谊会会长杨树良率领的扬中市无党派联谊会一行六人到区调研。双方就如何围绕党委和政府中心工作，积极做好无党派联谊会工作，发挥无党派代表人士作用，更好地为经济、政治和社会事业发展建言献策进行了交流。

（统战部办公室）

【做好党外区管后备干部推荐工作】 9月3日，区委区管后备干部集中调整工作会议后，统战部认真抓好落实，做好党外区管后备干部的推荐工作。按照区管后备干部的条件、名额，采取自下而上的方法，由基层各级党委（党组）和党外干部比较集中的单位进行推荐，统战部根据各级党委（党组）推荐的名单进行审核把关，拿出初步意见，再与各有关单位通气后，形成党外区管后备干部建议名单，报送区委组织部。（统战部办公室）

【召开全区各界人士中秋联谊会】 9月20日下午，区政协、区委统战部在锦绣皇宫大酒店召开全区各界人士中秋联谊会。联谊会邀请各民主党派代表、无党派代表和非公经济代表人士22人参加。会上，区政协主席贾国祥致辞，区委常委、区政府常务副区长徐建锋向与会者通报了全区经济、政治和社会事业发展情况，区委书记胡宗元到会讲话。（统战部办公室）

【区无党派代表人士视察科技型企业】 12月13日下午，区无党派联谊会组织部分无党派代表人士视察镇江亿华系统集成有限公司。该企业是国内从事船舶自动化控制、系统集成、自主软硬件研发的高科技企业，特别是在工程船舶自动化控制领域享有很高的知名度。会员们参观了企业各个生产流程车间，听取了企业的全面介绍，并进行座谈，对公司的运行状态给予了充分肯定。（统战部办公室）

无党派人士视察科技型企业

【统战部获机关运动会男子乒乓球比赛冠军】 在区级机关运动会上，统战部派出3位同志参加乒乓球比赛，获得男子乒乓球团体冠军，吴鹏获得男子单打冠军，徐振平获得男子单打亚军。 (统战部办公室)

台湾工作

【概况】 2010年，区台办积极贯彻市台办对台工作要求，紧紧围绕区委、区政府的中心工作，开拓创新，求真务实，抓住台湾投资大陆的新一轮高潮和向长三角转移推进的有利时机，把深入贯彻《中华人民共和国台湾同胞投资保护法》，保障台商合法权益，改善软环境建设，构建对台经济合作平台，做好台资企业的转型升级、交流交往和双向服务作为工作重点，积极推进对台经济的交流合作，实现了全区对台工作的新进展。 (施家文)

【对台经济】 2010年，全年新增台资企业2家，即镇江良奕置业有限公司和镇江龙翔仓储有限公司。完成合同外资3200万美元，实际到位外资1479万美元。 (施家文)

【对台交流】 2010年，组织两个共15人次的台湾经济、文化、旅游考察团到区考察、交流。在对台农业招商中有两个意向合作项目:一是京口区皇中皇生态科技蜜蜂园与台湾中兴有限公司合作的蜜蜂饲料加工项目，二是台湾建日农业生技股份有限公司与区农经局洽谈在长江滩涂种植台湾杨项目。(施家文)

【对台服务】 切实维护好辖区台企台属的合法利益，关心其学习、工作和生活，帮助特困台属办理最低生活保障和医疗保险，解除其后顾之忧。台胞袁坤祥在象山镇后袁家门的老祖屋，2010年要拆迁，区台办及时与拆迁部门和城管执法局进行联系，帮其妥善解决有关问题。台胞刘竹珠到镇寻找其祖父刘祥生，提供的是新中国成立前的老地址:镇江焦东乡茅家村。区台办经多方查找，帮他找到现今的地址，并将寻找他后人的情况一一告知。协调处理台商于一奇承包镇江太和广场五楼迪诺电玩城与产权人王志坚的承包纠纷问题。与区卫生和人口计生局协调解决台属马超正在东吴路开办爱民诊所的证照办理事宜。春节期间区政府、区委统战部对特困台胞、台属进行走访慰问，各乡镇、街道也对辖区台属、台商、台企进行了走访慰问。(施家文)

【镇江台协京口联委会成立大会】 根据市台办和台协的要求，为加强对台资企业的管理、沟通、协调和服务，在广泛征求台商意见，并紧张有序做好筹备工作的基础上，10月15日，镇江台协京口联委会成立大会顺利召开，17家会员单位出席了会议。会上通过了《镇江市台湾同胞投资企业协会京口区联络委员会组织条例》，推选出新任会长，并聘请了相关顾问单位。副区长陈跃生对台协京口联委会成立以后的工作提出三点要求:一是希望京口联委会发挥好服务台商的窗口、沟通台商的桥梁、凝聚台商的载体作用，真正成为服务会员的贴心人、两地合作的牵头人。二是希望广大会员朋友扩大在京口的投资，做到诚信经营、依法纳税、善

镇江台协京口联委会组成人员情况

表5

职务	姓名	工作单位
会　长	刘安国	镇江大捷金属制品有限公司
副会长	范世民	镇江永丰电光源有限公司
	周仁雄	顺裕饰品实业(镇江)有限公司
	施家文	京口区台办
委　员	张胜杰	镇江三龙混凝土有限公司
	许培祥	元鼎饰材实业(镇江)有限公司
	粘炳煌	世鸿工业(镇江)有限公司
	黎贞慧	镇江吉昌橡胶工业有限公司
	简楦榕	镇江金宝黏合剂有限公司
	徐根林	镇江光耀金属制品有限公司
	周朝和	镇江隆全锅炉有限公司
	陈定国	帝宝花园酒店(镇江)有限公司
秘书长	施家文(兼)	京口区台办

待员工、安全生产、保护环境。三是要求各职能部门立足本职,认真为台商做好服务工作。市台办副主任张明、市台协会长杨富余到会祝贺。区长助理刘新泉参加了会议。 (施家文)

【镇江台协京口联委会】 镇江台协京口区联委会是根据镇江市台协有关章程,经镇江市台协、镇江市民政局审核批准的社会团体组织,为镇江市台协的一个分支机构,有台企会员单位17家。 (施家文)

【组织"江苏台湾周"活动】 2010"江苏台湾周"于9月16~22日在全省各市举行,是2009年"台湾江苏周"的延续和推进,是江苏和台湾地区的一个重要的大型经贸、文化交流活动。活动期间,区台办积极参与组织台湾明华园《白娘子传奇》大型专场演出活动,全区各镇、街道和相关部门1500人入场观看,落实25辆大型客车专门接送。另外,积极组织各镇、街道参加苏台(镇江)绿色能源产业合作洽谈会。 (施家文)

【做好台湾"五都"选举联络服务工作】 11月27日,台湾要进行"五都"(台北市、高雄市、新北市、台中市、台南市)选举。根据省、市台办的要求,区台办高度重视,积极协调,做好服务,圆满完成专项联络工作,受到市台办的书面表扬。 (施家文)

老干部工作

【概况】 2010年底,京口区有离休干部92人,其中区内76人、易地安置16人,地市级5人、县处级以上59人,党员73人。县处级以上退休干部17人,其中党员15人。离休干部平均年龄83岁,年龄最大的99岁。 (缪静敏)

【老干部"两项"建设不断加强】 2010年,着力加强离退休党支部建设和老干部思想政治建设。一是

区委书记胡宗元等领导慰问离休老干部

加强老干部政治理论学习。根据党员教育的总体要求,结合实际,制定了老干部全年的学习计划,着重学习十七大精神,组织专题讲座,学习省、市、区委扩大会议精神,认真落实老干部阅读文件、听报告、参加重要会议和重大活动等政治待遇,向老干部通报情况、组织老干部就近参加学习,畅谈体会。注意掌握老干部的思想动态,有针对性地开展思想政治工作,使老干部对党的路线、方针、政策有了更新的认识,做到思想常新、理想永存。二是积极开展"创先争优"活动。充分发挥老干部工作部门和离退休党组织的作用,为京口跨越发展提供思想和组织保证。下发《关于在离退休党员干部中深入开展创先争优活动的意见》,制订实施方案,成立了领导小组,进行动员部署。开展重温入党誓词、回顾党史、领导上党课教育,实施"公开承诺"、"党员示范岗"。按照"五个好"(支部班子好、党员队伍好、组织设置好、活动开展好、群众发挥好)、"五带头"(带头学习提高,带头争创佳绩,带头服务群众,带头遵守纪律,带头弘扬正气)要求,以机关"三服务一提升"(服务发展、服务基层、服务群众,提升机关效能)为载体,完善创先争优考核评价机制。三是传达、贯彻老干部工作会议精神。认真学习深刻领会省、市领导关于做好新时期老干部工作的重要讲话,全面落实好老干部的各项待遇,关心、理解老干部,帮助解决后顾之忧。四是注重发挥老干部的作用。本着自愿的原则,鼓励和支持老干部参加关工委、老干部讲师团、合唱团、老年体协、见义勇为基金会、慈善总会、老专家协会和老区促进会等以老干部为主体的社团活动,发挥他们的余热。引导老干部在建设学习型政党、学习型社会中发挥作用;在建设社会主义新农村建设中宣传出力;在弘扬光荣传统,培养教育下一代上发挥优势。五是积极推进"五好"离退休党支部创建。结合实际制定下发了《京口区"五好"离退休党支部创建工作计划》,进行动员部署,明确创建目标,要求各支部和广大离退休党员以满腔的热情、深厚的感情和务实的作风投入到创建活动中。采取形式多样,寓教于乐的方法,组织离退休党员参观城市规划展示馆,增强爱党、爱国、爱乡的情怀,使他们关注热点,融入社会,跟上时代。在文明城市建设中模范带头,在构建和谐社会中发挥余热。结合支部换届,配齐配强支部班子,为创建工作提供组织保证。定期组织离退休党支部书记到市、区培训,指导他们开展活动,为他们学习创造条件;经常与支部书记交流情况,了解老干部的思想动态,及时发现、解决问题。六是开展谈心活

动。利用走访慰问、学习、开会、参观考察等机会,广泛与老干部接触,了解他们的需求和困难,努力为他们排忧解难。同时引导他们树立正确的得失观,理顺情绪,始终保持乐观向上的心态。(缪静敏)

【老干部各项待遇全面落实】 2010年,坚持定期通报情况和走访慰问,春节及暑期,下发文件,要求各单位对老干部进行慰问,并定期督查。年初,区委、区政府召开由全体区委常委和人大、政协主要领导参加的专门会议,区长向全区300多名乡科级以上离退休干部通报经济和社会发展情况,区委书记在会上讲了话。区四套班子领导分头走访慰问老干部,广泛征求意见。区人大、政协会议和区党代会都邀请老干部列席。区老干部局为全区离休干部和县处级退休干部订阅了《镇江日报》、《中国老年报》和《银潮》杂志,方便老干部学习。在市、区领导的关心下开通了京口老干部网站,提升了服务平台。生活方面,积极协调财政、劳动人事、卫生和老干部供养单位,完善离休干部的生活费、医疗费保障机制和财政支付机制,协调解决运行中遇到的问题,确保及时足额发放。老干部局把困难企事业单位作为重点,主动上门,加强联系,宣传政策,研究解决的办法。落实共青团农场、区供销社等困难企业离休干部地方津贴发放工作,深入细致做好离休干部思想工作,维护稳定;在完成企业离休干部房帖发放的基础上,2010年区教育系统20余名离休人员住房补贴全部发放到位,实现老干部多年的期盼。加强易地安置离休干部工作,让他们安度晚年。京口区易地老干部工作得到了省老干部局领导的肯定,其做法在全省予以推广。做好老干部的临终关怀,让老干部走得安心,2010年指导有关单位办理8起离休干部的丧事,各方面都比较满意。(缪静敏)

【老干部活动丰富多彩】 根据老干部的特点和需求,积极组织老干部开展健康向上的文体活动,不断丰富其精神文化生活。一是抓好日常活动。制定全年活动计划,开展经常性的活动。在内容安排上充分考虑老干部的特点,既有集中学习,又有考察参观;既有打牌下棋,也有健身康乐。阅览室坚持每日开放,订阅的10多种报纸、30多种杂志,吸引广大老干部前来阅读。二是组织好重点活动。上半年,组织离退休干部参观镇江城市规划展示馆,展望未来美好前景,激发大家爱党爱家乡的热情;组织百名老干部游"世博",开阔他们的眼界。下半年,组织60多名老干部参观镇江"南山北水"城市建设状况,让他们亲身感受镇江日新月异的发展变化;组织参加全市老干部乒乓球比赛,获得离休组团体第一、退休组团体第二以及两个单打第二名的好成绩;组织参加市老干部摄影比赛,获得三等奖。三是突出特色活动。重阳节期间开展敬老活动,组织离退休干部游南山;为百岁离休干部程鹤声祝寿,订做生日蛋糕,上门祝福。四是合作开展活动。积极与关工委、老年体协、老年大学和文化体育局合作,适时组织开展活动。老干部局与区老年体协共同组织百名老干部参加老年传统体育项目展示,普遍反映较好;区关工委组织老干部报告团宣讲革命传统12场,两万余名青少年学生受到教育;利用街道、社区文体活动阵地,引导老干部就近活动;2010年配合市老干部局在江滨新村开展老干部"四就近"(就近医疗,就近学习,就近得到关怀,就近发挥作用)试点工作,取得初步成效,江滨新村第一社区被省委老干部局等评为"利用社区资源做好离退休干部工作省级示范点";鼓励老干部参加市、区老年大学的学习。此外,每年还组织区四套班子老领导赴外地参观考察,感受改革开放的巨大变化。

(缪静敏)

组织老干部参观南徐新城规划

【自身建设稳步提升】 2010年,区老干部局不断加强理论学习,提高政策水平。为干部职工提供学习条件,鼓励大家自学;积极参加"周末讲坛"听课,拓展知识面;根据省、市要求,精心组织老干部工作业务知识学习竞赛活动,参与率100%,平均成绩84分。引导大家树立正确的世界观、人生观,教育大家热爱本职,乐于奉献,在本职工作岗位上建功立业。不断加强作风建设,增强服务意识。按照区委的部署,积极开展"三服务一提升"主题活动,在活动中紧密联系老干部工作实际,着力提升服务水平。老干部来办事,做到一张笑脸,一杯清茶,热情接待;老干部生病住院或有困难,及时上门看望,送去关怀,服务周到,不断提高老干部的满意度。不断加强班子建设,形成合力。在工作中相互配合,互相补台,凝心聚力。努力做好信息调研工作。克服人手少，任务多的困难，积极开展信息调研工作，领导带头动笔，分管领导具体抓落实。2010年，上报市级以上信息10条，被采用6条；上报区级信息12条，采用10条；完成调研文章两篇，被省、市老干部局采用，为领导决策提供了依据。（缪静敏）

【“十一五”期间全区老干部工作】 “十一五”期间，全区老干部工作以邓小平理论和“三个代表”重要思想为指导，按照科学发展观的要求，围绕区委、区政府的中心工作，坚持以人为本，不断开拓创新，切实履行职责，全面落实老干部的政治、生活待遇，引导老干部在构建社会主义和谐社会中发挥作用，较好地完成各项工作任务。

“十一五”期间，认真落实老干部的政治待遇，坚持组织传达文件，定期通报情况，重大节日走访慰问。区委、区政府召开全区老干部情况通报会5场，参会近千人次；区领导集中走访慰问老干部10次，300余人；加强老干部思想政治建设，组织老干部集中学习25次，请专家理论辅导7场，参加近800人次；组织就近就地参观城市建设和工农业生产项目10次，300余人参加，组织区老干部赴外地参观9次，组织近百名老干部参观上海世博会，开阔他们的视野；5年累计为老干部订阅《镇江日报》650余份，订阅省委老干部局主办的《银潮》杂志750余份，丰富了老同志的精神文化生活。2010年开通京口老干部网站，提升了服务平台。完善离休干部的“两费”（离休费、医药费）保障机制和财政支持机制，协调解决30多名企事业单位离休干部住房补贴，支付资金140余万元。企事业单位离休干部的地方津贴得到落实，全区有19名离休干部提高了医疗待遇。集中组织老干部体检3次，1000余人次参检，为86名离休干部建立社区健康档案，给每人配发“小药箱”，方便老同志医疗保健。注重发挥老干部的作用，支持老干部在关工委、讲师团、老年大学、老专家协会等10多个社团组织中发挥余热，常年参加社会活动的老干部近百人。积极开展老干部“争先创优”活动，区内有1名老干部受到省级表彰，5名老干部受到市级表彰，有3个离退休党组织受到市级表彰，区委老干部局被市委评为“老干部工作先进单位”。（缪静敏）

史志工作

【概况】 2010年，全区史志工作紧贴区委、区政府中心工作，认真贯彻《地方志工作条例》和《江苏省实施〈地方志工作条例〉办法》，服务大局，科学发展，志鉴并举，按期出版《京口年鉴（2010）》，顺利完成《镇江年鉴（2010）》京口部分供稿报送工作，扎实推进《京口区志（1983～2007）》续修，圆满完成革命遗址普查，又好又快地完成区委、区政府和上级史志部门交办的各项工作。（殷 红）

【《京口年鉴（2010）》顺利出版】 自2010年起，《京口年鉴》采用大开本。9月底，《京口年鉴（2010）》顺利出版发行。全书82.6万字，共设33个类目，130个分目，872个条目。全面、系统、翔实记载京口区2009年度经济、社会等方面的基本面貌、发展状况和各行各业取得的新进展、新成就、新经验。一是完善框架设计，体现时代性和区域性。根据新情况、新要求，对全书部分篇目作适当调整，着重是在《专记》分目中新设《深入学习实践科学发展观活动》、《庆祝新中国成立60周年系列活动》、《京口大拆迁》、《和谐社区建设》等内容，同时调整优化部分栏目名称和相关内容，以全区发生的大事、要事和特事来体现年鉴的时代特色和区域特色。二是精心编写条目，增强资料性和实用性。分条口多次召开组稿会议，一次性讲明组稿内容和要求，增强工作的针对性和时效性；对部门上报的稿件，多次沟通、修改，力求条目质量和上报时间并重，以部门亮点彰显京口特色。三是注重装帧质量，提升精美性和艺术性。认真收集梳理彩页照片，明确相关主题，在封面、扉页和插图设计三大主体上下工夫，努力体现思想和艺术、外观和内容、局部和整体的和谐美观。（殷 红）

【《京口区志》续修稳妥推进】 完成200多万字的初稿，有17家单位上报自审稿。开展总纂篇目回头看活动，对篇目设计进行不断修改完善，增强志稿的存史价值，充分体现京口区域特色。坚持每周例会制，修志责任编辑交流工作进度，研究修志过程中出现的新情况，开展志稿点评互审，规范志书体例，推进修志进度。（殷 红）

开展“送书进校园”活动

【革命遗址普查工作按期完成】 全区革命遗址普查工作,自3月份启动到6月底结束,为期近4个月时间。成立普查工作领导小组,认真制定普查工作方案,精心组织实施遗址普查,确保资料的真实、准确、可靠,按时保质完成革命遗址普查各项工作任务。经普查,全区共有遗址15处,其中:革命遗址11处(重要历史事件和重要机构旧址1个,重要历史事件及人物活动纪念地5个,烈士墓4个,纪念设施1个),其他遗址4处(重要人物故居2个,纪念设施2个)。为保护、利用和开发遗址资源积累宝贵的资料。 (殷　红)

市委副书记张庆生视察区档案馆国家二级馆创建工作

档案工作

【概况】 2010年,全区档案工作深入贯彻科学发展观,紧紧围绕区委、区政府中心工作和档案工作年度目标任务,着力推进档案业务管理、档案资源建设和开发利用服务,强化措施,狠抓落实,确保各项工作有序推进,顺利通过市档案局档案工作目标考核。全年接待查阅档案、资料2335人次,其中为近200户低保困难人群提供无偿查阅服务。同时为志书编修、户口迁移、子女抚养、财产分割、出国定居、留学以及司法机关办案等提供可靠的原始凭证和法律依据。 (金　华)

【档案接收与整理】 组织接收并整理宗泽路方家湾一、二期建设项目档案、华城新村工程建设档案、双井路项目建设前期资料、第一楼街搬迁档案、恒泰新村搬迁安置房建设工程档案等重大工程(拆迁)档案共6799件、照片档案145张;接收并整理象山镇婚姻档案、2008年、2009年全区婚姻登记处档案、清房档案、"非典"档案等专门档案共1077卷(件);接收并整理区级机关各单位移交的2004~2006年文书档案共18169件,并及时接收了撤并单位移交的文书档案。认真做好馆藏档案划控与鉴定工作,对到期的982卷档案进行划控、鉴定,销毁707卷,开放154卷。 (金　华)

举办全区档案业务培训班

【档案业务指导与培训】 举办全区"档案业务技能培训班"和学校档案培训班各1期;组织业务骨干深入区检察院、区房管所指导档案定(升)级工作,按照《婚姻登记档案管理办法》、《收养登记档案管理办法》,对婚姻登记档案、收养登记档案整理方法进行专项指导;对全区农村集体林权制度改革档案进行了培训指导;对区卫生与人口计生局、区委老干部局、区民政局等10多个部门应移交档案进行规范指导,使所移交接收的档案符合规范要求。 (金　华)

【档案开发利用】 依法行政,热情服务,为社会各界和市民群众提供档案开放服务,共接待查阅档案、资料2335人次,其中为近200户低保困难人群提供无偿查阅服务。每月编发一期史志档案信息,除保留原有网页栏目外,在史志档案信息中新开设"新闻媒体看京口"栏目,及时准确地反映全区主要工作动态,积极为宣传京口、发展京口服务。 (金　华)

【档案信息化建设】 定期更新政府内网史志档案办网页内容，及时准确地反映全区主要工作动态和最新成果。添置了服务器、扫描仪、电脑等设备，组织人员对馆藏档案目录进行录入。全年完成档案目录录入3万余条，加快数字档案转换步伐。（金　华）

信访工作

【概况】 2010年，全区信访工作紧紧围绕区委、区政府中心工作，以完善机制、创新方法、强化责任为抓手，以“事要解决”为目标，切实加强组织推动和工作力度，深入持续开展党政领导接访活动，有效化解了一批信访老户积案，为全区经济社会发展创造了和谐稳定的社会环境。1～12月份，共受理人民来信203件，办结率100%；接待来访群众427批2864人次，全区进京、赴省、去市集访人数较上年同期均有所下降。其中，进京上访21批25人次，同比分别下降20%、14.2%；赴省集访8批83人次，同比分别下降27.2%、33.5%。元旦、春节及人大、政协会议等重要活动期间，均未发生进京上访。上海世博会期间，未发生一件非涉沪上访。京口区连续两年被江苏省信访工作领导小组命名为“全省信访工作‘三无’区”（无进京集访和来省重复集访，无历史遗留信访案件，无因信访引发的有影响事件），8个镇（街道、园区）中有7家单位被市信访工作领导小组命名为“全市信访工作‘四无’镇（街道、开发区）”（无进京集访和来省重复集访，无历史遗留信访案件，无因信访引发的有影响事件，无进京非正常上访和重复访），创建率位列各辖市区前列。区信访局被市信访工作领导小组推荐参加全省2005~2009年度信访工作先进集体评比。

（李燕敏）

【区委、区政府高度重视信访稳定工作】 一是坚持领导定期议事。区委、区政府全年召开7次专题会议，就信访工作作出多项重要决策，要求各级各部门做到“四个纳入”，即把信访工作纳入重要议事日程，常抓不懈；纳入社会治安综合治理，同步管理；纳入各级工作目标管理责任制，量化考核；纳入党政领导绩效评定，奖惩挂钩，较好地形成了决策科学、执行有力、监督有效的信访工作领导体制。二是坚持领导接访包案。区主要领导坚持阅批重要来信、接待重要来访，亲自协调处理群众反映突出的信访问题。2010年，区党政领导共参加接访73批次，包案84件，会办重点信访问题67件，批示信访件86件，下访50次办理信访问题96件，合计处理信访问题406件，已办结391件，办结率96.3%。其中，党政主要领导接访33批次，包案41件，会办重点信访问题35件，批示信访件31件，下访21次处理信访问题34件，合计处理信访问题174件，已办结174件，结案率100%。三是坚持齐抓共管。全区各信访责任单位（部门），建立了一把手负总责、分管领导组织协调、其他领导“一岗双责”、齐抓共管信访工作的责任体系，基本做到信访矛盾不推诿、不拖延、不上交。建立和完善了信访工作考核、保证金等激励机制。进一步调动各级各部门做好信访工作的积极性，促进了齐抓共管格局的形成。（李燕敏）

召开全区信访稳定工作会议

【进一步完善信访工作机制】 一是着眼点由事后处理向事前防控转变。进一步建立和完善了信访突出问题滚动排查调处机制，定期对突出信访问题进行大排查。区联席办多次组织开展点面结合、自下而上的滚动排查，共排查出信访问题和不稳定因素194个，逐一落实解决问题的领导、部门、单位和具体责任人，逐个重点解决，及时消除了一批不稳定隐患，有效化解进京上访和赴省集访苗头29起。二是工作重点由单一接访处信向强化督查督办转变。采取集中督办、挂牌督办等形式，在重要时间节点对责任单位（部门）进行督查，对51个突出信访问题进行督办，一批疑难案件得到妥善处理。三是处置信访事件由“单兵独进”向“整体联动”转变。充分利用联席会议这一平台，充分发挥联席办组织、协调、检查、指导处理信访突出问题及群体性事件工作的作用。一年中，全区六类突出信访问题的信访量同比减少16%。同时，建立健全了快速处置群体性集访的联动机制，坚持层级出动，实行严格的时间管理，信访、公安等部门相互配合，密切协同，整体联动。（李燕敏）

【信访积案和初信初访化解更加有力】 将开展信访积案化解工作纳入信访工作目标考评，多次召开专题会议交办、督办重点信访积案，通过牵头会办、经济救助、程序终

区委书记胡宗元带案下访

结、依法惩处等措施,有效化解了一批信访积案,唐福祥等7名上访老户停诉息访。加强信息预警和分析研判,坚持把倾向性问题解决在萌芽阶段,先后妥善化解了垃圾中转站建设拖欠工程款、东风新家园房屋质量问题、镇江碳素厂征地补偿纠纷等十多起群众集访事件,切实做到将问题解决在初始阶段。(李燕敏)

【深入开展征地拆迁信访问题专项治理活动】 根据省委、省政府要求,从8月起至9月中旬,在全省范围内开展征地拆迁专项治理活动。8月17日,区委、区政府专题召开征地拆迁信访事项交办会,对专项治理工作提出要求并作具体工作部署,推进专项治理活动深入开展。全区各责任单位通过强化排查化解力度、强化问题解决力度、强化督查督办力度、强化工作规范力度,推动交办信访事项的案结事了。省、市交办京口区征地拆迁信访事项61件,办结49件。8月29日,省督查组督查京口区"三项排查"工作(即:排查化解矛盾纠纷,排查整治治安混乱地区和突出治安问题,排查管控高危人群),对全区征地拆迁专项治理工作给予充分肯定。(李燕敏)

【开展领导干部带案下访专项活动】 全区自2010年11月起开展领导干部集中下访专项活动。活动采取区党政领导和各责任单位、部门负责人共同参与的方式,分矛盾排查梳理、下访联动、回访督办三个阶段进行。区党政领导率先垂范、身体力行、真抓实干,以定期接访、预约接访、直接下访等形式开展活动,对重点案件进行挂牌督办,确保活动不走过场,取得实效。截至2010年年底,下访13次,协调、处理信访问题32件。各基层单位同步开展活动,深入排查影响稳定的信访隐患,最大努力地把矛盾化解在基层,排查出信访隐患54件,全部排定解决措施或稳控方案。(李燕敏)

【全区信访工作 "十一五"回眸】 "十一五"期间,全区的信访稳定工作始终围绕发展大局,切实增强政治意识、责任意识和协作意识,深入排查化解矛盾纠纷,着力破解信访突出问题,信访形势总体平稳有序,实现了去市集访、赴省上访、进京上访三个"持续下降"的工作目标。京口区连续两年被省信访工作领导小组命名为"全省信访工作'三无'县(市、区)",有7家单位被市信访工作领导小组命名为2009年度"全市信访工作'四无'乡镇(街道、开发区)",创建率位列各辖市区前列。几年来中央、省、市联席办交办的信访积案已全部解决到位。各级人大、政协会议、北京奥运会、国庆六十周年等重要活动期间,均未发生进京上访事件,圆满完成信访维稳任务,形成了党政领导大接访、信访代理制、四级排查、重要信访呈报等一批特色亮点工作,受到省、市两级领导的高度评价,有力维护了区域和谐稳定。(李燕敏)

机关党工委工作

【概况】 2010年,区级机关工委认真贯彻落实党的十七届四中、五中全会精神,围绕机关党建"服务中心、建设队伍"两大主要任务, 结合创先争优活动,主动作为、务实推进,切实把服务科学发展的要求贯穿于机关党的思想、组织、作风、制度和反腐倡廉建设之中,立足履行职能,狠抓工作落实,不断提高机关党建工作科学化水平。

开展创先争优,不断提升机关党员干部思想观念。以"改进作风、提高效能"为目标,积极开展"三走进三服务"、"党员进万家"、创建党员示范岗等活动,引导机关全体党员在服务大局,推动科学发展上创先争优。全力推动机关党组织争当京口科学发展的先锋队,广大党员干部争做为民、务实、清廉的先进典型。8月份,命名表彰了22个区级机关党员示范岗,其中有6个示范岗获区级党员示范岗称号。以推进学习型党组织建设为重点,进一步提升党员干部推动跨越发展的能力。制定下发《关于在区级机关开展"争创学习型党组织,争当学习型党员干部"活动的意见》,以服务中心、建设队伍为主线,以圆满完成本部门各项任务为落脚点,引导机关各级党组织牢固确立全员学习、终身学习的理念,创新建设学习型党组织的方法,完善建设学习型党组织的途径,拓展建设学习型党组织的阵地,健全建设学习型党组织的制度,在区级机关大力营造重视学习、崇尚学习、坚持学习的浓厚氛围,使党员干部的学习能力不断提升、知识素养持续提高、先锋模范作用充分发挥,机关党组织的创造

组织支部书记外出参观

力、凝聚力、战斗力得到进一步增强。以增强机关党员干部党性修养、树立和弘扬优良作风为重要任务,进一步加强机关作风建设和反腐倡廉建设。在区级机关继续深入开展"服务发展、服务基层、服务群众、提升机关效能"活动(以下简称"三服务一提升"活动),不断促进机关转变观念、转变职能、转变作风。按照《区级机关2008～2010廉政文化建设规划》要求,在区级机关继续大力开展廉政文化进机关活动。至2010年底,区级机关党工委共辖7个党总支,68个党支部,党员总数973名。2010年共发展党员19名。 (陈军越)

【实施党建工作"五好目标管理"】 按照区委《关于实行党建工作"五好"目标管理深入开展第五轮争创"党建工作先进镇、局"活动的意见》的要求,继续深入实施党建工作"五好"目标管理。党工委按照"运行机制好、基本保障好、队伍素质好、创新创优好和服务成效好"的要求,强化创建的责任机制,落实创建的联动机制,严格创建的考评机制,力求争创工作有新的成果、新的成效和新的特色。机关各级党组织按照"领导班子好、党员干部队伍好、工作机制好、发展业绩好和群众反映好"的要求,制定创建规划,完善推进措施,健全激励机制,营造争先创优、比学赶超的氛围,做到认识到位、责任到位、措施到位、工作到位,初步建立了机关党组织主要负责人亲自抓,一级抓一级、一级带一级,层层抓落实的责任体系,扎实推进党建工作"五好"目标管理。 (陈军越)

【开展社会各界评议区级机关活动】 2010年,区级机关结合开展"三服务一提升"活动,连续第七年开展社会各界评议区级机关活动。2010年度区级机关作风建设优胜单位是:区委办公室(研究室、保密局、机要局)、区纪委(监察局)、区委组织部(企业工委、党员电教中心)、区政府办公室(法制办、外办、侨办)、区卫生和人口计生局、区商务局;通报表扬单位是:区委统战部(台办、工商联)、区委宣传部(文明办)、区政协办、区人社局、区交通运输局、区审计局。重点整改单位是:区文联、区住建局。 (陈军越)

【举办机关党组织书记培训班】 为切实加强和改进新形势下机关党的建设,全面提高机关党务工作者的工作能力和业务水平,更好地发挥机关党支部作用,2010年9月份,区级机关工委在区委党校举办了为期2天的机关党组织书记培训班。来自区级机关党(总支)支部的50多名党组织书记参加培训。培训班上,区委组织部副部长、区级机关工委书记盛杰作了动员讲话。培训班重点围绕如何开展创先争优活动、党支部书记的职责和工作方法、党风廉政建设等党建业务知识展开学习。通过学习,大家一致认为收获颇多,对党支部日常管理工作具有较强的针对性和指导性。(陈军越)

【举办区第二届机关体育运动会】 区级机关工委以庆祝中国共产党成立89周年为契机,在"七一"期间,与区文体局共同成功举办了京口区第二届机关体育运动会。本届机关体育运动会历时3个月(2010年7～9月),以"全民健身创

举办机关党组织书记培训班

机关运动会开幕式

示范，体育强区促和谐”为主题，全区48家机关单位的1000多名运动员参加了拔河、跳大绳、掼蛋、游泳、徒步登楼、1分钟投篮、乒乓球、羽毛球8个项目的竞赛，在区级机关营造了全民健身、团结拼搏、奋发向上的氛围。9月29日，召开京口区第二届机关体育运动会闭幕式暨总结表彰大会，表彰了运动会团体总分前六名和8个比赛项目的第一名获得者，区物价局等18家单位获得运动会优秀组织奖，区委办公室等23家单位获得运动会体育道德风尚奖称号。

（陈军越）

党校工作

【概况】　2010年，区委党校在区委的正确领导下，坚持以学习邓小平理论、“三个代表”重要思想以及科学发展观为中心，着眼于提高党员领导干部的领导素质和执政能力。以掌握理论创新的最新成果为重点夯实学员的理论基础；以把握时代特征和国际经济政治形势为重点拓展学员的世界眼光；以强化大局意识和应对复杂局面为重点培养学员的战略思维；以坚定理想信念、增强宗旨观念和改进作风为重点增强学员的党性修养，开展了一系列的学教活动，取得一定的成效，为大力推进京口干部教育事业的发展，作出了应有的努力。

（冯　娟）

【队伍建设】　2010年，区委党校全面贯彻落实全省党校工作会议精神，召开动员大会，组织全体人员认真学习会议文件，统一思想，准确定位，要求所有党员干部牢固树立“四种意识”，扎扎实实做好各项工作。一是要牢固树立大局意识，始终把围绕中心、服务大局作为党校工作必须遵循的根本要求。二是要牢固树立创新意识，努力使党校工作体现时代性、把握规律性、富于创造性。三是要牢固树立勤俭意识，始终把艰苦奋斗、勤俭办学作为党校工作必须保持的政治优势。四是要牢固树立纪律意识，加强学校管理工作，严肃党的政治纪律，形成良好校风、良好学风。在“三服务、一提升”（服务发展、服务基层、服务群众，提升机关效能）活动中，党校围绕“决战十一五、全力推进城市化”的要求，不断强化和创新服务工作。在服务基层上，加大与基层联系的密度，克服师资少、时间紧的困难，帮助基层做好干部培训工作；在服务群众上，主动与群众加强联系，建立联系网，为群众排忧解难；在结对帮扶中，主动与社区、与帮扶对象联系，力所能及地解决帮扶对象的困难。在“建设五型党校，提升执行力”活动中，深刻领会活动精神，狠抓函授教育收尾、干部教育培训工作，不断提高服务水平和办事效率，推动党校工作的全面开展。

（冯　娟）

【函授学历教育】　函授教学是党校教学的重要组成部分。在函授教育收尾阶段，针对最后一届2008届专转本经济管理班，坚持做到：加强教学管理，提高教学质量和水平；创新函授教学方式方法，进一步增强教学效果，绝不因面临收尾而影响教学质量；加强考务管理，扎实开展“考风考纪建设年”活动；加强学籍管理，严把毕业“出口”关。

（冯　娟）

【全区第十三期中青年干部培训班】　11月15日～12月3日，与区委组

“十一五”期间区委党校学历班、主体班培训情况

表6

时　间	班　次	人　数
2006年	专转本班（上、下），中函本科班（经管、法律专业）	351人
	中青年干部培训班	38人
	安监干部培训班	35人
	妇女干部培训班	33人
2007年	专转本，本科班	137人
2008年	专转本班（上、下），本科班（上、下，经管、法律专业）	191人
	中青年干部培训班	36人
2009年	乡局级领导干部培训班	48人
	妇女干部培训班	34人
2010年	中青年干部培训班	52人

（冯　娟）

联合举办京口区第十三期中青年干部培训班

织部联合举办全区第十三期中青年干部培训班。来自全区各部门及基层乡镇、街道的52名学员，在为期19天的时间里接受了军训以及综合素质、革命传统教育等多方面的培训。培训内容包括宗教问题和社会和谐、领导者的法治理念、十七届五中全会精神辅导、长三角一体化与江苏沿海开发战略、以人为本的发展观与管理者的人文视角、领导干部应对突发事件的能力、西方现代化进程中的制度创新及其启示、创新思维与工作方法创新、领导干部演讲与口才、推动文化大发展，提升国家软实力、后危机时期中国宏观经济政策解读、塑造得体的公务员形象等。培训采取理论辅导、专题调研、小组讨论等形式相结合的方式，使学员们开拓了思路，丰富了知识，锻炼了党性。 （冯　娟）

【重视科研工作】 2010年，区委党校根据市委党校下发的党校系统科研课题，合理安排时间，及时开展前期调研工作，组织骨干教师精心准备申报提纲。在教师少、工作量大的情况下，仍然获得一项实际课题并顺利结束，编入《江苏率先发展研究》一书中。 （冯　娟）

◆资料链接◆

镇江"五卅"外交后援会旧址

镇江"五卅"外交后援会旧址

旧址位于清代万寿宫后殿，即镇江市仙鹤巷原十五中校园（现东翰宾馆）内，座北朝南，砖木结构。面阔三间，占地面积1500平方米，高10米余。迎面三券拱门，中间宽2.15米，左右两门宽1.2米，三门高度相同。大门前有平台，两侧各铺设六级石台阶，左右两门亦有七级台阶。石碑镶嵌在台阶右面墙上，长0.78米，高0.58米。

1925年5月30日，上海发生"五卅"惨案后，镇江人民掀起声援活动。6月3日，镇江市各学校、工商和民众团体成立"镇江外交后援会"，选择万寿宫后殿做会址，在此制定行动纲领、计划，起草声援通电，印刷标语、传单，积极领导各界民众进行反帝斗争。6月5日，举行有三万多人参加的声援大会和游行示威，组织以学生为主的清查队清查日货。6月中旬，中国共产党负责青年工作的恽代英抵镇演说，为镇江的"五卅"运动指明方向，把斗争的重点指向袁世凯和日本签订的《二十一条》。6月26日，镇江一万多人再次冒雨集会并游行，各届代表宣誓"与日本帝国主义经济绝交！收回旅（顺）大（连），不承认二十一条"。

1982年5月，镇江"五卅"外交后援会旧址被镇江市人民政府公布为镇江市文物保护单位。1986年10月，镇江市文物管理委员会立碑纪念。

京口区人民代表大会

责任编校：郭 韵

综 述

【概况】 2010年，区人大常委会在区委的正确领导下，坚持以科学发展观为指导，深入贯彻党的十七届四中、五中全会和区委六届九次、十次全会精神，紧紧围绕区委重大决策、一府两院工作重点和社会热点难点，依法履职，扎实工作，较好地完成了区七届人大三次会议确定的各项任务，为京口跨越发展作出了新贡献。

一年中，区七届人大召开了第三次会议。区人大常委会开展执法检查1项，组织开展专项评议1项，审议专项工作报告1项，听取“一府两院”专题报告和汇报18项，依法任免国家机关工作人员54人次。一是围绕区委重大决策主动作为。紧扣加快转型升级、加速城乡一体、建设宜居京口等区委重大决策，开展视察检查和督促推进，主动服务大局。重视科技创新和文化产业发展，促进发展转型升级；听取“三大改造”工作情况汇报，推进三大改造工程；组织人大代表以“优化生态环境，建设宜居京口”为主题，集中开展主题调研月活动，推动宜居京口建设。二是围绕一府两院工作重点强化监督。坚持寓支持于监督之中，切实增强工作实效，督促一府两院依法行政、公正司法，不断提升工作水平。加强计划和预算的审查监督。听取和审议2009年财政决算报告和同级审计报告，审查批准2009年财政决算，跟踪督查审议意见落实情况；听取2010年上半年国民经济、社会发展计划和财政预算执行情况报告；依法调整京口区2010年社会消费品零售总额指标计划；组织区人大代表座谈讨论“十二五”发展规划纲要草案，常委会听取“十一五”规划完成和“十二五”规划编制情况的报告。加强重点工作的监督检查。专题听取政府财政性资金筹集和使用情况汇报；认真督查为民办实事工程；视察检查重大项目建设、重点交通基础设施建设、城乡低保、残疾人保障和地税工作。加强法治建设的监督推进。视察公安工作，调研住建局、谏壁镇依法行政工作，听取“五五”普法工作汇报，检查人民调解和“大调解”机制建设情况，开展规范性文件备案审查工作。听取法院民事执行工作汇报。听取和审议检察院控告申诉工作报告。三是围绕民生热点问题认真履职。组织执法检查组，全面检查《中华人民共和国就业促进法》(以下简称《就业促进法》)实施情况。组织评议工作组，对教师绩效工资实施后队伍建设情况进行专项评议。进一步完善信访接待机制和交办制度，认真处理来信来访，确保件件有着落、事事有回音。四是围绕发挥代表作用创新工作。尊重代表主体地位，坚持为代表服务的思想，全面拓展平台，加强服务保

区委书记、区人大常委会主任胡宗元向新一届政府组成部门负责人颁发任命书

障，为代表履职创造良好的条件和环境。深入推进“一个载体、两项制度”建设，实现了代表活动有阵地，代表履职有目标，代表管理有制度。深化代表接待选民活动，密切代表与选民的联系。认真组织代表述职工作，进一步增强代表的民本意识和履职意识。丰富代表活动的形式和内容，提高代表履职实效。加强代表建议的督促办理，123件区七届人大三次会议代表建议全部办结，代表满意率和建议落实率进一步提高。五是围绕增强工作实效提升能力。始终坚持加强学习，推进创新，把强化自身建设作为常委会和人大机关的一项重要的基础性、经常性工作来抓，进一步优化作风，提升能力，增强实效。（王　明）

重要会议

【区七届人大三次会议】 会议于2010年1月5～8日在区级机关办公大楼十楼会议室举行，其中大会开幕式暨第一次全体会议在一泉礼堂举行。出席会议的代表210名，列席人员55名，组成九个代表团。区七届三次政协会议的全体成员、部分老同志列席有关会议。会议举行3次全体会议，2次主席团会议。

会议听取和审议了区人民政府区长郭建所作的《政府工作报告》，审查和批准了区发展改革和经济贸易委员会主任吴秋平受区人民政府委托所作的《关于京口区2009年国民经济、社会发展计划执行情况和2010年国民经济、社会发展计划（草案）的报告》、区财政局局长谭雪峰受区人民政府委托所作的《关于京口区2009年预算执行情况和2010年财政预算（草案）的报告》，听取和审议了区人大常委会党组书记、常务副主任戴善民所作的《镇江市京口区人民代表大会常务委员会工作报告》、区人民法院院长尉利亚所作的《镇江市京口区人民法院工作报告》、区人民检察院检察长柳建华所作的《镇江市京口区人民检察院工作报告》。会议通过了以上各项报告并作出相应的决定。

会议期间，代表们以高度的责任感和使命感，认真履行职责，围绕京口发展大局积极献计献策；围绕“加速城乡一体化、建设苏南一流城区”主题进行了专题审议，为区委、区政府的决策部署提供参考；围绕改革、发展、稳定的重大问题，积极反映人民群众的意愿。会议共收到代表10人以上联名提出的议案25件，代表提出的建议、批评和意见98件，经大会秘书长会议研究，主席团第二次会议通过，25件议案全部转为“建议”办理，其中第022号《关于实施象山镇一夜河整治的建议》、第008号《关于切实加强村（居）综合服务中心建设的建议》、第006号《关于强化政府食品药品安全监管职能，切实保障群众身体健康的建议》以及第016号《食品药品安全高于天——关于进一步强化食品药品安全监管的建议》交区政府作为重要建议办理。

会议号召，全体代表要在区委的正确领导下，认真贯彻落实党的十七届四中全会精神，以科学发展观为指导，按照区委六届九次全体扩大会议提出的目标和任务，高扬“苦干实干、争先争强”的主基调，围绕大局，认真履职，亲民务实，开拓创新，同全区人民一起，为完成大会确定的各项目标任务，努力实现京口“主要指标上台阶、产业优化上层次、城乡统筹上水平”，建设苏南一流城区而努力奋斗！

（王　明）

【区人大常委会会议】 2010年，区七届人大常委会举行了7次常委会会议。会议听取和审议了区政治、经济和社会发展等方面的工作报告9个，作出决议、决定10项，任免国家机关工作人员54人次。

2010年2月4日，召开第十四次会议。审议通过区人大常委会2010年工作要点，审阅区政府关于《中华人民共和国中小企业促进法》执法检查审议意见落实情况的书面报告和关于《加强失管小区的保洁工作，实现环境卫生全覆盖》重要建议办理审议意见落实情况的书面报告。

2010年2月10日，召开第十五次会议。通过了人事任免事项。

2010年4月21日，召开第十六次会议。听取和审议了区政府关于“实施象山镇一夜河整治”重要建议办理情况的报告，审阅了区政府关于食品安全工作审议意见落实情况的书面报告，通过了《关于对〈镇江市京口区人大常委会关于开展“双评”活动的办法〉的修改（草案）》和人事任免事项。

2010年6月29日，召开第十七次会议。专题学习《就业促进法》；审查了2009年财政决算报告，审议了2009年度预算执行和其他财政收支的审计工作报告，作出了关于批准京口区2009年财政决算的决议；听取和审议了区人民检察院关于控告申诉检察工作情况的报告；通过了人事任免事项。

2010年9月2日，召开第十八次会议。听取和审议了区政府关于2010年上半年国民经济、社会发展计划和财政预算执行情况的报告，关于“切实加强村（居）综合服务中心建设”重要建议办理情况的报告，通过了人事任免事项。

2010年11月3日，召开第十九次会议。听取和审议了关于评议教师绩效工资实施后教师队伍建设情况的报告、关于检查《就业促进法》实施情况的报告，听取了区政府关于区七届人大三次会议代表建议办理情况的报告，通过了人事任免事项。

2010年12月30日，召开第二十次会议。听取了区政府关于2010年为民办实事工作情况的报告、关于“十一五”规划完成和“十二五”规划编制情况的报告；审议了区政府关于调整2010年社会消费品零售总额指标人代会计划的报告，作出了关于批准调整区2010年社会消费品零售总额指标的决定；审阅了区政府关于2009年度财政决算审议意见落实情况的书面报告；讨论了区人大常委会工作报告（讨论稿）；审议通过了区七届人大四次会议筹备工作意见，作出关于召开区七届人大四次会议的决定；讨论通过了关于代表资格审查的报告和区七届

视察为民办实事落实情况

人大四次会议主席团和秘书长、主席团常务主席、副秘书长、计划和预算审查委员会组成人员以及列席人员等名单(草案);讨论了区七届人大四次会议选举办法(草案);作出了关于表彰先进代表小组、优秀人大代表和优秀代表建议、承办代表建议先进单位的决定;作出了关于同意接受丁浩北同志辞去区人民政府副区长职务的决定。

(王　明)

【区人大常委会主任会议】 2010年,区七届人大常委会共举行6次主任会议。

2010年1月27日,召开第十四次主任会议。讨论通过了区人大常委会各工作委员会2010年工作计划,讨论了区人大常委会2010年工作要点(草案),通过了区七届人大常委会第十四次会议的建议议程和时间。

2010年3月26日,召开第十五次主任会议。听取了区政府关于"加速城乡一体,推进三大改造"工作情况的汇报。讨论通过了"优化生态环境,建设宜居京口"主题视察调研月活动方案,通过了区七届人大常委会第十六次会议的建议议程和时间。

2010年5月27日,召开第十六次主任会议。听取了区政府关于文化产业工作情况的汇报,对新河街历史街区保护、古城遗址休闲公园、文化产业集聚区等项目的建设提出了具体建议。听取了区政府关于人民调解暨"大调解"机制建设情况的汇报。讨论通过了《就业促进法》执法检查方案,决定对全区《就业促进法》贯彻实施情况进行专项检查。通过了区七届人大常委会第十七次会议的建议议程和时间。

2010年7月29日,召开第十七次主任会议。听取了区政府关于006号、016号两条涉及食品药品安全的重要建议办理情况的汇报,听取了区政府关于科技创新集聚区建设情况的汇报。通过了关于评议教师绩效工资实施后队伍建设的活动方案和区七届人大常委会第十八次会议的建议议程和时间。

2010年9月28日,召开第十八次主任会议。听取了区人民法院关于执行工作情况的汇报。讨论了区人大常委会关于《就业促进法》执法检查的报告(讨论稿)和教师实施绩效工资后队伍建设情况的评议报告(讨论稿),通过了区七届人大常委会第十九次会议的建议议程和时间。

2010年11月26日,召开第十九次主任会议。听取了区政府关于重大项目资金筹集和使用情况的汇报,通过了区七届人大常委会第二十次会议的建议议程和时间。

(王　明)

重要工作

【开展《就业促进法》执法检查活动】 区人大常委会组织执法检查组,认真制订执法检查方案,明确组织发动、自查和检查、常委会审议、整改落实等四个阶段的具体要求。突出企业用工情况、职工教育经费提取和使用情况、优惠政策及扶持措施落实情况等检查重点,深入鼎胜铝业、鸿泰钢铁、宝华半挂、欧尚超市、易才人力资源等12家企业现场调研,了解掌握第一手资料,召开各镇、街道、园区座谈会,听取相关情况汇报,走访市相关职能单位,征求建议意见,全面检查《就业促进法》实施情况,形成了翔实的执法检查报告。常委会审议要求,区政府及职能部门要把《就业促进法》的贯彻实施与大力发展新兴产业结合起来,与加快城乡一体化发展结合起来,进一步加强法律的学习宣传,发展经济扩大就业,健全服务平台,加快人力资本培育,加大监督检查力度,全面改善京口的就业、创业环境。

(王　明)

【组织专项评议】 区人大常委会组织评议工作组,对教师绩效工资实施后队伍建设情况进行专项评议。评议前认真制订方案,成立工作班子,全面动员部署。评议中注重了解实情,与相关部门负责人、教师及学生家长进行座谈交流,在区人大代表和社区居民中开展问卷调查,查阅绩效工资实施情况相关资料,征求市教育局对京口区绩效工资实施后教师队伍建设情况的评价和意见、建议。召开评议大会,重点对教师绩效工资实施情况、师德师风建设、教育教学水平提升及教师培养培训情况进行评议,形成评议意见,要求区政府认真对照评议报告,抓落实,求实效,进一步完善绩效考评和奖惩机制,强化教师队伍管理,提高教师的专业水平和整体素质,实现京口教育均衡化、优质化发展。(王　明)

【“优化生态环境，建设宜居京口”主题活动】 以“优化生态环境，建设宜居京口”为主题，组织人大代表以小组为单位，集中开展主题调研月活动。各代表小组围绕宜居城区建设、城市汽车噪音污染、东部地区环境整治、饮用水源地保护等9个课题深入调研，广征民意，集中民智。《关于四牌楼街道建设宜居城区的视察报告》、《关于京口区废弃矿山环境综合整治工作情况的调研报告》、《关于谏壁地区区域供水问题的调查报告》等9份专题调研报告，提出了全面推进青山绿水工程建设，提高京口宜居指数等方面的建议40条，区人大常委会全部转交政府及相关部门作为工作参考。 （王 明）

【人大代表“送温暖”活动】 发挥企业界人大代表在构建和谐社会中的积极作用，组织开展送温暖活动，为29户低收入家庭助困、助学、助医，排忧解难。 （王 明）

【“十一五”人大工作回眸】 区、镇两级人大换届选举。自2007年8月开始，经历了换届选举的准备工作、宣传发动和选民登记核对、推荐和协商确定代表候选人、组织介绍代表候选人、投票选举代表、召开区镇两级新一届人大一次会议六个阶段，截至2007年12月29日，全区区、镇人大代表选举工作结束。这次换届选举，全区行政区域内总人口607806人，18周岁以上人口356380。经选举资格审查，登记选民356079人，其中外地转入选民56人；未列入选民名单357人，其中不能行使选举权利32人，停止行使选举权利12人，被剥夺选举权利21人，没有参加选民登记292人。设立区选举委员会、3个镇选举委员会、37个选举工作领导小组及其办公室，划分了138个选区，建立了136个选区选举工作小组，下达了应选代表名额212名。通过选民广泛提名推荐，共提出初步代表候选人1083名，是应选代表的5.2倍；协商确定正式代表候选人346名，是应选代表的1.6倍。在投票选举中，参选选民336188人，参选率94.4%，比上届提高3.9%；除2个驻镇部队选区表示不参加区人大代表选举外，136个选区组织了投票选举，一次选举成功的选区130个，占选举选区96%，二次投票的6个选区全部成功。全区共选举产生区七届人大代表210名。其中，来自基层的工人、农民、知识分子124人，占代表总数的59%；妇女65人，占31%；非中共党员70人，占33.3%；少数民族代表3名，占1.4%；大专以上文化程度185名，占88.1%；硕士以上学历的代表30名，占14.3%；连任代表61名，占29%；首次产生1名农民工代表。119个镇级人大代表选区，选举产生镇级新一届人大代表246名。其中，妇女68人，占27.6%；非中共党员90人，占36.6%；大专以上文化程度70名，占28.5%；连任代表66名，占26.8%。区、镇新一届人大代表的结构更加合理，代表素质有了明显提高。

出台贯彻实施监督法若干意见。2007年1月1日，《中华人民共和国各级人民代表大会常务委员会监督法》（以下简称《监督法》）施行，区人大常委会根据《监督法》有关规定和要求，结合全区实际，出台了《京口区人大机关贯彻实施〈监督法〉若干意见》。制定了听取和审议专项工作报告、执法检查、监督国民经济和社会发展计划和预算执行情况、监督预算调整等方面工作流程图，就监督内容、步骤、时间等提出具体要求。要求“一府两院”在常委会举行会议的20日前，将报告初稿送相关工作委员会征求意见；举行会议的10日前，“一府两院”确定报告人并提交报告正式稿；举行会议的7日前，办公室将报告发给常委会组成人员；“一府两院”对人大常委会交办的审议意见要在5个月内将研究处理情况的书面报告报送常委会，由常委会会议作出处理决定；办公室及时向代表通报，并向社会公布。

全面推进“一个载体、两项制度”建设。2007年初，区人大常委会组织赴句容、如皋等地学习考察，结合京口区实际情况，制定了创建“人大代表之家”的实施意见，并进行部署、督查。截至2007年底，全区2个镇、3个街道建立了“人大代表之家”，建有“人大代表之家”综合活动室、代表小组活动室、社区人大代表接待室，组织代表学习交流、视察评议、接待选民、向选民述职、结对帮扶、代表建议办理等活动。2009年，进一步明确为“一个载体、两项制度”建设，根据“全覆盖、重规范、求实效”的目标和要求，加强载体硬件建设，先后建成了代表之家17个（其中区代表小组代表之家8个，镇代表小组代表之家9个），在全区68个社区（村）建成了人大代表工作站和代表工作席。2009年7月10～16日，在全区范围内开展了人大代表接待选民周活动，在17个选民接待点，共接待选民693人次，收集七个方面意见建议共161条交区政府及有关部门办理。2010年组织175名代表接待选民482人次，其中6月份的集中接待选民周活动，收集整理了选民意见34条，及时交区政府研究处理，当年全部办结。全面推开代表向选民述职活动，截至2010年年底，区人大代表向选民述职率达到65%。在述职活动中，注重述职效果，不走过场，对述职大会的议程、代表述职内容、评议方式等方面进行规范。注意把好代表述职评议关。选民对代表履职情况分满意、基本满意、不满意三个档次进行测评，并当场公布测评结果，以此激励代表认真履职，发挥作用。 （王 明）

京口区人民政府

责任编校：郭　韵

综　述

【概况】　2010年，在市委、市政府和区委的正确领导下，在区人大和区政协关心支持下，区政府深入贯彻科学发展观，按照“苦干实干、争先争强”的总要求，创新克难，锐意进取，保持了全区经济社会持续、健康、快速发展，完成区人大七届三次会议确定的各项目标任务，实现了“十一五”圆满收官。（余华东）

【综合实力迈上新台阶】　实现地区生产总值260.46亿元，增长13.6%，人均6.76万元。地方财政一般预算收入突破10亿元大关，增长20.2%。现代服务业提速发展。完成服务业增加值160亿元，占地区生产总值61.6%，完成社会消费品零售总额139.91亿元，增长18.6%。八佰伴购物中心、镇江商业城购物广场开业，发展态势喜人。苏宁广场、财富广场等城市综合体建设进展顺利，国际饭店改造升格为五星级酒店，宜必思酒店开业，皇冠假日酒店封顶装潢，大市口中央商圈集聚辐射能力明显提升。欧尚超市繁荣兴旺，大润发京口店加快建设。信息服务业营业收入56.5亿元，服务外包执行额4746万美元。中储粮粮油、宝华危化品、恒伟食品、九泰药品等专业物流业加快发展。制造业加速升级。规模以上工业增加值、销售和利税分别增长15%、28.9%和38.6%。全区工业技改投入80亿元。鸿泰技改竣工投产。鼎铝技改规模不断扩大，科技含量不断提高。索普集团发展良好，谏壁电厂100万千瓦机组扩建项目即将投入使用。中储粮百万吨大豆压榨项目投料试产。绿洲新能源、科捷锂电池项目加快推进，海龙核材项目开工。投资3亿美元的爱励鼎胜铝业合作项目正式签约，即将开工建设，为构筑新兴产业发展优势奠定重要基础。生态高效农业稳步发展。投资10亿元的伊势蛋鸡项目成功签约，新民洲现代农业产业园加快推进，新增农村合作经济组织12个，入社农户705户。（余华东）

【发展活力明显增强】　投入持续增长，完成全社会固定资产投资186.84亿元，增长31.6%，增幅全市领先。完成实际到位外资8300万美元。投资结构优化，新兴产业投资15.6亿元，增长10倍；规模服务业投资95.9亿元，增长41.9%。科技创新水平提升，全社会研发投入占GDP比重2.4%。推进高新技术产业集聚区建设，完成大禹山创意新社区规划编制，建成创新创业载体4.3万平方米，京口高创中心升格为国家科技企业孵化器，新增学府科技园省级高创中心，归国博士园集聚效应显现，中煤电子建成全区第一家企业院士工作站，惠通集团、中福马机械、鼎胜铝业等3家企业建成省级工程技术研究中心。新增高新技术企业4家，完成高新技术产业产值77.03亿元，占规模以上工业比重31.1%。李溪博士入选国家“千人计划”，申报新一轮国家“千人计划”2人、省“双创计划”14人、省“科技创新团队”3个。申请专利950件，争取上级科技扶持资金2200万元。园区承载力提高，工业园区高创中心主体封顶，蔡家路开工建设，积极推进上隍路、338省道建设。新民洲被列入全市海洋工程装备制造基地，新民洲港务公司五万吨级公用码头开工建设，农民新社区、园区综合服务中心建设完成90%实物工程量。（余华东）

【改善民生成效良好】　城镇居民人均可支配收入和农民人均纯收入分别达23767元和11498元，分别增长10.1%和12.1%。为民办实事项目完成良好。突出大学生创业特色，全面推进创业型城市建设，建成创业孵化基地8个3.6万平方米，扶持创业9774人，新增注册资本217.1亿元，私营企业3032户，个体工商户6748户。健全就业帮扶机制，新增城镇就业10852人，转移农村劳动力733人。扩大社会保障范围，新增扩面11500人，安置被征地农民1362人。推进工资集体协商，组建劳动人事争议仲裁委员会，保障企业和职工合法权益。城乡低保标准统一提高，落实低收入群体物价上涨动态补贴政策。落实为老政策，按时足额发放"尊老金",建成居家养老服务平台。为248名特困残疾人实施助明、助行、助听康复行动,为110名重度残疾人免费实施生活护理服务,区残联荣获"江苏省'十一五'助残先进集体"称号。实施校舍安全工程,新建改造校舍2.53万平方米。加强校园安全防控,清理整顿无证幼儿园。社区卫生服务中心率先加入市康复、江滨两大医疗集团,实施基本药物目录制度,药品价格平均下降44.2%。谏壁镇社区卫生服务中心改扩建工程主体封顶,农村孕产妇住院分娩补助等四项公共卫生服务项目全面实施。完成新河街历史文化街区保护性开发规划编制,实现基层文化信息资源共享工程服务点全覆盖,剧本《如此智慧》获首届国家戏剧文化奖小型剧本类一等奖。

(余华东)

【城乡环境不断改善】 完成拆迁101万平方米,建设安置房40多万平方米,回迁安置1087户。做好征地拆迁工作,积极服务北部滨水区建设,保证了江滨大道东延、象山路、象山花园、御带河花园等市重点工程顺利实施。融资6亿元实施戴家湾、新生村、新华砖瓦厂、前官庄等城中村拆迁改造。拓宽改造雩龙公路,莺歌桥春节前竣工。推进房地产业持续发展,开工建设商品房145.8万平方米。综合整治弥陀寺巷、花山湾八区等30万平方米老小区,人居环境不断改善。推进环卫体制改革,组建保洁公司,消除保洁盲区。大城管考核始终保持优秀等级,全市领先。新建改造公厕13座、垃圾中转站4座。完成九里街、学府路菜市场升级改造。拆除违法建设4.4万平方米,遏制新生违建。建成斜桥街等4条市容示范路和香江花城、双井路等9个无乱涂乱画小广告社区。落实生态市创建任务,谏壁镇通过省环境优美乡镇考核。完成绿化造林203.67公顷,建设索普生态绿化带4.5万平方米,古运河、一夜河、玉带河等河流整治效果初显。连续两年实现全区范围秸秆零焚烧。积极推进"青山绿水"行动计划,建成花山古城遗址公园,合山整治完成征地拆迁。京口区荣获"全国地质灾害防治十有区"和"江苏省土地执法先进区"称号。

(余华东)

【社会和谐稳定不断巩固】 积极开展文明城市创建活动,完成第九届村民委员会和第四届社区居民委员会换届选举,开工建设象山镇左湖村综合服务中心。通过省"五五"普法终期考核验收。实现连续28年无责任退兵,荣获第九届省双拥模范区称号。完善应急处置工作机制,深入开展社会矛盾纠纷大排查大调解,圆满完成全国"两会"、世博会等重要时期维稳任务,再次荣获"全省信访工作'三无'区"(无进京集访和来省重复集访,无历史遗留信访案件,无因信访引发的有影响事件)称号。严格落实安全生产责任制,未发生重特大责任安全事故。开展食品添加剂、奶制品等专项整治,做好食品安全监管工作。完成全国第六次人口普查登记工作。组建区国有资产经营管理总公司。深入开展放心消费创建活动,大市口街道、大祥时尚街、八佰伴商场等荣获省级先进区域和先进单位称号。积极为镇江新区、辖区单位做好服务工作。

(余华东)

【行政效能进一步提升】 完成区、镇政府机构改革。全面推进行政权力网上公开透明运行,加强电子政务建设,深化行政审批制度改革,行政权力"挂起"421项。落实政府组成人员联系人大代表、与区政协工作情况交流等制度,自觉接受人大、政协的监督,办理人大代表建议123件、政协委员提案153件,答复率、满意率和基本满意率100%。落实政府常务会议学法用法制度,集中学习法律法规9部,提高科学决策和依法行政水平。认真贯彻《廉政准则》,加强对拆迁安置、国有资产处置、重大工程建设等重点领域监督,加强财政监督和审计监督,加大行政监察和责任追究力度,坚决纠正行业不正之风,从源头上预防和治理腐败。

(余华东)

重要会议

【2010年区政府全体(扩大)会议】 2010年区政府召开了两次全体扩大会议。

2010年4月15日,区政府召开全体扩大会议,区长郭建作《加快转变经济发展方式　强势推进新兴产业爆发式增长》的报告。报告要求全区上下主动利用当前经济形势对经济结构调整的倒逼机制压力,加快推进经济转型升级,努力形成新的经济增长点和竞争优势;"实现新兴产业爆发式增长"。进一步凝聚共识,落实措施,确保区委六届九次全会和区人大七届三次会议确定的各项目标任务圆满完成。报告简要分析了全区经济社会发展开局形势,在后危机时代,存在的机遇和挑战。强调下一阶段,要着力抓好三个方面。第一,强势推进新兴产业爆发式增长,实现倍增效应。要紧紧抓住招商、载体、人才、融资和政策这"五大要素",加快形成先发优势、品牌优势、规模优势、竞争优势,催化新兴产业质变爆发式增长。第二,加快推进城乡建设,努力早见效、出形象。加快重点项目启动。要更好更快推进拆迁安置。保持城管领先水平不断提升。第三,全力推进民生建设,促进社会和谐稳定。并要求从加强对科学发展观落实情况的监督检查,确保政令畅通;深化政务公开,推进阳光行政;贯彻《廉政准则》,推进政府机关惩防体系建设等三个方面,贯彻落实好国务院、省市政府对廉政建设提出的新要求。

2010年8月26日,区政府召开全体扩大会议,区长郭建作《狠抓转型升级　创造发展新优势》的报告。动员全区上下围绕转变经济发展方式这一主线,加快转型升级,创造发展新优势,确保圆满完成2010年和"十一五"各项目标任务,实现发展新跨越。报告分四个部分:一、2010年以来取得新业绩、面临新挑战。全区上下认真落实科学发展观,苦干实干,争先争强,经济社会发展呈现持续快速向好

京口区人民政府全体(扩大)会议

的态势。一批重点工作取得重要进展,在全市贡献更大、对长远影响更深。二、抢抓机遇,狠抓转型升级,创造发展新优势。当前及今后一个时期,是全区跨越发展的关键阶段,无论从国内外经济发展大环境大背景来分析,还是从京口自身发展要求来看,加快转变发展方式比任何时候都更加重要、更加紧迫。在下阶段工作中,要重点抓好认识到位、特色基地、大项目、升级改造、科技创新、人才队伍、服务业提升、税源经济等八个方面。三、统筹兼顾,狠抓落实,推进各项工作创先争优。积极推进"三大改造"和城乡管理,创新发展社会事业,维护和谐稳定局面,加强政府自身建设。四、大兴学习创新之风,提升引领科学发展能力和水平。打破传统的、习惯的、陈旧的思维方式,围绕经济、社会、城市的转型而转变,不断创新领导方法,提高驾驭科学发展的能力和水平。

(余华东)

【"十一五"发展回眸】 "十一五"期间,是京口区发展史上经历挑战最严峻、考验最多的时期,也是全区综合实力提升最快、城乡面貌变化最大、群众获得实惠最多的时期。在市委、市政府的正确领导下,全区上下深入贯彻科学发展观,认真落实各项宏观调控政策,积极应对各种复杂变化,解放思想,开拓创新,苦干实干,争先当强,有效化解国际金融危机冲击,推动了经济社会跨越发展,全面完成"十一五"规划确定的各项目标任务,率先实现全面小康省定目标值,为"十二五"发展奠定了坚实基础。

一、经济实力迈上新台阶。至2010年末,全区GDP突破260.46亿元,一般预算收入跨越10亿关口,分别年均增长14.2%和15.5%,高于镇江全市平均水平;人均GDP达67608元(约合9957美元),年均增长14.2%;5年累计完成固定资产投资560.7亿元,是"十五"期间的10.1倍。2010年实现定报工业销售261.85亿元、社会消费品零售总额139.91亿元,分别是2005年的3.96倍和2.4倍。

二、结构调整取得新进展。积极发展城市经济,服务业增加值占GDP比重提高14.8个百分点,三次产业占比逐步优化为0.56:37.85:61.59。建成八佰伴购物中心、百富商业广场等一批大型城市综合体,苏宁广场、财富广场、帝宝花园酒店、皇冠假日酒店等加快建设,商贸主中心地位凸显。高新技术产业产值年均增长30.5%,2010年达77.03亿元,占规模以上工业产值的31.1%。新兴产业发展迅速,2010年完成投资15.6亿元,增长10倍。搬迁转产高耗能、高污染企业28家,单位GDP能耗下降20%。京口工业园区、新民洲港口产业园区累计投资20.6亿元,建设亿元以上项目14个,集约集聚发展态势明显,特色产业基地初具规模。自主创新能力进一步增强,建成中煤电子院士工作站、鼎胜铝业博士后工作站、国家科技企业孵化器等一批高层次产学研平台,新增创新载体面积6万平方米,年专利申请量增长1.7倍,研发经费占GDP比重2.4%。

三、城乡面貌发生新变化。出台《关于加快城乡一体化发展的意见》、《京口区城乡统筹发展规划》,明晰了城乡一体化和加快城市化发展的路径。五年城乡建设累计投入86亿元,实施拆迁320万平方米,完成54%的城中村改造,建成安置房41.2万平方米,开发了一批现代化精品小区,区域形象明显改善。建成金港大道、谏辛公路等23条道路,完成燕舞桥改造工程,争取市级重点基础设施建设项目2个,建成污水处理厂、22万伏变电站等大型基础设施4个,全区道路里程增加45.8公里。大力推进"青山绿水"工程,整治黑臭河流8条,绿化覆盖率达43%,森林覆盖率达25%,人均拥有绿地达到16.6平方米,象山镇、谏壁镇通过"全国环境优美乡镇"省级考核。

四、民生水平得到新提升。城镇居民人均可支配收入达23767元,农民人均纯收入11498元,年均增长13.2%和12.5%;恩格尔系数38.8%,比"十五"末降低2%。五年来累计新增城镇就业26424人,转移农村劳动力总数达6770人,扶持创业4140人,城镇登记失业率降低0.2个百分点。2010年区本级民生支出3.16亿元,增长27.42%。整治花山古城遗址公园、建成恒顺实验小学、实施免费婚检优生筛查等实事工程,累计改造老小区26个190万平方米,全面实现社区办公用房"二次达标",荣获"全国和谐社区建设示范区"称号。率先实现城乡低保并轨,城镇养老保险、居民养老保险覆盖率达98.5%和80%,失业保险覆盖率99%,基本医疗保险、新型农村合作医疗保险实现全覆盖。

五、改革开放实现新突破。完

成新一轮政府机构改革，实施卫生系统人事制度改革，规范公务员、教师队伍津补贴制度，推进事业单位分类改革，干事创业活力得到充分激发。彻底化解集资兑付问题，完成企业改制64家，改制面85.2%，企业活力有所增强。五年累计合同到位外资7.6亿美元，实际到位3.7亿美元，分别是“十五”的1.4倍和2.2倍；2010年吸纳民资129.48亿元，净增私营企业1971家、个体工商户6022户，规模以上民营企业由2005年37家增加到2010年98家。

六、社会事业取得新进步。实现省级区域教育基本现代化，新建改造校舍6.17万平方米，建成全国社区教育实验区、省级义务教育均衡发展先进区、省级素质教育先进区，全区人均受教育年限达14.5年。高标准建成区疾控中心、卫生监督所等一批医疗卫生基础设施，稳步推进医药卫生体制改革，实现社区卫生服务网络全覆盖。社会文体事业繁荣发展，“魅力京口”影响力不断扩大，实现社区(村)体育设施全覆盖，圆满完成市下达十六、十七届省运会夺金任务。平安京口、法治京口建设深入推进，实现省社会治安安全区“六连冠”，再次荣获“省级双拥模范区”称号，社会和谐程度不断提高。（余华东）

法制工作

【概况】 2010年，区政府法制办紧扣全区中心工作，认真履行职责，进一步健全规范依法行政各项制度，集中清理行政执法权，采取有效措施，不断提高全区行政执法人员法律素养和执法水平，加大行政执法力度，在提高规范性文件制定质量、行政复议案件办理、行政首长行政诉讼出庭应诉工作的推进、依法行政的规范、法治政府建设等方面有了新的起色。（奚俊燕）

【健全依法行政配套制度】 为规范政府行政行为，确保行政权力规范运行，区政府把加强制度建设作为法治政府建设的重要内容，对涉及学法制度、科学民主决策制度、规范性文件监督管理制度、严格行政执法制度和行政行为监督制度五个方面的三十余项制度进行全面梳理。对其中颁布时间较长，已不适应现状的制度，重新进行制定颁布；对其中一直按照上级文件要求执行，但缺乏相应制度规范的行为，区政府要求相关部门及时制定制度，加以规范。2010年年底，区政府将所有依法行政配套制度汇编成册，并送发有关领导和部门，作为依法行政的依据。（奚俊燕）

【重视规范性文件制定和备案工作】 2010年，区政府高度重视规范性文件的制定和备案工作，区法制办草拟了《京口区人民政府规范性文件制定办法》和《京口区规范性文件备案审查工作规则》，经征求相关部门意见后形成草案，交区政府领导批阅后签发，作为全区规范性文件制定和备案工作的重要依据。2010年，全区共完成市政府征求意见稿14件，并协助市法制办在区召开了《镇江市市区烟花爆竹安全燃放管理办法》征求意见会，组织街道和社区工作人员参加讨论，提出的意见和建议受到市领导的高度重视。（奚俊燕）

【全面清理行政权力】 自6月份起区法制办组织各行政执法部门集中清理各自所有的行政执法权，编制权力信息表、自由裁量基准和权力运行外部流程图。全区21家行政执法主体共清理上报行政权力637项，其中在用权力216项、暂停权力421项。具体内容包括行政许可权42项，行政处罚权525项，行政征收权13项，行政强制权5项，行政审批权5项，行政给付权2项，行政奖励权1项，行政确认7项和其他行政权37项。9月底通过区政府门户网站“网上政务大厅”对社会公示，接受公众监督。（奚俊燕）

【加大行政执法工作监督检查力度】 年初，区政府下发了《京口区行政执法监督检查计划》，第二季度区政府法制办对全区行政执法单位的行政执法案卷和说理式行政处罚决定书进行了评查。全区21家行政执法单位参与了行政执法案卷评查活动。其中11家单位无完整结案的一般程序案件，另10家单位共报送行政执法案卷14本，内容涉及行政处罚、行政许可、行政审批、行政征收和行政监督检查等多个方面。案卷的整体质量与2009年相比有了明显提升。多数行政执法案件做到了事实认定清楚、证据确实充分、适用法律准确、程序合法、权利告知明确。但也有个别案卷仍存在法律文书遗漏有关项目、送达不规范、卷宗制作不规范等问题。12月下旬，区政府法制办组织对全区行政执法单位的2010年度依法行政工作进行评议考核。考核分为两个阶段，第一阶段由各单位以正式文件形式向区政府报送本年度依法行政工作报告。第二阶段由区政府法制办邀请相关领导参加，组成联合评查组，进行评议考核。考评结束后，以通报的形式将全区依法行政工作中好的做法进行宣传，不足的部分提醒改进，为下一年工作的开展提供借鉴。（奚俊燕）

【认真办理行政复议案件】 《中华人民共和国行政复议法实施条例》(以下简称《条例》)施行以来，区政府法制办严格办案程序，狠抓复议案件办案质量和效率，做到按照法定时限完成行政复议案件的受理、调查取证和法律文书送达等工作，坚持及时便民，公正维权，取得明显成效。截至2010年11月，区政府法制办收到行政复议申请两起。第一起是申请人对区信访局在网上作出的信访答复不服，通过挂号信的方式向区政府提出行政复议申请。经审查，区信访局的答复未直接涉及申请人的权利义务，不属于行政复议的受案范围，遂向申请人送达了不予受理决定书。第二起是申请人对区住建局颁发的房屋所有权证的行为不服，向区政府提出行政复议申请。区法制办多次与相关部门和工作人员沟通，最终促成区住建局主动撤销了该房屋所有权证，申请人也撤回了行政复议申请。（奚俊燕）

【积极推进行政首长行政诉讼出庭应诉工作】 2010年，京口区新受理行政诉讼案件16件，其中行政赔偿案件1件，上年结转1件，全部审结。其中开庭审理4件，行政负责人出庭应诉1件。3件行政负责人未出庭应诉的案件，被告均为公安京口分局。在案件开庭前，区法制办均发送了《行政负责人出庭应诉通知书》给公安京口分局，要求其负责人到庭应诉。在收到京口法院的《行政机关负责人出庭应诉统计表》后，区法制办及时与其取得联系，了解其负责人未出庭应诉的理由。之后，区法制办将公安京口分局列为行政机关负责人出庭应诉的重点联系单位，密切关注，适时跟踪案件发展，督促其负责人出庭应诉，以提高其负责人行政诉讼出庭应诉率。 （奚俊燕）

【加强对行政执法工作人员的管理】 为提高行政执法人员法律素养和执法水平，京口区从建立健全制度入手，建立了行政执法人员的培训考核与资格管理制度，在培训考核的基础上，对行政执法人员进行资格认证。2010年初，区法制办对全区300余名行政执法人员的行政执法证件进行注册登记，凡已不在原岗位的一律收回执法证件，统一注销。区法制办组织行政执法岗位上的新手和已有行政执法证件需年检注册的工作人员，统一参加全区法律知识考试。考卷由区法制办印制，发给各行政执法单位，各单位自行组织考试，由区法制办统一评分，考核合格人员方可取得行政执法证件，确保行政执法人员公正、文明执法。每年第四季度如期进行全区领导干部和公务员“五五”普法考试。 （奚俊燕）

【“十一五”期间全区法制工作】 自2006年以来，京口区政府深入落实国务院《全面推进依法行政实施纲要》、《关于加强市县政府依法行政的决定》，在规范政府行政行为、严格行政执法、完善行政执法监督、增强行政机关领导干部及其工作人员依法行政的能力和水平等方面，做了大量的工作。一是行政执法案卷质量明显提升。每年区法制办都组织联合检查组，对全区行政执法案卷进行评查，从开始的案卷材料不全、装订不规范，到2010年止，全区多个部门在省、市案卷质量评比中获奖。京口区行政执法案卷质量的不断规范，推动了行政执法水平的进一步提升。二是行政执法人员素质明显提升。区法制办每年对行政执法证件进行年检，对持证人员进行培训考核，考核通过者才能取得执法证件，通过这五年的培训考核，全区行政执法人员的法律素质有了明显提升。三是行政首长出庭应诉率达到100%。自2007年以来，市政府要求行政诉讼行政负责人必须出庭应诉，区法制办加强监督，紧密联系各相关单位，使京口区的行政诉讼行政负责人出庭应诉率由原先的80%，逐步提升至2010年的100%。 （奚俊燕）

爱励国际和鼎胜铝业“交通运输用高强度大规格铝合金板带”项目签约仪式

外事及港澳台事务

【概况】 2010年，京口外事工作以“苦干实干、争先争强”为主基调，按照“统一领导、归口管理、分级负责、协调配合”的原则，紧紧围绕外事工作服务经济这一中心，不断拓展对外交往的渠道，不断完善外事工作的管理制度，以对外宣传、境外招商为抓手，细化举措，主动作为，确保了全年涉外管理工作的平稳有序。全年成功开展有规模、有成效的招商活动30余场次，其中，赴澳大利亚、新西兰、日本及中国香港地区招商4次。成功签约总投资3亿美元的日本伊势蛋鸡、投资约36亿元人民币的爱励国际和鼎胜铝业“交通运输用高强度大规格铝合金板带”2个大项目，其中爱励国际客商受到省长罗志军的亲切接见，切实有效地推进了项目建设。同时，法国阿雷蒙、中信香港、冷藏车等一批项目也在积极推进之中。全年接待了爱励国际、日本伊势株式会社、台湾省嘉南农田水利会、美国MPX等60余批次来访客商团组。

印发《关于加强申办邀请外国人来华所需材料备案工作的通知》，进一步规范邀请来华人员工作流程。为镇江鼎胜铝业股份有限公司、镇江彬彬出口有限公司、镇江强凌电子有限公司等企业，备案境外来华人员15批19人次，涉及孟加拉、土耳其、爱尔兰、荷兰等国家。 （余华东 徐 丹）

侨 务

【概况】 2010年，京口区侨务工作紧紧围绕全区中心工作，坚持“以人为本”的工作理念，认真贯彻

"凝聚侨心、汇聚侨力"的工作思路,求特色、创典型、树品牌,侨务工作取得了新的成绩。区侨办在深入基层开展调查调研的基础上,明确"三个贴近"的指导思想和三个方面的重点工作。努力贴近中心促发展、贴近侨情办实事、贴近职能求突破,重点做好整合侨情资源,树立"大侨务"工作观念;加强侨务宣传,推动社区侨务工作新发展;优化服务环境,探索为侨服务新机制。充分发挥侨务优势,在为经济建设服务、为构建和谐社会服务方面,作出了应有的贡献。（陈志慧）

【侨法宣传活动】 2010年是"五五"普法的终期考核之年,也是《中华人民共和国归侨侨眷权益保护法》(以下简称《保护法》)颁布实施20周年,京口区以此为契机,充分利用和发挥"五五"普法大平台、大机制的效能,组织开展了一系列形式多样的侨法宣传活动,依法护侨、维护侨益的法治氛围更加浓厚。坚持从实际出发,制定《京口区纪念侨法颁布20周年宣传工作计划》,抓部署、抓推进,宣传在依法护侨、为侨服务和凝聚侨心、汇集侨智、发挥侨力等方面的工作和成效。依托"侨法宣传角",广泛开展"侨法在我身边"主题宣传活动。阳光世纪花园社区首家在社区网站专门开设"侨法"宣传专栏,进行"侨法在我身边"侨法宣传,以及社区侨务工作专题宣传活动,侨台艺术团走进江苏卫视综艺频道"社区总动员"栏目。区侨联把宣传和学习《保护法》作为侨联系统普法教育的重要内容,在利用京口电台、《京口电子日报》、《京口信息》等阵地进行广泛宣传的基础上,认真开展"四个一"活动:举办一场侨法座谈会。召开侨届人士座谈会,交流侨法宣传的经验和体会;组织一支侨法宣传队。组织辖区法律志愿者与重点社区结队,开展普法宣传和法律援助;制作一期侨法宣传栏。各乡镇、街道和重点社区专门制作一期图文并茂的侨法宣传栏,悬挂宣传横幅、张贴标语,面向社会宣传侨法;开展一次主题实践活动。组织开展"侨法进社区"主题实践活动,各乡镇、街道、村、社区结合自身实际,开展形式多样的宣传活动,广泛深入宣传侨务法律法规和涉侨政策,进一步营造爱侨、护侨、为侨服务的和谐环境,扩大了宣传覆盖面,增强了教育的有效性。（陈志慧　李　静）

【推进社区侨务品牌建设】 建立健全侨务工作志愿者队伍,开展针对性为侨服务活动。社区涉侨联络联谊站定期组织开展适合侨眷特点的各类活动,为社区归侨、侨眷提供帮助和所需服务。女儿在加拿大工作的侨眷张小亭,主动为社区赠送体育活动设施,为居民锻炼身体提供方便。"社区为侨"和"侨为社区"两个服务双向互动,社区侨务工作又增添了新的外延和内涵。阳光世纪花园社区2010年荣获省侨办"五五"普法奖,并在全省侨务系统工作会议上作了经验交流。（陈志慧）

【侨务工作服务经济】 认真做好"2010华侨华人专业人士创业发展洽谈会"对接工作。成立对接工作小组,成员由区侨办、科技局、商务局三个部门和相关职能科室人员组成。明确了侨办牵头、科技局组织推介、商务局招商跟进的基本职责,落实了飞格光电、中煤电子等五家企业进行"无线传感网络技术的开发及应用"等项目的对接,精英软件的"多维电子输入输出装置的信息系统"项目和日本的李宏国博士签约。（陈志慧）

【创造条件为侨胞创业服务】 积极创造条件,优化环境,为侨港资企业发展壮大做好服务工作。两位美籍华人在京口软件园投资创业,成立了纽津软件、灵芯软件两家公司。政府积极为两家企业营造"低成本、高标准、最优质"的创业基础设施。两家企业入驻后,几乎零成本拥有了标准化办公区、百兆宽带、软件开发平台、软件测试平台等优质的研发环境。并且政府科技部门知识产权服务中心和企业重点挂钩,一对一的提供知识产权保护、体系认证、项目申报等服务,为企业创造了良好的投资环境。（陈志慧）

【维护侨益】 开设侨台"维权室",依法维护侨界群众的合法权益,努力做好为侨服务工作,当好侨胞侨眷的代言人。积极开展"送温暖、送卫生、送文化、送医疗、送侨法"等多种关爱活动,整合资源,为侨届群众举办健康保健知识讲座,组织医疗人员为侨届空巢病人上门义疹,使归侨侨眷关爱工作经常化、制度化、社会化,形成长效工作机制。2010年,处理归侨侨眷来信来访10人次,为侨眷解决实际问题1件,协助解决经济纠纷1起,走访慰问困难归侨侨眷5人次,发放慰问金2000多元。（李　静）

【大力开展关爱工程】 真情温暖海外侨胞,春节寄送贺卡,定期走访重点归侨侨眷、侨属企业,尤其对困难归侨侨眷给予更多的关注。关爱贫困学生,对日本三江会馆华侨捐赠的资金进行管理,同时细化捐助方案,严格审批程序,确保每一笔资金都发放到贫困学生手中。11月,区内52名贫困学生参加"同在蓝天下,共沐爱的阳光"爱心捐助活动,再次接受了捐资助学金1万余元。江科大社区为儿子在澳大利亚工作的陶祖驷老人过八十大寿,9月6日《镇江日报》、《京江晚报》作了专题报道。（陈志慧）

【加强联谊】 每逢重大节日,依托社会力量和资源,开展座谈会、联欢会、联谊会等形式多样的联谊活动,为归侨、侨眷、留学生亲属及各界人士搭建起沟通信息、相互服务、增进了解共同发展的平台。正东路街道侨联、高桥北社区侨联分别在元旦、春节前夕召开联欢会、茶话会,区侨联还组织侨界人士代表参加区社会各界人士迎新春茶话会、中秋国庆招待会等,使他们进一步了解全区经济、社会事业的发展,激发广大归侨侨眷的爱国热情,增强侨联组织的凝聚力、向心力。（李　静）

【组织建设】 按照"扩大覆盖面、增强凝聚力"的总体要求,把推进街道、社区侨联组织建设,作为开展基层侨联工作的抓手,区侨联主

大市口街道高桥北社区第一届归侨侨眷代表大会

动深入各乡镇、街道、重点社区进行广泛深入调研和讨论交流,进一步统一思想,提高认识,并结合京口地域实际,确定了试点街道、社区。试点单位负责人积极响应,整合侨力资源,邀请辖区侨界的老领导、老专家、老干部搭建工作班子,落实宣传引导工作,开展加强基层组织建设的前期各项准备工作。2010年7月,区侨联先后成立了大市口街道高桥北社区侨联、正东路街道侨联,使之成为团结侨届群众,充分凝聚侨心,为构建和谐京口发挥积极作用的群众组织。基层侨联组织成立后,积极响应中国侨联"组织起来、活跃起来"的号召,充分发挥作用,组织开展健康知识讲座、座谈会、联谊会、文艺演出等丰富多彩的活动,使侨联基层组织真正成为热情为侨服务、参政议政、海外联谊、维护侨益的组织者、推动者和实践者。　(李　静)

【省侨办主任视察京口区社区侨务工作】 4月,省侨办主任钱兴荣视察京口区社区侨务工作,他在参观四牌楼街道江滨新村侨园和阳光世纪花园社区侨务工作后,对京口区社区侨务工作的成绩给予充分肯定。　(陈志慧)

【举办侨务知识培训班】 加强培训,不断提高干部素质。针对全区干部人事调整,人员变动较大的特点,区侨办于6月份举办侨务知识培训班,全区侨务干部集中听取了市侨办主任许宝庆的侨务知识讲座。培训班从侨务工作定义、新时期海外侨情与特点,以及侨务工作的地位、作用、发展新机遇等七个方面,对学员进行侨务知识内容的系统培训,提高了全区侨务干部的业务水平,并使他们了解市、区的基本侨情。　(陈志慧)

【"十一五"侨务工作回顾】 "十一五"期间,京口区侨务工作紧紧围绕区委、区政府的中心工作,坚持在工作中创新,在创新中发展的工作思路,进一步解放思想,开拓进取,始终把贯彻落实《侨法》作为依法护侨的根本,在督促《侨法》实施、维护侨胞权益、凝聚侨心、争取侨力等方面做了大量的工作。社区侨务工作取得显著成绩,抓学习求共识、抓组织强基础、抓典型树品牌的做法得到上级部门的肯定。四牌楼街道和健康路街道先后荣获"全国社区侨务工作先进单位"称号,正东路街道获"全省侨务工作先进单位"称号。2008年,四牌楼街道再获国侨办授予的"全国'五五'普法'侨法宣传角'"。2009年10月21日区侨联召开全委会,按照《侨联章程》规定的程序,选举李静为区第三届归国华侨联合会主席。2010年,区侨联荣获"省侨联系统基层组织建设先进单位"称号。　(陈志慧　李　静)

机关事务管理工作

【概况】 2010年,机关事务服务中心在区委、区政府的正确领导下,始终坚持以邓小平理论和"三个代表"重要思想为指导,围绕区委、区政府的中心工作,全面落实科学发展观,认真贯彻党的十七届五中全会精神,以"三服务一提升"(服务发展、服务基层、服务群众,提升机关效能)为目标,着力加强节约型机关、和谐机关建设,全体干部职工开拓创新、扎实工作、团结奋进,为全区各项工作顺利完成提供了坚强的后勤保障。

(机关事务服务中心办公室)

【大力推进公共机构节能管理】 机关事务服务中心以贯彻落实《公共机构节能条例》和《江苏省公共机构节能管理办法》为重点,完善制度、强化管理,推动公共机构低碳运行,促进节能工作再上新台阶。进一步完善电、水、汽油、天然气能耗统计和报告制度,建立统计台账。组织开展形式多样的节能宣传活动,利用广播电台、《电子日报》、区政府LED显示屏等多种载体,同时,通过在机关会议室、洗手间等公共场所和各个服务窗口张贴节约能源提示标牌等方式加大公共机构节能宣传,营造了机关节能的浓厚氛围。

(机关事务服务中心办公室)

【强化会议服务保障和食堂管理】 加强会议设施设备管理,坚持先登记后使用的原则,做好会前准备和工作衔接。要求工作人员做到提前30分钟到岗,卫生、音响、会标、灯光等工作提前半天准备完毕,全年承接各种大小会议200多场。食堂管理严把"三关":一是物资采购关,在进货过程中,货比三家,对大宗食品进行定点采购、直接采购,减少中间环节,节约支出;二是成本管理关,针对食堂就餐人员的不确定性,食堂后厨按人数炒菜,按批次炒菜,减少浪费;三是卫生安全关,餐具每日高温消毒,餐厅每日认真清扫,为机关干部职工创造一个宽敞明亮、整洁安全的就餐环境。精心安排每次会议用餐、接待用餐，全年接待兄弟县市区友好城区以及海内外客商1000多人次。

（机关事务服务中心办公室）

【推动后勤管理水平稳步提升】 制定单车每公里油耗标准和奖惩制度，加强车辆变动信息化管理。加强机关大院中心广场绿化养护管理，全年对草坪修剪50余次，大楼内部公共面积部分实现了全天候保洁，为所有工作人员提供舒心的工作环境。对机关大楼设施设备的维修保养日常化，维修水、电、电话、桌椅、门窗2500多次，清运垃圾200多吨。有力地保障了机关工作协调运转，受到机关各单位的普遍好评。

（机关事务服务中心办公室）

【努力提升接待工作水平】 严格招待费管理，始终坚持能省即省的原则，不搞形式主义，不铺张浪费，努力为区委、区政府管好家，理好财。2010年机关事务服务中心接待和参与接待重要领导及中外客商80多批次，2000余人，精心组织了德国爱励铝业、商飞集团、青海城西区党政代表团等大型接待活动，协助市接待办组织参与了全国医改工作会议的接待工作，较好地宣传展示了京口区又好又快发展的新形象。

（机关事务服务中心办公室）

【认真做好廉租房和住房补贴发放工作】 政府机构改革后，为保证廉租房工作的连续性和稳定性，机关事务服务中心继续承担了此项工作。年初认真组织对全区低保和低收入家庭申请人员的全面调查，严把政策关，努力做到公平、公正。对廉租户实行严格的动态管理机制，全年为715户廉租房低保户发放住房补贴174余万元，实现“零差错”。精心组织了2次廉租住房抽签配房大会，对全区42户住房困难家庭实施实物配租。配合省政府“十二五”规划制定圆满完成对低收入、外来务工、新就业人员等3500户困难家庭的全面调查。

（机关事务服务中心办公室）

【“十一五”机关事务管理工作回顾】 2006年以来，机关事务服务中心大力推进公共机构节能降耗工作，致力于不断完善机关硬件设施。2006年投入480万元，对机关十楼两个会议室重新装潢；2007年投入100多万元，对两部电梯进行更换，投入22万元对政府大楼实施夜景亮化工程，同年还对政府接待室进行改造装潢。五年中按照“从简、从细、从严”的六字方针，精心安排、热情服务，圆满完成接待任务2000多人次，其中接待国务院领导1次，省市县区级领导近50次，友好区互访10余次，与区商务局合作承办外宾接待25次。其中比较重大的有第一楼街步行街、爱励鼎铝开工仪式。协助完成区每年一度的金秋经贸洽谈会和重大项目集中开工仪式。组织区党政考察团赴青海西宁、苏、锡、常等地学习考察等大型活动和重要会议的后勤服务工作上百次。认真做好市区廉租住房户保障的申请、审查、登记工作，建立了廉租住房电子档案系统、廉租住房保障工作动态管理机制和镇、街道、区本级7个申报工作窗口。该项工作多次获得市房管局表彰。

（机关事务服务中心办公室）

◆资料链接◆

古泮泉　　韦鹏　摄

古泮泉

位于江苏省镇江市京口区健康路街道梦溪社区东门坡。

北宋元祐年间（1086—1094），润州郡宋林希凿井，井栏刻“泮泉”两字，故名，井深三丈。有一对井栏，均呈八角形，一为白大理石井栏，高0.34米，口径0.46米；一为青石井栏，每边长0.18米，高0.44米，口径0.55米。下共一井穴。井之西有一碑，楷书“古泮泉”三字，并小楷字14行，行11字，记载泉的历史源流，为明代万历年间（1573—1620）丹徒知县庞时雍撰书。

现为市级文物保护单位。

政协京口区委员会

责任编校：郭　韵

综　述

【概况】 2010年是京口决胜“十一五”、谋划“十二五”，实现跨越发展的关键之年。在市政协的指导下，在中共京口区委的正确领导下，区政协紧扣“全力推进整体城市化”这一主题，高扬“苦干实干、争先争强”的总基调，切实履行政治协商、民主监督、参政议政三大职能，各项工作取得了新进展，为促进全区经济、政治、文化和社会事业发展作出了积极贡献。2010年区政协共召开5次常委会议，8次主席会议。

区政协七届委员会设有中共、工商联、教育、科协科技、医疗卫生、农业、经济、工会、共青团、妇联、侨联台联、新闻出版、文艺体育、民族宗教、特邀、社会科学、无党派17个界别。七届三次全会委员规模为190人。七届常委会下设“一办五委”，即办公室、提案委员会、学习和法制委员会、经济和科技委员会、社会事业和海外联络委员会、文史资料委员会。

（王　炳）

重要会议

【区政协七届三次全委会议】 中国人民政治协商会议镇江市京口区第七届委员会第三次会议，于2010年1月4～7日举行。出席会议的有区七届政协委员190名，区有关部门负责同志14人应邀列席。区委、区人大、区政府的领导同志出席开幕式和闭幕式，并在主席台就座。会议听取和讨论区委主要领导讲话；听取和审议了政协镇江市京口区第七届委员会常务委员会工作报告和提案工作情况的报告；列席了京口区第七届人民代表大会第三次会议，听取并讨论《政府工作报告》和其他有关报告；选举曾强同志为京口区七届政协秘书长。会议认为，2009年，区政协以党的十七大和十七届四中全会精神为指导，深入贯彻落实科学发展观，紧紧围绕区委“一个高于、两个突破、三个提升”的奋斗目标（主要经济指标增幅高于全市平均水平；在大项目建设上实现新突破，在“城中村”“老城区”改造上实现新突破；提升服务业贡献份额，提升科技创新水平，提升城乡环境质量），带领全体委员，团结社会各界人士，注重民生，真情履职，较好地完成了区政协七届二次会议确定的各项任务，为促进全区经济社会又好又快发展作出了积极贡献。会议同意常务委员会提出的2010年工作的指导思想和主要任务，要求认真组织实施。会议认为，郭建区长所作《政府工作报告》对过去一年政府工作的回顾总结全面客观，实事求是；分析形势冷静清醒，准确深刻；提出的工作目标思路清晰，积极稳妥，充分体现了科学发展观的要求。会议号召，全体政协委员和各界人士，要高举

市政协主席郭礼荣（左二）率队视察区政协工作

中国特色社会主义伟大旗帜，在中共京口区委的坚强领导下，始终保持奋发有为的精神状态，进一步增强主动对接的作为意识、服务大局的帮衬意识、投身发展的参与意识，凝聚发展之力，激发人和之气，持续打造责任、亲民、活力、自律政协新形象，为推进政协事业全面发展进步，为实现京口决胜"十一五"、加速一体化再创佳绩、再立新功。 （王 炳）

区政协在"百名委员科技行"主题活动中举办校企合作项目签约仪式

【区政协七届常委会议】 2010年区政协共召开5次常委会议。1月19日下午，区政协七届十一次常委会议在政协常委会议室召开，政协常委会组成人员出席会议，各委办负责人以及各专业组组长列席会议。会议讨论并通过了政协2010年工作要点、主要工作计划以及"百名委员科技行"主题活动实施意见。区政协主席贾国祥参加会议并讲话，区政协副主席朱长龙、谢志荣、姜厚荣、陆春生、沈成钧以及秘书长曾强参加会议。

4月26日下午，区政协七届十二次常委会议在京口工业园管委会会议室召开，会议协商通过了相关人事任免事宜，听取了工业园区新引进项目建设情况和区科技局工作情况通报，并向科技局反馈了民主评议前期走访调研情况，部分政协委员还就学习全国"两会"精神进行交流。区政协主席贾国祥参加会议并讲话，他充分肯定了京口工业园和科技局所取得的成绩并就充分发挥委员主体作用提出四点要求：一是加强组织领导；二是规范履职行为；三是用好活动载体；四是优化履职环境。区政府副区长陈跃生在会上介绍了全区科技工作情况，并就科技局配合开展好民主评议工作提出要求。区政协副主席谢志荣、姜厚荣、陆春生、沈成钧以及秘书长曾强参加会议。

8月5日下午，区政协七届十三次常委会议在政协常委会议室召开。会上，常委们听取了全区上半年经济运行、2009年财政决算及2010年上半年财政预算执行情况、审计工作情况通报，邀请市国税三分局、地税二分局介绍全区上半年税收征管情况，并提出建议。区政协主席贾国祥参加会议并讲话。他指出，上半年全区在宏观形势仍然严峻的情况下取得一定的成绩，经济平稳较快发展，服务业、新兴产业高位增长，项目建设有序推进，财政收入稳定增长。针对下步工作，贾主席分别从宏观和微观两个方面提出建议。宏观方面，一是要处理好加速发展和防范风险的关系。二是要处理好新兴产业和传统产业的关系。三是要处理好引进高层次人才和实用人才的关系。微观方面，首先，产业结构调整既要重视科技型、环保型、低碳型经济，也要关注对财税的贡献率。其次，进一步重视和加强护协税工作，强化协调税收工作的水平。第三，进一步关注审计队伍建设，建议审计局发挥中介机构的作用，平衡审计力量不足的矛盾。区政协副主席朱长龙、谢志荣、姜厚荣、陆春生以及秘书长曾强参加会议。

10月15日上午，区政协在常委会议室召开七届十四次常委会议。会议听取并讨论了副区长陈德福关于政协七届三次会议以来提案办理情况的通报，就2011年政协工作征询了常委的意见，王玲、张宁生等五位常委在会上述职。区政协主席贾国祥参加会议并讲话，他充分肯定提案办理工作以及常委述职工作所取得的成效，针对下步工作提出了具体建议。会议结束前，贾国祥就政协四季度工作提出三点要求。一要进一步抓好调研成果的转化工作。通过调研报告和建议案的交流、反馈以及督办工作，力求使调研成果进入决策层的视野和决策程序，转化为党政机关的决策措施。二要认真梳理，确保2010年工作任务的全面完成。要对照全年工作要点，认真梳理，对尚未完成的工作任务抓紧完成；对一些重点工作任务和薄弱环节，要逐项检查，责任到人，狠抓落实。三要认真总结，精心谋划，理清2011年工作思路。认真抓好各项工作总结，为七届四次全会的召开做好准备。区政协副主席朱长龙、姜厚荣、陆春生、沈成钧以及秘书长曾强参加会议。

12月24日下午，区政协七届十五次常委会议在政协会议室召开。会议协商通过委员调整事宜，听取七届四次会议筹备工作情况的通报，对政协《常委会工作报告》和《提案工作报告》进行讨论和修改。会议决定，区政协七届四次全会于2011年1月10日下午～13日召开，会期三天半。会议还就七届四次全会议程、日程安排等事项作出决定。区政协主席贾国祥参加会议并讲话，他对政协《常委会工作报告》和《提案工作报告》提出修改意见，并对政协近期工作提出三点要求，一是全力以赴组织好全委会的各项工作。二是全力以赴组织好新年度第一次常委会议。三是全力以赴组织好明年主题活动方案的拟订工作。区政协副主席朱长龙主持会议,区政协副主席谢志荣、姜厚荣、陆春生、沈成钧,秘书长曾强,政协各常委、委办主任、专业组组长等参加会议。

重要工作

【政治协商】 会议协商成效明显。利用会议这一主要议政协商形式,围绕中心工作,开展各种协商活动,形成了全体会议整体协商、常委会议专题协商、主席会议重点协商、专委会对口协商的议政协商格局。议政协商做到了会前有调研,讨论有重点,建议有措施,提出的意见建议受到区委、区政府的高度重视。在2010年年初的全委会议上,创新举办专题议政会,围绕"科技兴区、科技兴企"、"城市建设中拆迁安置问题"、"打造东部地区休闲观光农业基地"三个专题,请政协委员建言献策,请区政府相关领导倾听委员意见,并逐一进行点评和交办,收到良好效果。坚持对全区经济建设和社会发展中的重要决策、重大问题进行重点协商,为党委政府科学决策提供参考。围绕"十二五"规划编制工作,深入基层开展调查研究,并利用区政府、政协工作情况通报会平台进行协商,提出了经济发展要重点打造"一体、两链、三区、四基地"的建设("一体"是指城市经济体;"两链"是指航空配套产业、海工装备制造两大产业链;"三区"是指创意新社区、南园区、北园区;"四基地"是指航空产业基地、新能源新材料基地、仓储物流基地、海工装备基地。),民生方面提出了要更加注重创业就业、加强社区管理和服务等建议,所提意见被吸收到京口区"十二五"规划中。积极参加市政协组织的"我为'十二五'献一策"等调研交流活动,结合全市发展现状,提出了《超常思维、创新举措,推进新兴产业爆发式增长》的建议。 (王 炳)

【民主监督】 结合"百名委员科技行"活动,开展了对区科技局的评议工作。评议中,成立了领导班子和工作班子,采取走访、座谈、问卷调查等形式,全面了解全区科技工作现状,深入分析存在的不足,提出具体意见和建议10余条。区科技局对照评议意见,认真进行整改,评议取得了预期的效果。针对全区注册商标数量少、质量低、品牌少的实际情况,就品牌商标工作进行专项评议,形成《关于商标品牌创建工作的建议》,提出"政府引导、部门协调、企业争创、社会支持"的品牌创建思路,为相关部门制定改进措施提供了参考依据。为加强民主监督,建立了委派与选聘相结合的监督员选派机制,共派出48位政协委员担任27家执法、执纪部门的监督员,有效推进了部门的公正执法和行风建设。 (王 炳)

【视察调研】 全年围绕老小区整治、拆迁安置、交通基础设施建设、商业步行街经营业态、社区管理、为民办实事、拆迁大会战等工作,开展专项视察10余次,提出意见和建议80余条。坚持从全区经济社会发展的阶段性特点入手,以专委会为依托,集思广益,精心选题,认真开展专题调研。重点围绕全民创业、三大改造、新能源产业基地、社区建设四大课题进行深入调研,并形成了《构筑四个平台、再推全民创业》、《关于城市大拆大建后社区建设与管理的调研报告》、《关于我区三大改造工作中存在的几个问题及建议》、《关于我区新能源基地建设的调研报告》4份调研成果。报告提出的建议多数被区委、区政府和相关部门采纳,尤其是《关于我区三大改造工作中存在的几个问题及建议》具有很强的针对性,对解决相关问题有着现实指导意义。 (王 炳)

【提案工作】 狠抓提案办理环节,建立政府、政协领导联合督办提案制度,坚持专委会走访提案办理大户制度,努力做到重点提案有督办,承办单位有走访,件件提案有回音。同时加强联络沟通和跟踪反馈,督促承办单位主动与提案委员进行联系,进一步征求委员意见,自觉接受监督,办案效果明显增强。七届三次会议以来的153件委员提案全部办复,委员满意率和基本满意率100%,提案中所反映问题已解决或正在解决的达90.2%。 (王 炳)

【主题活动】 围绕加快全区产业结构调整和全力打造高新技术产业集聚区的战略部署,以发挥科技创新在"调结构、促转型"中的先导和支撑作用为目标,组织全体委员,历时10个月,开展"百名委员科技行"主题活动。精心谋划,周密安排。年初制定了"百名委员科技行"主题活动的实施意见,明确了活动的指导思想、目标任务、活动步骤及有关要求,并细化了具体活动方案,成立了政协主要领导挂帅的"百名委员科技行"活动领导小组。扩大宣传,浓厚氛围。邀请全区科技型企业和相关部门负责人参加"百名委员科技行"动员大会,并书面征求意见建议,拉开了科技行活动的帷幕。先后举行科技创新专题讲座、科普巡回展览、辖区企业科技产品展、科技创新论坛,并组织委员深入企业、基层,宣讲科技创新有关政策法规,营造了声势,浓厚了氛围。同时,组织部分企业负责人,考察镇江科技新城、京口区高创中心、中煤电子等一批科技企业,参观上海世博园,进一步开阔眼界,激发企业的创新主体意识。深入调研,掌握实情。全体委员分成10个小组走访全区所有镇、街道和园区,走访辖区内的高等院校,走访名通科技、正恺电子等50家企业。有的组还深入社区、农村进行调查研究。通过大量的走访座谈以及问卷调查等,掌握了基层科技工作的现状、辖区高校的科研成果信息,以及企业在科技创新方面存在的问题、需求等,增强了科技行活动的主动性和针对性。力促转型,务求实效。积极与区政府及有关职能部门沟通,参与和推进政府与高校建立科技信息服务平台。与市、区科技部门联手,收集整理并向企业发放江苏大学、江苏科技大学科研成果目录汇编。与高校对接恳谈，举办校企合作项目签约仪式，推动区内10家企业分别与江苏大学、江苏科技大学签订了合作意向。召开区政府、政协和相关部门参加的“科技行”情况通报会，会上，对活动中提出的意见和建议，区政府十分重视，予以交办。区委对“科技行”活动给予高度评价，区委书记胡宗元在“百名委员科技行”活动情况的报告上作出批示：“政协‘百名委员科技行’活动，抓住了当前创新发展的关键，是落实转型发展、科技先行的具体体现。对存在问题的分析有深度，提出的意见建议有针对性。请各相关部门认真研阅，切实做好相关的整改工作，不断提升京口科技创新的水平与成效。”2010年8月，作为唯一一家基层政协，区政协应邀参加了全国政协欧洲艺术考察汇报展开幕式，并受到贾庆林等中央领导同志的亲切接见。（王　炳）

【联络联谊】 组织召开区政协第四届联谊会第二次会员大会和社会各界人士中秋联谊会，进一步激发了社会各界人士为京口和谐发展献计出力的热情。加强与辖区市政协委员的联系，邀请他们视察调研京口工作，通过他们反映京口情况，帮助解决京口发展中的难题。加强与政协组成单位的联系，联合区工商联举办企保对接会，让辖区企业与担保公司座谈交流，为中小企业融资牵线搭桥。还与其共同组织开展“暖冬爱心大行动”，义卖筹资10万元，资助125户贫困家庭。密切与人民群众的联系，积极反映群众呼声，通过报送社情民意信息，解决了谏壁公园路交通拥堵损毁等一批民生问题。（王　炳）

【宣传工作】 充分利用各级报刊、网站和政协刊物等渠道，大力宣传京口政协工作和全区经济社会建设取得的成果，全年在市级以上刊物、网站发稿30余篇，其中国家级3篇。开通京口政协网站，创办《镇京协办通报》，丰富了政协宣传工作的载体。参加七省（市）区县政协工作研讨会第十九次会议，赴如皋、如东等地政协学习考察，接待丹阳、辽宁盘锦等兄弟政协来访十余批次。与湖州市吴兴区政协联合举办江浙中国书画名家作品展，京口多名书画家作品在两地展出，展示了镇江古城深厚的文化底蕴，提升了京口的知名度。（王　炳）

【自身建设】 加强服务管理，提升履职效能。继续实施常委述职交流、常委参与重点课题调研制度，充分发挥常委在履职中的带头示范作用。各专委会、专业组精心组织活动，尤其是法制组、科技组、经济二组工作扎实，活动有特色，工作有亮点。各镇、街道政协联络组，积极组织辖区省、市、区三级政协委员，围绕所在镇、街道的中心工作献计献策。在党（工）委的重视支持下，全区四个街道、两个镇不断创新，积极为委员履职提供条件和平台，相继建立政协委员联络中心、社情民意站，做到活动有计划、议政有场所、物质有保障，使联络组工作得到了加强，市政协主席郭礼荣在视察正东路街道社情民意站后，给予高度评价。不断创新机制，增强工作活力。按照抓住重点、突出难点、规范标准、循序渐进的原则，不断加强政协工作制度化、规范化和程序化建设，以制度创新推进政协工作创新。不断完善政协例会、视察调研、提案督办、政府政协对口交流、反映社情民意信息等工作制度，提高履职的规范化水平。不断强化重点课题调研领导责任制，形成主席领衔、委员参与、专委会具体负责的调研工作机制。建成委员电子办公平台，实现委员提案、社情民意信息的网上提交与办理。强化机关建设，提升服务水平。以区委开展的“创先争优”活动为契机，大力加强机关作风建设，完善机关内部管理制度，激发干部职工工作热情，提高政协机关服务质量。以提升政协履职能力征文活动为抓手，加强理论学习和业务培训，提高政治素养，创新思维方式，增强做好政协工作的能力。通过加强机关作风建设和能力建设，政协领导班子的凝聚力、向心力进一步增强，机关各专委会的基础性作用进一步发挥，工作创新能力进一步提高，形成了严肃认真、生动活泼、团结协作、和谐共事的良好氛围。（王　炳）

京口区政协承办的“江浙中国书画名家邀请展”举行开幕式

【“十一五”政协工作回眸】 “十一五”时期是京口区改革开放和经济社会发展取得重大成就的五年。五年中，区政协牢牢把握团结和民主两大主题，以“围绕中心，服务大局，关注民生，促进和谐”为工作方针，组织全体政协委员认真履行政治协商、民主监督、参政议政职能，为推动全区经济社会发展和民主政治建设作出了重要贡献。

五年中，区政协共召开全委会

议5次,常委会议23次。对全区重大决策、重要事务等大政方针进行政治协商,对政府工作、党风廉政建设以及群众普遍关心的热点、难点问题进行民主监督。以主题活动为抓手,引领委员参与京口经济社会建设,先后开展了"三作为"(委员参与经济建设、投身社区建设、推动环境整治)、"三助推"(强势助推园区开发、现代服务业发展、软环境更加优化)、"百名委员农家行"、"百名委员企业行"以及"百名委员科技行"活动。

"十一五"期间,区六届、七届政协委员围绕全区发展大局,积极提出意见和建议。五年中,共提交提案824件,内容涉及经济建设、城管城建、科文卫体、科技、"三农"等多个方面。先后组织委员对区城管局、建设局、卫生局、科技局开展民主评议,提出意见和建议80余条。累计向全区28家执法执纪部门委派行风监督员180余人次。在坚持履好本职,围绕大局建言献策的同时,积极靠前工作,参与重点工程为民办实事。按照区委、区政府统一安排,积极参与第一楼街拆迁工作、双井路棚户区改造、新民洲港口产业园区的开发建设等全区重点工程,赢得了区委、区政府以及社会各界的好评。 (王　炳)

四牌楼街道政协委员联络中心揭牌仪式

◆资料链接◆

老气象台遗址　　韦鹏　摄

老气象台遗址

位于江苏省镇江市京口区四牌楼街道江东社区北固山中峰高处。

整体建筑呈凸字形,砖混结构,平顶,阔21.92米,进深6.7米,在二层上中央凸字出四层楼,高20米,台前有平台与台阶,中为大门,底层墙上嵌碑二方分别刻"中华民国二十三年十月十日江苏省建设厅北固山气象台奠基"、"中华民国三十六年七月重修"字样。台前建有廊,上有平台,两旁各建办公室两间。

现为市级文物保护单位。

民主党派·社会团体

责任编校：殷　红

民主党派

【概况】 “十一五”期间，京口区民主党派组织有了较快的发展，从“十一五”初的4个民主党派组织、5个支部、成员73人，发展到2010年6个民主党派组织，2个总支，10个支部，成员163人，其分布情况详见《京口区民主党派组织分布表》。（统战部办公室）

【召开民主党派支部工作交流会】 3月12日下午，区委统战部召开辖区民革、民建、农工、致公党等有关民主党派支部负责人会议。会上，各民主党派支部交流2009年开展活动的情况，区政协副主席、统战部部长姜厚荣向与会者介绍过去一年统战工作情况，并就如何改进和做好2010年民主党派工作进行交流座谈。

（统战部办公室）

【召开情况通报会】 7月29日下午，召开由农工、民盟、民建、民进、民革、致公党等民主党派支部主任和区无党派联谊会会长、副会长参加的情况通报会。区政协副主席、统战部部长姜厚荣向与会者通报上半年全区经济、政治和社会事业发展情况、下半年工作计划和措施，并认真听取建议和意见。

（统战部办公室）

【组织外出学习考察】 10月20日，区委统战部组织民革、民盟、民建、民进、农工、致公党等6个民主党派8个支部的负责人到扬州江都市委统战部考察学习。两地民主党派支部围绕如何参政议政、加强自身建设等方面进行交流。

（统战部办公室）

京口区民主党派组织分布表

表7

支部名称	成立时间	人数	现任主任	副主任	其　他
民盟小教支部	1985年初	24	薛　莲	陈恒联	
民进小教支部	1987-11	31	于庆芳	顾艳杰	
民进中教支部	1985-11	14	唐惠琴		
农工京口支部	1996-01	12	王德标	周　波	
致公党京口一支部	2007-04	17	张学军	王珏华	2007年4月，建总支，谢志荣为总支主任
致公党京口二支部	2007-04	23	贺　健	基宏民	
民革京口支部	2007-09	14	郭小平	龚　琴	
民建京口一支部	2009-06	9	黄国红	贺云霞	2003年5月，建民建京口支部，倪坚为主任。2009年6月，建总支，倪坚为总支主任
民建京口二支部	2009-06	9	刘秋生	周其中	
民建京口三支部	2009-06	10	韩圣瑞	仇　萍	

（统战部办公室）

【组织开展社会主义核心价值体系学与行活动】 10月下旬，按照省、市委统战部门的要求，区委统战部在辖区民主党派组织中开展社会主义核心价值体系学与行活动，向辖区6个民主党派10个支部的每一名成员下发由中共中央统战部编印的《社会主义核心价值体系学与行宣讲报告集》，进一步加深对社会主义核心价值体系的理解和把握，牢固树立和践行社会主义核心价值体系，推进各项工作深入开展。（统战部办公室）

工商联

【概况】 2010年，京口区工商联深入学习实践科学发展观，紧贴区委、区政府中心工作，做到“五个加强、五个坚持”。加强政策、法律法规和工商界传统美德的教育，坚持培养一支“爱国、敬业、诚信、守法、贡献”的非公有制代表人士队伍；加强社会服务、公益服务活动平台的打造，坚持以回报政府，反哺社会为内容的非公有制经济人士的思想政治工作；加强组织建设，健全三级商会网络，坚持社区商会建设显亮点出经验；加强对企业的走访、服务，坚持工商联服务经济水平、能力的新提高；加强交流联谊，坚持工商联与异地商会商务、会务、政务联谊联络方式的再创新。工商联(商会)的凝聚力、吸引力得到进一步显现,充分发挥桥梁纽带和助手作用,扎实推进各项工作的开展。(徐振平)

【调查研究】 工商联紧紧围绕民营经济发展中面临的困难和存在的问题,大力开展调查研究。经常深入会员企业采取座谈、实地查看等形式,及时掌握民营企业在思想观念、外部环境、工作运作、发展态势及融资筹资等方面存在的困难和问题,并针对问题,面对面与企业家进行交流讨论,广泛征求社会意见和建议,研究对策,理清思路,定实措施,突出重点,共谋发展大计。(徐振平)

【参政议政】 两会期间,工商联界别的政协委员和人大代表,积极撰写议案提案,向党和政府建言献策,共有提案二十余件、议案十条,较好地履行参政议政、民主监督的职能。工商联积极与相关部门沟通协调,对执法过程中存在的问题,积极地向政府有关部门反映。对工商界反映的问题,有关部门都给予合理解释,提出整改意见。工商界各位委员注重社情民意的收集,积极向党和政府反映,如《关于加强渣土车管理的建议》、《关注学生心理健康,培育合格人才》和《关于尽快拓宽花山湾道路的建议》等。(徐振平)

【领导班子建设】 为使工商联工作能得到各方面更多的支持,根据工作实际需要,增补江苏紫阳担保公司董事长孟剑为东北商会会长,镇江亚太五金电器城总经理邹元顺,镇江新都宾馆总经理黄和平、镇江阿得宝假日酒店总经理莫斌、镇江和泰典当行总经理周轶、镇江白云宾馆总经理张国华为商会副会长。通过建立QQ群和飞信群加强会长之间的交流,及时传递信息和反馈情况,为工作开展提供强有力的组织保障。(徐振平)

【商会制度建设】 坚持抓好经常性的主席、会长碰头会制度,一方面加强与主席、会长的经常性联系,另一方面通报情况,商讨商会的有关活动。各位企业家主席、会长都能够尽心尽职,积极参与活动,商会班子的凝聚力得到加强。镇、街道商会也定期组织辖区内工商界重点人士座谈,通报镇、街道经济、文化和社会事业发展情况,听取工商界人士的意见和建议,同时帮助企业协调解决问题,工商界和政府的联系更加紧密。(徐振平)

非公有制企业爱心捐助

【投身社会公益事业】 积极倡导非公有制经济人士在自身发展的同时感恩社会,勇于承担社会责任,通过访贫问苦、奉献爱心的形式,关注民生,回报社会。会员们常年慰问敬老院老人,走访特困户,积极帮助镇、村解决扶贫负担。在重大节日期间,他们经常为社区困难群众送去大米、食用油等物品。积极捐款给贫困家庭的学生,为他们送去慰问金和学习用品。玉喜翡翠公司总经理孙元贵参加镇江的"社会儿女"自愿者组织,为关爱空巢老人出钱出力,奉献爱心。区工商联和长三角酒业有限公司共同开展"暖冬爱心捐助大行动",得到工商联全体主席的支持,踊跃认购。工商联副主席蒋伟将10万元现金,捐给全区125户困难家庭,既解决群众的实际困难,又为政府挑担子。(徐振平)

【对外联络】 积极加强与省内外工商联的联系,与友会保持经常性沟通,交流政务、会务情况。收到各地政务、会务信息15件次。接待河南濮阳市工商联、宿城区工商联、沭阳县工商联等友好单位6批次,组织部分工商联副主席赴盐城建湖县进行考察,通过学习外地经验,拓宽视野,更新观念,提高管理水平。对外联络的加强,增强感情、增进友谊,进一步宣传京口,扩大知名度。(徐振平)

【举办企保推荐会】 区工商联组织会员听取担保公司关于担保贷款业务流程的介绍,并进行交流和沟通。通过召开企保推介会,为中小企业和担保公司之间搭建双赢的平台,建立互信的基础,打造共谋发展的环境,为破解中小企业融资瓶颈探索出一条新路子。(徐振平)

【召开四届五次执委会】 12月23日上午,区工商联召开四届五次执委会,全面总结2010年工商联工作,并对2011年的工作进行具体部署。区政协主席贾国祥出席会议并讲话。要求区工商联加强软件建设,与政协联谊会共同搭建服务民营企业的平台,更好地为工商联会员服务,帮助民营企业解决发展中遇到的实际问题。同时要加强硬件建设,积极创造条件兴建工

召开工商联四届五次执委会

商联会员服务中心，满足全区民营企业集合办公、商务洽谈、会员交流、行业联动、政企沟通、信息共享、权益保障的需求。要形成强大合力，进一步团结和凝聚包括广大工商界人士在内的一切发展力量，形成更加强大的合力和发展动力，积极推动全区非公有制经济的快速发展，使民营企业更具实力和魅力。区政协副主席、统战部部长姜厚荣，区政协副主席、工商联主席陆春生参加会议。（徐振平）

京口区总工会

【**概况**】 2010年，京口区总工会在区委的正确领导下，在市总工会的悉心指导下，紧紧围绕区委“苦干实干、争先争强”的总体要求，攻坚克难，开拓创新，狠抓落实，各项工作稳步推进，继续呈现出蓬勃发展的良好态势。（周文娟）

【**加强自身建设，覆盖面不断扩大**】 实行党建带工建机制，与区委组织部联合制定下发《关于开展党工组织联动共建竞赛活动的通知》，加快中小企业建会进度。2010年，共建独立工会30家，新增工会会员2620人，基层工会覆盖非公有制小企业135家，建立大市口金汇大厦楼宇工会及美容美发行业工会。正东路街道被评为“江苏省工会工作模范街道”。

（周文娟）

【**完善帮扶体系，增强服务功能**】 对困难职工群体常年实施生活、医疗、就业、教育、法律五大帮扶机制，两节期间走访一批困难劳模和特困职工家庭，开展“献爱心、送温暖”捐款等“八个一”活动，共发放慰问粮油500多份，慰问资金22万元，资助36名学子就学，助学资金3万元。高温期间慰问环卫工人，建立全市首家环卫工人俱乐部。开展“我为创业者服务”活动，举办各类创业培训班6期，培训人数400余人次，帮助180人实现创业就业。开展职工互助互济活动，全年参加互助互济职工6700人，有60名职工得到10万元的赔付。

（周文娟）

【**推进读书活动，加强职工文化建设**】 举办京口区首届“职工读书节”，开展职工大讲堂、职工读书感言等6大系列活动，征集职工读书感言300多条。组织全区企事业单位万名职工参加“创建学习型组织、争当知识型职工”活动。在全区征集各类图书近4000册，建立中储粮等4个企业职工书屋。社区实现“职工书屋”全覆盖。开展“送文化、送法律”下基层活动，为企业、社区放电影20多场，全年开展职工法律、技能、素质培训30场次，培训职工近万人次。积极承办区机关第二届运动会项目，取得优异成绩，被评为优秀组织奖。举办职工卡拉OK、摄影、掼蛋比赛，职工文艺汇演等多项文体活动。

（周文娟）

【**开展立功竞赛，职工劳动热情全面激发**】 2010年，区总工会围绕全区重点工程建设，积极组织开展争先创优立功竞赛，把争创“工人先锋号”活动和劳动竞赛结合起来，在中储粮项目建设现场，召开重点项目立功竞赛表彰会，表彰先

举办车工职业技能竞赛

进,激发建设者劳动热情。在鼎胜铝业有限公司、城市管理系统开展形式多样的劳动立功竞赛,百人以上企业劳动竞赛面达85%以上,加快项目建设步伐。在企业开展合理化建议活动,收到建议1000多条。涌现出一批省、市、区五一劳动奖状、奖章、工人先锋号等先进集体和个人,其中京口区环卫所马爱民荣获"江苏省'五一'劳动奖章"称号,绿洲新能源有限公司刘嘉桢荣获"江苏省'五一'劳动荣誉奖章"称号。（陆永平）

【组织技能比武,职工技能全面提升】 2010年,全区建立职工技能提升服务中心,以技能竞赛为平台,在全区多个行业、近百家企业中开展技术练兵、技能比武。继续实施京口区第一届职工技能竞赛节比赛项目,开展车工、餐饮服务礼仪、医疗护理等5个项目的技能比赛,强化职工的技能培训,畅通职工技能升级的绿色通道。1100名职工晋升技术等级,210名职工被评为高级工和技师。开展"名师带徒"活动,有100多家企业近500多对师徒结对,近万名职工的技能水平得到提升,为经济转型升级提供人才技术支撑。（陆永平）

【积极做好劳模工作,弘扬劳模精神】 2010年,区总工会积极开展劳模事迹宣讲活动,充分发挥劳模的示范、引领作用,彰显劳模的品牌效应。2010年,充分发挥劳模创新工作室的引领作用,在京口医院、酒海街社区新建两个劳模创新工作室,11月份召开区劳模创新工作室成果座谈会。积极开参"劳模一帮一"活动,6名劳模与6名困难职工子女签订助学协议,每年为6名困难大学生提供助学金18000元。做好劳模服务工作,两节期间组织看望困难、患病劳模,2月份开展为劳模免费体检活动,8月份组织部分劳模赴汤山疗养,为每一位省劳模发放500元慰问金。（陆永平）

【加大和谐企业创建力度,坚持维权维稳并重】 2010年,区总工会注重调查研究工作,指导帮助企业解决劳资等矛盾,积极开展劳动关系和谐企业创建活动,全年共评定区级和谐企业32家,市级5家,其中中储粮被评为"市和谐劳动关系模范企业"。区百人以上企业参与和谐企业创建率90%以上,和谐企业职工平均满意率85%,达标率60%以上。镇级劳动关系和谐企业创建工作取得突破。各镇均成立以党委分管领导任组长,相关部门参与的创建领导小组,并将创建工作纳入党建目标考核。镇级劳动关系和谐企业创建率90%,达标率50%以上。（陆永平）

【推进工资集体协商,提高履约质量】 2010年,工资集体协商列入区政府为民办实事重点工作,区政府与镇、街道、园区签订目标责任状。建立44人的工资协商指导员队伍,赴企业现场指导推进工资协商。召开工资集体协商推进会,举办专题培训班,培训企业劳资人员、工会干部300余人次。全区在岗职工25人以上、生产经营正常、独立建会的120家企业签订工资协商专项协议和集体合同,全区工资协商建制面99%,履约率95%以上。（陆永平）

共青团京口区委员会

【概况】 2010年,在区委、区政府和团市委的正确领导下,京口区各级团组织认真贯彻落实区委六届九次全会、团市委十五届五次全会的总体要求,紧紧围绕中心服务大局,扎实推进和落实团的各项重点工作,在加强基层组织建设、引导青年就业创业、发展志愿服务事业以及服务青少年健康成长等方面成效明显,受到上级团组织的充分肯定,被评为市级"团工作先进单位"。（陈　文）

【召开庆祝"五四"青年节大会】 4月29日,团区委联合四牌楼街道党工委在龙吟坊广场举行"青春飞扬·春满滨江"——京口区庆祝"五四"青年节大会暨四牌楼街道"滨江青春鸟创业计划"启动仪式。大会对作出突出贡献的30个集体和22名团干部进行表彰。四牌楼街道办事处主任林黎明与江苏大学、镇江高等专科学校、镇江高等职业技术学校交换成立大学生创业基地协议书。团市委副书记蒋敏、团区委书记吕小康共同为"四牌楼街道大学生滨江创业基地"揭牌,并为大学生创业代表发放营业执照。号召全区各级团组织积极响应创建"创业型城市"的要求,充分发挥共青团的政治优势、组织优势、人才优势,为大学生提供创业实践基地,帮助大学生青年群体锻炼能力、增长才干、积累经验,对解决大学生就业待业问题做出有益的尝试。（陈　文）

【全力推进"新镇江青年"团建】 2010年,全区组建"新镇江青年"团组织24家,吸纳团员690余人,覆盖外来创业务工青年7000多人,覆盖率65%。流动团员通过加入"新镇江青年"团组织,摆脱输出地管不到、输入地管不着的状态,重新感受到党团组织的关怀和温暖。外来团员青年在"新镇江青年"团组织的帮助下,自身综合素质得到提升,增强对团组织的认同感和对城市的归属感。谏壁月湖电子接插件行业协会"新镇江青年"团总支创新性地将"新镇江青年"团建与大学生村官为民工作室相结合,在团总支下成立"新镇江青年服务中心",以开展主题活动月的形式,对"新镇江青年"的管理和服务实施项目化运作,取得较好的成效,被选树为全市"新镇江青年"团组织的典型,《中国青年报》予以专题报道。（陈　文）

【开展非公有制经济组织和社会组织团建"百日会战"】 坚持"成熟一个、发展一个、巩固一个、带动一片"的原则,以鼎盛铝业等61家规模以上非公有制企业作为团组织组建工作重点,根据企业的不同特点、不同情况,因企制宜地开展非公有制企业团建工作。在那些建团积极性较高、具备建团条件的企业中先建立团的组织;对那些建团积极性不高的企业,通过加强宣传和正面引导、努力创造条件、加强联系和交流、增加感情投入等方式，逐步建立团组织；对于那些条件不成熟，暂时无法建立团组织的企业，积极与企业沟通，先设立团工作联系人，等条件成熟时再组建团组织，层层推进非公有制企业团建工作。2010年，共新建非公有制企业团组织47家，社会组织团组织2家。（陈 文）

【开展创业志愿服务进校园活动】 2010年4月，团区委牵头工商、税务、财政、劳动等部门，组建青年创业咨询志愿者服务队，开展进校园、进社区宣传咨询活动。通过发放宣传册、接受咨询等形式，大力宣传各级政府在用地、收费、工商等方面的优惠政策和区政府、团市委在创业小额贷款等方面的服务举措，不断浓厚青年创业氛围。全年共开展宣传咨询活动5次，发放宣传册2000多份，青年创业咨询600余人。（陈 文）

【建立青年就业创业见习基地】 以"区校共建"为抓手，高标准规划，高起点设计，着力打造青年就业创业见习基地，为青年尤其是大中专毕业生就业创业提供见习平台。全区建成一个国家级青年创业见习基地(高创中心)、五个区级青年创业见习基地。由团区委牵头与创业见习基地签订合同书，鼓励见习青年与见习基地签订见习协议书，为应届大中专毕业生、已毕业未就业大中专毕业生、下岗失业青年和青年农民工提供见习岗位，实现见习基地与见习青年的双赢。（陈 文）

【开展重点青少年群体结对帮扶工作】 3月，对全区重点青少年群体进行专项排查摸底，全面了解问题闲散青少年基本情况。4月，联合区综治办、区关工委召开全区重点青少年群体结对帮扶工作会议，安排17家区预防青少年违法犯罪工作领导小组成员单位，与110名重点青少年开展结对帮扶活动。通过采取帮困、帮学、心理疏导、行为矫正等帮扶举措，促进重点青少年健康成长。同时，为增强帮扶力量，每名重点青少年再安排2个"五老"志愿者跟踪帮教，结对帮扶工作取得良好成效。（陈 文）

【开展共青团与人大代表、政协委员面对面活动】 开展以"营造良好上网环境，服务青少年健康成长"为主题的共青团与人大代表、政协委员面对面活动，区人大代表、政协委员，区职能部门相关负责同志、运营商代表、青少年社会工作者、教师代表、学生代表等30余人参加活动。团区委向各位与会代表通报青少年上网的问卷调查统计数据，用真实的数据说明青少年上网过程中存在的问题和值得商榷的方面，提出把好青少年上网入口关、普及青少年网络安全教育、倡导青少年上网绿色通道等三个方面的建议。各位人大代表、政协委员和社会各界代表围绕建议畅所欲言，发表见解和看法，对活动的开展予以充分肯定。团区委预防办专门印制"我向人大代表、政协委员提建议"的卡片，收集并整理卡片上相关的意见，提出"优化网络环境，促进青少年健康成长"的提案、议案。（陈 文）

开展青年志愿者创业咨询服务进校园活动

京口区妇女联合会

【概况】 2010年，全区各级妇联组织以深入贯彻落实科学发展观为引领，以"苦干实干，争先争强"为主基调，全面实施"巾帼建功促发展"、"巾帼文明促和谐"、"巾帼维权保稳定"和"妇联组织强基固本"四大工程，努力提高组织妇女共促科学发展的水平，提升引导妇女共建和谐社会的能力，健全服务妇女共创美好生活的机制，增强妇联组织的影响力和凝聚力，团结带领全区妇女为京口跨越发展作出新的贡献。（朱海霞）

【引领妇女参与经济建设】 2010年，结合妇联工作职能，通过"五抓"，积极动员全区妇女投身创业型城市建设大潮。一是抓就业服务。联合相关部门积极开展"就业送岗位、创业送服务、求技送培训"的女性创业就业系列活动。各基层妇联联合举办"春风送岗位"女性就业专场招聘会。2010年，共为女性提供就业岗位1000多个。开展创业、就业、创业贷款政策、业务知识咨询。利用橱窗、宣传栏定期张贴宣传画，发放宣传单近万份。二是抓就业培训。举办妇女创业培训班，联合谏壁镇妇联在第十中学为50余名应届毕业女学生举办创业知识培训班，进一步提高创业本领。象山镇举办SYB创业知识培训班，为全镇60余名妇女开展创业培训。各级妇联共举办30余场次创业培训，参培人数2000人次。三是抓就业平台。为女大学生就业、创业搭建有效平台。在蓝舶科技工程公司、锦绣皇宫大酒店分别建立"女大学生实训基地",发挥女企业导师作用,为女大学生提供实习、就业服务。四是抓政策扶持。落实妇女创业贷款财政贴息政策,全区各级妇联组织做好信息收集、政策宣传、协调服务工作,根据市妇联下达的全年完成250万贷款目标任务,区妇联层层发动,把任务分解到基层,签订目标责任书,及时跟踪了解进展情况。共计完成妇女创业贷款700万元,超额完成全年目标任务。五是抓品牌效应。发挥巾帼文明岗品牌作用,引导妇女在本职岗位上建功立业,新创市级巾帼文明岗6个,省级文明岗4个。 (朱海霞)

【维护妇女儿童权益】 2010年,坚持抓发展与抓维权并举,针对妇女儿童最关心、最直接、最现实的利益问题,在"保民生"中积极作为,在维护社会稳定中创新作为。一是加大两个规划实施力度。充分发挥政府妇女儿童工作委员会的作用,集中力量,加大攻关力度,着力解决实施规划中的重点难点问题,确保"十一五"妇女儿童发展规划指标全面达标。积极协调并将"十二五"妇女儿童发展规划纳入全区国民经济和社会发展总体规划一并推进。二是推进农村妇女进村"两委"。抓住全区村"两委"换届契机,大力推进妇女进村"两委"工作。以市妇联调研女性村"两委"工作为契机,在全区广泛宣传,营造氛围,张贴各类宣传画册500余份。组织基层女干部、村妇代会主任、女大学生村官参加市级培训班,提高竞争能力。换届后的村妇女主任、女性进村"两委"、女副职比例较换届前有所提高。三是开展帮困助学工作。开展困难家庭妇女妇科病免费检查,协调相关部门落实检查机构、查治经费,完成困难家庭妇女免费妇科病检查390余人。开展困难妇女儿童帮扶慰问活动,发放慰问金5万元。推进"社会妈妈"活动规范化、制度化、品牌化发展。2010年,共资助101名贫困儿童。四是维护妇女儿童合法权益。深化法制宣传教育,结合"五五"普法工作,努力为妇女儿童提供更加有效的法律帮助和维权服务。加强妇女儿童维权工作机制建设,巩固维权代言人制度,广泛开展"妇女维权示范岗"、社区"婚姻家庭咨询指导站"、"零家庭暴力示范社区"等创建活动。健全妇联信访信息网络,认真做好舆情信息分析预测和矛盾纠纷排查化解工作,全区各级妇联组织共接待来信来访共80人次,结案率99%。 (朱海霞)

【深化精神文明建设内涵】 开展庆百年"三八"系列活动。引领妇女以高昂的姿态投身于京口跨越发展的伟大实践中。举办"巾帼竞秀"大型文艺活动。讴歌京口妇女事业创新发展,展示京口女性瑰丽风采。表彰"感动京口十佳女性"、"十佳妇女工作先进集体"。区委书记胡宗元、区长郭建等区四套班子有关领导参加会议并作重要讲话。举办健康知识讲座,关注女性健康。邀请镇江市第四人民医院副院长钱秋菊做妇女健康知识讲座,增强广大妇女的自我保健意识,进一步提高综合素质。种植百年"三八"巾帼纪念林,组织全区百名女性在谏壁镇粮山村种植百年"三八"巾帼纪念林,倡导低碳生活,建设绿色京口。推进未成年人思想道德建设。以"争第一、求特色、树品牌"的工作理念,充分整合资源,进一步推进未成年人思想道德建设,做好"小"字文章。在广大青少年中开展"我是90后"主题教育系列活动。实施"学校、家庭、社会"三位一体教育的纽带和载体建设。开展未成年人零犯罪社区(村)建设,社区(村)实现未成年人零犯罪。提升"双合格"活动层次,探索研究家庭教育的有效方法。打造"快乐父母沙龙"活动品牌。深化五好文明家庭创建工作。按照创建全国文明城市工作的总体部署,以"万户家庭赛文明"为主题,开展"百千万文明家庭"评选、"低碳家庭·时尚生活"、家庭志愿者招募等丰富多彩的活动,倡导健康文明的家庭生活新风尚。2010年,全区共招募家庭志愿者2000余名,发放文明创建手册4万本,3万户家庭签订创建文明家庭承诺书、参与"创建文明城市红旗竞赛优胜家庭"活动。象山镇开展"和谐家庭"评比表彰。正东路街道开展家庭志愿者走进欧尚超市宣传文明城市活动。江科大社区顾岚敏家庭参加全市"低碳家庭·时尚生活"知识竞赛,荣获第二名。 (朱海霞)

【扎实推进自身建设】 2010年,各级妇联坚持党建带妇建、妇建服务党建的原则,以"强基固本"工程为载体,创新组织设置、提高干部素

全市首个"妇女儿童之家"在江滨社区落户

质、强化服务功能，促进妇联自身建设迈上新台阶。一是注重能力建设。结合创先争优活动要求，创新组织形式，扩大工作覆盖面和增强基层组织活力。进一步推进妇女代表联系制度的实施。各级妇联努力探索多层面的妇女代表联系制度，建立和完善妇联常委、执委和妇女代表联系制度，加强妇女代表间、妇女代表与妇女群众间的联系与沟通，扩大工作的覆盖面，推动妇联工作重心下移，不断巩固和扩大基层组织。二是注重组织建设。坚持“党建带妇建，妇建服务党建”原则，以提高贯彻落实科学发展观的能力为核心，深入实施“强基固本”工程，在“两新”组织建立5个妇女工作委员会。（朱海霞）

【提高妇联组织地位】 2010年，全区各级妇联组织积极探索新形势下妇联工作创新发展的工作机制，以作为谋地位。一是实施两项省级示范项目。在正东路街道建立全市首个“好苏嫂”巾帼家庭服务连锁店，打造集技能培训、信息咨询、职业介绍、创业指导、权益维护于一体的品牌示范店。省妇联副主席顾敏、发展部部长常胜梅、区委书记胡宗元、市妇联主席胡云霞出席揭牌仪式。在四牌楼街道建立全市首个“妇女儿童之家”。按照省统一标准建立高标准的妇女儿童“温暖之家”。省妇联党组成员、纪检组长唐卫民和市妇联主席胡云霞为四牌楼街道江滨社区“妇女儿童之家”揭牌，王萍副市长作重要讲话。二是承办省、市会议及调研活动。7月，省妇联主席张京霞调研全区女性创业工作并参观女大学生创业基地——大祥时尚街。8月，承接省妇联副主席调研“六五”普法规划编制工作会议。考察江科大社区“五五”普法和“平安家庭”创建工作，并给予高度评价。9月，成功举办全市妇联主席会议，参观蓝舶工程科技有限公司。10月，市人大代表调研“妇女儿童之家”。11月，省政府妇儿工委督查组检查四牌楼街道“妇女儿童之家”建设情况。12月，省妇联副主席张彤调研全区女性创业工作。（朱海霞）

【开展评先创优活动】 2010年，各级妇联工作取得丰硕成果，区妇联荣获市妇联年度考核一等奖，创历史新高，获“全市平安家庭创建工作先进集体”。正东路街道贺家弄社区获“全国妇联组织示范社区”。谏壁镇获“省基层妇联组织示范镇”。四牌楼街道获“全市平安家庭创建工作先进集体”。区人民法院获“全国维权工作先进集体”、市级“妇女维权示范岗”等荣誉。张凤霞被授予“全国三八红旗手”称号，郭庆莲获“全国巾帼建功标兵”荣誉称号。（朱海霞）

京口区文联

【概况】 2010年，区文联紧紧围绕全区中心工作，面向社会、面向群众，开展文化惠民、“文化三下乡”等活动。与区教育局共同举办“京口首届少儿歌唱大赛”活动，成为京口艺术特色品牌。开展服务“两会”的宣传拍摄工作。参加市妇联开展的“爱心妈妈”社会救助活动，通过义卖书画作品，将所得款项全部捐献给爱心慈善机构，弘扬慈善精神，提高艺术家们的公益意识。开设文联交流平台，利用互联网进行宣传。用文化为经济搭台，多次为全区的对外招商开展形式多样的文化活动。不断加强党风廉政建设，全力做好廉政文化工作，为促进和繁荣全区文化事业发挥积极作用。（朱　鸥）

【书画考级】 2010年，区文联一改以往坐等考生上门的方法，主动加强与京口区少年宫、区属学校的互动合作，采取“订单式”培训，形成“多个门类辅导+一个考试平台”的教育培养体系，以优质的服务和信誉赢得考生和家长的信任。全年考生人数达397人，超过往年书画考级人数的总和。（朱　鸥）

【成果丰硕】 2010年，区文联充分发挥各艺术门类优势，积极开展文化艺术活动，取得良好成果。阚爱萍作为全国特邀代表出席“全国第六届书法代表大会”，被中国书协评定为当代书坛全国五百家培养人才，镇江书画界30年第一次获此殊荣。其书法作品参加江苏省“卉之风”女书家四人精品巡回展，一幅作品被中国文字博物馆珍藏，其个人成就被中央电视台书画频道报导，并制作成“兰若书翰香墨池”个人专题。王宏彦和田金两名优秀文艺人才脱颖而出，作为市重点文艺新秀培养。多位会员出版《翰墨情缘五十秋》、《张斋夜谈》、《采藤张花》、《乐游镇江》、《京口名胜》等书籍。多人作

组织书画考级，挖掘培养新人

参加三下乡，为民送祝福

品参加全国、省、市展且入展，并在省、市举办个人展，会员王娟瑢的《勐力板之梦》获第二届中山图书奖。《如此智慧》和《花生米案件》获得江苏省“五星工程奖”银奖。《如此智慧》还荣获镇江市小品大赛金奖、由文化部批准颁发的首届“中国戏剧文化奖小型剧本”一等奖、江苏省第六届小戏小品大赛优秀剧目大奖、镇江首届民间艺术推新人大赛。《登高丘》演员周捷荣获金奖，清曲《黛玉葬花》演员杜曼荣获银奖，扬州评话《江山红的故事》演员张寿珍、王长庚荣获银奖。舞蹈《青梅竹马谣》参加上海世博周周演获好评。（朱　鸥）

【作家协会】 2010年，作家协会出版《为90后喝彩》专辑，举办“五星红旗我为你骄傲”征文表彰活动，向省、市作协推荐会员10名，新发展会员10名。（朱　鸥）

【书法美术家协会】 2010年，书法美术家协会市赛珍珠研究会举办“镇江八坤”书画家笔会并捐赠作品，协办镇江——南通两市妇女书法展（南通展）。参加市、区两级宣传部门组织的送文化下乡——写春联活动，组织“小书法家”春节期间写春联百余幅，赠送社区居民。组织会员参加全国第三届刻字艺术展、首届篆书展等活动。（朱　鸥）

【摄影家协会】 2010年，摄影家协会主动跟踪全区拆迁工作，完成大东、东风村、江大、大禹山等19个地块的历史旧貌并无偿将这些珍贵资料交予相关拆迁部门。承办由区委宣传部、区文联、区交通局等五家单位联合举办的京口区“交通文明杯”摄影大赛，组织会员历时近八个月时间，拍摄五年来京口区境内，交通事业发展（路、桥、港）有价值图片资料1000多幅，选出85幅图片在政府大厅展出，受到区领导和机关干部、职工的好评。（朱　鸥）

【音乐舞蹈家协会】 2010年，音乐舞蹈家协会以活动为抓手，通过培训、评分等手段，提高会员的艺术水平和工作能力。搭建QQ平台，让会员及时掌握协会动态，交流切磋技艺。协助镇江市音协做好艺术类考级工作，推荐一批骨干成为省、市音协会员。承办“童心颂京口”少儿声乐大赛，为创建京口艺术特色品牌搭建平台。（朱　鸥）

【戏剧、曲艺家协会】 2010年，戏剧、曲艺家协会积极参与江苏省文化惠民活动，10月参与市文联组织的送戏进校园活动。为街道、社区、工厂、企业创作辅导文艺节目，如小品《润山红》和京歌联唱《我是中铁筑路人》。加强对年轻人的培养，有意识的发掘年轻演员和节目主持人，并获得省、市级的多个奖项。（李　菁）

◆资料链接◆

刘景韶旧居老虎窗　　邱溪　摄

刘景韶旧居

位于江苏省镇江市京口区健康路街道尚友社区永安路30号。

刘景韶，字琴子，原籍江苏建湖，古琴演奏家。师从“梅庵琴派”第二代著名琴家徐立孙。建国后，曾在上海音乐学院教授古琴20年，1986年发起成立镇江梦溪琴舍，对古琴艺术的发展做出了贡献。刘景韶旧居为民国建筑，呈“回”字形，砖木一层，青砖小瓦，大门朝南，五间两厢结构，屋顶有三个老虎窗。

现为市级文物保护单位。

政法·人民武装

责任编校：徐海龙

政　法

【概况】 2010年是全区积极顺应宏观形势复杂变化、落实科学发展观、实现跨越发展的一年，也是政法工作经受重大考验并取得显著成绩的一年。一年来，全区政法机关和综治部门在区委、区政府的正确领导下，高扬"苦干实干、争先争强"的主基调，遵循"发展是硬道理、稳定是硬任务"的战略思想，全面推进社会矛盾化解、社会管理创新、公正廉洁执法三项重点工作，平安京口、法治京口建设进一步深化，为维护全区社会大局持续稳定、保障和促进经济社会又好又快发展作出重要贡献。京口区已连续七年获得省"社会治安安全区"和市"社会治安综合治理先进集体"光荣称号。 （翟仁操）

【社会大局持续稳定】 始终把维护政治稳定作为党委、政府的第一要事、首要责任，积极稳妥地做好敏感时段、重大活动期间的稳定工作，深入开展"三项"排查和社会矛盾纠纷大排查工作，成功化解一批不稳定因素和矛盾纠纷，实现全国"两会"、"世博会"期间全区无重点人员进京滋事。治安环境更加优化，全年刑事案件发案4265起，破获2132起，破案率49.9%；"八类"案件发案56起，破案率94.64%。全区未发生有影响的刑事、治安案件，未发生有影响的群体性事件和重大治安灾害性事故，人民群众的安全感和对社会治安的满意度始终保持在全市前列。 （翟仁操）

【防控水平稳步提高】 综合运用人防、物防、技防等各种措施，切实加强"大防控"体系建设。科技防范网络建设进一步加强，技防入户率达到30.9%，全面完成年度目标任务。创新工作方式，充分整合调动社会资源，率先实施"满天星"电子眼工程，刑事案件发案得到有效遏制。群防群治网络进一步完善。不断拓展工作内涵，依托群众性义务巡防"红袖标工程"，深入推广"4+"模式，继续壮大专职社工、专职保安、综治和平安建设志愿者等群防群治队伍。积极开展"平安先锋工程"，充分发挥基层党组织和广大党员在维护社会平安稳定中的战斗堡垒和先锋模范作用。至年底，全区共成立了6支群防群治巡防大队和72支群防群治巡防中队，每天有4000余人直接投入社会面巡防。 （翟仁操）

【大调解效能不断提升】 坚持把大调解作为畅通民意的"主渠道"，维护稳定的"减震器"，着力提升大调解机制的运作水平。"大调解"的组织网络不断完善，进一步加强区、镇（街道）两级社会矛盾纠纷调处中心和村（社区）、企事业单位社会矛盾纠纷调处工作站建设，筑牢了化解矛盾纠纷的第一道防线。"大调解"的运作方式不断创新，在

召开社会矛盾纠纷大排查活动领导小组全体成员会议

深入开展“三项排查”活动的同时，进一步总结推广“135”民主议事，“信访代理制”等成功经验和先进方法，形成以点带面、以个体先进推动整体提升的工作格局。2010年区社会矛盾纠纷调处中心共调处矛盾纠纷43件，化解42件，调处率达100%，成功率达97.7%，“大调解”作用得到充分发挥。（翟仁操）

【基层基础更加坚实】 坚持以规范化建设提升基层综治工作水平，不断夯实平安京口的基础工作。加强基层政法综治组织建设，调整5个镇、街道(园区)的分管领导，配齐配强了社区(村)级综治工作人员。各镇、街道(园区)和社区(村)都做到“有专门的人做专门的工作”。全面加强政法综治工作中心规范化建设，强化硬件配备，全区所有镇(街道)实现政法综治中心规范化建设，设立一站式服务窗口。深入推进村(社区)“十位一体”综治办和村(社区)警务站(室)规范化建设，实行一体化职能服务、一体化人员管理、一体化业务安排，全区共有12个村(社区)达到“1”级综治办创建标准。认真落实基层情况信息分析研判工作，坚持区每月一次、镇(街道)每半月一次社会治安和稳定情况分析研判制度，预警预测工作平台不断健全。（翟仁操）

【共建活动更显活力】 深入推进综治联系点共建工程，进一步巩固共建成果，提升平安京口建设整体水平。各成员单位从共建联系点的社会治安状况和工作实际出发，围绕共商举措、共解难题、共办活动、共抓整改、共创机制等“五大主题”，广泛开展“综治联系点共建月”等多种形式的互联共建活动。（翟仁操）

【公正廉洁执法愈显规范】 各地各部门切实加强队伍建设，进一步加大教育、管理、监督力度，提高执法质量、执法水平和执法公信力，顺利通过省、市执法督查巡视组执法规范化检查。紧密结合争先创优活动，深化社会主义法治理念教育，开展“为大局服务、为人民司法”、“恪守检察职业道德、促进公正廉洁执法”、“公安精神大讨论”等主题教育活动，进一步强化了广大干警的宗旨意识、大局意识、奉献意识。积极组织开展涉法涉诉信访积案集中清理、案件评查、联合接访等工作，有力推进了公正廉洁执法，人民群众对政法工作的满意度保持在98%以上。一年来，全区政法系统共有44个集体、129名个人受到市级以上表彰。区法院荣获“全国维护妇女儿童权益先进集体”、“江苏省人民陪审员工作先进单位”、“全省法院涉诉矛盾纠纷化解工作先进集体”等称号；区检察院被评为“全国检察宣传先进单位”、“江苏省文明单位”；公安分局被评为“江苏省精神文明建设工作先进单位”；区人民调解委员会被省高院和省司法厅联合授予“2008～2010年度江苏省优秀人民调解委员会”称号；区法律援助中心被评为“江苏省规范化法律援助中心”。（翟仁操）

【服务大局成效显著】 各地政法机关主动服务发展第一要务，切实为经济社会发展提供有力的司法保障和良好的法律服务。区法院以“审判效能提升年”活动为载体，依法受理各类案件7814件，结案7824件，解决诉讼争议标的8.12亿元，其中受理商事案件1894件，审结1862件，解决诉讼争议标的5.32亿元，审结涉案金额近10亿元的“世界通”传销案件，有力打击犯罪行为、维护市场秩序，被市委、市政府授予“服务跨越发展有功单位”。区检察院立足检察职能，延伸工作触角，积极投身社会治安综合治理，制定出台《关于服务和保障全区加快转变经济发展方式的工作意见》、《涉检信访双向承诺制度》。严肃查处职务犯罪，立案侦查13件14人，为国家挽回经济损失150余万元。区公安分局深入开展打黑除恶、治爆缉枪、打击“两抢一盗”等严打整治行动，破获全部刑事案件2132起，破案率49.9%，“八类”案件破案率94.64%，现行命案破案率100%。区司法局围绕政府决策咨询、重大项目推进、重点企业发展、涉企法律宣传、矛盾纠纷化解等，发挥职能优势，先后开展“后发先至，法律助航”、“你创业、我助航”等活动，为全区经济社会发展提供优质高效的法律服务和法律保障。区民政局稳妥实施第九届村民委员会和第四届社区居民委员会换届选举工作，和谐社区建设进一步深化，社会组织蓬勃发展，建成区级养老服务平台。京口区再获省“双拥模范区”殊荣。在全区城市建设和重点项目推进过程中，政法机关与各单位、各部门密切配合，超前介入、积极预防，将一批矛盾隐患化解在萌芽状态，有力保障了“三大改造”和重点产业类项目的顺利推进。（翟仁操）

【法治建设逐步深化】 各地各部门紧紧围绕依法行政、公正司法和法制宣传等重点工作，拓展思路，创新举措，推动法治建设不断取得新进展。党委、政府依法决策、依法行政水平显著提升，制定出台《京口区人民政府重大行政决策程序规定》，议事程序和决策制度进一步规范。深化政务公开、规范执法行为、加大监督力度，建成行政权力网上运行、政务服务、监察监控“三大平台”，行政复议行政负责人出庭应诉率达100%。积极开展“民主法治示范村(社区)”创建活动，创建工作成效明显，特色鲜明。2010年新增3家省级“民主法治村(社区)”。全区已获表彰命名的区级民主法治村(社区)76家，市级73家，省级11家，创建率居全市第一。大力实施法治惠民工程，积极开展“保护劳动者合法权益”等“关爱民生法治行”系列活动，法治工作惠民覆盖面进一步扩大，社会认可度进一步增强。法律“六进”成效突出，法制宣传深入人心，法治文化亮点纷呈，“五五”普法高质量通过市级考核验收。（翟仁操）

【法治文化影响力逐步增强】 全区开展法律“六进”(进机关、进企业、进社区、进学校、进乡村、进单位)活动收到明显效果。不断浓厚法治氛围，利用各类载体，开展形式多样、富有实效的法治文化教育活动，建成了京口网络普法平台，集中打造了一批有特色、高品位的法治文化街区，推出了一批体现时代特征、群众喜闻乐见的法治文艺作品，成功塑造了一批京口“法治文化”品牌。（翟仁操）

公 安

【概况】 2010年，全区公安机关在区委、区政府和市公安局坚强领导下，以提升“社会治安安全度、党委政府放心度、人民群众满意度和民警工作舒心度”为目标，以全力做好世博会安保工作为主线，以信息化推动社会管理创新，以执法规范化推进公正廉洁执法，以社会矛盾化解促进警民关系和谐，奋力实现“三项建设”和“三项重点工作”双推进，为全区经济社会平稳较快发展创造了和谐稳定的社会环境。

“一个持续巩固”，即稳定局面持续巩固。面对严峻复杂形势下各类矛盾的碰头叠加，全区公安机关深入开展不安定因素排查工作，敏锐捕捉可能影响稳定的突出问题和潜在隐患，及时分析原因、研究对策、制定措施。全年上报各类预警信息67条、专报信息379条，分别上年的53条、289条上升了24.6%、31.1%；建立完善应急处突工作机制，妥善处置“世界通”人员赴市政府集访、双井路棚户区拆迁改造延期回迁等引发的群体性事件33起，圆满完成前后持续4年之久的市金河公司停产分流安保工作，未发生因处置不当而导致事件升级的情况。8月1日，副市长陈照煌在分局上报的《金河纸业有限公司安保工作情况专报》第21期上作出批示：“在金河纸业集团及分流职工的过程中，公安安保工作是主动和极富有成效的。向所有参与工作的公安干警致敬并致谢！”市人常委会大副主任、市总工会主席陈苏，副市长、市公安局局长夏新平，市政府副秘书长顾大福等领导也相继作出批示予以高度评价。组织开展社会矛盾纠纷大排查大化解，集中化解4件涉法涉诉矛盾纠纷，接待群众来信来访44件126人次，办结率和停访息诉率均达到100%，切实消除容易引发矛盾纠纷的源头性问题。深入开展严打整治专项行动，快侦快破“4·11”抢劫杀害见义勇为群众施玉亮案，延续了京口十年命案全破的良好态势，副市长、市公安局局长夏新平，区委书记胡宗元，区长郭建等领导均签发贺电表示祝贺。全区刑事案件继续保持平稳可控，人民群众安全感得到进一步增强。11月30日上午，省维稳办副主任陈建平莅临调研时，对京口公安的维稳工作予以充分肯定。

“两个创新品牌”，即以积极推进社会管理创新为动力，创新两大业务品牌。一是创建“满天星电子眼”社会面视频监控系统租赁联网建设模式。全面推进社会面视频监控系统建设，在全市首创了租赁联网的社会化运作模式，形成了“党政领导、公安主导、部门齐抓、公司质保、社会参与”的良好工作局面，有效解决了以往建设中一次性投资压力大、后续保养跟不上、技术保障不到位、实战效能不够高等问题。至年底，全区已有1000余个电子监控点位通过互联网接入公安视频监控平台，可供随时调阅，并紧密契合省厅“123”工程建设规划，将监控范围从主要干道延伸到社区，更加密集地覆盖到背街小巷，充实了“大平台”视频数据源。2010年通过运用监控图像破获各类违法犯罪案件499起，抓获违法犯罪人员577名，成为破案攻坚的新增长点。省厅、市局和《人民公安报》均刊发报道，推广这一经验做法。二是创建场所行业网上监管模式。依托“大平台”基础数据和互联网功能，自创场所行业治安管理系统，涵盖了日常治安管理的涉危单位、公共娱乐场所、网吧、旅馆等13类场所行业。民警在平台上可以分行业、分类别发送通知通报、法律法规、防范提示、服务指南；在管理上实行计分考核、签收反馈、星级评定、从业人员登记签到等。业主在接到信息后，平台界面自动打开，浏览信息，还可以通过平台和民警进行意见反馈、线索举报等交流。运行以来，已有400余家场所行业安装了平台软件，已采集数据6000余条，公安机关发布信息60余条，接到举报线索22条，全区场所行业业主守法经营的意识进一步增强，涉危单位规范管理的程度进一步提升，有限警力的警务效能进一步激发。

“三个明显提高”：一是服务经济建设水平明显提高。积极服务大项目建设和现代服务业发展，不等不靠，主动介入，贴近服务，对城建重点工程建设和重点项目开工、竣工，采取抽调力量进驻等形式，切实做好法制宣传教育、收集上报动态信息、排查化解矛盾纠纷、依法处理违法行为、严密活动现场安保措施等工作，圆满完成皇冠假日酒店主体封顶庆典等30余批次重要活动安保任务；强化保障经济安全意识，组织开展打击经济犯罪专项斗争，立案的35起经济案件全部侦破，并挽回经济损失600余万元。净化社会治安环境，查处治安案件1.27万起，同比去年上升22.3%，查处涉娼违法犯罪119人、涉赌违法犯罪767人、涉毒违法犯罪310人，分别比上年上升33.7%、34.7%、30.8%，从而着力打造安定有序的治安环境、平安和谐的发展环境、优质高效的服务环境。二是虚拟社会管理水平明显提高。依托具有网络号召力、影响力和较高人气的资深网民开展舆情导控工作，逐步培养出了一批全省核心网评员、本地热门互联网论坛版主和具有一定人气的资深网民，在“世界通”特大传销案件主犯庭审、金河公司破产、千年粮仓遗址保护等舆情导控工作中发挥了重要作用。同时依托“梦溪论坛”、“镇江论坛”等本地网站、论坛，开展每日定时监控，逐渐向周边和大型网站、论坛辐射，及时捕捉涉警网络舆情，并下发给责任单位办理。全年共落地查证并教育处罚违法发帖人员21名，搜集互联网重要信息、敏感信息192条，并全部得到妥善引导、回应，实现了京口区网络舆情秩序始终平稳可控。通过对涉案类的互联网舆情信息，与大平台数据进行研判分析，从中获取破案线索，抓获违法犯罪人员15名，破案30余起。三是队伍正规化建设水平明显提高。深入开展学习实践科学发展观活动，大力加强各级领导班子思想作风、组织作风、纪律作风和党风廉政建设。规范了讯问室、询问室、候问室、法制室及装备室等“五室”建设,集中整治涉案人员非正常死亡、警车和涉案车辆违规等问题,使民警的执法安全和遵纪守法意识得到了普遍提高。公安部、省公安纪委监察领导在分局实地检查期间均予以高度评价,省厅纪委孙兴家书记还率全省各市、县公安局纪委书记专程赴分局参观。深入开展“大走访”爱民实践、“创先争优”、“警民恳谈”等系列活动,进一步和谐警民关系,优化工作作风。坚持走“文化育警”之路,形成了独具特色的京口警营文化,吸引了宁夏石嘴山、湖南长沙、扬州广陵、南京溧水等地公安机关来分局学习考察。积极选树先进典型,发挥模范引领作用。2010年,全局共有14个集体获市级以上表彰,1人荣立二等功,28人荣立三等功,169人在各项工作中分获表彰。其中,学府路派出所民警张宝华夫妇分别被市局评为首届“十佳勤廉民警”和“十佳民警廉内助”,并被推荐为全省公安机关“爱民标兵”。在市局公布的拟提拔任用科职领导干部名单中,京口分局有8名同志上榜,在全市公安机关中是最多的。

(俞福勇)

【着力强化维护国家安全和社会稳定的能力和水平】 面对错综复杂的斗争形势和繁重艰巨的工作任务,全区公安机关自觉担负起党和人民赋予的重大政治责任,充分借鉴奥运安保和国庆60周年安保工作的成功经验,以全力做好世博会安保工作为主线,严密各项维稳工作措施。一是切实把握维护稳定形势,努力做到见事早。从专业警种部门及基层单位中遴选具有专案侦查、网络侦察和情报研判工作经验,熟练计算机操作及网络应用技能的优秀民警充实到情报信息研判中心,对各部门、各派出所内勤进行优化调整,逐步建立以分局情报信息中心为龙头、各所队专职情报员为骨干的专业情报机构。同时,对全区社会稳定形势进行定期分析研判,做到日汇总、周研判、月分析,并且从提高研判应用成果及服务实战和决策出发,及时编报《每日公安情况》、《公安专报》等情报信息载体,为领导全面把握社会稳定形势、做出宏观决策提供依据。据全市公安情报信息工作情况通报,分局1至11月共上报情报信息1193条,上报数、录用数均居全市第一。加强隐蔽力量建设,创建国保特情56名,其中市级尖子特情16名,省级尖子特情2名,全年提供信息108条,分别被省厅、市局录用28条、67条。二是切实钝化社会矛盾,努力做到民意顺。组织开展社会矛盾纠纷大排查大化解,确定重点类型、区域、对象,深入掌握各类矛盾纠纷的状况和可能引发重大矛盾纠纷的基本因素,做到底数清、情况明,同时结合开展集中清理信访积案和案件评查工作,建立健全以“一件事项、一个班子、一套方案、一抓到底”的“四个一”为核心内容的包案责任机制,集中化解了一批矛盾纠纷。分局开展社会矛盾排查化解的有关做法被省厅网页作为经验交流进行宣传报道。三是切实加强专项基础工作,努力做到阵地牢。大力开展创建“无邪教地区”活动。年内,全区在册邪教“法轮功”人员359名,转化率达99.4%,2名顽固痴迷人员牢牢在控,未发生进京上访、聚集滋事、外出串联等事件;全区2个镇、4个街道无邪教创建活动合格率达到100%,顺利通过省级检查验收。扎实开展国保工作对象涉网信息基础调查,新增控制对象19名,累计列控重点对象97名。对军转干部、转业志愿兵等特殊群体做到底数清、情况明,逐人落实管控措施,实现“4·25”“6·4”“9·18”以及各级“两会”、世博会和亚运会等敏感期间,无一人外出参加非法活动。四是切实完善处突应急机制,努力做到处置妥。精心制定处置突发事件工作预案,树立“舆情就是警情”的理念,全面实行和逐步完善舆情导控制度,发生涉稳重大事件,第一时间发布权威信息,占领舆论阵地,防止负面炒作。市金河公司停产分流以来,分局充分发挥公安职能作用,密切配合市政府驻金河公司工作组,全力做好各项安保工作,确保金河公司停产分流在平稳可控的秩序中进行。其间,成功处置集访、堵门等群体性事件11起,劝阻、劝返赴省进京上访职工4批200余人;会同市有关部门和企业梳理教育稳控重点人员60名;落地查证、删除网络发帖14条,未发生被媒体炒作事件;对违法行为人依法进行了传唤和训诫。

(俞福勇)

【着力优化促进发展和创业的良好环境】 紧紧围绕“促发展、保增长、保民生、保稳定”的总体要求,充分履行职责,切实强化措施,全力服务全区经济发展实现新跨越。一是更新观念送服务。先后召开全区公安工作会议、分局党委会、中层以上领导干部会议等会议,层层传达贯彻上级有关优化经济发展环境工作的会议精神和部署要求,组织民警认真学习上级领导重要讲话、市局《关于在创先争优活动中深入开展“三走进三服务”主题实践活动的意见》、《镇江市公安局服务建设创业型城市的六条措施》等有关文件规定,切实做到了解内容、吃透精神,牢固树立“服务经济建设大有可为”、“你发展我服务、你生产我保护、你有难我帮助”等服务理念。二是深入企业送和谐。结合“大走访”爱民实践活动,深入辖区企事业单位、公共娱乐服务场所逐家进行了解走访,征求单位负责人、场所业主对公安机关在作风建设、服务态度等方面的不足和问题,虚心听取意见和建议,主动解决问题,妥善化解涉企矛盾纠纷22件。1月24日上午,台资企业镇江隆全锅炉有限公司负责人专程到学府路派出所赠送一面题有“情系台商,共建和谐”的锦旗,感谢派出所对该企业的大力支持。该企业受国际金融风暴的影响,劳资纠纷不断,企业一度曾因劳资纠纷造成停产,派出所积极协助象山镇政府和市、区有关职能部门对该企业的劳资纠纷进行深入排查,并对17起46人次的劳资纠纷进行了有效化解,该企业生产迅速恢复,企业效益明显回升。三是打防犯罪送平安。以预防和打击破坏社会主义市场经济秩序、影响投资环境和经营环境的经济犯罪作为打击重点，切实加大整顿和规范市场经济秩序工作力度，加强对企业合法权益的保护，全力保障企业良好的生产经营秩序。2004年以来，犯罪嫌疑人孔某（男，37岁，镇江汇兴汽车涂料有限公司法定代表人）在原有“危险化学品经营许可证”过期的情况下，未申请换领，并继续擅自从外地多家公司购入汽车油漆后销售牟利，非法经营数额达1500余万元。4月2日，京口分局根据线索迅速将孔抓获归案。同时规定派出所每旬向企业通报一次治安警情，提出防范提示；每月开展一次安全检查，并了解企业需求，帮助解决企业的具体问题；每季度召开一次辖区规模企业法人代表座谈会，广泛征求意见；每半年给企业员工上一次法制宣传教育课。四是关爱民生送体贴。结合开展“警民恳谈日”、行风评议等活动，倾听社会各界意见，改善作风、提升效能。世博安保期间，全力做好进沪车辆通行证的受理发证工作，急事急办，特事特办，有的还主动送证上门，深受企业和群众好评。为健全服务评价监督机制，提升窗口服务水平，分局为各基层派出所和有关业务大队服务窗口购置安装了10台电子服务评价器，自觉接受群众的评价和监督。自7月21日安装启用以来，群众满意度达97.1%。

（俞福勇）

【着力提升人民群众对社会治安的安全度】 深刻认识当前社会治安管理中的新形势、新问题，强化打防管控，切实维护好社会治安秩序。一是进一步强化打击防范。以开展反盗抢“一〇行动”、2010严打整治行动、打防涉车犯罪等系列专项行动为抓手，共破获各类刑事案件4752起，比上年的4614起上升3%，特别是案值40余万元的“1·12”特大抢劫案、市区系列砸汽车玻璃盗窃车内财物案、“4·11”抢劫杀人案等一批重大案件迅速告破，得到各级领导和广大市民的高度赞扬。全年抓获刑事作案成员796名，刑拘562名，劳教66名，缉获省内历年在逃人员26名，分别同比前三年平均数上升1.16%，34.7%，63.9%，51.1%。同时，采取公秘结合、专群结合方式，屯警街面，以防促打，通过路面盘查抓获现行犯罪嫌疑人150名；组织实施“技防入户”工程和“技防城”建设，扎实推进“满天星电子眼”社会面视频监控系统工程建设，不断提升群众自防意识和科技防范水平，全区刑事案件继续保持平稳可控。二是进一步强化研判应用。严格按照24小时运转和“工作制度化、流程标准化、查控规范化”的要求，严格落实工作责任，研究细化处置流程，初步建立了全天候、动态化网上预警信息签收、流转、核查、反馈工作机制。特别是围绕基层公安机关面广量大的预警信息现场查证及重点人员日常管控工作，专门研究制定了涉毒人员，肇事肇祸精神病人和重点上访人员，以及重大刑事犯罪前科人员的具体管控意见和查证操作规范，细化了现场查证、人员管控、情况处置等工作要求。自2月22日起至年底，全局共签收、流转部省重点人员预警信息2.4万余条；通过甄别、研判后指令有关单位核实查证，共抓获违法犯罪嫌疑人员50余名，其中网上逃犯26名，破案50余起。有关深度应用做法在公安部的会议上得到张新枫副部长的专门表扬。省厅孙文德厅长、柳玉祥副厅长在镇调研期间也给予了高度评价。三是进一步强化乱点整治。坚持“什么犯罪突出就重点打击什么犯罪、哪里治安混乱就重点整治哪里、用什么方式更为有效就采取什么方式”的工作原则，因地制宜，主动出击，标本兼治，综合治理，已梳理排查出7个重点地区、2个重点问题，并逐个制定、落实整治方案，确保取得实效。针对群众反映较多的市区解放桥巷小美容店集中、地理位置隐蔽，易成为卖淫嫖娼违法行为聚集地的情况，高度重视，自加压力，主动申报市局将该地区列为全市挂牌整治重点地区。同时，多次进行抽查和暗访，梳理问题，通过采取强化私房出租责任、浓厚宣传氛围、常规检查与突击检查相结合、严厉治安查处、加密治安巡防等针对性措施，使该地区原有小美容店全部停业或转营，涉娼问题得到根治。四是进一步强化安全监管。按照“一校一园一策”原则和“发现得了、阻拦得住、制止有效”目标，迅速成立由局长任组长，其他局领导分工负责，各部门主要负责人为成员的领导小组，制定行动方案，确保全区校园安全稳定；专门组织开展涉危单位安全隐患大排查活动，对全区14家涉危涉爆、14家涉枪单位的管理环节进行全方位检查，发现整改治安隐患15处，收缴雷管40枚，仿真枪、气步枪9支，全区未发生涉爆涉枪案件。着力构筑社会消防安全“防火墙”工程，先后部署开展了高温季节消防安全大检查、火灾隐患大排查大整改等专项行动，不断提高“三个能力”，重点单位和群众的消防安全意识得到了增强。对大型会议、活动及其他中心任务，主动提前介入，积极会同主办单位超前开展安全检查，严密制定安全保卫方案，确保了德国曼海姆市政府代表到京口区参观访问、“苏宁广场”和“财富广场”奠基仪式、亚洲男子俱乐部排球锦标赛等30余批次重要活动安全无误。（俞福勇）

【着力打造“信息主导警务、警务支撑信息”社区警务工作格局】 牢固树立“基础工作信息化、信息工作基础化，信息工作计算机化、计算机工作信息化，工作决定数据、数据反映工作”和“信息主导警务，警务支撑信息”的工作理念，坚持将加强源头信息采集和质量管理作为情报平台应用的基础性环节，充分利用信息化条件，对社区警务工作作了一系列改革和提升。一是做强社区民警队伍。按照“警力向社区民警队伍倾斜”要求，优化调整原有警力配置，配足配强社区警力，确保一般社区配1名，重点社区配2名，并为每个社区配备4名辅警，给予相应的物质保障，配备了警用摩托车、手持式二代证采集仪等装备。同时，分局明确规定社区民警在本社区工作不满三年的，原则上不得调动，社区民警调动须经分局审批，以保证社区民警岗位的相对稳定。规定和调整了派出所与分局刑侦部门侦察办案的职责,明确规定社区民警不承担具体办案责任。通过争取地方党委、政府的支持,辖区7个派出所所长均被任命为所在镇、街道的党委委员,社区民警被任命为所在社区、村的党总支、党支部副书记、副主任。二是狠抓源头信息采集。明确规定社区民警的首要职责就是通过日常基础工作加强“大平台”源头信息的采集、录入,做到在基础工作中采集信息,在日常信息采集中做基础工作,每个社区民警必须物建不少于100人的信息员队伍,负有为侦查破案提供线索、人头及按照要求开展走访、排查的责任。分局设立了66个流动人口社会化信息采集点;为社区民警配备了一批信息数据采集仪;为全区400余家场所行业统一安装了分局专门研发的管理软件,设立平台,直接获取从业人员信息;在全市暂住人口、旅馆住宿人员、盘查人员、涉警人员、寄住人员、从业人员、驾驶员、机动车、驾驶违章人员、网吧上网人员、在押人员等11动态数据信息已在市级情报平台开展实时碰撞比对的基础上,分局要求社区民警广泛收集商场超市会员卡、住院、房屋中介等社会信息资源,交由分局情报信息研判中心编辑成数据库与情报平台进行批量比对,抓获了一批嫌疑人与逃犯。三是注重平台数据质量。把“大平台”数据质量的好坏作为考量社区民警、社区警务工作优劣的重要内容,并与民警等级考核和绩效工资挂钩。严格实行平台错漏数据“日清”制,规定分局、业务部门和派出所及数据管理员应每日对大平台数据质量进行巡查,发现数据缺漏项等问题后应立即通知责任单位和责任民警,相关单位和民警应在当日24时前整改完毕,确保实现当日数据当日录,当日错误当日改的目标。全面推行源头信息采集管理终身责任制。对采集源头信息为破案提供线索、发挥实际作用的,及时表彰奖励;对信息数据漏采、错登造成工作失误,特别是造成重点人员漏管失控的,通过倒查追究当事人责任。组织开展了实有人口管控会战、场所行业专项治理和网吧专项整治等一系列专项行动,制定下发了一系列文件,确保了分局“大平台”数据的采集数量和质量均位于全市前列。

(俞福勇)

【着力完善执法规范化管理体系建设】 始终将执法规范化建设作为一项全局性、基础性、长远性的重大战略任务,始终贯穿于全部公安工作和队伍建设之中常抓不懈。一是建立健全全员岗位执法责任机制。修订完善《执法责任制暂行规定》、《执法质量考核评估实施办法》、《法制员岗位职责及考评办法》,建立一级管一级、一级包一级、一级对一级负责的垂直连结、责任连带的全员岗位执法责任制,推行案件主办责任制,明确案件承办人、审核人、审批人“三位一体”的办案责任,把审核责任真正落实到实处。对在案件审核把关过程中发现的个案问题,分局专门印制了“执法建议书”、“纠正违法通知书”,及时指出存在问题并下达整改要求,督促限期整改。二是建立健全执法监督制约机制。研究制订了刑侦、治安、经侦等警种执法规范和派出所民警办案流程,普遍实行接处警“一警一档”制,重点对使用强制措施等执法环节中易发常见的问题加以规范,最大限度杜绝和克服办案过程中的随意性和盲目性。在此基础上,从健全内部监督和外部监督两个方面,加强对执法活动全过程、全方位的实时监控。在内部,坚持实行办案逐级审核把关制度、集体通案制度以及错案倒查、侵权赔偿和奖惩考核制度,法制、纪检、监察、信访等部门整体联动,实行一案一考核、周通报、月点评、季考核,对主要执法环节进行全流程监督,对全局执法质量进行动态考核。全面启用执法监督系统、涉案财物管理系统和讯(询)问系统,进一步完善执法监督措施。在外部,聘请了50余名警风警纪监督员,大力推行警务公开制度,自觉接受人民群众的监督,以公开促公正。三是建立健全网上执法预警机制。充分运用“大平台”执法类功能模块,由法制部门安排专人每月在网上进行巡查,做到“三个必看”,即:接处警信息必看,强制措施使用情况必看,涉案人员和财物处理结果必看。通过网上巡查,对执法办案情况进行实时研判,对发现的苗头性、倾向性、普遍性问题,以及各类典型案例,及时在网上发布执法预警,防止同类问题蔓延扩展。为推进案件网上审批流转工作,分局还将案件网上审批流转情况纳入执法考评范围,加大对网上执法办案情况的监督检查力度。四是建立健全巡回培训和“一兑一”执法服务机制。抽调执法业务骨干,组成巡回培训小组,结合现实案例剖析,每年至少对一线执法办案单位进行面对面的培训一次。每月从基层抽调一名法制员,到分局法制部门跟班学习工作10天,同时从法制部门抽调1名副职领导或骨干到该单位开展执法服务,了解一线办案实际,指导一线办案工作,既填补了基层所队在法制员被抽调到分局培训期间形成的执法监督“空白”,又使法制员队伍逐渐成为分局一支办案、核案的中坚力量。此外,积极组织开展执法办案大比武,每月评定“优秀卷宗”和“优秀办案民警”。由分局法制部门对示范优秀案卷进行阅评,解剖分析问题案卷,总结推广好的办案经验,指出并纠正案卷中发现的问题,为加强基层规范执法办案工作树立榜样。2010年,分局全部5件行政复议案件均被上级维持。

(俞福勇)

【积极开展“创先争优”,着力推动作风效能建设再上新台阶】 始终紧扣队伍建设这一根本,以“创先争优”活动为载体,强化纪律作风整顿和日常队伍管理,抓队伍,促业务,为完成各项公安工作提供了强有力的政治思想和组织保障。一是切实加强思想政治建设。组织全警学习党的十七大、十七届四中、五中全会和中央经济工作会议精神,不断加厚政治理论功底,切实提高政治敏锐性和鉴别力。同时开展系列警营文体活动、“江苏公安精神”大讨论主题演讲等活动,积极参与了全市公安机关篮球、羽毛球和迎“七一”歌咏等比赛活动,取得了优异成绩,并极大地激发了队伍活力、凝聚力和战斗力，增强了民警创先争优意识和为荣誉而战意识。二是切实加强两个专项治理。即警车和涉案车辆违规问题、涉案人员非正常死亡问题专项治理。按照"七个一律"、"两个严禁"的要求，扎实推进"两车"专项治理工作，对34辆警车外观标识、警灯等进行了全面检查，重新补喷编号、图案标识；将50辆苏O牌号车全部改民用牌号；与各单位逐一签订"执行'两个严禁'责任状"；向每位驾驶人员发放一张"友情提醒"卡。在整治执法过程中涉案人员非正常死亡问题工作中，分局紧密联系全国、全省发生的涉案人员非正常死亡案(事)件，围绕办案场所规范设置、安全防范设施配置、录音录像设备使用、执法主体资格、强制措施使用、违法犯罪嫌疑人员讯问看管、枪支警械管理使用等方面，排问题、找隐患，跟踪督查执法隐患的整改，针对基层办案单位执法场所设置不规范的问题，推进同步录音录像设施建设，全部建成并与市局联网。公安部纪委监察二室主任景宏，公安部纪委监察局副局长赵水芳，省厅纪委书记孙兴家等领导均对分局有关工作予以充分肯定。三是切实加强警务保障。针对公安经费保障中的重点和难点，积极争取党委政府支持，公安经费保障在上年基础上又有了新的突破。倡导文化育警的理念，以"益智、养心、陶情、健身、缓压"为功能定位，充分利用分局警察文体会所的优越设施，为民警提供训练、健身、娱乐的理想场所，同时组建成立了"书法绘画、摄影摄像、象棋围棋、文化娱乐、科技攻关、多媒体制作"等六个兴趣活动小组和"登山、篮球、乒乓球、游泳、羽毛球、太极拳"等六个运动协会。共有民警173名民警报名参与，占民警总数的47.8%。积极落实从优待警措施，继续执行民警体检、年休假以及民警直系亲属住院探望、民警家属生日送蛋糕等制度，从细微处关爱民警，增强民警的集体归属感和认同感。（俞福勇）

【召开全区公安工作会议】 1月8日下午召开全区公安工作会议，认真传达贯彻区委六届九次全会、区七届人大三次会议、全区政法工作会议和全市公安工作会议精神，部署2010年全区公安工作任务。副市长、市委政法委副书记、市局党委书记、局长夏新平，京口区委书记、区人大常委会主任胡宗元，区长郭建，区委副书记、政法委书记孙国平，区人大党组书记、副主任戴善民，区政协副主席朱长龙，区委政法委副书记潘朝中等领导应邀出席大会。会议宣布了对分局2009年度先进集体、先进个人表彰奖励的命令、决定。会前，分局还与各单位签订了2010年度公安工作及队伍建设主要运行目标和党风廉政建设责任状。分局领导班子全体成员，各单位、部门领导以及民警代表近300人参加了会议。（俞福勇）

召开全区公安工作会议

【省公安厅厅长孙文德莅临京口视察指导公安工作】 12月16日上午，省政府党组成员，厅党委书记、厅长孙文德率省厅有关部门主要负责同志，莅临京口分局视察指导公安工作。其间，孙厅长认真听取了副区长、分局局长丁浩北重点演示汇报的信息化应用工作情况，认为分局认识统一、思路清晰、措施实在、效果好。同时，指出当前大平台的重要性和优越性日益凸显，越来越多的民警切身感受到了大平台应用的效果，各级公安机关一定要充分抢抓信息化建设的有利契机，进一步优化警务机制建设，巩固和发展经验做法，提高大平台深度应用水平。（俞福勇）

【市委书记许津荣等领导视察京口区幼儿园安全保卫工作】 5月14日上午，市委书记、市人大常委会主任许津荣，市委常委、政法委书记黄宝荣，市委常委、秘书长李国忠，副市长，市委政法委副书记，市局党委书记、局长夏新平，市委副秘书长、政法委副书记、市综治办主任陈林海等领导，到市中山路幼儿园视察指导安全保卫工作。其间，许津荣认真听取了幼儿园安全保卫工作情况汇报，仔细察看了该园安保工作具体设施，还亲自操作了该园监控系统的监视器。许书记充分肯定了该园安全保卫工作的好的做法，同时强调学校不仅要加强安保的"硬件"建设，还要加强对老师、学生的自我保护、自我防范的"软件"提升，并特别要求相关部门加强对民办学校、民办幼儿园的安保和"地下幼儿园"的排查及安保工作。区委书记胡宗元，区长郭建，区委常委、政法委书记余国根，副区长，区委政法委副书记，分局党委书记、局长丁浩北，区委政法委副书记、区综治办主任潘朝中等领导陪同视察。（俞福勇）

【市人大常委会常务副主任张甫雄等领导视察京口公安工作】 12月23日，市人大常委会党组书记、常务副主任张甫雄，市人大常委会副主任陈苏、卢章平、王守和，市人大常委会有关秘书长、各委办公室主任、内司委全体同志及部分常委、市人大代表一行，莅临京口分局视察公安工作。其间，实地视察了分局警察文体会所，现代化的办公环境，认真听取了副区长、分局局长丁浩北作的相关情况汇报。张甫雄常务副主任还亲笔题书“执法如山”，勉励京口公安工作。（俞福勇）

【侦破案值40余万元的“1·12”特大抢劫案】 1月12日上午，犯罪嫌疑人吴本海（男，32岁，安徽庐江县人）等3人经事先踩点，在丹阳市一停车场将受害人臧红娟（女，42岁，丹阳市人）蒙面捆绑，连车带至市区梦溪广场附近，劫得手机1部、银行卡7张，劫取财物总价值40余万元。案发后，分局组织精干警力艰苦攻坚，并在市局有关部门的大力协助下，成功将吴本海等3人抓获归案。案件侦破后，市局、区委、区政府主要领导分别给予祝贺和肯定。（俞福勇）

【成功破获“4·11”抢劫杀人案】 4月11日12时许，犯罪嫌疑人陈丛辉（男，38岁）、张云峰（男，37岁，均为黑龙江佳木斯市人）、张胜柱（男，46岁，黑龙江省宾县人）3人窜至市区贺家弄南门浴室附近撬窃沿路停放的1辆轿车内现金1万余元，被该浴室业主施玉亮（男，35岁，扬州市邗江区人）当场发现。在施追赶制止其犯罪过程中，陈为逃脱挥刀将施捕伤致死。案发后，市、区公安机关迅速启动“关城门”预案，于当日13时许在市区金山桥附近将张胜柱抓获。同时，分局迅速抽调精干警力成立专案组，按照省公安厅、市委、市政府、市公安局及区委、区政府有关领导的指示精神，全力组织抓捕，先后赶赴扬州市、安徽合肥市、黑龙江佳木斯市等地开展工作。在市局刑警支队、行动技术支队及佳木斯市警方的大力协助下，于4月19日上午在佳木斯市将陈丛辉、张云峰2人缉拿归案。此案的成功侦破得到了上级党委、政府和公安机关领导以及社会各界的好评，告慰了受害者及其家属，弘扬了见义勇为社会正气。市文明委、京口区见义勇为基金会分别授予和追授施玉亮“见义勇为好市民”称号、“见义勇为积极分子”荣誉称号。（俞福勇）

【省厅、市局领导视察京口消防工作】 2月9日下午，省厅党委委员、副厅长王琦在副市长、市局局长夏新平，省消防总队副队长葛洪正，市局党委委员、副局长张为人，市局党委委员、消防支队支队长缪纪银等领导陪同下，赴市区龙发大厦视察消防工作。其间，王副厅长对龙发大厦的消防硬件投入、软环境建设、消防管理等方面给予充分肯定，并提出了进一步要求。副区长、分局局长丁浩北陪同视察。（俞福勇）

【省公安厅副厅长柳玉祥等督导公安重点工作落实情况】 6月28日上午，省厅柳玉祥副厅长，副市长、市政法委副书记、市公安局长夏新平、京口区委副书记孙国平等省市区领导在京口公安分局召开当前重点工作落实情况督导会。在听取京口公安分局局长丁浩北就全局开展情报信息平台联动应用和信息化条件下的社区警务工作的专题汇报建议，和扬中市局宋武平局长的信息化条件下的社区警务试点工作汇报后，柳厅长还与参会的京口公安分局刑警大队，健康路、四牌楼派出所主要领导和社区民警代表，以及京口分局平台办民警就如何开展情报信息平台联动应用工作情况进行了交流，对镇江市公安机关组织推进情报信息平台联动应用工作给予充分肯定，认为镇江市大平台联动工作推进动作快，市、县（区）三及联动基本到位，京口分局创造了许多好的经验做法，社区民警以信息采集为龙头带动破案的做法符合公安部、省厅的要求，希望抓好典型推动，在研判模式和战法上做好总结推广工作。市局有关领导，分局和丹阳、扬中市局主要领导及有关领导，分局社区民警代表参加了会议。（俞福勇）

【分局破获一起涉外案件抓获3名寻衅滋事嫌疑人】 7月31日凌晨，犯罪嫌疑人张振飞（男，24岁，徐州市人）、左怀洋（男，17岁，沭阳县人）、杨政（男，17岁，泗阳县人）等人在市区山门口街长毛烧烤店门口，因言语不和与几名外国人发生矛盾，随即采用棍棒、啤酒瓶、桌椅等物殴打外国人，致其中一人轻伤。案发后，分局高度重视。副区长、局长丁浩北第一时间赶赴健康路派出所，听取案情汇报，要求迅速成立专门调查组，由有关局领导具体指挥，认真调查处理，全力妥善处置。经连续工作，2日，分局根据线索分别在宿迁、丹阳两地将该三人抓获。（俞福勇）

【分局出台处置非正常死亡工作暂行规定】 针对非正常死亡事件一旦处置不当而易引发不稳定事端的实际，9月25日，分局专门制定下发了《镇江市公安局京口分局处置非正常死亡事件工作暂行规定》，就非正常死亡的界定、管辖、信息报送、处置程序等事项进行了明确规定。（俞福勇）

【分局部署打击“碰瓷”违法犯罪专项行动】 10月25日下午，分局迅速召开会议，紧急传达市局有关会议特别是夏新平副市长重要指示精神，部署开展为期一个月的打击“碰瓷”违法犯罪专项行动。会议决定成立由副区长、局长丁浩北总挂帅，副局长闵锁银、杨建明分别负责的专门工作班子，在有关部门抽调精干力量，迅速开展梳理案件线索、伏击守候等工作。活动开展以来，抓获处理“碰瓷”违法犯罪嫌疑人3名，其中行政拘留2名。（俞福勇）

【分局制定出台“大平台”数据质量管理奖惩暂行办法】 10月28日，分局根据《公安机关人民警察纪律条令》、《江苏省公安机关大平台数据质量责任追究规定》（试行）、《镇江市公安机关大平台数据质量管理实施细则》(试行)、《关于进一步加大对一线民警工作绩效考核奖励力度的意见》等文件精神，制定下发了《京口分局"大平台"数据质量管理奖惩暂行办法》。该办法对数据质量管理的范围、职责分工、责任追究、奖励等事项逐一作了明确，实行了"三线联动"监测、查漏纠错"日清"制度等，确保"大平台"数据质量。 (俞福勇)

【省检查组检查验收"创建无邪教地区活动"工作】 11月18日下午，以省委宣传部柯强兴为组长的省检查组一行4人，在市委610办公室主任、市局党委委员、副局长张卫东陪同下，赴京口检查验收"创建无邪教地区活动"工作。检查组采用听汇报、查阅资料、实地抽查、问卷调查等形式对该项工作进行检查。柯强兴组长对京口区"创建无邪教地区活动"工作给予高度评价，认为：组织网络健全、信息员队伍活动有声有色、宣传工作有章法、管控措施到位、台账内容翔实。市委610办公室副主任夏民强、朱忠华，区委常委、政法委书记马国进，副区长、分局局长丁浩北，区委政法委副书记潘朝中，区610办公室主任、分局副局长闵锁银，以及区委宣传部、区民政局、教育局和各镇、街道相关负责同志陪同参加。 (俞福勇)

【省、市维稳办领导调研指导京口维稳工作】 11月30日上午，省维稳办副主任陈建平一行4人在市维稳办主任、市局党委副书记、副局长高晓光的陪同下莅临分局调研指导维稳工作。陈主任一行认真听取了副区长、分局局长丁浩北关于当前维稳工作的主要做法、建议及明年思路等方面的情况汇报，实地察看了维稳工作台账。认为京口区维稳工作措施实、基础好，取得了成效，同时就进一步发挥维稳办牵头协调作用、完善应急处置体系、加强维稳基层组织建设提出了要求。区委政法委副书记潘朝中，区信访局副局长叶晶，分局副局长姚恒清及分局有关部门主要负责同志参加了调研座谈会。 (俞福勇)

【京口分局全力做好上海世博会安保工作】 5月份以来，分局迅速将省厅、市局关于世博会安保的一系列部署要求传达贯彻到全体民警，制定下发了《全区公安机关上海世博会环沪"护城河"重点人管控工作方案》，成立分局上海世博会安保重点人管控工作领导小组，明确重点人排查管控工作的原则、重点、要求、措施。要求全区公安机关一切围绕世博会安全，树立"维护世博会安全为第一目标"的理念，积极抢抓当前，一着不让地抓好打防工作、人口管控会战、"大平台"建设应用、社会治安重点地区排查整治、技防城建设、反盗抢"一〇行动"、治爆缉枪等专项行动。截至10月底，共出动警力4万余人次，排查管控重点人员56名，抓获违法犯罪嫌疑人300余名，破获刑事案件1000余起，有效实行网络舆情导控33起。辖区未发生有重大影响的治安、刑事案件和灾害性事故，未发生重点人管控不到位及由此产生的有重大影响的事件。 (俞福勇)

【圆满完成全国"两会"安全保卫任务】 紧紧围绕上级关于全国"两会"安保的部署要求，根据本区实际，强化组织领导，采取积极有力的措施，开展不稳定因素的排查化解，因情施策，对全区57名重点信访人员按照一人一策的要求加强稳控，妥善处置赴市政府集访23批700余人次，以及包括康兴商城与承租户之间的拆迁补偿纠纷在内的4起群体事件，确保了在京口举行的"苏宁广场"和"财富广场"奠基仪式等大型活动安全顺利进行，坚持以打开路，打防并举，深化社会治安冬季行动，实现了全国"两会"期间京口无重点人员进京滋事，全区未发生有影响的刑事、治安案件和事故，社会治安总体平稳可控的目标。 (俞福勇)

【京口公安实施"六大战略"实现公安政治工作新提升】 年初，分局党委在认真分析形势、任务的基础上，研究决定实施队伍建设"六大战略"，努力提升分局公安政治工作水平：即：政治建警战略，在增强公安队伍思想保障能力上实现新提升；素质强警战略，在增强民警职业素养和实战能力上实现新提升；文化育警战略，在加强警察公共关系建设上实现新提升；和谐兴警战略，在构建和谐警民关系上实现新提升；严优待警战略，在增强队伍凝聚力和战斗力上实现新提升；作风饬警战略，在加强公安作风建设上实现新提升。 (俞福勇)

【开展队伍集中教育整顿"四查"活动】 23日上午，分局召开专题会议，集中传达学习全市公安机关"查思想、查纪律、查作风、查执法"队伍集中教育整顿暨重要权力节点监控机制"全覆盖"建设动员部署会精神，制定下发《认真学习贯彻〈廉政准则〉深入开展"查思想、查纪律、查作风、查执法"队伍集中教育整顿的实施方案》。通过活动的开展，队伍整体素质得到明显提升，全年未发生一起严重违法违纪问题。 (俞福勇)

【开展校园安全保卫专项行动】 为切实加强校园安全保卫工作，分局自4月29日起开展了校园安全保卫专项行动。成立了由副局长陈俊任组长，经文保、治安、刑侦、各派出所主要负责人为成员的行动领导小组，制定下发了行动方案。组织学习了《镇江市中小学、幼儿园安全防范工作规范(试行)》，并在此基础上就进一步加强全区校园安全保卫专项行动强调：一是要从讲政治、讲责任的高度，全方位、刚性地贯彻落实《规范》；二是必须立即落实中小学、幼儿园派驻保安的问题；三是立即将《规范》列举的校园警务室必备的防卫器材配发到各中小学校、幼儿园，并增设盾牌；四是着眼"发现得了、阻拦得住、制止有效"，立即着手研究当前校园安全保卫制度；五是严格按照"一校一园一策"的要求，认真研究制定校园技防系统建设方案；六是各派出所警力要最大限度地投放到每日上、放学高峰期，加强校园周边巡查保卫；七是机关各部门要组织力量深入联系点派出所共同参与校园安保工作；八是全体局领导分赴各联系点派出所辖区中小学校、幼儿园加强现场督查指导。全年,分局会同校方狠抓各项工作落实,辖区未发生有影响的涉校案事件和事故。 (俞福勇)

【召开上半年公安工作总结暨创先争优活动推进会】 为进一步营造浓厚的创先争优氛围,鼓舞士气,激励斗志,强势推进下半年工作,7月14日,分局专门利用1天时间,召集全体局领导、全体中层领导干部及优秀民警代表共计80余人,召开上半年公安工作总结暨创先争优活动推进会。会议对上半年分局队伍建设、治安绩效、刑侦绩效等情况作了通报,对上半年公安工作绩效突出的集体进行了表彰。副区长、局长丁浩北要求各单位、各部门客观看待过去半年所做的工作,辨证对待所取得的成绩和存在的问题,做到成绩面前找差距、荣誉面前作反思、问题中出成绩、成绩中找问题。同时就如何以深入开展创先争优活动为载体全面提升公安工作和队伍建设水平提出要求。 (俞福勇)

【主动开展涉危单位安全隐患大排查大整改工作】 针对9月8日晚市区东吴路原市制药厂拆迁工地发生一起爆燃所暴露出来的问题,次日上午,分局及时召开专门会议,结合"三项排查"工作要求,部署开展涉危单位安全隐患大排查大整改工作。副区长,分局局长丁浩北要求各相关单位居安思危,切实加强组织领导;不留死角,迅速开展安全大检查;严格责任,切实消除安全隐患。同时,分局以文件形式在网上发布相关通知。工作中,各相关单位检查涉危单位200余家,发现整改安全隐患90余处。 (俞福勇)

【推进执法办案场所和内务环境规范化建设】 10月份以来,分局在大市口派出所开展执法办案场所和内务环境规范化建设试点工作,下决心改观办案场所和内务环境。10月19日上午,分局在该所召开执法办案场所和内务环境规范化建设现场会,要求各单位借鉴该所成功做法,抓紧落实分局党委关于执法办案场所和内务环境规范化建设的序时进度要求。分局推进执法办案场所和内务环境规范化建设的做法受到部、省、市公安纪委监察部门的高度关注。公安部纪委监察二室主任景宏,公安部纪委监察局副局长赵水芳,省厅党委委员、纪委书记、督察长孙兴家及副市长、市委政法委副书记、市局党委书记、局长夏新平等领导莅临检查指导,并予以充分肯定。10月21日上午,大市口派出所在市局召开的现场会上作了经验介绍。 (俞福勇)

【积极做好市区双井路棚户区改造项目延期回迁维稳工作】 9月7日以来,市区双井路棚户区改造项目部分回迁户因过渡期满没有得到安置等原因多次到市政府上访。对此,分局高度重视,认真贯彻市公安局和区委、区政府主要领导的指示精神,本着既要有效平稳事态,又不给党委政府添乱的原则,充分发挥公安职能作用。期间,妥善处置赴市政府集访事件3起,传唤教育转化言行偏激的"重点人"6名,收集上报专报信息11条、其中预警信息3条,密切监控和引导网络舆情,及时删除和落地查证一批不良言论。确保未发生有影响的群体性事件和因处置不当导致矛盾升级和网络媒体炒作事件。 (俞福勇)

【积极开展"6·26"禁毒日宣传活动】 为增强全民禁毒意识,全力打造全民禁毒、和谐稳定的社会环境,"6·26"禁毒日期间,分局紧紧围绕"依法禁毒、构建和谐"主题,结合禁毒"六进",开展了形式多样的禁毒宣传活动。积极参与"镇江市'6·26'国际禁毒日大型禁毒展览"开展仪式和"禁毒艺术作品征集活动颁奖仪式"等集中宣传活动,大市口、四牌楼、谏壁镇等派出所组织开展了"依法参与禁毒、构建和谐社会"、"珍爱生命、远离毒品"等主题宣传活动。活动中,共拉宣传横幅7条,发放禁毒宣传资料5000余份,展出宣传展牌18块,设立咨询点7处、张贴宣传标语300余张,更换禁毒宣传栏14块,现场接受群众咨询2000余人次,深入场所和中小学上禁毒法制课16场次。 (俞福勇)

【扎实推进"2010严打整治行动"】 自6月17日严打整治行动开展以来,分局严格按照市局总体部署,不等不靠,实化措施,立即启动"2010严打整治行动",并不断掀起行动高潮。一是分局及各单位立即成立一把手挂帅的工作专班,健全组织网络,层层落实责任;二是迅速制定行动方案,细化工作措施,力求取得实效;三是对照时间、任务双过半目标,全力冲刺主业绩效,并将进度完成情况作为考察领

"6·26国际禁毒日"集中宣传

导干部实绩的重要依据；四是再次重申，坚持严厉查处黄赌毒案件不放松，严防蔓延成势，严禁充当“保护伞”。其间，共查破各类刑事案件2900余起，其中破获杀人、抢劫、强奸等八类案件45起；共查获犯罪嫌疑人570余名，其中摧毁犯罪团伙34个、成员138人；缉捕网上逃犯95名，其中本网逃犯54名、外网逃犯41名；追缴赃款赃物折合人民币150余万元。

（俞福勇）

【集中开展涉车犯罪专项行动】 为切实维护辖区社会治安稳定，从10月21日起，分局集中两个月时间，在全区公安机关集中开展打击整治涉车犯罪专项行动。活动始终坚持“打防结合、预防为主、专群结合、依靠群众”的方针，采取综合措施，坚决压降城市街面、大型商场门前、居民小区内、江苏大学商业区沿线等重点路段、重点部位涉车案件高发的态势。工作中做到以排查梳理为抓手，找线索、查赃车；加强伏击盘查，抓现行、压案件；强化跟踪经营，捣窝点、摧团伙。行动开展以来，已查获盗车犯罪嫌疑人18名，其中团伙3个，破获盗车案件25起，收缴被盗摩托车、电动车15辆。通过打防结合，涉车案件得到有效压降，发案环比下降30.9%，取得良好工作成效。

（俞福勇）

【积极开展冬季防火及消防安全隐患大排查大整改工作】 为认真吸取“11·15”上海特大火灾事故教训，迅速贯彻上级有关会议精神，区政府相继召开全区冬季防火暨“防火墙”工程考评验收部署会和全区火灾隐患大排查大整改专项行动部署会。副区长、分局局长丁浩北出席并就做好冬季防火及消防安全隐患大排查大整改工作提出具体要求。消防大队和各派出所按照会议的部署和要求立即行动，一方面深化消防宣传教育工作，通过发放消防宣传资料、张贴消防宣传标语、举办消防知识讲座等形式，扩大消防宣传覆盖面，营造全社会关注、支持、参与消防的浓厚氛围；另一方面组织专门力量开展消防安全大检查，检查消防重点单位180余家，发现并立即整改消防安全隐患10余处。其间，京口区在谏壁镇成立了第一支森林防火扑救队。

（俞福勇）

【集中开展高温季节消防安全大检查】 根据全省“三项排查”部署要求，针对夏季高温，火灾及危化品事故容易发生的情况，分局从8月5日起集中一周时间在全区范围内开展高温季节消防安全大检查。检查做到四个“明确”：一是明确检查分工，具体明确消防、治安、经文保、派出所等部门的检查分工，做到分工明确，各司其职；二是明确检查对象，突出对人员密集场所行业，易燃易爆危险化学品生产、经营、储存单位，以及关系到国计民生的重点单位的检查；三是明确检查内容，主要检查消防硬件设施、制度规范建设是否到位，是否存在消防安全隐患；四是明确检查责任，按照“谁检查、谁负责”的原则，严格落实检查责任制和跟踪监督整改责任制，确保各项措施落实到位。工作中，检查重点单位190余家，查出安全隐患250余处，责令当场整改120余处，发放隐患整改通知书7份。

（俞福勇）

【首创“满天星电子眼”社会面视频监控系统建设】 分局针对以往社会面治安监控系统建设中集中建设难度大、后续保养跟不上、服务实战效能不高等问题，首创提出通过挖掘社会资源、汇聚社会力量，在原有500余只监控探头的基础上，新安装1200只电子眼（摄像头），并通过租赁联网模式，由专业公司维护保养，从而确保系统长期正常运转，实现对全区社会面治安动态全方位、全时空监控的建设思路。每个点位通过互联网接入公安视频监控平台，可供随时调阅，并紧密契合省厅“123”工程建设规划，将监控范围从主要干道延伸到社区，更加密集地覆盖到背街小巷，并为充实“大平台”视频数据源奠定了坚实基础。2010年，全区通过运用监控图像破获各类违法犯罪案件499起，抓获违法犯罪人员577名。

（俞福勇）

【自主创建场所行业网上监管模式】 2010年，分局依托“大平台”基础数据和互联网功能，自主创建场所行业治安管理系统，涵盖了日常治安管理的涉危单位、公共娱乐场所、网吧、旅馆等13类场所行业，民警在平台上可以分行业、分类别发送通知通报、法律法规、防范提示、服务指南；在管理上实行计分考核、签收反馈、星级评定、从业人员登记签到等，业主在接到信息后，平台界面自动打开，浏览信息，还可以通过平台和民警进行意见反馈、线索举报等交流。运行以来，已有400余家场所行业安装了平台软件，已采集数据6000余条，公安机关发布信息60余条，接到举报线索22条，全区场所行业业主守法经营的意识进一步增强，涉危单位规范管理的程度进一步提升，有限警力的警务效能进一步激发。

（俞福勇）

【切实做好烟花爆竹安全燃放管理工作】 针对11月1日镇江市正式启动烟花爆竹有限开禁规定，为切实做好烟花爆竹安全燃放管理工作，分局各单位、各部门根据相关部署要求，认真学习《市区烟花爆竹安全燃放暂行办法》，真正吃透规定精神；积极开展社会面宣传，做到家喻户晓；严格各个渠道、环节的日常监督管理，确保措施落实；充分发挥职能作用，形成齐抓共管合力。其间，分局通过发放宣传资料、悬挂横幅、设点接受咨询等形式开展有限开禁规定宣传，共发放宣传资料2000余份、悬挂横幅40余条、设宣传咨询点18处，社会反响良好。

（俞福勇）

【认真做好作风评议迎评走访工作】 10月份以来，分局结合市局作风评议迎评走访工作情况通报，为全力做好迎评走访工作，强化五项工作措施：一是局领导结合分管工作带头走访，加强与党政领导的沟通联系；二是完善走访情况每周通报排名制度，确保走访序时进度和走访率；三是落实走访工作责任考核机制，对工作不力、排名靠后的单位及领导责成说明情况并与绩效考核挂钩；四是加大对走访工

开展"警民恳谈日"活动

作的督查力度，政工、纪检部门深入基层实时督查和不定时抽查；五是重视走访中收集意见、建议的整改和反馈，真正注重走访社会效果和群众满意度。月内，共走访社会各界人士440余人，收集了一批对公安工作的意见、建议，并逐条对照整改和反馈。（俞福勇）

【京口区成立综合应急救援大队】 12月31日上午，京口区在谏壁镇隆重举行综合应急救援大队成立暨揭牌仪式。公安、消防、安监、卫生、环保、交通、防汛、城管等综合应急救援队成员单位代表共100余人参加了揭牌仪式。副区长徐建锋要求，全区各级、各部门要以区综合应急救援大队成立为契机，进一步深化对应急救援工作重要性的认识，加强综合应急救援队伍体系建设，强化业务训练和应急演练，全力提升全区应急救援整体能力和水平，为经济社会又好又快发展提供坚强有力的保障。副区长、分局局长丁浩北主持了揭牌仪式。（俞福勇）

【开展警车和涉案车辆违规问题专项治理工作】 根据公安部、省厅、市局的统一部署，京口公安分局结合实际，从2月初开始，按照公安部"五个必须"、"七个一律"和"两个严禁"的要求，在全局范围认真开展了警车和涉案车辆违规问题专项治理工作。对32辆警车、43辆警用摩托车、19辆涉案车辆逐一过堂，针对存在的警车停放随意、缺少外观小车号标志、驾驶员人员遵守交通法规意识不强、涉案车辆管理不规范等问题，进一步加大整改力度。在此基础上，制定了《京口公安分局车辆、驾驶员管理规定》、《镇江市公安局京口分局涉案车辆管理规定》；建立了执法办案单位负责、法制部门集中保管、纪检督察部门监督管理的涉案车辆管理运行机制；对警车和涉案车辆按照一车一档的要求加强管理；实行警车使用审批和出境报备制度。（俞福勇）

检　察

【概况】 2010年，京口区人民检察院按照"强化法律监督，维护公平正义"的总体工作要求，忠实履行法律监督职责，深入推进社会矛盾化解、社会管理创新、公正廉洁执法三项重点工作，各项检察工作取得新的进展，为全区经济平稳较快发展、社会和谐稳定提供了有力的司法保障。先后被授予全国检察宣传先进单位、省文明单位、市先进检察院、市文明行业等11项荣誉称号，检察干警18人次受到市级以上记功、表彰。

有效延伸检察工作触角，服务全区大局。制定了《关于服务和保障全区加快转变经济发展方式的工作意见》。结合办案加强社情调查，向党委、政府报送了《关于区内涉检信访案件的调查报告》、《对外来人员犯罪的调查分析》等16篇风险排查研判报告，增强了服务全区发展稳定大局的针对性。积极参加社会治安综合治理，结合检察职能开展检调对接工作，共息诉和解案件11件，有效化解社会矛盾。制定《特困刑事被害人救助制度暂行办法》，全面推进特困刑事被害人司法救助实践，为12名特困刑事被害人发放救助金，提供法律援助。在谏壁镇率先建成了全市首家正式编制的检察室，开展送法进村、进社区活动，发放宣讲材料1200余份，受理群众控告、举报和申诉40余人次，为农民群众反映合法诉求提供了便捷渠道。

依法打击严重刑事犯罪，维护社会稳定。全年共受理公安机关提请批准逮捕刑事案件160件232人，经审查，批准逮捕108件143人；共受理移送审查起诉刑事案件312件523人，经审查，提起公诉266件418人，成功办理了在全国有重大影响、涉案金额9亿多元的施某某等人组织、领导传销活动案；损毁财物60余万元的芦某系列纵火案等一批刑事案件，有力地打击了犯罪。严格执行重特大案件请示报告、预警催办等制度，严把案件事实关、证据关、定性关、程序关和法律适用关，案件办结率、准确率和有罪判决率均达100%。

深入查办和预防职务犯罪，推进反腐败斗争。共受理职务犯罪案件线索36件36人，先后立案侦查市拆迁领域韦某受贿案，市轻工化工物资系统黄某某滥用职权案等职务犯罪案件13件14人，通过办案为国家挽回经济损失150余万元。围绕征地、拆迁等重点工程建设项目开展预防宣教和咨询活动，全年共举行专场教育109场(次)，开展预防调查55件、行贿档案查询276次，预防咨询96次，发出预防检察建议72份，有效推进了惩防体系建设。

不断强化法律监督职能，保障

法律正确实施。向公安机关发出《要求说明不立案理由通知书》10份，监督立案10件17人；追捕追诉24人，法院均作有罪判决；纠正不当立案9件12人，公安机关均作撤案处理；发出书面纠正违法通知书25份。受理一审民事行政申诉案件17件，提请市检察院抗诉6件，法院全部采纳并改变原处理决定；受理审查二审民事行政申诉案件15件，建议市检察院提请抗诉1件，息诉12件。加强刑罚执行监督，对镇江监狱呈报的减刑、假释人员实行全程检察，对其中40人提出不予提请的意见，发出检察建议23份，督促将不符合条件的3名监外执行罪犯收监执行，均被监狱采纳，依法查办狱内再犯罪案件1件1人，有力维护了正常的监管秩序。

积极参与社会管理创新，打造特色品牌。在化解涉检矛盾工作中，制订了《涉检信访双向承诺制度》、《涉检信访案件风险评估暂行办法（试行）》，对受理7件涉检信访启动了评估、双向承诺程序，着力解决好重复信访、越级上访、缠访等难题。在贯彻宽严相济刑事司法政策中，探索建立了附条件不起诉工作机制，对于未成年人、老年人等特殊人群的轻微犯罪，坚持分案处置，进行观护帮教，共作出附条件不起诉决定5件5人，取得了良好的法律效果和社会效果。实施预防在校大学生犯罪的“航标灯”工程。在江苏大学成立“高校大学生法治教育与犯罪预防实践基地”，聘请了20名大学生志愿者参与工作。组织选调生及进入面试的“准公务员”代表30余人开展“面对面”座谈，赴警示教育基地进行“预防提醒”。还组织大学生代表与部分失足青少年对话，进一步保护大学生健康成长、提升平安校园创建水平。

深入推进公正廉洁执法，强化队伍建设。突出检察特色，把“恪守检察职业道德、促进公正廉洁执法”、“反特权思想、反霸道作风”主题活动与双争双先、履行职能结合起来，紧紧围绕“铸造忠诚品格、强化公正理念、树立清廉意识、提升文明素养”四个目标，开展了检察官宣誓、专题辅导、警示教育等多种形式的活动，提高检察干警的职业道德。加强自身监督，制定了《案件承办人办案综合评价制度》，对业务部门案件承办人在履行执法办案职责时遵守法律、纪律和规章制度情况实施监督、评议，建立个人执法档案，通过自我评价、组织评价、社会评价，落实执法环节责任、进一步提升执法公信力。开展“能力建设之年”活动，邀请南师大、江大法学院专家学者来院为干警作学术讲座；举办了第三届京口检察理论研究年会；组织全体业务部门干警赴南师大法学院进行脱产培训。开展了疑难案件论辩赛、法院已判决自侦案件研讨会、案件质量分析会等8个项目的岗位技能练兵，干警的实战能力和水平得到进一步提升。此外，综合档案室还顺利进入了省“五星级档案室”先进行列，建筑面积近1.2万平方米的侦查指挥中心大楼及专业技术用房顺利竣工并投入使用，为检察工作创新创优，跨越发展奠定了坚实基础。（拜雨花）

荣获镇江市检察机关先进检察院称号

【**出台服务全区转变经济发展方式工作意见**】 围绕区委提出的“加快转型升级，加速城乡一体”的战略举措，区检察院出台了《关于服务和保障全区加快转变经济发展方式的工作意见》。《意见》以深入推进社会矛盾化解、社会管理创新、公正廉洁执法三项重点工作为载体，充分发挥打击、预防、监督、保护职能，为全区加快转变经济发展方式提供服务。一是履行检察职能，为加快转变发展方式营造和谐清廉的外部环境。围绕京口区重点领域和项目的公共资金使用、公共资源配置、公共项目实施，加强职务犯罪风险预警和查处，着力加强对构建新兴产业体系的司法保护。二是拓展检察职能，着力服务和保障加速宜居京口建设步伐。围绕“京口整体城市化”的目标，依法打击阻挠“三大改造”建设项目的各类犯罪，严肃查办建设领域的职务犯罪，建立对环境污染事件督促起诉、支持民事起诉制度，着力服务和保障绿色增长。三是深化检察职能，着力服务和保障自主创新。依法严厉打击各种制假贩假、侵犯知识产权的犯罪，为创建省级知识产权示范区，优化我区自主创新环境提供有力的司法保障。四是立足检察职能，着力服务和保障社会事业协调发展。严厉打击影响群众安全感的刑事犯罪；妥善办理由经济纠纷、劳资纠纷、失业裁员等引发的民事申诉案件和“民转刑”案件；全面落实社会风险排查研判工作机制、检调对接工作机制、涉检信访风险评估机制以及刑事特困被害人救助等工作机制，化解社会不和谐因素，依法维护弱势群体的合法权益。（拜雨花）

【创新社会矛盾化解方式,开展涉检信访评估、承诺】 为更好地推进涉检环节的息诉息访工作和社会矛盾化解工作,区检察院出台了《涉检信访双向承诺制度》、《涉检信访案件风险评估暂行办法(试行)》,由控申科、民行科作为牵头责任部门,对可能引发信访风险的案件进行评估,并根据评估结果提出相应息诉工作预案,着力从源头上预防和减少涉检信访案件的发生。同时,对涉检信访的受理接待、签批转办、办案期限、结果反馈、责任追究等环节作出了详细的规定,通过与来访人签订《涉检来访双向承诺书》,确保在检察机关处理期限内,来访人不就同一问题重复上访、越级上访或干扰检察机关办案,着力解决好重复信访、越级上访、闹访缠访等难题,切实化解社会矛盾纠纷,维护广大人民群众的合法权益,全力促进全区社会和谐稳定。在2010年市人大会议召开期间,区检察院及时启动该项工作机制,使一起当事人表示欲至市人大上访甚至赴京上访的案件成功息诉。该项工作经验材料分别被省、市检察简报转发。

(拜雨花)

【全面推进执法规范化建设】 2010年,区检察院将执法规范化建设作为提升队伍专业化水平的重要方面。一是抓主题活动,提升检察形象。启动了"恪守检察职业道德、促进公正廉洁执法"主题教育活动,结合市院"三心"、"三节"、"三戒"作风建设要求,开展了廉政书画展、廉政教育月等一系列主题鲜明、内容丰富的廉政教育活动,使全院干警牢固树立起理性、平和、文明、规范执法的新理念。二是抓素质培训,加强岗位练兵。先后开展了侦查、批捕、公诉能手竞赛,角色互换控辩对抗赛,法律文书制作竞赛等16项练兵活动,召开检察理论年会,在南师大法学院、江大法学院举办检察官高级论坛,组织8个业务部门37名干警赴南京师范大学法学院进行脱产培训,切实提高了干警的法律监督能力。三是抓内外监督,强化权力监控。邀请人大代表、政协委员视察检察工作,办理各类议案、意见和建议6件,对直接立案侦查案件扣押冻结款物、刑事审判法律监督等开展专项检查19次,对办结案件逐案登记,一案一评,实现了执法办案无错捕漏捕、无错诉漏诉、无无罪判决、无超期羁押、无办案安全事故发生,干警队伍无一起违法违纪案件。四是抓机制创新,科学规范管理。建立《案件承办人办案综合评价工作机制》,对业务部门案件承办人在履行执法办案职责时遵守法律、纪律和规章制度情况实施监督、评议。完善"双基双百"网上绩效考核制度。全院干警每周填写工作纪实,每月汇总考评,每季度上网公布,形成部门和干警廉政执法档案,有效激发了干警工作积极性和责任心。全体干警执法作风得到进一步转变,执法水平和质量得到进一步提高,执法公信力和社会满意度得到进一步提升。检察长和院领导班子满意率连续两年均为100%。区检察院先后被授予省、市、区级精神文明建设先进单位、人民满意政法单位、廉政文化建设示范点等荣誉称号。

(拜雨花)

市委常委、政法委书记黄宝荣视察区检察院

【反渎职侵权工作强势推进】 2010年,将人民群众反映强烈的改制、拆迁、危害生态环境等焦点、热点问题,作为反渎职侵权工作的切入点,从畅通信息来源渠道入手,突出打防并举,取得了明显成效。在公安、工商、税务、国土等一些重点部门和行业内聘请了联络员,建立了包括"信息库"、"案例库"、"线索库"、"法规库"等11项线索情报数据系统,对公安、工商等重点行业和涉农领域开展专项反渎职侵权预防,结合近年来对辖区内社会反响较大社会事件连续跟踪情况,在改革专项资金管理、企业改制等资金密集型领域摸排,深挖企业改制过程中、破产企业安置职工资金使用过程中的渎职侵权犯罪,立案查处了渎职犯罪重特大案件3件3人。其中,滥用职权案件1件1人,玩忽职守案件2件2人,查办的3名犯罪嫌疑人均为科级干部,立案数比上年增长50%。其中,黄文亮滥用职权案被评为全省检察机关十大有影响案件,《关于工商领域职务犯罪的预防调查报告》被评为全省检察机关"优秀预防调查"。

(拜雨花)

【强化监督管理,参与社区矫正】 区检察院着力从规章制度、专项活动、动态监督三个方面推进社区矫正检察工作的有效开展,最大限度地消除各类监管隐患。针对矫正对象人数多、流动性大的情况,及时向区社区矫正工作领导小组提出了《关于进一步规范我区社区矫正衔接管理工作的建议》,会同有关部门共同起草了《京口区社区矫正衔接管理工作规定》等工作制度，防止出现因相关部门工作交接不到位而产生的矫正对象脱漏管现象。开展了为期3个月的“社区矫正执法专项检察活动”，核查监外罪犯的人数、五种罪犯的各项数据以及监外罪犯又犯罪等情况，及时向有关部门提出书面检察建议20余份，监督收监执行5名，促使社区矫正工作更加规范。做好社区矫正对象的交付、监管、变更执行和终止的跟踪检察监督，向矫正对象及矫正工作人员上法制课10余场次，约见矫正对象谈话100余人次。依法监督社区矫正集中学习、公益劳动、请销假、检查考评等各项制度的落实，配合区司法局开展了“移动定位手机护航世博会安保”工作，严密监控10名矫正对象，杜绝脱管、漏管情形的发生。

（拜雨花）

岗位练兵——案件研讨论辩赛

【实行“六个衔接”，强化人民监督员工作】 一是将自侦案件统一备案，与人民监督员对检察机关立案活动、刑事赔偿、办案期限监督制度衔接。二是将法律文书监管制度与人民监督员对检察机关扣押、冻结、处理涉案赃款赃物情况监督的制度衔接。三是将重点案件的同步监督，与人民监督员对检察机关“三类案件”监督制度衔接。将监督范围扩展到决定不立案、不捕、不起诉、撤回起诉、撤案、无罪判决的案件，以及改变重大事实和定性的案件。四是将公诉庭审考核制度与人民监督员列席旁听、庭审观摩、考核评判工作相衔接。五是将人民监督员聘请为检风检纪监督员与内部纪检监察制度相衔接。六是将涉检信访工作制度与引入人民监督员监督相衔接。制定并施行了《人民监督员协助化解矛盾纠纷工作的暂行办法（试行）》，提高检察机关的公信力、透明度。

（拜雨花）

【开展特困刑事被害人救助工作】 区检察院从维护社会稳定的大局出发，坚持把化解矛盾贯穿于执法办案的始终。完善“检调对接”机制，开展特困刑事被害人救助工作，制定出《特困刑事被害人救助制度暂行办法》，运用司法救助平台，为特困刑事被害人提供及时、有效的法律救助。全年共向12名刑事被害人发放了救助金，帮助被害人家庭解决实际困难，取得了较好的社会效果。1名被害人家属还送上一面绣有“为民排忧，济危扶困”的锦旗表示感谢。

（拜雨花）

【创新内部监督形式，开展办案综合评价】 区检察院从落实执法环节的廉政责任，提高执法公信力出发，以执法办案中检察权的行使为重点，创新内部监督形式，开展对7个执法部门案件承办人办案综合评价工作。主要针对：执法办案活动中案件承办人对外交往风险评价，包括办案中出现的说情、送礼、私自会见涉案人、失泄密、案情发生重大变化、发生缠访和集体上访、提出办案回避等事项；案件承办人执法规范评价，包括是否依法履职、程序是否合法、场所是否安全、手续是否齐备、着装是否规范、办案是否超期等；执法行为影响力评价，主要针对涉案单位、涉案当事人、律师的影响以及社会影响。评价结果列入检察人员个人执法档案。全年对22件重点案件的综合评价，社会反响良好，通过对执法办案过程中权力节点的全方位监控，促进了“公正廉洁执法”这一重点工作落到实处。

（拜雨花）

【风险研判工作成效明显】 区检察院立足职能，结合区情开展风险研判工作。针对近年来社会经济的快速发展和大规模城市建设启动，城区流动人口数量呈持续增长态势，各种社会矛盾以诉讼的形式进入司法领域的特点，抓住热点，积极开展调查分析，并从检察工作更好地服务大局出发提出防范建议。全年向党委、政府和上级机关报送有关外来人员犯罪、涉检信访、拆迁安置等内容的风险研判报告20余篇，市人大常委会副主任、总工会主席陈苏，区委书记、区人大常委会主任胡宗元先后作出重要批示给予充分肯定，为维护经济平稳较快发展，促进社会和谐稳定发挥了积极作用。

（拜雨花）

【成立“高校大学生法治教育与犯罪预防实践基地”】 4月上旬，经与辖区内高校协商，并征得江苏大学支持，区检察院“高校大学生法治教育与犯罪预防实践基地”在江苏大学正式挂牌。镇江市人民检察院党组书记、检察长蒋伟亮和江苏大学党委书记范明共同为“实践基地”成立揭牌。“实践基地”将针对大学生群体加强对源头预防理论、犯罪案件处理、观护帮教措施、法律心理辅导、犯罪预警提示等方面的探索和研究，创新开展系列法律服务活动，引导更多的大学生加入法律服务志愿者的行列，沟通校园与社会、保护大学生健康成长、提升平安校园创建水平。为区检察院贯彻宽严相济的刑事司法政策，打造"大学生犯罪研究中心"、"社区阳光观护中心"、"航标灯工程"等一批有创意、有影响的工作品牌提供有益的平台。 (拜雨花)

【延伸检察触角，设立乡镇检察工作室】 4月下旬，区检察院驻谏壁镇检察室正式挂牌成立，成为镇江市唯一获区编委批准为正股级建制的检察室。市检察院、京口区委领导及谏壁镇等有关单位代表、区检察院人民监督员、特约检察员代表应邀参加了挂牌成立仪式。驻乡镇检察室的成立是区检察院延伸检察工作触角、服务基层的又一新举措。履行对乡镇庭、所的法律监督职责，为基层群众提供一站式法律服务。2名干警驻点办公，所辖行政村(社区)的30名基层党支部书记全部聘任为检察信息联络员。至年底，已接待群众来访40余人次；在各行政村(社区)开展了法律便民宣传咨询活动，发放法治宣传材料1000余份，从空间上实现了与基层群众的"零距离"对接，优化了农村公正、廉洁、高效的政务环境。 (拜雨花)

【检察宣传工作荣获全国先进】 2010年，检察宣传工作牢固确立"为三项重点工作服务、为检察业务服务、为创新工作服务"的宣传理念，贴切时代主题和检察工作最前沿，坚持正确的舆论导向和正面宣传，让群众了解检察机关的性质、职能和任务，架构起检察机关与社会各界联系的桥梁，共被各类媒体录用新闻稿件(含网络媒体)168篇，其中国家级81篇、省级44篇。人民网、正义网等主流网站，《检察日报》、《江苏法制报》等法制报刊登载量大幅上升，江苏电视台还首次来该院采访，录制了专题片，为检察业务的健康发展创造良好的舆论环境。区检察院被最高人民检察院评为"2010年度全国检察宣传先进单位"。 (拜雨花)

【从快批捕杀害见义勇为英雄施玉亮的犯罪嫌疑人】 5月上旬，区检察院以涉嫌抢劫罪批准逮捕了杀害见义勇为英雄施玉亮的犯罪嫌疑人陈丛辉及同案的张云峰、张胜柱。2010年4月11日中午12时20分左右，3名犯罪嫌疑人驾车来到市区贺家弄南门浴场附近，其中张云峰负责望风，张胜柱负责驾车接应，陈丛辉用专用开锁工具打开苏L00868奥迪轿车车门，盗窃车内现金11320元，皮夹2只(内有购物卡等物)，在盗窃过程中被南门浴场业主施玉亮发现，施玉亮在见义勇为抓捕过程中，被陈丛辉持弹簧刀刺死，英勇献身，在全市引起很大反响。区检察院积极介入，引导侦查，抓紧审查，仅用2天即对此案作出了批准逮捕决定。(拜雨花)

荣获2010年度全国检察宣传先进单位称号

【依法提抗的6件代位权纠纷案件全部获改判】 区检察院加强对民事、行政审判的监督，切实维护了当事人的合法权利。2010年10月，由该院审结提抗的6起代位权纠纷案件，全部获得改判。该院在审查关于唐跃诉赵一权等人的六件代位权纠纷案民事判决的申诉案中，发现被申诉人唐跃所提债权不符合提起代位权诉讼的构成要件，法院判决程序有错，存在适用法律不当的问题，遂提请镇江市人民检察院向镇江市中级人民法院提出抗诉。经镇江市中级人民法院再审后，撤销了原判，驳回唐跃的起诉。 (拜雨花)

【检察理论调研连续6年居全市第一】 2010年，检察理论调研工作紧紧围绕司法实践和贴近检察工作实际，以检察工作如何科学发展和服务大局、立足检察机关职能破解执法办案中的难题、如何开展刑事被害人救助、积极开展检察改革创新为主要内容大力加强检察理论研究，取得了丰硕成果。全年共在各类报纸杂志上发表调研文章88篇，其中在《理论探索》等核心期刊发表3篇，被《法制与社会》等公开期刊录用26篇。柳建华检察长与南京师范大学康伟博士承担的省级课题《刑事被害人救助制度研究》顺利结题。部分成果得到市、区领导的批示或被地方党委、政府采纳，在服务领导决策、指导执法办案方面发挥了较大作用。在检察系统年终绩效考核中再次名列榜首，已经连续6年居全市第一。 (拜雨花)

【侦查指挥中心大楼及专业技术用房落成投入使用】 经过18个月的紧张施工，区检察院侦查指挥中心大楼及专业技术用房于2010年12月落成投入使用。2008年，区检察院为落实高检院《人民检察院基层建设纲要》和加强"两房"建设的要求，经多方论证，在象山镇红旗社区选址建设侦查指挥中心大楼及专业技术用房，当年8月立

新侦查指挥中心大楼封顶

项，2009年3月底动工。整个工程占地1公顷，建筑面积约11800平方米，另建有近0.67公顷水面配套绿化景观，总投资约5000万元人民币。严格按照人民检察院办公和专业技术用房建设标准施工。大楼科学设置了符合安全保密要求的侦查、审讯、指挥用房，对外接待举报、服务群众来访的信访、听证用房以及具备专有设施的检察信息化用房，配备了规范案件受理、流转、跟踪监督的案件管理中心、干警文体活动中心、预防犯罪警示教育基地、人民监督员工作室、多功能会议室等设施，基本实现了办公办案的现代化和信息网络化，满足了新时期检察工作可持续发展的需要，为增强执法能力、提高执法效率、规范执法行为、促进司法公正奠定了坚实的物质基础。（拜雨花）

审　判

【概况】 2010年，区法院在区委、区人大和上级法院的领导、监督和指导下，牢固树立科学发展观，坚持以社会主义法治理念为统领，认真贯彻落实党的十七大和十七届五中全会精神，紧扣"为大局服务、为人民司法"工作主题，以"审判效能提升年"活动为载体，抓好审判工作，规范法院管理，提升队伍素质，扎实推进"涉诉矛盾化解、社会管理创新、公正廉洁司法"三项重点工作，充分发挥法院服务发展、保障改革、维护稳定、促进和谐的职能作用，取得了较好成绩。被镇江市委、市政府授予"服务跨越发展有功单位"。

全年受理各类案件7814件（不含旧存395件），结案7824件，较上年分别增长9.12%和10.58%，结收案比100.13%，解决诉讼争议标的8.12亿元。

全年受理刑事案件275件，审结276件，判处罪犯410人。坚持"严打"方针不动摇，依法打击暴力性犯罪和多发性犯罪，审结抢劫、强奸、聚众斗殴等暴力性犯罪案件27件71人，审结盗窃、寻衅滋事、"黄赌毒"等多发性犯罪案件153件245人。依法惩治贪污腐败犯罪，审结贪污贿赂、职务侵占等职务经济犯罪案件21件22人，为国家、企业挽回直接经济损失980余万元。抓好刑事大要案审判工作，确保取得良好的审判效果。公安部挂牌督办、在全国有重大影响的"世界通"公司管理层涉嫌组织、领导传销活动犯罪案件庭审阶段顺利完成。推行量刑规范化改革，将过去"估推式"量刑转变为"定量分析和定性分析相结合"的量刑方法，统一裁判尺度，维护司法公正。贯彻"宽严相济、惩教结合"原则，对罪行较重、情节恶劣的罪犯及累犯、惯犯，依法从严惩处；对罪行较轻、有悔罪表现的初犯、偶犯，注重帮教挽救，依法从宽处理。生效判决中，被判处拘役、管制等较轻刑罚233人，免予刑事处罚18人。坚持"惩防并举"，高度重视犯罪预防工作，采取到学校上法制课、指导开展模拟法庭活动、开展"法制夏令营"、邀请青少年参观法制教育基地等形式，加强法律宣传，教育和引导青少年树立正确的人生观、价值观。全年到解放路小学等6所小学、十一中等4所中学、江苏大学等2所高校开展法制宣传教育活动45次，受教育学生15000余人次。建立非监禁刑可行性委托评估机制，对有可能适用非监禁刑的被告人，委托所在社区进行调查、评估，并出具书面意见，为量刑提供重要参考依据。加大对未成年犯的教育、挽救力度，以审前调查、犯罪原因调查为基础，精心准备一份帮教预案、一篇教育词、一段法官寄语、一次判后释法，有的放矢地教育、感化失足青少年。审结未成年人犯罪案件18件51人，适用非监禁刑比例为82.3%。

全年受理普通民事案件3670件，审结3559件，结收案比99.69%。妥善审理婚姻家庭等传统民事案件，引导当事人建立和谐稳定的婚姻家庭关系，审结婚姻家庭、继承纠纷案件532件。加大对妇女儿童老人等弱势群体的司法保护力度，在获得全国优秀青少年维权岗、全国维护老年人合法权益先进集体之后，2010年被全国妇联表彰为"维护妇女权益先进集体"。认真执行《侵权责任法》，加强对公民人身财产权的保护，审结道路交通事故等人身损害赔偿纠纷案件678件。严格执行《劳动合同法》和《劳动争议调解仲裁法》，加强对劳动者权益的保护，审结劳动争议案件298件。依法维护农民合法权益，促进社会主义新农村建设，审结涉农案件576件。加强对军人军属权益的保护工作，被省高院、省军区政治部联合授予"维护国防利益和军人军属合法权益工作先进集体"。重视对各类人民调解组织的法律指导,全年走访基层调解组织38次,培训人民调解员500余人次,被评为"全省法院指导人民调解工作先进集体"。

全年受理商事案件1894件,审结1862件,解决诉讼争议标的5.32亿元,结收案比98.31%。坚持把促进经济发展作为开展商事审判的出发点和落脚点,依法平等保护各类诉讼主体的合法权益。妥善审理金融纠纷案件,保护金融安全,审结此类案件1364件。加大对民营经济、外资企业的服务力度,与其他市场主体一视同仁、平等保护,审结此类案件486件。认真执行《公司法》,保护公司、股东和债权人的合法权益,维护市场经济秩序,审结此类案件11件。

坚持监督和支持并重,妥善处理各类行政争议案件,依法保护行政管理相对人的合法权益,促进行政机关依法行政。全年受理行政诉讼案件78件,审结76件。审结案件中,撤诉46件,判决维持1件,判决撤销1件,驳回17件,其他11件。审查非诉行政执行案件15件,审结15件。认真贯彻落实行政诉讼协调和解的相关规定,针对治安管理、房屋登记、劳动保障、规划拆迁等热点、难点问题,加强与行政机关的沟通协调,促成行政机关首长出庭应诉,采取联动协调的方式,化解矛盾,案件撤诉率达60.53%。

全年受理执行案件1996件,结案2050件,执结率96.65%,执结标的2.25亿元。认真开展"加强执行案件管理、改进执行工作作风"专项教育整顿活动,加大清理执行积案力度,列入清案范围的程序终结案件787件和委托执行案件11件,全部清理完毕。强化执行威慑机制,充分运用罚款、拘留、限制高消费、限制出国(境)等威慑手段,迫使有履行能力的被执行人履行义务,全年启动威慑机制执结案件674件。加大执行和解工作力度,强化与当事人的沟通,减少和钝化矛盾,全年以和解方式结案1100件。对被执行人为困难企业和困难群体的案件,采取债权入股、债务重组、劳务抵债等"放水养鱼"的方法,达到最佳执行效果。

(卢爱国)

【加强审判管理工作,提高公正高效司法水平】 该院把审判管理作为法院管理的重中之重,作为推进"三项重点工作"的有力抓手。通过加强审判管理工作,促进案结事了,减少涉诉信访,提高人民群众对法院工作的满意度。一是狠抓审判质量,维护司法公正。牢固树立审判质量是审判工作生命线的意识,采取有效措施,提高审判质量。实行案件质量自查、互查、评查、抽查、督查"五查"制度,全年评查案件7653件,抽查案件810件,督查案件25件,无不合格案件。落实案件评析、质效评析、庭审评析、法律文书评析"四项评析"制度,实行月评与季评相结合,严把案件质量关。强化院庭长的审判监督指导职责,实行裁判文书"提级"签发制度,提高裁判文书质量。通过有力举措,审判质量明显提高,全年发回改判率仅为0.05%,在全省名列前茅。二是狠抓息诉服判,促进案结事了。以"审判效能提升年"活动为载体,从立案、审理、判后等各个环节入手,提升服务质量,规范司法行为,做好释明工作,着力化解矛盾,促使当事人息诉服判,实现办案的法律效果与社会效果的统一。在立案阶段坚持文明、热情接待,为当事人提供"一站式"、"全方位"的诉讼指导和法律服务,告知诉讼风险,做好法律释明。对劳动争议、医患纠纷等七大类案件,引导当事人进行诉前调解,借助"大调解"工作网络,发动社会力量合力化解矛盾。全年诉前调解案件241件,调解成功率达99.17%。在审理阶段重点规范庭审活动,加强诉讼调解工作,尽可能通过调解化解矛盾,平息纷争。全年民事案件调解撤诉率达72.21%。在判后着力抓好答疑释明,采用通俗易懂的语言,及时解答当事人的各种疑问,从而使其服判息诉。深入细致的矛盾化解工作和文明亲和的法官形象,赢得了当事人对法院工作的信任,司法公信力明显提升,上诉、上访、投诉、申诉明显下降,全年申诉申请再审率0.15%,同比下降0.18%;投诉率0.22%,同比下降0.29%;上诉率4.59%,同比下降1.32%;息诉服判率达95.41%,排名全省前列。三是狠抓涉诉信访,减少社会矛盾。年初成立信访办,对涉诉信访案件实行扎口管理,形成由信访办主抓,立案庭、诉调对接办公室协助,业务庭配合的信访案件化解工作格局,提高涉诉信访案件的化解质量和效率。对难以化解的案件,由院领导班子成员包案,限期化解到位。转变信访工作方式,实行法官带案下访,深入信访户家中、基层组织、单位,做好息访工作。对家庭确有困难的信访户,及时联系

召开审判质效推进会

基层组织、民政部门，帮助解决低保、医保等实际问题。全年重点涉诉信访案件化解率达100%。被省高院评为“涉诉矛盾纠纷化解工作先进集体”。（冯忠洁）

【坚持司法为民，着力提升法院的公信力】 高度重视人民群众的利益诉求，认真解决人民群众最关心、最直接、最现实的诉讼利益问题，切实将“公正司法、一心为民”的指导方针落到实处。一是全面落实审务公开制度。把审务公开作为实现“阳光审判”的重要平台，全面推行立案信息公开、庭审信息公开、执行信息公开，法律规定应当公开审理的案件全部公开审理、公开宣判。设立审务公开栏，在立案大厅安装电子显示屏，放置触摸式电脑，将审务事项和案件判决书、调解书全部向社会公开，增强审判活动的公开性和透明度，依法保障人民群众的知情权、参与权、表达权、监督权。二是大力推行便民惠民举措。在乡镇设立“巡回审判点”，每周1~2个工作日在巡回审判点立案、接访、办案；在街道设立“诉讼服务与诉调对接工作联络站”，不定期上门为辖区群众提供诉讼服务和法律指导；在立案窗口设立“法律咨询服务点”，在民法庭实行“节假日办案”和“巡回审判”制度，及时化解各类矛盾纠纷，提高了矛盾纠纷的解决效率。全年巡回审理案件135件，现场调解成功率达85%。对老弱病残等行动不便的当事人，上门立案，就地开庭，依法保障弱势群体的合法权益。全年审结涉及社会弱势群体、特困群体案件621件，减缓免诉讼费64万元，为18名申请人提供了专项司法救助金。三是自觉接受人大和社会各界监督。主动向人大及其常委会报告法院工作和重大事项，认真办理人大代表建议和政协委员提案。区人大常委会主任会议专题审议了法院执行工作，8名全国、省、市、区四级人大代表对刑事审判工作进行了专项评议，市区两级人大代表视察了行政审判工作，区政协主席会议专题听取了少年审判工作通报。2件政协委员提案全部办结。认真落实法院与人大代表结对联络制度，全年院庭长走访辖区四级人大代表180人次，邀请人大代表、政协委员、执法执纪监督员视察法院工作和旁听案件庭审84人次。高度重视人民陪审员工作，推进司法民主化进程，全年人民陪审员参加合议庭审理案件783件，陪审率为51.14%，被省高院评为“人民陪审员工作先进集体”。（冯忠洁）

【加强队伍建设，增强队伍的凝聚力和战斗力】 坚持以人为本，从严治警与从优待警相结合，教育、管理、监督相结合，调动全院上下的工作热情和干劲，为圆满完成各项审判任务提供组织保证和人才支撑。一是加强学习教育。组织干警认真学习党的十七届五中全会精神，提高贯彻执行党的路线方针政策的自觉性和坚定性，确保司法工作的正确政治方向。坚持以党建带动队伍建设，以队伍建设促进审判工作，深入开展“创先争优”活动，争创“五好支部”、争当“五好党员”，进一步发挥党组织的战斗堡垒作用和党员的先锋模范带头作用，增强全院干警的凝聚力、向心力和战斗力。全年院领导班子中有两人受到省级表彰，全院干警中有96人次受到各级各类表彰。二是加强管理考核。把目标管理作为队伍建设的主要抓手，完善《岗位目标管理考核办法》，层层签订责任状，一级抓一级，层层抓落实，形成“个人保部门、部门保全院”的良好局面。加强全员分类考核，重点突出对审判人员的业绩考核，考核结果与个人评先评优、晋职晋级挂钩，树立“以司法业绩论英雄”的良好导向，在全院形成“你追我赶”、“争先创优”的竞争氛围。面对案件数量大幅增长，化解矛盾纠纷、维护社会稳定的任务十分繁重的严峻形势，全院干警团结一心，苦干实干，出色地完成了各项审判任务。全年审判人员人均结案数同比增加18件，民商事审判部门人均结案数373件，最多的个人年结案数达748件。三是加强监督制约。认真贯彻执行党风廉政建设责任制和一岗双责制，坚持教育、制度、监督并重，通过组织干警上党课，观看警示教育片，加强八小时内外监督等措施，全面规范司法行为，深入推进党风廉政建设，确保公正廉洁司法。（冯忠洁）

【开展“四个活动”深入学习陈燕萍先进事迹】 陈燕萍先进事迹在中央新闻媒体集中刊播后，京口法院高度关注，迅速召开党组会研究部署，积极采取四项措施，深入开展向陈燕萍同志学习活动。一是开展审判效能年活动。围绕维护社会稳定，促进社会和谐的目标，正确把握各项法律政策，充分运用调解为先，和谐执法的科学方法，更加注重办案质量和效率，更加重视从根本上化解和解决复杂的社会矛盾和问题。始终坚持“公正是司法的生命线”理念，严守法律职业道德，以善良正义之心公正裁判。二是开展学习型党组织创建活动。以加强人民法院队伍建设为契机，认真解决当前人民法院队伍作风建设中存在的突出问题，以规范作风纪律为重点，努力强化反腐倡廉建设。教育引导干警把学习先进作为一种政治责任，一种内在需要，一种自觉行动，不断提高思想政治觉悟，树立正确的世界观、人生观、价值观。以党建工作推动人民法院工作科学发展。三是开展“人民法官为人民”深化实践活动。把学习先进同“人民法官为人民”主题实践活动紧密结合起来，以体现司法为民为重点，全面落实司法便民利民的措施；以维护社会稳定为重点，进一步加强涉诉信访工作；以培养法官为民、敬业精神为重点，加强法院队伍管理；以加强信息化建设为重点，进一步加强基础设施建设。四是开展“假如我是当事人活动”。要求法官换位思考，拉近与当事人之间的情感距离。做到“十个一”：即在接待当事人时做到一张笑脸相迎、一声招呼问候、一把椅子让坐、一杯热茶解渴；在审理案件时，做到程序上一视同仁，实体上一碗水端平；在制作裁判文书时，牢记“一字一句”设计当事人权利，“一标一点”关乎法院形象，必须慎之又慎，以此增加群众对法官的信任。（冯忠洁）

庭审开到病床前

【强化"六个能力"扎实推进"三项重点工作"】 京口法院以贯彻落实全国政法工作电视电话会议和省高院院长会议精神为契机,紧紧围绕"决胜'十一五',加速'一体化'"这个主题,扎实推进"社会矛盾化解,社会管理创新,公正廉洁司法"三项重点工作,强化自身能力建设,为辖区经济社会又好又快发展提供有力的司法保障。一是强化学习创新能力。把学习创新能力作为推进落实"三项重点工作"的重要基础。坚持每周五全院各部门集中学习,组织引导干警学政治、学业务,在学习中,转变思维,强化新理念。采取走出去,请进来的方式,进行互动交流,拓展审判创新的新视野。围绕社会矛盾化解和参与社会管理两大课题,深入街道、社区、工矿企业访民意、察民情、听民声。通过调研,探索一套行之有效的化解矛盾和参与社会管理的新机制。二是强化公正执法能力。把公正执法能力作为推进落实"三项重点工作"的核心内容。建立审判、执行程序专项监督检查制度,进一步规范办案人员程序意识和文明执法意识,切实保障当事人的诉讼权利。进一步落实院、庭长对案件的监督指导制度,对重大影响、矛盾突出的案件,亲自挂帅督导把关;严格法律适用,真正使庭审成为讲事实、讲证据、讲道理的过程。以强化庭审为重点,加强审判公开与人民陪审工作,以公开促公正。三是强化做群众工作能力。把化解矛盾纠纷能力作为推进落实"三项重点工作"的有效手段。建立审判工作重大事项社会稳定风险评估制度,对涉众性经济纠纷、群体性诉讼纠纷、涉企案件的立案、审判、执行以及强制措施的适用进行事前风险评估,有效避免因工作不当引发不稳定事件。建立全程调解、全员调解、全面调解工作机制,强化调解绩效考核,实现案结事了。坚持以深厚的感情做群众工作,以群众听得懂、理解得了、易接受的方式化解民事纠纷,切实做到司法为了群众、司法方便群众、司法服务群众。四是强化警务保障能力。把警务保障能力作为推进落实"三项重点工作"的重要保障。认真贯彻落实最高法院关于加强法院机关安全和庭审安全保障的一系列规定,进一步落实机关安全保卫工作措施和方案。加强安保科技和装备投入,确保刑事押解、案件庭审、案件执行的安全。强化技能训练和处置突发事件演练,有效应对突发事件,做到预警及时、反应快速、处置有力。五是强化服务大局能力。把服务大局能力作为推进落实"三项重点工作"的根本目标。始终把维护社会稳定作为第一责任,充分发挥审判职能,有效打击各类犯罪,担负起综治平安建设主力军的重要责任。始终把保障经济平稳较快发展作为首要任务,建立企业司法服务快速反应机制和涉企案件快速办理"绿色通道",设立服务企业合议庭,主动为企业提供及时高效的司法服务。强化对重点企业和重大项目建设的主动跟进服务,工作关口前移,对社会司法需求做到有求必应、有事必办、有难必解。六是强化党建工作能力。把党建工作能力作为推进落实"三项重点工作"的重要保证。认真落实"把支部建在庭上"、"把最艰巨的任务、最难处理的问题交给党员干警去处理"的要求,扎实推进法院机关党组织建设。切实加强法院领导班子建设,坚决执行民主集中制,进一步强化党组中心组学习制度,使法院领导班子成为想干事、能干事、不出事、干成事的领导集体。切实加强思想建设和作风建设,通过最艰巨任务、最难处理问题的办理,锤炼党员干警的意志,发挥党组织的战斗堡垒作用和党员干部的先锋模范作用,推动法院各项工作不断向前发展。 (冯忠洁)

【采取五项措施贯彻落实人民法院反腐倡廉电视电话会议精神】 最高人民法院2010年反腐倡廉电视电话会议结束后,京口法院迅速贯彻学习会议精神,结合《人民法院工作人员处分条例》,采取五项措施,切实抓好反腐倡廉建设,确保公正廉洁司法。一是进一步增强说服力,强化正反面典型教育。开展正反面典型教育,学习陈燕萍同志清正廉洁,一身正气的优良作风,在金钱、人情考验面前,立场坚定,头脑清醒。引导干警学先进典型,做勤廉公仆;用近年来有些法院少数干警发生的违法违纪案例开展每季度一次的警示教育,使观者对贪腐可能造成自己政治、经济、家庭、名誉、亲情、自由等付出的代价予以三思,教育干警慎权、慎独、慎初、慎微,增强拒腐防变的能力。对重点部门、重点人员可能出现的苗头性问题,及时诫勉谈话,亮红灯进行警示。二是进一步增强影响力,强化廉洁司法意识。以开展创建"廉洁司法示范庭"活动为载体，号召各审判业务庭以廉洁司法、公正司法为标杆，珍惜法官荣誉，维护法官形象，让象征着清廉的"莲花"香气飘溢全院。开展第五届"法院文化月"活动，把廉政文化作为又一项重要载体，征集廉政格言、廉政文章、廉政漫画、摄影创作，开展"廉文荐读"活动，每名干警撰写读后感。进一步加强荣誉室、图书室、电子阅览室和健身房"三室一房"建设，便于干警查阅学习，营造浓厚的廉政文化氛围，增强法官"公正、清廉、为民"的意识。三是进一步增强约束力，强化制度建设。坚持"五个严禁"同落实《人民法院工作人员处分条例》相结合，建立完善重点部门、关键岗位廉政风险节点的防范机制。进一步完善执行工作及司法鉴定权力节点监控办法。严格落实公开审判制度、回避制度、审限制度以及质量评查、绩效考评、改判发回案件分析、违法审判责任追究等制度，以科学严密有效的管理，预防和减少违法违纪行为的发生，使反腐倡廉建设不停留在文件上、口头上，而是实实在在的落实在行动上。四是进一步增强制衡力，强化权力运行监督。根据形势任务的不断发展，层层签订党风廉政建设责任状，将党风廉政建设的各项内容进行细化，分解到部门和个人，强化责任落实；实行案件立案、送达、审判、执行、结案等全程电脑控制，严格案件流程的节点管理和监督，严防权力运行的失范和滥用；加强对热点部门、关键岗位、重点人员的监督。采取领导监督、民主监督、专门监督、社会监督入手实施全方位、多层次的有效监控；在内部各部门设立兼职廉政监察员，实现监督处处在，时时有。五是进一步增强威慑力，强化案件查处力度。坚持有案必查，有案必究，重点查办枉法裁判、违法办案，群众举报，吃拿卡要，群众来信来访反映的突出问题，纠正纪检监察工作过程中，失之于宽、失之于软的现象；对违法违纪的人员，严格依照《条例》的相关规定承担法律责任或给予纪律处分，决不姑息迁就。以进一步增强制度执行的权威性，常念"紧箍咒"方得"安全网"，构筑廉政"防火墙"。（王晓宝）

走上街头宣传法治

【市人大常委会副主任陈苏到京口法院调研指导行政审判工作】 9月17日，市人大常委会副主任陈苏率人大调研组一行七人调研指导京口法院行政审判工作。市中级法院党组书记、院长帅巧芳，副院长郑清，行政庭庭长宁杰陪同参加调研。京口法院党组书记、院长尉利亚，党组成员、副院长刘红斌，行政庭庭长邱凯参加调研汇报。党组成员、副院长刘红斌向市人大调研组汇报了2008年以来京口法院行政审判工作的基本情况，并对认真落实司法为民各项举措，依法保障人民群众的合法权益；充分履行行政审判职能，支持和监督行政机关依法行政；积极延伸审判服务功能，促进行政机关提高行政执法水平的工作做法作了详细的汇报。尉院长对京口法院高度重视行政审判，强化行政审判队伍建设的情况作了重点介绍。调研会上，市人大领导对当前法院行政协调与和解、司法建议、行政执法中存在的困难等问题以座谈方式与大家进行了交流。调研组对京口法院行政审判工作给予高度评价。市人大内司委主任胡荣明肯定了京口法院行政审判的质量和效率，以及在司法建议、行政负责人出庭应诉工作上取得的成效，并对该院强化服务意识，创设行政争议"三轮式"协调与和解机制、与辖区行政机关开展共建推进社会管理创新的做法表示赞赏。最后，陈苏副主任代表市人大作总结讲话：一是对京口法院高度重视行政审判工作，依托自身特点，精心谋划思路，推进社会管理创新，全力打造行政审判工作亮点和特色的做法给予充分肯定。二是认为京口法院在依法保护公民合法权益，有效实施监督和促进行政机关依法行政上办法多、措施实，成效明显，对全市法院有示范作用，应加以总结和推广。三是希望京口法院进一步加大宣传工作力度，赢得社会各界对行政审判工作的理解和支持；进一步加强与行政机关的沟通，建立和完善非诉交流平台，促进行政机关依法行政；进一步加强对新情况新问题的调研，不断提高行政审判工作服务水平，为全市经济社会又好又快发展作出新的贡献。尉利亚院长对市人大领导来院调研指导行政审判工作表示感谢，今后将一如既往地接受人大的监督和指导，将市人大领导的要求和希望贯彻落实到法院各项工作中去。（卢爱国）

【区委书记胡宗元等领导到区法院调研指导工作】 3月5日上午，京口区委书记胡宗元、区委常委、政法委书记余国根一行七人冒雨到

区委书记胡宗元等领导调研法院工作

法院调研指导工作。区法院党组书记、院长尉利亚率班子全体成员向区领导介绍了法院的基本情况，并重点汇报了近年来的特色和亮点工作、2010年工作思路，以及工作中存在的问题和面临的困难。听取汇报后，区领导对法院紧扣党委、政府工作中心，主动服务大局、服务发展、服务民生所做出的努力表示充分肯定，对法院坚持围绕审判工作主线，抓审判、精管理、强队伍的一系列做法给予高度评价，对法院坚持以一流为标准，各项工作争先创优、升档进位所取得新的成绩和荣誉表示热烈祝贺，对法院新一年的工作提出了希望和要求。区委常委、政法委书记余国根指出：法院通过多年来的不懈努力，取得了很大成绩，主要表现在：一是法院审判业务过硬；二是各项工作发展比较全面，既有特色，也不乏亮点；三是党组班子高度负责，法院形成了强大的凝聚力，广大干警有家的感觉。对区法院新一年的工作，余书记提出四点具体要求。最后，区委书记胡宗元对法院近年来的工作用"四句话"给予高度评价，即"扛红旗、争一流意识强；服务大局、围绕中心意识强；求特色、树品牌意识强；抓队伍、强素质意识强"。对于今后的工作，胡书记指出：当前宏观经济不确定因素依然存在，经济转型，社会矛盾处于高发凸显期，区法院要进一步认清形势、认清任务、认清责任，主动适应形势和任务的要求，积极回应人民群众对司法公平正义的新期盼，创造性地开展好各项工作，争当全区跨越发展的"排头兵"。胡书记要求，区法院要重点围绕四个方面开展好工作：一是要紧扣三项重点工作，围绕区委区政府中心工作，找准审判服务的切入点，进一步提升工作标杆，主动高效地服务大局。特别是要服务好重点项目和重点工程。二是要强化监督，狠抓案件质量不放松，确保公正廉洁司法。三是要提高素质，自觉维护党的形象，维护法律权威，提升为民服务的工作能力。四是要认真落实从优待警的各项措施，进一步调动和激发广大干警的工作积极性。对于法院工作中面临的困难和问题，胡书记表示：区委将一如既往地高度重视法院工作，大力支持法院的建设和发展，对审判庭和法庭建设以及干警的职级等问题将尽最大可能予以解决，为法院的科学发展提供更加有力的组织保障。 （冯忠洁）

【以"五个结合"进一步做好人大代表联络工作】 为进一步增进人大代表对法院工作的了解、理解和支持，京口法院以"五个结合"进一步做好人大代表联络工作，主动接受人大代表监督。一是代表联络与庭院文化相结合。把每年5月确定为人大代表联络月，将代表联络作为法院"开展文化月"活动的一项重要内容。主动邀请代表参观院文化长廊和生态小农场，营造浓厚的联络氛围。与人大内司委、人联委建立定期的联络工作机制，争取人大工作机构的支持；与相关街道的人大代表开展联谊活动，进行工作座谈和感情交流，扩大联络的范围，加深代表对法院工作的进一步了解。通过深入的代表联络活动，广泛听取意见，改进工作，提高司法工作公信力和满意度。二是代表联络与平安创建相结合。针对社区、街道负责人是人大代表这一特殊身份，开展法院与社区、街道平安共建系列活动，带着深厚的感情与代表联络，主动介绍法院平安共建的设想与打算，征求做好辖区平安共建的意见，互通信息，达成共识，让代表直观了解法院参与社会管理的新举措，以此为契机，架起与人大代表协作的工作平台，取得共建辖区代表工作上的理解与支持。三是代表联络与深入下访相结合。精心研究制订与代表联络的活动内容，通过先期走访，了解代表需求，建立专门联系方式，听取他们对联络活动计划安排及意见，在此基础上制订形成了《2010年结对联络工作计划》，根据联络计划，结合代表的身份兴趣、关注的问题，有针对性地为学校代表安排了校园法律问题研讨，为企业代表安排了定期召开座谈会、专题探讨服务企业发展、规避经营风险新举措等活动，促进了代表联络工作向纵深推进，受到基层代表的普遍欢迎。四是代表联络与美化工作相结合。主动向人大代表报告法院队伍建设、审判、执行工作进展情况，报告法院在服务全区经济和社会发展过程中所采取的新举措、新方法和取得的新成绩。邀请代表到院调研和开展在本地区有重大影响案件的庭审旁听，"零距离"聆听代表对审判过程的意见和看法。2010年先后联络全国、省、市、区人大代表共42人次到院视察和调研，进一步增强了法院审判工作的公开、透明、规范。通过重点的宣传与推介，法院的品牌和亮点工作在代表心目中产生了叠加效应，法院与法官的形象得到了一次次的展示，法院工作多次受到各级人大代表的高度肯定。五是代表联络与强化监督相结合。定期向人大代表发放征求意见函，虚心接受人大监督。认真执行人大及其常委会的决议。坚持对重点、难点问题进行专题汇报，主动要求人大对法院工作提出指导意见。对人大代表提出的建议和意见，实行书面反馈办理，及时书面答复，强化纵向沟通和联系，以严肃认真的态度切实加以整改，尽最大可能让代表对办理过程与办理结果双满意。（王晓宝）

【区政协主席会议专题听取区法院少年审判工作通报】 3月30日下午，京口区政协七届第十五次主席会议在区法院召开，专题听取法院少年审判工作通报。区政协主席贾国祥、副主席谢志荣、姜厚荣、陆春生及部分政协常委参加会议。区法院尉利亚院长及汪忠春副院长参加了通报。与会人员首先参观了法院庭校法制共建活动及圆桌审判、青少年犯罪预防网，并浏览了少年审判工作电子台账。随后，会议听取了区法院关于少年审判和维权工作情况的通报。通报介绍了区法院少年审判基本情况，分析了未成年人犯罪的特点及原因，展示了少年审判工作的主要做法及成就。听取报告后，与会人员进行了深入讨论并认为，法院少年审判工作思路清晰、富有创新、特色鲜明、成果斐然，为全区青少年法治意识的提高和犯罪率的降低作出了积极贡献，对法院坚持审判工作规律性、维权工作创新性、勇担社会责任所取得的成就和荣誉表示高度认可，对下一阶段的工作提出了期许和建议。区政协主席贾国祥认为：少年审判责任重、意义大，法院经过多年探索与不断创新，走出了一条特色鲜明的少年审判道路：一是有远见，起点高，院领导规划好；二是有亮点，思路清晰；三是有爱心，以高度的责任感承担社会责任。对下一阶段的工作，贾主席提出四点意见：一是注重宣传、扩大影响，加强与新闻媒体的联系，扩大法院工作的影响；二是注重探索、不断创新，面对新情况，采取新措施、新办法，加强研究，增强前瞻意识；三是注重协作、整合资源，加强与相关部门的合作，创造良好的工作环境；四是注重基础、加强队伍建设，将公正司法与道德教育、严格执法与爱心教育、提高帮教水平与提升自身素质相结合。最后，贾主席表示：区政协将一如既往关心和支持法院工作，切实履行自身职能，为法院科学发展提供帮助。（冯忠洁）

【镇江法院系统首个基层法官协会在京口区法院成立】 6月4日下午，镇江市京口区法官协会正式成立，成为全市首家经民政部门审批成立的基层法官协会。在当天召开的第一次会员大会上，全体会员审议并通过了协会章程草案，选举产生了镇江市京口区法官协会名誉会长，第一届理事会会长、副会长、秘书长、理事、常务理事。京口法院党组书记、院长尉利亚当选为名誉会长，党组成员、副院长蒋建平当选为第一届理事会会长。蒋建平会长代表协会表示，协会将在省、市法官协会的指导下，围绕“提高法官规范执法水平、促进法官公正司法、弘扬法官职业道德风尚、促进法官廉洁自律、增进学术交流及民间友好往来、增强全社会法制意识和水平”等业务主题依法独立开展活动。把法官协会工作作为加强法院队伍建设，提高法官综合素质的一个重要方面，着眼于为法官多办事，办实事，充分发挥法官自我教育、自我管理、自我服务、自我提高的作用，完善各项管理规章，健全工作办事机构，加强协会内部与外部的工作联系与合作协调，全力做好法官协会工作。今后，法官协会将定期开展一系列活动，关心、丰富干警的政治、文化生活，努力将协会办成法官之友、法官之家，为推进人民司法事业的跨越发展作出积极的贡献。（冯忠洁）

【镇江市中级法院院长帅巧芳出席京口法院“全国维护妇女儿童权益先进集体”授牌仪式】 4月13日下午，受全国妇联的委托，镇江市妇联在京口法院举行“全国维护妇女儿童权益先进集体”授牌仪式。市中院党组书记、院长帅巧芳应邀出席，并与市妇联副主席徐伟珍共同为京口法院颁发了“全国维护妇女儿童权益先进集体”的奖牌和荣誉证书。京口法院党组书记、院长尉利亚率班子成员参加了授牌仪式。

在授牌仪式上，帅巧芳院长即兴发表了热情洋溢的讲话，她对区法院心系民生、致力于保护社会弱势群体权益方面所作的努力表示高度赞赏。她说：“区法院先前已经捧回了‘全国优秀青少年维权岗’、‘全国老年维权示范岗’两块奖牌，

镇江市京口区法官协会成立

如今又被授予'全国维护妇女儿童权益先进集体',在维护和保障社会弱势群体的三大战线上均取得了不俗业绩,成绩来之不易,这既是京口法院的荣誉,也是全市法院的光荣。"对于区法院今后的工作,帅院长指出:区法院要以更高的标准、更大的目标,站在新的起点和更高的平台上,百尺竿头更进一步,在各项工作中创特色、树品牌,努力争创新业绩。为此,她要求京口法院在四个方面要实现新提升:一是在司法追求上实现新提升。当前,镇江跨越发展形势很好,党委、政府对法院工作寄予厚望,人民群众对法院工作要求越来越高。这就要求法院必须树立更高的目标追求,紧扣"为大局服务、为人民司法"这一主题,围绕党委政府的中心工作和重点工作,维护好、保障好、实现好人民群众的合法权益。当前要着重抓好贯彻落实中政委"三项重点工作",强化涉诉矛盾纠纷化解工作,把"息诉罢访、案结事了"作为检验和衡量审判工作成效的最高标准。二是在司法能力上实现新提升。进一步加强政治理论的学习,用党的路线方针政策指导干警正确适用法律,在业务技能上有新提升;要情系于民,权用于民,学习并运用陈燕萍工作法,用群众认同的态度倾听诉求,用群众认可的方式查清事实,用群众接受的语言诠释法理,用群众信服的方式化解纠纷,进一步提升群众工作能力。三是在司法公信力上实现新提升。当前,少数法官司法公信力不高,群众"信访不信法"现象仍然存在,要切实采取有效措施,完善监督机制,增强群众意识,最大限度地彰显人民司法的人民性。不仅要使裁判结果让当事人感受到司法公正,还要让社会公众感受到社会主义司法制度的公平正义;不仅使判决结果符合相关法律规定,也要让裁判结果得到大多数群众的认可。要下大力气让权力在阳光下运行,确保在司法公正上取得实效。四是在司法形象上实现新提升。进一步加强司法作风建设,规范法官庭审仪表,用实际行动在老百姓面前展示良好的司法形象。授牌仪式结束后,帅院长和市妇联领导还听取了区法院"青少年犯罪预防网"网站建设及运行情况的介绍,参观了少年案件审判庭。 (卢爱国)

【京口区法院10名法官加入中国法学会】 经过前期的申请和报批,中国法学会2010年1月正式批准京口区法院十名法官加入该组织,成为中国法学会会员。他们是:尉利亚、蒋建平、陈林、钱小兵、邱凯、吴震、杨毅、徐立强、花秀骏、吴成。 (冯忠洁)

【以"五个结合"扎实推进创先争优活动】 自"创建先进基层党组织、争当优秀共产党员"为主要内容的创先争优活动开展以来,京口法院快部署,强推进,通过抓好"五个结合",扎实推进创先争优活动,确保创先争优取得实效。一是与深入开展各项主题实践活动相结合,切实提高创先争优活动的实效。结合"人民法官为人民"主题实践活动,由党员干部带头开展大走访活动,及时了解群众的司法需求,耐心倾听群众对法院工作的要求和建议,做到问需于民、问计于民;结合"创建学习型党组织"活动,以支部为单位组织学习,提升干警的各项素质;结合"法官下基层、法律进社区(村)、进园区"活动,让审判工作更加贴近群众,贴近民意。二是与全面落实司法为民措施相结合,不断提高司法行为在人民群众中的满意度。建立党员示范岗,继续擦亮立案信访文明窗口,让从事立案信访工作的党员同志在诉讼指导、服务态度等方面充分发挥先锋模范作用。在审判、执行等环节,由党员挑重担,采取一系列快速、便捷的措施,缓解群众"打官司难"和"执行难"问题。坚持以当事人为中心,尽力让人民群众打一个省心、省力、省钱、受尊重的官司。三是与政治业务学习制度化相结合,不断提高队伍整体素质。为推进学习型法院建设,该院从2010年6月开始进一步强化并完善党支部集体学习制度,开展党性教育。组织党员进行宗旨意识、党建理论、科学发展观知识等培训,提高政治理论水平;开展案件质量评查、发改案件分析、庭审观摩、裁判文书评比等活动,提高法官司法能力。组织党员开展一次"对照先进学什么、立足岗位干什么、学赶先进怎么做"大讨论活动,查找差距,理清思路,制定学习、赶超的具体措施,全面提升党员创先争优水平。四是与紧抓队伍建设相结合,不断树立队伍在群众中的良好形象。健全预防制度,构筑公正廉洁执法防线。从容易滋生违纪违法问题的薄弱环节入手,排查廉政风险,健全内控机制,构筑制度防线。进一步完善审判、执行、信访工作管理制度,规范自由裁量权的行使,规范法官的司法行为和业外活动,规范法官与律师及当事人的关系。认真落实公开审判制度、回避制度、违法审判责任追究等制度。把最高院的"五个严禁"制作成警示小卡片,发放到每个干警手中,时刻警醒干警不要触犯"高压线",确保一个不触网、一个不撞线、一个不掉队,"长从河边过,就是不湿鞋",真正做到"一身正气敢碰硬,两袖清风不染尘"。五是与全面推进三项重点工作相结合,不断提高工作业绩。高度重视调解和涉讼矛盾化解工作,继续强化调解工作力度,对调解工作和涉讼矛盾化解工作成绩突出的党员干部及时予以表彰,抓典型、抓先进,积极促进社会矛盾的合理化解,真正做到案结事了,定纷止争。发动各党支部及院属各部门紧密结合实际开展调研与创新活动,完善诉讼与非诉讼相衔接的矛盾纠纷解决机制,建立社会稳定风险评估机制和参与社会治安综合治理的工作机制,健全司法建议工作机制,改进与完善审判管理制度,积极参与社会管理机制创新,提高法院在人民群众心目中的公信力。 (冯忠洁)

【采取五项措施加强司法安全防范工作】 6月1日,湖南永州零陵区法院发生3名法官死亡、3名法官受伤的恶性枪击事件。事件发生后,京口法院党组书记、院长尉利亚高度重视,迅速召开院党组会,紧急部署法院司法安全工作,积极采取五项措施,确保司法安全。一是强化责任意识。强调法院工作人员必须时时刻刻把安全工作摆在第一重要位置，增强人人都是安全员，人人都是责任人的意识。法警大队及机关大院、法庭值班人员要时刻提高警惕，从细节入手，进一步加强安全保卫和法庭安检工作，确保当事人参与诉讼活动的安全，保障司法工作人员的人身安全，保证机关财产的安全，维护法院正常工作秩序。二是强化安检检查。坚决落实法警双人安检值班制度，做到凡进必检、凡进必查。严格查验有效证件及携带物品，确保对枪支、管制刀具、危险品、违禁品等能够及时发现和处理。加强对可疑人员的盘查监视力度，防止"有问题的人"进入法庭。对庭审过程实行全程监控，如发现有妨碍审判活动迹象的，法警大队一接到报警，在第一时间迅速集结靠拢、快速反应，及时处置各种隐患，确保干警人身安全。三是强化防范措施。对现有的安检门、安检器、羁押室、囚车等安全防范设施及交通设备进行一次"地毯式"的安全检查，发现问题，及时整改。明确每天安检值班第一责任人，责任落实到点到位；强化"四项规则"执行力。严格落实警械具和警力配备，贴身押解，严防刑事被告人串供和脱逃、自残、伤人等行为的发生；强化对橡皮棍、盾牌、防暴枪等非杀伤性武器的演练，确保关键时刻拉得出、打得响，一招制敌。四是强化心理疏导。分管院长、政工部门、部门负责人要发挥主导作用，及时做好一线办案法官的思想工作，引导法官多办案、办好案、办良心案、办公心案、放心办案。进一步提高法官对案件裁判公正重要性的认同，使全体干警坚信，公正高效的裁判结果一定能够得到人民群众的拥护，只要真正做到把当事人的事情当成自己兄弟姐妹的事情去办，就会减少对抗，有效防止矛盾激化。五是强化重点防控。建立矛盾易激化案件的排查分析制度，特别是对离婚、析产、房屋迁让、人身损害赔偿案件思想偏激型的当事人，长期缠访闹访人员、不服判决或处理、对立情绪较大等重点人员开展"拉网式"集中排查，加强重点监控，逐案制定化解和稳控措施，及时组织力量共同做好安全防范和矛盾化解工作，确保法院的司法安全。（冯忠洁）

召开涉诉信访听证会

【京口法院创新"点""线""面"模式服务辖区全民创业】 年初以来，京口法院紧紧围绕服务党委、政府中心工作大局，牢记司法为民宗旨，深入推进中央政法委三项重点工作，创新"点、线、面"模式，为辖区全民创业提供有力的法律服务和司法保障。"点"，即以便民联系点为中心延伸司法服务。该院分别在辖区两个乡镇四个街道设立了全民创业法律便民联系点，实行提前预约、钟点讲法、文化广场法律咨询，巡回走访，在普法中不断发现社会矛盾纠纷，将轻微的矛盾纠纷解决在萌芽状态，为创业群众提供"保姆式"的法律服务。开通涉创业案件立案专线，实行电话立案，上门立案，为创业群众提供"一站式"诉讼服务；对涉及创业群众的纠纷案件，制定出台了具体实施意见，实行优先立案、优先调解、优先审理，为创业群众提供高效、便捷的涉诉矛盾纠纷化解"绿色通道"。"线"，即贴进创业民意强化诉讼与非诉衔接。该院进一步强化诉讼调解与非诉调解衔接工作重要性的认识，走出不告不理的认识误区，充分发挥法庭在多元调解中的引导、主导、指导和规范作用，完善辖区民调网络，建立起同步运转、效能灵活、覆盖辖区的调解网络，通过法官自行调解，与人民调解员合力调解形式，主动指导辖区人民调解员工作，向他们传授调解方法和经验，提高人民调解队伍的素质。在重点创业社区建立法官联系热线，指导人民调解热线，让创业者在创业过程中遇有纠纷不进法庭有人协调解决，进了法庭享有更好的司法服务。"面"，即开展巡回审判，教育一片。针对创业主体多元性，大多数创业者的社会阅历较浅，未接受过专门的法律知识培训的特点，当创业者的合法权益受到侵害时，不能及时运用法律武器来维护自己的合法权益。该院积极开展便民利民工作，积极开展巡回审判工作，在创业园区、科技园区、创业重点街道设立巡回审判点，规范巡回审判，建立了审判联系基层，服务全民和谐创业的长效机制。通过巡回审判这种相对轻松、随和、公开的开庭方式，及时、有效化解群众矛盾。今年以来，开展巡回审判100余次，成功调处创业纠纷50余起，参加旁听群众1500人次，取得"审理一案，教育一片，警示一方"良好效果，为人民群众和谐创业提供有力的法律保障。（冯忠洁）

【京口法院紧扣"五个节点"化解社会矛盾成效明显】 京口法院围绕社会矛盾化解的突出问题，紧扣风险点、责任点、工作点、公共点、重难点深入推进社会矛盾化解工作,全力维护社会稳定,取得了良好的效果。1~10月份,该院妥善处置来信来访案件130余件,走访乡镇、街道46次、企业76家、当事人500人次,以调解撤诉方式结案3046件,发改率0.12%,主要质效指标位居全市基层法院前列。紧扣"风险点"做好排查与防控。为切实将涉法涉诉信访隐患化解在萌芽状态,解决在本地,该院建立并推行社会矛盾排查研判、执法办案风险评估预警机制,认真梳理、分析和评估,寻找信访和执法办案风险点,妥善采取应对措施。加强对立案,查封、扣押、冻结、扣划等办案重点环节的研判与掌控,努力从源头上消除矛盾风险;认真开展专项排查工作,重点对重复访、集体访、缠访、闹访进行排查摸底,超前思维,关口前移,清理信访隐患案件,对排查出来的苗头性、倾向性问题,分门别类登记造册,制定周密处置应对预案,落实专人稳控。紧扣"责任点"做好细化与分解。建立完善以首办法官责任为核心,辅之以部门负责人责任制、院领导包案制的责任化解机制,将社会矛盾化解纳入岗位目标责任考核管理轨道,做到标准明确、任务明确、责任明确;将社会矛盾化解工作通过表格形式细化为机制建设、源头防控、执法办案化解、联动调解、服务态度改进与创新等责任点,逐一落实到每一个科室、每一个岗位、每一个环节,压力层层传递,责任细化明确到人。紧扣"工作点"做好结合与督查。建立完善综合执法机制,把法制宣传、法律咨询、化解矛盾贯穿于执法办案始终,做到执法办案和化解矛盾两兼顾。认真落实宽严相济的刑事政策,对初犯、偶犯、过失犯、未成年人犯等犯罪情节较轻、社会危害不大的犯罪嫌疑人依法从宽处理。引入恢复性司法理念,积极推进刑事和解和刑事被害人救助工作,修补因违法犯罪而导致当事人间破损的社会关系,化干戈为玉帛;在办理涉众型案件时,坚持掌握尺度,惩治少数,教育挽救多数,注重法律文书对证据和法理的分析和阐释,释疑解惑,努力化解矛盾,减少对抗,促进社会和谐稳定。紧扣"公共点"做好协调与合作。认真落实"诉调对接"机制,以政法委为依托,加强与公安、司法、城建、规划等相关单位的协调与合作,积极参与涉及多部门的公共社会矛盾化解。2010年初,该院在受理31名恒美山庄小区业主与恒顺房地产开发有限公司强拆横幅侵权案过程中,发现该开发公司则以业主破坏名誉为由提起对业主的诉讼。与此同时,另有诸多小区业主以开发公司有违法用地之举,另案提起诉讼。矛盾错综复杂,双方剑拔弩张,极有可能导致矛盾激化。该院迅速会同区信访、区公安、城建、规划多部门联动,发挥联席会议平台优势,召集纠纷双方代表,以解开心结为突破口,以彻底平息矛盾为目的,反复沟通、协调,现场分清是非,妥善解决问题,最终使这场群体性社会矛盾达成庭外调解协议,在第一时间把群众反映的突出问题解决到位。紧扣"重难点"做好组织与巩固。把涉诉的重复访、集体访、缠访、闹访、上访案件作为工作重点和难点。将重点信访案件分解到每个党组成员,要求必须在十七届五中会召开前解决到位,确保信访人不再上访。截止10月20日,院领导牵头督办的20件重点信访案件已经全部息访。对其他信访案件,由立案庭、信访办组织人员,集中开展"大下访"活动,主动到信访人家中,耐心细致与信访人沟通交流,并邀请村委会、社区、工作单位的领导出面,动员其亲友、邻居,协助法院做好息诉息访工作。对家庭确有困难的信访户,主动关心,及时联系基层组织、民政部门,帮助协调解决低保、医保等实际问题;个别特别困难户,由法院为其提供一定数量的解困资金,解决其暂时的生活困境,从真心感化和诚心办事两个方面入手,消解当事人的怨气和不满情绪,从而使其自愿息诉息访,防止息访后再上访。 (冯忠洁)

【在全市首次适用《量刑指导意见》判决一起持枪抢劫大案】 10月8日上午,京口区人民法院开庭审理并当庭宣判一起持枪抢劫大案。被告人陈长胜以非法占有为目的,采用持枪、持刀等暴力、胁迫的方法,抢劫作案两起,被法院以抢劫罪,判处有期徒刑八年三个月,剥夺政治权利两年,并处罚金人民币一万元。这是该院在《人民法院量刑指导意见(试行)》(简称《量刑意见》)自2010年10月1日起在全国法院全面试行后首次适用该意见审判的一起刑事案件。被告人陈长胜,现年24岁,山东省临沂市人。2009年5月8日凌晨2时许,被告人陈长胜伙同董术卫(已判刑)至中国工商银行镇江分行永安路支行,尾随沈志勤进入该行自助服务区,采用持枪威胁的方法进行抢劫,因被害人沈志勤极力反抗未能得逞。此外,被告人陈长胜于2009年5月11日晚11时许,伙同闫勋朋(已判刑)至交通银行镇江分行中山东路支行,尾随苏宸进入该行自助服务区,采用持刀威胁的方法,当场劫得人民币5000元。法院经审理后认为,被告人陈长胜以非法占有为目的,采用持枪、持刀等暴力、胁迫的方法,当场劫取他人财物,其行为已构成抢劫罪。被告人陈长胜实施的持枪抢劫犯罪因意志以外的原因而未得逞,是犯罪未遂,对该起抢劫犯罪可以比照既遂犯减轻处罚。被告人陈长胜自愿认罪,可予酌情从轻处罚。法院依据法律的规定作出上述判决。被告人陈长胜既具有持枪抢劫的罪行,依法应处十年以上有期徒刑、无期徒刑或者死刑,并处罚金或者没收财产;又具有一般抢劫的罪行,依法应处三年以上十年以下有期徒刑,并处罚金。此外,被告人陈长胜还具有犯罪未遂的法定从轻或减轻处罚情节,且具有认罪态度较好的酌定从轻情节。为了使对被告人陈长胜的量刑公正公平,规范透明,合议庭根据《量刑意见》的规定,对被告人陈长胜的量刑进行了详细的分析。合议庭认为:被告人陈长胜持枪抢劫,应当量刑十一年;增加一般抢劫一次,应增加量刑二年;被告人陈长胜犯罪的起点刑在十年以上,抢劫人民币5000元,每增加1000元增加一个月,为五个月,故对被告人陈长胜量刑的基准刑为十三年五个月。因被告人持枪抢劫未遂，对持枪抢劫的11年扣减30%。被告人陈长胜自愿认罪，在前述扣减的基础上，再扣减10%。此外，合议庭在10%的幅度内自由裁量，综合评定，最终确定宣告主刑刑期。同时，依据法律的规定，根据本案的事实、情节、认罪态度等，确定相应的附加刑。判决后，被告人陈长胜当庭表示不上诉。（冯忠洁）

【成功调处一起涉农重大项目群访案件】 京口法院在区委、区政府的重视和支持下，启动诉调对接机制，多方合力化解，成功调处了一起涉农重大项目群访案件，保障了生态农业项目的顺利实施。隶属京口区的江苏省国有共青团农场（以下简称农场）为加快农业发展方式转变，提高土地利用效益，促进农民增收，推行了农业规模化、集约化生产的改革举措，以引进专业合作社的方式，发展高效、特色生态农业项目。2010年初，镇江市京口区禾田农机专业合作社正式落户农场，双方协议约定，农场将46.67公顷土地发包给合作社，合作社则承诺建设26.67公顷钢架大棚，种植高效、特色农产品，合作期限一年。随后，合作社给付了承包费33万元以及水利工程费、排涝费等相关费用。合作社内12户农户分别承包了不同面积的土地，种植大棚西瓜。该项目是农场实施生态农业项目的一部分，通过科学种植，可提早西瓜上市时间，提高西瓜的品质，亩产西瓜6000公斤左右。同时西瓜收获后，还可种植一季糯玉米和蔬菜，全年每亩土地收益可达1万元。7月11日夜，农场遭遇了一场百年不遇的特大暴雨袭击，由于降水量远远超出设计排涝能力，虽经全力排涝，仍然导致合作社多户农民承包的近26.67公顷良田被淹，种植的西瓜在水中浸泡时间过长，绝大部分根茎坏死，果实腐烂，造成重大经济损失。农户认为农场未尽到合同约定的防洪排涝义务，要求农场赔偿损失；而农场则认为这场特大暴雨因无法预见，属不可抗力，且也无力赔偿。几名受损农户于是多次到农场静坐，拦截进出车辆，并多次到区政府相关部门上访。8月16日，合作社向京口法院起诉，要求农场赔偿损失。鉴于案情特殊，京口法院掌握信息后，经综合分析，认为如果判决农场承赔偿责任，将会对推进生态农业重大项目造成重大影响；如果认定暴雨为不可抗力，农户的损失将得不到赔偿，会严重影响其生产和生活，并可能再次引起上访，给社会带来不稳定因素。为妥善化解矛盾，院领导高度重视，及时向区委、区政府作出汇报，并迅速启动诉调对接机制，拟定调解预案，向业务庭提出指导意见，要求承办法官工作关口前移，超前思维，妥善处理该纠纷。在区水利、农经等部门的配合支持下，法院多次召集原、被告进行调解，促成双方达成一致意见：农场承诺今后继续对受灾农户承包地加大农业设施建设投入和技术指导，并给予进一步的政策优惠和倾斜措施，以弥补农户损失，帮助农民扩大收益。法院则免除了诉讼费用。最终合作社撤回起诉，该案得以圆满解决。（冯忠洁）

【京口法院以《调解建议书》辅助化解涉诉矛盾纠纷】 案件当事人王红兵与薛海鹰于2009年4月共同投资成立镇江开元纸制品有限公司。根据分工，王负责公司业务，薛负责生产经营及内部管理。但公司运营后不久，双方即因资金、财务及公司管理等问题产生矛盾。王认为薛对公司管理不力，而薛认为王经手的资金去向不明，账目不清。2009年11月，薛清退了工人，关闭了厂门。事后，经中间人数次协调未果。2009年12月、2010年2月初，薛通过会计从公司账户中累计取走10万余元。王发现后随即以公司名义向京口法院提起诉讼，要求薛返还取走的款项。法院受理后，从解决纠纷，尽量保持企业市场主体的角度出发，分别进行了两次调解，在双方均坚决表示不再合作的情况下，提出了股权转让的调解方案。但王总是在“小账”上纠缠，使调解陷入僵局。为打破僵局，案件承办人借鉴外省市法院的做法，尝试向王及代理人发出书面《调解建议书》，以进一步做好说服劝解工作。《调解建议书》发出后第四天，镇江开元纸制品有限公司即以纠纷已解决为由申请撤诉。经了解，法院的《调解建议书》起到了关键作用，当事人及其代理人收到《调解建议书》后认为法院能为当事人着想，说的在情在理，调解建议方案具有可接受性，才转变态度，以积极的势态进行了心平气和的磋商，双方最终达成了股权转让协议，该起矛盾纠纷得以圆满化解。以法院名义有针对性地发出《调解建议书》是贯彻和谐司法理念，深入推进涉诉矛盾纠纷化解工作的一种创新尝试，在镇江市尚属首次。（冯忠洁）

【京口法院与工商京口分局、区消费者协会建立诉调对接平台】 为贯彻落实省高院、省工商局和省消费者协会联合下发的《关于委托、邀请消费者协会（委员会）调解消费者权益纠纷案件的意见（试行）》，更好地维护消费者的合法权益，防止消费矛盾激化，减少消费投诉，降低诉讼成本，提高消费者维权效能，京口法院民一庭、诉调对办公室就消费者权益纠纷案件诉调对接工作与区工商、区消费者协会进行工作联络，并就建立消费者权益纠纷案件诉调对接工作问题进行商谈。双方一致同意针对涉及消费者权益纠纷案件建立诉调对接工作平台，并采取如下制度：一、信息反馈制度。在法院与消协之间建立信息绿色通道。二、委托调解制度。做好委托调解工作，对未经消协组织调解的消费纠纷，消费者向法院起诉，法院受理后认为可以调解解决的，向消协发出委托函，委托消协调解。消协调解达成调解协议的，由法院出具民事调解书确认其法律效力。三、特邀消协调解制度。人民法院对于有重大影响或矛盾易激化的消费者权益纠纷案件，可以邀请消协工作人员协助调解，以拓宽调解渠道，切实推进诉调对接。四、加强诉讼业务指导和人员交流。法院与消协进一步加强业务知识交流，双方主要针对法律适用问题和调解技巧进行沟通，同时法院提供业务指导，为消协调解工作提供法律

支持,增进相互了解,促进执法统一。（冯忠洁）

【当事人手工刺绣谢法官】 一卢姓女当事人向民一庭副庭长施正星赠送亲手刺绣并经精装裱的一幅“十字刺”绣匾额。这块刺绣匾额四周为红木边框,内嵌十字绣作品,左右两联上书“清正廉洁刚直不阿”,横批上书一个“廉”字。匾额宽幅达55厘米×88厘米,底色布景及字体均由手工刺绣。卢女士说:“这个刺绣,是我早起熬夜,花了一个多月,一针一线刺绣,并请书画店精装裱而成的。只有这样,才能表达我对京口法院,对施正星法官深深的敬意和最真诚的谢意!”卢女士是一起离婚后财产纠纷案件的原告,与前夫陈先生登记离婚后,发现前夫陈先生隐瞒了原本属于夫妻共同财产的房屋一套,遂将前夫陈先生告上法院,要求法院对前述房产进行分割。承办法官接案后,与卢女士和陈先生进行了多次沟通,并在充分了解案件前因后果的基础上组织双方调解。由于双方当事人多年的矛盾纠葛,且本案卢女士起诉后,陈先生为牵制卢女士,动员案外人向润州法院起诉。对于这起“连环案”,卢女士认为是陈先生一手操作的,是陈先生通过炮制借条,让案外人以卢女士、陈先生夫妻存续期间向其借款为由起诉,要求卢女士、陈先生共同偿还债务。在巨大的利益面前,卢女士、陈先生双方均不愿妥协,案件一度陷入僵持阶段。面对此番状况,承办法官没有简单地就事论事,他发现陈先生对于自己隐瞒房产的行为心存不安、底气不足。针对陈先生这样的心理,法官向他仔细阐明了本案的法律关系和可能产生的法律后果,说服其接受调解,使双方利益均能得到一定的平衡。与此同时,卢女士也被法官耐心细致的调解工作所感动,双方最终达成调解协议,由被告陈先生当庭结清案款,案件得以圆满解决。同时,也令案外人撤回了在润州法院的起诉,既解除原告卢女士的后顾之忧,也使被告陈先生免遭伪证质疑。卢女士说:“施法官在审理我的案件中,不但公正审理了分内的案件,维护了我的合法权益,而且对分外的案件也是极力调解,化解了我和前夫的矛盾,免除了我遭遇恶意缠讼的后顾之忧。我很想送点礼物给法官,也很想请他吃一顿饭,可都被法官婉言谢绝了。我也想过买幅锦旗,但总觉得那只是花钱买了一件东西,并不能真正表达我的诚意。于是,就想到要亲自刺绣一幅‘十字绣’来表达我真诚的谢意。”（冯忠洁）

【谏壁法庭运用诉前调解方式化解历时五年的拆迁纠纷】 经谏壁法庭悉心调解,谏壁镇政府与该镇村民周建林、张素珍终于坐在一起签下了新的回迁房安置协议,一起五年未了的拆迁纠纷圆满解决。2005年,京口区实施教育布局调整,在谏壁镇月湖村建设谏壁中心小学,村民周建林、张素珍夫妇的房屋被拆迁。当时确定的安置房为定建房,后因政策调整原定建房停建,致周建林、张素珍无法按期回迁安置。之后又因安置房的房源及差价补贴等问题双方分歧较大,致使回迁安置问题搁浅。在此期间,周建林又因车祸造成高位截瘫。由于拆迁安置问题一直不能解决,张素珍多次到市、区上访,并将丈夫周建林丢在政府施压。市、区政府及相关领导多次要求谏壁镇尽快解决,有关部门也多次协调,但因双方差距较大,数十次协商未果,矛盾十分尖锐。五年间谏壁镇政府仅房屋腾仓费就支付了近40万元,镇党委、政府也迫切希望尽快解决此问题。为此,镇党委、政府希望法庭帮助做协调工作,当事人也请求法庭给予法律帮助。谏壁法庭高度重视,正、副庭长直接担纲,在全面了解情况的基础上,针对案件的实际情况,确定三条调解原则:一是坚持尊重历史、兼顾现实的原则;二是合情、合理、合法的原则;三是不压调、不强调、不和稀泥,以诚心换信任,以公正树威信的原则。在具体工作中,对当事人合理的要求,建议政府予以采纳;对不合理的要求,从情、理、法三个方面进行耐心细致、深入浅出的分析、解释,促使双方理智、理性做出正确的判断和选择。谏壁镇党委、政府高度重视法庭的建议,先后三次召开党委会、党政联席会听取法庭意见;当事人也对法庭认真负责、公正细致的作风心悦诚服,高度信任。经过十余次的调解,终于使双方达成切实可行的解决方案。谏壁法庭精湛灵活的调解技艺和认真负责的精神,不仅使困扰政府和当事人五年的纠纷得到圆满解决,而且也赢得当事人和谏壁镇党委、政府的一致好评。（冯忠洁）

【建立“六项机制”做好网络舆情应对工作】 京口法院采取积极措施,做好网络舆情巡视、预测、报告、反应、引导、处置工作,确保牢牢把握舆论主动权,维护司法权威。一是建立网络巡视机制。该院明确由办公室、行政装备科三名同志组成外网巡视工作小组,担任网络在线舆情监控搜集工作。切实保持网上在线不失控,认真做好每日网络信息浏览,将主流门户网站及本地区有较大影响力的论坛作为浏览重点,力争及早发现涉及法院和法官的舆情信息。二是建立预测评估机制。成立重大舆情工作领导小组,在应对突发事件和处置与公众利益密切相关或触动其情感的重大敏感案件过程中,超前思维,抢抓节拍,掌控工作主动权。加强舆情预测和个案的研判,认真分析可能出现负面消息的传播媒介、传播内容、波及的面和可能引发的舆论后果,做好舆论风险评估,在第一时间将准确信息传递给媒体,根据事件进程不断发出声音,占据舆论主导,挤压谣言空间。三是建立逐级报告机制。对检索出的涉及本院的舆情信息,在正常办公时间内按照舆情类别及时分析汇总报告,八小时以外通过电话口头上报,便于领导及时、快速决策,防止工作被动。对网上出现的重大舆论动向,及时向领导、有关部门和上级法院报送和反馈,以最大可能得到上级领导及有关部门的大力支持。四是建立快速反应机制。以网上舆情的收集反映为基础,明确快速反应事项的内容、程序、时限要求,建立工作预案,落实工作责任。对网络负面报道中涉及的案件及情况，必须在24小时内要求业务庭室做出书面情况说明，由分管相关庭科室业务的院领导签发后上报统一答复。在舆情信息报道中，涉及案件审理和执行本身问题的，及时纠正；属干警工作作风问题的，及时批评教育；属违法违纪办案的，坚决查处；属于无中生有企图施压左右审判的，积极回应澄清。五是建立舆论引导机制。实行网络舆情引导跟帖考核通报制度。对重大舆情，启动院各部门网络阅评应对方案，要求各部门阅评员上网跟帖。在发表观点的过程中，紧紧以维护司法权威为主线，统一口径，以第三人的身份参与网上跟帖和讨论。院信访办与相关业务部门加强与发帖人的感情沟通与工作联系，开展正面引导，说清事理，讲清情理，释清法理，引导他们依法有序表达利益诉求，最大可能将负面影响控制在最小范围。六是建立协调处置机制。积极协调宣传部门，寻求互联网管理部门、新闻单位、网络媒体的大力支持，整合资源，合力处置。通过网络媒体大力宣传报道法院工作新思路，司法为民的新举措，公正执法的新典型，创先争优的新成效来取信于民。及时发布真实信息，公布事实真相，尊重民意，沟通民意，吸纳民意，营造良好的外部环境，提高法院自身的信誉度和美誉度，维护法院和法官的良好形象。 （王晓宝）

司法行政

【概况】 2010年，全区司法行政工作紧紧围绕区委、区政府发展大局，牢牢把握“深入推进社会矛盾化解、社会管理创新、公正廉洁执法”三项重点工作，以“全国单项先进、省内影响增强、市内位次前移区内力争一流”为目标，以维护社会稳定为己任，以“提高落实执行力”为动力，以基层和人民群众满意为标准，深入开展“服务发展、服务基层、服务群众、提升机关效能”活动，呈现出新亮点，取得了新成效。社区法治文化建设、市级“民主法制社区（村）”、人民调解、法律援助均跨入全市先进行列。年末全局有行政编制20人，事业编制5人。下设办公室、法制宣传教育科、基层工作科、社区矫正工作科和公证律师科。京口公证处、区社会矛盾纠纷调解中心、区法律援助中心和区属律师事务所、法律服务所的管理职能均设在该局。

（张建栋）

【初步形成京口区独特的法治文化景观】 2010年，区司法局不断加大法治文化阵地建设，集中打造一批在全市乃至全省有特色、高品位的法治文化街区。如象山镇方家湾法治文化小区、谏壁镇法治文化主题公园、正东路街道法治文化广场、四牌楼街道江一社区“八个一”法治文化阵地等。市司法局对京口各具特色的法治文化建设高度重视，于10月27日在京口区召开全市基层法治文化建设现场会。会上，区司法局所作的重点交流发言，受到省司法厅、市司法局领导的好评，并建议在全市推广。 （张建栋）

【全区“五五”普法顺利通过省市考核验收】 2006～2010年，京口区顺利实施第五个五年普法计划，取得了实效。由区普法办牵头，制作了《京口区“五五”普法宣传片》，举办了“五五”普法工作成果图片展，组织编写歌舞快板《“五五”普法显成效》等法制文艺节目，以文字、图片、情景全方位地展示“五五”普法的工作成效。实现“五五”普法工作：“五化”一是领导干部学法用法制度化。在原有制度基础上，建立了《京口区人民政府领导干部学法制度》和《京口区政府常务会议学法用法制度》；建立任前学法制度，建立健全了领导干部任前法律知识考试制度，对2010年拟任命的领导干部进行了前法律知识考试；建立健全了领导干部述职述廉述法制度，并在全区乡局级领导中开展学法感悟活动。二是公务员学法网络化。2010年11月，区普法办首次利用新建“京口普法网”上在线考试平台，组织开展全区领导干部和公务员“五五”普法网络考试；在全区组织开展“学法用法示范机关”创建活动，通过十佳示范机关的评选活动，切实提高了全区公务员学法的积极性和参与率。三是青少年法制教育立体化。全区学校开展丰富多彩的法制教育活动，通过组织青少年开展法制夏令营、观看法制教育录像、进行法律常识考试、法制漫画展、举办暑期青少年法制讲座、参观少管所等活动，形成“学校、家庭、社会”三位一体的青少年法制宣传教育网络体系。四是企业学法多样化。结合省司法厅和市司法局有关法律服务专项活动，组织律师、公证员、普法讲师团成员，通过开设法制讲

局领导陪同市“五五”普法终期考核验收组检查

坛、举办法制讲座、深入辖区企业举办企业法律咨询、向企业职工赠送法律书籍或资料、为企业提供法律服务等形式，打好企业学法组合拳。通过这些活动保持辖区中小企业法律顾问动态条件下的100%覆盖面，助推企业健康发展。五是农村普法经常化。通过组织律师到结对定点的行政村开展法律咨询活动，发放法律服务联系卡、涉农法律知识巡回讲座、特邀法律专业人士为辖区农村党员、两委干部、广大村民上法制课、为每个农户发放农民普法读本等方式，提高农村普法的针对性和实效性。

(张建栋)

被省高院、省司法厅授予"江苏省优秀人民调解委员会"称号

【区法律援助中心被省司法厅授予"规范化法律援助中心"】 全区法律援助工作以创建规范为抓手，以积极开展"法律援助便民服务"主题活动为契机，本着"全面覆盖，应援尽援"的原则，开辟了特殊群体法律援助绿色通道，不断强化服务意识、完善便民措施，改进服务作风，服务质量和效率有了大幅度的提高，切实维护了弱势群体合法权益。全年完成法律援助案件216件，其中刑事类23件、民事类193件，超额20%完成全年法律援助任务。10月，区法律援助中心被省司法厅授予"规范化法律援助中心"，并在全市"后发先至，法律助航"专项活动经验交流会上作大会交流。

(张建栋)

【区社会矛盾纠纷调处中心获省级优秀人民调解委员会殊荣】 区调处中心创建的社会矛盾纠纷信息"四超前"制度(围绕党委、政府中心工作超前介入，预测工作建在预防前，预防工作建在调解前，调解工作走在激化前)不仅被"镇江信息"录用，被"江苏大调解工作简报"介绍，而且调处工作的质量和成功率大大提高。全年区、镇(街道)共组织社会矛盾纠纷专项排查432次、排查出矛盾纠纷隐患226件、接待群众4050人次、受理纠纷总数386件、调解纠纷数382件、调解率98.9%、调解成功数374件、调解成功率97.9%、劝阻群体性上访数41批次、劝阻上访人数499人次。其中，区调处中心自受理矛盾纠纷48件，分流调处矛盾纠纷5件，受理矛盾纠纷43件，调处矛盾纠纷43件，调处成功42件，受理率100%，调处成功率97.7%。2010年9月，区人民调解委员会被江苏省高级人民法院和江苏省司法厅联合授予"2008~2010年度江苏省优秀人民调解委员会"荣誉称号。

(张建栋)

【京口区门户网站录用信息累计分位列部门第一名】 年初下发了《2010年全区司法行政系统信息和新闻宣传工作意见》，对做好全年信息和新闻宣传工作进行具体部署，对全年信息和新闻任务基数进行了分解，确保信息工作走在全区前列。全年全区司法行政系统信息被司法部采用4条，省司法厅采用7条，市级报刊采用11条，市司法局采用28条，被京口信息采用29条，被政府门户网站采用116条，录用信息累计316分，位列部门第一名。区法制宣传用稿量也名列全市第一。

(张建栋)

【刑释解教人员信息管理系统全面更新】 一是配合上海世博会的召开，认真组织开展排查工作。区安帮办对刑释解教人员开展摸排工作，4月25日前完成对2009年回归的刑释解教人员的排查摸底工作。重点加强对"三假"(假姓名、假身份、假地址)回归人员的核查工作，切实做到底数清、情况明。二是强化监管力度，加强安置帮教部门衔接工作。积极与公安派出所和社区(村)等基层组织联系，结合安置帮教软件的信息录入全面排查在册的刑释解教人员，以及各项帮教措施是否按要求落到实处，避免了刑释解教人员的脱管和失控。三是组织指导培训，完善刑释解教人员信息库。为适应刑释解教人员信息管理系统的更新，5月19日对各镇、街道司法所工作人员进行刑释解教人员信息管理系统的培训工作，指导软件系统的安装、使用和维护，规范刑释解教人员数据库管理。全年全区共接收刑释解教人员信息224名，其中核实成功145名，核实失败77名，等待核实2名，其中核实成功率为64.73%。

(张建栋)

【南昆仑律师事务所荣获"江苏省优秀律师事务所"称号】 2010年3月，江苏省司法厅、江苏省律师协会经过层层考核、打分，授予南昆仑律师事务所"江苏省优秀律师事务所"称号。该称号是江苏律师界集体最高荣誉，标志着该所继续保持全省先进行列。

(张建栋)

【《你创业，我护航》——创业法律知识一点通手册受到热捧】 为配合创业型城市建设，积极服务全民创业热潮，为创业者提供必需及时了解的基本法律知识，京口区普法办组织编印了《你创业，我护航》创业法律知识一点通手册，并在田家门等社区开展了“你创业，我护航”法律宣传咨询活动，发放“区创业法律知识一点通”、“工商企业实用法律丛书”等宣传资料3000余份，接待社区群众咨询130余人次，受到全区创业者的高度评价。（张建栋）

【局创建市级廉政文化建设示范点活动丰富多彩显成效】 一是营造机关廉政文化氛围。做到廉政书籍上柜，廉政规则上墙，廉政举措上网。做到桌上有廉政格言对照，墙上有廉洁从政行为规范提醒，过道有廉政长廊教育，使每个机关党员置身良好的廉政环境中。京口公证处、律师事务所、法律援助中心和社会矛盾纠纷调解中心等服务窗口不但公开了工作流程，还公开了廉政服务规则，接收群众监督。二是确立廉政文化建设的理念。加强专题学习，进行理论教育。紧密结合区司法行政工作的改革创新实践，深入开展专题教育，认真学习新颁布的《中国共产党党员领导干部廉洁从政若干准则》，使大家牢固树立廉政文化建设的理念；搞好廉政知识书面测试，进行廉政文化建设教育。向所有党员推荐必读书目（《新编党员领导干部廉洁从政规范手册》、《从政提醒——党员干部不能做的150件事》、《做最好的执行者》），进行自我教育。为使活动取得实实在在地成效，该局以“勤政廉政、司法为民”为主题，将6月份设为机关“读书月”，进行廉政书籍大家读，开展读书感悟征文活动，并通过交流进行自我教育活动。组织党员干部外出参观，进行现场廉政教育。2010年先后组织党员干部到安徽合肥市参观包公祠，到湖州南湖参观党的“一大”纪念馆，开展缅怀先辈廉洁风范的示范教育活动。三是采取实在的廉政文化建设举措。进一步完善党务、政务、事务三公开制度，制作了党务、政务公开栏，京口公证处、律师事务所、法律援助中心和社会矛盾纠纷调解中心等服务窗口的事务栏都

区司法局召开“创先争优”活动动员部署大会

进行补充和完善，使其更加贴近民心民意，社会、群众对司法行政工作的公信力和满意度都大为提升。在前几年聘请24名效能监督员的基础上，2010年又聘请了5名区政协委员作为行风建设监督员，并且制定了协助他（她）们进行监督的工作制度和计划。四是让大家成为廉政文化建设的主角。开展每人自编廉政格言活动。并有选择的将各人自编的廉政格言制成警示牌立放在各自桌子上，开展自我警示活动；开展“司法行政为我区发展助航”献计献策活动，机关每位同志都结合工作实际提出两条或两条以上的建议；深化结对共建活动，建成象山镇左湖村勤政廉政实践基地。五是进行家庭助廉和机关廉政文化活动互动。为充分发挥家庭在反腐倡廉、廉政文化活动中的独特优势和重要作用，该局今年以党组的名义向所有机关党员干部的配偶发出一封信，以“五个不”的要求，倡导他（她）们积极配合局机关的廉政文化建设活动。（张建栋）

【京口普法网开通】 2010年4月，区司法局创建全区第一个专业普法网站—“京口普法网”，9月份正式运行。设立了《普法动态》、《新法速递》、《法治文化》、《以案说法》、《普法课堂》、《经验交流》等栏目，为领导干部、公务员、广大居民提供学法平台，满足了他们的法律需求。普法网开通8个月点击率达到近万人次。（张建栋）

【京口区省级“民主法治村（社区）”创建率位居全市第一】 以创建市级以上“民主法治（示范）村、社区”为抓手，提升标杆，不断推出创新举措，加大基层民主法治建设力度，深化基层民主法治创建工作，创建工作成效明显，特色鲜明。2010年又申报了3家省级“民主法治村（社区）”，并通过市级预检和省检。至年底，全区已获表彰命名的区级民主法治村（社区）76家，市级73家，省级11家。（张建栋）

【创新社区矫正载体，扎实开展“教育矫正年”】 围绕“重塑灵魂、阳光关爱”主题，积极开展“走进大墙、播撒阳光”、“走出大墙、重塑灵魂”等主题教育活动。完成对在册矫正对象的一对一心理辅导。9月29日晚，在市区梦溪广场举行的“社区矫正对象‘感恩·奉献’教育专场晚会”，省矫正办、市司法局、各辖市（区）司法局相关领导和500多名群众一起观看了节目。全市首家以个人命名的社区矫正工作室——“佟德武工作室”正式挂牌运作。（张建栋）

【开展“后发先至，法律助航”活动】 全区律师、公证员、基层法律服务

京口区基层司法所司法行政目标管理考核

工作者、法律援助工作人员充分发挥专业优势,按照"加快结构调整,完善城市功能,推进城乡一体,切实改善民生,促进社会和谐"总体要求,围绕政府决策咨询、重大项目推进、重点企业发展、涉企法律宣传、矛盾纠纷化解等,深入开展"后发先至,法律助航"活动,不断开拓法律服务领域,为全区经济社会又好又快发展提供优质高效的法律服务和法律保障。全年各所律师共办理刑事辩护案件90件,民事纠纷案件830件,诉讼标的达10000多万元,挽回经济损失达8600多万元。京口公证处全年共办理公证2661件,其中民事类2617件(涉及拆迁类1904件),经济公证44件。 (张建栋)

【南昆仑律师事务所高级律师许世可出席"2010中国股权投资基金发展论坛"】 4月28日,镇江市司法局在一泉宾馆举行"创业·合作·发展"大型法律服务推介会,就知识产权保护、融资、涉外贸易、中小企业创业升级等法律服务问题,向90家国有企业、中小企业、创新型和外资企业代表进行重点推介。会上,许世可律师作了《竭诚法律服务、推动创业发展》主题发言。9月28日,市长刘捍东就政府法律顾问团提出的《关于利用私募股权基金的资金和价值创造优势,促进镇江经济跨越发展的法律建议》作出批示,并给予高度肯定。许世可律师为该法律建议的主要撰稿人。鉴于江苏南昆仑律师事务所在PE业界的地位以及杰出影响力,5月28日,"2010中国股权投资基金发展论坛"组委会诚挚地邀请许世可律师出席本次论坛。5月31日,"北大PE投资联盟"授予许世可高级律师(一级律师)为北大PE投资联盟的理事会员。北大PE投资联盟有北京大学的领导和中国PE(股权投资)界知名人士加盟。 (张建栋)

【京口区"五五"普法回眸】 2006~2010年第五个五年普法期间,区司法局把法制宣传教育作为推进法治京口建设、全面落实科学发展观、优化发展环境的重点工程,高起点启动、高质量推进,高标准实施,取得明显成效,2010年底顺利通过省市验收。

主要做法是:一、增强保障力,让健全机制成为法制宣传教育工作的逻辑起点。着重强化组织领导机制、工作责任机制和进度督查机制,形成了党委挂帅、人大监督、政府实施、各方推动、群众响应的工作格局,为"五五"普法提供组织保证。区政府与39个普法成员单位和各镇、街道的主要负责人签订《法制宣传教育工作责任书》,确保"五五"普法有效运行。区普法办加强对全区启动阶段、中期阶段的检查,及时发现问题现场指导,有力推动普法工作的开展。二、增强支撑力,让夯实基础成为法制宣传教育工作的重要前提。普法工作规划的支撑。使制定的"五五"普法规划,更具前瞻性、针对性、可操作性。普法队伍和资源的支撑。制定《区普法联络员工作制度》,成立区"五五"普法讲师团,为全区普法教育的深入开展提供了教员保障。普法工作经费的支撑。法制宣传经费按辖区人口人均0.40元标准列入财政预算,并每年随着区财政收入水平的提高而增长,确保专款专用。普法阵地和载体的支撑。2006年5月,区电台设置专门的法制宣传栏目——"普法之声",普及法律知识;区、镇(街道)、村(居)都建有固定的法制宣传栏,每个镇、街道都有法制宣传教育辅导站,每个村(居)委会建有挂牌的市民法制学校,农民工较多的企业建有新市民法制学校,区司法局建立了"京口普法网"、区法院建立了"预防青少年犯罪网"、区检察院建立了"预防职务犯罪网"等法制宣传教育专业网站;区政府网及各部门门户网站中开辟了法制宣传教育栏目。普法教材的支撑。区普法办根据辖区群众的需求,组织编印《市民实用法律知识读本》、《企业实用法律丛书》(共有16个分册),赠送给市民和辖区企业。区司法局组织编印《你创业,我护航——京口区创业法律知识一点通》小册子,受到全区创业者的普遍欢迎。三、增强影响力,让开展活动成为法制宣传教育工作的关键抓手。通过丰富多彩的普法活动,提高普及率、知晓率。重点抓了普法启动活动;"12·4"全国法制宣传日等重大宣传日主题活动;"法律六进"活动法律志愿者、"青春与法对话"等形式创新活动;"活力京口"、"激情正东"等法制文艺汇演活动;法制宣传"八个一"、领导干部和公务员学法征文、"农村法律书屋"等法治文化活动。法制宣传深入到各个领域,形成了我区独特的法治文化景观。四、增强辐射力,让重点对象成为法制宣传教育工作的普惠主题。狠抓五种重点对象的学法用法,提升普法工作的整体水平。在领导干部学法用法上，坚持抓好依法执政、依法行政能力建设。"京口区乡局级干部述职述廉述法三位一体强化法治意识"活动，被评为"镇江市2009年度普法十佳新事"；在公务员法律培训和考试上，坚持培育法治理念、提升司法和行政执法水平。全区乡局级领导干部"五五"普法培训面达100%，集中考试参考率达98%，合格率达100%；在青少年学法上，坚持孕育法律意识、促进健康成长的导向。全区学校落实法制教育计划，明确兼职法制副校长（辅导员）的任职条件、工作职责。100%配备了全区中小学法制副校长（辅导员）；全区共建立青少年法制教育基地4个。2009年，京口区被评为全省未成年人思想道德建设先进区。在企业经营管理人员的法制教育上，坚持服务大局、助推又好又快发展。通过举办企业法律咨询、组织讲师团开设法制讲坛、开展企业法制宣传教育图片巡回展等活动送法进企业。制定《关于建立京口区中小企业法律顾问制度的实施意见》，组织开展对辖区245家企业法律顾问的配备工作，配备率达100%。在农村和农民工普法上，坚持法律服务和推进基层民主政治、民主自治建设并重。组织开展"律师送法进村入户"活动，建立律师与行政村结对名册，为每个农户发放农民普法读本；围绕"四民主、两公开"内容，积极创建民主法治村（社区），全区社区民主法治村（社区）创建率已达100%，全区已被命名的民主法治村（社区）区级76个，市级73个，省级11个，创建率居全市第一。获市级命名的已达96%；加强外来务工人员普法工作。开展"送法进工地"、"农民工学法周"宣传活动，为农民工分发一本普法书籍或一份普法资料，为农民工学习法律提供平台、依法维权提供服务、增强法律素质提供帮助。五、增强公信力，让务求实效成为法制宣传教育工作的执着追求。全区"五五"普法取得了明显成效：领导干部依法决策、依法管理的能力和水平有了新提升；广大公民学法守法、依法维护自身合法权益的素质有了新提高。5年来全区通过法律途径解决纷争16655起。其中2008年、2009年连续两年被评为全省信访工作"三无"区；市场秩序和社会秩序得到了新巩固。五年间全区共有20家企业被评为省、市级诚信守法经营企业。公众安全感达到99.2%；连续6年被评为"省社会治安安全区"；行业和基层依法治理工作迈出了新步伐。教育覆盖面得到了新拓展。辖区法制宣传教育开展覆盖面达到95%以上，群众对"五五"普法的知晓率达到95.4%。（张建栋）

人民武装

【概况】 2010年，区人武部以深化"当代革命军人核心价值观"主题教育为主线，扎实开展"使命任务"和"拒腐防变"专题教育，认真学习我军专业士官何祥美先进典型事迹，并注重把这一系列教育活动向基层延伸，增强民兵预备役人员的使命意识。4月份，对全区的国防教育情况进行了调研，突出学校和企事业单位的国防教育重点，进一步分析形势，梳理思路。上半年，重点总结宣传辖区内江苏科技大学国防学院院长张为民的先进事迹，《解放军报》、中央电视台第七套军事频道都作了突出报道。在镇江军分区新闻报道评比活动中，区人武部荣获先进单位。

部党委把高标准做好军事常态化准备作为事关全局的战略任务来对待，先后组织3名人武干部、25名专武干部、10名民兵干部参加军分区组织的各类业务培训。在军分区组织的半年军事训练暨团级单位党委班子岗位练兵考核竞赛中，区人武部获军分区优胜单位，部长庄金勤一人获两个单项第一名。在民兵组织整顿中，深入基层调查研究，针对城管下移的情况，及时在区城管局成立应急分队，科学拟订方案计划，并积极加强跟踪检查督导。全年以总后编发的《非战争军事行动概览》为基本教材，开展系统教育活动，组织正规的应急训练。4月份，组织了抗震救灾分队骨干集训、防化救援分队和抗洪抢险分队训练，提高了抢险救灾队伍遂行非战争军事行动的能力。

始终把安全稳定当作保底工程来抓。年初，部党委召开安全形势分析会，进一步健全了管理制度，确保人武部高度安全稳定和集中统一。组织开展"学训整"活动，进一步强化条令条例和军人意识；与干部职工签订"十个严守"安全工作责任书，增强做好安全工作的责任感和自觉性。以计算机防失泄密为重点，加强保密教育和管控，提高干部职工自我防范的保密意识。8月份，人武部拨出专款2

镇江军分区司令员曹寅（左一）和区委副书记孙国平检查京口区征兵工作

万余元购置4台一体机电脑，与上级综合网络进行连接，并建立内部局域网络。 (李学军)

【"军事斗争准备检验评估"获军分区表彰】 9月中旬，军分区《军事斗争准备检验评估实施计划》下发后，部党委高度重视，专题召开作战能力评估任务部署会，学习领会任务，细化评估标准，落实责任分工。检验评估采取定性与定量分析相结合的方式，以自查自评为主，按照三个阶段对人武部作战能力情况进行评估。第一阶段：九月底，结合"镇防救——2010"演习，抓好人武部作战能力自身的评估。第二阶段：10月份，结合演习，总结梳理做好提高首长机关应对突发事件的防范、指挥、处置能力，非战争军事行动应急预案中存在的问题，研究整改措施。第三阶段：11月上旬，完成作战能力评估报告并上报。评估中，紧紧围绕作战准备及非战争军事行动准备等10个方面的内容和作战重点应具备的8种能力，对照检验评估标准，查找作战准备任务落实和作战(保障)能力形成的薄弱环节，抓住弱项，评改结合，一项一项对照评估，一条一条查纠整改，真正把任务标准理解透、把形成的作战能力把握准、把存在的弱项梳理清、把落实的责任定到位。11月25日，在军分区考评组考核评估暨总结表彰会上，区人武部军事斗争准备检验评估工作受到表彰。 (李学军)

区人武部副部长黄建同(中)带领民兵进行"三精"比武训练

【军地联手深化国防教育】 10月23日，在京口区政府十楼大礼堂，近300名干部群众聚集一堂，聆听南京陆军指挥学院张政文教授关于《国际战略形势与我国安全环境》的形势报告。从2005年起，京口区国防教育开展"请进来、走出去"活动，由区人武部牵头定期邀请军地知名学者举办国际形势、国防法规和军事知识讲座。近年来，京口区国防教育采取以党政干部为重点，突出民兵预备役人员和青年学生群体，向社会团体延伸覆盖，注重在教育成果转化上下工夫。每年，区有关部门与人武部联合下文，把国防教育纳入区、乡镇(街道)两级发展目标和工作计划，并把国防教育落实情况列为国防后备力量建设达标考评条件，进行检查考评，成绩显著的单位和个人及时给予表彰和奖励。为把国防教育落到实处，首先依托政府信息网开通了国防教育网页，涵盖国防理论、法规等多个板块。当地媒体定期开设国防教育专栏或专题节目，大力宣传爱国拥军典型事迹，使群众在潜移默化中接受教育，增强了国防教育的吸引力和感召力。其次，依托各级党校，积极推进领导干部国防教育。制定领导干部国防教育读本，并指定为全区各级党校国防教育理论课的必修教材，还通过组织各级党校干部学员参加国防形势报告会、到部队过军事日等多种形式，加强领导干部国防教育实效。再次，由区人武部牵头，联合组织、宣传等多家单位，通过建立联席会议制度，统筹军地国防教育资源，形成党政军群齐抓共管的强大合力，做到党委议军有议题、政府报告有内容、全民宣传有安排。 (李学军)

【参加"镇防——2010"演习】 9月19~21日，区人武部参加军分区非战争军事行动研究性"镇防——2010"室内演习。演习结合非战争军事行动的特点规律和组织指挥要求，围绕"组织指挥、应急处置、风险评估、灾害救援"等四个方面，组织首长机关进行专题研究，抓训练、练协同、练指挥。对非战争军事行动中可能出现的情况进行处置，落实应急和救灾物资，充实指挥编组，完善应急预案。在全程参演网络保障中，按实战要求，统一接入演练专用文电系统局域网，断开其他网络，实行物理隔绝。共撰写重点、难点问题研究报告3份，拟制重点目标地震灾后的情况处置、启动抗洪抢险IN级应急响应等各类作业文书20余份，工作表(图)2份。通过演习，促进指挥员在抢险救灾非战争军事行动中组织协调能力和谋划决策水平的提高，增强指战员对各类自然灾害的防范意识和自我保护能力。 (李学军)

【举行抗洪抢险演练】 区人武部立足防大汛、抢大险、抗大灾，及早做好防汛措施落实。5月20日，组织抗洪抢险分队36人在长江镇江段焦南闸举行抗洪抢险军地联合演练。演练中，使用了冲锋舟、便携式打桩机及移动发电机等装备，演练分为抢筑子堤、封堵决口、克服管涌、排除渗漏、打桩机打桩、抢险照明器材、风浪抢险和水上救护8个方面内容。此次演练以提高民兵抗洪抢险救援能力为目标，采取军地联合、训演结合的方式，进一步规范军民抗洪抢险专业分队应

急救援的组织与实施，促进防汛队伍人装有机结合，全面提升应急救援能力。（李学军）

【民兵应急分队反恐维稳训练通过军分区验收】 7月20～26日，区人武部组织辖区内60名反恐维稳应急分队队员到市国防园驻训进行全天候训练。训练按理论学习、技能训练、整体合练、考核验收四个阶段组织实施。从镇江武警机动中队聘请4名军事教员，对训练人员组织警棍、盾牌操和处置群体性械斗事件的基本战斗队形训练。26日，参加反恐维稳训练的应急分队通过了军分区军事训练考核组的验收。通过训练，增强了民兵应急分队维稳处突的使用意识，提高了应急分队遂行多样化军事任务的能力，确保在关键时刻能够拉得出、用得上。（李学军）

【区人武部"廉洁、公开、透明"抓征兵】 在2010年冬季征兵工作中，京口区人武部根据上级廉洁征兵政策及本地实际，及时制定了《京口区征兵工作人员廉洁征兵要求》的文件，全体工作人员填写廉洁征兵自律保证书，在征兵办门口公告体检、政审组长等主要人员的名单及联系方法。同时，利用广播电视、报纸等新闻媒体，通过公开信、召开预征对象家长座谈会等形式，广泛宣传廉洁征兵有关政策法规。辖区适龄青年在报名应征时，都拿到区征兵办制作的印有廉洁征兵相关政策法规及举报电话等内容的廉洁征兵卡。预征对象名单、体检、政审合格人员名单、定兵结果等，征兵办都及时张榜公示，随时接受群众反馈。在此基础上，区征兵办还从区人大、政协和社会群众中聘请100多名兵员质量监督员，在乡镇、街道及工业园区等建立8个廉洁征兵监督岗，在本部设立征兵接待室和举报电话并24小时专人轮流值班，对征兵过程实施全程跟踪、检查、监督。"廉洁、公开、透明"的公开承诺，保证了征兵工作的顺利完成。在征集的新兵中，高中以上文化程度达100%，其中党、团员38名；大专毕业以上文化程度达46%以上。（李学军）

◆资料链接◆

圌山炮台遗址

圌山炮台遗址

圌山炮台位于镇江东郊大港东十七里五峰山下的二矶头，依山面江，地势险要。该炮台建于1840年，占地面积1580平方米。

炮台阵地分两处，一处在山脚下，凸出江面，暗堡式，弧长约20米，呈扁形，四口；另一处中部斜坡下靠江处，现存母堡三口，暗堡式，进深12米多，子堡七口，全长约60米。另外在"山谷"里有弹药库一座，长方形。均为黄砂石灰质地。

1842年7月中旬，英军发动扬子江战役，舰艇驶近该炮台，守军重伤敌舰。英军攻克圌山炮台后逆江而上，在摧毁焦山炮台后，分两路攻入镇江城。镇江人民和在海龄领导下的1600名清军一起与英军进行了一场惊天动地、鬼哭神泣的战斗，重创英军。恩格斯对这场镇江军民的保卫战给予高度评价。他说："如果英军在各地都遇到同样的（镇江）抵抗，英军就不会取得南京。"

圌山炮台遗址于1982年被列为江苏省级文物保护单位。

城乡建设

责任编校:徐海龙

综　述

【概况】 2010年是实施"十一五"规划的最后一年,也是落实市委、市政府"推进跨越发展,实现后发先至"号召的关键之年。呼应镇江"山水花园城市"的定位,抢抓大拆迁、大建设的机遇,不断增强宜居京口的竞争力和吸引力,城乡建设保持了持续快速发展的良好势头。全力实施老城区、城中村、老集镇"三大改造"发展战略,更加注重城乡统筹、更加注重体现区域特色、更加注重规划、建设与管理的有机统一,牢固树立以规划统领发展的理念,按照2009年制订出台的《京口区城乡发展统筹规划》,引领和指导全区城乡建设和项目招商。以"三大改造"为核心,推进城乡一体化进程。以拆迁安置为根本,保障项目实施。以"青山绿水"为追求,打造优美家园。加快花山古城遗址公园施工建设,打造京口优美生态环境,彰显京口山水魅力。

京口区建设局根据机构改革的要求,更名为京口区住房和城乡建设局,职能工作紧扣城乡发展的实际,坚持"阳光拆迁"的政策,加强拆迁行业管理和拆迁业务指导。按照物业管理重心下移的要求,努力提高小区的物业管理水平。为企业交纳建筑营业税提供服务,组织安全生产检查,整改隐患,杜绝安全质量事故,创优质工程和文明施工工地。强化防汛、园林绿化管理、房产管理工作。

(黄文宝)

区住建局召开"创先争优"动员大会

拆迁工作

【概况】 2010年,京口区肩负着拆迁和回迁安置的双重任务,区各实施主体、各部门及全体工作人员,团结奋战、务求实效,为加快城乡一体化建设付出了艰辛的劳动,取得了显著的成绩。2010年完成拆迁约100万平方米。完成回迁项目16个共完成回迁安置套数1248套,面积11.3万平方米。组织全区各街道、乡镇拆迁人员培训近300名,讲解拆迁安置政策法规。成绩合格者颁发上岗证书,拆迁人员必须持证上岗。共受理行政裁决申请书39份,送达答辩通知书39份,调解通知书64份,经调解后24户签订安置补偿协议,制作裁决书15份,经裁决书下发后15户签订安置补偿协议,完成率100%。(黄文宝)

【合山整治工程拆迁项目完成】 纳入镇江市"青山绿水"两年行动的合山整治项目,拆迁安置于2010年8月上旬基本结束。从5月初进场开始,此次拆迁涉及212户居民,总面积46887平方米。由于该处地块性质为集体用地,拆迁补偿政策有别于国有土地,前期很多居民对此表示不理解。合山整治工程项目位于禹山北路北侧、陈家门路西侧，属我市滑坡地质灾害综合整治系列工程之一，也是保障焦山周边的“青山绿水”顺利实施的具体行动。由京口住建局、房管、公证、评估等部门组成的工作组成员，携带相关政策文件上门，对居民进行详细解释说明，按照“以房换房，合理补贴”的原则，最大程度上争取居民的理解和支持。此外，还在附近的安置小区象山花园准备了安置现房20多套，方便部分居民即时搬迁。（王金太）

【新生村地块项目拆迁完成】 新生村地块(包含1、2、3号地块，由新生七组、潘家湾、夏家湾、秦家湾组成)位于学府路、谷阳路与教顶山路之间，面积为42.38公顷土地计划市场化运作的拆迁项目。范围内的房屋拆迁总户约867户，该地块占地18.32公顷，拆迁总面积约15.4万平方米，拆迁概算资金约64866万元。拆迁前期准备工作一切就绪后，5月25日所有拆迁人员正式进场。京口城乡建设投资中心为拆迁人，因涉及集体土地征用，房屋拆迁工作在京口区政府统一领导下实行属地(象山镇人民政府)负责，京口区拆迁安置管理办公室、京口区拆迁安置事务所组织实施，计划拆迁期限为2010年5月20日至8月10日。5月24日由象山镇镇政府、京口区机关、京口区住建局各负责一个片正式进场。拆迁工作于12月结束。（王金太）

2010年主要拆迁项目统计表

表8

序号	项目名称		项目概况	
			总户数(户)	总面积(平方米)
1	江滨大道东延	集体	325	44052.91
		国有	27	1979.84
2	象山花园一期2号地块(97亩)		93	12721.00
3	禹山东路延续项目	江大东一期安置房	100	6780.00
		王家湾	92	23287.00
5	新生村		875	153866.70
6	索普环境周边整治		148	29800.00
7	市二手汽车交易市场		24	29500.00
8	新华砖瓦厂		275	60328.84
9	前官庄		40	8950.00
10	象山路		235	46794.66
11	象山花园二期		356	68701.74
12	运河路拓宽改造新虎踞桥建设工程		88	4385.54
13	戴家湾		163	29000.00
14	印铁制罐厂		244	64297.53
15	大东沟边角地项目(大东造纸厂二期)		50	4969.22
16	水上公安分局房屋拆除		2	5000.00
17	吉祥房产		1	26500.00
18	梦溪园扩建工程		15	635.00
19	粤龙公路		73	13057.70
20	蔡家路以南地块(爱励铝业)		119	36914.00
21	谏壁电厂电网建设		53	16320.00
22	鼓楼岗地质灾害治理(绿竹苑)		9	255.03
23	康兴商城		158	27839.00
24	第二制药厂		2	76000.00
25	合山整治		232	46887.00
26	宗泽路二期工程		2	3866.20
27	京岘山南路		65	5600.00
小计			3866	848288.91

（王金太）

【新华砖瓦厂拆迁项目完成】 为加快城乡一体化建设步伐，整治城市东部环境，妥善化解“城中村”诸多矛盾，区政府决定对新华砖瓦厂周边地块开发建设项目进行拆迁。该项目需拆迁集体房屋约275户，总面积约60329平方米，拆迁补偿安置概算总资金为26824.87万元。该项目拆迁人：京口区城乡建设投资中心；组织实施单位：京口区房屋拆迁安置管理办公室、京口区拆迁安置事务所；属地拆迁主体：京口区象山镇人民政府。成立新华砖瓦厂地块项目指挥部，形成“属地组织、多方参与、共同推进”的工作模式。计划拆迁期限为2010年8月8日至10月8日。当年12月基本完成拆迁任务。（王金太）

【千余被拆迁户乔迁新居】 2010年，京口区加大了安置房建设和回迁工作力度，1月至12月相继有20多个拆迁项目的被拆迁户得到了妥善回迁安置，共完成回迁安置套数1248套，面积11.3万平方米。被拆迁户结束腾仓的日子，乔迁新居，过着安居乐业的生活。完成回迁项目22个(包括京岘山路、瓯龙地块、缪家门、中储粮、宝华、鸿泰钢铁、工业园、张马、338省道、镇大公路一、二期、雩龙公路、禹山东路、镇大公路等项目)，整个回迁安置工作，在京口区住建局、象山镇人民政府和相关街办及区拆迁管理安置办公室、区城乡建设投资中心的通力合作下，平稳地完成了全年回迁安置任务。对于双井路棚户区改造等延期安置的，做好解释工作，发放临时安置补偿金。（王金太）

重点工程建设

【概况】 2010年城乡建设工作以更加主动的姿态融入城市发展大局，咬定“整体城市化、城市现代化"目标,科学统筹城乡建设,把"三大改造"作为推动城乡一体、提升发展水平的主抓手,城乡发展呈现出喜人的崭新面貌。古运河中段整治,零龙公路、338省道拓宽工程、莺歌桥开工建设,人居环境得到了明显改善。（黄文宝）

【零龙公路改造项目】 零龙公路总长5.25公里,连接金港大道、338省道、镇澄路等道路,在区域路网中有着举足轻重的作用。改造工程总投资1.8亿元,改造后路基由行车道和人行道组成,总宽20米,为二级公路结合城市道路,计划2011年底竣工通车。（黄文宝）

【江滨大道东延】 江滨大道东延工程(含东码头)北临长江,起自江滨大道,终至禹山路交叉口,道路全长2.1公里,宽33米,按照城市次干道Ⅰ级标准建设,总投资3.08亿元。与滨江旅游专线连成一体,是主城区与焦山景区相连的重要枢纽。项目的建成对于拉开城区东部框架,改造北部滨水区,带动我市旅游产业发展,改善市民出行条件,具有十分重要的意义。9月29日,江滨大道东延(东吴路–焦山新大门)段沥青摊铺结束,该段路灯、绿化及交通设施工程也告完成。（黄文宝）

【大市口地下通道工程】 2010年12月7日,镇江大市口人防地下过街通道工程第六段顶板和墙板混凝土浇筑完成,标志着大市口人防过街工程全部封顶,随后将进入管线和路面恢复阶段。3月12日上午,市政府召开新闻发布会,对市内外媒体全面通报工程相关情况,以及施工期间交通市区分流与管制方案,特别就工程施工中请社会各界关注的问题作了详细说明。由市民防局负责实施建设大市口地下人防通道工程于2010年3月16日开工,计划2011年春节前主体竣工,投资约1亿元。该工程基本呈"十字形",地下一层(局部二层,主要是设备层),以中山东路与解放路交叉口为中心,向东80米、向南80米、向北90米、向西至市政路与中山东路交叉口东侧,总建筑面积约10000平方米左右,地下通道整体埋深约9米,层高约4.5米;工程分别在中山东路与解放路交叉口东西方向(中山东路)和南北方向(解放路)的道路两侧相对应的位置各设立1个行人出入口,在中山东路至市政路口再设2对行人出入口,共计12个出入口。根据该区域的地质条件和交叉口周围建筑及地下管线的情况,大市口地下人防通道工程拟与商业城地下室相连通,预留3个通道与"苏宁大厦"地下工程相连通。由于该工程施工地点位于市区交通流量最集中最繁华大市口区域,施工组织较为复杂、工程量较大、建设周期较长,施工期间将会对周边地区的交通和市民的正常生活造成一定的影响,作为工程的承建单位,市民防局将精心组织、精心施工、确保安全、按期优质、廉洁,建好这一工程,全力做好工程建设的各项协调保障工作。

由于大市口地区地下管线众多,既有雨水、污水、供电、自来水、天然气等管道,又有电信、移动、联通、网络电视等管线,地面道路两侧又分布大量的商业、办公设施,车流、人流比较集中而且地下地质情况复杂,使实施这一工程难度非常大。为最大限度地减少对市民生活和出行的影响,施工方精心设计了方案。"先南后北"分两步组织施工:以中山东路中心线为界,3月16日至8月20日对中山东路南侧施工;8月21日至12月31日对中山东路北侧施工。24小时全天候施工,充分利用各工序自由时差,交叉作业,从而缩短施工周期,确保实现总工期目标。大市口地区在地下–6米左右有4米厚的粉土夹粉砂、夹淤泥,如果防范措施不到位,将对周边地区的国际饭店、农业银行、工商银行以及主干道的通行产生一定影响。对此施工方也作了充分考虑。采用一些先进的施工技术保证周边建筑的安全。对国际饭店周边施工将采用灌注桩加高压旋喷法解决支护与止水。对农业银行、工商银行、新华书店等部位的支护与止水主要是灌注桩加三轴深搅,确保基坑安全。大市口地下通道还考虑残疾人的出行需要。在交叉口四个口部设有四部上下行自动扶梯,可以解决残疾人出入通道问题。同时作为人防工程,大市口地下通道具有较强的抗震能力,在同一地震条件下,人防工程结构抗震能力要比同类结构的地面建筑高2~3个地震烈度等级。人防工程基本可做到:小震不坏,中震可修,大震不倒。作为成熟的规划,工程建设还对未来可能的镇江地铁建设留有余地。按照《镇江市城市总体规划》的要求,这次不对"城市客厅"等区域进行开发,为下一步建设地铁1号线和2号线换乘站预留空间。（黄文宝）

【新虎踞桥桥体完工】 虎踞桥是建于明末清初的石拱桥。由于该桥长仅10余米,宽也只有5米多,加之建成年代久远,只具有行人通行的能力,而不具备机动车通行条件(仅允许小型车单向通行)。因此,在运河路拓宽改造过程中,镇江市规划在虎踞桥东侧新建一座虎踞桥。该桥采用一跨简支桥型,桥长30米,宽18.8米,由快车道和人行道组成。虎踞桥是国家级文物保护单位。虎踞新桥建成后,虎踞桥并不会拆除,而是予以保留,作为人行桥和景观桥。运河路拓宽改造开工同步新建虎踞桥、拓宽解放桥。1月中旬运河路拓宽改造工程正式开工。同步进行的还有新虎踞桥的建设、解放桥的拓宽改造,以及南门大街部分路段改造。10月12日,新虎踞桥开始架设箱梁,建设中的新虎踞桥开始架设箱梁,12片箱梁预计3天架设完毕。新虎踞桥长30米,宽18.7米。12月9日新虎踞桥桥体工程已全部完工,新桥北面道路施工将在南门大街南段入口处拆迁完成后展开。（黄文宝）

规划管理

【概况】 2010年,镇江市规划局京口分局在市规划局党委和京口区委、区政府的正确领导下,坚持以邓小平理论和"三个代表"重要思

京口分局被评为“镇江市规划系统先进单位”

想为指导，认真学习贯彻党的十七大和十七届四中、五中全会精神，全面落实科学发展观。积极开展“创先争优”和“三为”党建品牌创建活动，支部战斗堡垒作用显著增强。继续深入开展以“规划走出门，服务送上门”为主要内容的“规划进社区”活动，努力服务京口跨越发展，积极为京口区重点建设项目做好服务保障工作，圆满完成年度各项目标任务，被评为“镇江市规划系统先进单位”。狠抓党风廉政建设，努力改进机关工作作风，全力打造服务型、勤廉型机关。大力推进廉政文化建设，被镇江市廉政文化建设领导小组评为“廉政文化建设示范点”。狠抓精神文明建设，积极开展文明创建活动，进一步巩固和深化精神文明建设成果，连续第五届被评为“江苏省文明单位”。（韩建军）

【深入开展“创先争优”和“三为”党建品牌创建活动】 积极适应新的形势和任务要求，对照“五好”标准，结合分局实际，完善了支部管理制度，改进了支部活动内容和工作方式，建立和完善了党员目标管理制度和党组织活动制度，坚持和改进了“三会一课”制度，并定期组织党员干部考核，进一步加强党员队伍的管理教育。结合“文明城市”和“文明单位”创建活动，积极开展“党员文明示范岗”党建品牌创建活动，倡导全体党员带头“做文明人，办文明事”，积极参加文明志愿者服务活动，有力地推动了单位文明创建工作。（韩建军）

【认真组织党员干部学习教育，积极推进学习型党组织建设】 2010年，规划京口分局继续认真组织了学习实践活动，重点针对第二阶段分析检查中查找出来的有关个人和领导班子在贯彻落实科学发展观方面和党性党风党纪方面群众反映强烈的突出问题，紧扣规划实际，突出实践特色，制定了整改措施，责任到人，狠抓落实。坚持每月组织一次政治理论学习，并引导党员干部结合改革开放和现代化建设实际，围绕服务镇江发展新跨越这个主题，在组织学习党建理论的同时，积极参加市规划局和市人事局组织的专业技术人员再培训。分局每季度组织一次专业技术和法律法规学习，特别是组织全体人员逐条逐句地学习了《城乡规划法》和《江苏省城乡规划条例》等法律条文，结合工作实际认真理解和领会。对学习情况实施了量化考核目标管理，进一步加强了督查和考核，并以此作为年度考核评比的一项重要内容，为建设学习型机关建立制度保障。（韩建军）

【深入开展“规划进社区”活动，主动做好规划服务保障工作】 始终坚持“规划走出门，服务送上门”。年初，分局逐个走访辖区内所有街道、乡镇和园区，及时了解各单位年度工作计划和意见，听取他们对规划工作的建议和要求，超前做好工作筹划。继续与大市口街道华润社区开展了结对共建活动，大张旗鼓地开展了“规划进社区”活动。在社区设立了规划宣传栏，并定期更换宣传内容，及时向广大居民宣传规划法规和城市规划工作动态。7月份和8月份，先后组织大市口街道华润社区党员和健康街道社区主任参观了市规划展示馆，向群众宣传有关城市规划成

开展“规划进社区”活动

果、规划法规和城市建设动态,现场听取群众建议和意见,接受群众投诉和咨询,受到了街道、社区和广大居民的好评。积极为京口区重点建设项目和辖区单位、群众做好服务保障工作。全年共办理各类建设工程许可15件,15766平方米。对所有报建项目都做到了热情接待,手续齐全,文书规范,并按规定进行了公示。(韩建军)

【认真落实党风廉政责任制,积极开展廉政文化建设】 按照《镇江市规划局2010年惩防体系建设重点工作及责任分解的意见》制定了分局《2010年惩防体系建设计划和责任分解》,并进一步加强了对制度执行情况的监督检查,严格考核,有效地保证了现有各项制度的落实。支部与每名党员签订党风廉政责任状,定期组织考核,并以此作为讲评党员工作的主要依据。深入开展了以党性党风党纪为重点的廉洁从政教育,坚持每月组织收看一部反腐倡廉电教片,每季度组织一次廉政教育,每个重大节日前组织一次专题教育。进一步加大了廉政文化宣传力度,扩大了廉政文化在机关的影响力和渗透力,增强了党风廉政教育效果。被市廉政文化建设领导小组评为"镇江市廉政文化建设示范点"。(韩建军)

【狠抓精神文明建设,文明创建活动再创佳绩】 积极开展形式多样的宣传教育和丰富多彩的文体活动,不断丰富精神文明建设的形式和内涵。继续深入开展了"党员进万家"和"献爱心、送温暖"活动。积极参加了全国文明城市创建活动,先后组织志愿者100多人次参加了市规划局和区文明办统一组织的卫生整治和上街执勤等活动。认真组织开展了文明单位创建活动,连续第五届荣获"江苏省文明单位"称号。(韩建军)

园林绿化

【概况】 2010年,区建设局加强与辖区内各社区居委会的联系,畅通信息渠道,发现毁绿行为及时联系,联合辖区各城管执法中队共查处了象山镇的东风社区、东城社区、学府路社区、汝山社区、九里街社区;谏壁镇的焦湾社区、索普社区;健康路街道的寿邱街社区、梦溪社区、桃花坞社区、气象里社区;大市口街道的弥陀寺巷社区、鼓楼岗社区、老北门社区、东吴社区;正东路街道的京口路社区、酒海街社区;四牌楼街道:江一社区、江二社区、江东社区、阳光世纪花园社区等破坏绿化、毁绿种菜事件共119件。区属公园做好日常管护,建成花山古城遗址休闲公园。京口广场、恒王亭日常游人很多,但对周边的居民非常重要,是本区域唯一可供休憩、散步、锻炼的场所。对京口广场、桓王亭的绿化、清洁卫生、附属实施进行长效管理,投入资金4.5万元对京口广场进行补栽绿化及附属设施维修,对桓王亭补栽绿化,附属设施投入资金3.5万元,使京口广场、桓王亭增添新景点、新亮点。(黄文宝)

【花山古城遗址休闲公园"五一"开园】 花山位于市主城区的东部,占地面积10公顷,南自古城公园,北至茶山,东起古城墙遗址,西与蔡家山交界。长期以来,由于各种因素的影响,花山环境未能改善,附近居民反应强烈,市、区两级人大代表、政协委员要求整治花山的呼声日益高涨。此次花山环境综合整治总投资约为1.2亿元。整治方案由具有甲级资质的浙江东华景观建筑规划设计有限公司设计,其总体设计原则为,依托山体、传承历史、体现绿色与自然。设计方案充分考虑古城墙遗址保护这一主题,设计了近30处改造节点。其中,既有过街城楼、仿古廊亭,也有迎宾门楼、大面积绿地,还有健身场地、文艺演出广场、灯光喷泉等,建成后,这里将成为一座集旅游、休闲、健身、文化娱乐于一体的开放式公园,是广大市民又一理想的活动场所。市委、市政府领导对花山环境综合整治项目高度重视,春节长假过后第一天(正月初七)下午,市委书记许津荣、市委常委、市委秘书长李国忠率市有关部门及京口区负责人赴花山整治现场办公,对项目建设、工程进展及质量标准等都提出了明确要求,强调必须将其打造为精品和亮点,并确保"五一"前建成,开园迎客。(黄文宝)

【北固湾广场建成】 位于北固山东侧的北固湾广场,北固湾广场上的主题牌坊高13米,上面书有"东吴胜境"四个字,高5.03米,重达18.02吨,京口宝鼎屹立湖边高台,向世人展示曾经的东吴辉煌,牌坊的一侧为长85米的文化长廊。9月22日《月是故乡明—2010中国镇江北固湾中秋晚会暨京口宝鼎亮灯仪式》在北固湾广场举行,在镇台商与市民欢聚一堂,共品浓浓乡情。阳光下的湖面闪耀着粼粼的波光,置身于滨江风光带,远眺大江风光,气象万千。镇江市老领导钱永波为宝鼎亮灯。(黄文宝)

【古城公园门球场改建落成】 位于市古城公园内的门球场,是我市门球协会所在地,也是老年人长期进行门球运动的活动场所。古城公园门球场改建工程竣工仪式2010年11月26日举行,来自全市的22支门球同时开始了友谊赛。2010年6月,由于大雨,原来沙土地的门球场被冲毁。在市体育局和城投公司的资助下,门球场进行了重新改建,地面盖上了塑料草坪,并进行了透水处理;球场四周建起了遮阳棚,彻底解决了老年人进行门球运动的困难。该门球场也成了镇江市唯一上档次的门球活动场所。(黄文宝)

建筑业管理

【概况】 2010年对全区50家建筑企业进行了资质年检和企业信用手册年检;二级建造师注册20多人,小型项目师换证176人。认真做好建筑统计申报工作,各施工企业的统计月报、季报、年报做到了上报及时、数据准确。加强有形建筑市场及100万元以下建筑招投标管理。相继组织了建筑安全管理人员及造价员、施工员、质检员、机械管理员以及特殊工种的培训和继续教育工作。通过多种形式宣传安全知识。在开展日常安全检查的同时，还配合市安监站重点开展了高支模、深基坑、脚手架、施工临时用电等专项检查；配合区安监局、消防大队重点开展了高层建筑消防隐患检查；对存在重大事故隐患的要求停工或局部停工整改，并确保做到整改到位。2010年在手工程6个，完成建筑面积约17万平方米；1个荣获“镇江市文明工地”称号，1个荣获“金山杯”优质工程奖称号。 （黄文宝）

京口区建筑施工（装饰）企业资质概况表（2010年）

表9

序号	企业名称	企业资质
1	镇江市明兴建筑安装工程有限公司	施工总承包二级
2	镇江市昱然建筑安装工程有限公司	施工总承包三级
3	江苏佳德施工程建设有限公司	施工总承包三级
4	镇江市协兴建筑安装工程有限公司	施工总承包三级
5	京口区华强建筑安装工程有限公司	施工总承包三级
6	镇江市华龙建筑安装工程有限公司	施工总承包三级
7	镇江市京九建筑安装工程有限公司	施工总承包三级
8	镇江市苏宁建工有限公司	施工总承包三级
9	镇江市宝鼎钢结构有限公司	施工总承包三级
10	镇江市金禾广告装饰有限公司	建筑装饰三级
11	镇江市良文装饰工程有限公司	建筑装饰三级
12	镇江市四方装饰工程有限公司	建筑装饰三级
13	江苏金芙蓉装饰工程有限公司	建筑装饰三级
14	镇江景美装饰工程有限公司	建筑装饰三级
15	镇江市南徐环境艺术设计有限公司	建筑装饰三级
16	镇江市金海岸装饰工程有限公司	建筑装饰三级
17	镇江市新雅居环境艺术工程公司	建筑装饰三级
18	镇江市舒沁装饰工程有限公司	建筑装饰三级
19	镇江市丹徒万家装饰工程有限公司	建筑装饰三级
20	镇江市卓艺装饰工程有限公司	建筑装饰三级
21	镇江市美苑装饰工程有限公司	建筑装饰三级
22	镇江市荣欣装饰工程有限公司	建筑装饰三级
23	镇江市洪洲建筑装饰有限公司	建筑装饰三级
24	镇江恒顺四达盛达金属门窗	建筑装饰三级
25	镇江市志诚装饰工程有限公司	建筑装饰三级
26	镇江市当代装饰工程有限公司	建筑装饰三级
27	镇江市源华装饰工程有限公司	建筑装饰三级
28	镇江市恒祥建筑装饰工程有限公司	建筑装饰三级
29	镇江市华特电力设备工程有限公司	专业承包三级
30	镇江市金洲建筑工程有限公司	专业承包三级
31	镇江市明兴混凝土有限公司	专业承包三级
32	京口华洋建筑配套工程有限公司	劳务承包三级
33	镇江市华泰电力工程有限公司	专业承包三级
34	镇江市康安房屋拆除有限公司	专业承包三级
35	镇江市荣发房屋拆除有限公司	专业承包三级
36	镇江市华龙新型建材有限公司	专业承包三级
37	镇江科大船苑计算机网络工程有限公司	专业承包三级
38	镇江汇丰电子工程有限公司	专业承包三级
39	镇江德高安装工程有限公司	专业承包三级

【建安营业税完成1.47亿元】 2010年京口区共完成建安营业税一般预算收入1.47亿元。2010年受国家宏观调控影响，全区房地产业投资规模较上年有所下降，但全区重点工程陆续开工，工业经济迅猛发展，由工业经济所产生的建安营业税比重约占一般预算总收入的45%，较上年有所上升。（殷延厚）

【市明兴建安公司承建的项目获多项荣誉】 阳光·学府华庭小区由江苏阳光置业有限公司镇江分公司投资，镇江市明兴建筑安装工程有限公司负责承建，位于镇江市学府路，总规划面积约8万平方米。其中，阳光·学府华庭30#住宅楼为框架—剪力墙结构，建筑面积13707平方米，荣获2010年度镇江市“金山杯”优质工程奖称号。

南山景园小区，由江苏阳光置业有限公司镇江分公司投资，镇江市明兴建筑安装工程有限公司负责承建，位于镇江市九华山路，总规划面积约10万平方米。其中南山景园12#~15#住宅楼为框架—剪力墙结构，建筑面积46520平方米，荣获2010年度“镇江市文明工地”称号。 （殷延厚）

【开展外来务工人员突发事件自救宣传】 4月3日，就如何做好突发事件发生后，遇难人员怎么规范自救，在世界卫生日到来之际，京口区住建局与镇江市急救中心，到区属镇江市明兴建筑安装工程有限公司在南山景园施工现场，对建筑工地上外来民工进行了“遇到突发事件后如何自救、急救”宣传活动，现场医护人员发放了宣传手册，做了急救示范讲解，并现场手把手教施工人员做心脏、骨折、抢救伤员如何搬动等系列规范急救动作，外来务工人员都感叹急救工作的重要性，对提高我们农民工生命率有着重要意义。 （殷延厚）

续表9

序号	企业名称	企业资质
40	镇江市汇成计算机网络工程公司	专业承包三级
41	镇江世博网络科技有限公司	专业承包三级
42	镇江市国恩科技有限公司	专业承包三级
43	镇江市吉通电器工程安装有限公司	专业承包三级
44	江苏长和新型建材有限公司	专业承包三级
45	镇江市大金电力设备工程有限公司	专业承包三级
46	镇江中房颐和装饰装潢有限公司	专业承包三级
47	镇江市金泓节能科技有限公司	专业承包三级
48	镇江市传威建筑有限公司	专业承包三级
49	镇江新盛工程配套有限公司	专业承包三级
50	镇江市荣安劳动服务有限公司	劳务承包三级

注：全区建筑施工（装饰）企业共50家，其中施工总承包单位9家，建筑装饰及专业承包等41家。（殷延厚）

市政建设

【概况】 街巷改造工程由市政、排水、路灯等相关部门负责实施，2010年共对绿竹巷片区、珍珠路滨河小区等多条街巷实施了改造。继续实施老小区改造工程，先后对弥陀寺巷片区、桃花坞五区、花山湾八区等5个老小区进行整治。由于大市口地下通道工程的建设，多条公交线路改道。城区主干道路灯基本都采取了半开、间隔亮灯的节电措施，慢车道和绿化带内的光源已全部关闭，部分道路和广场的路灯还更换了节能效果更好的新光源，大市口广场所使用的地坪灯和景观灯已经全部用上了LED光源，大幅减少了电能消耗。同时受市住建局委托，投入50多万元，拆除象山、桃花坞、长城开关厂宿舍、冷藏汽车厂宿舍等地，共6座水塔，附近居民群众送来锦旗表示感谢。（黄文宝）

【斜桥街西侧人行道改造】 斜桥街地处城市中心商业区，人口密集，交通流量大。2010年6月，市住建局对宋官营至八叉巷进行了项目设计，道路全长586米，道路红线宽12米，其中车行道7米。先后实施了双井路—斜桥街段（274米），斜桥街—商业城新店段（142米）车行道建设，对局部人行道进行了完善。市住建局和市城管局年初将之纳入2010年街巷改造计划。改造路段南起宋官营，北至西府街（含周边巷口），长约300米，重新铺装彩道，个别具备条件的巷口将增设临时停车场。改造过程中，西府街废弃的绿岛将被拆除，更换沿线路牙，完善沿线树池，并增设盲道、坡道等无障碍设施。同时，部分巷口主路将实行基础补强，采用沥青混凝土和水泥混凝土修复完善。该项工程铺砌彩道板约1500平方米、路牙约300米，摊铺沥青罩面约100平方米。为减少施工扰民，施工单位将加强现场管理，采取分段作业的方法，同时严格实行白天施工，一个月内全部完工。（黄文宝）

拆除废旧水塔　居民送来锦旗

【桃花坞新村三区列入街巷改造】 桃花坞新村三区长期缺乏管理，小区道路狭窄，路面坑洼不平，还有许多大石块，居民行走不便；更糟糕的是，下雨后化粪池漫溢，小区出现大面积积水现象，给居民生活带来不便。2010年1月份《镇江日报》曾以《桃花坞新村三区长期缺乏管理》为题报道此事，引起相关部门的高度重视，经过多方协调，把该小区列入街巷改造范围，5月动工，当年完工。该小区是上世纪80年代初建的，许多管道设施老化毁损，化粪池经常漫溢，小区容易形成积水；路牙被破坏，路面高低不平；部分居民楼前出现地基下沉，小区里还有塌方现象，险象环生。市住房和城乡建设局、市城管局等领导重视，多次派人到现场了解情况，并组织相关单位人员召开协调会，最终将该小区改造列为为民办实事项目，纳入街巷改造范围。（黄文宝）

房地产开发

【概况】 2010年，房地产销量有所下降，价格稳中有升。房源特别是高档住宅供应趋于紧张，新增供应不能得到有效提升，供应结构有待改善，价格仍呈较快上涨趋势。2010年开发投资稳步增长，新开工面积上升，但新增上市面积减少，可售面积持续下降，销售方面趋于理性，成交量下降。大面积和高价房占比有所上升，特别是价格同比上升，增幅趋大。（黄文宝）

2010年京口辖区内房地产主要开发项目统计表

表10

序号	项目名称	项目地址	开发面积（万平方米）
1	梦溪嘉苑	京口路	28
2	学府华庭	学府路	7.2
3	京口花园	京岘山南路	10
4	恒美山庄	学府路	30
5	恒顺尚都	学府路	4
6	恒美嘉园	学府路	29
7	恒顺翠谷	学府路	9.5
8	水木阳光	学府路	6.5
9	中虹-美馨嘉园	禹山北路	18
10	江南-颐和家园	学府路	1.8
11	香江-世纪名城	学府路	20
12	学林雅郡	经十二路	19
13	东城绿洲-翰林苑	经十二路	22
14	中南世纪城	东吴路	62
15	香江花城	东吴路	30
16	我家山水	江滨大道	43
17	紫晶国际	禹山北路	6.6
18	优山美地	谷阳北路	45
19	名仕佳园	经十四路	2.2
20	越河花园	谏壁	0.35
21	月湖佳苑	谏壁	2.5
22	米山雅居	宗泽路	12.65
23	江山名洲	江滨大道	57
24	京润华庭	学府路	6
25	方家湾新村	宗泽路	9.1
26	东风新家园	经十四路	9.7
27	润之源	东吴路绿竹巷口	1.5
28	香茗嘉苑	东吴路	0.25
29	华诚新村	京口工业园区	8.4
30	云河湾	经十二路	12
合计			513.25

（黄文宝）

【镇江皇冠假日酒店项目封顶】 2010年11月20日，长江路镇江钛白粉厂旧址上锣鼓喧天，彩旗飘扬，京口区又一家五星级酒店——镇江皇冠假日酒店项目封顶仪式隆重举行。镇江皇冠假日酒店地处长江路黄金地段，由兆和投资有限公司投资建设。项目占地近1.4公顷，建成后的酒店地上总面积3.5万平方米，共23层100米高，拥有豪华套房、商务行政房300余间及大型国际会务中心等，世界知名酒店管理集团美国洲际酒店公司将对其进行管理。预计2011年10月营业。（黄文宝）

【天正置业广场（大润发项目）开工建设】 2010年7月2日，天正置业广场（大润发项目）举行奠基仪式。该项目的建设，是京口区招商引资工作结出的又一丰硕成果。天正置业广场位于正东路街道京口路社区缪家门地块，毗邻桃花山庄、竹林山庄、梦溪嘉苑、京岘山庄等新老小区，是以大润发为主体的商住项目，由17层酒店式公寓、3层商业裙楼及提供360个车位的地下停车场组成。该项目由江苏天正置业有限公司投资，总投资2.5亿元，总建筑面积5.4万平方米。建成后大润发店营业面积将达2.3万平方米，带动就业1000人以上。建成后的大润发店将呈现多元化卖场形态，兼具休闲与便利的消费需求，以融入消费者生活为目标，提供干净舒适并具现代感的购物环境。并设置美食广场、主题餐厅等，让顾客在购物之余享受更多元的休闲时光。该项目建成后，必将对京口提升城市东部商业业态、促进现代服务业加速发展产生积极影响。（黄文宝）

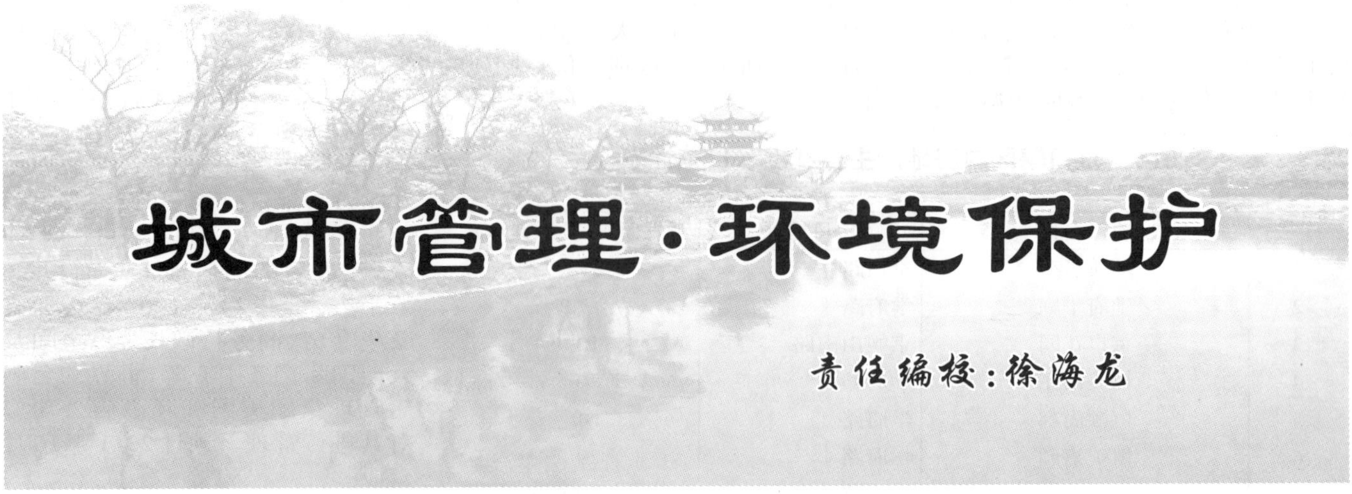

城市管理与环境卫生

【概况】 2010年，京口区城管工作继续完善长效管理运行机制，在全市城市长效管理考核中连续12个月保持优秀等次，列全市第一。加强环卫基础设施建设，新建改造公厕13座、中转站4座。围绕打造“精致城管”这条主线，抓好常态化保洁，环卫保洁保持高水平。突出重点，提高渣土管理和扬尘治理管理水平，抓好防违治违工作，逐步提升市容管理水平。积极打造“为民城管”，综合整治老住宅小区五个，整治区域总建筑面积达30万平方米，总人口达12758人，受到居民群众一致好评。（张　琪）

【城市长效管理始终保持领先水平】 按照到基层、进社区和属地化、网格化的基本思路，提高属地意识，建立“以块为主，条块结合”的城市长效管理责任体系，建立健全快速高效、反应灵活的工作机制，真正形成齐抓共管的局面。进一步发挥城市管理协调委员会及其办公室的职能，对城管长效管理工作实施统筹协调，充分发挥考核对长效管理的推动作用，强化了“大城管”考核体系建设。严格实施《关于大城管检查考评实施意见》，坚持完善“每天检查，逐月点评，半年兑现”的考核机制。在局与各部门、各中队签订的“目标管理责任状”中，将整改率作为重中之重，市长效管理办公室考核派发案件一次整改率始终稳定在95%以上，连续12个月保持优秀等次。城市长效管理始终保持领先水平。（张　琪）

【创建无乱涂乱画社区】 乱涂乱画小广告俗称“城市牛皮癣”，因其行为隐蔽，违法成本低，难监管、难预防、难治理等特点，是城市管理工作中的一大顽疾。区城管局在2009年重点创建15个无乱涂乱画小广告社区的基础上，2010年继续加大治理“城市牛皮癣”的力度和投入。广告所积极联系各相关街道社区，以文明城市创建为契机，投入专项经费40余万元对梦溪路以西，运河与长江路之间的闭合区内所有开放式小区楼道全部进行了清理粉刷，并且积极探索长效管理机制，引入遍布街巷社区的保洁人员力量，对新出现的小广告做到随有随清，巩固创建成果。2010年申报的10个无乱涂乱画小广告社区全部通过了市城管局的考核验收。（张　琪）

【加大投入环卫基础设施建设】 区城管局根据镇京政办【2010】1号文件要求，本着“从民生出发，为群众着想”的理念，根据城市管理基本情况，大力推进为民办实事工程，不断加大对环卫基础设施的投入。一是新建改造公厕13座。区环卫年初在调查摸底的基础上精

区委书记胡宗元慰问城管一线工作人员

心制定了13座公厕新建改造计划并付之行动，其中新建宗泽路公厕1座、拆除翻建京口饭店、小八子饭店公厕2座，改造出新建材库、烈士路西、千秋桥北、南门大街、娄巷、花山湾中转站、花山湾100幢、京口路38号、小米山等10座公厕。所有新建或改造的公厕均已竣工并交付使用。二是新建改造中转站4座。其中改造出新的江滨小区中转站已于11月投入使用。新建的江山名洲、尚海茗苑、宗泽路中转站也已建设完成，2011年年初设备配备到位后交付使用。

（张　琪）

生活垃圾分类收集试点启动仪式

【坚决遏制违法建设】 建立防治违法建设联动机制和快速接处置机制。一是做到以防为主、防拆并重，坚决遏制各类新生违法建设，逐步拆除原有违法建设。二是做到畅通信息渠道，构建区、街镇、社区（村）三级网络，做到第一时间发现，第一时间接处，第一时间拆除，加强待拆迁区域和新建小区等违建易发区域的防控，坚决将违建消灭在萌芽状态，新的违法建设拆除率达100%，实现新违建零增长。2010年共拆除违法建设960处，拆除面积约44126平方米。（张　琪）

【开展城管市容示范路创建活动】 按照"创新管理、夯实基础、打造精品、典型示范"的工作思路，开展创建城管市容示范路活动。投入30余万元，以建筑立面、广告店招、环卫保洁等八个规范为主要内容，对斜桥街、桃花坞、学府路、象山大道四条道路进行创建。创建活动共发放《致沿街商户和社区居民的公开信》和《城管市容示范路创建倡议书》3000余份，新设和更新宣传栏36块，整治出新破旧的围墙、栏杆等建筑立面31处，面积2750平方米，店招统一置换整治104处，面积320平方米，新铺、更换人行道板700多平方米。针对乱设摊点、乱倒垃圾、乱堆杂物、乱倒污水、乱贴乱涂小广告的"五乱"问题，开展了不间断的市容环境卫生大整治，清理各类积存垃圾50余吨。创建道路的街景容貌和管理水平有了有效提升。（张　琪）

【全面治理渣土扬尘】 首先，规范行政许可，提高渣土管理和扬尘治理管理水平。进一步落实管理责任，强化处置单位现场的卫生管理责任，严格执行工地围挡作业到位、出入口和工地主要道路硬化到位、冲洗设备安装到位、卫生保洁员落实到位（即"四个到位"），继续推动并执行建筑垃圾处置卫生责任保证金制度，确保建筑垃圾处置工地的卫生状况达标。其次，岗位前移，由被动型管理向主动型服务转变。针对不同工地的特点，积极采取应对措施，齐抓共管，强化协调，坚决按照"四个到位"的要求，组织实施，落实到位，强化督查，对不达标的工地，一律不得开工；对车轮带泥的一律不得上路；对有违法违章行为的，一律实施处罚（"三个一律"）要求进行处理。同时，严格加强对建筑垃圾处置工地的监管。投入人力、物力，新招工地监管员16名，对辖区范围内的建筑垃圾处置工地实行24小时值守。全年共协调规范工地38处。第三，加强合作，与路面保洁单位形成联动，及时清除污染。经现场值守人员发现异常后，立即通知驾驶员停车，稽查人员联合执法人员和环卫工人在事发后5分钟赶到现场，及时组织施工方清运路面抛撒的渣土。环卫工人清理污染路面，污染的城市道路在30分钟内清理结束，将社会影响降到最低程度。第四，加大执法力度，坚决查处违法违规行为。对那些严重违章的、屡教不改的违规工地和渣土处置单位，及时进行查处。经过全力以赴的奋战，全区未发生严重影响的扬尘事故。（张　琪）

【实施"还路于行、还道于民"整治】 广泛宣传发动。对主次干道两侧的企事业单位、经营户，上门宣传到位，使《致广大市民的一封公开信》家喻户晓，提高市民对整治行动的知晓率、支持率。全面开展整治行动。自5月14日起，每周集中整治行动两次。由辖地（或部门）牵头辖区部门参与，整治效果明显。5月14日第一次整治南门大街夜市，联合工商部门派专人维持夜市出摊秩序，实行长效管理，使道路畅通。5月25日、6月18日晚环保、城管、工商、卫生、健康街道联合开展整治行动，整治山门口街烧烤及占道经营，减少了油烟的污染，保证了市民的正常生活和通行。开展夏季西瓜摊点专项整治。针对各种外地销售西瓜汽车数量多、流动性大的特点，区城管局、行政执法京口大队、城管公安派出所、各街道城管科、执法中队联合开展了五十余次集中行动，整治了乱设乱售的西瓜摊点，解决了汽车销售西瓜影响交通和市民通行问题。

（张　琪）

老住宅小区居民向区城管局赠送锦旗

【克服诸多困难完成老小区整治任务】 2010年实施综合整治的老住宅小区有五个：即弥陀寺巷片区、腰刀巷片区、桃花坞五区、花山湾八区和十区。整治区域的总占地面积16.34万平方米，建筑面积30万平方米，楼幢数140幢，居民户数3943户，总人口达12758人。11月底，全部工程验收结束，高质量、高进度地完成整治任务。（张　琪）

生态与环境保护

【概况】 2010年，环保京口分局坚持以人为本、可持续发展战略，深入学习实践科学发展观，紧紧围绕环保目标任务，充分履行环保职能，攻坚克难，积极应对，因时制宜，突出亮点和特色，创造性地开展工作，环保各项工作取得了较大进展，圆满完成各项工作任务。2010年被省环保厅授予排污收费先进单位，2010年7月被省环保厅授予全省环保执法工作先进集体。（金　萍）

【全力推进污染减排工作】 根据国家考核统计办法、区GDP增长等数据，依据全市统一测算方法，2010年全区减排任务为44.1吨。年初，环保京口分局对污染减排工作及早做好安排和部署，积极编制污染减排和清洁生产计划，将减排任务进行分解落实。在充分落实国家减排政策下，稳步推进减排进程，完成了全年减排任务。2010年减排COD103.034吨，共涉及镇江京口福利综合厂、镇江苏美达船舶工程有限公司、镇江市京口象山酱醋厂、镇江市京口香海麻油厂四家企业，均为结构调整类减排项目。（金　萍）

【生态市创建取得显著成效】 在年初召开的全区生态市创建工作会议上，区政府与25家相关单位签订了生态市建设目标责任状。同时，进一步强化责任追究机制，研究制定了《2010年京口区生态市创建工作的问责办法》，切实建立健全条块责任追究机制、加强督促机制、环保统计制度、信息和简报制度、评估考核等制度。通过全区各部门共同努力，生态市创建取得显著成效。全区环境优美乡镇覆盖率达100%。在象山镇建成全国环境优美乡镇的基础上，谏壁镇经过近一年的精心准备和强力推进，于4月份通过省级环境优美乡镇验收，建成江苏省环境优美乡镇；全国环境优美乡镇的申报材料已上报环境保护部。生态村创建全面丰收。在谏壁镇雩山村、雩北村及象山镇上镗村、左湖村建成市级生态村的基础上，2010年谏壁镇东京村、蔡家村创建生态村工作通过市级验收。至年底，全区已建成2个省级生态村、6个市级生态村。（金　萍）

【圆满完成秸秆禁烧工作任务】 2010年环保京口分局通过建立健全机制、强化落实责任、开展舆论引导、强化巡查措施等有效方式，实现了春秋两季"禁烧工作全覆盖，全区范围零焚烧"。秸秆禁烧工作的特色做法在中央电视台作了宣传报道。（金　萍）

【"黑臭河流"专项整治取得实效】 根据《镇江市市区黑臭河流整治任务交办通知》和市黑臭河流专项整治工作协调推进会上的交办任务，京口区的生活污水排口"雨污分流、截污纳管"、工业企业排口整治、清淤清杂、厕所改造等专项整治任务共计85项。经过仔细排查、分解任务、主动对接、积极整治、督查推进，已经完成74项任务（剩余11项都位于古运河中段综合整治范围内，将与古运河中段综合整治同步完成）。其中，完成沿河工业企业整治10家，清理沿河垃圾、打捞漂浮物等1132.5吨；清除迎水坡农作物126.5亩；清淤11720方；整治沿河厕所4座、垃圾房2个；取缔化学品槽罐车洗车场1个。总计投入整治经费648.8万元。（金　萍）

【强力推进各项专项整治工作】 2010年，环保京口分局按照要求深入开展各项专项整治工作。三门口烧烤联合整治行动成效初显。根据区政府结合"还道于行，还路于民"综合整治方案，由环保分局牵头，区城管、工商等部门联合开展专项整治行动，向8家烧烤经营户下达整改要求，整治达到了预期的效果。集中行动后，全力巩固阶段性成果，对山门口烧烤点定期进行跟踪督察。积极开展涉铅行业专项整治。对润宝电讯、汇力电源等单位的建设项目执行环境影响评价、环保"三同时"制度情况及污染物达标排放情况、固体废物尤其是危险废物处置情况进行多次全面检查，及时督促企业整改。至年底，汇力电源、佳乐电源已关闭，金乐蓄电池、润宝电讯按要求完成整改。大城管考核工作落在实处。2010年大城管考核委员会共下达156家单位的整改任务，环保分局严格按照下达的要求及整改的期限，逐一进行现场调查，认真落实整改任务，全面提升整改率。深入开展太湖流域考核断面污染来源的调查。对京杭大运河范围所有排污口进行细致现场查勘和核实，对涉及的生活排口及企业排口积极与居委会及社区进行认真细致的核实和定位并汇总上报。认真做好国家环保模范城市省级复查迎检工作。严格认真对照国家环保模范城市考评的相关要求，积极做好各项基础工作，完善企业一厂一档，积极督促企业严格执行环保相关制度，做到污染治理设施正常运行污染物稳定达标排放。此外，对京口东方制氧有限公司等8家关闭（闲置、污染等企业）遗留环境问题进行专项调查。（金　萍）

创建龙吟坊环保一条街圆桌会议

【成立东部环境监察办公室】 为切实解决东部地区环境污染问题，环保京口分局2010年在谏壁地区成立了东部环境监察办公室，配备3名环境监察人员。由副大队长带队，通过分片区的管理模式，切实加大环境监管，在最短时间内及时处理突发事件，快速解决矛盾纠纷，避免污染扩大化和减少污染投诉，积极做好环境监察的服务延伸。（金　萍）

【切实加大环境监管力度】 2010年环保京口分局全面履行监察职能，下大力整治环境违法行为。全年共取缔搬迁关停企业10家（2010年8月底关闭振邦M车间）；行政处罚立案11件；下达限期改正通知书61家。同时，强化对重点污染源及污染治理设施运行情况的督查力度，明确要求企业尤其要对有害物品、危险化学物品仓库、固体废物、危险废物堆放地采取有效防护措施，切实加强管理，防止污染事故的发生。加大对建设项目环境监察的力度，对78家新、改及扩建的三产项目及时开展“三同时”监察，认真落实各项污染防治措施。在强化日常监督管理的同时，努力克服当前面临的国内经济发展减缓、城市污水进管网不允许收费等现状，加大依法征收排污费的力度，着重以服务促管理，以管理促收费，通过努力实现了全年排污费征收稳步增长，超额完成年度目标任务。（金　萍）

【切实解决环境污染难点问题】 针对近年来京口区环境信访逐年增多及面广量大的态势，2010年环保京口分局认真分析信访形势，建立健全环境信访办理责任制，推行属地管理原则，有计划、有步骤地组织对各类重点环境信访进行排查，对涉及人员多、群众反映强烈、反复投诉等突出问题，实行领导包干包案制，持续进行跟踪、督促，协调解决问题。同时，定期组织对重点矛盾纠纷化解结果开展“回头看”，为投诉人解决实际矛盾，切实提高信访的查处效率，降低信访重复率和越级上访率。全年共处理群众来信来访1646件，由于处理及时得当，群众基本满意，切实做到“反映诉求零时间、沟通百姓零距离”。此外，全年共处理市人大建议、政协提案7件，区人大、政协提案5件，代表、委员满意率达100%。（金　萍）

【全面加强环境保护管理】 2010年，环保京口分局切实加强对新上项目的跟踪管理，严格把好环保审批关。2010年共办理建设项目133个（其中三产约占90%，二产占10%）。积极实施污染源普查更新。对全区30家相关企业的污染物排放数据进行了核实更新。开展排污许可证发放工作。对江苏鸿泰钢铁有限公司等5家单位进行认真审核，指导完善材料并报送市局。继续推行环境信息公开化。对辖区的55家二产、67家三产企业的基本情况进行调查，并进行信息公开化企业反馈意见的核查和审核。积极实施清洁生产和环境统计工作。江苏索普化工股份有限公司的清洁生产创建进入专家评审阶段。（金　萍）

【全面深化环境宣传】 2010年，环保京口分局切实加强对中小学生的环境教育，把环保知识渗透教育作为硬性指标来考核。对部分绿色学校发放环保教材，全区各中小学都在相应课程中设置了环保内容。积极鼓励指导绿色学校自办校报（其中每期环保内容约占50%）。随着自办校报的绿色学校逐年增加，极大地提升了中小学生的良好环境意识。同时，围绕社区居民教育积极开展形式多样、内容丰富的宣教活动：受省、市宣教中心委托，承办2010年“践行绿色承诺，共筑美好家园”联合行动，省环保厅领导及相关专家到场并作重

开展京口区居民闲置物品"淘宝节"活动

要讲话;举办全区19个省、市级绿色社区及部分街道分管主任专题培训班;开展绿色家庭评比、赠送节能灯及编写社区环保歌等一系列环保活动,使居民的环保意识普遍增强。此外,积极开展绿色创建。全年新建成省级绿色学校1所,市级绿色学校13所;建成省级绿色社区2家,市级绿色社区1家。有3家绿色社区通过了省环保厅的复检。 (金 萍)

【建成市级第一条"环保示范一条街"】 2010年,环保京口分局在龙吟坊开展"创建环保一条街"活动。针对沿街餐饮业中存在的环境评价不完善以及废水、油烟、噪声和空调等环境问题,从提升环境管理水平的高度、强化集中整治的力度出发,超越传统的执法模式,采用环境圆桌会议的形式,兼顾各方利益,多渠道、多层次地让大家充分发表意见,使解决问题的过程更为人性化、合理化。同时,相关职能部门共同参与,沟通协商,集思广益,促成了创建工作的更好开展。年底,龙吟坊的创建工作通过市环保局验收,市级第一条 "环保示范一条街"顺利建成。

(金 萍)

【率先开展"绿色商场"创建】 为配合创建"环保一条街"活动,2010年京口分局积极推动开展绿色商场(超市)的创建活动。上海家得利超市镇江店对照创建标准积极开展创建,分局切实强化指导、帮助和督促。该店制定了节能减排规章制度,先后投资十多万元对店堂设施进行节能改造,重点改造了冷冻压缩机、节能照明灯具,并在店堂里张贴环保标语,对购物交钱的顾客免费发放低碳生活宣传单。6月5日,该店创建绿色商场活动通过市环保局、工商局验收并被授予"镇江市绿色商场"称号,为镇江绿色商场创建树立了典范。

(金 萍)

【成功举办京口区大型"淘宝节"】

为大力宣传节能减排、低碳经济,在第39个"六五"世界环境日到来之际,京口区政府与环保京口分局联合主办,四个街道共同协办的以"倡导绿色生活,保护生态环境"为主题的社区闲置物品"淘宝节"活动在大市口"城市客厅"隆重举行。许多居民家中"留之无用,弃之可惜"的闲置物品,在"淘宝节"现场既通过置换变"废"为宝,更为节能减排打造绿色生活作出贡献。除大市口广场的"淘宝节"主会场外,在东门广场、桃花山庄和江滨新村还同步设置了三个分会场。经济广播电台、空中服务热线频道、号码百事通同步进行了宣传。省环保厅宣教处的领导出席了活动并讲话。 (金 萍)

【社区绿色出行碳减排问卷调查受到好评】 9月22日,环保京口分局和市环保局宣教中心、省宣教中心(绿色出行网络江苏链)、中国国际民间组织合作促进会及美国环保协会联合在江科大社区组织实施居民绿色出行碳减排项目。通过召开动员会、组织调查人员培训、向居民群众发放宣传手册、对1000多户居民出行情况进行统计等方式积极开展活动。通过宣传,100多名居民自愿上网注册绿色出行。 (金 萍)

【保护臭氧层宣传圆满完成】 9月16日,受省、市环保宣教中心委托,环保京口分局承办了2010年"践行绿色承诺,共筑美好家园"联合行动。省环保厅副厅长、保护臭氧层专家到现场并作动员,社区主任代表、大学生代表、企业代表等分别作了表态发言。京口区各界代表共500余人出席了活动。(金 萍)

京口区总工会

召开工资协商推进会

召开区委工会工作会议暨“五一”庆祝大会

2010 年以来，区总工会在区委的正确领导下，以科学发展观为统领，以“苦干实干，争先争强”为主基调，以创先争优的实际行动，深入开展“三服务一提升”活动，在服务发展、转变观念、提高职工素质上取得了新突破；在服务基层、转变职能、健全制度上取得了新进展；在服务群众、转变作风、为职工办实事上取得了新成效。

暑期慰问环卫工人，为他们送上一份清凉

举办劳模一帮一活动，帮助困难职工子女入学

首届“职工读书节”活动启动

在中储粮开展劳动竞赛

车工职业技能竞赛

精彩的职工文艺演出

京口团区委

团省委领导考察京口区进城务工青年分类引导工作

庆祝五四青年节大会

京口区“新镇江青年”团建工作推进会

京口区“共青团与人大代表、政协委员面对面”活动

京口区重点青少年群体结对帮扶会议

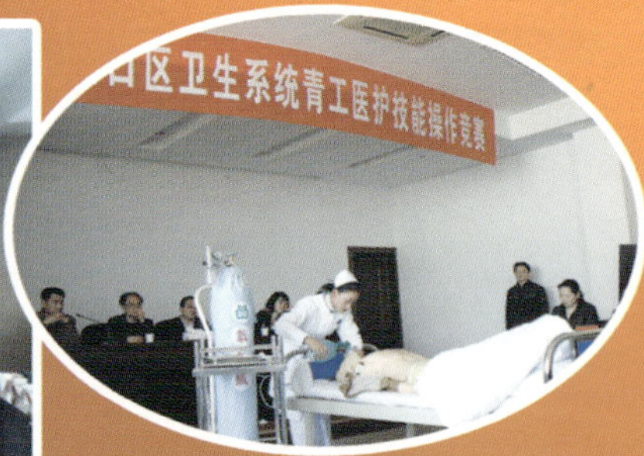

京口区青工技能竞赛

2010 年，京口团区委在区委、区政府和团市委的正确领导下紧紧围绕中心服务大局，扎实推进和落实各项团的重点工作，在加强基层组织建设、引导青年就业创业、发展志愿服务事业以及服务青少年健康成长等方面做了大量的工作，取得了新的成效，全区团的工作和建设实现了新的发展，被评为市“团工作先进单位”。

“迎世博 倡导低碳生活”自行车志愿者环保宣传行活动

京口图书漂流活动

发放“新镇江青年”服务卡

青年志愿者创业咨询服务进校园活动

省妇联主席张京霞调研大祥时尚街女性创业工作

省妇联副主席陈芬调研江科大维权工作

京口区妇女联合会

2010 年，区妇联坚持“党政所急、社会所求、妇女所需、妇联所能”的工作原则，以“妇女群众欢迎、妇女广泛参与、体现妇女主体”为前提设计活动载体，扎实开展巾帼致富、巾帼文明、巾帼育人、巾帼维权四大主题活动，推动了妇女事业和经济社会的同步发展。

全市首个“妇女儿童之家”在江滨社区落户，省、市、区领导共同揭牌

全市首家“好苏嫂”连锁家政公司落户正东路街道，省、市、区领导共同揭牌

建立女大学生实训基地，全力实施巾帼创业促稳定工程

隆重庆祝百年三八，评比表彰感动京口十佳女性

深入开展党建带妇建活动，新建 5 个新经济组织妇工委

深化平安家庭创建工作，开展婚姻咨询社区行活动

镇江市国家税务局直属分局

召开2011年工作会议

召开企业座谈会帮助企业发展

管理员向纳税人述职述廉

2010年，镇江市国家税务局直属分局认真贯彻落实市局工作部署，围绕服务科学发展、共建和谐税收，继续坚持和落实“法治、人本、科学、至善、日新、和谐”六种理念，大力组织税收收入，深化税收“三化”管理，改进税收服务，着力开展效能建设、推进“五好”和谐基层建设，以科学组织加强激励问责推动各项工作质量的全面提高，较好地完成各项工作任务。

2010年，分局组织一般预算收入124724万元，比上年同期113026万元增长10.35%，为镇江经济发展作出贡献。

组织全体党员赴“一大”会址参观

组织部分党员重回军营

深入企业解疑答难

探望退休干部

看望结对帮扶困难户

镇江市地方税务局第二税务分局

税法宣传进军营

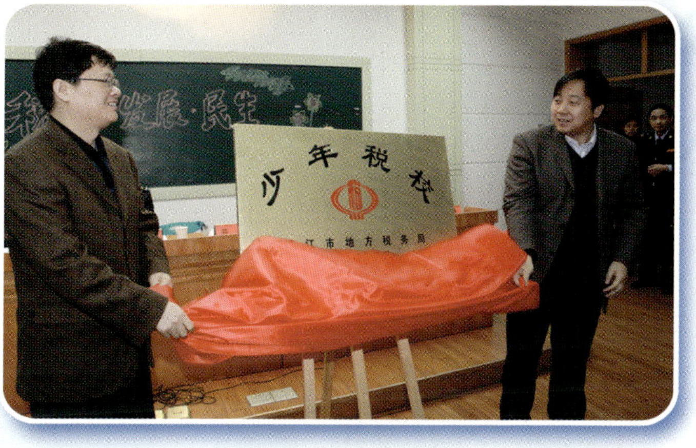

少年税校剪彩仪式

局领导给部队送税法资料

纳税人之家活动

镇江市首个少年税校成立

运动会

进企业服务纳税人

税法宣传进八佰伴

拓展训练

向退伍军人介绍创业知识

镇江市环境保护局京口分局

联合开展三门口烧烤整治专项行动

开展居民闲置物品“淘宝节”活动

2010 年，环保京口分局坚持以人为本、可持续发展战略，深入学习实践科学发展观，紧紧围绕环保目标任务，充分履行环保职能，攻坚克难，积极应对，因时制宜，突出亮点和特色，创造性地开展工作，环保各项工作取得较大进展。2010 年被省环保厅授予“排污收费先进单位”和“全省环保执法工作先进集体”，圆满完成各项工作任务。

开展环保一条街创建

鸿泰钢铁生活污水处理设施

开展绿色商场创建

“6·5”世界环境日现场宣传

开展绿色学校创建

京口区发展改革和经济信息化委员会

定期召开委办公会议布署各项工作

召开辖区内重点用电企业座谈会

定期编辑《京口经贸动态》及时反映全区经济工作

2010 年，区发改和经信委紧紧围绕区委区政府的重点工作，高扬“苦干实干，争先争强”的主基调，开拓创新，狠抓落实，积极组织开展各项工作。重点围绕经济运行、大项目建设、新兴产业、现代服务业、节能降耗、信息软件业、民营经济等工作，积极融入“三服务一提升”活动，通过走进基层、走进企业、走进群众，切切实实为企业、为群众、为基层办实事、办好事。较好地完成各项工作任务，为全区经济发展作出新的贡献。

组织全体工作人员参观廉政画展

镇江市委书记许津荣视察中山路幼儿园

京口区教育局

JINGKOUQU JIAOYUJU

全区教育工作会议

2010年，全区教育工作围绕提升内涵、提高质量的工作目标，扎扎实实推进区域教育现代化建设，取得可喜的成绩。

教育质量有了新提升。把落实省教育厅“五严”规范，作为一次转型、一次机遇，积极探索独具京口教育风格、轻负高质的素质教育模式。全年有1所学校创建成省绿色学校，3所学校创建成省健康促进学校金牌学校，1所学校创建成省健康促进学校银牌学校，1所学校通过省艺术学校复评；有13所创建成市绿色学校，2所学校创建成市现代化中学，2所学校创建成市现代化小学，2所学校获市第四批中小学行为规范示范校称号，4所学校获市无流生学校称号，2所学校获市健康促进学校称号。我区获得了江苏省学生阳光体育运动先进集体称号。在各类赛课中，有2人获国家级一等奖、1人获国家级二等奖奖项，有8人获省级一等奖奖项，有29人获市级一等奖奖项。

教育管理有了新活力。把建立学校自主发展的推进机制作为现代学校建设和校本管理的重要内容，促进学校主动发展、自主发展，全面推动中小学学校三年发展规划的制定、论证、执行和评估工作，组织人员对全区各校三年发展规划方案进行论证，积极推进各校方案实施。结合绩效工资实施，完善财务管理制度；建立完善经费保障机制，严审教育经费支出。

廖伟根局长考察镇江市实验小学

队伍建设有了新提高。开展“学规范、强师德、树典型、展风采”师德主题教育活动，展现京口教师队伍积极的风貌和良好的形象。组织开展校本培训、区级培训工作，不断提高培训的针对性和实效性；组织实施中青年教师教学基本功竞赛、学科能力评比、专业水平测试等系列考评活动，将原每年开展一次的骨干教师考核工作调整为每半年开展一次，整体构建促进教师持续进取、专业成长的动力机制，促进教师专业发展，提高教师队伍技能。继续组织实施“名师工程”，加强对名优骨干教师的培养、管理、使用和考核；发挥名优骨干教师作用，不断发展壮大骨干教师队伍，提升教师队伍品质。继续健全教师工资保障机制，严格执行义务教育绩效工资发放政策，完善优化义务教育绩效工资发放方案，做好学校岗位设置工作，充分调动全体教职工的工作积极性。

党建和精神文明建设有了新加强。加强党建工作，扎实开展“创先争优”活动，取得阶段性活动成效；深入开展“基层党风廉政建设推进年”活动，加强领导干部廉洁从政教育，召开教育系统纪检监察专题会议和廉政文化进校园推进会，推进廉政文化示范点创建活动；强化反腐倡廉制度建设，初步建成教育系统惩防体系基本框架；强化机关效能建设，改进和加强机关工作作风；深入推进未成年人思想道德建设，进一步完善学校、家庭、社会“三位一体”教育网络；落实文明创建预申报和动态管理制度，组织开展“细节文明在京口，全区学校在行动”等全国文明城市系列创建活动，全面提升教育系统精神文明建设水平。

恒顺实小的交通安全体验室

特教中心开展文娱活动

市实小参加世博会演出

京口区司法局

局长　朱裕根

党组书记　陈 琳

区司法局召开领导班子专题民主生活会

省司法厅领导到京口区司法局检查考核依法行政创建工作

市纪委领导到京口区司法局检查指导廉政文化建设创建工作

开展“你创业,我护航”
法律咨询活动现场

京口区科技局

清华大学吴澄院士与中煤电子合建院士工作站

区科技局聘请行风监督员仪式

召开高新技术集聚区建设大会

2010 年，科技工作紧扣区委、区政府工作重点，深入企业开展指导服务，积极推进企业与国内重点高校院所的科技合作，全年共申报国家、省、市各类科技和人才项目 94 项，新认定 1 家国家级高新技术创业服务中心和 1 家省级高新技术创业服务中心，3 家省级工程技术研究中心，1 家省企业院士工作站，获得科技和人才扶持资金 2200 余万元，科技贴息贷款 900 万元。全面超额完成各项知识产权工作任务，被认定为省级知识产权工作示范区，切实发挥科技创新在“保增长、调结构、促发展”中的支撑与先导作用。

京口区全国科普日活动启动仪式

校企合作项目签约仪式

深入企业开展服务指导

中福马工程技术研究中心揭牌仪式

科普大篷车进校园

组织企业参加省科技金融
暨创业投资项目对接会

开展知识产权宣传普及活动

苏州大学就高新技术集聚区规划进行研讨

在京口高创中心举办全区软件行业知识产权培训

年初认真部署研讨科技工作

京口区财政局

局领导深入现场调研，帮助企业积极争取资金进行转型升级

2010 年，京口区财政部门坚持科学发展观，围绕全区重点工作，多措并举抓财源建设，促进财政持续增收，地方财政一般预算收入首次突破 10 亿元；积极保障民生支出，大力完善公共财政服务体系，加快财政改革步伐，不断提高财政管理和服务水平；财政监管工作稳步推进，着力规范财经秩序，为全区经济社会全面、协调、可持续发展提供资金保证，为推进和谐京口建设作出积极贡献。

积极支持农村水利设施建设

为企业一线职工提供住房公积金政策现场咨询

深入开展“小金库”专项治理“回头看”工作

采取多种形式推进反腐倡廉建设

帮助优扶对象发展致富

区财政每年安排专项经费用于血吸虫病防治

从彩票公益中安排专项资金用于群众体育锻炼设施建设

千方百计筹措资金，强化居民养老机构建设

加大卫生经费投入，促进
全区公共卫生事业健康发展

镇江市谏壁中心小学

京口区文化馆

京口高创中心

京口区住建局

市、区纪委领导视察局党务政务工作

区领导视察拆迁现场

住建系统召开作风建设大会

局领导给行风监督员发放聘书

局领导上廉政党课

市、区领导调研全区物业管理工作

住建局参与举办的《你我齐参与，共创文明城》纳凉晚会

居民自发送锦旗以表感激之情

荣获区歌咏比赛三等奖

京口区农业委员会

成立全区森林防火扑救队

在田头察看水稻生长情况

2010 年，京口区农委紧紧围绕农业农村工作转型升级，以“服务城市，致富农村”为宗旨，大力推广现代高效农业，积极为农民提供生产技术指导，改善农村生态环境，着力提升机关服务水平和工作效能。2010 年实现农民人均纯收入 11490 元，增长 12.5%，新增高效农业 2200 亩，新组建三大合作组织 10 个，完成绿化造林 5050 亩，引进蔬果新品种 20 多个，清淤河塘 5.4 万立方米，秸秆综合利用率达 98% 以上，举办各类实用技术培训班 12 期，培训农民 900 余人次，为全区农业经济发展作出积极贡献。

举办全区农产品质量安全培训班

在雩北蔬菜基地举办
无公害蔬菜技术培训班

油菜小麦培训班

举办水稻高产栽培技术培训班

组织开展全民义务植树活动

谏壁蔬菜基地送来锦旗

帮农户组织大棚钢管

疏浚整治后的河道

大棚西瓜

引进珍稀食用菌品种——猴头菇

京口区卫生和人口计划生育局
京口区食品药品监督管理局

省长李学勇视察健康路社区卫生服务中心

市委书记许津荣一行视察象山镇社区卫生服务中心

2010 年，全区卫生和人口计划生育工作坚持以科学发展观为指导，以推进医药卫生体制改革为契机，以保障人民群众身体健康和生命安全为宗旨，以稳定低生育水平、提高出生人口素质、促进人的全面发展为中心，抢抓机遇，开拓创新，各项工作取得显著成就，顺利通过“十一五”人口协调发展先进区评审、省“两网”建设示范区验收和疾病预防控制绩效考核。全系统创成 2009~2011 年度江苏省创建文明行业先进文明行业，有力地推动全区卫生和计生事业持续快速健康发展，实现“十一五”圆满收官。

浙江省卫生厅考察区医改工作

副市长王萍、市计生委主任杜秀琴为
辖区计生困难群众送去人口公益金

省计生委主任孙燕丽在区长郭建的陪同下视察优生服务中心

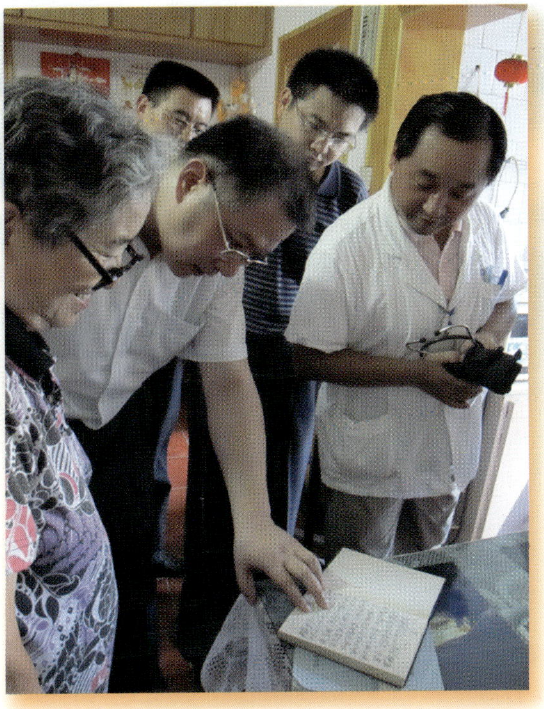

市卫生局局长林枫调研家庭健康档案建立工作

社区卫生服务中心责任医生下社区建立健康档案

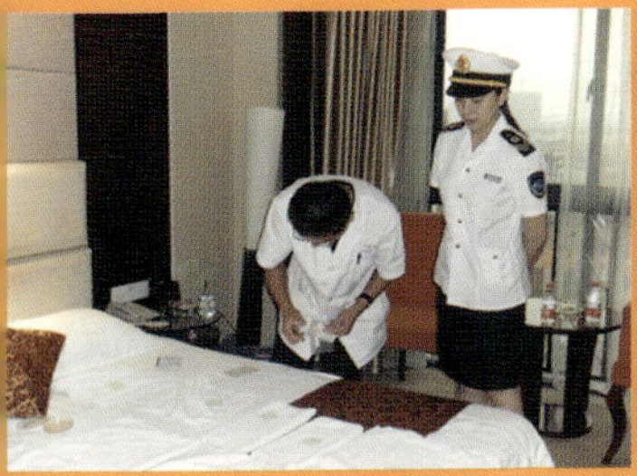

公共场所监督抽检中

开展突发应急演练

开展“食品安全知识进校园”活动

疾控中心为农民工开展艾滋病防治知识宣传

青年志愿者开展义诊活动

开展护士岗位技能竞赛

京口区人社局

区长郭建调研人社工作

市人社局领导专题调研扩面征缴

2010 年，京口人社局紧扣全年中心工作，以党的十七届四中全会精神为指导，深入贯彻落实科学发展观，坚持服务发展、改善民生，推创业、强人才、保就业、重保障、促和谐，解放思想、创新机制、锐意进取、狠抓落实，有效促进全区经济发展和社会和谐，全面开创人社事业更好更快发展新局面。全年城镇新增就业 6607 人，扶持创业 2075 人，创业带动就业 9272 人；引进本科以上人才 188 人，引进研究生以上人才 27 人；收缴养老保险基金 14200 万元，新增扩面 11550 人。

仲裁调解员业务培训

事业单位公开招聘

车工技能竞赛

创业就业春风行动

大学生创业“十佳”店铺评选

京口区城管局

区委书记胡宗元（右一）慰问城管工作人员

局领导主讲廉政党课

2011 年城管工作会议

垃圾分类启动仪式

重温入党誓词

老小区居民送来锦旗

联合开展保护市容环境宣传活动

城管志愿者清扫杂物

整治后的桃花坞五区

京口区交通运输局

建成后的谏辛公路

出新后的丁卯桥路京口段

推广厢式货运的物流企业——欣荣物流

在建中的零龙公路

冷链食品物流企业——恒伟物流

重建后的莺歌桥

在建中的沿江公路运河大桥

京口区文化体育局（旅游局）

文化产业发展交流与项目说明会

慰问江二社区清扫员

举办社会体育指导员培训班

2010 年，全区文化体育旅游工作按年初制定的指导思想，强基础、抓品牌、求突破、促和谐，积极推进公共文化服务体系建设，基础设施建设不断巩固，工作亮点得到提升，重点工作重点推进。

送文化下乡

业余文艺骨干培训班

创业颂广场文艺演出

花山湾古城公园对外开放

京口区审计局

区长郭建对2010年度审计工作进行深度调研

2010年，京口区审计局在区委、区政府和上级审计机关的正确领导下，以党的十七届四中、五中全会精神为指导，深入贯彻落实科学发展观，坚持“依法审计、服务大局、围绕中心、突出重点、求真务实”的审计工作方针，紧紧围绕经济工作中心和“加快转型升级，创造发展新优势”的目标定位，突出对经济社会中的热点、难点和领导关注、群众关心的问题开展审计和审计调查，为维护全区财经秩序，推进廉政建设，优化发展环境发挥审计工作的“免疫系统”作用。据统计，全年共完成审计项目22个，完成其他交办事项24件，发布审计结果公告1个，查出违规金额5082万元，管理不规范金额1.31亿元，为政府节约财政建设资金943.11万元，提交的审计工作报告和综合报告、信息51篇(次)被不同部门采用，针对审计发现的问题，向被审计单位提出合理化建议32条。2009年、2010年连续两年被评为全市审计机关先进集体。

局长顾成权带领班子成员参加审计署举办的《国家审计准则》视频培训

局党组成员召开党组会议

局审计人员与被审计单位相关人员交流工程审计情况

谏壁镇原党委副书记、镇长陆炳西“三责联审”进点现场会

区内审协会为全区33个会员单位的内审、财务人员举办审计业务知识培训班

荣获全市审计机关先进集体光荣称号

京口区安监局

2010年区安监局在区委、区政府正确领导下，围绕“安全生产年”这条主线，扎实推进安全生产“三项行动”，加强安全生产“三项建设”， 强化责任、广泛宣传、狠抓基础，创新监管、完善机制、严格执法，深化专项治理，全年安全生产形势稳定，未发生安全生产责任事故，各项指标均未突破市下达控制指标。荣获2010年度“省级安全生产工作先进集体”。

区委书记胡宗元率队检查指导安全生产工作

区长郭建亲临企业生产一线检查指导安全生产工作

省安委会督查组检查京口区安全生产工作

高温期间开展每周1~2次夜间突击检查

全区安全生产工作会议

举办重点企业厂长（经理）省级安全培训班

京口区统计局

省统计局局长朱晓明深入基层社区调研统计工作

市委常委、常务副市长、市人普领导小组组长陈照煌慰问基层人口普查员

2010 年，京口区统计局在区委、区政府的正确领导和上级统计部门的精心指导下，深入贯彻落实科学发展观，高扬"苦干实干，争先争强"的主基调，发扬团结协作、奋发向上的团队精神，坚持以提高统计数据质量为核心，认真履行职责，不断加强统计基础工作，强化队伍建设，健全统计法制，提高服务水平，精心组织全区第六次全国人口普查，积极主动地做好经济运行和社会发展的统计监测，在区委、区政府决策和整体工作落实中较好地发挥参谋助手作用，为全区经济社会又好又快发展起到积极的推动作用。

精心组织全国第六次人口普查
普查员与普查指导员培训

实地调研项目现场，服务基层统计

切实做好城镇住户调查工作，确保调查数据真实可靠

狠抓调查数据质量，提高统计部门服务经济社会发展的能力

广泛宣传，提高人口普查知晓率和配合度

在龙吟坊举行“价格普法一条街”“明码标价示范街”启动仪式

市领导视察龙吟坊

京口区物价局

京口区物价局在区委、区政府和上级物价部门的指导下，坚持以“三个代表”重要思想为指导，紧紧围绕建设一流队伍、展示一流服务、创造一流业绩的工作目标，突出重心，强化服务，努力在重点、骨干企业减重清负，规范私个经济经营行为上下工夫，为打造服务经济建设的软环境创造良好氛围。2010 年在创建文明行业中取得了明显成效，被江苏省精神文明建设指导委员会评为“2007 ~ 2009 年度江苏省文明行业”、被市物价局评为“镇江市价格先进集体”。

市区物价局领导检查明码标价工作推进情况

区物价局领导现场调研房屋拆迁评估工作

开展价格政策进社区、进学校、进商场活动

慰问省残疾人运动会参赛运动员

为创业盲人送上扶持资金

京口区残联

为贫困残疾人送上轮椅等辅助器具

训练盲人定向行走，提高出行安全

2010 年区残联坚持以深化社区服务、强化信息化运用、规范工作机制为重点，积极落实区政府助残实事重点项目，提前一季度完成为民办实事助残项目，使全区 456 名困难残疾人得到及时有效的帮扶和资助，在全市率先为 110 名重度残疾人提供城乡一体化居家护理服务。为残疾人开拓多层面、多途径、多形式地就业渠道，全年共组织 96 名残疾人参加各类培训，其中按比例就业 32 人，社区灵活就业 7 人，自主创业 5 人。获得全国“白内障无障碍区”光荣称号，促进全区残疾人状况全面改善和残疾人事业全面发展。

为贫困残疾人免费安装假肢

组织志愿者开展扶残助残活动

京口区国有资产经营管理总公司

区委书记胡宗元到区国有资产经营管理总公司指导工作

区国有资产经营管理总公司成立以来，严格按照区委区政府“创新、跨越、突破”的要求，牢牢把握“稳定”和“发展”这两条主线。立足总公司的工作实际，以“厚德载物、厚积薄发”，营造企业文化氛围，以项目为抓手，实现资产和资本的双轮驱动。在转型升级、跨越发展的大势中，找准自己的坐标，探求区级国有资产的经营模式，盈利方式，以及可持续发展的基准点。实施国有资产运作“五求”举措：一是整合自身资源求运转；二是抓好在手项目求成效；三是参与政府项目求贡献；四是招商引资求扩张；五是凝聚人才求实力。全面落实各项目标任务，努力开创区国有资产经营管理新局面。

区国有资产经营管理总公司
纪律检查委员会成立会议

副区长徐建锋到区国有资产
经营管理总公司指导工作

总公司召开党委扩大会专题研究 2011 年发展规划

副区长陈跃生到区国有资产经营
管理总公司指导信访稳定工作

京口区城投

城投中心党组书记、主任　周祥华

2010年，京口区城投紧紧扣住“三大改造，城乡一体”工作主线，通过苦干实干，争先争强，全面地完成了区委、区政府交办的各项目标任务。投资1.35亿元，完成花山整治和管理；抓好长江359亩地块的招商，确保北京中冶以4.8亿元摘牌和前官拆迁安置房外围配套及雩龙公路、爱励铝业的征地拆迁资金；融资2.5亿元和2亿元分别进行新生地块、新华地块的拆迁；自筹资金保证前官庄安置房地块和戴家湾安置房地块的拆迁。抓进度保质量，安置房建设涉及前官庄和戴家湾两处拆迁工作已进入尾声。主动与市国土和开发商进行密联系，认真做好各地块上市前的各项准备工作，确保安置房尽早开工建设。

签约成功

戴家湾安置房签约仪式

民生锦旗

古城公园

公园门球场

恒泰新村

京口区区级机关事务管理处

积极开展“三服务一提升”主题活动

组织全体人员学习十七大精神

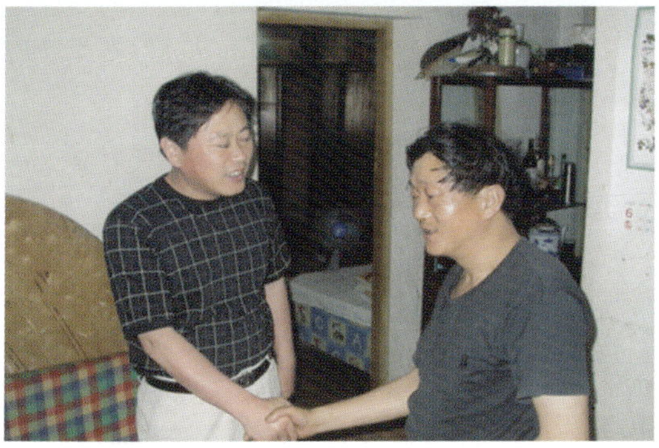

结对帮扶走访慰问困难户

严密监控、确保机关安全

召开京口区第二廉租住房实物配租大会

2010 年，机关事务服务以贯彻落实《公共机构节能条例》和《江苏省公共机构节能管理办法》为重点，进一步完善电、水、汽油、天然气能耗统计和报告制度，推进公共机构节能管理。会议服务保障和食堂管理水平进一步提升。共承接各种会议 200 多场，参与和接待重要领导及中外客商 80 多批次、2000 余人，精心组织德国爱励铝业、商飞集团、青海城西区党政代表团等大型接待活动，协助市接待办组织参与全国医改工作会议的接待工作。为 715 户廉租房低保户发放住房补贴 174 余万元，实现“零差错”。精心组织 2 次廉租住房抽签配房大会，对全区 42 户住房困难家庭实施实物配租。维修水、电、电话、桌椅、门窗 2500 多次，清运垃圾 200 多吨，有力地保障机关工作协调运转，为所有工作人员提供舒心的工作环境。

美化亮化后的机关大楼

镇江市交通投资建设发展有限公司

市委书记许津荣、副市长陈建设视察官塘新区建设

市长刘捍东、副市长陈杰视察338省道镇江段拓宽改造工程进展情况

镇江市交通投资建设发展公司成立于2001年10月，是镇江市人民政府建立的承担城市及交通建设市场化经营职能的特定主体，全民事业制单位。该公司注册资本为5.1亿元，总资产为277亿元，下辖镇江红星置业有限公司、镇江市红星工程建设有限公司和镇江市红星土地整理有限公司三个全资子公司。

该公司自成立以来，全力以赴参与城市基础设施建设，累计投资110余亿元，先后建成了南徐大道、檀山路、润州路、金桥大道、团山路等各具特色的城市景观道路，以投资方式参与农村公路建设、312国道扩建、镇大公路拓宽等工程，支持和保证京沪高铁、沪宁城际高铁征地拆迁资金需求。建成总投资28亿元、镇江市历年来投资额最高的单项交通城建工程——镇江市综合交通客运枢纽，并于2010年7月1日与沪宁城际高铁同步投入使用，同时在综合枢纽周围引进开发镇江万达广场城市综合体。

公司先后与万达、万科、中住、亚东、远洋等国内多家知名房地产企业成功合作，上市出让土地200余公顷，引进开发了天和星城、魅力之城、君临南山、亚东朴园等精品楼盘，公司承建的沪宁城际高铁拆迁安置房——红星·桃花源、红星·玫瑰苑项目也陆续对拆迁户进行安置。该公司先后获"全国五一劳动奖状""江苏省五一劳动奖状""镇江市有功单位""镇江市文明单位"等称号。

公司正在按照"二年成势、三年成名、四年成形"的开发目标和"生态、绿色、低碳、环保"建设理念，全力以赴打造总面积达14平方公里的"南山新城——官塘新区"。

官塘新区安置房及路网工程项目开工典礼

官塘新区——核心区鸟瞰图

官塘新区——总体鸟瞰图

镇江市综合交通客运枢纽

镇江市产权交易中心

主任　冯智皓

评标会

办公区

镇江市产权交易中心(以下简称“中心”)是江苏省国资委指定的镇江辖区内唯一的产权交易机构，是镇江市国资委直属事业单位，是中国企业国有产权交易机构协会首批会员单位。

中心为所有产权(包括物权、债权、股权、知识产权等各类财产权利)提供转让服务，依法开展政策咨询、信息发布、项目推荐、投资引导、招标竞标、评审评价、产权鉴证、股权托管、设备调剂等服务活动。

2004年以来，国务院国资委、江苏省委省纪委、省国资委、镇江市委、市政府主要领导先后到中心视察、指导工作。《新华日报》、《工人日报》、《中国纪检监察报》等报刊多次刊登文章宣传报道中心的建设和发展情况。

2003年，中心通过ISO9001 2000质量管理体系认证，后又完成向ISO9001 2008版的转换工作。2004年，获“全省百强经纪企业”称号，主任冯智皓获“全省百佳经纪业带头人”称号。2005年，被市委、市政府授予“全市国有企业改革工作先进集体”。2006年，产权转让服务岗获“全市党员示范岗”称号。2010年，被市廉政文化建设领导小组评为“市级廉政文化示范点”。

地　址：镇江市长江路33号新广电大厦裙楼4楼
电　话：(0511)84445008　84446551
传　真：(0511)84446555
网　址：www.zjcqjy.net

镇江市第十中学

市教育局督导处到学校检查"五严"落实情况

四届四次教代会隆重召开

举行学校三年发展规划论证会

隆重召开 2009~2010 学年度教师表彰大会

举行"一日公开课"活动

第三十四届校运会

志愿者助残

禁毒教育

弘扬雷锋精神，争当品质学生

第十一届校园文化艺术节

爱心满校园　善举暖人心

省教育厅厅长、原南京师范大学党委书记沈健（左一）到学校检查工作

教研活动

鎮江市第九中學

倾听家长建议 办满意的教育

在江苏省 17 届运动会手球比赛上，校手球队获男子乙组第二名

人物写生训练

学生在上语音课

学生艺术特长展示

考试场景

录取中国美术学院学生合影

镇江市丹徒中学

管理研讨

镇江市丹徒中学创建于1960年，现学校占地面积23010平方米，建筑面积8012平方米，校园绿化面积7176平方米。学校现有17个班级，776名学生，教职工67人。其中本科以上学历教师44人，中高级职称教师58人；市区级骨干教师15人。

学校始终坚持正确的办学方向，全面贯彻党的教育方针，大力推进素质教育，面向全体，让每一位学生都得到发展。全体教职工恪守“求真、向善、尚美”的校训，遵循“以人为本，为了学生全面发展”的办学理念。以“文明、科学、健康、和谐”为校风，坚持“教书育人、管理育人、服务育人、环境育人”的方针，形成“乐教、善诱”的教学风气。以学生的养成教育为重点，围绕“树品牌、创特色”的办学方向，紧紧把握“发展是硬道理，创新是主旋律”的主题，“自觉、严谨”的学风正在形成。

2010年学校有2名教师在市信息技术与学科整合课比赛中分获市一、二等奖、1名教师获市评优课二等奖、多名教师获区一等奖、二等奖。有67篇论文获奖或发表。3个教科研课题顺利通过市级鉴定。

2010年学校荣获市模型比赛团体二等奖、市模型比赛优秀组织奖、市十七届论文优秀组织奖、市中学生文艺汇演三等奖和市中学生田径运动会第八名。获得“镇江市控流先进学校”“镇江市语言文字规范化示范校”和“京口区文明单位”等荣誉称号。

专家讲座

毕业班工作会议

安全教育

主题班会

表彰大会

市电台播音

实践活动

第十届校运会

镇江市中山路小学

ZHENJIANGSHI ZHONGSHANLU XIAOXUE

学校数学思维中心成立

学校地学科普馆的成立为学生开设第二课堂

镇江市中山路小学坐落于风景迷人的运河边仁章路北端，创建于 1950 年，前身为苏南镇江专区干部子女学校；1954 年与邻近的“仁章路小学”合并，并更名为现名；1960 年，学校被江苏省委批准为五年制教学改革试点学校；1978 年 5 月，被指定为江苏省重点小学；1991 年，成为江苏省首批实验小学之一。学校现占地面积 7302 平方米，有教学班级 44 个，在校学生 2154 名，教职工 118 人。

办学以来，学校一直坚持教育改革的实践研究，努力探索先进的教育模式。目前已形成了面向全体、面向骨干、面向拔尖人才的特色教师文化；以行为习惯培养为重点，以学生习惯考级和七色花中队评比为抓手的特色德育文化；以多样性课程为基础，以流程性教学为支撑，以对话性课堂为载体的特色质量管理文化。学校以“打造精品，争创一流”为目标，形成了羽毛球、合唱、舞蹈、跆拳道、地学科普、口语交际等特色教育课程；精品活动案、精品教学案、精品习题集等特色校本课程。培养了象棋大师张国凤、乒乓球冠军秦志戬、羽毛球冠军朱峰为代表的广大优秀毕业生。学校在各项评比和竞赛中屡获殊荣，连续获得省文明单位、省实验小学、省德育工作先进学校等诸多荣誉。1980 年起成为对外开放学校，先后接待过来自日本、美国、英国、法国等二十多个国家和香港地区的教育行政代表团的来访，成为镇江市的窗口学校，在全省同类学校中享有较高的声誉。被原江苏省副省长王珉誉为“教韵流芳的江南名校”。

中山路小学学生参加《同一首歌》走进镇江大型演出

中山路小学爱心育人 60 年

退休老党员参观学习

“中山风”教学文化节青年教师课

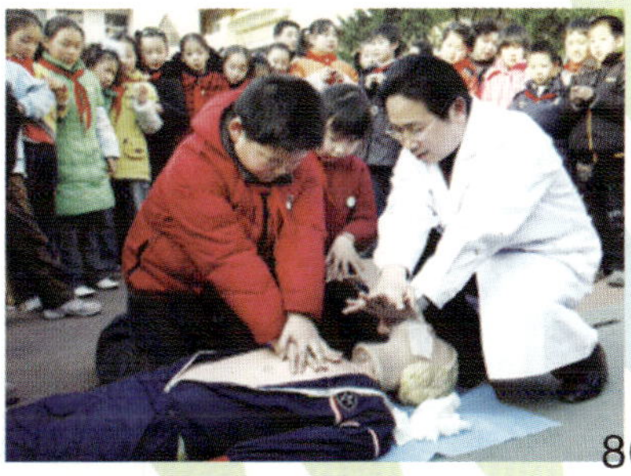
全国首家青少年“120”急救学校成立

镇江市实验小学

ZHENJIANG EXPERIMENTAL ELE.SCHOOL

校长　施勤

镇江市实验小学前身系 1912 年成立于南京的江苏省立第一女子师范附属小学，1934 年迁址镇江。如今的校园环境优美，景色宜人，笪家山草木葱茏，紫藤长廊意蕴悠长；如今的校园师生和谐，相亲相爱，处处散发着“悦人悦己，乐学乐教”的传统气息。近年来，学校踏实践行“用心成就每一个梦想”的办学理念，精心构建自然健康、开放向上的温馨校园，努力追求“智慧教育、幸福教师、快乐儿童”的美好愿景，为百年老校又添时代的华彩。学校先后荣获“江苏省文明单位”“江苏省模范学校”“江苏省级实验小学”“江苏省绿色学校”“江苏省健康教育促进学校”“江苏省科技教育特色学校”“江苏省体育传统项目学校”“江苏省艺术教育特色学校”“江苏省教科研先进集体”“江苏省现代化教育技术先进集体”等诸多荣誉。

学校为教师创造教学展示的舞台，指导发展规划的方向，成就教师的专业梦想

学校举办基地科研协作活动

三省五市语文教学研讨交流活动在校举行

徐美老师在全国英语教学比赛中获得一等奖

紫藤长廊阵阵飘香

笪家山上绿草青青

毕业班开展种植“毕业纪念林”活动

同学们在录制央视快乐体验节目《废水大变身》

同学们在参观消防博物馆

学生跳起快乐的竹竿舞

《端午谣》获得江苏省五星工程奖
并参加上海世博会演出

学生开展“节约用水 你我先行”课外实践活动

“祖国发展我成长，红歌红诗颂祖国”主题活动

镇江市解放路小学

省教育督导组检查学校工作

2010 年，学校被评为“全国学校艺术教育先进单位”“全国语言文字规范示范校”，并高质量通过“江苏省艺术教育特色学校”复评。

学校坚持全面贯彻党的教育方针，以育人为根本。学校先后有 62 人次的学生在由教育行政部门组织的竞赛中获奖，有 28 名学生被授予市区级荣誉称号。

积极组织校内外研讨，加强教师专业发展。国家级课题“信息技术与民间艺术实践活动整合的研究”，获得首届江苏省基础教育教学成果评选一等奖。由校长与书记领衔研究的“在经典美文赏析活动中探索语文情感教学的实践研究”、“小学数学活动教学中数学化的研究”被镇江市教科所批准为“十一五” 第四批规划课题。以艺术特色教育为风帆，提高学校社会影响力。成功举办第十四届“敏成之春”艺术节，组织首届教师子女才艺大赛。“七色光艺术团”合唱队参加镇江市第五届“春满校园”音乐会。学校共有 17 名学生获得“京口区体艺特长生”。

学校三年发展规划论证

铭记历史 继承遗志

镇江市小数教师共研毕业班复习

 社会尊师重教 教育回报社会

敏成讲坛 春日开讲

作家王一梅做客学校

镇江市南门小学

教育部副部长陈小娅到学校视察

镇江市南门小学创办于 1933 年，“八少年雷锋班”和排球教育蜚声省内外，2008 年与原镇江市靳家巷小学合并，挂牌“江苏科技大学附属小学”。改扩建后的新校占地 12037 平方米，建筑面积 8917 平方米，是京口城区面积最大、条件最好的小学之一。

学校先后荣获“国家青少年排球俱乐部”“省体育工作先进学校”“省青少年科技教育先进学校”“市电化教育实验学校”“市青年文明号”“市食品卫生 A 级单位”和市级“巾帼文明岗”等光荣称号。

在科学发展观的指引下，学校积极构建与教育科学发展相适应的学校生态环境，提出“播洒生命阳光，成就阳光人生”的办学理念，全力打造“阳光教育”，形成与学校品牌相适应的鲜明办学特色，致力于“为学生健康成长铺设阳光大道，为教师专业成长搭建阳光舞台，为学校科学发展营造阳光环境”，用“爱”去诠释教育的全部真谛。

镇江市南门小学的全体阳光教师、阳光少年给自己阳光，给同伴播洒阳光，热情地学习，快乐地生活，幸福地工作，将阳光洒满校园！

“银杏之约”感受名师风采

八少年雷锋班 事迹名扬省内外

向原国手、现江苏女排教练孙玥学排球

前体育总局局长袁伟民、国家教育部副部长陈小娅亲笔题名

学生阅览室 品读名著 陶冶心灵

舞蹈《青梅竹马谣》在省、市、区比赛中均获一等奖

省书法协会专家到校指导

喜获镇江市语言文字示范学校

镇江市桃花坞小学

颁发书法等级考试证书

镇江市桃花坞小学秉承“书童真雅趣，法生命自然”的校训，在提高学校管理、教育教学水平的同时，重点走创书画教育特色之路。先后与江苏大学民间艺术研究所、京口区书画协会联手共建“民间艺术研究所教育试验基地”和“京口区花瓣雨少儿书画学院”，2005 年成为江苏省书法等极证书镇江地区考点，2008 年成为“镇江市民间艺术教育基地”。学校现有京口区书画协会会员近百人。著名学者、教育专家朱永新教授曾莅临学校指导，并欣然提笔“画出精彩，书写人生”。

学校定期开展“美丽课堂”和“七彩社团”等书画培训活动，丰富多彩的社团活动，拓宽学生的书画视野，让学生领略书画艺术的魅力。每年“六一”节前后，学校都要举办一次形式多样的书画节活动：百人书画展与大师同台献技，场面气势宏大，受到来宾一致好评；伞画制作、文化衫设计、盘画比赛，观摩者赞不绝口。每年学校都将书画特优生的作品推荐刊登，先后有 20 位学生的作品刊载在《镇江日报》、《镇江广播电视报》、《镇江教育》等刊物上。每学期期末，学校还设立“书画特长生”的荣誉，以资鼓励。

在桃小师生的共同努力下，学校有数百人次学生的书画作品在全国及省、市相关比赛中获奖，数百人次通过江苏省书法等级考试。2010 年，桃花坞小学被评为“全国艺术教育先进单位”。市级重点课题《构建写字教育校本体系，综合发展学生素质的研究》正在逐步推进。

桃花坞小学如今成为书画的世界、艺术的天地，带给学生智的开发，情的感染，理的启迪，美的追求。

共赏大师墨宝

与武警共绘画卷

脸谱艺术画

小小手印画

墨香斋内练书法

参加镇江文化嘉年华剪纸比赛

镇江市学府路小学

学习科学发展观献身农村教育

镇江市学府路小学创办于1921年，是一所有90年历史的农村小校。由当时丹徒镇唐成之、黄北山、钱玉森等知名人士赞助，根据古训“童蒙养正”而取名为丹徒私立养正小学，2010年更名为镇江市学府路小学。

学校现校园占地面为10331.2平方米，校舍面积5000多平方米，绿化面积3520.1平方米，整个校园净化、美化、绿化、教育化，校容校貌焕然一新。学校现有18个教学班级，近700名学生。46名教职员，其中42人取得大专以上学历，占91.3%，41人取得中级以上职称，占89.1%，市169拔尖人才1名，市级骨干教师1名，区及骨干教师9名，学校先后被评为“镇江市学生行为规范化示范学校”“镇江市语言文字规范化示范校”“镇江市绿色学校”“镇江市素质教育先进学校”“京口区文明单位”“京口区模范学校等众多荣誉。

面向未来，学府路小学将以更高的定位，更新的理念，实现更快的发展，力争将学校办成“教学质量上乘，特色教育鲜明，校园环境优美，管理充满人性化”的一流现代化农村小学。

红领巾心向党夏令营活动

绿色校园

校武术队荣誉

养正花房

养正教育基金

校舞蹈队走进江苏教育电视台

英姿飒爽的武术队员

京口区特殊教育中心

京口区特殊教育中心，是以培养智障孩子为主的特殊教育学校。学校现有学生 92 名，教职工 24 人。

近年来，市、区两级政府在加快教育现代化建设的进程中，将学校整体搬迁至市区原靳家巷小学。目前，学校占地 2850 平方米、建筑面积 3326 平方米，通过改建，学校环境优美、功能齐全，拥有智商测试室、感觉统合训练室、康复训练室等 15 个专用教室。

在省、市、区政府和社会各界的关心支持下，学校秉承“学会做人、学会生活、融入社会、回归主流”的办学思想，办学质量和水平明显提高。教师多次在省、市特殊教育青年教师基本功大赛中获奖。2009 年我校学生参加江苏省残疾人青少年田径锦标赛获团体总分第一好成绩。2010 年 11 月师生表演的舞蹈《快乐课堂》在第六届江苏省盲聋培智学校学生文艺汇演中获培智金奖，2011 年 6 月该舞蹈代表江苏省残联参加在南京举行的全国比赛。

今后，在区委区政府及教育局的正确领导下，京口区特殊教育中心将立足新的起点，改善办学条件，狠抓师资队伍建设，为残疾学生接受良好教育创造条件，为京口特殊教育事业更快更好发展而努力奋斗。

2011 年建党 90 周年，看红色实物展，听老红军讲故事

市慈善总会会长周大平、市政府副秘书长赵志新为学校“慈爱音乐室”揭牌

区各校骨干教师在师培中心史伟带领下到校听课、评课

上海心理专家到校讲座

社会各界爱心人士与校师生共庆祖国华诞

听老红军讲故事

博爱使者为校学生捐赠图书

舞蹈“快乐课堂”获江苏省盲聋培智学校艺术汇演培智奖

马路课堂学交通

京口区贺家弄幼儿园

园长　梅怀萍

镇江市京口区贺家弄幼儿园创建于1958年，隶属于京口区妇联，是一所省级示范性实验幼儿园。

贺家弄幼儿园历来注重师资队伍的打造，关注师德建设。以专家讲座、岗位练兵、评选师德标兵等多种活动促进教师职业道德素养的提升，形成了“务实、和谐、创新、文明”的良好园风。每年投入一定数量的资金，加强教师培训力度。邀请全国特级教师、市学科带头人等名师名家进园，让教师和名师面对面的交流、探讨、解惑；派教师到上海、南京、浙江、北京等地学习培训，通过学习最新的教育教学信息，促进教师专业素养的提升。为教师搭建展示自我的平台，开展师徒结对、教学评课、送教姐妹园等多种活动，让教师将理念转化为实际行动，在实践中实现师资队伍的专业化成长。目前有区学科带头人1名，7名区骨干教师，2010年教师们撰写的论文、教学故事、教育案例41人次在全国、市、区获奖。涌现出全国百佳园长、全国百佳教师、市“三八红旗手”、区十大杰出女性、园师德标兵。近年来幼儿园获得“市文明单位”“区三八红旗集体”“尝试教学优秀实验基地”等荣誉称号。

在学前教育倍受瞩目的今天，我们将以创建贺幼品牌为动力，努力把贺家弄幼儿园建设成一所特色鲜明的精品化的优质幼儿园。

领导视察

专家引领

美丽校园

专题研讨

教师辩论

地址：镇江市贺家弄24幢　　邮编：212001
电话：0511-844229444—801　　传真：84499598
网址：http://zjhy.ankang06.org/space/

江蘇南昆侖律師事務所
JIANGSU NANKUNLUN LAW FIRM

遠山題

主任 朱义顺

江苏南昆仑律师事务所自 1993 年 5 月成立以来，就将高起点、规模化、国际性作为自己的发展方向，广泛吸引各类法律专业人才，在刑事辩护、金融证券、涉外业务等方面形成 较强的专项特色，现已发展为一所人员配置合理、整体业务水平技能突出的规模律师事务所，在省内外具有较大的影响力。

在刑事辩护方面，形成以朱义顺主任律师为核心，多名刑法学博士、刑法学硕士组成的优秀律师辩护团队，精于依法论理，善于思维创新，多次成功办理在全省有较大影响的刑事案件。

在证券业务方面，以许世可副主任律师为核心的团队，积极为经济发展提供高质量的法律服务。在公司证券业务方面具有证券法律服务资格和破产管理人资格，多次参与重点企业改制，重点企业的私募、上市融资，国内、跨国兼并重组以及国家、省市重点工程项目，形成专业的特色服务体系。

在涉外业务方面，以王小清副主任律师为核心的团队，建立起与美国、英国、澳大利亚、瑞典、香港等地知名律师行的业务联系，在涉外业务领域形成业务专长。在镇江招商引资的重大项目中，涉外法律服务得到省市各级领导的认可和高度赞扬。以王小清律师为首的律师团，在世界500强企业爱励国际与镇江鼎胜铝业共同投资3亿美元的国内最大铝合金板带项目正式签约过程中的精彩表现，不仅在镇江大项目建设法律服务史上写下浓墨重彩的一笔，也为镇江司法行政系统“法律助航”专项活动做出最好的注解。

高素质的人才队伍是律师事务所不断进步的源泉，江苏南昆仑律师事务所从建所以来一贯高度重视人才的引进和培养工作。该所现有国家一级律师 1 名，法学博士 2名，法学硕士 6 名，其中有留学经历的 2 名，江苏大学和江苏科技大学正副教授 6 名。近年来全所律师有近 350 余篇论文在全国、省市重要法律刊物上发表，其中有 34 篇获奖。依靠这支出色的律师团队，该所担任天工国际 、江南化工 、鼎胜铝业 等 6 家全球(全国)知名企业以及上百家机关、企事业单位的法律顾问。

1997 年和 2000 年 4 月、2010 年 3 月，江苏省司法厅、江苏省律师协会三次授予江苏南昆仑律师事务所 “江苏省文明律师事务所” “江苏省优秀律师事务所” 荣誉称号。

综合管理

责任编校：张　敏

经济发展和规划管理

【不断优化调整产业结构】 引进优质项目调结构。共实施单体3000万元以上、总投资438亿元的重点项目68个，其中工业项目33个，占项目总数的48.5%；属于全市“5+X”新兴产业项目的有10个。传统提升改造调结构。深入实施“千企技改”、“千企创新”工程，中储粮仓储、物流、加工三大体系陆续建成，完整的油脂油料“全产业链”基地初具雏形，成为辐射长三角的集仓储、压榨、精炼、分装物流为一体的特色粮油加工基地。宝华半挂、索普集团、鸿泰钢铁、京口纸业等一批现有骨干企业持续加大技改投入，最先进的半挂车配件、新型海工机械、四级钢、“小、精、优”纸品等高附加值产品生产线纷纷上马，推动企业向价值链、产业链高端攀升。专项治理调结构。继续深入实施化工整治、加快北部滨水区建设，关闭6家化工企业，大东纸业等企业陆续搬迁至新区，全年万元生产总值能耗下降到0.8吨标准煤，三次产业比重0.5∶37.9∶61.6，高新技术产业产值占规模以上工业产值比重增长至29.2%，产业结构更趋优化。

（经　晶）

【加速推动新兴产业发展】 全力以赴推进重点项目。总投资3亿美元的爱励国际与鼎胜合作项目即将开工，一期设计年产6.3万吨航空中厚板，国家级“高强度大规格铝合金板带”特色产业基地建设已全速启动。绿洲新能源即将建成投产，其工艺能将每度“太阳电”的上网价从4元降至1元，接近普通煤电价格，全部达产后将形成年产200兆瓦的规模。新民洲海洋工程装备基地获批，开发建设明显提速，正勾勒着“百亿海工”基地的蓝图。全力打造新兴产业基地。重点建设以航空航天用铝材为主的高性能特种铝材料制造基地；以海洋工程及船舶配套等为主的海洋工程装备产业基地；以粮油仓储、压榨、精炼、分装物流为一体的特色粮油加工基地；以新型特种金属材料、薄膜太阳能、锂电池材料等为主的新材料、新能源产业基地；以甲醇、醋酸等化工产品为主的绿色化工产业基地，不断引导和推进产业集聚发展。提质加速打造新优势。建成中煤电子院士工作站、鼎胜铝业博士后工作站，建成省级工程技术研究中心等政产学研平台技术中心7个，新增省级高新技术产品10个，申报省级科技项目15个。（经　晶）

【加快信息化建设步伐】 加速发展规模企业。全区电子信息产业企业有70家，软件产业实现营业收入15.8亿元，同比增长43.04%；信息服务业实现收入56.5亿元，同比增长47.2%；新增软件企业9家。加速提升专业层次。软件企

天正置业广场（大润发项目）奠基仪式

业拥有软件著作权27个，申请发明专利91项，通过软件产品、软件企业认证11家，通过国家高新技术企业认证1家。形成以京江软件园为代表的软件服务外包；以名通信息科技为代表的电子商务；以星创文化传媒为代表的网络传媒；以精英软件为代表的省交管系统软件金融的特色企业。加速推进“两化融合”。研究制定全区推进“两化融合”（工业化、信息化）工作的指导意见，以宝华半挂、宝华物流等为重点，积极申报省示范项目和试点企业，以信息化带动工业化，以工业化促进信息化。

（经 晶）

【强势推进节能降耗】 加大高耗能企业限电力度。严格实施《镇江市2010年9～10月份工业企业调控电量初步方案》，有计划地组织企业实施停产、限产、轮休和设备检修等。加大节能工程实施力度。欧尚超市引进一套全新的能源维护系统（PEMS系统），每年可节约电耗354万千瓦时，节约资金300多万元。鸿泰钢铁炼钢采取“调风量”技改措施，一年节电280万千瓦时。加大落实产能淘汰力度。利用应急调控的有利时机，通过实施惩罚性电价等经济和行政手段，推进东方碳素、星星阻燃剂、大宝轧钢厂等企业落后生产设备淘汰进度。

（经 晶）

“十二五”经济社会发展主要指标

表11

指标名称		单位	2010年完成数	2015年目标数	年均增长（%）
经济增长（7项）	地区生产总值	亿元	260.46	510.00	12～13
	人均地区生产总值	万元	6.76	13.00	>12
	地方一般预算收入	亿元	10.03	24.90	20
	全社会固定资产投入	亿元	186.84	500.00	20
	实际到位外资	亿美元	0.83	1.50	11
	定报工业销售	亿元	261.85	800.00	25
	社会消费品零售总额	亿元	139.91	336.00	19
结构优化（4项）	服务业增加值占GDP比重	%	61.60	70.00	—
	高新技术产业产值占规模工业产值比重	%	29.20	46.00	—
	新兴产业销售占规模工业销售比重	%	40.00	50.00	—
	城市化水平	%	96.60	99.00	—
民生幸福（6项）	城镇居民人均可支配收入	元	23767.00	43400.00	13
	农民人均纯收入	元	11498.00	22200.00	14
	城镇调查失业率	%		<5.50	—
	五年新增城镇就业	万人	2.64	3.00	—
	城乡基本社会保险覆盖率	%	98.40	99.00	—
	新型农村合作医疗住院实际补偿比	%	45.00	50.00	—
科技创新（3项）	全社会研发经费支出占GDP比重	%	2.28	3.00	—
	百亿元GDP专利授权数	件	22.00	25.00	—
	科技进步贡献率	%	53.00	60.00	—
资源环境（7项）	人口自然增长率	‰	1.67	2.60	—
	城市建成区绿化覆盖率	%	43.00	47.00	—
	森林覆盖率	%	25.00	26.00	—
	万元地区生产总值综合能耗下降率	%	比“十五”末下降20%	完成市下达任务	—
	万元地区生产总值CO2排放削减率	%	—	完成市下达任务	—
	主要污染物排放削减率	%	—	完成市下达任务	—
	耕地保有量	万亩	—	完成市下达任务	—

（经 晶）

【积极优化政策环境】 及时出台激励政策。起草出台《新兴产业发展指导意见》、《京口区中小企业培扶专项资金实施办法》，为助推新兴产业发展、培植规模企业创造良好氛围。加大人才资源优先投入。保证全区3%以上的一般预算收入用于人才工作，1:1配套奖励市级以上领军人才和团队，一次性给予特殊紧缺人才2万元～5万元资助。不断加快创业环境。自筹资金建成归国博士创业园，创成省级国际服务外包示范区，开工建设高创中心二期、园区高创中心、学府科技创业基地等创新载体。已建在建创新载体超过15万平方米。

（经 晶）

国土资源管理

【概况】 2010年，京口国土资源管理工作在区委、区政府和市国土资源局领导下，全区国土资源管理工作取得重要成效。区地质灾害防治被国土资源部评为“全国地质灾害防治工作‘十有县’”；区土地执法被省国土资源厅评为“土地执法创建工作先进区”；区国土资源系统被评为“省2007～2009年文明行业”；国土资源京口分局被表彰为市国土资源执法监察工作、法规宣传科技测绘信息工作、党风廉政建设等先进单位，分局党工委连续五年被市局党委表彰为“‘五好’基层党组织”。谏壁国土资源所被表彰为“省优秀国土资源所”；共青团农场国土资源所、四牌楼国土资源所被表彰为“市先进国土资源所”。健康路国土资源所孔国华被国土资源部表彰为全国100名地质灾害防治优秀巡查员，并赴北京参加表彰大会。 （张仁东）

【全区面积】 全区总面积12468.63公顷，其中：耕地1568.85公顷（水田666.18公顷、水浇地16.59公顷、旱地886.08公顷），园地320.39公顷（果园56.42公顷、茶园5.27公顷、其他园地258.7公顷），林地371.68公顷（有林地224.13公顷、灌木林地126.35公顷、其他林地21.2公顷），草地28.73公顷，城镇村及工矿用地4466.48公顷（城市用地2111.96公顷、建制镇用地1100.52公顷、村庄用地549.32公顷、采矿用地542.38公顷、风景名胜及特殊用地162.3公顷），交通运输用地462.47公顷（铁路用地29.75公顷、公路用地311.86公顷、农村道路用地119.48公顷、港口码头用地1公顷、管道运输用地0.38公顷），水域及水利设施用地5160.72公顷（河流水面2685.51公顷、坑塘水面271.86公顷、内陆滩涂1875.37公顷、沟渠122.03公顷、水工建筑用地205.95公顷），其他土地89.28公顷（设施农用地19.62公顷、田坎69.66公顷）。 （张仁东）

【土地登记发证】 全年完成单位及商业网点房土地登记发证168宗地，面积103.25公顷；私房（含宅基地）土地登记发证3183宗（套）；集体土地所有权调查1570宗地，登记发证40宗地；农村宅基地使用权调查650宗地，42公顷；城镇初始地籍调查1830公顷、变更调查2600公顷。 （张仁东）

【基本农田保护】 按省、部要求完成基本农田保护区规划。保护区集中在共青团农场地域，面积为218.94公顷，其中耕地面积为180.43公顷，基本农田保有量略高于市下达给京口区180公顷的保护指标。 （张仁东）

【建设用地管理】 一是项目用地报批。共完成7个批次、3个单独选址共48个项目用地征转用报批工作，报批用地总面积144.61公顷，农用地转用面积为90.88公顷（耕地51.07公顷），其中11个项目为市属项目，报批面积为49.46公顷；37个项目为区属项目，报批面积为95.14公顷。二是项目用地补偿。对零龙公路、江滨大道东延、古运河整治、338省道拓宽改造、港盛重工、永金船舶、国伟金属、登宇电光源、凯拓机械等共44个项目用地实施补偿，补偿用地面积253.11公顷，拨付征地补偿款8976.5万元，支付社保基金7745.84万元，用于安置1893名被征地集体经济组织成员。三是经营性用地出让。协同市主管部门完成12宗，46.88经营性用地出让供地，出让金收益共15.83亿元。四是宅基地审批。审批农村居民建房用地19宗，审批用地面积0.18公顷，其中新建10宗、0.09公顷，翻建6宗、0.06公顷，翻扩建3宗、0.03公顷。 （张仁东）

召开京口区土地执法模范区创建暨卫片执法检查工作动员大会

【矿山环境治理】 谏壁镇与马湾两处采石岩口整治工程全部竣工，并通过省、市两级检查验收，平整宕口面积11.71万平方米，治理坡面面积11.22万平方米，植被及工程复绿面积共22.94万平方米，全面完成国土资源部和省政府安排在京口区矿山环境整治项目工程。 （张仁东）

【土地信访调处】 红旗碳素厂与鸿泰二期项目用地补偿矛盾引起集访上访问题，经象山镇、工业园和职能部门调处，有效化解了矛盾。共受理信访35宗，接待来访7起，全部按时办结。涉土赴省信访总量排名居全省第44位，较上一年度前移32位。 （张仁东）

【国土资源执法监察】 大力推进土地执法模范区创建活动，进一步优化国土资源管理保护的执法环境，共组织土地、矿山巡查近200次，巡查项目用地193宗、4279公顷，发现制止违法用地4起、2.08公顷，发现制止盗采行为2起，证据查扣盗采机械1台，罚款6万元，立案查处土地违法案件5宗，查处违法用地面积9.11公顷。在2009年度卫片执法检查和当年国家土地督察南京局进行的例行土地督察中，京口区均被确认为全市唯一零违法用地行政区。 （张仁东）

工商行政管理

【概况】 工商京口分局紧紧围绕“保增长、护民生、促发展”工作目标，尽职尽责加强市场监管，尽心尽力服务经济发展，坚持不懈推进改革创新，以信息工商、数字工商

2010年京口区企业获批商标注册情况

表12

序号	企业名称	注册商标名称	认定称号	认定时间	认定部门
1	江苏索普(集团)有限公司	索普	省著名商标	2010-12-21	江苏省商标评审委员会
2	镇江市宝华半挂车配件有限公司	宝明	省著名商标	2010-12-21	江苏省商标评审委员会
3	镇江宴春酒楼有限公司	宴春	省著名商标	2010-12-21	江苏省商标评审委员会
4	镇江金钛软件有限公司	金钛软件	省著名商标	2010-12-21	江苏省商标评审委员会
5	镇江方源化学有限公司	方源	省著名商标	2010-12-21	江苏省商标评审委员会
6	镇江市正恺电子有限公司	正恺	省著名商标	2010-12-21	江苏省商标评审委员会
7	镇江京友调味品有限公司	甘露	省著名商标	2010-12-21	江苏省商标评审委员会
8	镇江禾润世家食品有限公司	禾润世家	市知名商标	2010-10-22	镇江市商标评审委员会
9	镇江宝华物流有限公司	宝华物流	市知名商标	2010-10-22	镇江市商标评审委员会
10	镇江方源化学有限公司	方 源	市知名商标	2010-10-22	镇江市商标评审委员会

（马晓敏）

建设为重点，积极更新监管手段，以建设法治工商为目标切实推进依法行政，以整治影响市场秩序的重点难点问题为突破口全面加大监管执法力度，执法行为明显规范，监管效能显著提高，进一步增强市场监管的执行力和公信力，树立工商行政管理公平公正的执法权威和良好形象。全区新增个体工商户7249户，注册资本15.1亿元，私营企业2499家，注册资本169.5亿元。办理股权出质登记4件，出质股权8000万元，为企业融资2000万元。民营经济发展注册资本增长幅度排全市第一。拥有各类企业8681家，个体工商户16980户，注册资本364.8亿元，从业人员124033人。（王 希）

召开京口区放心消费创建工作会议

【优化发展环境】 重点推进创业型城市建设，支持各类市场主体改革和发展。工商所专门设立“创业服务窗口”，开设“周末创业绿色通道”，与辖区的镇、街道、社区结对子，对10家创业孵化基地积极介入，全力推进创业型城市建设。积极扶持各类特殊群体从事个体经营，帮扶创业9655人。继续加大商标注册指导力度，深入企业及服务单位对驰名、著名商标申报工作进行集中辅导，辅导中采取挂钩帮助法、分类指导法、重点帮扶法，积极开展对知名商标企业的回访工作，主动与各镇、街道联系，把商标发展培育工作做到基层。全区新申报注册商标200件，查处各类商标侵权案件16起，有效地保护企业的合法权益。大力推进诚信企业的创建工作，共有4家单位获市级合同管理先进单位。分局建立信用(合同)监管网络，在各工商所建立基层合同指导站，调解和解决经营中遇到的各类合同矛盾和纠纷。开展企业、行业放心消费创建试点，积极探索区域创建思路和模式，推荐大市口街道、大祥时尚街、八佰伴商贸公司三家单位为省级试点区域和行业。（王 希）

【净化市场环境】 开展“红盾护农”活动。对销售农药、种子、化肥等单位专项执法检查。实施种子留样备查、强化农资抽检力度、查处“傍名牌”肥料、规范夏粮收购行为等措施，严厉打击扰乱农村市场秩序的不法行为。“三夏”期间，开展以农药、化肥、种子、地膜、农具等产品为重点的专项检查，共检查经营户8户，取缔无照经营户2户，下发整改通知书3份。做好家电下乡产品指定销售网点的备案工作，规范辖区内家电下乡产品指定销售网点的经营行为。继续加大查处商业贿赂案件的工作力度，积极扩大案件来源，认真排查案件线索。建立大要案件备案制度，加强信息沟通和办案指导，及时发现并解决基层办案中存在的困难和问题，同时积极建立案件通报、协查、移送、信息共享等工作机制，形成治理合力。努力用制度规范执法权力的运行，查处抽逃注册资本、无照经营、销售假冒伪劣商品、商标侵权等案件65件。分局密切配

2010年京口区企业登记基本情况

表13

分 类	项　　目	年末实有数(家)
企业性质	有限责任公司(内资)	562
	有限责任公司(私营)	4703
	国有、集体企业	369
	个人独资企业	2776
	农、林、渔业	58
	建筑业	602
	交通运输、仓储业和邮政业	215
	批发和零售业	4299
行业	住宿和餐饮业	194
	房地产	302
	租赁和商务服务业	805
	教育	9
	卫生、社会保障和社会福利业	6
	文化、体育和娱乐业	106
	居民服务和其他服务	371
	采矿业	2
	制造业	845
	金融业	177
	电力、燃气及水白生产和供应业	21

（王　希）

合公安机关，对群众反映较大的传销窝点坚决取缔。积极开展创建“无传销社区(村)”活动，继续保持打击非法传销的高压态势。配合有关部门开展“打黄打非”执法工作，对音像市场、文化批发市场等进行了重点检查和整治，共检查10余次，出动执法人员50余人次，联合文化局、公安局执法3次。开展无照经营专项整治、山门口烧烤集中整治、世博广告标语专项检查等系列执法，共出动执法人员500余人次，检查经营户950户，发出预警通知书48份，取缔无照经营76户。配合大市口改造工程，加强夜市管理，对市场线路全面维护整改，派专人对夜市进行全面监管，落实准点出摊制度，保持市场道路通畅。编印4000余份“文明城市创建我知晓”宣传单，通过农贸市场发放到经营户和消费者手中，安排工商所和分局机关干部定点值班，督察组每天对辖区内的菜市场巡检督察，共开展食品安全、无照经营等专项执法6次，出动执法人员386人次，检查经营户650户，发出预警通知书28份，取缔无照经营户38户，联合相关部门，取缔黑网吧15家，查扣电脑100多台。分局成立市场监督管理办公室，在每一个工商所成立市场巡查小组，装备巡查车辆，保证市场巡查管理取得成效。共完成102期，计1200条整改任务。

（王　希）

【创造消费氛围】 组织开展皮鞋、电动车、汽油、钢材、食用油、服装、通讯器材等112批次的抽检，对抽检不合格食品采取下架、召回、罚款等处理。开展食品快速检测554批次，合格率100%。开展系列食品市场专项整治行动，共出动执法人员465人次，检查经营户1200户，发出预警通知书28份，取缔无照经营户62户。查获2008年问题乳粉5.5578吨，并督促该批问题乳粉全部退回经销商，区内乳制品经销企业都签订不销售问题乳粉的承诺书。严格按要求把好食品流通许可准入关，发放食品流通许可证864份。开展食品安全放心示范店、超市创建活动，对全区20家食品安全放心示范店(超市)进行授牌。区消协指导大祥时尚街商场在全市首家试点实施“先行赔付”办法，充分保障消费者权益。积极做好争创“百城万店无假货”示范街的宣传指导工作，示范街内的50余户商户软、硬件均达到市级“百城万店无假货”示范店的标准。认真开展“3·15”消费维权系列活动，加强消费纠纷调解处理。设立6个宣传咨询点，发放宣传材料5000余份，现场提供咨询服务300多人次。全年共受理和调解

工商执法人员检查假冒鸡精

消费者申诉541件,解决率100%、为消费者挽回经济损失100余万元。 (王 希)

人力资源管理

【概况】 京口人社局高扬“苦干实干、争先争强”的主基调,保持“紧张快干、奋发有为”的精神状态,推创业、强人才、保就业、惠民生,积极促进全区经济社会和谐发展,先后获“市跨越发展有功单位”、“省先进仲裁委员会”、“市农业农村工作先进集体”、“市人事编制系统目标管理先进单位”、“市创业就业工作优秀单位”、“市社区就业工作先进单位”、“市区社保扩面征缴先进集体”等荣誉称号。 (刘明军)

【领军人才引进】 制订《京口区创新创业领军人才工作资金使用和管理办法》,明确全区领军人才引进相关优惠政策,组织开展海外引才活动,加强与高校等机构的交流与合作。引进并经市认定的创新创业领军人才17人,团队3个;其中1人入选2010年国家“千人计划”项目,5人获省“双创”人才计划资助,9人获市“331”计划引进人才项目资助,1人获省“六大人才高峰”第六批高层次人才项目资助。 (刘明军)

【技能人才培养】 联合区总工会相继开展车工、维修电工、餐饮服务、园林绿化、环卫保洁类等十个工种的技能竞赛,采取校企联合的方式对员工进行理论和技能双向培训,以马威司达建筑材料有限公司、京口精工机械厂等企业为试点开展职业技能鉴定。新增高级技工人数130人,技师人数200人,职业技能鉴定人数1342人,取证人数1141人,统考人数342人。 (刘明军)

【人事制度改革】 严格遵守并把握岗位设置管理工作的原则,加强请示报告和指导协调,适当调整教育、卫生系统专业技术岗位设置结构比例,及时化解矛盾,确保事业单位岗位设置管理工作稳步推进。全区各事业单位岗位设置方案已经市局核准批复。组织事业单位面向社会公开招考,区中小企业服务中心等3家事业单位共招考工作人员6名。 (刘明军)

【人事综合管理】 提升机关事业单位工作人员能力水平,全年培训公务员1315人次,企事业单位专业技术人员继续教育2106人。加强对机关事业单位年度考核的组织指导,确保考核结果的正确和考核结果运用的准确,全区有3065人参加考核,考核优秀434人,称职(含合格)2597人。认真做好营级以下军转干部和随军家属安置工作,及时报送安置单位参加市军转干部双选会议,共安置2名军转干部和12名随军家属。机关、事业、企业退休审批无一差错,共审批机关事业单位人员退休108名,企业人员退休398名。积极组织退休老同志开展各项活动,选送的舞蹈《城市山林》参加市局举办的第六届全市退休人员文艺汇演获舞蹈类金奖。 (刘明军)

审计管理

【概况】 区审计局坚持“依法审计、服务大局、围绕中心、突出重点、求真务实”的审计工作方针,紧紧围绕全区经济工作中心和“加快转型升级,创造发展新优势”的目标定位,突出对经济社会中的热点、难点和领导关注、群众关心的问题开展审计和审计调查,为维护我区财经秩序,推进廉政建设,优化发展环境发挥审计工作的“免疫系统”作用。全年共完成审计项目22个,完成其他交办事项24件,发布审计结果公告1个,查出违规金额5082万元,管理不规范金额1.31亿元,为政府节约财政建设资金943.11万元,提交的审计工作报告和综合报告、信息51篇(次)被不同部门采用,针对审计发现的问题,向被审计单位提出合理化建议32条。区审计局被市审计局表彰为“2010年度全市审计机关先进集体”。 (张继芬)

【履行审计职能】 深化预算执行审计,规范预算管理行为。“同级审”注重从体制、机制、制度层面发现和分析问题,提出审计意见和建议,预算执行审计的质量和水平不断提高,在促进公共财政建设、完善预算管理、提高政府部门依法行政水平等方面发挥了重要作用。预算执行审计工作得到区人大和区政府的肯定和好评。针对查出的违规资金3183万元,管理不规范资金516万元和审计发现的问题,各有关部门积极采纳审计建议,认真制定整改措施,严格执行审计处理决定,切实提高预算管理水平,取得了比较好的成效。强化乡镇决算审计,规范财政决算管理。对象山镇政府开展2009年财政决算审计,重点审计镇财政收支决算情况、镇政府、镇经济中心、镇保障所经费收支情况;对科技专项经费、镇财政预算外资金暂付款—东风村账户进行审计调查。查出违规资金1169万元,管理不规范资金277万元;针对镇政府在财政收支管理、固定资产处置、往来资金清理、纳税意识等方面存在的问题提出5条整改意见,象山镇政府进行积极的整改。坚持加强街道审计,规范财政财务收支。组织实施健康路街道办事处2009年财政财务收支审计,在了解掌握该街道和健康经贸实业总公司以及健康街道所辖各社区的资产负债、财务收支情况的基础上,对收支的真实性、合规合法性进行重点审计,并对存在的未按规定使用专用票据、未按规定缴纳税费等问题提出整改意见。 (张继芬)

【服务发展大局】 重点工程审计循序渐进。对区重点工程京鼎大道、谏壁小学、正东路文体活动中心三大工程竣工决算进行审计,其中京鼎大道工程审计送审金额3270万元,审定金额2721万元,审计核减金额549万元,核减率16.77%;正东路街道文体活动中心送审金额1104万元,审定金额856万元,审计核减金额247万元,核减率22.37%。有计划、有选择、有重点地对区重点工程加大审计力度，完善制度，为区领导及时掌握区重点工程情况提供了有效依据。经济责任审计大力推进。委托审计项目7个，均为离任审计，其中“三责联审”1个，查出违规金额724.44万元，管理不规范金额298.82万元。绩效审计逐步完善。全年完成“结合型”绩效审计11个，分别是财政审计3个、固定资产投资审计1个、经济责任审计7个；“独立性”绩效审计1个，即市审计局统一安排的残疾人保障金专项审计。项目实施中重点关注资金使用的效率和效果，对资金使用管理效益和存在的问题进行客观评价。 （张继芬）

【完成重点任务】 尽心尽责完成党委、政府交办的审计任务。完成张马村、宝华（二期）地块房屋拆迁安置补偿资金审计2个，东风、方家湾、华城新村（二期）安置房建设资金审计3个，重点对项目概算、成本发生、实际收支、拆迁资金欠付、房屋实际拆迁面积、预收安置房款以及拆迁实施单位工作经费使用情况进行认真的审查，对拆迁户原始档案进行抽查。通过审计，促进了拆迁政策的严格执行和工作程序的规范。按质按量完成上级审计机关交办的审计项目。按期完成全省义务教育阶段教师绩效工资政策落实情况专项审计调查、地方政府债务专项审计调查、玉树地震抗震救灾资金物资跟踪审计、残疾人保障金绩效审计、第三期太湖水污染综合治理专项审计；按要求开展全省中小学校舍安全工程跟踪审计、工程建设领域突出问题专项治理跟踪审计。力所能及完成相关部门委托的审计事项。完成区相关部门委托工程审计事项20件，主要是象山镇城管办公室菜市场工程、大市口街办文体活动中心装饰工程、恒泰新村安置房小区毛石挡土墙工程等，送审金额1785.93万元，审定金额1638.53万元，审计核减147.4万元，通过审计，甩干了工程项目概预算中的水分，促进了概预算行为的规范。 （张继芬）

【提升审计形象】 公开招考审计人员。成立区经济责任审计中心，增设事业编制4个。通过向社会公开招考，成功录用审计专业人员2名，同时引进财会专业人员1名，充实审计力量，壮大审计队伍。加强审计综合培训。组织审计人员培训AO软件运用3次，内审协会组织全区内审人员培训《新审计法实施条例》等相关业务知识2次；参加审计署组织的局长培训班1人次，参加市局组织的审计业务，审计新法规培训等32人次，参加审计职称、业务证书、公务员后续教育、普法考试27人次。强化机关内部管理。修订、完善局机关各项规章制度，建立健全局党组议事规则、民主生活会制度、中心组学习制度。构建《局机关惩防体系基本框架制度建设模型》，逐步形成凡事“有章可循、有据可查、有人负责、有人监督”的管理机制。打造审计良好形象。局党组和局支部定期组织党员干部认真学习《廉政准则》，交流思想认识，撰写体会文章，教育大家增强拒腐防变意识；积极参加全区开展的“创先争优”和“三服务一提升”活动，营造机关积极向上的和谐氛围；在被评为市区两级文明单位的基础上，继续开展新一轮文明创建活动，不断提升审计良好形象。

（张继芬）

举办新《审计法实施条例》等相关业务知识培训

安全生产监督管理

【概况】 全区安全生产工作围绕“安全生产年”这条主线，扎实推进安全生产“三项行动”（执法行动、治理行动、宣传教育行动），加强安全生产“三项建设”（法制体制机制建设、保障能力建设、监管队伍建设），强化责任、广泛宣传、狠抓基础，创新监管、完善机制、严格执法，深化专项治理，全面完成区政府提出的杜绝较大以上事故的目标，全年安全生产形势稳定，未发生安全生产责任事故，各项指标均未突破市下达控制指标，为全区更好更快发展创造了和谐稳定的环境。区安监局获2010年度“全省安全生产监管监察系统先进单位”称号。 （乐　观）

【突出责任落实】 坚持两项制度。辖区各级领导干部全部实行“一岗双责制”，严格实行安全生产“一票否决制”。明确责任，层层分解。年初，区政府与各镇（街道）、工业园、农场、区各主管部门签订安全生产工作目标责任状，落实安全生产责任制，建立横向到边、纵向到底的责任制网络体系，做到目标明确、责任落实。建立健全责任预警

召开安全生产工作会议

机制。对屡次发生事故的地方、部门或企业,实行诫勉谈话,加大事故责任追究力度,举一反三,杜绝类似事故再次发生。落实企业安全主体责任。辖区生产经营单位从建章立制、完善操作规程、改进生产工艺、全员安全教育培训、隐患排查治理、应急救援等方面入手,加大安全投入,提高企业本质安全度。 (乐 观)

【坚持行业监管和部门整体联动】 各地、各部门各司其职,分清责任,分工协作,共同执法,形成合力。农村交通道路运输检查由区交通运输局和公安京口分局组织实施;建筑(拆除)施工工地检查由区住建局组织实施;人员密集场所检查由公安京口分局和京口消防大队组织实施;各类营业证照和非法生产经营专项检查由工商京口分局牵头。每逢重大节假日和重要活动,区安委会牵头,统一部署、制定详细方案,安监、公安、消防、工商、卫生、城管、教育等部门整体联动,开展全方位大检查。 (乐 观)

【注重安全生产专项整治】 充分发挥社区、村网络化作用,发动基层的"三支力量"(安全员、信息员、群众)查找隐患,对存在隐患的企业,安监局等部门及时上门督促,帮助落实整改措施。区安委会定期召开隐患整改督办会,及时协调解决重大隐患整改。全区共排查各类生产经营单位1269家,排查一般隐患3314条,其中市级挂牌隐患整改单位2家,已全部整改完毕。年初制定安全生产专项治理实施方案,区相关部门依据各自职责,牵头开展7项专项治理。 (乐 观)

【抓好全员培训】 依法对三种人群全面轮训。面向社会群众:开展安全生产咨询日、安全生产事故案例巡展、"安康杯"知识竞赛和安全大型公益广告牌宣传等安全宣传活动。面向安全管理人员及一线员工:与华东安科院等单位合作,共举办培训班17期,培训安全管理人员2000多余人,其中企业直接办班6期,厂长(经理)省级安全生产培训班1期,企业车间主任、工段长培训班4期。面向农民工:开展农民工免费培训7952人次。落实奖励制度,对安全生产培训考试中成绩优异者给予表彰。全年培训人数累计超万人。 (乐 观)

【巩固基础建设】 开展第二次安全生产大普查活动,建立系统完善的安全生产信息数据库,全区所有定报以上企业被录入在内,共442家。实现对危险源点的动态监控、有效监控,制定全区各级应急救援预案,为全面提升安全生产工作水平奠定基础。结合工作重点,突出安全标准化、"1+3"安全监控体系、危险源点监控、诚信企业创建及"三同时"、风险抵押金(责任险)等方面。 (乐 观)

【加强权力节点监控】 按照加强安全生产"三项建设"的监管监察队伍建设要求,重点加强安监部门、监察队伍的监督和建设,区纪检监察、法制办等部门定期对安监局行政审批事项和权力节点进行梳理和检查,制定并公开公示《关于加强烟花爆竹经营(零售)许可证办理权力节点监控实施办法》、《关于危险化学品经营许可证办理权力节点监控实施办法》等规章制度。办理案件全部网上公示,加强案件调查、审理、结案定性、行政处罚等方面的过程监督,防止一人说了算,少数人说了算。 (乐 观)

统计管理

【概况】 区统计局高扬"苦干实干,争先争强"的主基调,发扬团结协作、奋发向上的团队精神,认真履行职责,进一步提高统计数据质量,不断加强统计基础工作,切实转变机关工作作风,积极主动地做好经济运行和社会发展的统计监测,在区委、区政府决策和整体工作落实中较好地发挥参谋助手作用,为全区经济社会又好又快发展起到积极的推动作用。全年向省统计局、市统计局内网、区信息部门报送各类统计信息、要事60余篇,统计分析12篇,其中《1~2月份全区固定资产投资情况简析》,被区委书记胡宗元作重要批示,并批转相关部门参阅。 (胡 涛)

【强化经济运行监测】 全局日常统计工作涉及调查单位达2000家,同比增加200家。面对数量多,任务重,责任大的现状,加强组织领导。多次召开工业、固定资产投资、贸易、"两个收入"调查和劳动工资等专业培训会议。对工业、贸易餐饮业、劳动工资、房地产、服务业逐步实施网上直报工作，采取深化操作培训、上门业务指导、加强检查督促、对重要指标数据实行重点监控、加强统计数据逻辑的审核和评估等一系列措施，确保上报数据不重不漏，无趋势性差错及各专业定报的质量和时效。加大执法力度，优化统计环境。从宣传教育入手，把贯彻执行《统计法》、《统计违法违纪行为处分规定》落实到统计工作的各个环节，充分利用大型电子屏、电子网站、短信平台、简报、横幅、新年送印有普法宣传用语的福字、年历等多种方式开展全方位、立体式的统计普法活动，全年共发送短信8000余条，悬挂宣传横幅46条，张贴标语4000余张、楼道张贴画4000张、宣传海报60张、宣传单页400余份，发放《致调查户的一封信》28万余份。加大统计执法检查力度。以开展全国统计执法大检查为契机，做好统计部门及各镇、街道、园区、农场统计办自身执行《统计法》、《统计违法违纪行为处分规定》情况的自查，联合三部门抽查全区30个企业单位。组织20家调查单位的相关专业人员进行执法检查，加强对受检查单位统计数据质量控制。通过统计执法提高全社会依法统计的自觉性，为依法统计创造良好的社会环境。（胡　涛）

【精心组织全国第六次人口普查】 区政府下发《关于认真做好第六次全国人口普查工作的通知》，召开全区人普工作推进会，组建区人口普查办公室，着力推进人员、资金和办公条件的落实。建立“区——镇——社区——指导员——普查员”五级工作网络，坚持四项工作制度（领导挂钩责任制、社区主任包干制、普查指导员督导制和普查员责任制）。联合区委宣传部在电子日报、京口电台开辟“人普之窗”，编发简报20余期，报道各类信息70多条，做到家喻户晓，人人支持，营造良好的社会氛围。在正东路街道京岘山和京口路两个社区进行市级流动人口试点，在大市口街道华润社区开展区级综合试点，为正式普查积累经验。利用下发的测绘图及国土部门卫星遥感地图，集中绘制8个镇（街道、园区）、78个村（社区）、1826个普查小区三级普查区域图，明确各自的责任区域，做到界限明确、不重不漏。区人普办分两期组织全区420多名指导员及业务骨干开展培训工作。各镇、街道人普办分别根据培训计划，分期对1800多名普查员进行培训。区人普办组成多个督查组深入每个普查区进行巡查，确保“区不漏房、房不漏户、户不漏人”。全力以赴做好登记工作，确保户主姓名底册上的登记对象一个不漏地落实到登记表中，并做好保密工作，严禁泄露任何调查对象的资料。合理安排光电录入与数据审核，确保数据真实可靠。全区第六次全国人口普查的各项数据全面达到省、市的工作要求。（胡　涛）

外籍友人主动来到社区，配合完成人口普查工作

【统筹安排各项抽样调查工作】 全局完成R&D资源清查、公众环保满意率抽样调查、老年人生活状况与社区（村）养老服务需求调查、部分服务业抽样调查、旅游人才资源调查、工业品出厂价格基本信息调查、企业景气调查、采购经理调查等15项抽样调查，涉及样本数达5000个。高质量推进关乎民生的100户农村和150户城镇住户“两个收入”(农民现金收入，城镇居民可支配收入)调查，真实反映区委、区政府落实各项民生政策措施，惠及人民群众的成果。做好创业型城市创建、生态市建设、文化产业、科学发展观等重点工作统计数据监测工作。强化对各责任部门的业务指导及各部门之间的协作和配合。加强与市统计局相关处室和区各牵头部门的沟通协调。科学谋划监测运行工作机制及实施方法，切实做好数据衔接，确保监测工作开展的计划性与有序性，提高统计部门服务经济社会发展的能力。（胡　涛）

【强化统计队伍自身建设】 坚持自学和定期集中学习相结合的政治学习制度，不断加强政治理论和统计法律法规的学习，提高依法行政、依法统计的自觉性，做到学习与工作两不误，两促进，切实加强统计队伍的思想作风建设。做好全局创先争优工作，坚持高起点、高标准、高质量，精心组织，狠抓落实，深入扎实开展各项活动。加强督导检查，确保部署的每项工作有部署、有检查、有督办、有成效。建立办事高效、运转协调、行为规范的统计运行机制，树立接受任务不讲条件、执行任务不找借口、完成任务追求圆满的理念，以求真务实的工作作风，切实提高全局统计工作水平和落实执行力。（胡　涛）

物价管理

【概况】 区物价局紧扣区委、区政府提出的“践行科学发展观，率先基本现代化”的主题，紧抓“强投入快增长、调结构促转型、抓统筹惠民生”的工作主线，坚持“部署高起点、落实高效率、工作高要求”的工作定位，构建“创先争优”活动的实践载体，围绕中心，服务大局，苦干实干，争先争强，充分发挥价格监管、检查、评估、服务、宣传五大职能，为全区经济社会发展实现良好开局创造一流的价格服务环境。

（黄卫东）

执法人员对龙吟坊商业街区明码标价情况进行督查

【提升市场监管能力】 检查关口前移，事前告诫。重要节假日和预测价格异常波动前，积极组织商家、经营户进行座谈，签订诚信承诺书，送达提醒告诫书，强力宣传价格政策，倡导诚信经营。共发放各类价格政策宣传资料400余份。专项治理价格欺诈、虚假标价等不正当价格行为。对商场、超市、加油站等重点行业的促销价格、广告用语、标价形式等进行重点规范，使不正当价格行为得到有效遏制。对20家单位发放整改通知，对情节严重、拒不整改的12家单位进行经济处罚，共实施经济处罚1.49万元。配合市电视台和市广播电台对位于解放路、中山路上的两家存在价格欺诈行为的商家予以曝光。与市物价局开展联合执法检查，加大对粮油、蔬菜等主副食品加工、批发、零售等重点环节的监督检查，对粮油、蔬菜、肉、蛋、奶等17种主副食品由原来周报制度改为日报制度和零报告制度，进一步加大价格监测力度，切实维护良好的市场价格环境。

（黄卫东）

【遏制教育违规收费行为】 针对个别学校以安全设施升级、配备安保人员为由，向学生收取“安全管理费”、“电子识别卡费”、“门卡费”、“保安费”等费用，制定三项措施，即：严禁各类学校、幼儿园以安全设施升级、配备安保人员为由，向学生、在园儿童收取任何费用，发现一起，查处一起；全面清理教育收费文件，对已出台的教育收费文件，凡不符合国家规定的一律废止，违规收取的费用要全额退还学生家长；加强对学校、幼儿园收费的监督检查，畅通“12358”价格举报电话，认真查处群众举报和检查发现的乱收费行为，对情节恶劣、性质严重的典型案例，及时通过新闻媒体公开曝光，并追究有关责任人员的责任。通过三项措施的落实，杜绝此类乱收费问题的发生。对辖区内有代表性的5家中小学和18家幼儿园的收费进行检查，共查出违规收费资金合计181.74万元。

（黄卫东）

【整治停车场收费热点问题】 群众反映强烈的停车场收费不规范行为增多。为规范停车场收费行为，区局及时抽调精干力量，组成专门督察组，采取定期不定期检查、突击检查、明察暗访、走访了解等方式，利用一个月时间，对辖区停车场新规执行情况展开拉网式督查检查，对存在突出收费问题的停车场，勒令其及时纠正，彻底整改。共检查15家停车场，发放整改通知书2份，对贺家弄社区无证在小区道路收费进行制止。（黄卫东）

【创建“百城万店无假货”示范街】 积极创建中山东路（西侧）示范街工作。在元旦、春节、“3·15”、“五一”等重大节假日采取宣传引导、召开座谈会、发放提醒函、开展法制培训、实地检查等形式，加强市场的督促、检查、指导，有效防止出现趁机涨价、价格欺诈、货价不符等现象，确保“百城万店无假货”示范街创建活动深入、正常、有序的发展。价格执法人员为中山东路联富商城全体业主进行“价格法律法规”，30余家业主参与培训；发放《江苏省明码标价实施办法》、《价格法》等相关的价格法律法规资料。

（黄卫东）

【打造龙吟坊“明码标价示范街”】 在前期充分调研的基础上，确定利用龙吟坊街区商业配套集中、各类餐饮业特色鲜明及区位、硬件、人气等优势，开展“价格普法一条街”和“明码标价示范街”的创建活动。深入宣传，大力普及价格法律法规，让明码价格示范街的创建有法可依。结合“3·15”消费者权益保护活动，在商业街内，摆摊设点、搭建充气拱形门、发放宣传资料，大力地宣传价格法律法规，使《价格法》和“明码标价示范街”创建活动有机结合，相互推动。对有关明码标价、禁止价格欺诈行为等相关规定进行了细化，制定出台“十个不准”，即：不准虚假标价、不准两套价格、不准假折扣、不准虚构原价、不准模糊标价、不准隐蔽价格附加、不准虚夸标价、不准模糊赠售、不准质量(数)与价格不符、不准假冒政府定价与政府指导价,使各商家在标价过程中能更好地执行国家规定,做到有章可循、规范有序。开展帮扶,做好贴近服务工作,让明码标价深入人心。组织商家、企业召开座谈会,明确创建活动的方法、步骤,阐明创建活动的意义。对明码标价工作开展为期一周的集中培训,并对部分商家、企业进行面对面、零距离服务,发放《标价签规范指南》。服务中,从标价签的制定、内容的正确填写、使用规范到降价签的使用等,实行“手把手教、一对一帮”。对龙吟坊50余家商家上门指导,大大提升龙吟坊商业街整体的明码标价率。完善监督网络,树立正反典型,让明码价格示范街规范有序。与龙吟坊商业街管理公司密切配合,建立价格监督站,聘用义务价格监督员,形成价格监督网络,通过监督站和义务价格监督员定期通报价格工作动态和政策法规信息,及时登记统计各商家的价格行为,督促引导商家主动进行明码标价。适时开展评先评优活动,树立价格诚信典型,对明码标价较好的商家予以表彰,推广价格诚信经验。对不规范的价格行为,开展价格检查整顿活动,加大对经营者的监督检查力度,对那些通过宣传教育、上门帮扶、三次整改仍不见成效的单位,按照法律法规予以严肃查处。营造和谐的价格环境,汇聚人气。市“价格普法一条街”、“明码标价示范街”落实龙吟坊,受到省、市领导高度重视,给予高度评价。

(黄卫东)

【深化“价格服务进社区”活动】 坚持维权服务。畅通“12358”价格举报电话,实行24小时专人接听,及时处理群众价格投诉和举报,维护人民群众的合法权益,共接到群众举报22件,其中来电12件、来访4件、来信6件,涉及停车场收费6件、教育类3件、医药类2件、其他11件,退还消费者7600元。坚持政策服务。认真落实市、区为企业服务的措施,及时召开涉企收费单位会议,并深入建设、教育、医疗等25个单位进行涉企收费专项检查。在各项检查的同时,进行法律、法规和价格政策宣传,让服务单位更好地了解国家有关价格政策、规定。坚持综合服务。工作人员定期上门指导社区价格服务站开展工作,提升社区价格服务站在社区居民心目中的地位,使社区价格服务站成为联系居民与物价部门的桥梁和纽带。

(黄卫东)

【完成房屋拆迁评估工作】 承担新生村地块、新华砖瓦厂、大车片区、象山路、象山花园二期、青山绿水合山整治项目、鼓楼岗滑坡灾害治理等18个市、区重点工程拆迁评估任务。在评估工作中,拆迁评估人员夜以继日的艰苦奋战,攻坚克难,及时、高质量完成各拆迁地块的评估入户和汇总工作,确保评估的质量,受到区委、区政府领导,地块挂钩领导,拆迁人和各拆迁责任主体的好评。共完成房屋拆迁评估3105余户约60.67万平方米,参与前期调查3581户约56.41万平方米。价格认证中心共受理公安、社会鉴证共22件,标的1.2亿元。

(黄卫东)

【完成收费年度审验工作】 在全区开展2009年度“收费许可证”审验工作。认真执行国家、省公布取消、变更的行政事业性收费政策,细致梳理涉企收费及行政事业性收费项目,确保收费管理工作得到进一步规范。2010年度全区“收费许可证”有111家,同比减少7家,其中行政机关21家、事业单位73家、其他单位17家(自筹自支事业性单位),年检收费总额8027.75万元,同比增加12.18%。共取消和降低行政事业性收费项目24项,涉及8个征收部门和单位,注销“收费许可证”8本,新增3本,直接减轻企业和群众负担300余万元。

(黄卫东)

【延伸“减负促企行”活动】 根据《关于开展涉企收费专项清理工作的通知》、《镇江市2010年优化经济发展环境工作要点》的各项要求,开展“减负促企行”活动。有针对性地制定涉企收费专题调研方案,明确调查任务和重点,对辖区内30余家企业中的5家不同类型企业有关涉企收费情况进行跟踪调查走访,发现有个别部门违规向企业拉赞助、搞捐赠,或向企业摊派不合理费用现象;个别单位有利用审批、年检等职权向企业搭车收费等违规行为。针对不合理的收费或变向收费行为,及时跟进,对不合理的收费等行为认真梳理,制定出三项应对策略,即:加强价格法律法规的培训;继续深入开展收费公示制;对现有的收费项目重新清理。编印《镇江市收费优惠政策汇编》、《镇江市涉企行政事业性收费目录》500本。开展免费赠送活动,使企业能够更加清楚掌握收费项目和标准,增强企业抵制乱收费的能力和依法交费的意识,真正为企业减负、松绑,让企业得到实惠。

(黄卫东)

国有资产管理

【强化企业资产管理】 根据区政府2009年第14号专题会议纪要和2010年9月15日区政府会议要求及区政府领导指示精神,组织区商贸总公司和兰阳公司成立核查小组,对原二饮服公司改制房产和未列入改制企业房产丈量核实,协调推进区商贸总公司和兰阳公司签订新的一揽子协议,经区政府领导决策责成区国有资产经营管理总公司办理。针对置业集团改制后出现的矛盾和问题,会同区信访、劳动、政法委等相关部门共同帮扶企业梳理问题、化解矛盾、稳定局面。时刻关注企业资产动向,督促改制企业和“区善后办”把资产保全工作放在重要位置,签订三方协议,将原江苏置业一部分法院判决房产牢牢控制住,并和市房产交易中心联合,非经区国资办及“区善后办”批准,冻结所有原江苏置业的产权交易。2010年查获江苏置业隐瞒并擅自出售改制外房产一处,督促“区善后办”办理。编印《资产监管动态》三期,并下发区相

关领导、部门。出台《关于加强区管企业资产经营管理的意见》,明确和规范区管企业资产经营和资产日常管理行为。（王忠建）

【加强行政事业单位资产管理】狠抓资产"进口"与"出口",对行政事业单位国有资产规范和监管,统一账卡设置、统一资产处置、明确权证管理、加强日常管理。规范资产处置操作办法,按照资产处置的不同类别,细化操作规则,先评估,后拍卖,保障资产的最大收益。继续规范资产出租出借审批行为,维护各行政事业单位的利益。（王忠建）

【全面启用江苏省行政事业单位国有资产管理信息系统】为加强行政事业单位国有资产的常态管理,全面提升管理水平,全区行政事业单位全面启用省行政事业单位国有资产管理信息系统。组织相关人员调研学习,购置相关软硬件,聘请软件公司安装设定,加强机房建设,租用电信网络端口,设定专用网络地址,统一各行政事业单位的用户名及登录密码,对资产管理人员和财务人员系统操作培训,分类录入所发生的资产增减变动情况,建立资产管理初始数据库。全区资产管理信息系统上线使用率达到100%,全区资产管理信息数据上报率达到100%。（王忠建）

召开加快发展现代服务业工作会议

第三产业管理

【经济结构不断优化】八佰伴、法国欧尚等一批知名商贸流通企业纷纷落户京口,极大地改善区域的消费环境。苏宁广场、财富广场等大体量项目的实施,进一步凸显京口主城区的地位,优化了全区商贸结构。中储粮仓储加工物流项目、恒伟果蔬保鲜物流中心项目等生产服务业项目竣工运行,为全区现代服务业的发展,起到示范效应。（徐　宙）

【服务业发展速度加快】全区实现社会消费品零售总额139.91亿元,同比增长18.6%。实现服务业增加值160.41亿元,同比增长16.6%;占GDP比重61.6%,同比提高2.2个百分点。全年新增服务业规模企业23家。烟草公司、中江能源、百盛商城和中石化等4家企业营业额超10亿元。中储粮仓储物流和恒伟食品冷链物流建成运营。八佰伴国际购物中心、欧尚超市、镇江商业城购物广场竣工营业。皇冠假日酒店、锦江之星经济型酒店等主体封顶。大润发京口店项目加快建设。（徐　宙）

【消费市场持续兴旺】镇江八佰伴、欧尚超市等项目的开业,抑制了消费外流,还吸引部分周边城市居民消费。镇江商业城、旅游超市、苏宁电器等骨干企业营收增速均超过35%以上,其中,镇江八佰伴、商业城全年营收均已突破10亿元,对全区社会消费品零售总额贡献率较高。（徐　宙）

【新兴服务业发展态势良好】在全区实施市级重点项目中,现代服务业项目有4个,已完成投资25亿元,占年计划投资的120%。科技信息服务业载体建设明显加快,京口高创中心二期、学府科技创业园、京口大学生创新创业基地等项目顺利实施,归国博士创业园有多家企业入驻。（徐　宙）

工业经济

责任编校：张 敏

新建工业项目

【概况】 全区实现全社会固定资产投资186.84亿元，同比增长31.6%，其中全社会工业投资73.13亿元，同比增长25.5%，增幅位列全市领先。全年完成全社会技改投资80亿元。实施技改项目220个。定报工业增加值65亿元，同比增长15%；定报工业销售261.85亿元，同比增长28.6%；定报工业利税22.39亿元，同比增长38.6%。大力实施推进“千百亿工程”，重点扶持鼎胜铝业、鸿泰钢铁、索普集团、中储粮、港盛重工等企业做大做强。全力推进鼎铝25万吨技改、海工基地、绿洲薄膜太阳能、科捷锂电池、海龙核材等新兴产业项目建设，并引导其产品向上下游延伸、高端化发展，为打造全区航空配套产业、海洋工程机械、新能源新材料等新兴产业基地创造有利条件。 （董 巍）

【项目建设绩效明显】 大力推进和实施68个区领导重点挂钩项目，涉及总投资438.18亿元。续建和新开工项目中，工业项目30个，涉及总投资115.16亿元。震东电光源搬迁技改、港机技改扩产、港机研发中心、鸿泰技改、四方建筑构件等项目已相继竣工投产。鼎铝年产25万吨铝板带箔技改项目、鸿泰节能减排研发中心、海龙核材、中野应急科技项目等一批项目开工建设。索普三期技改项目钢结构安装进入尾声，开始设备安装，2011年初实现竣工试车。 （董 巍）

【技改项目健康发展】 年产45万吨400Mpa高强度钢筋项目，厂房工程结束，现实施相关设备的安装调试，准备试生产。年产LED汽车用灯700万只技术改造项目、港机技改扩产项目已竣工投产。鸿泰节能技术开发研究中心，三幢房已审核通过详规图、综合管线图、施工图；地震局审核意见已办好；地产土地使用权批复已办好，现建设土地许可证正在办理。年产5万只通讯电子元器件技改项目，已购置部分设备。京口纸业仓储、研发中心项目，12258平方米的仓储中心基础混凝土浇筑结束，现进入地面土建施工，完成工作量90%。 （董 巍）

【新兴产业发展迅速】 鼎胜铝业年产25万吨铝板带箔技改（新材料）项目，11号厂房基础施工完成30%，钢结构完成20%，17号轧机基础施工完成80%；12号厂房抓紧钢结构进行吊顶板；锅炉房土建施工完成90%。海龙艾默生核级耐辐照复合功能材料（新材料）项目，开始协调交地；完成控规和平面设计，钻探及施工单位已落实，抓紧进场施工。非晶硅薄膜太阳能（新能源）项目，主厂房外墙板完成东南北三面施工，西面完成80%；宿

举行新型混合动力摩托车及车轮项目开工典礼

舍楼、食堂砌墙施工完成30%;办公楼一层南面开始扎钢筋施工。科捷纳米硅线大功率锂电池负极材料(新能源)项目,配套设施及水电施工85%;高创中心进行屋面构架立模施工;传达室混凝土施工结束,准备砌墙施工。海洋工程机械(海洋工程)项目,省交通厅正在会同省发改委拟文向交通部提交岸线使用申请;跟踪省水利厅上报长江水利委员会有关水利防洪行政许可文件。有源光纤(电子信息)项目,租用正恺电子三层厂房已投产并正常生产销售。空气净化系统(环保科技)项目,租赁正恺电子四层厂房进行小批量生产。

(董　巍)

重点工业企业

全区重点工业企业情况

表14　　　　单位:万元

亿元企业	总资产		产品销售收入		利税总额		利润总额	
	1~12月	增长(%)	1~12月	增长(%)	1~12月	增长(%)	1~12月	增长(%)
合　计	2547967	17.8	199184	39.7	113939	54.0	113939	54.0
江苏索普(集团)有限公司	991504	3.5	36329	42.2	13578	138.5	13578	138.5
中国国电集团公司谏壁发电厂	647885	43.7	55927	-1.1	35482	0.5	35482	0.5
镇江鼎胜铝业股份有限公司	315527	54.5	18716	316.0	16431	324.5	16431	324.5
江苏鸿泰钢铁有限公司	66162	48.6	8141	6095.4	5164	同期-2638.9万元	5164	同期-2638.9万元
国电江苏谏壁发电有限公司	163864	-4.8	29012	1.9	15608	-6.6	15608	-6.6
中储粮镇江粮油有限公司	56559	3.5	19507	427.4	8530	399.0	8530	399.0
镇江强灵照明有限公司	3289	-1.7	3647	103.5	2760	855.0	2760	855.0
镇江大东纸业	82958	6.4	3060	-36.6	3060	7.6	3060	7.6
江苏港盛重工有限公司	28000	9.9	3500	133.4	3000	141.9	3000	141.9
镇江市罗尔特家用纺织品有限公司	2501	9.7	7241	326.4	2283	712.3	2283	712.3
江苏惠通集团有限公司	21004	8.6	1805	1857.8	758	174.8	758	174.8
中盛食用油(镇江)有限公司	14082	-23.4	-187	-70.2	-205	-69.3	-205	-69.3
镇江市宝华半挂车配件有限公司	28994	9.4	1287	2599.0	306	542.3	306	542.3
镇江船舶辅机厂	14213	13.0	2108	49.1	830	98.6	830	98.6
镇江市京口纸业有限责任公司	3748	8.5	408	198.8	406	200.7	406	200.7
元鼎饰材实业(镇江)有限公司	12801	2.7	152	-86.3	139	-85.4	139	-85.4
镇江格兰春普化工有限公司	4128	-51.0	-100	同期313.9万元	-101	同期4.8万元	-101	同期4.8万元
镇江市京口大宝轧钢厂	3480	95.2	2130	72.6	1360	73.6	1360	73.6
镇江索普化工新发展有限公司	30936	78.0	2748	-15.8	2298	-29.3	2298	-29.3
镇江市正恺电子有限公司	11685	4.7	1214	-65.7	1041	-65.9	1041	-65.9
镇江中福马机械有限公司	20575	28.4	609	-7.5	37	-67.8	37	-67.8
江苏新龙伟业有限公司	11763	16.5	1233	-28.5	602	-37.0	602	-37.0
镇江市亚星船舶有限公司	4120	-6.4	76	-57.1	33	同期-215.7万元	33	同期-215.7万元
镇江市京口罗尔特纺织厂	413	-8.6	41	98.1	15	316.7	15	316.7
镇江飞驰汽车集团有限责任公司	7777	0.7	580	-22.5	524	同期-412.4万元	524	同期-412.4万元

(董　巍)

工业发展总公司

【概况】　区工业发展总公司为正科级建制的全民事业单位。主要职能对区直企业生产经营活动和党建,精神文明建设工作指导、协调、监督和服务。区直企业面对激烈的市场竞争和沉重的历史遗留问题,受人才、设备、人员素质等因素的影响,大部分企业已经关闭。工业总公司树立信心,全力以赴抓重点,克服困难,集中精力解难点,做好全方位的稳定工作,为全区的稳定工作作出贡献。

(孙　琴)

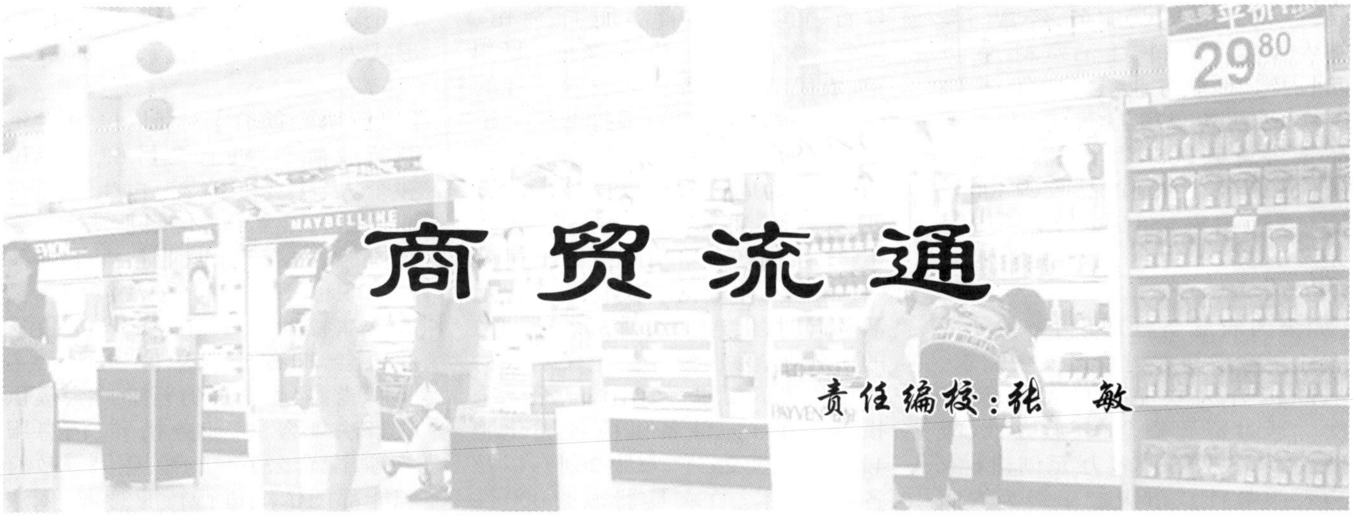

商贸流通

责任编校：张　敏

区属商业

【概况】 区国有资产经营管理总公司(下称总公司)由区商业贸易总公司、区物资集团、区工业发展总公司、江苏置业集团善后办4家单位合并组成。正科级事业单位。总公司主要职责：贯彻执行国家有关法律、法规以及区政府制定的相关政策，对区政府授权范围内的国有、集体资产承担保值增值的责任；对区政府授权范围内的国有资产独资(含企业化管理的事业单位，注：目前为四大公司)、控股、参股企业中的国有、集体资产，以及其他形式形成的国有、集体资产，依法进行经营，享有收益权、管理权和处置权；接受区政府委托，负责已改制企业剥离资产、未改制企业国有、集体存量资产的盘活、回购和变现；依法对授权范围内的国有独资、控股企业进行改组、联合，股份制改造，组建企业集团，出售、兼并、租赁、破产等提出具体方案，经有关部门批准后组织实施；按照国家产业政策，通过合资、联营、资产调剂等形式进行资产重组，促进产业结构调整，提高经济效益；建立融资平台，参与项目运作，建立健全投资融资体系，科学合理地进行资本运作；每年向区政府报告年度工作计划，定期报告国有、集体资产经营及效益情况；承办区政府交代的其他事项。 (陈文琳)

【强化国有资产管理力度】 总公司下发清产核资工作文件，制定清产核资工作计划，对“四大公司”资产调查了解，摸清家底、整合资源、合理使用，实现资产效益最大化。重新核准改制企业资产面积，对改制房产和未列入改制出让范围的房产面积，在区国资办牵头下重新调查摸底，找回100多平方米改制房产和400多平方米托管房产。对下属改制企业违规处置等问题提起诉讼，依法获取100多万元权益和追回250平方米的营业房产。在城市拆迁过程中严格把好面积确权和拆迁补偿两个关卡，正确处理和协调公与私、集体和个人、改制企业与总公司之间的利益关系，妥善解决资产处置过程中出现的各种矛盾，最大限度地争取拆迁补偿，实现国有资产保值增值。 (陈文琳)

【整合资源谋求发展】 充分利用“四大公司”整合契机，以资产和资本为双轮驱动，以项目为抓手，努力探索区级国有资产经营模式、盈利方式及可持续发展途径。积极参与智比特高新技术有限公司引进、创办、开业等服务工作。联合市文广集团组建吴越文化创意传媒有限公司，联手推出“京口驿栈”文化礼品酒。对接新疆农四师农副产品展示销售项目正在运作之中，融资、投资发展实体公司正在申报过程中。 (陈文琳)

【妥善化解矛盾，确保社会稳定】 对下属改制企业兰阳饮食服务有限公司部分定补、协保职工，反复上访要求提高生活待遇和按规定缴纳养老保险金的问题，总公司领导十分重视，与上访职工见面沟通，通过帮扶解困等办法，征得职工理解。改制企业江苏置业有限公司职工多次上访，反映改制后的企业拖欠职工养老保险金、医疗保险金和在岗职工工资、协保职工生活费、改制资产保全不到位等问题，总公司认真听取职工反映和要求，耐心宣传解释相关政策，从切实维护职工合法权益，维护社会稳定大局出发，责成发放在岗职工工资和协保职工生活费，对其他上访要求总公司立即和有关部门协调，落实解决措施，稳定职工队伍，解决劳资纠纷，化解社会矛盾，确保社会稳定。 (陈文琳)

供销合作商业

【概况】 区供销合作总社位于镇江市东吴路76号18～104室，为区政府直属事业单位，党组建制，在编人数7人。内设综合办公室和为农服务科两个职能部门。辖象山镇、谏壁镇两个基层供销合作社及镇江市梦溪商场、镇江市聚鑫隆再生资源物资有限公司。经营网点30个，分布于京口城乡及新区部分乡镇。主要职能是为“三农”

(农业、农村、农民)服务,经营门类有农业生产资料、生活资料、物资回收及其他服务业。2010年,全系统实现销售3276万元,社会消费品零售总额3053万元,农资销售额1052万元,农副产品收购400万元,连锁销售558万元,赢利5万元。（苏　林）

【加强为农服务社建设】 主动适应社会主义新农村建设发展需求,不断提升为农服务的品位和档次。通过资源整合、开放办社、吸纳民资,投资500多万元创建6家为农服务社。市级二星级为农服务社3家,省级三星级为农服务社1家,省级为民服务中心1家。坚持为农服务社建设,无论等级大小,统一牌匾标设、统一挂牌上岗,并按经营面积、销售品种、服务内容的大小多少确定相应等级,二星级社由镇江市供销社组织验收授牌;三星级社和为民服务中心由江苏省供销社组织验收授牌。为农服务社店堂内均设有《服务公约》、《常见农药配伍表》、《常见农作物种植季节一览表》,另外还设有庄稼医院、农业科技咨询点、免费维修农具服务点。经营服务人员常年赴上海、北京、山东、安徽等地组织农用物资,在辖区内指导农民合理使用化肥、农药,推广无公害化种植蔬菜。经营的品种有农药、化肥、农膜、桐油、尼龙绳、农用五金,小型铁、木、竹农具及各类蔬菜种子等,同时还承担地方政府委托的防汛救灾物资的储备供应。象山和甸上两家省级三星级为农服务服务中心,其经营规模面积均在1500平方米以上,服务项目有农业生产资料超市、生活资料超市、农用五金、医药连锁、废品回收、烟花爆竹、竹器加工、食品加工、旅馆、浴室、饮食小吃、汽车修理、照相馆、农民活动室等。为农服务社的建设,为辖区三农领域打造了一个全新的服务平台,在改变村容村貌的同时,为周边农民提供极大的方便,柴、米、油、盐、酱、醋、茶,农业生产、生活等日常用品,不出村就一应俱全,在丰富农民物质文化生活的同时,促进了农村富余劳动力的再就业,为建设社会主义新农村作出积极的贡献。2010年,全系统投资350万元储备供应各类化肥420吨、农药25吨、农膜26吨,以及各种铁、木、竹农具器械15000件和蔬菜种子近60个品种,为周边农民义务修理农具近500余次。（苏　林）

【基层社简介】 象山供销合作社,位于东吴路九里街,占地面积6800平方米,经营面积3000平方米,固定资产346.86万元,在职职工55人,退休110人。辖9个经营网点:九里街象山为民服务中心、孟家湾禹山为农服务社、丹徒王龙桥为农服务社、象山桥综合商店(2个)、包家湾星星商店、大西路服装门市部、解放路顺心超市、象山食品厂。谏壁镇供销合作社,位于镇江市谏壁镇于山街5号,占地面积3000平方米,营业面积1500平方米,固定资产79.17万元,在职职工26人,退休33人。辖9个经营网点:甸上为农服务中心、燕舞桥为农服务社、蔡家村农资代销店、燕舞桥农资仓库、越河街综合门市部、新街招待所及网吧、宏茂大酒店、于山街一商场(服装、蛋糕房及中国移动谏壁营业厅)、于山街二商场(床上用品、乔丹服装店、干洗店、红珠鸡店)。两家基层社经营方式主要以企业内部职工承包和对外租赁形式为主。（苏　林）

为农服务社分布情况一览

表15

统一编号	名　称	所属基层社	地　址	等　级
镇京供001	象山为民服务中心	象山供销社	东吴路九里街	省三星级
镇京供003	甸上为农服务中心	谏壁镇供销社	谏壁甸上	省三星级
镇京供005	新民洲为农服务社	—	新民洲共青团农场	市二星级
镇京供008	燕舞桥为农服务社	谏壁镇供销社	谏壁镇燕舞桥南	市二星级
镇京供009	禹山为农服务社	象山供销社	汝山孟家湾	市二星级

（苏　林）

【行业协会简介】 京口区再生资源行业协会,拥有会员62家单位和个人,主要职能:为再生资源行业提供行业管理、信息服务,业务交流、法律咨询、职业技能培训及技术职称评定工作,依法维护会员的合法权益。京口区烟花爆竹行业协会,拥有56家单位和个人,主要职能:为烟花爆竹行业协会提供政策法规咨询,业务指导、信息服务等,配合公安、工商、环保等政府职能部门依法进行行业管理、依法维护会员的合法权益。镇江市农民(农产品)经纪人协会京口分会,有会员126人,主要是为农民经纪人提供信息、法律咨询服务,为农民经纪从业人员开展职业技能培训及技术职称评定工作。京口区废旧金属管理办公室,主要是为适应国家行政审批制度改革要求,及时处理好特种行业许可证取消后可能出现的情况和问题,认真做好废旧物资管理工作的后续监管和衔接,进一步规范市场经济秩序,切实加强对京口区的废旧物资管理,防止资源外流。（苏　林）

物资·物流

【妥善处理遗留问题】 物资总公司加强对下属企业资产监督管理,想方设法盘活存量资产,所获收益用于处理职工遗留问题,确保在职人员的养老和医疗保险缴纳率100%,并设法为多名下岗职工补缴养老、医疗保险,帮助到龄下岗职工办理退休手续。（陈文琳）

【维护社会稳定】 物资总公司把维护职工利益和维护社会稳定作为重中之重的工作,对影响下属各企业稳定的因素,逐一排查摸底,了解掌握第一手资料。对下岗职工和生活困难职工,从维护职工利益出发,争取多方支持,帮扶解困。确保职工最基本的生活保障,避免职工上访,维护社会稳定。（陈文琳）

交通运输

【交通基础设施取得新业绩】 金港大道拓宽改造工程：道路全长13.8公里，京口段全长8公里。其中，新建左湖至上隍货场段1.9公里，其余路段利用老路拓宽改造。主干道双向8车道，宽60米，全封闭、全立交，道路两侧各建设1条辅道，两侧绿化带20米。全区境内投资7亿元。丁卯桥路整治出新：丁卯桥路京口段0.7公里，道路两侧临街建筑整治出新，总投资180万元。谏辛公路拓宽改造工程：道路全长2.38公里，主干道双向四车道，宽16米，道路两侧人行道各2米，两侧绿化带10米。全线安装路灯，自来水、雨污水、通信、天然气等管线。新建广场4处。总投资约1亿元人民币。莺歌桥重建：桥跨为140米，桥宽38米，分三幅。主车道双向4车道，总投资2600万元。

（王 勖）

【交通项目筹资渠道进一步拓宽】 在项目推进过程中，积极探索投资多元化，采取不同筹资方式：省、市交通部门拨款，如新民大道、农路通达工程；市级专项经费，如金港大道、338省道；市、区两级筹资，如零龙公路、莺歌桥、燕舞桥；社会化筹资，如陈家门路；借资，如丁卯路出新、莺歌桥；土地运作，如谏辛公路。

（王 勖）

【实施征地拆迁惠民政策】 牵头组织谏辛公路、镇大公路、338省道、燕舞桥、莺歌桥、零龙公路征地拆迁及杆线迁移工作，征地53.33公顷，拆迁面积12万平方米。为推进征地拆迁工作，注重调查研究，寻求难点突破。针对“无证房”补偿无章可循突出矛盾，起草并出台“无证房”拆迁管理有关规定，补偿标准按年限分类处理，并设置调查、公示，接受举报等环节，发动群众参与并监督。针对群众“先拆吃亏”的想法，采取加大奖励措施，对在规定时间内签约给予重奖。坚持拆迁公开、透明，受到群众的拥护和支持。着力推进道路无障碍施工，做好道路周边水系调整，理通沟渠，完善零北村排水设施，清理月湖村中心沟、沟通上皇村干渠，新建左湖排涝站，获得沿线群众一致好评。

（王 勖）

作为连接338省道和金港大道的零龙公路举行开工典礼

【企业改革取得新突破】 交通运输局下属四个装卸运输公司，三轮车及保养职工历史遗留问题。积极争取市、区政府及市财政、劳动部门的支持，市政府出台《关于一揽子解决京口区交通企业保养人员生活费问题的会议纪要》，将保养人员生活费纳入省级统筹，并进入医保统筹，抚恤费已参照退休标准从5000元提高到10000元。做好装卸网点脱钩，清退用工110多人，减轻企业负担。加大对三轮车从业人员培训上岗和有效管理力度。

（王 勖）

【交通行业管理取得新成效】 认真执行成品油价格和税费改革，取消公路养路费、公路运输管理费、公路客货运附加费等六项收费。将工作重心转移到行业管理，加大管理力度。加强人员培训，提高执法人员素质。规范处罚程序，强化执法监督，梳理行政处罚事项10项，行政强制2项，细化9项自由裁量标准。实施权力监督节点控制、与省交通运输厅运政在线网对接、实施区政府权力阳光网络。积极创建人民满意站、所，提高服务水平。加强基础建设，改善执法条件。

（王 勖）

开放型经济

责任编校：张　敏

对外经济（外资、外贸、外经）

【概况】 区商务局高扬“苦干实干、争先争强”的主基调，主动作为，圆满完成全年工作目标。外资工作：全区新批外资项目6个，增资项目1个，完成合同注册外资7555万美元；完成实际到位外资8770万美元（商务部确认数8300万美元），同比增长8.9%。外贸工作：全区完成进出口4.88亿美元，同比增长25.63%。其中，出口4.52亿美元，同比增长27.29%；进口3583万美元，同比增长7.83%。外经工作：完成外经合同额905万美元，营业额870万美元，外派人数610人。服务外包工作：服务外包合同额7353.06万美元，同比增长29.3%。其中，离岸外包合同额3939.34万美元，同比下降2.3%。服务外包执行额4746.29万美元，同比增长69.1%。其中，离岸外包执行额2328.18万美元，同比增长41.7%。新增网上注册服务外包19家，同比下降9.5%，共有网上注册服务外包企业49家。

（徐　丹）

【多出击抓重点，招商引资成效显著】 紧紧围绕新兴产业和现代服务业找信息、找项目。全年共开展有规模、有效应的招商活动30余场次，其中，赴澳大利亚、新西兰、日本及中国香港地区的境外招商4次；组织赴上海、北京、福建、广东等境内招商活动20余次。成功签约总投资3亿美元的日本伊势蛋鸡及投资36亿人民币的爱励国际和鼎胜铝业“交通运输用高强度大规模铝合金板带”2个大项目。积极推进法国阿雷蒙、中信香港、冷藏车等一批项目。接待爱励国际、日本伊势株式会社、台湾省嘉南农田水利会、美国MPX、广东浙商联合投资控股有限公司、百江集团、永隆集团、瑞泰房地产、宝龙集团、明发集团等60余批次来访客商团组。

（徐　丹）

【多跟踪重协调，项目建设进展顺利】 强化项目跟踪，围绕全区重点产业

京口区2010年各责任单位外资任务完成情况

表16　　单位：万美元

单位	合同注册外资		实际到位外资			
	全年累计	同比（%）	年计划（市／区）	商务部确认数	占年计划（%）	同比（%）
全区	7555	-55.3	7600／10000	8300	109.2／83	8.9
象山镇	3200	-19.6	2000	2580	129	26.4
谏壁镇	2000	36.0	2000	2000	100	67.6
京口工业园	—		4000	1550	38.8	-64.8
港口产业园	645	-7.9	2000	1294	64.7	331
大市口街办	—	—	—	196	—	—
健康路街办	—	—	—	—	—	—
正东路街办	210	—	—	200	—	—
四牌楼街办	1500	—	—	480	—	—

京口区2010年报批外资企业及港澳台企业情况

表17 单位:万美元

内容	序号	企业名称	投资方	国家或地区	总投资	合同注册外资	责任单位	报批时间
新办企业	1	镇江源港商贸有限公司	香港方倩仪女士	香港	8000万港币(1032.4万美元)	5000万港币(645.2万美元)	港口产业园	2010－01
	2	镇江嘉骏建材有限公司	香港杜启华先生	香港	1200	1000	谏壁镇	2010－05
	3	镇江固强汽车配件有限公司	香港蒋云芳女士	香港	1200	1000	谏壁镇	2010－06
	4	镇江龙翔仓储有限公司	台湾沈士民先生	台湾	2000	1700	象山镇	2010－10
	5	镇江良奕置业有限公司	台湾客商许智伟先生、谢绣气女士、吴贞女华女士、张家和先生、许培祥先生	台湾	2800	1500	象山镇	2010－10
	6	镇江京口润京商业有限公司	康成投资(中国)有限公司	香港	420	210	正东路	2010－12
增资企业	1	镇江强凌房地产开发有限公司	香港Sweet Cane Limited	香港	5000(原2000)	2500(原1000)	四牌楼	2010－11

(徐　丹)

类项目,定期召开项目推进会,与各责任单位和相关部门共同解决项目推进中的难题,确保项目早报批,资金早到位。注重沟通协调,切实帮助企业在项目立项、产业准入、政策咨询、项目报批、投产建设等方面开展亲情服务,促进项目顺利实施。与京口工业园合力作为,对投资总额29268万美元的爱励鼎胜铝业项目,多次与市商务局、省商务厅,市海关等部门沟通,积极推进企业报批及鼓励类项目申报、进口设备减免税等工作,得到企业肯定和认可。加强政策扶持,积极为企业争取资金。继续引导重点骨干企业进一步做大做强做优。 (徐　丹)

【多服务重监管,外经外贸平稳发展】 培植出口新亮点。全区商品出口到亚、非、拉、北美洲及欧洲等40多个国家和地区,出口商品达17大类70多个品种。加大实施"科技兴贸"战略。鼓励高新技术产品出口,逐步实现低端产品向高端产品提升,提高深加工、高附加值产品出口比重。建立严格的外派项目备案和审核制度。所有外派项目必须由企业提交完整、准确的外派备案材料,从源头上堵住非法招收和不规范经营。

(徐　丹)

【多扶持重发展,全面提升服务外包产业】 全区在商务部"服务外包业务管理和统计系统"新增登记注册服务外包企业19家,新增通过CMMI三级等十一项国际资质认证13个,列全市第一位。服务外包合同额7353万美元,执行额4746万美元,总量均居全市第二位。服务外包省级品牌13个,为全市最多。协助企业申报扶持资金。金舟软件、金钛软件、科海智能、易科计算机等多家服务外包企业,获得省级国际服务外包专项资金——成长型企业奖励和国际资质认证补助。 (徐　丹)

民营经济

【概况】 全区新增私营企业3032户,新增个体工商户6748户,新增注册资本217.1亿元,实际吸纳民资完成94.71亿元。 (王玉珍)

【推进民资招商】 全区民资招商组织集中推介活动250场次,参加招商700人次,邀请客商达850人次。组织招商小分队381个,参加招商663人次,拜访客商达792人次。民资招商275.64亿元,全年到位资金94.71亿元。引进总投资5000万元以下的市外民资项目87个,总投资17.41亿元,引进市外内资8.75亿元。

(王玉珍)

【促进产业集聚区建设】 促进全区金属压延产业集聚区建设,全年实现实际到位外资5942.85万美元,同比增长20.77%;全社会固定资产投入82.16亿元,同比增长144.15%;一般预算收入3.45亿元,同比增长199.81%;业务总收入179.30亿元,同比增长107.43%。

(王玉珍)

【加强平台建设】 与江苏大学和江苏科技大学高等院校相联合,对全区中小企业开设现代企业信息化建设现状和发展历史,企业信息化建设的整体规划方法论,现代信息化建设包括的主要内容,营销团队建设与管理,打造企业持续赢利模式,中小企业如何快速成长,参加企业数150家,总人数500人。举办中小企业发展的交流指导会,与市质监局、市经贸委积极合作沟通企业和政府管理部门、专家的联系,积极指导企业学习申报事宜。重点协助助鼎胜铝业、鸿泰钢铁、惠通集团、正恺电子、中福马机械等企业申报省级工业经济增长点、能效电厂、自主创新、知名品牌、技

术中心等相关项目申报,加强企业申报的针对性,帮助企业修改完善,协助企业提高项目申报的成功率。 (王玉珍)

投资指南

【走进京口】 京口——长江与京杭大运河激情交汇孕育的一颗城市明珠,上海经济圈和南京都市圈和谐交融的一片发展热土,全国历史文化名城镇江市的主城区,下辖象山街道、谏壁街道、健康路街道、大市口街道、正东路街道、四牌楼街道、省级开发区京口工业园及镇江市新民洲港口产业园。126平方公里的创业之城期盼您投资兴业,38.5万京口人民欢迎您共建共享"幸福京口"! (荆 钟)

【文化京口】 京口有着3000多年的悠久历史,是我国吴文化的发源地,山青水秀,景色优美,人杰地灵,历代文人墨客多有游历,留下无数诗词佳话,文化底蕴十分深厚。拥有三山(金山、焦山、北固山)国家重点风景名胜区,自古就有"天下第一江山"、"城市山林"的美誉。白娘子水漫金山的优美神话、刘备甘露寺招亲的历史故事等传说佳话皆发源于京口;中国第一部百科全书《梦溪笔谈》、最早一部诗文总集《昭明文选》及文学理论巨著《文心雕龙》等鸿篇巨著皆诞生于京口。 (荆 钟)

【便捷京口】 依托城市和港口双重优势,具有独特的铁公水交通网络。铁路 有京沪铁路、京沪高速铁路、沪宁城际铁路以及规划中的淮扬镇铁路四条铁路线,赴上海最快53分钟、赴北京最快4小时21分钟即可到达。公路 沪蓉高速、沿江高速、扬溧高速、宁杭高速构成镇江的高速公路网,润扬大桥连接长江南北。水运 镇江港作为中国主枢纽港,拥有万吨级以上泊位36个,与世界70多个国家和地区的近300个港口直接通航,年吞吐量过亿吨。镇江港新民洲港区是国家交通部批准的一类通商口岸,已建成5万吨级公用码头2个,规划建设5万吨级公用码头4个,千吨级泊位港池7个,建设海工配套码头1万吨、2万吨、4万吨级通用泊位各1个。空运 距南京禄口机场90公里,上海虹桥机场240公里,上海浦东机场270公里。 (荆 钟)

【优教京口】 京口辖区内拥有江苏大学、江苏科技大学等高等院校,在校大学生8万多人,每年输送毕业生2.4万人。职业教育规模位居全省前列,有30多所中等专业技术学校和3个省级国际服务外包人才培训基地,每年输送专业技术人才3万多人。京口义务教育全市领先,有镇江市第一中学、外国语学校、中山路小学、实验幼儿园等镇江一流的中小学、幼儿园。 (荆 钟)

【宜居京口】 镇江是中国优秀旅游城市,自古有"城市山林"的美誉,森林覆盖率达27.5%,城市绿化覆盖率达43%,全年空气优良天数优良率达91%。京口区连续7年荣获"江苏省社会治安安全区"称号,是首批"全国和谐社区建设示范区",人民安居乐业,企业安心生产,社会和谐安定。 (荆 钟)

【繁荣京口】 京口区坐拥镇江市核心商圈——大市口中央商务区。作为镇江的主城区,京口商贸业发展迅猛,招商局集团、苏宁集团、八佰伴、大润发、百富商业、欧尚、世纪联华、北京华联、上海农工商、红豆集团、凯悦国际、凤凰传媒、国际饭店、皇冠假日酒店、金陵饭店、帝宝花园酒店等一批知名商贸企业及民生银行、中信银行、浦发银行、大新银行、华夏银行、华泰证券、安信证券、都邦保险、永安保险等一批金融证券保险企业先后来京口投资兴业。"十一五"末,京口服务业增加值占GDP比重达62%。

目前已有10多个国家和地区的97家外资企业投资京口。美国爱励国际、美国普莱克斯、鼎胜铝业、中储粮、江苏索普、江苏鼎盛重工、宝华物流等一批行业龙头企业落户京口。京口已形成了以全国最大的粮油加工仓储物流基地中储粮公司为代表的粮油加工物流产业,以全球最大的空调箔生产基地鼎胜铝业为龙头的新材料新能源产业,以国内最大的危化品物流企业宝华物流为代表的现代物流产业。 (荆 钟)

【民生京口】 京口2008年率先实现全面小康社会省定目标值,实现省区域教育现代化目标,医疗、保障等公共服务实现全覆盖。城乡一体加速推进,城市管理全市领先,生态环境持续改善,平安建设不断深入,文体活动蓬勃发展,获得"全国民生建设百强区"等200多项省级以上荣誉,经济发展成果最大限度普惠于民,居民幸福指数不断提升。 (荆 钟)

【投资京口】 京口区将牢牢把握"整体城市化、基本现代化"的总体定位,以转变经济发展方式为主线,突出"一个中央商务区、四大产业板块"建设。中央商务中心 依托主城区优势,以苏宁广场、财富广场、招商局北固湾广场、红豆广场、京口广场、第一楼街步行街等为核心,全面推进老城区改造,引进知名开发企业和商贸企业,建设城市综合体,打造特色街区,进一步提升和完善现有商业载体业态,发展楼宇经济、假日经济、总部经济等现代服务业。新能源、新材料产业 围绕交通运输用高性能高强度大规格铝合金板带等项目,打造全国一流的铝加工产业基地;围绕非晶硅薄膜太阳能电池、锂电池正负极材料等项目,抢占经济发展制高点。鼓励吸引新能源、新材料产业上下游相关项目落户京口。海洋工程装备、港口物流产业 拥有门式起重机、桥吊、装船机、卸船机等港口机械制造规模企业,5万吨级的公共码头项目正在建设之中。依托新民洲港口产业园5.38公里长江深水岸线与22.5平方公里腹地,实施"岸线+腹地"联动开发战略,引进海洋工程、港口机械、临港工业、仓储物流、生态宜居等项目,打造镇江市海工装备制造和物流产业基地。创新创意产业取得"国家级科技孵化器"、"江苏省国际服务外包示范区"、"江苏省知识产权示范区"资质，拥有京口高创中心、学府科技园、航空信息产业园、归国博士创业园等一批产业平台。将以大禹山创意新社区2.3平方公里为载体，发展主导产业：航空航天信息产业（航空航天娱乐服务系统、监控系统、信息集成系统），辅助产业：新材料研发、生物医药研发、服务外包、电子商务、咨询服务业（设计咨询、科技与人才服务）、总部经济（重点引进研发及大公司区域总部、各类创意企业总部）粮油加工、仓储、物流产业　落户京口的中央储备粮镇江直属库和中储粮镇江粮油有限公司，具备年加工大豆100万吨、油脂84万吨、油料储备40万吨、油脂储备20万吨和港口吞吐量300万吨的能力，现已发展成为全国最大的油脂油料储备基地和粮油物流基地。规划发展粮油加工衍生产品，并进行上下游产品延伸开发，积极引进饲料加工、养殖及脂肪酸、卵磷脂、异黄酮等高科技项目，进一步做大做强粮油加工、仓储、物流产业。（荆　钟）

【诚信京口】　不断加强机关作风建设，提供"一站式"、"保姆式"服务，进一步优化投资环境，全面执行《镇江市关于促进服务外包产业发展的若干政策》、《京口区促进服务外包产业发展的优惠政策》、《关于加快全市新兴产业发展的扶持激励政策》、《关于加强自主创新促进经济发展的意见》等一系列政策文件。京口区将本着"诚信认真、一诺千金"的服务理念，为您来京口投资兴业做好服务保障、保驾护航工作，让您在投资上放心、工作上安心、生活上舒心。（荆　钟）

◆资料链接◆

镇江烈士陵园

镇江烈士陵园

镇江烈士陵园，原名为镇江烈士墓，坐落于镇江北固山前峰。始建于1966年，占地面积66600平方米。

北固山有"镇江的雨花台"之称。民国19年（1930年）11月，国民党在镇江建立江苏省临时军法会审处，对全省各地被捕的数百名优秀共产党人和和革命志士进行残酷杀害，有300多人被杀害于北固山麓。1966年8月，镇江市委、市政府为昭彰土地革命、抗日战争、解放战争和社会主义革命时期革命烈士的丰功伟绩，决定拨专款在北固山前峰修建镇江烈士陵园。

陵园的主体建筑为镇江烈士纪念碑，碑体坐北朝南，位于陵园中轴线北端，1993年4月5日重建，碑身用花岗岩建成，碑高30米。碑体由三片组成，似三把利剑直刺苍穹，象征着革命烈士坚强不屈的革命精神。碑前广场用彩色地砖铺就，占地面积3000平方米。

陵园中的烈士陵墓，长眠着为民族独立、人民解放和社会主义事业而英勇献身的138名革命烈士，是镇江市委、市政府1966年8月从南郊、九华山、北固山、宝盖山、桃花坞等处移至陵园内集中安葬的。镇江市委、市政府1997年3月28日在纪念碑前两侧重建烈士陵墓，占地418平方米。在烈士陵墓中，还有一座置放39位烈士骨灰的壁陵。

1982年5月，镇江市政府公布镇江市烈士陵园为市级文物保护单位。1995年被市政府命名为市级爱国主义教育基地。镇江烈士陵园为全国、省、市爱国主义教育基地，是国务院命名的"全国重点烈士纪念建筑"。

农业·水利

责任编校：殷　红

农　业

【概况】 2010年，在区委、区政府的正确领导下，在区人大、区政协的关心指导下，农委领导班子团结一致，奋发作为，立足于主城区区位特点，紧紧围绕农民增收这个核心，以“服务城市、致富农村”为己任，以加速农业转型升级为抓手，有力推进农业和农村现代化建设，实现农业的可持续发展和农民收入的稳定增长。全年实现农业增加值1.46亿元，增长3.9%，农民人均纯收入11498元，增长12.1%，新增高效农业面积148公顷，完成绿化造林337公顷，新建三大合作组织12个，吸引“三资”开发农业资金3.14亿元。 (顾红云)

【发展高效农业】 坚持现代都市农业的发展方向，稳步推进高效农业发展。在设施农业发展上，重点发展两大产业：一是现代高效蔬果产业，继续在谏壁雩北、东京流转土地实施粮改菜工程，在共青团农场新建33.33公顷钢管大棚，种植特色礼品西瓜，并从日本、美国、澳洲等地引进新奇特蔬菜品种40多个，提升京口蔬果产业层次。二是珍稀食用菌产业。以区蔬菜所为依托，引进合作投资者，实施珍稀食用菌产业化开发，已成功栽培猴头菇、竹荪、杏鲍菇、茶树菇、北虫草等珍稀食用菌品种5个。在休闲观光农业方面，着力打造休闲观光农业新亮点，提升现有休闲农庄档次和接待水平，万山雨农庄正式对外营业，双鱼农庄顺利推进，瑞京农科园、我家农庄、申林景观等农家乐项目已在市内外形成一定影响。建成京口区农产品科普展示厅。每年农家乐项目接待游客约5万人次。在禽畜生态养殖上，积极推广土著菌养猪技术，实施禽畜粪便综合利用，切实增加养殖户收入。全区有土著菌养猪户近20户，实施农业血防综合治理项目，完成挖池养鱼51.4公顷、水改旱79公顷，家畜圈养16200平方米，进一步加快畜禽养殖业向规范化、标准化、生态化方向转变，农村的养殖环境得到明显改善。 (顾红云)

【农产品质量安全建设】 认真贯彻落实《中华人民共和国食品安全法》。加强农产品质量安全知识宣传教育，加强标准体系建设，推广农业标准化生产，控制农业面源污染，鼓励发展品牌农业。强化监管，建好一支由区、镇、村组成的监管队伍，建好合作社、农业企业以及基地的投入品一本台账，逐步建立农产品质量安全可追溯制度。抓好抽样检测关，全年共抽检蔬菜样品832个，合格率达到99%以上。强化执法检查，对农资经营部进行执法检查，对种植农户进行宣传教育。建立各级考核机制，与各镇和农场签订目标责任状，加强督促指导，全年未出现一例农产品质量安全事故。 (顾红云)

举办全区农产品质量安全培训班

【推进现代农业园区建设】 成功申报一个市级农业园(新民洲现代农业园)。为进一步提升园区发展水平,申报省级现代农业园,围绕"生态、有机农业"组织编制镇江新民洲现代农业园发展规划,经过区政府常务会议讨论,并通过市级专家评审,计划用三年时间将新民洲现代农业园建成一个集生态示范、科普教育、采摘游乐、休闲度假、生产创收为一体的现代有机生态农业园。（顾红云）

【大力发展"三大合作"组织】 积极培育农民经纪人和专业大户,鼓励龙头企业和种养大户牵头组建合作组织。2010年新成立京新蔬果、京东家禽养殖、玫瑰葡萄等合作组织12个,新增入社农户705户,有效提高农民的组织化程度。（顾红云）

【切实抓好为农服务】 严格落实各项支农惠农政策。按政策办事,认真做好宣传、调查、公示等各项工作,确保水稻直补、农资综合补贴和农业保险等惠农政策落实到位,2010年共落实各类惠农资金200多万元。实施农民培训工程,共举办无公害蔬菜种植、旱园竹栽培、合作组织发展等各类培训班12期1000多人次。扎实抓好动物防疫及上市肉品检疫,防疫率达100%。全年未发生一起重大动物疫情和食品安全事故。（顾红云）

【加大"三资"开发农业力度】 对全区农业重点工作进行认真梳理,以项目为载体,积极争取国家、省、市农业科技、设施农业、合作组织、农机等项目35个,项目资金达1000多万元。组织参加各类农业招商活动,完成签约项目7个,签约资金18.54亿元。恒伟农产品仓储物流项目按期竣工,并投入运营。2010年,实际引进"三资"开发农业3.14亿元。（顾红云）

【着力改善农村生态环境】 广泛开展义务植树、部门绿化,新增绿化造林333.33公顷,森林覆盖率达到25.6%。推进林权制度改革,举办林改培训班,顺利完成林改任务。切实加强城乡水利建设,更新改造排涝站、路涵等泵站6座,塘坝12座。完成一夜河虹孚置业段400米的整治亮化工作。储足防汛物资,确保全区安全度汛。严格控制农业面源污染,全力实施秸秆综合利用,2010年未发生一起秸秆焚烧现象,秸秆综合利用率达98%以上。（顾红云）

【落实惠农政策】 2010年,为认真做好惠农补贴工作,鼓励农民使用优良品种,加快优质良种的推广步伐,区农委积极动员,精心准备,严格按政策办事,认真做好宣传、调查、公示等各项工作,确保国家政策的落实到位。一是油菜良种补贴。全区油菜良种补贴面积343.83公顷,补贴资金5.1574万元。二是农资综合补贴。全年农资综合直补面积1352.57公顷,补贴资金139.991万元。三是水稻直补。全区水稻直补面积693.57公顷,补贴资金20.807万元。四是水稻良种补贴。全区补贴面积688.43公顷,补贴金额15.489万元。五是玉米良种补贴。补贴面积296.77公顷,补贴金额4.4515万元。六是小麦良种补贴。补贴面积919.09公顷,补贴金额13.7863万元。2010年落实各类补贴资金199.6822万元,落实率100%,受惠农户3451户。（顾红云）

【种植大户戴其松荣获"全国粮食生产先进个人"】 2月份,共青团农场种植大户戴其松荣获由农业部颁发的"全国粮食生产先进个人",是镇江市唯一一个获此殊荣的先进个人。2009年,戴其松种植粮食面积33.33公顷,全年粮食单产1080公斤,总产量540吨,拥有农机具6台,种粮收入20万元,为京口区粮食生产起到带动示范作用。（顾红云）

【召开全区农口工作座谈会】 2010年2月11日,召开全区农口工作座谈会。会上,副区长蒋嵩峰充分肯定2009年农口工作,要求2010年按照"接轨城市、融入城市、服务城市"的思路促进京口农业转型,用"项目化、园区化、规模化、生态化"的手段走好三条路:一是走精品高效之路,提高土地产出效益;二是走生态环境之路,满足生态城市、清洁家园的需求;三是走观光休闲之路,发展城郊乡村旅游。强调农业工作要有"四抓",抓季节、抓实事、抓特色、抓亮点。各责任单位在会上交流2010年农业重点工作打算,区农经局总结2009年农业水利工作取得的成绩,部署2010年重点工作,并明确十大重点工程。（顾红云）

【召开全区绿化造林暨水利工程建设工作会议】 2010年元月12日,召开全区绿化造林暨水利工程建设工作会议。会上,区委副书记孙国平充分肯定全区绿化造林和水利工作取得的成绩,并对2010年工作提出四项要求:一是提高认识,准确把握绿化、水利工作面临的形势;二是创新思路,提升绿化、水利服务科学发展的能力;三是突出重点,提高绿化、水利工作的实效;四是完善机制,切实形成绿化、水利工作的合力。副区长蒋嵩峰就贯彻落实好会议精神作出部署,要求各责任单位必须高度重视、集中精力、措施扎实、抓紧时间,把绿化造林与结构调整、景观建设、生态环境相结合,做到应种尽种、应绕尽绕;水利建设达到水畅、水清、水安全和水景观的要求。会上,区政府与相关责任单位签订工作目标责任状。（顾红云）

【区领导督查全区绿化造林进程】 2010年3月4日,副区长蒋嵩峰带领区农经局,分别赴象山镇、谏壁镇、工业园区对绿化造林工作进行督查,实地察看象山镇长江村滩涂防护林建设、玉带河河道绿化,谏壁镇采石宕口植被恢复工程、雩北村村庄绿化和工业园区绿化进展情况。在督查中,蒋嵩峰要求各责任单位,一是抓住有利时机,突出重点,明确责任,提高造林质量,按照3月中旬完成70%、月底基本完成的序时要求落实到位;二是提高村庄绿化的质量,针对新建设道路两侧裸露的村庄,要加大围村林的建设力度;三是对已经

栽种完成的成片林加大管护力度，确保成活率。（顾红云）

【积极备战春耕生产】 春耕生产来临之际，为确保春耕顺利进行，区农经局农机部门“早”字为先积极备战，结合农机年度检审工作，召开2010年农机工作会议。要求坚持“三个结合”。一是与专项整治活动相结合。对农机市场进行专项整治，确保农机具检修到位，保障安全生产。二是与送科技下乡相结合。将农机技术培训班真正办到农机手家门口。三是与安全宣传相结合。结合拖拉机年检向农机手宣传农机安全生产法律、法规、政策，灌输安全意识。做到“三个加强”。一是加强学习，不断提高对农机具性能的了解。二是加强服务，充分发挥农机组织的作用。三是加强落实，把责任分解到位，落实到位。会议重点强调农机跨区作业及安全生产的重要性，要求全区农机人员树立农机安全生产工作的责任感，协调配合，扎实工作，更好地为农服务。（顾红云）

在零北蔬菜基地举办无公害蔬菜技术培训班

【开展春季重大动物疫病防控】 为确保实现“力争不发生，确保不流行”的春季防控重大动物疫病工作目标，2010年3月12日，区防治重大动物疫病指挥部召开春季重大动物疫病集中防控工作会议。各镇、共青团农场、工业园区、正东路街道农业工作负责人和动物防疫员参加会议。会议要求：各地要充分认识春防工作重要性、艰巨性和紧迫性，备齐物资，明确责任，确保进度，统一免疫程序，统一标识档案，务必在4月底完成牲畜口蹄疫、高致病性蓝耳病、高致病性禽流感免疫工作，保证应免尽免，不留空当。（顾红云）

【开展全民义务植树活动】 2010年3月11日，区四套班子领导率领300余名机关干部、部队官兵和江科大学生，在谏壁镇开展大型义务植树活动，共植雪松、广玉兰、桂花等树木2000余株，绿化面积13.33公顷。（顾红云）

组织开展全民义务植树活动

【农民创业培训】 一是建立组织机构。成立由一把手亲自抓、分管局长具体抓，职能科室共同参与的创建活动领导小组，进一步加强对农民创业工作的组织协调和推进。二是编制农民创业教育培训计划。按照城乡一体化发展要求，结合农民需求，制定全区农民创业培训计划。培训计划结合农时，在3~12月间，聘请教授、农技专家，举办合作经济组织、设施农业、标准化农业、高效养殖、农产品精深加工、动物防疫等各类培训班。三是明确部门工作职责。将培训内容分解落实到相关职能部门，明确由科室负责人负总责，并将农民创业培训工作列入各部门年度综合考核内容，确保完成好全年农民创业工作目标任务。2010年，共举办无公害蔬菜种植、早园竹栽培、合作组织发展等各类培训班12期，1000多人次参加培训。（顾红云）

【绿化造林】 截至2010年4月10日，全区成片造林面积达238.03公顷，当年新增造林面积219.37公顷，其中农村造林125.4公顷、道路河道绿化70.87公顷、单位小区绿化23.1公顷。完成区下达233.33公顷任务的102%，完成市下达200公顷任务的117%。（顾红云）

【开展早园竹种植技术培训】 为加快丘陵岗坡地开发,发展高效农业,进一步扩展当地农民的增收渠道,积极推广笋用竹种植,区农委于4月28~29日,专程聘请高淳县早园竹专家为当地农民进行为期两天的种植技术培训。高淳县早园竹专家在谏壁镇雩山村早园竹引种基地上,从整地到种植、管护等方面进行现场指导。 (顾红云)

【举办秸秆栽培食用菌技术培训班】 2010年5月12日,区农委在谏壁镇月湖社区举办秸秆栽培食用菌技术培训班,积极引导农民利用秸秆栽培食用菌。食用菌专家、瑞京农业科技示范园高级农艺师朱忠贵,向农民讲授秸秆育菇实用技术及食用菌周年生产方面知识。当专家介绍一亩地利用秸秆栽培食用菌,可以达到3万元~5万元产值的时候,学员们气氛热烈,表示出浓厚的兴趣。各镇农服中心主任、村、组农技人员及种植大户50余人参加培训。 (顾红云)

【松材线虫病防治工作顺利通过省级检查】 2010年5月中旬,省林科院副院长徐福元带领省、市两级检查组成员对全区松材线虫病防治工作进行检查验收。检查组通过"一听",即听取本年度全区松材线虫病防治工作情况汇报;"两看",即查阅松材线虫病防治工作的各项台账及清理病死树的数据资料;"三检查",即检查松材线虫病病死树除治清理是否彻底,检查附近村庄农户家前屋后是否以染病松材作燃料,检查谏壁镇木材市场是否存在疫木利用及销售,对全区本年度松材线虫病防治工作及松材线虫病疫木管理工作进行细致周密的检查,未发现疫木管理不到位、病死树清理不彻底等问题。检查组对全区的松材线虫病防治工作给予了充分肯定,为迎接国家林业局专项检查,对2010年工作提出要求:一是加强疫木检查,防止疫木材收购、加工、利用等现象的发生。二是提高病树清理质量,针对疫点拔除,尤其要做好染病树枝梢的常年清理。三是加强监测普查,防止松材线虫病新疫点的发生,对重点疫区实行全面监测,加强管控,及时发现,及时除治。 (顾红云)

【南方农业招商】 2010年5月16~25日,区委副书记孙国平、副区长蒋嵩峰率团参加中国镇江农业项目南方(厦门、深圳)发布会,推介新民洲现代农业园建设项目1个,推出基础好、带动性强的农业项目7个,参加全市集中签约项目2个,即农产品加工配送和中储粮小包装油项目,总投资7亿元。招商期间,邀请台湾、福建等地10名客商进行交流洽谈,陪同市委副书记张庆生等市组团人员参观厦门美格农艺有限公司,拜访陈家和、唐根贤、林克谟等重点客商,就台湾精细农业示范园建设达成初步意向。招商分团还参观广州市萝岗区九龙镇设施农业基地、广州水果世界(岭南水果研究所)。 (顾红云)

【台湾客商到区考察洽谈农业项目】 2010年6月7~9日,台湾建日农业生技股份有限公司董事长陈盛根、总裁陈家和、林克谟博士等一行5人到区考察洽谈农业项目。带来200余株台湾杨树品种,在焦北滩进行试种。洽谈期间,台湾客商考察瑞京农科园和新民洲现代农业园,与新民洲达成打造台湾精细农业园的合作意向,并引进无公害、有机生物技术,分别在瑞京园蔬菜品种上及共青团农场水稻品种上进行试验。 (顾红云)

【区防指督查农村防汛工作】 自2010年5月下旬开始,全区全面进入主汛期,长江最高潮位达吴淞6.66米(5月28日),接近吴淞7.0米的警戒水位,长江最大流量接近5万立方米/秒,降雨量较往日明显增加。区防汛防旱指挥部于6月10日上午会同区政府办、监察局、水利局等部门联合检查京口工业园区、谏壁镇和象山镇等地的防汛防旱,并对黑臭河流整治等情况进行检查。发现各地防汛物资储备、防汛值班制度和领导带班制度落实情况总体较好,防汛台账资料齐全。要求各地加强防汛值班巡查和领导带班,抓好预案和物资的再落实。黑臭河流整治要迅速明确专人,全面排查辖区污染源,及时整改,确保在6月底前不折不扣地完成市交办的整治任务。 (顾红云)

【区动物血防化验室投入运行】 京口区是江苏省血防重点防控区域,2010年京口区农业血吸虫综合治理项目通过国家发改委、农业部的审批,并被列入第四批扩大内需项目建设目录,血防化验室是本项目重要建设内容。在区委、区政府的关心下,化验室选址在学府路39号建设,项目总投入64万元,其中中央投资53万元,省级和区级配套11万元。建设内容包括:新建血防化验室100平方米,购置化验室仪器、设备39台(套),购买血防采样车1辆。化验室建设严格按照国家血防化验室要求分配布局,科学布置各个细节。在省农委的帮助下,招标采购实验室所需常规仪器和精密仪器,经过调整、试用,各项仪器设备达到使用要求。从2010年春季开始,区畜牧兽医站独立完成家畜血吸虫病监测。化验室成为动物血吸虫病诊断与监测中心,实验监测功能进一步强化,家畜监测更加灵活,不再仅仅局限于春秋两季的监测,对动物血吸虫疫情起到预测、预警、预报作用,对公共卫生安全有深远地影响。同时通过不断完善设备,能更好地履行动物疫病防治职能,促进畜牧业高效发展,有效地发挥肉制品品质监测功能,确保肉食品安全。 (顾红云)

【区现代农业展示厅建成开幕】 2010年6月28日,展示全区特色农产品的"京口区现代农业展示厅"在瑞京农业科技示范园正式开幕。该展示厅分图片展示、实物展示及多媒体三个展示区,成为展示京口现代农业产品的平台,对提升京口农业品牌形象,扩大知名度具有不可或缺的作用。来自全区主要农产品生产基地及农业龙头企业的有机大米、蜂蜜、绿壳鸡蛋、紫土豆、绿宝瓜等36件特色蔬菜、食用菌、果品集中亮相。 (顾红云)

疏浚整治后的河道

【开展“五带五争”创先争优活动】 区农委根据“创先争优”活动要求,结合自身实际,提出围绕中心、服务中心的“五带五争”创建活动意见。一是带头讲学习,争当不断学习模范。坚持学以致用、终身学习,不断提高理论水平和业务技能,增强为农服务本领。二是带头讲开拓,争当敬业实干模范。增强事业心和责任感,注重开拓创新,争创工作一流。三是带头讲政治,争当顾全大局模范。牢记宗旨,心系群众,维护集体形象,规范行政行为。四是带头讲服务,争当团结协作模范。注重团结,形成合力,自觉维护群众正当权益,做农民的贴心人。五是带头讲纪律,争当勤政廉政模范。认真践行社会主义荣辱观,严守职业道德,同一切违法违纪行为作斗争。 (顾红云)

【区黑臭河整治取得阶段成果】 按照市、区黑臭河整治工作要求,区水利局明确自身责任,及时行动,采取有效措施,取得以下三方面成果:一是清淤清杂。截至2010年7月5日,全区清淤清杂工作在区水利局的协调指导下,分别对虹桥港(3000米)、古运河(16500米)、玉带河(2800米)长约21300米的河道进行整治,共完成清淤约6万立方米,清除河坡种植4.1公顷。二是改善水质。与市城市水利管理处协调,对虹桥港进行三次换水,改善水质。三是污水截流。对古运河一家养殖户采取干湿分离措施,解决污水直排河道的问题。

(顾红云)

【推进粪便污染治理工作】 区农委在调查、分析全区养殖现状的基础上,积极推进治理工作。一是根据市农委会议精神,制定规模养殖场污染治理方案,提供干湿分离、发酵床养猪、发酵后作肥料三条治理技术方案供养殖户自主选择。二是与环保京口分局合作,召开全区养殖场污染治理会议,将治理的总体要求和指标数据传达给各镇(农场)兽医工作人员,将每个养殖场污染治理工作明确到专人负责。三是与养殖户签订责任状,要求所有规模养殖户限期达到粪便治理要求,共签订责任状21份,限期未达到治理要求的将被要求关停,直到符合标准,对积极主动进行治理的养殖户将从以后的项目上进行倾斜。 (顾红云)

【召开泵站管理暨安全运行工作会议】 区水利局于2010年7月16日下午召开由各镇、农场、工业园区的水利工作分管领导、农服中心主任、专职水利人员和泵站操作人员参加的京口区小型泵站管理暨运行安全工作会议。会前,首先组织与会人员察看工业园区正在运行的泵房,并请泵站管理专家现场指导操作规程。会上,学习并下发泵站管理的三个制度和一个考核办法,泵站专家进行运行知识培训,会议就如何管理使用泵站提出四点工作要求。一是各镇、园区分管领导要切实加强泵站管理工作。总的要求是科学运行、安全第一、分级管理、明确责任。二是各镇、园区要明确专人直接负责本地的泵站管理工作。三是泵站人员要按照相关管理制度,逐一落实到位。四是各地泵站的运行安全状况,请技术管理专家上门指导,既保证防汛期间安全运行,又发挥防汛排涝的作用。 (顾红云)

【部署防汛工作】 区防指于2010年7月12日下午迅速召开全区防汛紧急会议,听取各地灾情和抗灾措施汇报,分析通报气象部门水雨情观测、预测情况,紧急部署相关工作。副区长、区防指副指挥蒋嵩峰于市防汛紧急会议结束后第一时间到会并讲话。蒋嵩峰首先传达市长刘捍东关于当前防汛工作的六个目标:1.日降雨150毫米时,江河水库、堤防特别是穿堤建筑物不出大的险情;2.农田不出现大的内涝;3.城市居民家庭不进水;4.主要交通干道畅通,不出现因积水影响交通;5.施工工地不出现因雨、水、涝而出现的坍塌安全事故;6.力争不发生次生灾害,不造成人员伤亡事故。对于全区当前的防汛重点工作,蒋嵩峰提出“四个确保”、“三个全面”、“三个关注”和“六个到位”。“四个确保”:1.确保江堤不决口;2.确保水库不溃坝;3.确保小险情得到及时处理;4.确保不因水患发生人员伤亡。“三个全面”:1.排涝工程全面启动,预排预降;2.险工险段全面定人、定点监测;3.江堤、河堤、库坝全面巡查。“三个关注”:1.关注江堤是否有坍江、渗漏、管涌险情;2.关注次生灾害引起的危山、危石和危房;3.关注城区防汛中的难点、热点问题。“六个到位”:1.各主要领导到岗到位;2.值班和记录认真到位;3.巡查监测和预案全面到位;4.情况报告和处理措施扎实到位;5.部门检查和通报及时到位;6.各职能部门和单位对险情的处置沟通交流到位。 (顾红云)

【开展夏季重大动物疫病集中补免及高温消毒灭源工作】 夏季高温湿热是引发高致病性猪蓝耳病等重大动物疫病的重要诱因，为降低夏季动物疫病发生几率，区农委根据全年重大动物疫病工作安排和当前防控形势，于7月中旬至8月上旬全面开展夏季重大动物疫病集中补免和消毒灭源行动。要求各动防站充分认识做好夏防工作的重要性，坚决克服畏难情绪和麻痹思想，认真履行职责，切实强化夏防行动责任制，全面落实各项防控措施，重点做好新补栏和超过免疫保护期畜禽的补免工作，做到应免尽免，确保全市夏季疫情形势稳定；对畜禽规模饲养场等动物疫病易发场所，进一步完善消毒制度和消毒设施，做好消毒登记，规范开展消毒灭源工作，对广大散养户的畜禽圈舍及环境，要组织消毒小分队，进行逐村逐户过堂，集中突击消毒两次以上，并做好消毒记录，为全区动物防疫工作打下坚实的基础。 （顾红云）

【能繁母猪保险工作】 能繁母猪保险是一项惠农保险，其目的是为增强养殖户抗击自然灾害、动物疫病的风险能力。2010年7月下旬启动全区能繁母猪保险工作，区能繁母猪保险工作领导小组从保险公司调整到区农委，并从秋季开始，区政府和保险公司的保费收入及风险责任承担比例从上年的6:4统一调整为5:5。鉴于2009年其他县市区由于骗保引发的道德风险，2010年全区养殖户能繁母猪要保必须全保，投保人须签订投保告知书。 （顾红云）

【区农业血防综合治理项目通过市级验收】 2010年12月14日，镇江市发改委、财政局、农委对京口区承担的2010年第四批扩大内需项目——镇江市京口区农业血吸虫病综合治理项目进行市级验收。验收组通过查看现场、查阅档案资料，认为该项目投资规模符合批复要求，建设操作规范，管理有序，资料完整，充分达到项目初步设计的预期效果，总体验收意见为优良，提议申报省级验收。 （顾红云）

【森林防火扑救队成立】 2010年11月16日，京口区森林防火扑救队成立。京口区森林防火扑救队隶属于京口区森林防火指挥部，由京口消防大队和谏壁镇政府各派出10人共同组成，是京口区第一支专业森林防火扑救队，该扑救队伍的成立标志着京口区森林防火工作向着规范化、专业化建设迈出实质性的步伐，全区森林防火工作实现新的突破。在森林防火现场会暨森林防火扑救队揭牌仪式上，副区长蒋嵩峰对各责任单位下达防火责任书，并对全区今冬明春森林防火工作提出四点要求：一是进一步强化领导负责制，二是进一步强化宣传教育，三是进一步强化预警监测，四是进一步强化应急处置。 （顾红云）

【引导农业向规模经营集中】 2010年，以规模化、基地化、集约化为主线，引导农田向种植大户和集约农业示范点集中，使农田调整与推进农业产业化相结合，变农业的分散经营为集中集约经营，全年新增农业适度规模经营面积44公顷。 （顾红云）

【协调推进古运河水质达标】 区农委按照区政府综合整治黑臭河流的工作要求，针对丹徒南闸至谏壁三叉河水质不达标的老大难问题，在市水利局的支持下，通过现场察看，采用切实有效的换水方案，于2010年8月28日晚调集安装三台潜水泵，以2450立方米/小时连续排除污水。截至8月31日下午，换水约15万立方米，使古运河下段的水质得到有效改善。（顾红云）

【开展农机培训及农机送检下乡活动】 2010年3月25日，区农经局组织开展为期4天的农机培训及农机送检下乡活动。一是开展农机操作技能培训，让农机手掌握农机操作技能要领，吸取老农机手在日常工作中积累的实用操作经验，充分发挥农机手在春耕生产中的主力军作用。二是重点对辖区内谏壁、象山两镇的大中拖、小拖及便拖进行上线检测，实行“一站式”办公、“一条龙”服务，工作人员现场为拖拉机进行年检、收费登记、办理机动车强制保险及“平安农机通”等事宜。此次送检上“门”、服务到“家”的农机送检下乡活动，免除农机手到农机监理部门办理年检来回奔波的麻烦，为广大农机手提供方便。 （顾红云）

【农机具购置补贴】 2010年，结合全区实际情况，突出补贴重点，优先给予农机专业合作社、农机大户、种粮大户享受补贴。同时，把田间管理机械、高效设施农业机械、农村能源及秸秆综合利用机械作为补贴重点。在运作方式及操

推广机械化收割

作程序上,继续启用全国农机具购置补贴计算机管理系统,实现申请购机、签订协议、审核供货、资金结算、数据统计、信息查询等网络化、信息化管理,进一步提高效率,规范操作,方便农民购机。全年争取中央财政补贴资金110万元,市补贴资金2.15万元。补贴购置农机具707台(件),其中:大中型拖拉机5台、条播机3台、开沟机4台、田园管理机3台、秸秆还田机7台、动力喷雾机6台、静电喷雾器1台,高效太阳能杀虫灯678台。受益农户52人,带动农民投资54.19万元。(顾红云)

【左湖排涝泵站扩建工程开工】 由于金港大道左湖互通工程的建设,原左湖泵站排涝水系遭到破坏,导致附近群众家中进水,农田和道路受淹,并引发群众堵路和上访事件。原左湖排涝站流量为1立方米/秒,远远不能满足当前的排涝需要,为防止内涝发生,决定疏通水系,扩建左湖排涝泵站。经市区水利部门和工程勘测设计研究院专家现场踏勘,决定在原址上扩建左湖泵站,设计流量2立方米/秒,总装机动力150千瓦,选用2台套600ZLB–125型立式轴流泵,工程预算为130多万元。9月中旬,左湖排涝泵站扩建工程通过公开招标确定施工单位。(顾红云)

【水稻病虫防治】 2010年,区农委高度重视水稻病虫防治,通过召开各种生产会议、下乡咨询、开展技术培训等形式,确保防治措施落实到位。将《京口农情》等相关资料及时下发到农户手中,广泛宣传防治措施,上门对农户进行技术指导。全区733.33公顷水稻病虫防治有效推进,为夺取粮食高产打下坚实基础。(顾红云)

【做好"两节"期间蔬菜安全生产工作】 2010年9月20日,区农委在谏壁镇农服中心举办"两节"期间蔬菜安全生产工作会议,会议要求:一是全面开展违禁农药生产经营专项整治活动。二是强化安全生产责任意识,与各村蔬菜安全生产监督员密切配合,指导菜农科学、合理安全使用农药。三是开展不同形式的科技培训,发放农药安全使用日常明白纸400多份,推广生物防治技术,提高安全新型农药的使用率。四是加大蔬菜农药残留检测力度,扩大监测覆盖面,确保"两节"期间蔬菜安全供应。(顾红云)

【农村财务检查】 2010年10月下旬,区监察局、财政局、农委组成联合检查组,对全区24个行政村(居)进行财务检查,旨在规范村级财务、资产的管理,认真落实好党在农村的各项惠农政策。检查内容包括:"一免五补"政策执行情况、村级三项资金的使用情况、农村土地流转情况、"两委会"村干部换届选举专项审计工作开展情况、财务公开和民主理财情况、村级经济合同和村集体资产管理情况以及村干部执行廉政情况等。检查结束后,检查组对检查过程中发现的情况进行通报,要求各地对存在的问题进行及时整改,以保证村级集体财务规范化、制度化的良性健康发展。(顾红云)

【集体林权制度改革操作技术及档案管理培训班】 2010年11月上旬,京口区集体林权制度改革培训班在谏壁镇政府三楼大会议室举行。全区各镇、行政村林改领导小组组长、涉林村组组长、林改档案管理负责人共计50余人参加培训。市农委林业处徐晓明站长针对林改操作中涉及的问题、政策法规进行详细解答,区档案局对林改档案的管理、分类、登记、存档等进行详细讲解,区林改办对林改工作的具体步骤与操作方法进行授课。培训理清集体林改工作思路,为规范林改工作提供技术支持,也为年底全面完成全区林改工作奠定坚实的基础。(顾红云)

【集体林权制度改革】 制定林改工作方案,严格按程序公示,全面完成集体林权制度改革主体任务。完成林改面积1120公顷,其中均股均利231.3公顷、集体统一经营180公顷、均山均林246.7公顷、其他经营462公顷。发放林权证面积526.7公顷,林权证137份,发放股权证2655份,发证率100%。涉及谏壁镇5个村(居)、31个村民小组、2655户农户,股权拥有人数为7140人。(顾红云)

【举办食用菌周年生产及液体菌种应用培训班】 2010年11月8日,区农委联合区总工会在谏壁镇东京村举办食用菌周年生产及液体菌种应用技术培训班,积极引导农民大力发展食用菌生产,逐步转变丘陵地区高效农业发展难的问题。镇江市瑞京农业科技示范园高级农艺师、食用菌专家朱忠贵,向农民讲授"食用菌周年生产及液体菌种应用"和秸秆育菇实用技术等方面知识。全区主要种养大户及部分村组农技人员40余人参加培训。(顾红云)

【秋收秋种】 全区四措并举扎实开展秋收秋种工作。一是提早安排工作计划部署秋收秋种进程。二是科学布局秋季旱地作物种植。三是继续抓好推广培训工作。四是强化组织领导,确保秋收秋种工作顺利结束。截至2010年11月12日,全区秋收秋种工作全面结束,共收获水稻686.67公顷、玉米300公顷、大豆120公顷;播种小麦913.33公顷、油菜333.33公顷、秋冬蔬菜200公顷。据统计测算,全区旱直播水稻266.67公顷,亩产达540公斤左右,机插秧420公顷,亩产达580公斤左右,机插秧亩数不断增加,机插秧的产量优势再一次得到验证。(顾红云)

【秸秆综合利用】 2010年,根据全区地域特点,制定农作物秸秆综合利用工作方案,实施不同的利用途径。全区农作物秸秆综合利用率达98%以上。其中机械化还田1200公顷,秸秆还田1.132万吨,还田率达63%以上;其他多种形式(腐熟还田、秸秆造料等)利用量0.63万吨,利用率达35%。全区没有发生因秸秆露天焚烧和抛弃水体引发的污染事故。秸秆综合利用在全市处于领先水平。(顾红云)

【机插秧】 2010年,全区推进机插秧面积386.67公顷,水稻机插率达58%以上。一是政府重视推进发展。共青团农场农机具较全面,使用插秧机时间早。更重要的是政府重视,行政推动力度较大。二是宣传培训营造氛围。抓住关键环节,从技术培训入手,让农民掌握技术要领。通过召开现场会、送科技下乡等形式,宣传水稻机插秧技术。通过种植大户、农机大户和专业服务组织现身说法,广泛宣传,扩大机插秧的社会影响,为推进水稻机插秧营造良好氛围。三是示范推广发挥作用。大力培育种植大户及农机大户示范点,通过示范推广,发挥辐射带动作用。在示范点的选择上以农机大户、水稻种植大户为基础,建立试验对比田,以实实在在的典型,做给农民看,带领农民干。四是措施有效确保完成。注重发挥专业合作组织作用,引导专业合作组织开展跨区作业、订单作业、"一条龙"服务,提高单机作业量。充分发挥跨区作业功效,做到农机具既能"走出去"又能"请进来"。根据农场现有插秧机的保有量及2010年水稻种植情况,要求农场水稻机插面积达386.67公顷。 (顾红云)

【市委农办调研区农业农村转型升级工作】 2010年11月30日,市委农办牵头调研全区农业农村转型升级工作。区农委重点介绍全区2010年农业农村转型升级方面所做的工作以及2011年的工作打算。涉农部门分别就调研提纲,结合本部门工作职责,交流全区在农村党组织建设、财政投入、科技支撑、教育卫生、社会事业、民生保障等方面所做的工作及取得的成果。市委农办副主任郭丹平对全区在农业农村转型升级方面所取得的成绩给予充分肯定。一是组织得好,区里所有涉农部门均参加座谈会。二是准备得好,各部门都结合调研内容,准备书面材料。三是讲得好,与会人员对农业农村工作都作出深入的思考和分析,有重点、有特色、有建议。副区长蒋嵩峰出席调研会。 (顾红云)

【上海系列招商活动成果丰硕】 2010年12月上旬,副区长蒋嵩峰率团赴上海参加第八届江苏名特优农产品交易会等4场招商活动。与江苏伊康农业发展有限公司就蛋鸡养殖及系列产业项目的发展进行洽谈。此次招商活动共签约项目5个,参加全市集中签约2个,总投资额达11.54亿元。 (顾红云)

【高效农业保险实现零突破】 2010年,全区把高效设施农业保险作为整个农业保险工作的重中之重加以推进。区农委选准现代农业园和农民专业合作社为保险对象,多次与人保公司到合作社和种植大户基地,广泛宣传高效设施农业保险的优惠政策和承保理赔情况,重点对保险责任、责任免除、保费缴纳等事项进行详细讲解,增强农户参保意识,鼓舞农户参保信心,供销社农户当场同意参保签单。全区高效设施农业保险的险种主要是设施钢架大棚、薄膜和瓜果,保额为7000元/亩,保费为390元/亩,保费收入占全区主要种植业保费收入的31.6%。 (顾红云)

【部署打击侵犯植物品种权和制售假冒伪劣种子行动】 2010年12月中旬,区农委召集各镇农服中心主任和本单位相关科室负责人,专题部署打击侵犯植物品种权和制售假冒伪劣种子行动。一是加大行动宣传力度。各地要通过多种媒体及时将行动的目的、要求和基本内容通知辖区企业,动员企业自觉行动,积极参与,共同提高行动成效。二是加强品牌授权核查。通过现场检验和日常监管核实企业使用品牌情况,营造良好的品牌使用氛围。三是加大打击力度。加强扶持保护自有品牌和自有知识产权,在打击侵犯植物品种权和制售假冒伪劣种子的同时,培育自有品牌和自有知识产权的土壤。四是公布举报电话。畅通举报侵犯植物品种权和制售假冒伪劣种子信息来源渠道,提高专项行动的针对性和有效性。 (顾红云)

水 利

【水利建设】 2010年,全区水利建设结合生态市建设有关指标,以保障全区经济的可持续发展为目标,完成土方15.1万立方米,总投资500万元。(一)河道整治。疏浚乡级河道1条,长2.4公里,清淤量4.33万立方米;整治黑臭河3条。分别对虹桥港(3000米)、古运河(16500米)、玉带河(2800米)长约21300米的河道进行整治,共完成清淤约6万立方米,清除河坡种植4.1公顷,对虹桥港进行三次换水,改善水质,对古运河一家养殖户采取干湿分离措施,解决污水直排河道的问题。(二)泵站建设。新建改造机电泵站6座,增加功率220千瓦。1.改造排涝站2座。谏壁镇镇北排涝站更换两台套水泵及电机,更换出水管道40米及配套工程,清理引河1.5万立方米。谏壁镇镇南排涝站装配160千伏安变压器1台及配电设备,增加ZLB600型轴流泵一台套,以及配套设施。2.新建灌溉站2座。共青团农场一大队新建灌站2座,各安装10吋水泵及18.5千瓦电机一台套。3.整修灌溉站2座。分别为共青团农场二大队排灌站和共青团农场三大队灌溉站,维修站房,对水泵、电机保养维修。(三)涵闸建设。翻建共青团农场北京路过路涵,安装直径为1.5米的管涵。(四)塘坝建设。谏壁镇新开塘坝5座,改造塘坝7座,土方1.8万立方米,增加蓄水量1.5万立方米。(五)面上农田水利建设。1.改造中低产田14.67公顷,土方1万立方米。2.小沟以上建筑物6座,土方0.5万立方米,石方0.05万立方米。3.恢复治理水土流失面积1平方公里。(马志良)

农业企业简介

【镇江市瑞京农业科技示范园】 镇江市瑞京农业科技示范园建于2002年4月,占地面积26.7余公顷,由科技信息中心、园艺生产区、休闲观光区组成,已通过江苏省无公害蔬菜产地认定。拥有无公害蔬菜基地面积9.3公顷,果园13.3公顷,电控玻璃温室3000平方米,100立方米的保鲜库一座,60座单体钢架大棚,200平方米的加工包装车间,1000平方米的科技信息培训楼。

2010年园区立足试验示范、培训推广及科普教育的定位要求,以江苏大学、上海农科院、省农科院等科研院校为技术依托单位,大力引进和示范推广新品种新技术,积极实施农产品质量安全建设,倾力打造"瑞京"品牌,在促进全区加快农业结构调整,促使农民增收中较好地发挥引领带动作用。园区先后承担省市科技项目20多个,其中有4个项目分别获省、市科技进步二等奖。有19个蔬菜品种通过无公害农产品认定。园区申报的国家发明专利达到20多项,成为全市农业单位申请发明专利最多的单位。瑞京园已发展成为江苏省无公害农产品产地,省农科院园艺新品种示范基地,省级观光农业园,市级农业龙头企业,被市关工委命名为市级"青少年农业科普教育基地",接待游客近3万人次。

(顾红云)

【镇江市皇中皇生态科技蜜蜂园】 是一家集有机、绿色、无公害蜂产品开发、科研、生产加工、连锁销售为一体的综合性企业。公司源于全省较早的胡氏养蜂场,百余年来胡氏家族一直从事蜜蜂养殖和蜂产品的生产,在几代人精心培育优良蜜蜂品种的基础上,20世纪70年代初,胡氏第三代养蜂传人胡春,抓住改革开放的大好机遇,利用长三角洲独特的地域优势和丰富的自然资源,成立皇中皇生态科技蜜蜂园,进一步开展蜂产品的研发和生产,并率先在同行业注册"胡老三"商标进行蜂产品连锁销售。

2010年,蜜蜂园已发展成为集养蜂、种蜂培育、蜂产品加工、销售、科研为一体的大型综合性养蜂企业。在全国拥有蜂场200余组,蜂群2万多群及加盟蜂场群1万余群,年培育种蜂王500余只,年产蜂蜜2000余吨,蜂王浆50余吨,蜂花粉40余吨,蜂胶1000余公斤。为蜂产品的生产、加工提供优质的产品原料。同时引进大批先进的蜂产品加工设备,高薪聘请从事蜂产品生产研究的专业技术人员,开展蜂产品的研究与生产,开发出新产品50余种。在全国已拥有70余家蜂产品连锁店,产品深受广大消费者的青睐。

蜜蜂园作为镇江市蜂业协会理事单位,多年来在广大消费者心中树立良好的品牌形象,并得到各级政府领导的重视。董事长胡春还当选第一届镇江市蜂业协会会长。

蜜蜂园历来注重品牌形象建设,视产品质量为企业生命,先后被评为"全国蜂产品加工行业质量放心、国家标准合格产品"、"蜂产品龙头企业"、"江苏省推荐商品"、"江苏省消费者诚信单位"、"镇江市消费者信得过单位"、"3·15满意产品"等荣誉。 (顾红云)

【中储粮镇江粮油有限公司】 公司成立于2007年4月,注册资金2.5亿元,同年8月顺利完成与中盛公司的资产重组,收购中盛粮油工业(镇江)公司的全部资产,9月初恢复生产运营。

公司地处镇江市京口区谏壁镇,占地面积40.8公顷,总投资100286万元,主营业务为食用植物油的储备、物流、加工、销售。公司为加快发展,加大项目投资力度,一是大豆仓与油脂库油罐项目,投资额56336万元。二是新建5万吨级码头1#泊位、配套设施设备、板半月护岸及配套堆场,投资9750万元。三是大豆加工项目,建设日处理3000吨大豆加工厂及配套设施设备,投资34200万元。

新建内河码头于2010年4月初投入试运营,20万吨油罐于2009年9月全部投入使用,40万吨大豆仓从2010年6月起陆续投入使用。截至2010年12月底,中转油脂油料56万吨,油脂油料储备、轮换经营量42万吨,新建项目实现营业收入196264万元,利润3692万元,上缴地方税金1100万元。日处理3000吨大豆加工项目于2010年12月底全部完工并调试完毕。

公司二期工程开始陆续得到批复,包括10万吨中转立筒仓、10万吨油脂中转罐、5万吨级码头2#泊位、年罐装20万吨的小包装罐装线,总投资3亿元。中转立筒仓正在建设,5万吨级码头2#泊位正在招标,小包装罐装线及油脂中转罐也在积极筹备,2012年全部建成投产。 (顾红云)

【镇江恒伟物流有限公司】 公司成立于1998年,注册资本1400万。公司主营果蔬仓储、冷藏、运输等,是专业冷链配送物流服务商,在冷链物流行业有丰富的服务经验,目前为多家知名企业提供优质专业的物流服务,为客户提供各种冷藏保鲜、配送运输物流服务。

公司在发展过程中,与百事食品(中国)有限公司建立稳定良好的合作关系,为满足百事公司食品加工原料使用量的需要,于2002年成立农业部,发展马铃薯种植项目,在广西、湖北、甘肃、内蒙古等地建立种植基地,每年为百事食品(中国)有限公司提供约2万吨的优质马铃薯。被百事公司授予"全球最佳合作伙伴",并建立长期的战略合作伙伴关系。

2009年11月,公司在国家支农惠农政策的支持下,在京口工业园区建造华东地区规模最大、存储量达到2.5万吨级的果蔬仓储交易市场,该市场拥有全球一流的仓储技术和服务功能。为提高农产品的市场竞争能力,以食用菌、蔬菜、果品为仓储交易的主产品,与京口区多家果蔬协会、合作社共建基地166.67公顷,签订购销协议,全年供应蔬菜达2.55万吨,果品产量2500吨,带动镇江周边蔬果种植基地666.67公顷,带动农户3000余户。为本地区的蔬菜、果品等农业产品提供较好的流通平台。

(顾红云)

财政·税务

责任编校：陶晓俊

财 政

【概况】 2010年全区财政工作坚持以科学发展观为指导，紧紧围绕区委、区政府所提出的“决胜‘十一五’、全力推进整体城市化”工作主题，高扬“苦干实干、争先争强”主基调，把“强投入快增长、调结构促转型、抓统筹惠民生”作为工作的重点，充分发挥财政的杠杆作用，较好地完成了财政各项工作任务，为京口经济社会全面、协调、可持续发展提供了有力保障，为推进和谐京口建设作出了积极贡献。

多措并举抓财源建设，促进财政持续增收。一是加强税源建设。发挥区域优势，大力支持现代服务业发展，紧盯落户企业，加大基础设施建设，完善服务功能。积极协助企业扎实做好“二、三”产分离工作，进一步提高税收对地方财政的贡献率。在继续支持传统支柱产业稳中增强的基础上，大力促进产业结构调整，积极支持各类企业自主创新，培植新的财政经济增长点。二是强化支持园区发展力度。加强财政与金融部门的互动协作，拓宽筹资渠道，支持园区基础设施建设。2010年区财政积极筹集资金5657万元，支持两大园区及高创中心的开发建设，有效改善园区环境面貌，提升其项目承载能力，确保“爱励国际”项目顺利签约以及新民洲“海洋工程产业园”项目开工建设。三是加强政策引导资金的争取力度。全年帮助企业向上争取各类扶持资金4100万元，为企业转型升级、加快新产品研制开发等提供了资金扶持，同时积极发挥财政资金的引导作用，促进了税收持续增长。

强化税收征管，财政收入实现历史性新跨越。2010年，京口区财政部门始终坚持创新思路，不断强化征管意识，咬定目标不放松，财政地方一般预算收入首次突破10亿元大关，实现了历史性跨越。一是加强收入分析预测。全面应用财税库银联网系统，建立健全税收经济分析、企业纳税评估、重点税源监控和税务稽查的良性互动机制，确保应收尽收。二是积极开展综合治税工作。建立综合治税工作机制，强化各级治税综合信息平台的建设和完善。建立健全街、镇、园区涉税信息系统，实现工商、税务和各责任单位之间的涉税信息共享。三是严格落实目标考核责任制。分解收入任务，明确目标，加强责任制单位收入进度考核，形成“个个肩上有担子，人人身上有压力”的齐抓共管的良好氛围。四是加强非税收入征管工作。完善非税收入征管考核办法，加强票据管理，实行财政票据定期审验制度，强化监督检查，确保非税收入应缴尽缴，壮大财政收入规模，增强财政调控能力。 （栾仲文）

【预算管理工作】 一方面调整优化支出结构，增加对社会公共领域的财政保障力度，促进区域经济持续健康发展。支持医疗卫生事业发展，建成覆盖全区的社区卫生服务网络，积极应对突发公共卫生事件，重视甲型H1N1流感防控经费保障工作，提高城乡社区公共卫生财政补助标准，完善城乡居民医疗保险制度，实现辖区内居民医保全覆盖。完善义务教育经费投入保障机制，提高义务教育生均公用经费，增加拔尖人才奖励，全力筹措资金，为区域教育现代化达标建设和义务教育绩效工资改革提供资金保障。加大对旧城改造、城市道路维护、生态市建设等方面投入，进一步改善投资环境和人居环境，提升群众满意度。增加科技投入，支持高新技术产业、支柱产业发展，提高企业自主创新能力，促进企业加快新产品研制开发，增强发展后劲，促进税收持续增长。另一方面完善公共财政体制，深入推进各项改革。一是深化预算管理改革。细化部门预算编制方案，注重预算编制的预见性和科学性、预算调整与追加的合理性，确保预算健康运行。二是加快推进“金财”工程建设。完善预算编制系统、国库收付系统、财税库银联网等系统管理，为财政改革与精细化管理提供技术支撑。三是积极实施区、镇（街道）财政体制改革。按照保障运转、增量共享、激励征收的主体目标，调动两级财政征管积极性，提升镇、街道管理社会公共事务的水平和效率。 （徐兰芳）

【农财农税工作】 积极发挥财政支农效益。做好全年财政支农资金年初预算计划，认真落实预算内农业支农资金，贯彻执行省委、省政府“两个高于”标准要求，结合京口区农村经济发展规划，在部门预算基础上，进一步落实当年支农项目资金。加强对农业支农项目跟踪管理和县级报账制工作。多次深入到共青团农场、谏壁镇、象山镇等有关项目单位进行实地核查支农项目实施情况。在支农项目县级报账制方面，出台《京口区财政局农业专项资金业务流程》，规范支农项目资金拨付程序、跟踪问效和监督管理，切实提高支农资金使用效益。确保涉农补贴按时足额发放。配合农林部门做好粮食直补、良种补贴方案制订和统计核实等基础工作，并确保补贴发放规范、及时、足额。2010年，全区粮食直补面积693.53公顷，发放补贴20.81万元；农资综合补贴面积1352.6公顷，发放补贴139.99万元；小麦良种补贴面积1013.73公顷，补贴资金15.2万元；油菜良种补贴面积319.13公顷，补贴资金4.8万元。水稻、小麦、油菜等主要种植业险种承保面保持100%，主要养殖业能繁母猪努力做到“应保尽保”。继续尊重农户意愿与提高组织推动能力相结合，加强农业保险宣传，在稳定中抓规范、促发展，全区农业保险工作再上新台阶。2010年保费总额44万元，其中：水稻投保面积693.53公顷，保费21万元；小麦投保面积为857.8公顷，保费13万元；油菜投保面积215.53公顷，保费3万元；能繁母猪投保1244头，保费7万元。认真做好家电下乡和以旧换新补贴工作。京口区家电以旧换新工作量占全市区90%以上，区农财部门坚持严格按政策把好监督关、审核关，确保补贴资金按程序及时发放。全年家电下乡产品兑付补贴17399台，

京口区财政局赴南通崇川区开展业务学习交流活动

兑付补贴金额553万元，家电以旧换新产品兑付补贴118477台，兑付补贴金额3376万元。开展财务大检查活动。全面清查2007~2009年中央、省、市、区及基层政府配套的财政安排用于“三农”的各项专项资金，涉及市级以上强农惠农资金8485.13万元，区本级配套资金4312.85万元。同时确定以查促管方针，加大对基层财务检查力度，通过检查及时发现问题，提出整改措施，以进一步完善乡镇的内部管理制度，规范资金收付流程，确保专项资金专款专用。（王　红）

【企业工作】 积极利用财政政策，扶持企业健康发展。2010年，重点扶持高新科技企业和促进外贸、外资进出口项目，申报成功各级各类财政扶持项目301个，省市财政扶持资金4370.341万元，2010年应拨付3847.641万元，全部拨付到位。企业项目资金财政网上申报系统正式运行，加强了企业项目资金申报介入和管理，各级各类财政企业项目资金申报逐步纳入。对江苏银行上市疑难股权、房地产权问题进行多方沟通协调，形成处理方案报区政府研究同意，由国资办、区城投公司和股权方签订股权托管协议。重视基础工作，做好日常企业财务管理。2010年，新办外商投资企业财政登记9家，共办理财政登记115家，办理联合年检企业73家，通过年检企业73家，合格率100%。继续做好重点企业财务快报工作和2009年度国有集体企业财务会计报告编制工作。2010年4月，全区13家企业报表单位的汇总在镇江市一次审核通过。京口区第一家农村小额贷款公司——镇江市京口区农联农村小额贷款有限公司2009年、2010年发展迅速，运作规范，目前已成为市区最大的农村小额贷款公司，且发展前景良好，2010年度贷款发放余额1.66亿；同时，2010年区第二家农村小额贷款公司——自力公司经合法的招投标程序，通过省市金融办批准，正在筹备中。（王忠建）

2010年度全区农林水等支出情况

表18　　单位：万元

年度 \ 项目	农业支出	林业支出	水利和气象支出	扶贫支出	合计
2010	937	111	291	291	1429

（王　江）

【绩效评价工作】 2010年，着重抓好绩效评价基础工作，坚持从实践中探索。年初，组织发改、监察、审计、财政、外经、科技等相关部门，联合对区重点企业2009年度财政扶持资金进行审计检查，初步建立绩效评价理念。10月，制定《镇江市京口区财政支出绩效评价暂行办法》(征求意见稿)，力求做到可操作性、可量化性、可参考性，目前正

在广泛征求区各相关部门、相关人员的意见和建议。（王忠建）

【社会保障管理工作】 加大创业资金投入力度。为促进我区创业型城市建设，从2010年起3年内，区政府每年安排创业扶持资金300万元以上，用以引导、鼓励和扶持全民创业工作，采取政府购买创业项目的办法，完善创业项目征集、评估、推介和管理，建立扶持创业长效机制。2010年建成创业孵化基地8个，3.6万平方米，扶持创业9774人，新增注册资本216.6亿元。健全就业帮扶机制，新增城镇就业10852人，转移农村劳动力733人。支持医疗卫生事业发展。健全公共卫生服务经费保障机制，2010年区财政按常住人口人均10元标准，安排专项资金用于政府购买社区公共卫生服务；设立重大公共卫生项目专项资金，实施重大公共卫生服务项目，落实甲型H1N1流感防控经费15.5万元，安排出生缺陷干预25万元，用于补偿免费婚检和优生筛查，安排重大公共卫生项目经费30万元，用于补助农村孕产妇住院分娩、补服叶酸和农村妇女"两癌"检查，增进居民健康水平；选择预拨付和考核后拨付的方法对基层卫生实施补助，建立科学、客观的考核评估机制；做好合作医疗资金筹集和补贴工作，2010年参保63921人（含在校中小学生26899人），区财政配套370.94万元，乡（镇）街道配套120.76万元，合计491.7万元。提高老年居民养老补贴标准。从2010年4月1日起，京口区对年满60周岁不满80周岁已享受老年居民补贴的人员提高补助标准，由每人每月50元提高至每人每月60元。全年发放老年补贴360.71万元，其中区财政补助180.35万元。支持居家养老服务平台建设。2010年区财政投入50万元用于服务中心基础设施改造和服务系统建设维护。建成居家养老服务平台，四牌楼街道江一社区建成老干部"四就近"服务省级示范点。另按每张床位补贴500元标准，对金色晚年康复养老中心和京岘山老年公寓核拨补助资金33万元。实施社会救助。至2010年底，京口区有城市低保1902户3835人，农村低保186户、357人，全年低保累计支出1222万元；对突发性、特殊性困难群众实施专项社会救助，计35万元;救助区散居孤儿8名，发放生活费57600元；发放无军籍职工工资和"四金"123.31万元，优抚人员补贴51.43万元，参战人员补贴30.3万元，遗属补贴3.18万元。支持残疾人事业发展。接受免费生活护理对象208人，帮助白内障患者25人，为40名低视力患者配备助视器，为30名有听力障碍者配发助听器，为行动不便者配发轮椅100辆；落实镇江市残疾人车主就业安置和生活帮扶政策，全年发放"三小车"工资及"四金"79.07万元，为418名无固定收入重残人员发放生活救助金170万元。保障被征地农民基本生活。截至2010年底，全区项目征地运作成功54个地块，3724名被征地农民领取基本生活保障金，全年发放安置人员基本生活保障金3273.18万元。加强社保基金资金管理。专门组织对用款单位资金使用情况进行检查，以专项检查为主，做好各项资金监督。开展社区卫生服务财政支出项目绩效评价。做好社区卫生绩效评价数据填报、审核、汇总上报工作，确保采集数据的准确性、可靠性和及时性。

（承凤鸣）

【政府采购工作】 2010年，政府采购中心从健全采购制度，推进规范化管理入手，严格按照采购预算执行政府采购计划，按照各项政府采购规定监管政府采购活动。对各采购单位和协议供货供应商、汽车维修、印刷等定点厂商进行定期走访查看，督促各采、供单位遵照政府采购各项政策规定进行规范采购和诚信经营。为保障采购单位所购办公设备质量、售后服务等切实到位以及供应商的质保承诺按合同兑现，采购中心不定期地对采购单位协议供货使用情况、供应商的售后保障情况进行跟踪了解、询问，以监督供应商是否诚信经商，以保证政府采购的安全可信度。在做好业务工作的同时，围绕机关党风廉政建设相关文件精神和中心工作任务，对相关工作制度进行重新梳理，对采购工作关键节点加强监控，积极配合纪委、审计部门进行检查，发挥源头防腐的治本功能，推进"阳光采购"，各项工作稳步开展。全年累计采购金额1146万元，节约资金138万元，综合节约率10.8%。（吴 辉）

【财政监督检查工作】 切实推进财政监督关口前移，财政监督检查以提高日常监督工作质量为核心，以推进财政监督机制建设和规范基础性工作为导向，逐步树立和完善财政监督理念，加大涉及人民群

召开京口区政府采购工作会议

众切身利益的重大支出使用和理顺收支秩序的监督力度，使监督检查工作始终贯穿经济运行之中。根据“小金库”专项检查“回头看”的要求，对区6个系统9个单位进行重点检查，将监督管理工作的事与相关主体人分开，对不规范单位要求限期纠正，跟踪复查，堵住漏洞，为反腐倡廉打下良好基础。配合相关部门开展强农惠农资金专项检查，使8485.13万元强农惠农专项资金真正成为民生工程、惠民工程、阳光工程。（魏红榴）

【综合治税工作】 积极配合综合治税领导小组做好综合治税日常事务工作，完善综合治税例会制度、建立责任体系和综合治税网络，对各单位涉税信息资料进行分类、汇总整理上报，加强信息沟通与共享，使综合治税工作规范化运转。2010年9月，联合区住建局与地税二分局，成立8个建安营业税专项整治检查组，对全区在建项目进行普查，取得一定成效。2010年10月初，按照税收属地管理原则，对全区在地生产经营未在地纳税企业进行调查，通过各责任单位摸排查出79家企业，与工商进行核对，并发函市财政和国、地税部门进行协调，除丹徒区18家企业属历史遗留问题难以协调到位外，7家办理证照回转手续，5家企业税收纳入京口区，其余力争调整到位。2010年11月，根据市财政和国、地税关于零散税收委托代征试行实施意见，制定京口区委托代征实施意见和实施方案，并于2010年12月22日，印发《关于零散税收和房屋租赁税委托代征管理实施办法》的通知，在全区铺开委托代征各项准备工作，为全区2011年率先在全市开展零散税和房屋租赁税委托代征工作奠定基础。强化综合治税工作，加大护协税力度，调动各责任单位的主观能动性，制定综合治税工作奖惩办法，出台综合治税具体考核办法。针对建安营业税专项制定建筑安装税收分成办法，通过定期召开联系会相互沟通信息，探讨加强综合治税管理措施，确保京口区综合治税工作更上新台阶。（陈志琴）

【住房公积金管理工作】 2010年，贯彻市“住房公积金规范管理提升年”活动的文件精神，围绕工作计划，大力开展各项工作。年初住房公积金新信息系统正式上线运行、举办“住房公积金宣传月”活动、扎实做好辖区单位催建、补缴工作，多项指标完成情况再创历史新高。2010年，全区新增开户职工654人，比上年增加176人，元鼎饰材、鼎盛重工等10户单位顺利完成催建工作，全年实际缴存人数5568人，比“十五”期末增加1179人，增幅27%。归集住房公积金3312万元，比上年增加922万元，增幅39%，比“十五”期末增加1922万元，增幅138%，住房公积金归集余额8853万元，比上年增加1725万元，增幅24.2%。2010年全区支取住房公积金1588万元，与上年同比减少52万元，全年提取率48%，比上年减少21个百分点，是2006年以来首次降到50%以下。2010年发放贷款30户，与上年同比减少72户，贷款金额762万元，比上年减少1279万元；全年个贷回收850万元。2010年末贷款余额5808万元，与上年同比减少88万元，比“十五”期末增长3343万元，增幅136%。在认真做好个贷发放工作的同时，进一步强化贷后管理，使资金风险降到最低限度，公积金贷款保持零逾期。（宰淑萍）

【“十一五”期间主要财政工作】 2006～2010年，全区上下齐抓共管，加大税源培植力度，充分挖掘增收潜力，不断完善收入征管措施，促进财政不断增收。区财政一般预算收入年均增幅16.6%，“十一五”期末地方财政一般预算收入突破10亿元大关，比“十五”期末增加48713万元，财政收入翻一番，收入的稳定增长为支出需求提供了可靠保障。财政支出结构逐步优化。区财政不断调优财政支出结构，加大对教育、卫生、社保等公共领域的财政投入，对义务教育免费实施财政补助，逐步提高预算内生均公用经费标准；对城乡社区公共卫生实施财政补助，设立疾病防控专项预算；加大扶贫帮困力度，设立创业就业扶持专项资金等，“十一五”期末财政对民生的投入比“十五”期末增加20289万元，总量提高2.5倍，占财政一般预算支出的比重提高了6.3个百分点，财政资金的有力保障促进了全区各项社会事业的健康、快速发展。财政改革稳步推进。全面实行部门预算，预算编制向科学化、精细化方向发展；稳步推进国库集中支付，建成财政内网平台，实行财、税、库、银横向联网，实现财政收支网上缴拨；建立财政收入分析查询系统，强化企业税收动态监管，实

组织开展区属重点企业财务人员业务培训

现财政收入精细化管理。加强政府采购监管,建立政府采购权力节点监控机制。完善区对镇、街(园区)财政管理体制,理顺财税分配关系,调动了各级增收积极性。

非税收入征缴管理制度改革。深化和完善非税收入收缴管理制度改革,强化非税收入征收管理。在2006年之前实行收入"票款分离"试点的基础上,2007年重新编制单位代码和非税收入项目代码,组织业务培训,进行网络收缴信息系统建设,为执收执罚单位配置相关票据打印等设备,开设联机联网端口61个。2008年1月1日,京口区本级非税收入收缴管理系统正式运行,改革了传统的票据管理方式,以计算机管理替代人工管理,实行非税收入"单位开票、银行代收、实时入库(或专户)"的征缴方式。截至2010年末,全区本级所属141家部门和单位全部纳入非税收入管理系统,收缴网络化征管体系和管理制度不断完善,财政、银行、执收单位之间收入管理环节衔接顺畅,收缴及核算程序稳定正常,收入信息及数据传递准确、及时,资金实时缴入财政专户(或国库)。2006~2010年,非税收入征缴14175.3万元~24231.9万元,增长70.9%,年均增长14.2%,2008年起将非税收入逐步纳入预算管理,分别占非税收入总额25%~32%,增强了财政的调控能力。健全票据管理制度,规范财政票据使用。构建以"非税收入一般缴款书"为主体、专用票据为补充的新的财政票据管理体系。建立"以票据管资金,资金跟着票据走"的制约机制,规范票据使用。2008年起各项政府性基金、行政事业性收费以及单位往来资金统一使用《镇江市(京口区)非税收入一般缴款书》,扩大了非税收入票据使用范围,实现"一票多用",将票据购领、对账、缴验等工作全部纳入计算机管理系统,提高了工作效率和管理质量。加强收费管理,服务经济发展和和谐社会建设。非税收入征缴管理制度改革以来,区财政重点加强对涉企、涉农以及涉及教育、卫生和就业等方面收费项目的审查管理。贯彻落实省、市政府取消和停止征收部分行政事业性收费政策,对已取消和停征的收费项目在项目库系统中及时清理、关停,执收执罚单位只能按照非税系统设定的收费项目收取,有效遏制违规收费,为优化投资环境、服务经济发展、和谐社会建设提供支撑和保障。强化建设项目专项资金核算和管理,提高财政资金使用效益。针对京口区范围近几年城建拆迁项目较多,专项资金流量较大的特点,区财政按照区政府要求,加强专项资金的核算和管理,按不同项目分别设立资金专户,实行财政专户管理,建立健全资金收支台账,分类核算、管理和监督检查。2008~2010年纳入财政专户管理资金20多亿元,较好地防止专项资金挪作他用或混用,保障了政府重点项目工程建设顺利进行和资金使用效果。强化非税收支预算编制和执行,提升财政综合预算管理水平。先后制定并印发《关于规范行政事业单位非税收入、往来资金会计核算及其账务处理的通知》、《关于对行政事业单位往来资金规范管理的通知》文件,按照年度非税收入收支部门预算和区政府关于《京口区非税收入收支管理暂行办法》有关规定,强化预算的严肃性,实行"双控"管理,即预算指标和缴库(专户)资金双向管理。结合非税收入征缴管理制度改革和行政事业单位工资津补贴改革,配合全区部门预算、政府采购、国库集中支付等财政体制改革的进一步深化和完善,提升财政综合预算管理水平。

有效开展会计集中核算工作。机关财务结算中心作为会计核算的平台,按照财政科学化、精细化管理要求,将结算与支付有机结合,进一步加强财政资金支付的监管。2006年纳入会计集中核算单位44个,规范设置核算账户73套,负责4029名(其中含社区居委会219名工作人员)区属各机关事业单位在职及离退休人员的工资发放。至2010年底纳入会计集中核算单位56个,规范设置核算账户84套,担负全区3987名财政供养人员的工资发放、代扣代缴"四金"及个人所得税工作。同时,经常与采购中心、国资办、综合科等财政局内部单位、部门保持联系,及时就财务工作进行座谈,做到内部思想统一,对外执行政策一致,工作上相互支持,密切配合,努力提升财政工作的社会实效。

(徐兰芳 秦寅生 沈 妍)

京口区"十一五"期间财政收入情况

表19

单位:万元

项 目	2006年	2007年	2008年	2009年	2010年
增值税	9534	12535	12074	11364	13184
营业税	22808	32877	32535	40804	50026
企业所得税	7642	12161	12054	9522	9813
个人所得税	2885	5676	5937	4385	5186
车船税	19	-6	26	—	—
房产税	2380	2913	3254	1629	2984
城镇土地使用税	263	2328	3510	2757	2709
印花税	1112	1428	1621	1118	1558
土地增值税	2480	4972	3462	5991	8331
资源税	—	—	—	2	1

续表19

项 目	2006年	2007年	2008年	2009年	2010年
其他税收	—	4	1	—	—
耕地占用税	1433	1194	820	1279	1338
契税	113	23	293	252	225
罚没收入	433	—	1500	728	123
行政性收费收入	775	1054	4734	2595	266
国有资产经营收益	948	—	—	—	3183
国有资源有偿使用收入	—	16	1179	10	32
专项收入	—	—	—	1032	1338
其他收入	5	—	—	—	—
地方财政一般预算收入合计	52830	77175	83000	83468	100297
文教部门基金收入	16	—	—	—	—
地方教育基金收入	—	13	92	16	—
地方教育费附加	—	—	—	279	341
公路客货运附加费收入	—	290	—	—	—
地方财政收入合计	52846	77478	83092	83763	100638
增值税(75%)	28603	37605	36222	34092	39553
企业所得税	11463	18241	18081	14283	14720
个人所得税	4328	8514	8905	6578	7779
消费税	133	137	225	576	950
上划中央收入合计	44527	64497	63433	55529	63002
全口径收入合计	97373	141975	146525	139292	163640

(徐兰芳)

京口区“十一五”期间财政支出情况

表20　　单位:万元

科 目	2006年	科 目	2007年	2008年	2009年	2010年
基本建设支出	525	一般公共服务	9976	9664	9730	11286
企业挖潜改造资金	58	公共安全	2717	3270	4660	5014
科技三项费用	606	教育	11373	14548	18552	19319
农业支出	574	科学技术	900	1246	1924	2697
林业支出	76	文化体育与传媒	154	281	181	214
水利和气象支出	239	社会保障和就业	2180	2925	3556	3703
工业交通等部门的事业费	144	医疗卫生	1411	2082	2326	2993
文体广播事业费	389	环境保护	11	—	215	620
教育事业费	6975	城乡社区事务	2005	2519	2981	8042
科学事业费	54	农林水事务	593	947	1209	1211
医疗卫生经费	1623	交通运输	73	90	150	612
其他部门的事业费	2272	工业商业金融等事务	753	1096	—	—
抚恤和社会福利救济费	1193	其他支出	6566	6010	3762	982
行政事业离退休经费	186	采掘电力信息等事务支出	—	—	557	—
社会保障补助支出	492	粮油物资储备管理等事务	—	—	1069	53
行政管理经费	4578	资源勘探电力信息等事务	—	—	—	1703
公检法司支出	2280	商业服务业等事务	—	—	—	5217
城市维护费	1071	一般预算支出合计	38712	44678	50872	63666
其他支出	4795	一般公共服务	—	21	214	—
专项支出	889	教育	308	478	228	255

续表20

科 目	2006年	科 目	2007年	2008年	2009年	2010年
一般预算支出合计	29019	文化体育与传媒	25	21	32	26
文教部门基金支出	185	城乡社区事务	10	36	3908	13512
农业部门基金支出	92	社会保障和就业	50	51	86	163
基金支出合计	277	农林水事务	124	21	184	11
财政总支出	29296	交通运输	290	—	—	—
		工业商业金融等事务	97	43	—	—
		粮油物资储备管理等事务	—	—	9	—
		其他支出	—	—	—	418
		基金支出合计	904	671	4661	14385
		财政总支出	39616	45349	55533	78051

（徐兰芳）

国　税

●国税三分局●

【概况】 镇江市国家税务局第三税务分局(原为镇江市国家税务局第一税务分局，2010年4月改为镇江市国家税务局第三税务分局，以下简称国税三分局)。担负着京口区范围内8696户企业、个体工商户的国税征收管理工作。“十一五”期间，国税三分局在依法征收方面作出突出贡献，累计组织收入16亿元，年递增13.97%。2010年，国税三分局勇于实践，锐意创新，狠抓征管基础，强化税种管理；完善税源分析，深化风险管理；开展“五式”(挂钩式、定单式、家政式、引导式、提醒式)服务，创新服务形式；落实主题活动，加强效能建设，较好地完成了各项工作任务和目标，实现一般预算收入38232万元，连续三年被评为镇江国税目标管理先进单位，连续两年荣获镇江国税先进单位，获评2007～2009年度“江苏省群众性精神文明建设”先进单位，有力促进了京口经济又好又快发展。 （王明玉）

【税源专业化管理稳步推进】 2010年，按照市局专业化管理总体安排和要求，结合人力资源状况和税收征管实际，国税三分局合理地进行专业化岗位设置和角色配置，同时加强操作平台培训与辅导，确保税源管理平台上线运行。在专业化管理的推进中，分局始终围绕风险应对这一工作重点，在四个环节做到“有序有效”，确保了主要征管质量指标在全市名列前茅。一是在风险分析和整合发布环节做到“有序有效”。对于省局、市局风险特征库中发布的已知信息，加强整合分析，提高风险信息的真实性和准确性。在任务类风险信息发布之前，深入开展调查研究，对应对事项提出明确的指导意见，切实做好风险应对与征管前后各个环节的衔接工作。二是在监控管理和应对处理环节做到“有序有效”。改变以往偏重于强化税收执法来提高纳税遵从的做法，综合配套地运用税法宣传、咨询辅导、提示提醒、纳税人自我修正、纳税评估等递进措施实施风险应对，提高税源监控管理水平。2010年，应对基层管理平台发布的风险信息506条，应对税源管理平台发布的风险信息268条，入库增值税36.55万元，所得税32.06万元。三是在督查反馈和总结考评环节做到“有序有效”。坚持按周反馈进度情况，按月开展工作点评，按季组织督查考核，确保风险应对工作落到实处。同时认真总结在风险应对过程中好的做法与成效，推动风险管理深入开展。四是在行业管理和行业评估环节做到“有序有效”。始终突出行业管理对于专业化管理的促进作用，积极采集行业数据，认真开展行业分析，有序实施行业评估，

国税三分局走进江科大宣传税法

纳税评估工作取得显著成绩。2010年,对酒类批发和零售、医疗器械批发等20个明细行业进行行业分析,评估214户,查补入库增值税214.65万元、企业所得税299.42万元,加收滞纳金49.51万元。（王明玉）

【税源税基控管不断增强】 2010年,国税三分局根据税种征管特点,分析各税种的风险项目和环节,切实加强管理,不断增强税源税基控管能力。一是增值税管理取得新进展。及时做好一般纳税人资格认定工作,新认定一般纳税人295户。加强固定资产进项税额抵扣申报审核和后续管理,办理固定资产进项税额抵扣4650.64万元。审核运输发票87份,海关完税凭证3份,核查异常抵扣专用发票67份,查补增值税6276.10元,调减留抵10926.49元,审核检查按期完成率、异地核查按期回复率100%。评估2户受票金额较大的用废企业,查补增值税44.85万元、所得税4.04万元。对56户享受增值税优惠政策的企业进行年检,取消1户资源综合利用企业和1户饲料企业优惠资格。坚持加强免抵调审核,函调51条,涉及发票312份。配合外贸企业征退税一体化改革,做好55户外贸企业的划转工作。二是所得税管理取得新进展。切实加强所得税汇算清缴,2010年5月在全市率先完成2009年度所得税汇算清缴工作,完成汇缴1973户,汇缴面100%。严格按照规定,对712户企业所得税核定征收方式进行重新鉴定,对所得税优惠备案的14户企业进行逐户审核辅导。对长亏不倒、微利微亏、零负申报、跳跃性盈亏和应纳税所得额变动异常的企业,重点开展所得税复评复审和专项评估工作。

国税三分局赴鸿泰钢铁进行服务性调研

汇算清缴复审88户,入库所得税14万元,弥补亏损130万元;专项评估16户,入库所得税141万元,弥补亏损385万。（王明玉）

【征管基础建设整体推进】 征管基础建设是税收征管工作永恒的主题,数据信息则是基础的基础。2010年,国税三分局强化信息管税,促进征管基础建设整体推进。一是强化数据质量管理。对内加强数据分析和比对,将企业的实际情况与CTAIS 2.0系统中的数据进行对比,发现差异立即维护,防止错误信息遗漏、积压;对外加强办税质量考评,对屡次出错、并且责令限改后仍然出错的企业加大处罚力度,不断提高纳税人的申报质量。2010年,对713条财务报表错误信息进行维护,确保财务数据初检正确率在全市名列前茅,再检正确率100%。二是强化户籍信息管理。定期与工商、地税进行户籍比对,及时发现漏征漏管户和非正常户,特别是对一些非正常户、长期零申报户和存货异常的注销户定期开展巡查与核查,防止少数纳税人利用假走逃、假失踪或注销登记等形式逃避纳税义务。2010年清理非正常户8户。三是强化普通发票管理。分局依托省局发票管理系统,做好“票表比对”工作,加大顺查、逆查力度,防止不法纳税人虚开代开发票行为发生。全年发出异常协查信息225条,接收123条。全面推广网络开票系统,切实加快“以票控税”向“信息管税”转变的步伐,对2009年度连续六个月以上零申报的789户企业进行万元版供票资格清理,推行网络开票10271户,开票金额11.15亿元。四是规范税收执法行为。认真做好执法异常信息分析、核实和处理工作,通过分解到科、责任到人、逐户调查核实等方法,保证异常信息及时处理、执法隐患及时消除。在2010年8月市局组织的税收执法检查工作中,组织应对异常信息18项165条,认真细致地完成核查、补税、举证等工作,在市局组织的抽查中未发现重大执法过错行为。（王明玉）

2006～2010年国税三分局税收收入情况

表21

单位:万元

税种	2006年	2007年	2008年	2009年	2010年
值税	18220	22925	29327	20378	29213
企业所得税	4085	5550	10571	2350	5637
一般预算收入	24771	31805	46240	28992	28232

（王明玉）

【积极优化纳税服务方式】 2010年,国税三分局坚持确立新理念,建立新机制,落实新措施,不断优化纳税服务,纳税服务工作取得新进展,被评为镇江市国税局“服务跨越发展、国税励志先行”活动先进集体。一是围绕“服务跨越发展、国税励志先行”活动主题开展“五式”服务。对双环汽配、锂电池厂等重点投资项目开展“挂钩式”服务，对鼎胜铝业、现代造船等高新企业开展“订单式”服务，对鸿泰钢铁、中储粮等一些涉及“二、三产业”兼营的情况进行调研，与正东路街道办、江苏科技大联合举办“创业辅导报告会”，与大市口街道办在“第一楼街”联合开展“税收与创业”优惠政策宣传活动，为服务跨越发展营造良好的社会舆论氛围。二是加强税法宣传、咨询，畅通纳税人沟通渠道。以建设国税“服务e站”品牌为目标，坚持税收政策解读日制度，组织开展好税收宣传月活动，因人而异、因地制宜地开展纳税培训。日常工作中，特别注重了解、分析和掌握纳税人需求变化，积极开展纳税人需求调查问卷活动，采取点对点、面对面的形式和措施为纳税人提供咨询服务，确保各项服务措施落到实处。三是积极落实各项优惠政策，扶持中小企业发展。认真落实固定资产抵扣、小型微利企业、高新技术企业、资源综合利用、软件企业、出口退税及小规模纳税人征收率调整等优惠政策，减、免、退各种税款近9000万元，促进了中小企业持续健康发展。四是开展纳税信誉等级评定，提高纳税遵从度。根据纳税人办税质量评价指标，加强与地税部门协作，强化与政府相关部门信息共享，组织开展纳税信誉等级评定，并根据纳税信誉等级评定结果，为不同信用等级的纳税人提供差别化纳税服务，提高纳税人的纳税遵从意识。2010年，对720户企业进行纳税信誉等级评定，其中：A级4户，B级716户。（王明玉）

地　　税

·地税二分局·

【概况】“十一五期间”，镇江市地方税务局第二分局（以下简称地税二分局）紧紧围绕“强化能效管理，争创一流业绩”工作主题，以组织收入为中心，以创先争优为抓手，自我加压、克难奋进，高标准、高定位，不断增强完成税收收入任务的使命感、优化纳税服务的责任感、强化征管基础的紧迫感，全面改进“三风”（党风、作风、行风）建设，加强廉洁自律，优化服务品牌，积极推进“三个一流”工程建设，较好地完成了各项工作任务。2008年被团省委和省地税局授予“青年文明号”，葛慧琴被江苏省地税局授予“征管能手”称号，徐文林被镇江市总工会授予市“五一技术标兵”；2009年被评为省级文明单位；2010年被评为镇江市地税系统先进单位，党支部被评为“五好”党支部，荣获市地税局“纳税人之家”活动组织一等奖、网站信息先进单位和政务信息先进单位、廉政歌曲大家唱三等奖、“清风颂”廉政文化作品创作优秀奖和鼓励奖、纳税评估案例优秀奖和单项奖，行风测评名列京口区垂直部门第二。管理一科连续3年被镇江市市级机关工委评为“党员示范岗”。组织税收收入347492万元。（丁　秦）

【强化税收征管和落实组织收入取得实效】2010年初召开全体人员动员会，发动大家认清形势，振奋精神，增强紧迫感、危机感和责任感，挖潜促增收。适时将严峻的税收形势、已经采取的措施及下一步打算向区委、区政府主要领导汇报，取得区领导的理解、重视和支持。深入了解企业经营现状，摸清税源真实情况，狠抓预测的准确性，提高分析的详细、具体和针对性。突出按行业评估的思路，对重点税源户、长期零申报户、连续亏损企业进行重点评估，对房地产企业、货运企业、中介机构进行专项纳税评估，入库税款1941万元。大力推进12万个税自行纳税申报，强化非正常户管理，加强写字楼经济税收征管、娱乐业征管、房屋租赁税收、个体税收管理。及时配合税政一处开展土地增值税清算，全年清算入库税款2743.67万元。通过积极宣传，广泛告知，多方协调、明确责任，依法约谈、催缴，清理入库契税4650.8万元，占全市局的68.7%。组织税收收入86661万元，比上年同期增收14739万元，增长20.5%，其中，一般预算收入入库74194万元，比上年同期增收14017万元，增长23.3%。市级一般预算收入25572万元，比上年同期增加8191万元，增长47.1%；区级一般预算收入48612万元，比上年同期增加5819万元，增长13.6%。基金(费)55445万元，增长23.74%。（丁　秦）

【进一步加大开拓创新工作力度】成立创新工作领导小组，明确职责分工、工作重点和工作目标。定期召开创新工作“金点子”搜集会、协

召开“双述双评”暨行风监督评议会

调会,按序时进度推进创新工作全面开展。召开创新工作动员大会,进行广泛的宣传发动,消除模糊认识,激发创新热情,从思想上牢固树立创新意识,扭转创新动力不足的问题,积极营造奋发有为的创新环境。2010年4月1日,与市实验小学联合成立镇江市首个"少年税校",整理编制《青少年税收知识读本》,并由市地税局局长夏照明作序,为开辟第二税法课堂提供了教材,深受老师、家长、学生的欢迎和赞誉。人民网、中国税务报、省局网站、中国镇江网、《镇江日报》、《镇江信息》分别进行了报道。《青少年税收知识读本》引起省局纳税服务处的关注。"税法沙龙"、"阳光定税"、"房地产企业涉税风险防范"、"'谋服务,促能效'税企网络交流活动"等富有创意的项目成果逐步显现。 (丁　泰)

【积极推动和优化企业结构】 为进一步优化企业结构,推动二、三产业分离,地税二分局对辖区中年销售额5000万元以上制造业企业进行电话征询,分局领导亲自带队到企业,宣讲二、三产业剥离精神,介绍具体做法和优惠政策,通过算账比对,打消企业顾虑,调动企业实施剥离的积极性。对有意向分离的企业,实行点对点辅导,帮助企业制定剥离方案,提供"一站式"优质服务,简化办事程序和审批手续。针对辖区内规模工业企业少、以三产服务业为主的实际,确定以业务分离为主、新设企业为辅的工作思路。2010年,11户企业成功分离,分离户数、实现税款"双双"完成市局下达指标。 (丁　泰)

举办运输企业税企互动会

【服务理念和方式有新转变】 为更好地给纳税人提供全方位服务,地税二分局以转变服务理念,创新服务举措,拓宽服务领域,丰富服务内涵为抓手,不断改变工作方法,取得一定效果。一是"五进"税宣助推全民创业快速开展。进校园:税法宣传成为"第二课堂";进军营:为复退官兵二次创业打基础;进社区:激发自主创业热情;进机关:为全民创业添智慧;进企业:特别帮扶献爱心。这种做法先后在省局网站、中国镇江网、镇江日报、镇江信息、镇江市委主办的《创新》杂志和京口区创业型城市建设工作简报上刊载。全面落实惠民政策,全年减免税收2654.42万元。二是借助"纳税人之家"平台,构建和谐双赢征纳关系。针对行业特点和企业性质,以提醒式"保姆"服务、预约式"一站"服务、涉税风险防范服务、精细化"一对一"服务等,为企业提供全方位指导和服务,让纳税人感受到税务干部的热心和真诚。三是以互联网为依托,拓展服务外延。开展"谋服务、促能效"税企网络交流活动,邀请企业对分局纳税服务、廉政建设等提建议,真诚了解纳税人合理需求,拓展服务外延,全年收到反馈信息170余条,其中政策类102条、评价类41条、申报类27条,使服务更贴近纳税人的实际需要,受到纳税人普遍好评。四是以专业知识为内容,帮助纳税人规避涉税风险。2010年4月14日,地税二分局与京口区总工会共同为京口区内100多位企业老总、财会人员联合举办税收知识大讲堂。针对房地产企业纳税环节多,涉及税种多,推出《房地产开发企业规避涉税风险提示》,以风险管理为导向,依托信息化,从税收征管、纳税申报和税收政策等角度,提醒企业防范涉税风险,降低纳税成本,受到房地产企业欢迎。 (丁　泰)

2010年税收收入统计

表22　　单位:万元

序号	税收名称	入库数
1	总收入	137298
2	税收收入	86661
3	一般预算收入	74194
4	个人所得税	13447
5	企业所得税	7012
6	社会保险费	47836
7	各项基金费	2801

(丁　泰)

【严格考核制度推进一流建设】 开展关于《做,做了,做好》大讨论,积极推动工作落实,激发干部工作热情,细化《绩效考核管理办法》,对特别加、扣分进行补充规定。对在各类考试中成绩优秀、表现突出,提出合理化建议被采纳的同志给予奖励。对参加各级各类考试不及格，以及两次以上位居后三名的同志扣发奖金，并取消评先评优资格。每次考核结束后，召开专门会议，认真讨论考核结果，分析问题产生原因，查找薄弱环节，限期整改到位。通过考核，分局上下“强化能效管理，争创一流业绩”的工作思路更加清晰，征管基础工作有了明显提升。在市局四个季度绩效考核中，有两个季度位列第一，一个季度位列第二。紧紧围绕市局中心工作，及时总结和报道工作情况，展示工作成果，通过抓组织建设，成立信息报道网络；抓提高认识，形成良好氛围；抓技能培训，夯实写作基础；抓工作推进，加强针对性和时效性；抓审核检查，促质量提高；抓奖惩兑现，激发报道热情。全年刊登226篇网站信息和政务信息，科调研文章12篇，多篇文章被《中国税务报》、人民网、《江苏地税》、江苏卫视等省以上媒体采用和报道。　　（丁　秦）

【全面提升干部队伍创先争优意识】　地税二分局领导班子坚持用科学发展观统领全局，实行民主集中制原则，重大事项集体研究、共同决策，定期召开支部民主生活会，进一步解放思想，统一认识，班子的凝聚力、战斗力、执行力得到进一步加强。制定理论学习计划、业务学习计划、廉政建设专题教育计划，创新举措、周密部署、统筹安排，合理解决工学矛盾，统一购买教辅材料，积极营造浓厚的学习氛围，为学有成效搭桥铺路，在接受市局组织的三次专业考试中均取得较好成绩，两次均分排名第一，所有符合条件参加“三师”考试的同志全部踊跃报名，刻苦学习，积极备考，一名干部通过注册税务师的全部考试。定期召开工作例会，从落实党风廉政建设责任制、强化内外监督机制入手，打牢廉洁从税思想根基。成立“三风”建设领导小组，严格落实“一岗双责”和党风廉政责任制，以“学习《廉政准则》，争做勤廉表率”主题教育活动为契机，加强勤廉教育，签订责任状，鼓励纳税人通过网上“勤廉测评系统”对税管干部进行勤廉测评，有效提高地税干部廉洁从税的自觉性。以争创“五好”支部、“十佳”标兵、“一对廉”家庭等活动，提升分局整体素质。在镇江市全国文明城市创建活动中，用“党员奉献一日”活动凸显地税干部甘于奉献的精神风貌。组织干部到宝华山开展真人CS拓展训练，以“锤炼团队、加强协作、完善自我”为主题，培养干部勇夺第一、奋勇争先的精神。　　（丁　秦）

◆资料链接◆

篯庐全景　　陆为中　摄

篯　庐

位于江苏省镇江市京口区健康路街道健康社区健康路4号。

建于民国，为纪念创办镇江女子职业学院的唐儒篯所建。该建筑为二层西式楼房一座，砖木结构。唐儒篯为唐老一正斋药店创始人唐守义八世孙女，曾捐地30亩创办女子职业学院，1934年逝世，沪、宁、扬教育界400余人来镇江举行追悼会，并在原桑园今健康路4号建篯庐以资纪念。

现为市级文物保护单位。

科技·科协

责任编校：陶晓俊

科　技

【概况】 京口区科技工作紧扣区委、区政府工作重点，深入企业开展指导服务，积极推进企业与国内重点高校院所的科技合作，全年申报国家、省、市各类科技和人才项目94项，新认定京口高创中心为国家级高新技术创业服务中心，学府科技创业园为省级高新技术创业服务中心，鼎胜铝业、中福马机械、惠通集团为省级工程技术研究中心，中煤电子为省企业院士工作站，获得科技和人才扶持资金2200余万元，科技贴息贷款900万元。2010年，超额完成各项知识产权工作任务，被认定为省级知识产权示范区，切实发挥了科技创新在“保增长、调结构、促发展”中的支撑与先导作用。(赵　丹)

高校、企业合作项目签约仪式

【推进创新载体和平台建设】 一是大力推进科技创新载体建设。合力推进京口工业园高创中心、京口高创中心二期建设；加快学府科技创业园建设，为我区新增1家省级高创中心；推动京口高创中心升级为国家科技企业孵化器。二是大力推进科技基础设施建设。全力打造以绿洲新能源和京江软件园为主体的太阳能光伏产业技术中心和软件外包技术服务中心。三是加快企业研发平台建设。2010年，鼎胜铝业、中福马机械、惠通集团的高精度铝箔制造、人造板设备、智能家居系统工程技术研究中心被认定省级工程技术研究中心，实现京口区在省级科技研发中心建设上零的突破。同时新申报省级工程技术研究中心5家。积极推动院士工作站建设，促进中煤电子与清华大学吴澄院士签订合作协议，并被认定为京口区第一家省“企业院士工作站”。四是积极“招所引院”。认真推进与中国工程物理研究院对接，争取在京口区设立分支机构，以促进“军转民”和专利成果转化。(赵　丹)

2010年度省贷款贴息项目

表23　　单位：万元

序号	承担单位	省拨款
1	镇江江大科茂信息系统有限责任公司	100
2	江苏飞格光电有限公司	200
3	镇江佳得信息技术有限公司	100
4	海龙核材科技(江苏)有限公司	300
5	江苏科海智能系统有限公司	200

(赵　丹)

2010年度省级高新技术产品

表24

序号	承担单位	项目名称
1	镇江四洋柴油机制造有限公司	380J-3救生艇柴油机组
2	江苏惠通集团有限责任公司	数字无线遥控器
3	江苏惠通集团有限责任公司	智能化万用学习编程遥控器
4	江苏惠通集团有限责任公司	基于MEMS技术的近红外光谱仪
5	江苏惠通集团有限责任公司	ITO薄膜电容触摸按键
6	江苏惠通集团有限责任公司	导电油墨电容触摸按键
7	江苏惠通集团有限责任公司	银浆电容触摸按键
8	江苏惠通集团有限责任公司	RF4CE遥控器
9	镇江亿华系统集成有限公司	压电薄膜触摸按键
10	镇江亿华系统集成有限公司	船舶集成控制系统
11	镇江亿华系统集成有限公司	太阳能遥控器
12	镇江精英软件科技有限公司	车管综合收费系统软件
13	镇江鼎胜铝业股份有限公司	节能型高性能空调箔
14	镇江鼎胜铝业股份有限公司	冰箱冰柜用高表面优质铝合金带材
15	镇江金舟软件有限责任公司	金舟造船工程管理系统
16	镇江金舟软件有限责任公司	船舶集成制造管理系统
17	镇江市正恺电子有限公司	光伏接线盒PV-ZK1002型
18	镇江市正恺电子有限公司	太阳能光伏连接器PV-401型
19	镇江市正恺电子有限公司	光伏接线盒PV-ZK1001型
20	海龙核材科技(江苏)有限公司	FS-Z核级耐辐射铅硼屏蔽阻火模块
21	镇江立达纤维工业有限责任公司	后备箱隔板

(赵　丹)

2010年度通过省高层次创新创业人才引进计划项目

表25　单位:万元

序号	承担单位	领军人才姓名	省拨款
1	江苏环能通环保科技有限公司	余 颖	50
2	江苏飞格光电有限公司	陈 欣	50
3	海龙核材科技(江苏)有限公司	康 慨	50
4	镇江灵芯电子产品有限公司	陈 钢	50
5	智比特信息技术有限公司	林 野	100

(赵　丹)

【积极申报科技项目】 深入企业调研指导,鼓励企业加强自主研发,帮助企业申报科技项目,争取经费扶持。全年申报国家、省、市各类科技项目80项,已立项37项,其中江苏科海智能系统有限公司“高清晰度视频车型实时分类系统”项目、海龙核材科技(江苏)有限公司“核工业用高膨胀耐辐照防火密封胶”项目、镇江金软计算机科技有限责任公司“SaaS模式的现代商贸管理行业业务支撑软件的开发”项目,获国家中小企业科技创新基金项目、经费资助180万元;镇江安扬安全设备科技有限公司“煤矿安全无线传感网络定位与监控系统”项目、镇江金软计算机科技有限责任公司“SaaS模式的现代商贸管理行业业务支撑软件的研发”项目,获省创新基金项目、经费资助50万元;江苏索普兴大药业有限公司“国家一类新药双环铂的研发及产业化”项目,获省重大科技成果转化项目、经费资助800万元;镇江四洋柴油机制造有限公司“360度翻转救生/救助艇用柴油发动机开发”项目、镇江科捷锂电池有限公司“纳米硅线大功率动力锂电池负极材料关键技术研究”项目,获省重点工业支撑计划项目、经费资助100万元;江苏惠通集团有限责任公司获省知识产权战略推进计划项目,经费资助20万元;镇江鼎胜铝业股份有限公司、江苏惠通集团有限责任公司、镇江中福马机械有限公司工程技术研究中心和镇江中煤电子有限公司“企业院士工作站”列入省科技基础设施建设计划;另有江苏省成果转化风险专项资金贷款贴息项目5项;镇江中福马机械有限公司“大型木片与纤维制备系统开发与产业化”项目、镇江佳得信息技术有限公司“嵌入式图形化电子名片盒标准化产品的研发与产业化”项目、海龙核材科技(江苏)有限公司“核工业用高膨胀耐辐照防火密封胶关键技术的开发与产业化”项目,获市新兴产业重大专项计划项目、经费资助270万元;另有市工业支撑项目6项、市农业科技支撑项目3项、市基础设施项目3项、市软科学项目1项,市知识产权战略推进计划3项。(赵　丹)

【开展高新集聚区建设】 积极推进京口高新技术产业集聚区建设,及时组织人员适时开展工作。联系苏州大学中国特色城镇化研究中心城镇与区域经济研究所专家,到京口区考察并编制宗泽路沿线核心区(1.5平方公里)产业布局规划。收集整理吸引入户高新技术产业集聚区优惠政策,编撰集聚区工作简报。进一步强化各相关部门间的配合协作、信息互通与资源共享,发挥综合职能作用,集成各项资源,切实推进集聚区建设稳步发展。(赵　丹)

【优化高新技术产业结构】 积极引导企业用高新技术改造传统产业,不断调整优化高新技术产业结构,全年完成高新技术产业产值77.03亿元,占全区规模工业产值31.1%。进一步扩大高新技术企业规模和数量,全年新增镇江市正恺电子有限公司、镇江立达纤维工业有限责任公司、海龙核材科技(江苏)有限公司、镇江通达内饰材料有限公司为高新技术企业;新增镇

京口区高新技术产业集聚区建设动员大会

江泛华新材料科技发展有限公司、江苏名通信息科技有限公司、江苏飞格光电有限公司、镇江江大科茂有限责任公司为省级民营科技型企业;镇江金舟软件有限责任公司、镇江江大科茂有限公司、江苏惠通集团有限责任公司、镇江鼎胜铝业股份有限公司、镇江金钛软件有限公司、江苏江大环境工程有限责任公司、镇江市正恺电子有限公司为省第三批创新型企业;江苏惠通集团有限责任公司为国家火炬计划高新技术企业。加大高新技术产品培育力度,新认定镇江市金舟软件有限责任公司"基于成本控制的造船工程管理平台"为国家重点新产品;镇江市正恺电子有限公司"SCDMA/WLAN/TD-SCDMA合路器"认定为省自主创新产品;已认定省级高新技术产品22个。

(赵　丹)

【加大科技人才引培力度】 认真贯彻实施省、市高层次领军科技人才引培政策,不断加大创新创业人才引培力度,提高科技创新能力,提升科技项目层次。2010年,全区申报国家"海外高层次人才引进计划"项目3个,其中李溪博士已通过评审立项、获国家拨款100万元;江苏环能通环保科技有限公司"李溪团队"、镇江科捷锂电池有限公司"崔立峰团队"、江苏绿洲新能源有限公司"陈宝兴团队"申报省"科技创新团队";申报省"科技企业家培育工程"培育对象5人;申报省高层次创新创业人才引进计划项目8个,其中5人通过评审获经费资助300万元;镇江金舟软件有限责任公司领军人才刘庆华通过省博士集聚计划评审获经费资助20万元。

(赵　丹)

【知识产权工作跃上新台阶】 以争创省知识产权示范区为契机,强化网络体系建设和服务意识。一是在全市率先将知识产权服务点设立到社区,形成知识产权三级服务网络体系。二是进一步完善专利知识培训体系,按照"一企一训,一企一策"要求,开展两场计算机软件行业和社会自然发明人专利培训,受训人数100人。三是坚持开展形式多样的宣传活动。围绕"4·26"世界知识产权宣传日开展京口区知识产权宣传周活动,制作展牌20余块,横幅10余条。四是精心培育一批专利申请大户和示范企业。1~12月份全区申请专利936件,其中发明专利202件,实用新型专利168件,外观设计专利566件;授权专利746件,其中发明专利36件、实用新型专利126件、外观设计专利584件,全面超额完成各项专利工作任务。2010年12月,京口区成功跃升为江苏省知识产权示范区。

(赵　丹)

2010年度市知识产权推进计划企业

表26　　单位:万元

序号	承担单位	市拨款
1	海龙核材科技(江苏)有限公司	8
2	镇江市食用菌研究所	8
3	镇江精英软件科技有限公司	8

(赵　丹)

【科普工作成效显著】 2010年,以科普宣传周、全国科普日和中国科协会员日等重大主题活动为抓手,实施重点科普活动8个,举办主题宣传、讲座等200场次以上,发放宣传资料30余种、5万余份(册),其中光盘500套,受众6万人次。组织实施"科技兴农富民工程"项目5项,推广新品种新技术9个。4个社区被评为市级科普示范社区。新农玉米合作社社长窦可伟被评为省级农村科普带头人。红旗小学教师侯晓佳、江滨实验小学教师杨晨亮被评为镇江市首届十佳科技园丁,开展科技创新、机器人、车模、"金钥匙"等竞赛均取得较好成绩。同年,科普工作被省、市科协采用各类信息528余条,被市、区主流新闻媒体用稿200余条。

(赵　丹)

京口高创中心(京口软件园)

【概况】 京口高创中心以优化企业服务为落脚点,努力提升中心服务层次,在认真落实房租减免、种子基金、税收优惠、财政返还等各项优惠政策的同时,加大对企业信息、人才、市场、资金、政策等方面的指导、扶持力度,力求打造一个集企业宣传、市场拓展、招商引智、政策对接等诸多功能的高新企业

江苏名通信息科技有限公司基地揭牌仪式

孵化平台，发展特色逐步形成。先后成为国家级高新技术创业服务中心、江苏省首批软件产业人才培训基地、镇江市创业实训基地、镇江市大学生创业园。2010年，江苏易乐网络技术有限公司、碧智三维（江苏）咨询有限公司、镇江江大艺术研究有限公司、镇江志强软件有限公司、镇江灵芯软件实验室有限公司等5家企业入驻，累计入园企业26家。业务涉及软件开发、软件服务外包、软件外包人才培训、嵌入式软件研发、电子商务、网络游戏开发与运行、文化创意、新型服务外包等业务。全年入园企业实现营收2.2亿元，国际服务外包执行额600万美元。（庄红滨）

【**逐步形成拥有高新技术的特色企业群**】 对科技含量高，创新能力好、市场前景广、产业特色强的企业进行重点培植。形成以京江软件园为代表的软件服务外包、软件人才培训特色，成为江苏省首批软件产业人才培训基地；以名通信息为代表的电子商务特色，开发并运行镇江市首个区域化电子商务平台（玩购网），首个电商联盟（TT卡）；以易乐网络为代表的网络游戏开发与运行特色，在国内首创具有准3D效果的网页游戏架构，引领国内网页游戏升级，首款以镇江历史人文为背景的大型网络游戏实现日均营收10万元目标；以精英软件为代表的行业类软件发展特色，占领江苏省交管系统软件80%的市场份额，形成较强竞争优势；镇江江大艺术研究有限公司的工业造型设计，特别是汽车外观造型等在国内处于领先地位；以星创文化传媒为代表的网络文化传媒特色，致力于树立镇江网络传媒新品牌，引领镇江文化传媒新模式，成为新浪镇江网（政府办）、大市口、移动集团镇江分公司等诸多镇江市知名网站运行及技术支持平台。（庄红滨）

【**入园企业运行质量不断提升**】
经过一段时间的孵化和扶持，入园企业在技术创新、项目申报、知识产权保护、资质认证等方面均取得突破性增长，企业运作质量不断提升。新增专利申请84项，其中发明专利76项；新获取软件著作权18项；新增通过双软认证9家；新增通过CMMI 3资质认证企业3家；新增通过ISO 27001体系认证企业3家；2010年申报国家级项目2个（已通过1个）；省级项目9个（已通过3个）；市级项目11个（已通过5个）；金钛软件成为江苏省规划布局内重点软件企业。（庄红滨）

【**加强人才引进、培养、储备工作**】
紧抓毗邻驻镇高校这一区位优势，加大人才引进、培养、储备力度。现拥有核心技术团队12个，形成由海归博士、海外人才、高端技术人才为支撑的高层次人才队伍。员工队伍近200人，本科及以上学历人员占全部员工80%，聘请7名院校教授等技术精英作为客座技术顾问。1人入选省六大高峰人才；3人取得江苏省"双创领军人才"行动计划扶持；4人取得镇江市"双创领军人才"三年行动计划扶持。（庄红滨）

【**带动和促进就业、创业成效显著**】 积极为大学生实现就业、创业提供平台。建成江苏大学、江苏科技大学等4所大专院校学生校外实习基地。软件外包人才培训计划实施以来，培训学员近500名；电子商务创业人才培训计划累计培训专业人才近百名。随着企业不断壮大，园区实现大学生就业、创业的社会效益更加明显。（庄红滨）

【**积极开展对外各项战略合作**】
通过战略合作使企业在技术创新、市场拓展等方面占领行业前端。拥有知名院校、行业领军企业等战略合作伙伴10家。和清华大学软件学院、武汉理工大学、南京理工大学、江苏大学等众多知名院校开展各类技术合作研发；和美国一通公司、移动集团、上海盛大网游、上海浩方信息技术、大亚集团等行业领军企业开展市场拓展等合作。（庄红滨）

科　协

【**概况**】 2010年，京口区科协工作在镇江市科协的指导和区委、区政府领导下，深入贯彻落实科学发展观，按照"苦干实干、争先争强"总基调，广泛科普宣传，认真实施《全民科学素质行动计划纲要》（以下简称《纲要》），切实履行职能，为促进全区经济建设和社会事业发展作出积极贡献。（贡联辉）

【**为经济社会发展提供全方位服务**】
2010年，全区科技工作者建言献策

四牌楼街道江一社区开展《公民道德建设实施纲要》宣传

216条,被各级采纳或吸收189条、占87.5%;举办科技创新论坛或交流3场;邀请科技界人大代表和政协科技界委员在区"两会"提出建议或提案15件;在省、市科协指导帮助下,联系清华大学吴澄院士,协助镇江中煤电子有限公司成功申报"企业院士工作站",省组织科技专家于2010年6月8日对申报项目进行现场考察,市科协副主席张志明,京口区委常委、组织部长倪兆顺,吴澄院士团队成员、江大教授顾寄南等参加现场考察。组织省、市"金桥工程"项目5个(其中省1个);区科协会同区有关部门,向市推荐第三批"331计划"人选1名。

(贡联辉)

【全民科学素质得到进一步提升】 积极推进全区2010年全民科学素质八个方面35项行动,及时开展年度及本轮总结工作。适时召开区全民科学素质工作领导小组会议,及时布置各成员单位认真做好市政府关于实施《纲要》督查准备工作,并将有关材料按档案要求装订成册,在全市检查中获得好评。2010年6月9日,省政府督查组对京口区实施《纲要》情况进行检查。省督查组现场察看四牌楼街道江一社区科普宣传长廊、社区图书馆、科普大讲堂以及江滨实小青少年科技成果展、车模航模表演、消防教育宫,对社区居民科学素质教育和青少年科技教育等全民科学素质教育工作予以肯定。市政府副秘书长张伟清、市科协主席赵振祥,副区长陈跃生等陪同检查。

(贡联辉)

【科普宣传机制逐步形成】 以科普宣传周和全国科普日、中国科协会员日等重大主题活动为抓手,实施重点科普活动8个,举办主题宣传、讲座、活动等200场次以上,发放宣传资料30余种5万余份(册),其中光盘500套,受众6万人次。4个社区被评为市级科普示范社区。推荐市十大"科技园丁"候选人4名,开展科技创新、机器人、车模、"金钥匙"竞赛取得较好成绩。被省、市科协采用各类信息528余条,被市、区主流新闻媒体用稿约200余条。

(贡联辉)

【科技兴农氛围浓厚】 积极联合区财政、区农委、镇、园区等单位(部门),组织实施"科技兴农富民工程"项目5个,推广新品种新技术9个。新农玉米合作社社长窦可伟被省授予"省级农村科普带头人";左湖草莓专业技术协会、禾田(农机)科普示范基地、勤发畜禽养殖专业合作社社长俞军分别被镇江市授予先进农村专业技术协会、先进农村科普示范基地、农村科普带头人。

(贡联辉)

【京口区第22届科普宣传周活动隆重开幕】 2010年5月16日,京口区第22届科普宣传周活动在大市口城市客厅隆重开幕。开展大型科普宣传咨询服务、科技政策宣传、科技成果展示、科技品牌推广活动等,展出宣传展牌近百块,发放宣传书籍和资料20余种、万余册(份),有关专家为市民答疑千余人次,医务人员现场为数百名市民开展医疗服务,活动吸引数千居民参与和互动。区政协主席贾国祥、副区长陈跃生等参加活动。(贡联辉)

【召开京口区老专家协会座谈会】 2010年1月28日,召开京口区老专家协会座谈会。江苏大学、江苏科技大学及京口辖区卫生、教育、企业界十多名老教授、老教师、老工程师、老技术人员参加座谈,听取对"决胜十一五、加速一体化,奋力开创京口跨业发展新局面"的意见和建议。京口区委常委、组织部部长倪兆顺出席会议。(贡联辉)

【"十一五"期间科协工作回顾】 "十一五"期间,京口区科协被省科协评为先进集体,2006年、2007年度被评为镇江市科普工作先进单位,2008年、2009年度被评为镇江市科协系统综合先进单位。区新农玉米合作社社长窦可伟被省科协、省财政厅表彰,瑞京农科园等5个单位、俞军等3名个人分别被市科协、市财政局授予科普惠农兴村先进单位和带头人。

围绕经济科技和社会事业发展建言献策。全区科技工作者建言献策658条,被各级采纳或吸收589条、占89.5%;举办科技创新论坛或交流6场;邀请科技界人大代表和政协科技界委员在区"两会"提出建议或提案57件;在省、市科协指导帮助下,联系清华大学吴澄院士,协助镇江中煤电子有限公司成功申报"企业院士工作站";组织省、市"金桥工程"项目5个(其中省1个)。

举办京口区第18～22届科普宣传周和京口区第5～9个全国科普日等活动,紧紧围绕"创新促进发展、科普惠及民生"等主题和预防甲型H1N1流感、抗震救灾、节能减排、生态环保等内容，实施重点科普活动26个，举办主题宣传、讲座、活动等720场次以上，发放宣传资料110余种9万余份（册），其中光盘1500套，受众近35万人次。2008年区科协与正东路街道等单位联合在梦溪广场举办以“节约能源资源，共建绿色家园”为主题的科普文娱晚会，区表彰14个科普文明家庭和10名科普志愿者。2009年6～7月，组织开展“世纪大日食”活动，印制5000份《致京口辖区居民的公开信》，在京口电台开设“日全食”科普专栏，在区政府一楼电子显示屏10小时滚动发布“日全食科普知识”（含图片），组织讲座80余场次，免费发放一批正规日食观测镜、宣传画册和宣传资料。

省科技专家考察镇江中煤电子企业院士工作站项目

全面落实京口区全民科学素质行动计划《纲要》。区政府制定《京口区全民科学素质行动计划纲要（2006～2010～2020年）》，区全民科学素质工作领导小组每年下发“京口区全民科学素质行动”，突出抓好未成年人、农民、城镇劳动人口、领导干部和公务员等四类重点人群。2008年12月，区委、区政府表彰区委组织部、象山镇、正东路街道等10个“京口区全民科学素质工作先进单位”。2010年在市政府关于实施《纲要》督查和省政府检查中，对京口区全民科学素质工作均予以充分肯定。

区科协重视各区级学会、基层科协信息报道和新闻宣传工作，专门下发《关于加强科协宣传工作的意见》。“十一五”期间，在省科协和《江苏公众科技网》用稿1316条，在市科协和《镇江公众科技网》用稿1345条，被市、区新闻媒体用稿980余条，区科协被镇江市科协连年评为“镇江市科协系统信息工作先进单位”。

2009年9月18日，成立“京口区老专家协会”。区四套班子主要领导和市老专家协会主要领导参加成立大会，区委书记胡宗元、市老专家协会会长应国根（原镇江市副市长）出席成立大会，并作重要讲话和授牌。在京口区老专家协会第一次会员代表大会上，原区人大常委会副主任孙辉当选会长，江苏大学教授陆一心、江苏科技大学教授（博导）曾芬芳、原区科协副主席景如生当选副会长，景如生兼任秘书长。 （贡联辉）

◆资料链接◆

合山快炮台遗址

合山快炮台遗址

合山快炮台遗址，位于镇江市东北4公里象山东面的合山顶。占地面积1100平方米。

炮台一组四座，面对长江，呈南北偏东向排列，每座各间距27.2米，全长近100米，用水泥、砂石混凝土筑成，均为圆形明台式，台内直径约6米，圆护墙高1米，内壁有15个立方向炮弹的龛。高台后有台阶，台后旁设地营式小弹药库，用青砖实砌，顶部为水泥抹面的混凝土盖板，十分坚固。在炮台后有一隐蔽堑壕。与焦山东峰炮台同一形制，同一时期所建，属镇江要塞象山炮台管辖。

碑高1.4米，长1米，碑身正面刻有“合山快炮台遗址”七个大字。1992年4月，镇江市人民政府公布合山快炮台遗址为市级文物保护单位。

综 述

【概况】 2010年,全区教育工作取得显著成绩,深受各级有关部门、社会各界和人民群众一致好评。荣获江苏省教育现代化建设先进区、江苏省学生阳光体育运动先进区等荣誉称号,受省教育厅等有关部门表彰。12月,顺利召开全区教育工作会议,总结"十一五"教育工作发展情况,提出京口区"十二五"教育改革和发展规划目标。

(金晓秋 吴明宝)

【教育创建工作取得实效】 把落实省教育厅关于进一步严格执行减轻学生课业负担等有关规定作为一次转型和机遇,积极探索独具京口教育风格,轻负担、高质量的素质教育模式。2010年,1所学校创建成省绿色学校,3所学校创建成省健康促进学校金牌学校,1所学校创建成省健康促进学校银牌学校,1所学校通过省艺术学校复评;13所学校创建成市绿色学校,2所学校创建成市现代化中学,2所学校创建成市现代化小学,2所学校获镇江市第四批中小学行为规范示范学校,4所学校获市无流生学校,2所学校获市健康促进学校。在各类赛课中,2人获国家级一等奖、1人获国家级二等奖,8人获省级一等奖,29人获市级一等奖。

(金晓秋 吴明宝)

【进一步规范教育管理机制】 把建立学校自主发展的推进机制作为现代学校建设和校本管理重要内容,促进学校主动发展、自主发展,全面推动中小学校三年发展规划的制定、论证、执行和评估工作,组织有关人员对全区各校三年发展规划方案进行论证,积极推进各校方案实施。结合绩效工资实施,建立和完善财务管理制度、经费保障机制,严审教育经费支出。

(金晓秋 吴明宝)

【促进教师队伍素质全面提升】 开展"学规范、强师德、树典型、展风采"师德主题教育活动,展现京口教师队伍积极向上的风貌和良好形象。组织开展校本培训、区级培训,不断提高培训的针对性和实效性;组织实施中青年教师教学基本功竞赛、学科能力评比、专业水平测试等系列考评活动,将原每年开展一次的骨干教师考核工作调整为每半年开展一次,整体构建促进教师持续进取、专业成长的动力机制,不断促进教师专业发展,提高教师队伍技能。继续组织实施"名师工程",加强对名优骨干教师的培养、管理、使用和考核;充分发挥名优骨干教师作用,不断发展壮大骨干教师队伍,提升教师队伍品质。继续健全教师工资保障机制,严格执行义务教育绩效工资发放政策,完善优化义务教育绩效工资发放方案,做好学校岗位设置工作,充分调动全体教职工积极性。

(金晓秋 吴明宝)

【安全防控工作得到保障】 完善教育系统两级安全保卫工作责任制,落实安全工作一岗双责制,先后5次召开校长(园长)、书记会,部署推进学校安保工作,组织两次面向全区学校、幼儿园"拉网式"安全大检查;按照要求,为全区所有中小学和公办幼儿园配备保安人员,新增辅警和保安人员47人,投入5.12万元为学校保安人员配备防卫器材,投入169.58万元为中小学、公办幼儿园校园主要部位安装视频监控系统和入侵探测报警器,并设置探头外延和公安机关联网;出台学生安全教育指导意见,将安全教育纳入学校正常教育教学内容;建立健全各类突发事故应急预案,定期开展安全演练,切实做好学校安全防控工作。

(金晓秋 吴明宝)

【加大校舍安全工程力度】 根据国家、省、市对校舍安全工程的要求,京口区将"校安工程"列入"为民办实事"重点项目。2010年校舍安全工程实施涉及8所学校计23377平方米,占三年总规划量38.36%。其中加固校舍面积1700平方米,重建校舍面积12630平方米,布局调整撤并及拆除校舍9047平方米。实施进展基本符合工程规划的进度要求,实施项目均按抗震重点设防类要求设计,工程质量得到区校舍安全办公室的有效监督控制,并全力保障施工期间师生安全。

(金晓秋 吴明宝)

【顺利召开京口区教育工作会议】 2010年12月8日，全区教育工作会议顺利召开。会上，学习贯彻国家、省、市教育工作会议精神，全面部署"十二五"京口区教育改革发展任务。区委、区政府下发《关于进一步加快教育改革与发展的意见》。区委书记胡宗元出席会议并讲话。区长郭建总结全区"十一五"教育工作发展情况，提出"十二五"京口区教育工作总体要求、目标任务和具体措施，要求确保到2015年教育普及程度、办学设施条件、接受教育机会、教育保障水平等主要指标超过全市平均水平，率先实现教育现代化。区领导孙国平、戴善民、徐建锋、姚敬源、倪兆顺、何光荣、马国进、张玉平、曹丽虹、朱长龙出席了会议。

（金晓秋 吴明宝）

【全面提升党建和精神文明建设水平】 2010年，注重加强党建工作，扎实开展创先争优活动，党建和精神文明建设取得了阶段性成效。深入开展"基层党风廉政建设推进年"活动，加强领导干部廉洁从政教育，召开教育系统纪检监察专题会议和廉政文化进校园推进会，推进廉政文化示范点创建活动；强化反腐倡廉制度建设，初步建成教育系统惩防体系基本框架；强化机关效能建设，改进和加强机关工作作风；深入推进未成年人思想道德建设，进一步完善学校、家庭、社会"三位一体"教育网络；落实文明创建预申报和动态管理制度，组织开展"细节文明在京口，全区学校在行动"等全国文明城市系列创建活动，全面提升教育系统精神文明建设水平。（金晓秋 吴明宝）

【教育督导工作情况】 2010年1～3月，区政府教育督导室重点抓镇、街道和学校2009年教育工作年度督导考核，具体承担迎接市政府教育督导室等部门对区政府2009年度教育工作督导考核、省教育督导等部门回访督导的准备和接待工作。4月，根据市、区机构改革工作的统一部署，区政府教育督导室撤销，其职能转教育局。原专职副主任改任副局长，兼管教育督导工作。经区编委批准，教育局成立督导科，具体负责教育督导工作。2010年，督导科主要具体负责全区各校三年发展规划的制定、论证、督导、评估工作，在局领导和各科室共同努力下，各校三年规划圆满完成，顺利汇编成册，并按计划逐步落实。（金晓秋 吴明宝）

幼儿园简介

【镇江市中山路中心幼儿园】 2010年4月，镇江市中山路中心幼儿园和日本奈良社会福祉院的教师就幼儿教育、教师培养、孩子发展、办园目标、交流方式等进行互动座谈交流，并观摩参与小朋友特色主题游戏活动。6月，接受江苏省安全督查领导小组对园区安全防范工作的视察，市委书记许津荣、副市长王萍及市教育局、市综治委有关领导参加，并荣获"江苏省平安校园"荣誉称号。10月，接受江苏省教育评估院委托，与宿迁市泗阳三庄中心幼儿园开展结对帮扶活动，签订结对帮扶协议，园长带领15位骨干教师赴泗阳，就办园特色、环境创设、园本教研等方面进行一对一帮扶，并通过网络媒介进行远程指导，使泗阳三庄中心幼儿园在当地县级环境评比中荣获一等奖。

在重点做好园本教研工作的基础上，中山路中心幼儿园教师广泛开展班级课题、微型课题研究，不断改进保教工作，做到班班有特色，以课题促进教育教学质量提高。每班针对幼儿特点、教师教学特长，开展特色活动研究，小班"小小快乐篮球"、"童眼看天下"、中班"趣味武术"，大班"快乐线描画"、"古诗文诵读"等活动，进一步丰富了教学活动的内容，促进了教师小课题研究能力的提高。

2010年，幼儿园1名青年教师在镇江市"信息技术评课"中获一等奖，熟练运用电子白板进行教学获好评。两名区级骨干教师参加区级赛课获二等奖。教师参加论文比赛获奖50多人次，参加各类竞赛获奖30多人次，幼儿优秀绘画作品分别在国家、省级，市级各类竞赛评比中获奖200人次。幼儿园多次荣获优秀组织奖。

（王予虹 徐 斌）

【镇江市实验幼儿园】 2010年，镇江市实验幼儿园在"爱心、健康、和谐、乐观"的园风引领下，加强两园共建，改善办园条件，扩大办学规模，全园班级增至22个，其中分园班级增至9个，在园学生690余人。现有教职工60余人，教师本科以上学历占教师总数40%。拥有市级骨干教师1人，区学科带头人2人，区骨干教师10人，中学高级教师2人，幼教高级教师17人。

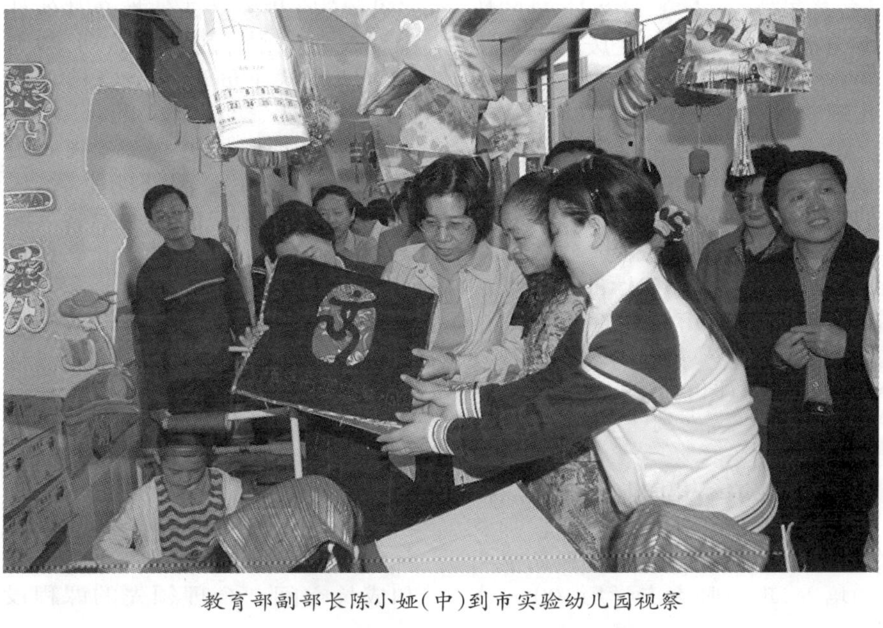

教育部副部长陈小娅（中）到市实验幼儿园视察

省教育厅副厅长丁晓昌(中)到市实验幼儿园指导视察

2010年,幼儿园积极建设校园新风貌,努力打造内、外部环境,倡导"温馨、童趣,以人为本"校园文化,添置多媒体教学设施,将现代教育技术运用到日常教学活动中。不断创新教学内容,从传统文化入手,将民间传统工艺引入校园,开展以手编、刺绣为主的手工艺活动,小朋友自己动手能力逐渐提高。

在省、市、区教师"教师评课"、"教玩具制作"等各项技能竞赛活动中,获得省一等奖1人,市一等奖1人,区一等奖3人,60余篇教师论文、案例获奖。积极组织幼儿参加全国"希望之星"英语大赛、省"多多杯"绘画大赛、市"小青蛙"故事比赛、区"三人行"变废为宝巧手制作大赛、区"小小运动会"等,幼儿园获优秀组织奖。2010年,成功申报省级课题"主题活动背景下幼儿园体育活动的研究",正在开展的市级小课题2个,市级课题"幼儿园成语教学的研究"成功结题。

2010年,江苏省学前教育条例立法组在镇江市调研期间到园视察,省、市、区人大有关领导参观分园给予高度评价。

(陶　铵　吴明宝)

【镇江市江滨幼儿园】 2010年,镇江市江滨幼儿园高度重视教师队伍建设,加强教师素质和科研能力的培养,现教师大专学历100%,本科学历占45%,区级骨干教师占15%,多人在省市区各级各类比赛中获奖。鼓励教师积极参与课题研究,先后申报市级课题4个,60%以上教师参与课题研究。3个课题顺利结题,很好地解决了在实际教育教学过程中面临的问题。在课题研究过程中,多名教师的相关论文在省、市论文竞赛中获奖。

幼儿园现有班级12个,幼儿200余名。在开展省编教材综合课程教学以外,开设全脑美语、全脑数学和全脑阅读等课程,其中以美语领先,促进幼儿全脑开发。为促进幼儿对美语的理解与运用,幼儿园依托西方不同节日如圣诞节、万圣节、感恩节等邀请外教及其他外国友人举行相应的美语活动,致力于给幼儿从小创设一个直接与外国朋友对话、交流语言的环境,从小培养幼儿良好的语感,从而更多、更形象地了解国外的生活、风俗习惯,获得愉快的学习经验。除美语活动外,幼儿园每周开展特色周末活动,如"走进军营"、"参观消防队"、"感受世博"、"快乐的生日会"、"低碳生活"等,让幼儿更直观地接触世界、了解世界。

幼儿园现有星星音乐谷、创意天地、舞蹈房、烹烹屋等专用活动室,室外有富有童趣的戏水池、动物饲养房、种植地、花圃以及大型玩具设施,给幼儿提供充分的活动和成长空间。合理领先的课程设置和良好的教育教学环境,让幼儿在活动中自由探索,获得良好的发展,幼儿在省、市各级各类比赛中多次获奖,深受家长好评。

(王　蓓　吴明宝)

【镇江市京河路幼儿园】 镇江市京河路幼儿园及其分园——京岘国际幼儿园拥有先进的软质卡通塑胶场地及进口草坪,园内各项配套设施齐全,班班均配备有钢琴、空调(活动室、午睡室各1台)、消毒柜、直饮水系统、多媒体实物展示仪、电视直播系统、闭路电视教学系统等现代化电教设备。有音乐舞蹈厅、幼儿图书室和儿童游乐设施。各活动室安装监控设施,专业保安24小时为幼儿提供全方位的安全保障,专业保健教师每日为幼儿配制最合理的营养膳食。

2010年,幼儿园设班级18个,在园幼儿540人,教职工总数49人,学历合格率100%,其中本科、大专学历教师占90%,教师英语达标率88%(其中5名教师取得英语四、六级证书)。

作为省示范性实验幼儿园和省优质园,幼儿园除开设国家统编教材规定课程外,增设了英语、围棋、阅读、形体、篮球、武术等特色课程,并拓展0~3岁婴幼儿领域的绘本亲子教育。2010年,先后接待省教育学会专家组、市政协、纪委、物价局和区领导的多次调研、视察,受到高度评价。同年,通过镇江市语言文字规范化示范学校验收。京口区"七色花"教师绘本馆落户京岘分园。教师撰写论文11篇,分别获省、市、区各类优秀论文奖。两园作为镇江市围棋育苗基地,不仅承担了市级比赛活动,还多次组队参加国家级和省市各类比赛,获得较高奖项。幼儿园连续十年被评为市保健先进单位,承担了京口区幼儿园教学示范活动,以及给周边市、县的送教任务。

(耿　燕　吴明宝)

【镇江市大地幼稚园】 2010年,镇江市大地幼稚园有10个班级,其中国际班4个、全人教育实验班6个,共265名幼儿。现有专职教师23人,大专及以上学历教师占

88%,其中本科学历占46%,外教1人,中学高级教师2人,市骨干教师1人,区骨干教师8人。

2010年6月1日,幼儿园在长江之滨、享有“天下第一江山”美誉的北固山下举行“温馨大地,低碳生活”大型广场家园互动活动,得到社会、家长的充分肯定。2010年,幼儿园市级课题“幼儿爱心体验教育的实践研究”通过市教科所评审,得到专家评委一致好评,研究报告及子课题报告均荣获市论文评选一等奖。国家级课题“通过家园联系手册综合反映幼儿发展状况”研究报告刊登在国家级期刊《人民教师》2010年第7期。多名幼儿参加CCTV幼儿英语大赛,两人获市特等奖,4人获市一等奖,4人获市二等奖,其中获市特等奖的何烨、周昱含小朋友代表镇江市参加江苏省选拔赛,何烨获省一等奖,周昱含获省三等奖。

(张 琦 吴明宝)

京口区教育局举办庆“六一”世博游园活动

【镇江市桃花坞幼儿园】 2010年,镇江市桃花坞幼儿园以“关注幼儿,服务家长,成就教师,争创一流”为办园目标,积极创设温馨和谐的育人环境,科学合理地开展主题活动和社会实践活动,努力实施素质教育。积极创造条件,开展阳光体育运动,每天保证幼儿一小时体育锻炼,开展丰富多彩小型多样的体育活动,增强幼儿体质,提高幼儿运动技能。幼儿园代表京口区接受国家国民体质检测幼儿组的测试,幼儿体质良好,受到上级赞扬。积极开展园本培训,不断提高教师教育教学水平,鼓励教师参加各项评比竞赛活动,4名教师获江苏省“蓝天杯”幼儿园教学活动设计评比一、二等奖,1名教师获江苏省“蓝天杯”幼儿园优秀教学活动评比二等奖。全园53篇文章在省、市、区论文、案例评比中获奖或发表。2010年,顺利通过镇江市绿色学校和镇江市语言文字规范化示范学校的评估验收。

(范成静 吴明宝)

【镇江市贺家弄幼儿园】 2010年,镇江市贺家弄幼儿园继续以“一切为了孩子的身心健康、一切为了家长的真心期盼”为办园宗旨,以“育孩子三年,想孩子一生”为教育目标,着力加强多元化学习培训,举办“传统文化和幸福人生”、“说话的艺术”等专题讲座和诵读《弟子规》活动,加强教师道德修养,提高教职工素质,锻造教师崇高的心灵美、人格美。

2010年,本着“相信每个幼儿都有发展的潜能,满足每个幼儿获得成功的需要”教育理念,通过开展讲故事、朗诵、才艺大比拼、亲子南山游、趣味运动会、秋游远足等活动,让孩子在活动中得到锻炼,体验成功,健康成长。同时,开展“角色游戏评比”、“主题环境创设评比”、“自然角评比”和“晨操评比”以及教师专业素质业务考核等学习竞赛活动,不断促进教学质量提高。成功承办2010年第六届长三角幼教名师精品教学观摩研讨活动,全国著名幼教专家朱静怡教师再次走进校园,传授对儿童图画书教学的丰富经验,并指导教师进行绘本《像狼一样嚎叫》教学活动。幼儿园“早期阅读在幼儿园的实践研究”课题顺利结题;新确立市级课题“优化家园共育策略,促进幼儿个性发展的研究”,教师个人小课题顺利结题,申报4项京口区教育教学管理成果奖。

2010年,幼儿园被授予全国家园共育实验基地;荣获“三人行”变废为宝小制作特等奖。园长梅怀萍被评为区十佳杰出女性,副园长李忠萍被评为全国百佳园长,1名教师被评为百佳教师,3名教师获得全国优秀艺术教师称号,8名教师被评为园所师德标兵。区学科带头人、园长在省幼儿科学启蒙教育会上作“让科技启蒙从这里起步”经验交流,并参加全省培训教师展示“好玩的沙包”体育教学活动。1名教师参加省美术年会,获省幼儿美术说课二等奖。两位区骨干教师走进市机电技术学院,为学前教育专业的学生开设关于幼儿游戏和幼儿园一日保教结合常规专题讲座。全年新闻报道600篇;教师参加论文比赛获奖43人次。幼儿57人次参加江苏省创新绘画比赛;76人次参加全国“双龙杯”美术大赛;139人次参加镇江市首届童话节绘画大赛;34人次参加省绘画考级;187人次参加市小青蛙故事比赛。

(李忠萍 吴明宝)

中小学简介

【镇江市第九中学】 2010年,镇江市第九中学牢固树立“为了每一位学生发展”的办学理念,以质量求生存、以特色促发展、以管理出效益,取得了一定成绩。先后通过镇江市教育现代化初中、江苏省健康促进学校(银牌)、市无流生学校、省体育特色学校、市语言文字规范化示范学校达标验收。

学校现有在校学生1237人，其中高中在校生702人，初中在校生535人。有28个班级，其中高中14个班，初中14个班。有教职工127人，其中，初中专任教师49人，本科学历44人，占89.8%，中级及以上职称37人，占75.5%；高中专任教师55人，有本科学历教师54人，学历达标率98.2%，中级及以上职称51人，占92.3%。

积极实施"科研强师、科研兴教、科研兴校"战略，开展课题研究，现有立项课题7个，其中国家级课题1个、省级课题1个、市级课题5个。国家级课题"基于网络环境的教育资源建设与应用研究"结题。课题管理规范，申报、立项、实施方案、研究计划、研究记录、阶段成果等资料齐备，有年度课题研究过程资料。

教师参加各级各类比赛，3人获市"信息技术在学科教学中有效应用"优质课评比二等奖，8人获市第七轮第一批青年教师基本功竞赛三等奖，4人获区语文学科基本功竞赛一等奖，3人获京口区初中语文优质课评比、京口区初中英语基本功竞赛理论比赛一等奖，4人获二等奖。2010年，111篇论文获奖或发表，其中国家级6篇、省级41篇、市级26篇、区级38篇。

进一步做大手球特色，在省、市体育局支持下，学校新建1200平方米手球馆，训练环境得到改善。学校手球队代表镇江市参加江苏省第十七届运动会青少年手球比赛，取得男子乙组第二名和男子甲组第四名、获两金一银的好成绩。

组织学生参加第二十二届"国际科学与和平周"全国中小学"金钥匙"(江苏地区)科技竞赛，于浩获省特等奖，张钦垒获省一等奖，孟玉婷获省二等奖。于浩、张钦垒获省团体二等奖。

(张林峰　吴明宝)

【镇江市第十中学】 2010年，镇江市第十中学先后荣获"镇江市教育现代化初中"、"江苏省青少年版权教育先进单位"、"镇江市无流生学校"、"镇江市平安校园"、"江苏省双拥模范区争创嘉奖单位"、"镇江市语言文字示范学校"、"镇江市健康促进学校"等称号。

积极改革管理模式，实行校长联系级部制度，努力构建以"发展功能"为核心的新评价体系，注重过程管理，优化常规管理，落实有关规定，建立控制学生在校时间的"清校制"、控制学生作业量和考试次数的"随访制"、规范课堂教学秩序的"巡课制"。加强学校体育艺术卫生工作，积极开展艺术教育，成功举办学校2010年田径运动会和第十一届文化艺术节。坚持科研兴校方略，不断加强教师新课程标准理念培训，鼓励教师积极撰写教育教学经验论文和参与课题研究，推动学校教科研水平不断提高。2010年，学校承担市级课题研究11项，其中结题4项；申报课题9项。教师参加市、区各类教学竞赛评比获奖18人次；教师论文获市级以上奖48篇。

继续完善德育校本教材《镇江市第十中学行为习惯歌谣》和《镇江市第十中学日常行为规范》，进一步完善学生评价制度，强化"星级"学生评比，多层次、多角度评价学生。加强以学生自我发展为中心的自我教育网络建设、以社区为延伸的社区教育网络建设、以家庭教育为补充的家庭教育网络建设，初步构建大教育体系。不断丰富德育内涵，创新德育活动形式，开展以弘扬民族精神、习惯养成教育、感恩教育、心理健康教育、生命教育和法制教育等为内容的主题教育活动。有力依托教师、学生志愿者队伍，开展"义教"、"义助"、"义宣"等活动，资助困难学生3.2万元。注重"育人从规范做起，规范从细节抓起"，其做法受到京口区教育局充分肯定，并在京口区中小学养成教育工作推进会上作现场交流。学校获得市、区级以上优秀班集体3个，特色中队4个，"新三好学生"多名。(张　建　吴明宝)

【镇江市丹徒中学】 2010年，学校有17个班级，776名学生。教职工67人，其中本科以上学历教师44人，中高级职称教师58人，市、区级骨干教师15人。

学校坚持正确的办学方向，全面贯彻党的教育方针，大力推进素质教育，面向全体，让每一位学生都得到发展。全体教职工恪守"求真、向善、尚美"校训，遵循"以人为本，为了学生全面发展"办学理念，以"文明、科学、健康、和谐"为校风，坚持"教书育人、管理育人、服务育人、环境育人"方针，形成"乐教、善诱"教学风气。以学生的养成教育为重点，围绕"树品牌、创特色"办学方向，紧紧把握"发展是硬道理，创新是主旋律"主题，"自觉、严谨"的学风逐步形成。

2010年，学校两名教师在市信息技术与学科整合课比赛中分别获市一、二等奖、1名教师获市评优课二等奖、多名教师获区一、二等奖。67篇论文获奖或发表。3个教科研课题顺利通过市级鉴定。荣获市模型比赛团体二等奖、市模型比赛优秀组织奖、市十七届论文评比优秀组织奖、市中学生文艺汇演三等奖和市中学生田径运动会第八名。获得"镇江市控流先进学校"、"镇江市语言文字规范化示范校"和"京口区文明单位"等荣誉称号。

(戴建民　吴明宝)

2010年京口区义务教育初中基本情况

表27

学校名称	占地面积(平方米)	建筑面积(平方米)	班级(个)	在校学生(人)	借读学生(人)	教师(人)
镇江市第九中学	72670	31757	37	1720	452	121
镇江市第十中学	66667	17324	23	1025	298	92
镇江市丹徒中学	23010	8012	17	766	265	68
镇江市索普实验学校(初中部)	34927	16175	15	610	77	38

(金晓秋)

【镇江市索普实验学校】 2010年，镇江市索普实验学校以创建品牌学校为抓手，坚持德育为首的主方向，狠抓养成教育和学习习惯，致力于办好让家长、社会满意的学校。开展“多读书、勤动笔”等丰富多彩的系列德育活动，拓宽德育途径，初步形成家、校、社会三位一体的德育开放体系。

坚持以教学为中心，深化教学改革，严格执行减轻学生过重负担的有关规定，规范教学行为，深入开展校本教研，坚决执行推门听课制度，探究有效教学，强化素质教育，促进教学质量提高。在区小学语文、英语调研中获第一名，数学获第二名，初中部中考成绩全市排名连续三年名列第二。

坚持以优化师资队伍为发展保障，创新培训模式，扎实推行分层管理，强化课题过程管理，引领教师全面发展。组织教师参加镇江市十七届论文评比等三大论文评比活动，80余篇文章获奖，其中1篇在国家级发表，46篇在省级获奖；初中部14篇论文发表，120篇论文获奖，其中省级20篇、市级40篇；教师丁梅红被授予“江苏省基础教育课程改革先进个人”称号，侯毅获全国第二届SMART杯电子白板课例评选二等奖，尤昌德在省教学基本功大赛中获一等奖、高吉获二等奖，13名教师在市级有关比赛中获奖；16名学生在各类比赛中获省级表彰。

坚持向优质管理要效益，落实教育管理精细化，学校党总支积极引导广大党员认真开展“创先争优”等活动，受到上级党委好评，作为先进基层代表迎接省级检查，被评为镇江市精神文明示范点。1名党员被评为“江苏省教育系统优秀共产党员”。通过“省级文明单位”、“省文明示范点”、“市教育现代化初中”、江苏省健康促进(银奖)学校验收。

(姚能武 吴明宝)

【镇江市中山路小学】 2010年，镇江市中山路小学先后获得江苏省文明单位、镇江市文明单位、京口区文明单位，全国青少年五好小公民主题教育读书征文活动示范学校，江苏省小学语文学科基地学校，江苏省中华经典诵读基地学校，创建江苏省和谐校园活动先进单位，镇江市社科普及示范基地，镇江市未成年人思想道德建设工作先进集体，镇江市优秀校园网站等荣誉称号。在各类团体比赛中，荣获江苏省第三届中小学生艺术展演暨第五届少儿艺术节合唱小学组三等奖，江苏省第七届“红旗杯”少儿棋类公开赛国际象棋团体第二名，第六届华东协作区“新城杯”少儿国际象棋男女混合团体六岁组第一名，镇江市第五届“春满校园”声乐演唱一等奖，镇江市青少年业余无线电通讯赛小学电子制作团体第一名，镇江市红领巾读书征文、演讲赛优秀组织奖，京口区首届少儿声乐大赛优秀组织奖等殊荣。张晨晖荣获江苏省特级教师称号，刘正才、李烽被评为镇江市学术技术带头人，吴永平、刘卉等9人荣获京口区教育局嘉奖。在各项教学竞赛评比中，吴静获江苏省教育学会英语优质课评比一等奖，仇程获镇江市小学数学青年教师基本功大赛一等奖，张锁祥获镇江市信息技术优质课评比活动一等奖，徐琳琳获京口区小学中层领导课堂教学展评一等奖，王萍获京口区小学美术学科优秀课评比二等奖。在公开课展示活动中，省级公开课39节，市级公开课18节，区级公开课38节。16篇文章在国家级论文、案例评比中获奖或发表，50篇文章在省级论文、案例评比中获奖或发表，23篇文章分获市级论文、案例评比一、二、三等奖，38篇文章获区级一、二等奖。

(李 飞 吴明宝)

省人力资源和社会保障厅副厅长吴可立(左二)到学校调研

【镇江市实验小学】 镇江市实验小学现有65个教学班，2425名学生，182名教职员工，专任教师大专以上学历占99.7%，市、区级学科带头人、骨干教师51人。2010年，经多方论证，制定了学校今后三年发展规划，确立“用心成就每一个梦想”的办学理念，大力弘扬“悦人悦己，乐学乐教”的传统风尚，精心构建自然健康、开放向上的温馨校园，努力追求“智慧教育、幸福教师、快乐儿童”的美好愿景，紧扣“文化引领、管理变革、质量提高、内涵深化、特色彰显、品牌塑造”的主旋律，关注今天，面向未来，经营“幸福文化”，打造“智慧教育”，使百年老校焕发出新的活力，跻身江苏省级实验小学。

2010年暑假，镇江市五条街小学整体并入，学校理性面对，通过一系列活动创设“相亲相爱，如切如磋”的和谐校园氛围，顺利做好合并工作。根据江苏省小学Ⅱ类办学标准，力求向Ⅰ类靠拢，积极与设计师会商，努力争取设计出高水准的新校区改扩建方案，为学校后续发展奠定良好基础。完善常规管理制度，制定《学校章程》，改革并强化学校中层管理部门，推进级部管理，努力完善富有特色的管理新体系。

2010年，学校先后荣获江苏省文明单位、全国中小学图书馆先进集体、江苏省健康教育促进学校（金牌）、省“青少年科技教育先进集体”、市语言文字规范工作示范性学校等39项荣誉称号。成功承办江苏省教育科学研究院学校科研协作等29项活动，各级各类新闻报道195篇。教师获奖和表彰192人次，202名学生在各级各类比赛中获得佳绩。教师施勤荣获江苏省基础教育课程改革先进个人，徐美荣获全国英语赛课一等奖；学生李若凡荣获“青春中国——全国青少年艺术展评活动”金奖，并被评选为“青春中国”形象代言人。

（王　芳　吴明宝）

【镇江市江滨实验小学】　镇江市江滨实验小学以多彩的师生活动丰富校园生活，深化素质教育内涵。2010年3月，包昌升名师工作室第一次研讨活动在江滨实验小学润阳校区举行，就“常态课教师活动过程的研究”做专题研讨。4月，京口区首家学校三年发展规划论证会在学校举行。4～5月，学校分三个专场开展以“课题引领搭建平台专业成长”为主题的第二届“江花”教学节活动。6月1日，举行“亮出我的风采——‘六一’庆祝活动”。同月，接受省人民政府贯彻落实《全民科学素质行动计划纲要》专项督导。9月起，学校将每周五下午第三节课时间定为全校师生“静读”时间，进一步营造江滨实小书香校园的育人环境。同月，校党支部根据“创先争优”活动部署，为全体党员教师设置“党员示范岗”，为树立“一个党员，一面旗帜”的优良作风提供监督保障。10月，学校国际田联趣味田径运动队一行赴首都北京参加首届“鸟巢杯”全国少儿趣味田径运动会。同月，“京口区廉政文化进校园现场会”在学校成功举行，全区各校校长、书记及主要负责廉洁教育的分管领导参加现场会。11月，教师袁海芸、张云在镇江市第六期小学综合学科骨干教师培训班学员展示课中进行展示。同月，学校开展第三届班主任节活动，进一步走进学生心灵，关注个体生命成长。12月，学校承办镇江市第二届“大家论语”小学语文常态课观摩研讨活动，围绕小学语文常态课开展深入而又生动的探讨。

2010年，学校在办学过程中，始终坚守“以养成训练为基础，以提高质量为核心，以强化管理为抓手，全面提高教育教学质量”工作思路，在全校师生共同努力下，荣获全国小公民思想道德建设实践创新活动集体一等奖、国际田联少儿趣味田径实验学校、江苏省平安校园、江苏省绿色学校、江苏省健康促进学校、江苏省模范职工之家、江苏省青少年科技教育先进学校、镇江市科技教育示范学校、镇江市十佳优秀校园网站、镇江市青少年科技竞赛冠军、京口区“五一”文明班组、2010年京口区小学生科技竞赛团体一等奖等荣誉。

2010年，教师在各级赛课、基本功竞赛中取得优异成绩：教师孙晓庆荣获第四届全国中小学体育教学观摩展示活动一等奖；居利荣获镇江市第二届教师教育技术能力竞赛十佳能手称号；高蓉蓉获得京口区小学中层领导课堂教学展评活动一等奖；袁海芸获得京口区小学艺术学科教师教学基本功竞赛第一名。同时，学校教师在各级各类刊物中发表论文29篇，在各级论文评比中，196篇论文获奖。

（刘爱华　吴明宝）

【镇江市京口区实验小学】　2010年，镇江市京口区实验小学先后被评为全国五好小公民示范学校、全国教科研先进集体、省文明单位创建先进单位、省体制健康监测点、省健康促进学校、省冬季三项锻炼活动先进学校、市科技教育先进学校、市体育工作先进学校、市语言文字规范化示范校、市优秀校园网站等；顺利通过省“五五”普法、市惩防体系、市平安校园检查；承办市级数学课题“注重学生对数学活动经验积累的教学研究”开题、市现代化小学示范校交流、市依法治校示范校交流、市十八届“新秀杯”品德课评比等活动。

学校力求创建“和美”校园，营造“和美”教育生态，实现师生“和美”人生。精心打造的“艺术长廊”、渗入京剧元素的师生书画作品以及荣誉栏，让教育“无声胜有声”；开创“京剧娃素质储蓄卡”，让每位孩子都以积极的状态投入学习，让学习充满更多趣味与挑战；设立“班主任联席会议”，班级所有任课教师齐聚一堂，交流经验，共谋发展，使班级管理不再单薄；创办校报《花山文苑》，为师生搭建展示平台，让交流空间更加宽广；邀

公安部消防总局副局长王沁林（中）到江滨实验小学参观

请省、市级数十名专家莅临指导，同时，走进南京游府西街小学等名校参观学习；开展“五月花山教学节”，与句容市春城、崇明小学手拉手，开展三校联谊教学研讨活动，丰富的对外交流，让教育视野更加开阔。

作为继承与发扬“京剧”传统文化特色学校，二十余年的教学实践与校本课程“享受艺术化的人生”实施研究，于2010年7月申报“在中小学开发利用京剧资源的实践研究”课题，同年9月正式批复为全国教育部重点课题。该课题的成功申报，意味着学校京剧特色教育研究成果将成为国家“京剧进课堂”示范工程和样板工程，意味着学校“和美”品牌底蕴愈发浑厚。2010年，学校教师论文在国家、省、市、区级获奖、发表132篇，其中国家级6篇；市、区骨干教师、学科带头人所占比例提高6.7%；13名教师参加各级各类赛课获奖，其中省级一等奖2人，市级一等奖4人，区级一、二等奖7人；在第十七届运动会艺术体操比赛中，欧阳宇涵荣获个人全能金牌，体操队荣获团体铜牌，主教练孙璇荣获京口区政府嘉奖并立三等功；在市、区体质健康调研中名列第一，9月作为镇江市城市小学唯一代表参加江苏省学生体质健康监测，成绩优异；在京口区第二十七届小学生田径运动会团体排名第三；舞蹈《快乐的小裁判》获江苏省比赛一等奖并参加市“五星工程奖”选拔；校合唱队《鲥鱼》曲目获市“春满校园”合唱一等奖；“我是90后”读书征文活动评选，学校获得全国优秀集体奖；江苏省机器人比赛，学校获团体二等奖、三等奖；江苏省“金钥匙”科技比赛，学校被评为镇江市青少年模型竞赛橡筋直升飞机团体三等奖；首届“镇江市民间艺术新人大赛”，4名学生分别获银、铜奖。 （管 红 吴明宝）

【镇江市八叉巷小学】 2010年，镇江市八叉巷小学各项工作坚持以人为本，以办人民满意教育为宗旨，围绕教育高水平均衡发展主线，以加强教育内涵建设为重点，内抓管理，外树形象，各项工作取得一定成绩。成功创建镇江市体育特色学校和创建镇江市规范化语言文字学校。六年级在市调研中语文荣获区第二名；在区调研中语文获第五名、英语获第六名，其中六(1)班英语优秀率在京口区所有班级中名列第一。镇江市中学体育教师乒乓球技能培训及考核先后两次在校举行。2010年2月在淮安市淮阴区实验小学举行的2010年江苏省冬令营第十二届基层小学乒乓球优秀苗子集训比赛中，乒乓队员分别代表八叉巷小学、八叉巷俱乐部获得男甲团体冠军、季军，陶奕廷获男甲单打亚军。5月，在润州实验学校举行的镇江市少儿乒乓球比赛中获9枚金牌。8月，在灌云举行的省传统校乒乓球比赛中获女单、女团两块金牌。10月，在江苏省第十七届运动会中，学校队员代表镇江市参赛获三块金牌，被荣幸地邀请参加镇江市专题庆功表彰大会。

学校德育处以“安全校园”为契机，结合汶川“5·12”地震二周年纪念日，在学校组织开展防震减灾疏散演练；为让孩子们进一步了解世博，开展世博书签、世博小报、主题演讲、全校游园等丰富多彩的活动。“六一”儿童节，开展趣味运动会比赛。暑假期间，组织即将升六年级的近200名学生到小衣庄73016部队开展“走进军营，放飞梦想”活动。第二届科技动漫节让“溜溜球”在校园里转起来。每周五红领巾广播成为孩子们期盼的节目。通过各种活动的开展，进一步丰富了孩子的生活，学生身心更加健康。

一切从学生利益出发，大力改善校园环境，2010年3月3日，区长郭建亲自带领区部委办局相关领导到校召开现场会，将八叉巷小学校舍安全工程确定为京口区2010年为民办实事工程。3月，学校开始南教学楼和综合楼拆除工程。4月，新建楼房桩机工程破土动工。7月初，学校北教学楼加固工程在图纸会审后正式启动，9月投入使用。 （袁 苹 吴明宝）

【镇江市红旗小学】 2010年，镇江市红旗小学积极实施教育教学改革，着力打造品牌活动。围绕《镇江市红旗小学三年发展规划》的制定，积极强化落实，将学校发展目标落实在日常管理中，凸显精细化管理的治学理念。

2010年，学校成功开展第十届读书节活动；5月28日成功举办由《江苏教育研究》杂志社、镇江市教育局教研室、京口区教育局主办，红旗小学承办的“江苏省课外阅读指导研讨”活动。层次高、规模大、影响广泛的教学活动赢得来自省内外近三十多所学校领导、专家和与会教师高度赞誉，江苏省教育科学研究院副院长杨九俊、镇江市教育局副局长陈国俊等领导和专家参加。

学校在重视育人工作的同时，注重发挥传统特色活动平台，4～5月成功举办第七届江苏省“红旗杯”棋类竞赛（“红旗杯”是省体育局批准的唯一的三棋赛），取得6项团体第一、7项团体第二、2项团体第三，1项团体第五和第六的好成绩，60名学生获奖，学校红旗俱乐部荣获“先进集体奖”。同时，学校积极开拓新平台，经镇江市体育局、镇江市业余无线电运动协会和京口区教育局通过长达半年的调查、研究和商讨，12月26日，学校成为首家“镇江市青少年业余无线电活动基地”。本着“面向全体、全面育人”的办学目标，充分培养学生综合素质，促进业余无线电活动有效开展，先后在校内建立业余无线电电台室，接收具有国际影响力的镇江市业余无线电协会的BY4RB电台，为学生走上电台面向国际爱好者、有效开展业余无线电活动提供了保障。揭牌仪式上，校长孙静被聘为镇江市业余无线电运动协会副主席，教师邱鹏被聘为镇江市业余无线电运动协会常务副秘书长，市体育局、市无线电协会、区教育局领导同时参观学校活动，对学校的特色教育和办学理念给予高度评价。

2010年，学校继续深化科研引领工作，6月，“主动作业—— 一种小学生自主学习策略的实践研究”成为江苏省教育科学“十一五”规划立项课题，多个课题成为镇江市教育科学“十一五”规划重点课题。同时积极实施校本课程开发,一批成果在市、区级教育工作会议上交流。教学管理工作在京口区教育局教育教学管理调研中获好评,并作为管理成果申报。9月,学校在京口区校本培训现场会上作题为《抓实校本培训引领教师成长》经验交流。同年,与青海省西宁市昆仑路小学进行结对活动。

(吴志辉　吴明宝)

【镇江市解放路小学】 2010年,镇江市解放路小学被评为全国学校艺术教育先进单位、全国语言文字规范示范学校,顺利通过"江苏省艺术教育特色学校"复评。学校出台并启动《苹果积分行动—日常规十须知》,扩大学校"苹果礼仪学苑"品牌效应。开展"向国旗敬礼、做一个有道德的人"网上签名寄语活动,为桃花坞小学身患白血病的学生王景昱捐款12940.17元;筹集善款2000余元资助四川绵竹板桥学校特困生王党廉同学。邀请儿童文学作家王一梅走进校园,参加"文心讲堂"江苏省少年儿童出版社社长祁智先生的阅读讲座。评选百名"好少年好儿童"。62人次学生在教育行政部门组织的竞赛中获奖,28名学生被授予市、区级荣誉称号。

学校举行"蓝天杯"青年教师基本功竞赛,先后承办市级小学数学2010年毕业复习研讨活动、市级音乐学科音乐欣赏教学专题研讨活动、区小学音乐教材培训、区小学语文毕业复习指导课研讨、区小学美术优秀课评比、区数学区域性集体备课暨课堂有效细节研讨活动、区小学中层领导课堂教学数学(展评)、区创建市现代化学校培训会等。数位教师到昆山、浙江嘉兴送教。国家级课题"信息技术与民间艺术实践活动整合的研究",获首届江苏省基础教育教学成果评选一等奖。5个市级教师小课题顺利结题。"在经典美文赏析活动中探索语文情感教学的实践研究"、"小学数学活动教学中数学化的研究"被镇江市教科所批准为"十一五"第四批规划课题。

成功举办第十四届"敏成之春"艺术节,组织首届教师子女才艺大赛。"七色光艺术团"合唱队参加镇江市第五届"春满校园"音乐会。作为京口区艺术教育基地,学校先后承担镇江市第四届幼儿才艺大赛、镇江市小学音乐学科课堂教学区域研讨、京口区美术课评比、京口区音乐教研等活动和京口区首届"童心颂"京口少儿声乐大赛。徐蔚同学在全球华人艺术盛典——国际华人艺术大赛江苏赛区选拔活动少儿B组艺术类古筝比赛中,荣获一等奖。王沁莹同学在亚洲青年民族器乐教育成果会演选拔赛中,获小学B组扬琴项目金奖。余梦瑶同学在"文心杯"镇江市首届少儿才艺大赛中获声乐专业金奖。侯仁语、李自遥同学设计的邮票入选镇江市大运河邮票设计首发式。在"青春中国——第六届全国校园才艺选拔活动"镇江赛区初赛中,7名学生荣获金奖,1名学生荣获银奖。另有师生获得镇江市首届民间艺术新人大赛金奖。17名学生获得"京口区体艺特长生"荣誉。

(李松梅　吴明宝)

【镇江市桃花坞小学】 镇江市桃花坞小学以"成就每个孩子的本色人生"为办学理念,以"特色引领、文化化人、质量立校"为办学策略,以"促进每一位师生的发展"为第一追求,以创建镇江市教育现代化小学为工作中心,将2010年定为学校内涵建设年,切实加强学校内涵建设,创设童心校园,深化童本教育,构建灵动课堂,培养诗意教师,扎实开展学生行为习惯养成教育,努力提升教学质量,亮化学校特色,办人民满意和放心的教育,使学校工作快速发展,取得可喜成绩。荣获"江苏省优秀少先队集体"、"江苏省版权教育优秀组织奖"、"江苏省第二届'小数报杯'小小数学家评选活动团体奖"、"镇江市语言文字规范化示范学校"、"镇江市廉政文化进校园示范学校"、"镇江市关心下一代工作先进集体"、"镇江市青少年暑期消费教育示范基地"等荣誉。同时,获镇江市"小青蛙"讲故事比赛组织奖,课题"苏教版小学数学课堂教学精彩细节的研究"在国家课程标准苏教版小学数学实验教科书教科研第二届优秀课题成果评选中荣获一等奖,课题组撰写《在少先队活动中实施细节教育培养队员文明习惯的研究》在江苏省少儿研究会第二十五次年会上评为二等奖。师生多次在各级各类竞赛中获奖。

学校先后承办市教科所重点课题研讨会、市第六届小学语文骨干教师展示课、京口区校本培训现场会、区一年级数学教师培训班教学交流、区六年级语文赛课、五年级区语文数学集体备课展示、区体育课有效性研究课评比、"好习惯伴我行"少先队辅导员培训活动展示等。接待国家考试院特派员和省巡查员巡视,接受江苏省教育协会名校文化发展中心验收,5月、10月两次举行江苏省书法等级考试。　(唐　敏　吴明宝)

【江苏科技大学附属小学】 2010年,江苏科技大学附属小学以深化素质教育为目标,以打造教育品牌为重点,积极构建与教育科学发展相适应的学校生态环境,全力打造"阳光教育",形成与学校品牌相适应的鲜明办学特色,各项工作取得明显成效。结合学校实际,把"阳光教育"分解为五大重点工程:一是文化浸润德育,培养阳光少年;二是书香丰富才情,打造阳光教师;三是教学开启心智,构建阳光课堂;四是排球伴随成长,推进阳光体育;五是和谐促进发展,营造阳光校园。充分发挥学校领导班子和全体教师集体智慧,抓实五方面工作,全力打造"阳光教育",充分体现"播洒生命阳光,成就阳光人生"办学理念。

2010年,成功举办"第二届银杏之约教育教学文化节"活动,学校青年教师一展教艺,市内新秀教师为大家提供人文高效的语文课堂范例和简约缜密的数学课堂范例,省内著名特级教师吕同德、徐梦吟、张学伟和阅读教学全国一等奖获得者赵源林老师倾情加盟。名师课堂融进全新的教育理念、崭新的教学方式、精湛的教学技艺及最新的课改信息,听课老师深受启发。结合《规范》制定《阳光少年评价手册》;认真践行"文化润德"教育理念，坚持用文化引领德育，用文化浸润德育。特别是把“创建特色班级，发展班级文化”作为“文化润德”重要载体，通过班主任培训及“阳光班主任工作室”的设立，不断提升班主任管理班级的能力和主动性，形成富有特色的优秀班集体。8个班级被评为京口区先进班集体和特色中队。

学校积极主动地结合重大纪念日、节日开展丰富多彩的教育活动，有机渗透对学生民族精神、理想信念、法律法纪、身心健康等教育。校园文化以校训“恒”为载体，力求体现排球特色及书香校园、科技文化特色等，深受学生喜爱。发挥“国家青少年体育俱乐部”、“江苏省排球协会小学分会”优势，积极开发排球校本课程，实践“人人会排球，阳光运动伴我行”体育特色。在各年级开设校本排球课，利用每周一节校本排球课时间，加强排球文化宣传，学习排球文化知识，传授排球基本技术，开展排球活动，编制《排球伴我成长》校本课程。在原有基础上根据小学生身心特点创编《南小第三套排球韵律操》，使排球技术动作与韵律更好地糅合，达到强身健体、愉悦身心的目的。　　（汪　萍　吴明宝）

【镇江市香江花城小学】 镇江市香江花城小学占地面积18123平方米，建筑面积6258平方米。现有教学班23个，980名学生，57名教职工，其中专任教师50人，镇江市骨干教师1人，京口区学科带头人1人，京口区骨干教师10人。

2010年，学校先后被评为“江苏省健康促进学校”、“江苏省优秀少先队集体”、“镇江市绿色学校”，通过“镇江市文明单位”、“镇江市依法治校示范学校”、“江苏省依法治校示范学校”、镇江市教育现代化小学、省“灭蟑”工作验收及“学生行为规范示范学校”复查。成功接待吉林省委少先队工作访问团，承办京口区青少年科技竞赛活动。

加大教育装备投入，加速教育现代化步伐，不断完善教育教学设施。学校现有计算机134台，藏书22147册，由计算机系统进行管理，生均约26册，有师生电子图书阅

吉林省少先队工作访问团到香江花城小学访问

览室。

以课题促研究，引领教师不断成长，为教师教学实践提供展示平台。在丰富多彩的课题实践活动中激发学生潜能，促进学生全面发展。全年80多篇教师教科研论文在全国、省、市、区级比赛中获奖或发表。学生参加各级各类比赛，90多人次获奖。

重视体育工作，积极致力于体育特色建设。2010年，投入经费数万元用于体育建设，射箭队在宋文荣教练指导下，坚持日常训练和寒暑假集训，成绩显著，12名学生在江苏省青少年射箭比赛中获奖。

（龚艳萍　吴明宝）

【镇江市恒顺实验小学】 镇江市恒顺实验小学创建于2009年9月。一年多来，学校制订《镇江市恒顺实验小学三年发展规划》，以“高点规划，扎实起步，规范管理，创建特色”为主要目标，稳步有效地开展工作，逐渐步入了良性发展的轨道。

按照规划年度要求，相继为多个功能室和六年级配备多媒体教学设备，安装电子围栏；引进五名优秀中青年教师；成功申报并获批“在解放儿童理念下小学生行为习惯的研究”（省级）等6个研究课题；110篇教育教学论文在“蓝天杯”、“师陶杯”等论文评选中获奖，21人次在各项赛课、教学基本功竞赛中获奖；骨干教师由原来6人增至13人；学生学业成绩稳中有升。成功创建镇江市语言文字规范化示范学校、镇江市健康促进学校、镇江市绿色学校、镇江市平安校园。基于良好的硬件设施和不断提升的办学软实力，学校先后19次代表区教育局承办检查、接待活动，得到区内同行、外省市同行、政府部门充分肯定。

学校将学生队列训练列为校长工程，经过扎实训练，学生精神面貌、纪律观念得到改善，着力培养了学生文明礼貌习惯、课前准备习惯、上课听讲习惯。队列展示活动视频公布在“ku6”网，得到众多网友好评。

成功举办“江苏省‘恒顺杯’青少年车辆模型竞赛”，获优秀组织奖和小学男子组综合团体第一名等16个团体名次，45人次学生获不同等次奖项。组织学生参加全国中小学生绘画大赛等一系列竞赛。舞蹈《江娃·渔灯》获市级文娱汇演银奖；京口区“悠悠球”竞赛获团体一等奖和优秀组织奖；被授予2010年青少年“七彩的夏日”暑期活动先进单位、全国青少年“五好小公民”主题教育“我是90后”读书征文活动优秀集体。教师30人次获优秀指导奖，学生128人次获不同等次奖项。

成功举办“镇江市恒顺实验小学首届体育艺术节”，展出获奖书

画作品，表演文娱精品，进行队列展示，召开学校首届趣味田径运动会。作为"国际田联少儿趣味田径实验学校"，参加鸟巢杯2010全国少儿趣味田径运动会，获赛会优秀奖。两位教师获"优秀教练员"证书，18名学生参加比赛。

（徐俊兵　吴明宝）

【镇江市谏壁中心小学】 2010年，镇江市谏壁中心小学有29个教学班，1300名学生，75名教师。为适应教育现代化要求，京口区委、区政府把均衡教育放在重要位置，由区教育局、谏壁镇投资4000余万元，于2005年8月启动新谏壁中心小学易地新建工程，2006年9月建成并投入使用。新校占地27634平方米，建筑面积16759平方米，绿化面积6000平方米，教学楼富有现代气息，音乐、舞蹈、美术、科学、劳技、计算机等教室各具特色。

学校现有700平方米风雨操场、446座多功能阶梯教室、设施完善可同时供640人用餐的餐厅和各种专用教室等，为孩子提供一流学习环境。教学楼后为景观风光带，风光带后为运动区，有200米塑胶环形跑道和标准篮球场，4000平方米活动场地，学校硬件设施全面达到省教育现代化标准。

学校以"打造气质校园、构建道德课堂、培养魅力教师、成就幸福学生"为办学理念，通过丰富多彩的德育活动、严谨务实的教育教学工作、扎实有效的教研科研为谏壁中心小学的跨越发展凝练了坚实平台，取得丰硕成果。先后荣获"江苏省科技教育特色学校"、"镇江市电化教育先进学校"、"镇江市安全文明校园"、"镇江市行为规范示范学校"、"镇江市绿色学校"、"镇江市文明单位"、"京口区模范学校"等殊荣。（徐俊兵　吴明宝）

【镇江市学府路小学】 镇江市学府路小学原名镇江市丹徒小学，2010年5月，经镇江市京口区机构编制委员会批准，更名为镇江市学府路小学。学校现有46名教职员工，其中大专以上学历43人，占91.5%，中级以上职称42人，占89.4%，市"169"拔尖人才1人，市级骨干教师1人，区及骨干教师8人。学校积极创造机会，让教师走出去，把专家请进来，组织教师参加各级各类培训，取得很好效果。不断强化学生行为规范教育和语言文字工作，顺利通过镇江市学生行为规范示范学校和镇江市语言文字规范化示范学校验收。将武术教学定为校本课程，纳入课程计划，教学成果显著。2010年4月，学校武术队在镇江市少儿武术比赛中获团体总分第三名，成为镇江市武术协会教学点。同时，认真做好关心下一代工作，被镇江市教育局关心下一代工作委员会评为"全国五好小公民"主题教育活动先进集体。11月，学校被江苏省教育厅授予全国"金钥匙"竞赛青少年科技教育先进集体。

（吴明宝　黎林林）

【京口区特殊教育中心】 2010年，京口区特殊教育中心与赛珍珠研究会、民进镇江市委、文化之旅爱心网友、江苏大学、江苏科技大学、镇江高专等建立广泛联系，相继成立"关爱残障儿童成长"民进活动基地、网友爱心基地、大学生志愿者基地。通过丰富多彩的活动，培养学生积极乐观的生活态度，帮助学生树立自尊、自强、自立的信念。开展由民进市委和黄丝带组织的南山秋游活动，由赛珍珠研究会组织的"宝贝，我们爱你"系列活动，由爱心网友组织的爱心助教等一系列大型活动，初步构建"让社会了解特教，让特教融入社会"的教育模式，营造全社会关注特殊教育，关注特殊儿童的良好氛围，增强了全体师生集体荣誉感和自信心，扩大了学校知名度和影响力。与市妇联和赛珍珠研究会等单位合作的"宝贝，我们爱你"系列爱心公益活动，荣获"大爱镇江"优秀活动项目二等奖，教师张梅芳当选镇江市第三届"大爱之星"。

学校现有在职教师21人，学生91人。学校以教师专业培训为切入点，加强校本课程开发和教育教学研究，努力提升全体教师专业素养。2010年学校先后有18人次参加省级培训，并认真组织二级培训。积极组织教师参加各类竞赛，9人在全国第四届现代特殊教育论文大赛中获奖，学校获"优秀组织奖"。3人在"师陶杯"论文比赛中获奖。参加镇江市"课程故事"竞赛，1人获一等奖，1人获二等奖，1人获指导奖。积极引入爱心人士和团体助教，成立体育运动组、艺术表演组、手工编织组等6个组，促进学校、社会广泛交流和理解，促进学生全面发展。学校编创舞蹈《快乐课堂》参加省残疾人文艺汇演荣获"培智金奖"。

（祁　俊　吴明宝）

【京口教育"十一五"回顾】 "十一五"期间，教育系统落实"科教兴区"战略，以教育现代化建设为总抓手，突出做好结构调整、内涵发展、质量提升三项重点工作，率先通过省区域教育现代化水平评估，跃上基本实现教育现代化平台。

教育水平实现新提升。学前教育毛入园率98%以上。小学毕业生巩固率、初中毕业生巩固率、初中毕业生升学率分别为100%、100%和99.6%。特殊儿童义务教育入学率99%以上。全区人均受教育年限14.5年，义务教育各项核心指标位居全省前列。教育资源得到新优化。学校布局不断优化，撤并学校6所，新建、改扩建学校7所，建成校舍6.17万平方米。学校教育设施设备达省二类标准。14所中小学校获市教育信息化先进学校称号，7所学校网站被评为"市十佳中小学校园网站"。师资素质实现新提高。小学教师大专率、初中教师本科率分别为90.31%和75.95%。培养市学科带头人8人、市骨干教师70人，省特级教师8人，镇江市名校长1人。涌现出全国优秀教师1人，省优秀教育工作者2人，省师德标兵1人，先后有近百人次教师在教学基本功和学科竞赛中获市一等奖以上荣誉。服务功能得到新增强。按照"终身教育、成就终生"发展理念，率先建成全国社区教育实验区。建立"京口区义务教育阶段困难家庭学生资助体系"。公办学校面向"新京口人"子女开放，"新京口人"子女就读享受同城待遇。发展内涵有新丰富。先后获省幼儿教育先进区、省义务教育均衡发展先进区、省全面实施素质教育先进区、全国社区教育实验区、省基础教育课程改革先进集体、省教育现代化建设先进区、省学生阳光体育运动先进区称号。先后两次获省政府年度教育督导评估抽查优秀等级。

（金晓秋 吴明宝）

2010年京口区义务教育小学基本情况

表28

学校名称	占地面积（平方米）	建筑面积（平方米）	班级（个）	在校学生（人）	借读学生（人）	教师（人）
镇江市索普实验学校（小学部）	18795	8763	25	772	131	59
镇江市中山路小学	9721	8281	44	2158	80	120
镇江市实验小学	42530	24864	65	2425	178	183
镇江市江滨实验小学	28810	11731	36	1484	101	93
镇江市京口区实验小学	9938	9475	36	1659	105	97
镇江市八叉巷小学	19515	7955	25	1030	115	78
镇江市桃花坞小学	6163	6266	20	931	134	62
镇江市香江花城小学	18123	6138	23	979	419	54
江苏科技大学附属小学	29974	10360	40	1608	439	107
镇江市红旗小学	23818	6009	25	1214	43	79
镇江市解放路小学	14312	7072	22	782	149	76
镇江市恒顺实验小学	20128	8967	19	777	369	48
镇江市学府路小学	13135	4630	18	687	308	49
镇江市谏壁中心小学	27634	16759	29	1258	435	82
镇江市雩北小学	5890	1530	6	265	152	12
镇江市京口区特殊教育中心	2850	3326	7	91	27	17

（金晓秋）

◆资料链接◆

御碑亭　　韦鹏　摄

御碑亭

位于江苏省镇江市京口区四牌楼街道江东社区北固山。

建于光绪年间（1875—1908）。亭为六角攒尖顶，高4.5米，亭内立光绪二十七年(1901)御制碑，圆首、方座，通高1.9米，宽0.89米，厚0.4米，碑两面刻文，为表彰两江总督彭五麟与陕甘总督杨岳斌的功绩碑，为两江总督刘坤一所立。

文化·体育·旅游

责任编校：陶晓俊

文　化

【概况】 “十一五”期间，京口区文化工作在设施建设、队伍建设上狠下工夫，精心策划、周密安排，积极开展各项活动，取得了一定成绩。基础设施建设扎实推进。村(社区)文化活动室达标建设100%，截至2010年，全区2个镇，4个街道全面建成文体活动中心，10个行政村、67个社区建成文化活动室。区文化馆、图书馆服务水平不断提升。文化馆馆舍面积2400平方米，馆内设有多功能厅、自然科学布展厅、国家信息共享工程(电子阅览室)、舞蹈房、音乐室、标准教室11间及文化活动室、图书室等，2005年2月正式对外开放，2007年被评为国家二级馆，2009年10月被评为镇江市青年文明号。图书馆不断提升硬件、软件水平，2010年3月被文化部正式评定为二级图书馆，同年7月实现对外免费开放。群众文化活动自创品牌。“魅力京口”广场文化活动(前身为“活力京口”)自2006年开展以来，成为京口群众文化活动的一个闪亮品牌，2007年被评为镇江市十大“精神文明建设新人新事”之一，2008年荣获第八届江苏省“五星工程服务奖”。举办“魅力京口”广场文化活动100余场，参加演出人员3.2万人次，观看群众28万多人次，培育了一大批业余文艺骨干，有效地丰富了市民的精神文化生活。“魅力京口”广场文化活动提升了京口区社会文明程度，成为展示京口文化形象、提升市民素质的有效载体；丰富了社区居民的精神文化生活，为广大群众提供了形式多样、内容丰富、雅俗共赏的文艺节目，满足了不同层面的文化需求；培育了一批文艺团队和骨干，成为京口区群众性文化活动的一支中坚力量。2010年，京口区6个文化节目入围第九届江苏省“五星工程奖”评比，4个节目获银奖，剧本《如此智慧》获首届全国戏剧文化奖小型剧本类一等奖。 (张小蓓)

【基础设施建设不断巩固】 在扩大现有文化馆、文化站、文体中心、社区图书馆等文体设施功能和作用的基础上，健全公共文化服务体系，推进文化信息资源共享工程支中心及基层服务点建设，确保在争创文明城市工作中不失分。截至2010年，基层服务点已实现全覆盖。 (张小蓓)

【举办各类群众文化活动】 继续开展“魅力京口”广场文化活动，2010年举办“京口区获奖节目新春巡演”、“创业颂”广场文化活动巡演、落实“五五普法”规划主题活动、“魅力京口”百场特别演出等26场群众文化活动。11月举办全区文艺骨干培训班，京口区机关、企事业单位的文化团队负责人、文体骨干300余人参加培训。6～10月，举办京口区“幸福的生活”文化

“魅力京口”广场文化百场特别活动

艺术节，开展群众文艺作品大赛、基层书画摄影作品展、民间艺术新人大赛、电影乡村(社区)行、民俗健身项目展示等群众喜爱的文化活动。2010年，京口区文体局获镇江市社区文化艺术节优秀组织奖、市文广新系统先进集体。(张小蓓)

【非物质文化遗产保护显成效】 2010年10月，京口区剪纸传承人李佩璜、泥塑传承人葛志仲正式入选第三批镇江市非物质文化遗产项目代表性传承人名单。12月，由区文体局选送的扬剧《登高丘》等5个节目分获首届民间艺术新人大赛金、银、铜奖。(张小蓓)

【推进文化产业发展】 举办全区文化产业发展交流与项目说明会，邀请省、市相关专家学者，区相关文化企业负责人，市、区相关部门及镇、街道分管领导参加。会上就京口区文化产业发展方向和如何实现全区文化产业跨越发展进行研讨，并对京口区部分文化产业项目进行论证分析。编印《京口区文化产业发展交流与项目说明会指南》、《文化产业相关政策汇编》。包装文化产业项目2个(金山online网游、手机早教平台)，申请省文化产业项目引导资金，其中金山online网游(2010年更名为《傲世千雄》)12月成功入选江苏省文化产业引导资金资助项目，获引导资金80万元，这是京口区首次获得的文化产业项目资金资助。(张小蓓)

【推进京口区重点文化项目建设】 按照"规划先行、文史领航、组织保障"的工作思路，配合有关部门做好全国重点文物保护单位——新河街的宣传、保护和开发工作，组织专家小组挖掘其历史文化。积极争取区有关部门的理解和支持，完成全区正版软件推广使用工作。(张小蓓)

体　育

【概况】 "十一五"期间，京口区全民健身点实现全覆盖。现有120个全民健身路径(工程)，覆盖率100%。成立京口区体育总会，建立市、区、镇(街道)、社区(村)各级俱乐部78家，形成区有重点，镇、街道有骨干，村、社区普遍有队伍的体育队伍网络。成立区国民体质监测中心，定期组织人群进行测试。江滨新村社区体育公园建成开放。古城公园门球场改造完成并投入使用。2010年，区文体局被评为全国全民健身活动先进单位。通过"全民总动员一起来健身"主题活动，举办科学健康知识讲座、健身排舞大赛、怀旧运动会等形式多样的群众体育活动，吸引群众参与体育锻炼，有效增强市民体质。连续5年举办"全民健身月"活动，2008～2010年连续3年举办"全民健身日"活动；2010年举办京口区第二届机关体育运动会。"十一五"期间举办30多场次大型活动，70多场次小型活动，综合性体育运动会两次，群众性体育运动会3次，社区运动会7次，农民运动会4次。全区现有省级体育传统学校5所，市级体育传统学校3所，国家级体育俱乐部5所，省级体育俱乐部2所，国家等级裁判员850余名。体育项目涉及手球、艺术体操、田径、乒乓球、羽毛球、排球和棋类。输送860余名运动员到市级以上单位，获市级以上单位各项体育赛事金、银、铜牌(团体和个人)约1000多枚。在江苏省第十七届运动会中，京口区圆满完成夺金任务，文体局被市委、市政府记三等功。(张小蓓)

【"一起来健身"全民健身社区行活动】 每两个月推出一个健身活动项目，开展健身气功"六字诀"、室外健身器材免费教学活动、夏日科学健身讲座、全民健身月、全民健身日系列活动、怀旧趣味运动会等活动，普及健身理念，推广健身知识，传授健身技能。全年推出6个主题，吸引3000余名市民参加。(张小蓓)

举办第二届京口区机关体育运动会

【体育竞赛获佳绩】 2010年10月，在常州举办的江苏省第十七届运动会上，镇江市第九中学手球代表队获手球比赛乙组第二名，甲组第四名，共2.5枚金牌的成绩；京口区实验小学艺术体操代表队获艺术体操比赛丙组团体铜牌和身材优秀组个人全能铜牌，欧阳宇涵获个人全能金牌。同年，组队参加全市少儿武术、乒乓球、射击、排球、篮球、羽毛球、田径和足球比赛，均取得较好成绩。承办全市少儿射击和篮球比赛，获镇江市"优秀赛区"称号。(张小蓓)

【举办第二届京口区机关体育运动会】 2010年7~9月，举办历时3个月的第二届区级机关运动会，以

“全民健身创示范,体育强区促和谐”为主题,设拔河、徒步登楼、跳大绳3个必赛项目和羽毛球、乒乓球、游泳、掼蛋、1分钟定点投篮5个选赛项目。来自全区46家机关事业单位的269支代表队、1104名运动员参加比赛。区物价局等18家单位获本届运动会优秀组织奖,区委办公室等23家单位获本届运动会体育道德风尚奖。 (张小蓓)

花山湾古城公园对外开放

旅 游

【概况】 2010年,全区旅游工作围绕又好又快发展主题,认真贯彻《镇江市旅游业发展三年行动纲要》,不断完善旅游事业基础工作,重点推进乡村旅游发展,加大旅游项目招商力度,努力提升旅游产业综合素质和服务功能,为进一步推进京口区经济结构调整,加快转变经济发展方式,起到了积极的促进作用。 (张小蓓)

【加快旅游设施建设】 2010年,国际饭店成为全市首家五星级酒店。皇冠假日酒店主体结构于11月20日顺利封顶。5月10日举行奠基仪式的帝宝花园酒店正在完善立项手续,规划报批。由法国雅高集团投资建设的宜必思酒店6月28日顺利开业。旅游购物娱乐项目中,第一楼街步行街积极调整招商政策,门店开业率大幅度提高。八佰伴百货、法国欧尚超市年初相继开业。双井路片区、大市口商贸区改造强势启动,大大改善了旅游环境,促进了旅游事业快速发展。 (张小蓓)

【发展城市旅游点和乡村旅游点】 作为镇江市“青山绿水”两年行动计划重要内容之一的古城公园景区顺利完成功能规划编制、拆迁和建设工作,2010年5月开园。我家农庄二期工程进展顺利,投入100多万元整合垂钓区,扩大餐饮服务区和种植采摘区,档次得到提升。瑞京农科园整治入口道路,不断改善接待条件,突出科普教育和新品瓜果采摘特色。2010年,全区申报星级乡村旅游点3家,全年乡村旅游经营单位接待游客6.9万人次,比上年同期增加30%以上,实现营业收入900万元,比上年同期增加33.7%。 (张小蓓)

◆资料链接◆

碑刻 严潇 摄

古润礼拜寺记碑

位于江苏省镇江市京口区正东路街道宝塔山社区学府路22号古润礼拜寺南围墙上。

碑青石质,明万历年间(1573–1620)进士李一阳撰,碑首高0.65米,宽0.9米,上浮浮雕飞鹤,碑身高1.5米,宽0.8米,四框刻云纹图案。碑东从上至下依次嵌有三方碑刻,第一方刻“道光三十年四月重修”,高0.15米,宽0.3米;第二方为“清真寺”匾,款“光绪三十年重修”,"高0.22米,宽0..5米;第三方刻“宣统元年四月重修”,高0.3米,宽0.2米,均楷书。碑西另嵌一方高1.27米,宽0.57米的碑刻。

现为市级文物保护单位。

广播·电视·网络

责任编校：郭　韵

广播·电视

【概况】 2010年，京口广播电视台（区新闻中心）以服务“转型升级，城乡一体”为己任，提升标杆，迎难而上，争创一流，努力提升舆论引导工作水平，为全区又好又快发展营造良好的舆论氛围。

在宣传上，区广播电视台牢牢把握正确的舆论导向，坚持团结、稳定、鼓劲和以正面宣传为主的方针，以经济建设为中心，突出重点，服务全局，在新闻宣传上实现了新的提升。区广播电视台时刻关注全区大项目建设、全民创业、创先争优等重大工程和重点工作，加强组织策划，深入基层采访，多渠道、全方位宣传京口经济社会又好又快发展的新举措、新业绩。在对外宣传方面，围绕区委、区政府的中心工作，先后推出了“京口区新兴产业发展态势喜人”、“京口着力招才引智加快经济转型”、“京口固定资产投资增幅全市领先”、“国内最大铝合金板带项目落户京口”等一批重点稿件。在内宣方面，区广播电视台不断强化内功，重点办好《京口电子日报》，一手抓信息量的增加，一手抓稿件质量的提高，有效提高了京口电子日报的点击率。同时，在电台广播方面，整合资源，借力发展，实现了与市文广集团的强强联合，切实做到了新闻节目与专题节目同步提升，播音质量与传输效果齐头并进。

（李闻华）

全年在重要媒体刊发的重要稿件

【区广播电视台借力发展】 2010年6月，区广播电视台（区新闻中心）整合资源，借力发展，实现了与市文广集团的强强联合，做到新闻节目与专题节目同步提升，播音质量与传输效果齐头并进。截至2010年年底，区广播电视台节目内容包括国际国内和区域新闻、专题、健康讲座以及服务类节目，全天播音19小时。　（李闻华）

【舆论实现四大突破】 区广播电视台（区新闻中心）在工作中始终绷紧“创特色、树品牌、争率先、创一流”这根弦，始终瞄准“创优、一流”的方向，迎难而上，锲而不舍，勇创一流，2010年实现了新闻宣传工作的新突破。全年累计在《镇江日报》头版头条刊发稿件22篇，为历年来最高纪录；“京口区破解居民看病难”一稿，在中央电视台《新闻联播》栏目中播出，并配发评论；《京口区高层次人才六成由海归引进》、《国内自动化程度最高的家禽养殖基地落户京口》等3篇稿件，在美国最大的中文报纸《每日侨报》刊出；全年累计在新华日报刊登自采稿件达20篇，其中：《京口：转型从择商选资开始》、《京口：引一个人才来一个团队》等稿件在头版醒目位置刊出。同时，组织力量认真编写《一周网络焦点》，切实加强舆情的监控和管理，全年化解负面舆情30余件,为全区经济社会发展营造了良好的舆论氛围。

(李闻华)

网　络

【一周网络焦点】 2010年,区广播电视台(区新闻中心)采取“网上来,网上去”的有效方式,加强网上舆情监控工作,积极主动地应对网上舆论形势,提高网上舆论引导水平。同时,按要求建立网上舆情收集、研判、保送、通报,网上舆情快速应对分级处置制度等,及时掌握重要舆情,并在调查了解的基础上统一口径,迅速作出回应和引导,及时报送、反馈市委宣传部网络处,力求把问题和矛盾解决在萌芽状态。新闻中心认真整理编辑《一周网络焦点》,全年编辑47期,化解“1050地块未签约先拆房”、“宫廷坊大酒店开业,部委办局齐祝贺”、“象山镇村干部带头搭违建”等负面舆情30余件,舆论引导及时有力,确保了网上主流舆论积极健康。 (戈　晨)

【京口电子日报】 2010年,《京口电子日报》进一步在稿件的新闻性、时效性、指导性上下工夫,围绕中心,服务大局,在宣传京口、推介京口方面取得了新业绩,点击率突破40万。同时在减少差错和栏目设置上做文章,开设了“跨越奋进——京口‘十一五’回眸”、“‘创先争优’专栏”、“‘人口普查’之窗”等专题栏目,有针对性地对全区2010年重点工作进行宣传。

(戈　晨)

电子政务

【概况】 为了更好地宣传介绍京口,加强政府与群众的联系,落实建设高效、透明、廉洁政府的要求,京口电子政务从组建以来,积极顺应时代发展要求,在技术创新与改革发展上不断努力,取得一定成效。截至2010年底,京口电子政务共包含镇江京口门户网站、政府协同办公系统、行政权力网上公开透明运行系统三个部分。

(闵　佳)

【镇江京口门户网站】 镇江京口门户网站以“为民、便民、利民”为宗旨,以发布政府信息、提供便民服务和拓展网上办事为主要内容,是展示京口形象的窗口,也是信息化时代政府联系群众、服务群众的桥梁和纽带。网站板块丰富、信息量大,包涵着所有政府组成部门和镇、街道、园区等单位综合信息。在主页上横排的有:主页、走进京口、京口新闻、政府信息公开、透明政府、投资京口、政民互动、政务大厅、市民生活等栏目;竖列的有:专题报道、政民互动、在线访谈、监督投诉、民意调查、行政复议、建议提案、京口教育、镇江新民洲港口产业园、京口工业园、京口双拥专题等栏目;在板块上划分为:京口新闻、政府信息公开、公共服务、投资京口、便民服务、相关链接等板块。

(闵　佳)

【政府协同办公系统】 政府协同办公系统是与互联网完全物理隔离的办公系统。该系统的开通改变了传统办公方式,完全取代了纸质文件,所有事项都必须在网上办理,这不仅规范了办公程序,而且也提高了办公效率。 (闵　佳)

【行政权力网上公开透明运行系统】 行政权力网上公开透明运行系统经过两年的建设,基本建成了“一库四平台”,即行政权力库,权力运行平台、数据上报平台、电子监察平台、法制监督平台。按照“外网受理、内网办理、外网反馈”的要求,所有行政权力(行政许可、行政处罚、行政征收、行政强制、行政审批、行政给付、行政奖励、行政确认、行政征用、行政裁决及其他权力)实现了全流程网上运行、全流程网上监察。2010年共受理非行政处罚类案件971件,办理行政处罚类案件22件,向市级平台报送权力运行数据993条。行政权力网上公开透明运行系统的开通运行,进一步深化了政务公开,保障人民群众的知情权、参与权、监督权,提高政府工作透明度和公信力。

(闵　佳)

精心办好《京口电子日报》,服务全区经济社会发展

劳动和社会保障

责任编校：殷　红

就业再就业

【概况】 2010年，全区就业再就业工作紧紧围绕“以创业带动就业”的发展战略，认真贯彻落实市、区关于建设创业型城市的工作要求，主动结合区域优势，不断完善就业服务体系，建立完善创业政策扶持，安排专项资金用于全民创业奖励、创业培训以及服务体系建设，设立中小企业发展基金用于支持中小企业发展，率先打破大学生创业奖励户籍限制，统一城乡创业帮扶措施。通过行政推动与市场运作相结合的办法，从强化服务手段、丰富服务内容、提高服务水平等方面着手，大力推进创业孵化基地建设，充分发挥创业孵化基地推进创业的作用。京口区被镇江市政府列为镇江市大学生创业示范区。（刘明军）

【就业促进平台建设】 按照“先试点、后推开”的原则，确定大市口街道、谏壁镇、四牌楼香江花城社区、象山镇焦山社区等4个街道（镇）、社区（村）为基层人力资源社会保障服务平台和创业服务平台规范化标准化建设试点单位，大力推进基层服务平台规范化建设。（刘明军）

【开展用工需求调查】 结合京口就业形势变化，先后开展企业春季用工需求调查、外出务工农民就业状况调查、农民就业创业百村调查，及时准确掌握农村劳动力供求资料，为采取针对性措施促进农民创业就业提供可靠依据。建立常态化的失业动态监测分析报告和企业用工需求调查分析报告，通过周监测、月报告、季分析，对全区10家企业进行重点监测和分析，及时掌握用工需求的动态变化情况。（刘明军）

【强化就业技能培训】 加强与技（职）校、企业联动，采取联合办班的灵活方式对下岗失业人员实施分类培训。针对用工单位需要，先后在锦绣皇宫大酒店、宝华半挂、正恺电子等企业，举办形式多样的外来务工劳动力技能培训。组……开展被征地农民创业意识教……训，增强失地农民自主创……心，尽快实现由农民向……变，掌握创业技能……力。2010年，就……3521人，农村劳……

【就业促……“春风……专……

举办建设创业型城市广场文艺演出

召开全区社会保险扩面征缴暨人力资源工作会议

失业的被征地农民就业率99.2%，城镇登记失业率2.71%。（刘明军）

【大学生就业促进】 通过深入企业调研、组织招聘会、走出去揽才等方式，较好地实现高校毕业生与用人单位的有效对接。2010年，引进本科以上人才188人，引进研究生以上人才27人。组织参加各类招聘会20场次，赴外招聘会7场，组织15家企业赴外招聘，邀请6所 [illegible] （刘明军）

面更加广泛，三是大量困难人员养老保险多年中断的问题得以有效解决，四是全区养老保险基金的备付能力极大增强。（刘明军）

【扩大社保覆盖面】 加强对企业用工情况的监控，随时掌握企业经营状况。针对私营企业、个体工商户点多线长、流动性大和事业单位人员相对稳定、工资申报不实等实际情况，广泛开展联合稽查。对全区欠缴大户加大清欠力度，做到应 [illegible] 2010年，收缴养老保险基 [illegible]

元/月标准调整到60元/月。严格审核比对每月各基层单位申报新增减少人员，对已享受征地、供养等待遇的人员及时停发老年居民补贴。2010年，全区58000多人次老年居民按规定享受养老补贴，共发放养老补贴356万元。同时，深入宣传被征地农民基本生活保障政策，详细讲解企业养老保险有关政策，引导被征地农民参加企业保险，被征地农民社会保障覆盖率达100%。（刘明军）

【养保关系转移接续实施】 根据"金保工程"建设要求，组织专门力量开展社保信息数据比对工作，做到定人、定时、定质，倒排计划，落实责任，做到上下基本信息齐全，数据一致。出台操作细则，开发计算机软件并正式投入运行。（刘明军）

社会医疗保险

【概况】 2010年，京口区社会医疗保险经办机构认真贯彻落实"保增长、保民生、保稳定"的决策部署，主动顺应机构合并后的新形势，切实增强科学发展、跨越发展的内在动力，以人为本，不断创新工作思路，加强普惠保障，提升服务水平，各项工作扎实推进。（郁苗）

【居民保险扩面成绩突出】 2010年，面对完成居民保险增长5%，当年新增1000人的工作目标，区医保经办机构深入基层，了解情况，指导工作。要求各个街道，每周上报辖区参保登记人数。在街道与街道之间、社区与社区之间开展进度比赛，督促各社区奋力完成目标任务。2010年，参加居民医疗保险37022人，比上年增加2932人，增长幅度达8.6%。参保的37022人中，其中一般人员参保20162人，"5060"人员参保9050人，70岁以上人员参保5148人，送救助人员保险2662人，农村参保覆盖率达100%。居民保险个人缴费部分以及区级配套资金达到535万元。2010年，全区失地农民2319人，比

上年增加1878人。区医保经办认真核对数据，及时通知到社区和个人，修改完善个人信息，做到失地农民即征即保。（郁　苗）

【完成学生参保卡发放】 截至2009年年底，有4525名学生提供了身份证号但没有拿到医保卡。区医保经办机构成立学生发卡工作领导小组，解决历史遗留问题。第一时间内收集学生身份证复印件，逐个整理编号并在电脑上进行录入核实，及时把医保卡发到学生手中。2010年，学生参保累计完成26899人，其中救助47人。（郁　苗）

新型农村合作医疗保险

【概况】 2010年，全区新型农村合作医疗管理机制不断完善，筹资标准不断提高，参保意识不断增强，参保人数不断上升，广大参合人员补偿待遇不断增加，合作医疗工作逐渐步入良性健康的发展轨道。全年慈善助医2545人次，退休人员免费健康体检26851人，社会救助人员免费体检2144人次。

（赵　伟）

【参保工作】 2010年，通过相关部门的齐心协助，紧密配合，圆满完成参保任务。全区参加合作医疗保险共6.55万人，其中农民参保1.83万人、农村学生参保0.33万人、城市学生参保2.51万人、城镇居民参保1.88万人，参保率达100%。合作医疗筹资标准250元/人，个人缴纳100元，市、区两级财政配套150元，“5060”、70岁以上及各类社会救助人员的个人缴纳部分由市救助资金统一支付。2010年个人缴纳和区、乡两级政府财政配套共550.28万元，全部上缴市财政医保专户。（赵　伟）

【基金监管】 各定点医疗机构严格执行《镇江市基本医疗保险药物目录》的各项规定，严格执行转诊制度以及药品价格和各项收费标准，按照诊疗服务流程，合理医治，合理用药，并实行收费一日清单制。2010年共参保37022人，得到最高补偿额的是谏壁镇雩山村参合人员，共计补偿13.16万元。镇、街道和定点医疗机构都设立公示栏，公布合作医疗实施办法、报销比例、用药目录、药品价格、常用诊疗收费标准及资金使用情况，公布参合人员报销比例、大额报销情况，建立三级公示制度，接受广大群众对合作医疗的监督。（赵　伟）

【费用报销】 2010年，全区门诊就诊100045人次，门诊补偿307.66万元，实现住院3101人次，住院发生费用2403.63万元，基金补偿933.83万元，比上年同期增长62.34%。其中：区级基金补偿493.18万元，市级基金补偿440.66万元，费用可结算为76.84%，补偿率45.63%，累计报销3101人次。

（赵　伟）

最低生活保障

【最低生活保障工作】 按照“能进能出”的工作要求，认真实行低保工作的动态管理，分类施保。经批准，及时将173户320名困难家庭纳入低保范围。同时，加强低保核查工作，对74户166名不再符合低保条件的对象取消低保待遇。2010年，全区享受城市最低生活保障的对象有1903户3835人，累计发放低保金903.2万元；享受农村低保对象有186户357人，累计发放保障金89万元。全年为低保对象发放113.47万元的物价补贴。认真贯彻《镇江市无固定收入重残人员生活救助实施办法》，对全区无固定收入的85名重残人员（残贰级以上）新办理生活救助审批。

（吴建萍）

维权工作

【概况】 2010年，全区维权工作以执法服务促发展、维护权益保稳定、夯实基础谋长远为统领，建立网格内举报投诉联动处理制度，整合辖区劳动监察执法力量，制定突发、集访事件处理程序，提升基层网格的维权管理能力，实现劳动监察业务全线网上办公；积极构建以区仲裁为纲、镇（街道）仲裁为目、社区平台为点的三级仲裁调解网络，做到基层平台与区劳动争议仲裁机构协作办案、良性互动；充分发挥企业调解委员会、社区人民调解员、劳动行政部门等的作用，努力处理好当事人自愿与依法调解、调解结案与裁决结案、调解质量与调解效率等三种关系，最大程度维护双方当事人合法权益，促进全区劳动关系和谐稳定。（刘明军）

举办仲裁员业务培训班

【劳动关系协调推进】 深入推进工资集体协商制度，健全集体协商调整机制。全面加强劳动合同管理，提高劳动合同签订率，扩大集体合同制度覆盖面。对于行政审批事项，开辟“绿色通道”，简化办事流程、在最短时间内予以批复，切实服务企业发展。2010年，共审查、审批工资集体协商协议文本148份、集体合同文本306份，审批综合计算工时和不定时工作制企业8家。完成劳动合同备案人数19580人，劳动关系协调职能进社区覆盖率达到100%。

（刘明军）

【劳动监察执法】 以打造“劳动关系和谐企业”创建活动为抓手，组织开展“千人送法进万企”活动，广泛开展以案说法劳动法律法规讲座。做实劳动保障监察定点联系和双向联络企业工作，开展以“一走访、二帮扶、三引导”为主题的专项活动，促进用人单位有效建立现代企业人力资源管理制度。突出联动执法重点工作，做好网格平行联动，上下层级联动，社会响应联动，内部职能联动。建立健全长效防控机制，强化防范预警效能建设。全面推行劳动保障监察网格“三色预警”活动，开展网格警示信息处置和监管。2010年，主动巡查用人单位312户，立案查处105起，结案105起，结案率达100%，指导用人单位完善用工手续1456人，补签劳动合同2025份，受理群众举报投诉82起，对严重违反劳动保障法律法规行为实施行政处罚5件。

（刘明军）

【劳动争议仲裁】 加强以街道（乡镇）调解组织基层建设和仲裁机构实体化基本建设为重点的“两基”建设，正式成立京口区劳动争议仲裁院，制定《区劳动人事争议群体性突发事件应急预案》，建立企业劳动人事争议调解示范点、联系点，率先统一镇（街道）劳动人事争议调处中心名称。对镇（街道）劳动人事调解员及相关企业劳资人员进行专题业务知识培训，充分发挥基层调解组织的作用，建立“人民调解工作室”，积极构建多元化多层次的调解机构体系。2010年，共处理各类劳动争议365起，案外调解131起，立案234起，其中镇（街道）仲裁办事处独立办理案件共213件。全年结案233起，结案率为99%；调解结案220件，调解率为94%。为单位和职工追回经济损失214万元。

（刘明军）

◆资料链接◆

城墙　　陆为中　摄

定波门瓮城遗址

位于江苏省镇江市京口区大市口街道老北门社区老北门北段23幢-2号内。

已发掘，发现了明初瓮城石垣，定波门城楼石砌基座，北门桥西侧砖石结构桥体以及护城河历代叠压的地层堆积，同时还发现明初石垣基础下方叠压的唐宋时期的河床遗址，以及在明初石垣内侧的南宋城垣夯土、护城石垣、北宋水井等重要遗址。现暴露出的城墙用方石砌成，长约40米，高约5米。

现为市级文物保护单位。

社会生活

责任编校：殷　红

民政工作

【概况】 2010年，全区民政工作以中共十七届四中全会精神和科学发展观为指导，继续深化“以民为本、为民解困、为民服务”的工作理念，切实履行“解决民生、落实民权、维护民利”的工作职责，把落实群众的基本生活权益、保障群众的民主权利作为民政事业发展的重要目标和核心内容来抓，切实推进民政工作全面、协调和可持续发展。（吴建萍）

【社区服务中心建设】 社区基础服务设施建设是京口区2010年的主要工作内容之一，也是京口区政府为民办实事项目之一。2010年全区共向市有关部门申请社区（村）综合服务设施建设项目10个，其中象山镇建设一级睦邻中心5个，谏壁镇建设社区（村）综合服务中心3个，正东路街道建设街道级睦邻中心1个。区民政局对内多方征询意见，召集相关人员共同协商，周密谋划，指导各镇、街道做好村（社区）综合服务中心建设的方案准备及报批工作；对上则积极协调、沟通市规划部门对村（社区）综合服务中心建设的了解与认可。2010年12月，象山镇左湖综合服务中心开工建设，正东路街道睦邻中心的建设也即将启动。（吴建萍）

召开换届选举工作会议

【社区（村）换届选举】 2010年10月，根据省、市统一部署，精心组织第四届社区居委会和第九届村委会换届选举工作。出台《关于做好全区第四届社区居民委员会换届选举工作实施意见》和《关于做好全区第九届村民委员会换届选举工作实施意见》，根据新实施的《村委会组织法》及时调整培训教材，举办各街道（镇）分管领导及民政助理业务培训会。全区第四届社区居委会和第九届村委会换届选举从2010年10月开始至12月结束，历时两个月，按期圆满完成换届选举工作，成功率达100%。本次换届选举67个社区中，有5个社区实行无候选人一次性直选，60个社区实行居民一户一票（或一人一票）直选，2个社区实行居民代表选举，10个建制村中有7个村实行无候选人一次性直选，3个村实行一人一票直选。全区社区换届选举共选出社区居委会成员419名，其中：主任67名，副主任31名，委员321名，党员275名，妇女200名，书记主任一肩挑57人；村委会换届选举共选出村委会成员32名，其中：主任10名，副主任9名，委员13名，党员25名，妇女7名，书记主任一肩挑6人。新换届后的社区（村）居委会班子在结构、素质、活力方面都得到明显的优化和提高。（吴建萍）

【组织社工考试】 为搭建京口区社会工作者人才队伍，加强社会工作者人才队伍建设,提高社区工作人员从业素质,区民政局大力宣传,广泛动员,精心组织全区108名社区干部参加全国第三届社会工作者资格考试。(吴建萍)

【慈善救助工作】 2010年,精心组织“爱在镇江·慈善一日捐”活动,共募集善基金190.4万元。救助重病患者39人,发放慈善救助金11.28万元,为96名特困学生发放助学补助金15.3万元。

(吴建萍)

【救灾救济工作】 2010年5月12日是全国第二个“防灾减灾”日,组织工作人员深入各个社区,重点普及应对洪涝、旱灾、气象灾害和地震灾害等各类灾害的基本知识,向社区居民发放宣传画册,在电子显示屏上滚动宣传标语,广泛宣传防灾减灾知识,提高城乡居民的防灾避险、自救互救基本技能。积极争取专项资金,加大对冬令救济、春荒救济及自然灾害救助等灾害的救助力度,及时下拨3万元救灾款,有效保障困难群众的生活。

(吴建萍)

双拥工作

【争创省“双拥”模范区】 认真组织江苏省第九届“双拥”模范区争创,京口区再一次获得江苏省“双拥”模范区称号。象山镇、正东路街道、健康路街道、四牌楼街道被评为镇江市“双拥”模范镇(街道),京口路、宗泽路、民主新村、石马湾、鼓楼岗、粮山、蔡家山、京岘山、丹徒等九个社区被评为镇江市“双拥”模范社区。韦志明同志被江苏省委、省政府、省军区授予“双拥”先进个人。(韦志明)

【军地互动】 召开军政座谈会。组织区四套班子领导、相关单位负责人慰问辖区部队和优抚对象。组织文艺、法律进军营活动。组织基层、企事业单位与部队、优抚对象结对共建。组织修建丹徒镇“双拥路”,解决好船艇教练大队官兵出行难题;协调安置军嫂10名,做好部队子女入学工作。认真组织115名退役士兵免费技能培训工作。消防部队举办消防知识宣传和消防演练等活动。船艇学院教练大队、武警等部队官兵参加义务植树活动。部队干休所“五百行动”医疗小分队的军医到大市口街道花山湾广场举行义诊活动,为驻地群众开展医疗咨询,并免费为群众诊治疾病。组织人员到丁卯敬老院,看望慰问抗战时期老复员军人,送去新轮椅、助听器。组织开展“关爱功臣”活动,对功臣们调查摸底、建立个人档案,明确各部门单位帮扶任务,为功臣们解决实际问题,使功臣们待遇得到提高,生活质量明显改善。抓住“青山绿水”花山古城公园环境综合整治的契机,想方设法筹措资金200余万元,组建施工队伍,免费对干休所离退休老干部营房进行维修,共出新楼房47幢,粉刷面积达6万平方米,安装落水管1200米,更换空调外罩100余只。创建京口路双拥一条街启动暨街道军地两用人才培训基地揭牌仪式,开展“军营一日”活动,组织官兵技能培训、心理培训、军民联欢。(韦志明)

【特色活动】 组织江滨新村双拥、国防、文化教育宣传阵地建设,开展一系列“红色”主题活动(红色影院、红色广场、红色队伍、红色小屋、红色路幔),在民主社区建设双拥墙,着力营造双拥国防社会氛围。红色影院:在社区服务中心,建设国防电影院,定期放映传统教育片,提高学生、居民国防知识。红色广场:在社区中心广场定期组织辖区部队、优抚对象、居民开展双拥国防联欢活动,营造社会氛围。红色队伍:由驻区部队、社区居民、优抚对象成立志愿者服务队,开展便民、助民活动。红色小屋:组织社区老年人、部队退休干部唱红色歌曲,给社区学生讲故事。红色路幔:在社区主要道路上建设双拥宣传牌、宣传栏、宣传墙等,强化国防阵地建设。(韦志明)

民族宗教工作

【民族工作】 2010年,大力开展“民族团结进步宣传教育年”主题活动,积极探索,创新为少数民族服务的方式、方法。一是深入开展民族特色社区的创建活动。积极依托千秋桥、江一两个“江苏省民族工作示范社区”,定期开展民族知识、就业技能讲座,较好地宣传民族政策、民族知识,促进和谐社会建设。二是认真协调落实少数民族方面的政策待遇。一方面落实有关少数民族考生政策。按照“权限上收、服务更优”的要求,主动与有关学校联系,宣传新的办理程序,做好对相关家长和考生的解释、引导工作,切实把党的政策温暖送到少数民族考生的心坎上。另一方面落实少数民族低保政策。认真落实镇政办发〔2004〕149号文件精神,截至2010年底,为全区39户、79位少数民族贫困家庭办理低保手续,并享受上浮20%的优惠低保待遇。三是积极开展少数民族扶贫帮困工作。积极整合多方面的资源,帮助少数民族的弱势群体。2010年年初在宗教场所募集资金万余元,对辖区20余户少数民族困难家庭进行慰问,对蒙古族贫困学生赵振亚进行重点帮扶。(丁永忠)

【宗教工作】 2010年,扎实开展“和谐寺观教堂创建推进年”主题活动。一是认真开展“创先争优”活动。“和谐寺观教堂”创建坚持“四个结合”:1.创建活动与依法行政工作相结合。以创建为契机,进一步贯彻落实《宗教事务条例》,切实提高依法管理宗教事务的水平;2.创建活动与发挥宗教界主体的作用相结合。在政府主导下,进一步激发宗教界的主人翁意识,引导、发动他们积极主动地参与创建活动,变“要我参加”为“我要参加”;3.创建活动与推动宗教界自身建设相结合。注重创建过程,深入实际,认真倾听宗教界的意见和建议,帮助他们解决实际困难,不断提高其自身建设的能力和水平;4.创建活动与工作统筹兼顾相结合。创建活动既有长远规划，又有阶段性目标；既着重面上推进，又强化点上突破；既注重检查督促，又抓好整改提升。谏壁崇庆禅院、丹徒基督教堂分别荣获省、市“和谐寺观教堂示范活动场所”称号。二是规范管理合法宗教场所。大力开展宗教场所品牌建设活动，按照“一寺（堂）一特”要求，着力打造谏壁地区尼众集聚特色场所。严格按照《宗教事务条例》的有关规定和上级宗教部门的管理要求，把重服务和重管理有机结合起来，重点协调推进都天庙积善寺大雄宝殿和太平庵危房改造后续工程等基础设施建设。都天庙积善寺大雄宝殿于2010年4月开工建设，11月27日主体工程封顶、竣工。太平庵斋堂建设已经完工，韦驮殿翻修改造业已开工。三是认真治理非法宗教活动。坚持依法行政，打击一切宗教非法活动。对谏壁镇的原雩山脚庵、雩北龙王庙、焦湾长生禅寺，象山镇的原长岗东岳庙、孟诚普霖庵等5个非法宗教活动点，继续进行跟踪治理。不断巩固宗教三项治理的成果，不断加强与公安、建设、城管、国土、安全、文化、工商等部门的联络和协调，保持信息渠道畅通，完善应急预案，随时应对突发事件，形成宗教事务工作合力，为“平安京口”、“法治京口”、“和谐京口”建设作出积极贡献。（丁永忠）

老龄工作

【示范性养老机构建设】 京口区示范性养老机构是集京口区社会福利中心、京口区老年公寓、京口区中心敬老院于一体的大型综合性养老机构，经过2010年的全力推进，各项工程有序进行，预计2011年年底竣工投入使用，届时将能提供养老床位350张，同时为全区老年朋友提供设施一流、功能完善、配套齐全、环境优美的多功能老年活动场所。极大地缓解全区老年人养老的供需矛盾，助推京口老年福利事业形象升级、品质升级。（刘君慧）

【智能养老院建设】 根据省、市统一部署，把居家养老服务平台（智能养老院）建设列为2010年区政府十件为民办实事项目之一大力推进。2010年8月项目启动，11月投入运营。京口区智能养老院使用面积120余平方米，内设机房、呼叫中心、管理中心、对外业务办理接待大厅等。该中心以整合社区服务资源、助老机构专业服务技能、驻区单位服务力量的运作模式，形成交叉互补的助老服务网络，为辖区老年人提供24小时方便、快捷、专业的居家养老服务。（刘君慧）

老年大学开展赈灾义卖活动

【社区托老中心建设】 为构筑京口区为老服务全覆盖、网格化体系，在借鉴杭州、苏州、无锡等地先进经验的基础上，结合京口区实际，全力推进社区托老中心建设。2010年，全区共有健康路街道居家养老服务中心、贺家弄社区居家养老服务中心、气象里社区居家养老服务中心、荷花塘社区居家养老服务中心、江东社区居家养老服务中心、鼓楼岗社区居家养老服务中心、华润新村社区居家养老服务中心、上埠村居家养老服务中心建成并通过验收，其中健康路街道居家养老服务中心通过“江苏省示范性养老服务中心”3A级考核验收。为构建区、街道、社区三级养老服务体系奠定坚实的基础。（刘君慧）

【落实老年优待福利政策】 认真做好“尊老金”申报、审核、发放工作。2010年，全区共有7891名老年人享受该项福利，重阳节一次性发放200余万元。同时，全区60岁以上困难老人享受生活补助58257人次，当年发放350余万元。（刘君慧）

【老年证办理】 按照政策为年满60岁老年人办理“江苏省老年人优待证”3500余份。使广大老年朋友充分享受到改革开放和经济建设成果。（刘君慧）

【慈善助老】 2010年，全区有85名老年人享受到政府买单，专业机构提供的慈善助老服务。2家委托服务机构（老来乐社康服务中心、东门综合服务中心）为受助对象提供方便及时的生活护理、康复保健、家政保洁、精神慰藉、代购代送等服务。（刘君慧）

【冬令助浴】 2010年，经过认真筛选，确定三五九浴室、小东庄浴室、东门浴室为定点服务浴室。全区共有近百名残疾、高龄、孤寡等生活不能自理的老年人享受政府出资，专业人员陪同的助浴服务，不同程度的解决他们冬季洗浴的困难。（刘君慧）

【老年大学】 2010年，京口区老年大学坚持“严谨的科学态度，合理的专业设置”的办学思路，贯彻“老有所教，老有所学”的工作方针，办学规模不断扩大，教学质量逐年提高，达到帮助老年人增长知识，丰富生活，陶冶情操，促进健康的目的。学校现有20个专业，42个班级，在校学员1000余人次。为促进和谐社会建设和构建学习型社会发挥积极作用。 （刘君慧）

残疾人工作

【概况】 2010年，京口区政府采取一系列政策措施，扎实推进残疾人康复、就业、教育、维权和社会保障等工作，使残疾人参与社会生活的环境明显改善，生活质量和水平不断提高。各级残疾人组织和残联工作者，积极发挥桥梁纽带和协调组织作用，真心诚意为残疾人排忧解难，实现残疾人事业与经济社会相协调，使残疾人同全区人民一道，向着更高水平的小康社会迈进，使残疾人事业成为一项“光彩事业”。 （刘 宁）

【提前一季度完成为民办实事项目】 区政府为民办实事助残工作项目任务下达后，区残联第一时间组织成立为民办实事领导小组，制定下发为民办实事助残工作项目实施方案，明确责任人和工作时限，深入调查摸底确认符合条件受助贫困残疾人。为让更多的残疾人受益，在保证项目实施效果的同时，首先需要解决的是项目资金的缺口问题，为减轻区政府财政负担，又实实在在把项目做好做实，区残联首先多次向上级主管部门领导汇报，积极争取支持，数次赴省残联申请项目经费，同时多方联络慈善机构。在助明、助行、助听的六个项目中，有四项得到省、市的专项支持，轮椅项目获得台湾曹仲植慈善机构的配套支持，提前一季度完成为民办实事助残项目，使全区456名困难残疾人得到及时有效的帮扶和资助，并在国际盲人节活动中举行京口区残疾人辅助器具发放仪式。多家媒体进行系列报道，取得良好的社会效果。 （刘 宁）

【居家护理工作有序开展】 作为省试点项目及区为民办实事项目的残疾人居家护理服务，于2010年3月全面启动运行。区残联首先开展前期调研，发放《调查表》，进行调查摸底，同时根据调查审核情况及区政府提出的“坚持城乡一体，推进统筹发展”的经济和社会发展战略，出台体现全区实际的居家护理工作实施办法。在护理对象把握上体现“人性化”，申请审批的手续上体现“简单化”，服务的内容和形式上体现“实用化”，服务的标准上体现城市和农村“一体化”的“四化”标准严格操作。为保证服务质量，加强考核与监督工作，区残联还组织不定期的走访考核并征求服务意见及建议。2010年，全区有110名重度残疾人享受居家护理服务，大大减轻残疾人家属的负担，赢得一致好评。 （刘 宁）

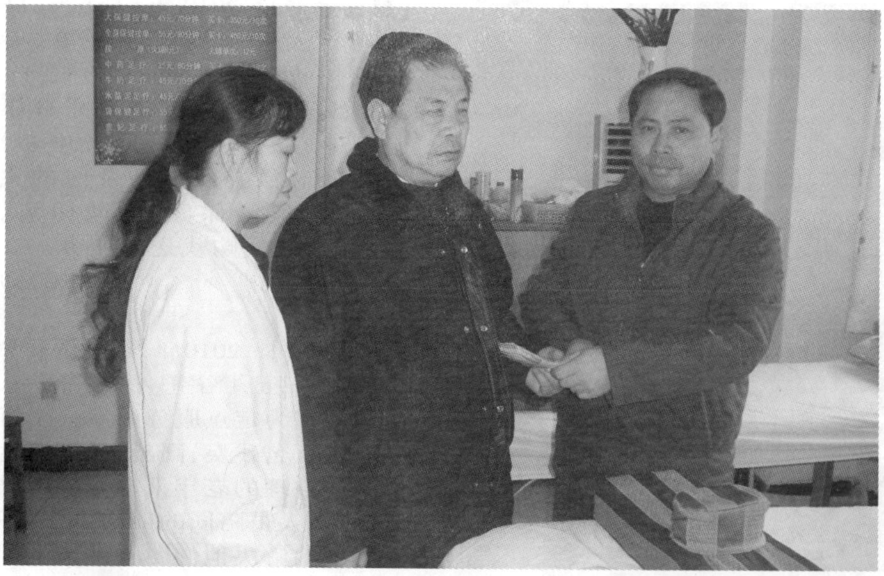

送创业扶持资金

【健全残疾人康复保障体系】 2010年，区残联紧紧围绕残疾人“人人享有康复服务”和“康复服务到社区、到家庭”的目标，强化区、街道、社区康复服务工作长效管理机制。结合残疾人康复需求调查，为辖区内持证残疾人和疑似残疾人建立康复服务和训练档案，以残疾人实际康复需求为出发点，开展个性化菜单式康复服务，使残疾人就近获得专业的康复服务和训练，有效地改善和补偿残疾人的生理功能，提高残疾人参与社会生活的能力，为残疾人回归社会、融入社会打良好的基础。依托社区康复指导站，为全区363名贫困免费服药精神残疾人建档立卡、就诊随访和医疗救助工作，大大缓解精神病人发病率。依托区残疾人康复中心，为20名智力残疾儿童及家长提供康复训练和家长培训，为21名0～6岁贫困残疾儿童提供抢救性康复训练，为5名7～14岁肢体残疾儿童进行矫正手术和训练，为贫困残疾人家庭子女提供医疗救助，还先后帮助6名贫困住院残疾人申请经济救助和慈善医疗，解决住院难的实际问题。 （刘 宁）

【多举措推进残疾人就业】 2010年，面对日益严峻的残疾人就业形势，区残联认真分析残疾人和用人单位的特点和意愿后，一方面积极上门了解用人单位的招工意向和业务需求，另一方面组织残疾人根据个体特点和市场需求进行职业技能培训。2010年上半年共举办插花、面点制作、电脑操作等培训班六期，使残疾人的业务能力适应并符合市场需求。区残联还充分利用“残保金”征缴这一契机，加强相关法律法规和政策的宣传，积极调动企事业单位录用残疾人就业的主动性，开拓多层面、多途径、多形式地集中、分散、灵活和非正规就业渠道。全年推荐83名残疾人参加企业自主招工洽谈会，其中按比例就业32人，社区灵活就业7人，自主创业5人，得到残疾人及家属的一致赞扬，获得2010年“镇江市残疾人就业先进单位”光荣称号。（刘　宁）

【加快残疾人托养机构建设】 实施残疾人托养机构建设，是改善民生问题采取的一项重要措施。为高要求、高标准完成该项工作，区残联明确专人负责，切实将建设工作纳入2010年重点工作。为推进镇、街道残疾人托养机构建设，区残联从实际出发，克服政策、资金短缺的矛盾，采取因地制宜，借助社会力量、街道自身投入及市残联以奖代补为一体的形式，建设健康路街道、四牌楼街道2家残疾人相对集中的街道残疾人托养机构。2010年10月通过省级检查验收，全面投入使用，吸纳精神和智力残疾人23名。同时，区残联重视加强托养机构的组织建设，配备相关工作人员，加强业务培训，提高职业素质和专业水平，并倡导残疾人工作志愿者的志愿服务，进一步推动托养服务向纵深发展。（刘　宁）

卫生和人口计划生育

•卫生工作•

【概况】 2010年是全面推进医药卫生体制改革承上启下的关键一年。全区卫生系统在区委、区政府的正确领导下，按照“保基本、强基层、建机制”的要求，锐意改革，开拓创新，强化服务，保障民生，抓住关键环节，落实目标任务，卫生事业改革与发展取得显著成就。全区有8家卫生医疗单位，其中医疗单位5家，即健康路社区卫生服务中心（京口区人民医院）、谏壁镇社区卫生服务中心（谏壁医院，一级甲等医院）、四牌楼社区卫生服务中心、大市口社区卫生服务中心、象山镇社区卫生服务中心；卫生防保单位3家，即区卫生监督所、区疾病预防控制中心和区妇幼保健所。2010年，全区卫生系统有职工488名，其中卫生技术人员386名，占90%，共设床位199张。全系统创建成江苏省创建文明行业先进行业，健康路社区卫生服务中心创建成省级文明单位，区疾控中心创建成省级文明单位先进单位。新创省级“巾帼文明岗”1个，市级“巾帼文明岗”5个，市级“青年文明号”2个，市级“青年岗位能手”1人。（赵　伟）

开展食品安全知识进校园活动

【医疗卫生综合改革】 2010年，加快推进中心与集团一体化建设，与江苏江滨医疗集团签订社区卫生服务机构一体化管理协议，共同组建社区卫生管理中心，负责集团社区卫生服务机构的日常运营管理，加快形成服务便捷、价格低廉、群众满意的“分级诊疗、双向转诊”的“一体化”新型城乡医疗卫生服务体系。稳步实施国家基本药物制度，所有药物均在省医疗机构药品网上集中采购和监管平台中采购并实行零差率销售。全年共让利患者3217.15万元，免收诊疗费、挂号费106.51万元。同时，强化绩效考核，逐步深化人事制度改革，定期组织对各基层医疗卫生机构的定性和定量考核，将考核结果作为核拨基层医疗卫生机构补助经费和医保补助经费的依据，并会同财政、人事、编办等部门，对全区的公共卫生和基层卫生事业单位的绩效工资进行测算，为如期实施绩效工资夯实基础。（赵　伟）

【基础设施建设】 2010年，投入300余万元，建成区世代服务中心。先后完成总建设面积达7700平方米的卫生大楼一期和二期工程建设，较好地解决卫生监督所、疾控中心和象山镇社区卫生服务中心业务用房。全面启动谏壁镇社区卫生服务中心和四牌楼社区卫生服务中心改扩建工程，全面落实集团社区卫生服务机构标准化建设，所有社区卫生服务中心全面达标。（赵　伟）

【疾病预防】 2010年，全面实施春风灭螺系列行动，完成查螺面积2093万平方米，查出有螺面积142万平方米，灭螺面积280万平方米。完成儿童麻疹疫苗强化免疫接种10768针次，接种率96.20%。启动全球基金艾滋病项目，开展HIV抗体监测42701人，新报告艾滋病病毒感染者8人，高危行为干预4926人次，干预模式及其质量、效果得到省、市专家的认可和高度评价。狠抓结核病防治，全年共转诊289例，发现新发涂阳病人80例，治管病人161例。（赵　伟）

【卫生监督】 2010年,积极开展餐饮服务行业各类专项检查,切实加强"五小店"监管,在市卫生局和区大城管考核中分获总分第一名和第二名的好成绩。积极开展"百城万店无假货"专项行动,确保示范街每家单位均基本达到卫生要求。强化学校卫生监督工作,继续深入开展学校食堂达标建设,检查覆盖率100%。开展中高考食品安全保障工作,保障中高考考生的健康安全。狠抓医疗市场专项整治,组织打击非法行医专项行动88次,出动卫生执法人员126人次,取缔无证行医、游医3户,进一步规范全区医疗市场秩序和医疗机构执业行为。 (赵 伟)

【社区卫生】 2010年,社区卫生服务中心提供"六位一体"的综合性卫生服务,80%以上的社区卫生服务中心创建成省社区卫生服务示范中心。进一步加强社区卫生服务内涵建设,全面落实社区居民健康保健,实行社区医生首诊负责制,累计建立居民健康档案27.26万份,计算机管理率94.66%,其中60岁以上老人建档5.81万份,建档率95%以上。认真落实药品零差价政策,全年药品零差价让利2234.15万元,免收诊疗费、挂号费275.78万元。 (赵 伟)

【妇幼保健】 2010年,坚持以保健为中心、保健和临床相结合,面向基层、面向群体和预防为主的妇幼卫生工作方针,积极拓宽服务渠道,扩大业务范围,丰富服务内涵。全年孕产妇管理率96.8%,住院分娩率100%,产后访视率100%,3岁以下儿童保健管理率98.2%,规范管理率98%。(赵 伟)

【爱国卫生】 2010年,全区所有村均创成市级卫生村,其中省级卫生村8个。大力开展除害防病工作,顺利通过省灭蟑先进城市复查和国家卫生城市省级复查。广泛开展健康教育和健康促进行动,对全区所有社区宣传栏和宣传画板内容进行更新,谏壁镇、象山镇全部创成亿万农民健康促进示范镇、市级卫生镇。全年共计发放各类健教宣传材料40余万份,举办市级健康教育讲师团大型讲座活动4场次,区级健康教育讲师团讲座210场次,指导创建省、市级健康教育促进学校9所,6所学校申报创建省级健康促进学校。 (赵 伟)

【农村卫生】 2010年,全区参加合作医疗保险6.55万人,参保率100%。门诊费用可结算率97.33%,住院费用可结算率76.76%,住院补偿率38.89%。启动提高农村儿童重大疾病医疗保障水平工作,对儿童白血病和先心病按照标准给予医疗救助补偿。认真做好第二轮市区70岁以下退休人员免费健康体检工作,共体检26851人。 (赵 伟)

【医政管理】 2010年,以"提高医疗质量、保障医疗安全、改善医疗服务"为重点,积极开展"医院管理年"和"医疗质量万里行"活动。强化医疗护理核心制度的落实,开展病历和处方书写质量专项检查,坚持"三基三严"训练,有效提高医护人员"三基"理论水平与实际操作能力。加强医务人员的继续教育,47名同志参加医学社区行继续教育培训,选派14名年轻医生到上级医院进行进修学习,完成37名执业医师资格考试报名工作,医师和护士执业注册22名。 (赵 伟)

•人口和计划生育工作•

【概况】 2010年,全区人口和计划生育工作紧紧围绕稳定低生育水平、提高人口素质、统筹解决人口问题这一中心任务,把握计生服务体系内涵建设、信息系统建设、流动人口服务等工作重点,以机构改革为契机,创先争优、克难奋进,促进人口和计划生育事业持续健康协调发展,顺利通过"十一五"人口协调发展先进区考核,为推动经济社会跨越发展,实现后发先至创造良好人口环境。 (赵 伟)

【优质服务体系内涵建设】 积极创新构建出生缺陷干预模式,充分利用优生服务中心的平台,积极构筑宣传教育、优生筛查、婚前医学检查、产前诊断、新生儿疾病筛查为一体的全方位、多层次、多部门协同作用的出生缺陷监测网络。全面实施"优生促进工程","十一五"以来,共实施宣教69686人次,完成免费优生检测(含婚检)24480人次,发现阳性病例691例,其中,316例阳性病例已转阴(或痊愈),出生缺陷发生率由2005年的18.64‰下降至6.82‰。区计生指导站顺利通过省人口计生委验收,被确定为省生殖健康检验中心——宫颈细胞学筛查基地。积极开展避孕节育、生殖健康、家庭保健行动,积极实施"关爱母亲健康行动"和"新京口人幸福工程",共完成RTI综合防治4577人,发放绝经期取环、到期更换措施、口服避孕药5年以上的健康体检预约单859余份,实施计生四项手术392例。2010年,共完成孕前风险因素筛查2684人,优生检测4282人次,参检率82.22%,其中TORCH检测1153人,孕前健康体检(含婚检)2263人,唐氏筛查129人,染色体检测742人,发现阳性病例121例,疾病检出率4.85%。 (赵 伟)

【计划生育利益导向机制进一步完善】 一是落实农村部分计划生育家庭扶助制度。通过强化宣传、调查摸底、本人申请、村级审议并张榜公示、镇级初审并张榜公示、区级审核等工作,确认2010年共有247人符合条件的目标人群享受到国家的奖励政策,共发放奖励金16.92万元。二是落实独生子女伤残死亡家庭扶助制度。在全区范围内对符合条件人员进行调查登记工作,确认2010年度符合独生子女伤残死亡家庭扶助制度的216人,共发放奖励金23.208万元。三是开展对符合享受独生子女父母奖励金人员的调查工作。四是落实计划生育特殊困难家庭公益金制度。2010年初走访慰问150户计划生育特殊困难家庭,共发放公益金4万余元,保证实行计划生育的困难家庭能享受到政府的优惠政策。五是进一步规范照顾再生一孩审批程序。坚持公正、公开、公平的原则,实行集体审批制,

2010年共审批107例。六是推进企业持"独生子女父母光荣证"退休人员享受一次性奖励工作。对2008年1月1日至2009年12月31日期间持"独生子女父母光荣证"退休企业人员享受一次性奖励进行集中补充登记，同时协调人事劳动部门联合审核"退休证"有效性，对1267人单位性质、兑现情况进行分类，共列出7类人员、分布在150个单位。七是进一步规范社会抚养费征收工作。每一例案件都做到事实清楚、适用法律法规准确、程序合法、幅度适当。八是进一步加强信访监督检查力度。落实信访领导责任制，实行目标考核制，完善信访台账，信访调处更加及时。（赵　伟）

【人口计生服务管理】 不断健全流动人口计划生育服务管理，加强流动人口计划生育信息采集和核实登记，完善流入、流出人口验证和办证，流入人口"免费服务一卡通"发放等一系列服务管理制度。同时，大力实施"新京口人幸福工程"，使流动人口享受同城待遇。开展"四上门"服务，到辖区企业为外来人员免费实施生殖健康防治服务。推进"阳光计生行动"，强化行政执法监督。实行三级政务公开及网站面向社会公开，开展"请农民兄弟姐妹评计生"、"请流动人口评计生"活动，共发放两类评议表3000份，对评议内容进行综合归类工作，有效地推动基层转变工作作风，改善服务态度，兑现服务承诺。（赵　伟）

【计生协会服务能力不断提高】 深入开展基层计生协会评估分类整改帮建工作，全区77个社区（村）计生协会通过整改帮建，达到先进的有60个，占77.9%；合格的有17个，占22.1%。组织形式多样的"5·29"庆祝活动，举办"'辉煌三十年'——纪念计生协成立30周年人口和计划生育工作成就展"大型宣传活动，与四牌楼街道计生协联合在江滨新村广场举行"生育传承希望、关怀相伴和谐"纪念"5·29"中国计生协会成立30周年文艺汇演活动。同时为实行计划生育的困难母亲赠送生育保险和子女安康保险，为部分"五关怀"对象发放"六免"服务一卡通。"5·29"期间，全区各级计生协会共举行各类庆祝宣传活动27场次，悬挂横幅标语782条，计生成就宣传展牌展览30块，参与服务计生志愿者600多人次，新闻媒体宣传报道10多篇。深入开展生育关怀行动。2010年，全区1380人购买"生育关怀保险"，保险费59580元，已理赔4件，已结赔款26000元。（赵　伟）

【计划生育宣传】 一是围绕婚育新风进万家"生育文明与和谐社会"这一主题，组织并开展以开办展览、举办讲座、组织咨询服务等形式的宣传活动，特别是举办"青春健康行"系列讲座活动，关注青少年的青春期健康教育，走进辖区内的几所中学，开展青春期健康教育，为学生提供青春期心理及生理咨询服务。并利用各镇、街道的人口学校，定期有针对性地为辖区内的青少年举办生殖健康讲座，提高青少年的生殖保健意识和能力。二是参加市计生委组织的"山阳"杯摄影大赛，通过严格把关，从全区各镇、街道上报的数10幅作品中筛选出4幅作品参加市里的选拔。三是在"科普宣传周"广场宣传周活动中，为广大社区居民免费提供政策咨询、发放宣传品。四是组织全区计生干部参加《流动人口计划生育工作条例》知识竞赛，获得个人一等奖。2010年，全区共开展各类知识讲座35场，演出4场，发放各类宣传资料5000余份，接受群众咨询近4000人次。（赵　伟）

【深化人口计生新农村新家庭建设】 围绕"五有五无"、"五星级"示范标准和"五个文明"要求，以"建设新农村、创建新家庭、争做新农民"为抓手，通过"新农村新家庭百千万工程"项目的实施，促进农村家庭特别是计划生育家庭的生育文明、权利保障、能力发展和福利改善，促进和带动大多数农村计划生育家庭成为富裕家庭、健康家庭、文明家庭和幸福家庭。（赵　伟）

社区卫生服务中心（医院）简介

【健康路社区卫生服务中心（京口区人民医院）】 2010年，健康路社区卫生服务中心以镇江医药卫生体制改革为契机，积极实施镇江医改模式下的社区卫生改革，不断提升社区卫生服务水平，推进社区卫生服务向纵深发展，为社区居民提供优质、便捷的医疗保健服务。全年总诊疗37.8万人次，出院1005人次，手术482人次，总收入5020万元，总支出4995万元。居民医疗保险优惠减免共计231万元，其中门诊优惠113万元，住院补偿118万元；药品零差价让利640万元，免收诊疗费、挂号费81.8万元，真正让老百姓得到实惠。同时做好70岁以下退休人员免费体检工作，共为12647名退休人员进行健康体检，并建立健康档案。一是进一步深化医药卫生体制改革，实施基本药物制度，加快人事管理制度和收入分配制度改革。二是加快社区卫生服务标准化建设，更新医疗设备，改善诊疗环境，加强双向转诊，落实专家坐诊制度。三是狠抓内涵建设，提供优质的基本医疗服务。四是执行省定新标准，高标准做好社区卫生服务工作，全年累计建立居民健康档案59350份，其中60岁及以上老人健康档案14316份，计算机动态管理45253份，管理高血压病人数5862人，糖尿病人数1170人，对97102名35岁以上人群进行门诊首次测血压。建立家庭病床31张，出诊次数达950次，解除行动不便患者的疾苦，受到居民的好评。五是加强行风和精神文明建设，组织干部职工认真学习行风建设有关法律法规，完善职业道德考评制度，定期召开院外行风监督员会议，开展问卷调查活动，加大社会监督力度。全年门诊、住院病人问卷调查综合满意度为96%，收到感谢信11封，锦旗9面。组织职工开展"送温暖、献爱心"活动，捐款3次，共计32650元。手术室护士高丽被市总工会授予"五一技术标兵"荣誉称

号,综合病区被市妇联授予市级“巾帼示范岗”,健康路社区卫生服务中心再度荣获“省文明单位”光荣称号。 (贾智霞)

【四牌楼社区卫生服务中心】 2010年,四牌楼社区卫生服务中心以党的十七大精神为引领,以“践行科学发展观,推动卫生新跨越”为契机,在成功创建省示范社区卫生服务中心的基础上,进一步加强社区卫生服务。全年新建家庭健康档案2926份,个人健康档案5368人,其中60岁以上老人健康档案1569份,慢性病患者档案1720份。录入计算机的档案达到49047份,居民建档率达72.1%;儿保新建卡数594人,新生儿访视1155人次,体弱儿规范管理数57人,儿童矫治159人;妇女病普查5197人,产前检查372人次,产后访视1155人次,产前先天性、遗传性、HIV筛查督促50人,高危孕妇专案管理13人,免费提供避孕节育具2727人次;计划免疫一类疫苗接种2.4万人次,二类疫苗接种2105人次,适龄儿童建卡数656人,适龄儿童主动检索次数58次。全年门(急)诊71576人次,与上年同期相比增加14.6%。全年优惠减免共计248.2万元,社区药品集中采购率100%。其中:药品零差价中心让利163.84万元;免收诊疗费10.47万元;免收慢性病门诊挂号费1.94万元;低保救助1.75万元;合作医疗门诊优惠13.88万元,住院补偿197人,补偿经额56.32万元。(孟家泉)

【大市口社区卫生服务中心(京口区妇幼保健所)】 2010年,大市口社区卫生服务中心(京口区妇幼保健所)坚持“以保健为中心、保健和临床相结合,面向基层、面向群体和预防为主”的妇幼卫生工作方针,拓宽服务渠道,扩大业务范围,丰富服务内涵,取得较好成效。全年门诊84726人次,比上年增长13%,其中参保66486人次,比上年增长17%;总收入992.94万元,其中业务收入776.88万元,比上年增长21%,总支出985.99万元;新增固定资产103.4万元,增长49%,净资产增长152.11万元,增长56%。

加强托幼机构保健管理,定期进行卫生保健检查,全年入园体检2223人,教师体检768人,体检率100%。严格执行儿童保健管理规范,建卡360份,建卡率98.5%,7岁以下儿童保健管理率98.05%;全区婴儿死亡8例,5岁以下儿童死亡13例;体弱儿童筛查89例,疾病矫治432例;新生儿听力筛查459人次,听力筛查率99.67%,血筛率99.67%;全区0~6个月纯母乳喂养率73.94%,0~6个月母乳喂养率92.17%。积极开展妇女病普查工作,妇女病普查5820人次,患病1393人次,患病率23.9%,治愈率95%。严格执行孕产妇保健管理规范,孕产妇建卡232人,产前检查404人次,孕产妇管理率98.29%。产后访视691人次,产后访视率100%;免费提供避孕节育具3655人次。

完善社区卫生服务“六大”功能。新建立居民健康档案2398份,累计建档51071份;家庭健康档案986份,累计建档9906份;60岁及以上老人健康档案1326份,累计建档9133份,计算机管理率100%;慢性病建档1569份,累计建档5402份,计算机管理率100%;随访35684人次。一类疫苗接种8040人次,儿童麻疹强化免疫接种2795人,接种率95.05%;二类疫苗接种1490人次,适龄儿童建卡372人,适龄儿童主动检索93次,发放预防接种前告知书11222张。

(赵　伟)

【象山镇社区卫生服务中心】 象山镇社区卫生服务中心于2006年8月由镇江市汝山医院和镇江市丹徒医院合并建成,2008年建成江苏省示范社区卫生服务中心和京口区文明单位,2009年12月加入江苏康复医疗集团。中心地处镇江市东郊,辖区面积29.8平方公里,辖区人口7.5万人(含江苏大学学生3万人),覆盖15个社区和4个村委会,下设2个卫生服务站。中心房屋使用面积2300余平方米,房屋建筑分区合理、流程科学、环境温馨。设有全科诊室、专家门诊、妇保室、儿保室、计生指导(手术)室、计划免疫接种室、康复治疗室、健康教育室、中医室、急诊抢救室、日间观察病房等。配备彩色B超、200mA数字X光机、心电监护仪、血糖仪、半自动生化分析仪、全自动血球计数仪、全数字B超机、全自动12导心电图机、彩色经颅多普勒检查仪、康复器材等设备。中心现有工作人员50人,其中卫技人员45人,中级以上职称13人;大专及以上学历18人。全科医师13人、社区护士13人,配有公共卫生医师4人、中医执业医师2人。

2009年,根据深化医药卫生体制改革文件精神,中心成为江苏康复医疗集团的一员。在江苏康复医疗集团的支持和专家指导下进行业务用房重新布局,进行输液室改造,使输液流程更加合理。增设专家门诊和糖尿病之家。中心与江苏康复医疗集团进一步加强双向转诊工作,制定双向转诊的有关制度,建立点对点信息网络,形成畅通、无缝式的双向转诊渠道。同时,为使广大的社区患者能够及时享受到专家服务,江苏康复医疗集团在社区卫生服务中心开设心脑血管科、内分泌科、口腔科等专家门诊,每周一至周五派相关专家进行专科门诊诊疗活动。江苏康复医疗集团每月派专家到中心进行业务知识培训,免费接受中心医务人员进修,提高中心的医务人员的医疗服务水平,更好地为社区居民提供优质的社区卫生服务。

2010年,根据社区卫生服务职能,中心严格遵守《传染病防治法》,进行疾病预防与控制。建立健康档案,开展社区人群健康状况抽样调查,制定相关疾病干预措施,进行慢性病规范化管理。严格按照江苏省计划免疫接种程序实施计免接种工作。开展形式多样的健康教育的活动。积极开展妇幼保健工作。认真做好计划生育指导工作。关注残疾人康复和弱势群体,开展残疾人康复指导、训练。实行24小时值班制,开展常见病、多发病诊断和治疗、建立家庭病床、开展出巡诊等基本医疗服务。做好惠民服务工作,对弱势人群实行“五免五减半”优惠措施,在中心就诊一律免收挂号费、诊疗费，严格执行国家和江苏省基本用药目录，药品实行零差价销售，★号药品无需自付。合作医疗保险人员在中心就诊时，所有医保结算费用直接补偿40%。中心全年总收入846万元，较上年增加7%，业务收入720.5万元，较上年增加8.4%，门（急）诊92633人次，较上年增加19.5%。药品实行零差价销售，让利375万元。（许红兵）

【谏壁镇社区卫生服务中心】 2010年，中心实现门（急）诊11.92万人次，较上年增长6.9%，净资产增长率6.07%。中心为60岁以上老年人、低保贫困人群和慢性病病人新建个人档案3312份，建档数33995份，建档率98.2%，60岁以上居民签订保健合同9068份，签约率98.7%。档案更新56929次。完成接种1157例，未发生一起接种事故。补种乙肝疫苗469人次。口服小儿麻痹糖丸1169人次，接种百白破疫苗1170人，麻疹疫苗389人，水痘疫苗265人，麻风腮苗257人，安儿宝186人，卡介苗282人，乙脑疫苗582人，流脑A615人，流A+C333人，流感294人，白破230人，单苗接种率98%以上。建立健全妇女保健网络组织，完善三网监测，定期对村责任医生进行业务培训，提高工作能力。各村责任医生及时掌握本辖区的育龄、已婚育龄妇女和孕妇情况，及时动员和通知怀孕妇女进行孕产期保健管理，孕产妇住院分娩率100%，高危孕妇住院分娩率100%，孕产妇系统管理率100%；开展妇女病常规检查工作，共检查4061例，患者均到及时有效的治疗。启动农村妇女重大公共卫生服务项目工程，重大公共卫生服务项目任务数完成95%，在市卫生局组织的专项检查中获得好评。完成孕妇乙酸补服108人。同时，对符合条件的农村产妇进行分娩补助，为220名产妇实施补偿72700元。为辖区内的育龄妇女提供生殖健康优质服务，定期开展生殖保健体检。全年开展计生宣教11次，共有181人参加，计划生育人流234人次，上环71人次、取环手术101人次。（陈启祥）

关心下一代工作

【概况】 2010年，区关心下一代工作在区委、区政府的正确领导和市关工委的指导下，以邓小平理论、“三个代表”重要思想和科学发展观为指导，以青少年思想道德教育为核心，以基层各种活动为载体，进一步贯彻落实《中共中央、国务院关于进一步加强和改进未成年人思想道德建设的若干意见》，紧紧围绕区委、区政府中心工作，在全区青少年中深入开展“我是90后”主题教育活动。充分发挥“五老”的优势和作用，全力推进校外教育辅导站建设，开展对特殊、弱势群体中青少年的“结对双帮”，组织“五老”志愿者对全区70多家网吧、电子游戏机室进行义务监督，净化育人环境。组织社区（村）、学校举办主题新颖、形式多样、丰富多彩的青少年“七彩的夏日”暑期活动。动员社会各方面力量为青少年健康成长做好事、办实事，在促进广大青少年健康成长等方面做了大量卓有成效的工作，有效地提升全区关心下一代工作水平。（吉　梅）

【召开关心下一代工作会议】 2010年1月21日，中共京口区委召开全区关心下一代工作会议，区委常委、宣传部部长何光荣、区人大常委会副主任郑苏真、区政府副区长曹丽虹、区政协副主席沈成钧等领导和各镇、街道、工业园区、新民洲农场的分管领导、关工委常务副主任以及区关工委成员单位的领导等50多人参加会议。会议由区委办公室副主任、研究室主任赵晓文主持。区关工委常务副主任钟程发作“抓重点、求特色、树品牌，把全区关心下一代工作推上一个新的台阶”的工作报告，重点部署2010年的工作任务：一是认真学习实践，进一步抓好青少年思想道德建设主题教育。二是求真务实，开拓创新，进一步打响“七彩的夏日”暑期青少年活动品牌。三是突出重点，全力推进校外教育辅导站的建设上水平。四是进一步发挥“五老”作用，积极推进未成年人零犯罪社区（村）创建活动。五是加强关工委自身建设，提高关心下一代工作水平。区委常委、宣传部部长、区关工委主任何光荣作重要讲话。充分肯定2009年全区关工委工作所取得的新进展和成效。对2010年的工作提出要求：一是思想上要更加重视。二是工作上要更加突出重点。三是方法上要更加注意打造品牌。四是对“五老”同志要给予更多的关心。会上还对被授予2009年度全区关心下一代工作标兵社区称号的象山镇红旗社区等四个社区进行表彰，并授予匾牌。（吉　梅）

【开展“我是90后”主题教育活动】 2010年，根据省、市关工委的有关要求，区关工委在全区青少年中认真组织开展“学双百、争三好”、“我是90后”的主题教育活动，整个活动包含宣讲、读书征文竞赛、红旗火炬代代传、我为祖国添光彩实践活动等内容。区老干部报告团的同志精心撰写讲稿，认真备课，精心宣讲。根据“三贴近”的原则，从选材用材到语言技巧，运用启发式、互动式等方式进行宣讲，既着眼于国际国内大局，又结合运用本地、身边的典型事例，通俗易懂，形象直观。全区各学校、社区（村）共宣讲45场，受教育青少年达2.1万人次。在宣讲的同时，各学校、社区（村）还组织开展一系列配套教育活动，如座谈讨论、演讲比赛、主题班（队）会活动和校园广播、出墙报、黑板报等，进一步深化教育内容，效果明显。读书征文竞赛活动开展得红红火火，全区共购阅《我是90后》读本11560多册，参加活动的学生达1.6万多人。在阅读的基础上，组织青少年和“五老”开展“我是90后”和“为90后喝彩”的征文活动。全区共收到征文558篇，区关工委从中精选147篇，编纂出版［illegible］90后喝彩》的征文专集。（［illegible］梅）

【开展“七彩的夏日”暑期活动】 2010年，区关工委把暑期青少年活动作为关心下一代工作的重头戏，并结合“学双百、争三好”、“我是90后”

主题教育,围绕创建文明城市,倡导低碳生活,“迎世博、迎亚运,讲文明、树新风”等方面进行。主要特点:一是及早安排,二是周密部署,三是主题突出,四是要求明确。各基层社区(村)、学校都进行全面发动,精心操作,争创特色,深受广大青少年和家长的欢迎,得到社会各界的赞许和好评。如“争创文明城市从我做起”、“文明细节在京口,你我共创文明城”、“足不出户游世博,点点滴滴创文明”、“大手牵小手,美化社区环境”,开展“绿色夏令营”、“城管小卫士夏令营”、“走进军营,放飞梦想”夏令营等等。暑假期间共开展活动310多场次,参加人数达2.45万余人次,编印简讯11期,各界新闻媒体对该项活动的报道达101余篇次,进一步扩大活动的社会影响。

(吉 梅)

【推进校外教育辅导站建设】 2010年,按照省、市、区有关文件的要求,京口区关工委对全区社区(村)校外辅导站建设在全覆盖的基础上提出要上新水平的要求,并对辅导站的硬、软件考核标准进行细化,全区校外教育辅导站工作取得较好的成绩,特别是区关工委与江苏大学、江苏科技大学关工委联合开展校地共建,即由江苏大学选派69名、江苏科技大学选派16名,合计79名大学生志愿者,到全区70个校外教育辅导站挂职担任辅导站副站长,实现校地共建全覆盖,得到市关工委的充分肯定。其中江一社区校外教育辅导站被市关工委评为成绩显著的校外辅导站,受到奖励。谏壁镇西街社区、月湖社区,象山镇孟诚社区,健康路街道桃花坞社区、大学山社区,大市口街道华润新村社区,正东路街道江科大社区,四牌楼街道江一社区、阳光世纪花园社区等9个校外教育辅导站被评为区优秀校外教育辅导站。

(吉 梅)

【开展“结对双帮”工程】 2010年,区关工委组织发动133名“五老”志愿者对全区110名问题青少年结成帮教对子,跟踪帮扶思想道德教育,促进青少年健康成长。一是统一制定下发“结对双帮”活动记录本,采取一帮一或多帮一的形式,并将帮困、帮扶、帮教情况随时记录。二是对困难家庭学生多渠道开展帮困,如:争取纳入低保,开展社会捐助,物色社会妈妈结对帮扶,争取慈善经费补助等多种形式帮助其克服困难。三是对学习成绩差的学生安排退休老教师结对帮助辅导,社区与学校挂钩,定期定点进行义务辅导,社区与大学联手,组织大学生进行义务家教等。四是对有失足和有不良行为的青少年,认真做好思想转化工作,并根据实际情况给予引导、疏导和心理咨询。通过开展“结对双帮”活动,全区未成年人无一人失学、逃学、辍学,无一人进入经营性网吧,无一人有严重不良行为,无一人违法犯罪。

(吉 梅)

【关注青少年健康成长】 一是发挥“五老”作用,开展社会捐赠活动,帮助家庭有特殊困难的青少年完成学业。2010年,有780多名特困生受到资助,累计资金达25万元余。二是对身患疾病的青少年发动社会各界人士捐助。三是对失足青少年在政治上关心、生活上帮助,并安排专人结对帮教,使他们改正错误,重新扬起生活的风帆。四是调整组织120多名离退休老同志为网吧义务监督员,对全区70多家经营性网吧和电子游戏室进行挂牌上岗,义务监督,禁止未成年人进入,同时发挥社区、家庭、学校“三结合”教育机制的作用,教育青少年远离网吧,倡导健康上网、绿色上网、文明上网,为未成年人健康成长创造良好的文化市场环境,这一经验被省关工委加以推广。

(吉 梅)

【镇、街道建立关心下一代工作联席会议机制】 2010年初,市关工委明确提出,要把乡镇、街道建立关心下一代工作联席会议机制,作为2010年的重要工作来完成。京口区关工委按照市关工委的要求,认真筹划,积极推进。一是在年初就与区文明办共同召开工作会议,明确提出建立关心下一代工作联席会议机制,列入党政年度目标考核的内容,必须在年内完成。确定联席会议由镇、街道组织委员带头,关工委常务副主任实施操作,由13个成员单位参加。二是规范操作。规定由镇、街道党(工)委统一下发文件,明确各成员单位的职责;确定每年召开1~2次联席会议,形成制度,长期坚持,特殊情况由关工委负责及时与各成员单位沟通;联席会议的内容主要是定期总结和交流各自加强和支持“五老”队伍建设做好关心下一代工作方面的情况、做法和经验,研究关心下一代工作方面遇到的新情况、新问题、探索新思路,研究商榷关心下一代工作的热点、难点问题,通过联席会议这个协调机制,使诸

抗美援朝老战士向青少年讲述战争经历

多部门形成关心下一代工作的合力。三是为积极推进这一机制的建立，区关工委安排人员四次下去检查指导，在每次关工委常务副主任双月例会上，都要听取建立机制推进情况的汇报，在年终目标检查考核中，把联席会议机制的建立情况作为考核的重要内容，实行一票否决。截至2010年12月，京口区所辖的两个乡镇、四个街道党（工）委已经全部以签约的形式建立关心下一代工作联席会议机制，并开展活动。（吉　梅）

【加强关工委自身建设】 2010年，区关工委进一步加强自身建设，努力打造学习型、创新型关工委。一是组织老同志结合工作实际，认真学习科学发展观理论和中央有关文件精神，学习关工委工作的相关理论、条例和规则，用以武装思想，指导工作。二是组织开展"我是90后"的主题教育、"七彩的夏日"暑期活动、校地共建校外教育辅导站和未成年人零犯罪社区（村）的创建等活动，各级关工委积极向上，主动作为，迸发出新的生机和活力。三是加大推进基层"双创"工作的深入开展，并在年底组织验收和命名挂牌。有效提升关工委的知名度和社会影响力。（吉　梅）

【区农委成立关心下一代工作委员会】 2010年12月14日，区农委下发《关于设立农委关心下一代工作委员会的通知》（镇京农〔2010〕83号文件），成立农委关工委。农委关工委由8人组成，区农委纪检书记王建中担任主任，副主任为朱忠贵（常务副主任、瑞京农业科技园副主任、高级农艺师）、顾红云（农委办公室主任），成员有李贤存、蒋通海、秦荣贵、刘卫红、孙爱莉。委员会下设办公室，顾红云同志兼任办公室主任。（吉　梅）

【开展青少年思想道德教育】 为进一步深入贯彻落实《中共中央、国务院关于进一步加强和改进未成年人思想道德建设的若干意见》精神，提高全区广大青少年的思想道德素质，2010年4月，京口区文明办、关工委、教育局、团区委、妇联等部门联合发文，运用重要节日有计划地开展青少年思想道德教育，进一步丰富节日的文化内涵。文件首先确定13个重要节日名称为春节、学雷锋纪念日、植树节、清明节、劳动节、青年节、儿童节、党的生日、建军节、中秋节、教师节、重阳节和国庆节。其次一一介绍13个重要节日的由来、内涵和特定的教育意义。文件最后提出三点具体要求。一是各镇、街道、工业园区、场圃要利用节假日和寒、暑假有利时机，结合节日内容组织开展形式多样的庆祝、纪念活动和社会实践、道德实践活动，进行爱国主义、民族精神、革命传统、时代精神等相关教育，进一步提高青少年的思想道德素养。二是全区各中、小学要把节日教育的内容纳入德育的整体规划之中，有计划地开展主题宣传教育，举行各种庆祝、纪念活动，组织丰富多彩的主题班会、队会以及各种参观、瞻仰和考察等活动，弘扬正气，增进积极向上的动力，提高思想道德素质。三是活动中要重视青少年的主体地位，发挥其主体作用，组织讨论、交流、写感想或心得体会等，进一步深化和巩固活动成果。（吉　梅）

【京口瑞京园被市关工委确定为青少年教育基地】 京口瑞京农业科技示范园在加强科技创新、注重科技教育、积极开展青少年思想道德建设教育活动中做了大量的工作，每年接待青少年参加社会实践、接受科普教育的人数达万人。2010年3月，市关工委主任唐成海等，会同京口区关工委对瑞京农业科技示范园进行调研，对该园在为青少年思想道德建设教育中所做的工作给予充分的肯定并确定该园作为镇江市青少年教育基地。5月26日，市委常委、组织部部长魏红军亲自为基地授牌。（吉　梅）

【民营企业关工委发展迅速】 2010年，京口区民营经济关工委发展迅速，截至年底，全区有36家民营企业建立关工委。（吉　梅）

人民生活

【城镇居民生活情况】 2010年，京口区城镇居民人均可支配收入23767元，比上年增长10.1%；人均消费性支出14502元，比上年增长8.0%。其中：食品类支出5711元，增长6.8%，占比重39.4%；衣着类支出1620元，增长6.8%，占比重11.2%；居住类支出1008元，下降21.7%，占比重7.0%；家庭设备用品及服务类支出1011元，下降8.4%，占比重7.0%；医疗保健类支出1025元，增长37.0%，占比重7.1%；交通和通讯类支出1631元，增长75.8%，占比重11.2%；教育文化娱乐服务支出1888元，下降1.4%，占比重13.0%；其他商品和服务类支出608元，增加6.1%，占比重4.2%。（林　亮）

【农村居民生活情况】 2010年，京口区农村居民人均年末住房面积51.44平方米，人均拥有住房价值36867元。农村居民人均纯收入11498元，比上年增长12.1%，农村居民人均生活消费支出9274元，比上年增长11.2%。其中：食品类支出3602元，增长13.1%，占比重38.8%；衣着类支出494元，增长11.1%，占比重5.3%；居住类支出1806元，增长20.6%，占比重19.5%；家庭设备用品类支出351元，下降8.1%，占比重3.8%；交通和通讯类支出593元，增长0.9%，占比重6.4%；文化教育娱乐类支出1684元，增长6.7%，占比重18.2%；医疗保健类支出505元，增长9.1%，占比重5.4%；其他商品和服务类支出239元，增长18.2%，占比重2.6%。

（林　亮）

聚焦京口

责任编校：张 敏

关注京口

1月11日，市考核组一行到京口，检查考核2009年宣传文化工作。区委常委、宣传部部长何光荣陪同检查。

1月15日，副市长陈杰率市国土、建设、规划、城管、财政、房管等相关部门到京口，调研全区城市建设与管理工作。区领导胡宗元、郭建、马国进陪同调研。

1月25日，市学习实践活动检查小组到健康路街道，指导检查第三批深入学习实践科学发展观活动开展情况。

2月2日，省工商局局长佘义和一行到谏壁工商所，视察基层工商所建设。副市长冯士超陪同视察。

2月12日，副市长、市公安局局长夏新平到大市口街道，视察指导烟花爆竹有限开禁工作。

2月25日，市创业型城市建设工作督查组到京口，督促检查全区创建工作。

3月9日，省委宣传部理论处处长李天华率调研组到京口，调研党员干部冬训活动开展情况。区委常委、宣传部部长何光荣作工作汇报。

3月15日，副市长陈建设率市国资委、商务、科技等部门负责人到京口，视察绿洲新能源项目。区领导胡宗元、郭建、徐建锋陪同视察。

3月17日，市委常委、常务副市长陈照煌率人事、经信、工商等部门负责人到京口，调研京口创业型城市创建工作和归国博士创业园。区领导胡宗元、郭建、蒋嵩峰陪同调研。

3月17日，军分区司令员曹寅带领军分区及各辖市区人武部领导到四牌楼街道民主新村社区，参观民兵营规范化建设情况。区委副书记孙国平，区委常委、人武部政委魏春林陪同参观。

3月23日，市人大副主任卢章平到京口，调研《宗教事务条例》贯彻落实情况。市委统战部副部长、市民宗局局长王曙明，区领导郑苏真、蒋嵩峰、姜厚荣陪同调研。

3月29日，副市长冯士超到谏壁镇，视察日本伊势食品项目地块。区领导徐建锋陪同视察。

3月30日，省科技厅副厅长杨锐一行到京口，调研全区省重大成果转化项目准备情况，现场考察惠通集团、索普集团两家企业。区委书记胡宗元、区长郭建、副区长陈跃生陪同考察。

3月31日，市委书记许津荣率市相关部门负责人到京口，视察象山社区卫生服务中心、宝华半挂车配件、正兴新型油电混合动力摩托车及车轮、科捷锂电池和绿洲新能源。区领导胡宗元、郭建、徐建锋、曹丽虹、马国进陪同视察。

4月1日，市委常委、常务副市长陈照煌率各辖市区主要负责人和有关部门负责人到京口，视察创业型城市建设工作情况。副市长冯士超参加视察。

4月1日，市人大代表(京口组)到京口，视察双井路棚户区改造项目、四牌楼农贸市场环境整治、江滨大道东延拆迁项目及花山整治项目。副区长马国进陪同视察。

4月12日，副市长、公安局长夏新平，市见义勇为基金会理事长卞大庆到京口，看望慰问见义勇为好市民施玉亮的家属。

4月19日，中国工程院院士、清华大学国家工程技术研究中心主任、博士生导师吴澄一行到京口，视察镇江中煤电子有限公司，并洽谈设立“院士工作站”项目。区委书记胡宗元，区委常委、组织部长倪兆顺陪同视察。

4月20日，市长刘捍东率市经信、科技、国土等相关部门到京口，调研全区推动经济转型升级、加快城市建设步伐等情况。区领导胡宗元、郭建、徐建锋、陈跃生参加调研活动。

4月22日，省侨办主任钱兴荣到京口，调研社区侨务工作。区领导陈跃生、姜厚荣陪同调研。

4月27日，市长刘捍东、市委副书记张庆生、副市长曹当凌及市水利、规划、国土、国资等部门负责人到京口，督查北部滨水区建设推进情况。区长郭建陪同督查。

4月29日，省文化厅科教与文化产业处处长张晓雁及省内文化产业方面的相关专家到京口，考察双井路、新河街和文化产业园等项目。副区长曹丽虹陪同考察。

5月5日，副市长王萍到中山路幼儿园，视察安全防范工作。副区长曹丽虹陪同视察。

5月5日，市人大人代联委主任周以蓉一行到正东路街道调研工作。

5月7日，市政协副主席许能斌来区视察崇庆禅院。

5月10日，副市长陈杰视察皇冠假日酒店项目建设。副区长马国进陪同视察。

5月12日，市长刘捍东视察皇冠假日酒店项目建设。区领导郭建、陈跃生陪同视察。

5月12日，省安监局副巡视员刘文华率省安委会第七督查小组到京口，督查全区安全生产工作。区委常委、常务副区长徐建锋陪同督查。

5月13日，省执法监督巡视组到健康路派出所，检查法律法规执行情况。

5月13日，省林科院副院长徐福元带领省、市两级检查组成员到京口，检查验收全区松材线虫病防治工作。

5月13日，全市新能源产业发展调研座谈会在京口归国博士创业园召开。

5月15日，科技部司长耿战修、省科技厅蒋洪处长一行到京口，视察高新技术创业服务中心。副区长陈跃生陪同视察。

5月16日，市委书记许津荣到京口，视察五星级酒店建设情况及花山公园整治现场。区领导胡宗元、马国进陪同视察。

5月18日，团省委组织部部长薛锋到谏壁镇，专题调研"新镇江青年"团建工作。

5月19日，市委书记许津荣率市有关部门负责人到花山古城遗址休闲公园建设现场，督查推进项目实施情况。市领导李国忠、陈杰，区领导胡宗元、姚敬源、马国进陪同督查。

5月20～21日，市"五五"普法考核组到京口验收考核。区委书记胡宗元出席考核汇报会。区领导余国根、郑苏真、陆春生陪同考核。

5月20～21日，市建设创业型城市工作个私组到四牌楼街道督查创业工作。

5月26日，市委常委、组织部部长魏红军一行到大市口街道华润新村社区，调研社区党建工作。区委常委、组织部部长倪兆顺陪同调研。

5月27日，市委书记许津荣率市人社局、经信委、国土、规划、工商等部门负责人到京口，调研创业型城市建设工作。市领导李国忠、陈照煌，区领导郭建、蒋嵩峰参加调研活动。

6月1日，市委宣传部副部长赵珏一行到大市口街道米山社区，调研指导文明社区"三无三有"创建活动。区委常委、宣传部部长何光荣陪同调研。

6月1日，市文明城市创建工作督查组到京口调研指导。区委常委、宣传部部长何光荣作专题汇报。

6月2日，市委党校常务副校长王华率各辖市区党校负责人到京口，现场观摩全区函授教学和检查函授管理工作。区委副书记孙国平陪同观摩。

6月2日，省经济和信息化委员会党组成员、副主任戴跃强一行到京口，视察镇江鼎胜铝业有限公司。

6月7日，由原省人民检察院副检察长张耀勤率领的省委政法委执法监督巡视组一行到京口，巡视政法部门执法规范化建设工作。区委副书记孙国平，副区长、公安京口分局局长丁浩北参加汇报会。

6月9日，省政府督查组到京口，检查实施《全民科学素质行动计划纲要》情况。副区长陈跃生陪同检查。

6月11日，省人力资源社会保障厅副厅长陈励阳率督查组到京口，督查指导深化医药卫生体制改革工作。

6月11日，市纪委纠风办许明主任一行到京口，调研区卫生和人口计生局"三优一满意"民主评议基层站所创建工作。

6月18日，省公安厅安全督察组一行到京口，督察中山路幼儿园综治和平安建设工作。

6月21日，市委组织部、团市委领导到谏壁镇月湖社区，专题视察指导"新镇江青年"团建工作。区委常委、组织部长倪兆顺陪同视察。

6月22日，市领导黄宝荣、卞大庆、夏新平到京口，参观"见义勇为"图片展。区领导孙国平、丁浩北陪同参观。

6月23日，市纪委副书记高庆国率队到京口，调研惩防体系构建、重要权力节点监控、党务公开及廉政文化建设等纪检监察重点工作。区委常委、区纪委书记姚敬源陪同调研。

6月24日，市委副书记张庆生率相关部门负责人到京口工业园区，视察淮扬镇铁路线形。区领导胡宗元、徐建锋陪同视察。

6月25日，市交通运输局、规划局、上海铁路城市轨道设计研究院和区政府联合召开淮扬镇铁路线型专题协调会。区委常委、常务副区长徐建锋参加会议。

6月27日，市委书记许津荣会见法国雅高集团两主席之一、创始人保罗·杜布吕一行。副市长陈建设，区领导胡宗元、徐建锋参加会见。

6月30日，市纪委副书记胡培红带队到京口，调研纪检信访工作。区委常委、区纪委书记姚敬源陪同调研。

7月4日，中联部副部长、机关党委书记陈凤翔一行到四牌楼街道江一社区，实地考察滨江党建文化建设。市领导魏红军，区领导胡宗元陪同考察。

7月8日，省安监局职业安全健康专题调研组到京口，调研职业安全健康监管工作。

7月16日，省纪委宣教室主任轩杰，市纪委副书记高庆国到大市口街道米山社区，视察廉政文化进社区工作情况。区委常委、纪委书记姚敬源陪同视察。

7月20日，团省委副书记丁纯一行到谏壁镇月湖社区，专题视察指导"新镇江青年"团建工作。区委书记胡宗元、副区长陈跃生陪同视察。

8月2日，市人口计生委复核组一行到四牌楼街道，核查"十一五"人口和计生终期评估工作。

8月4日,市政府副秘书长赵志新一行到谏壁镇雩北村,视察菜篮子基地。

8月6日,省经济和信息化委员会党组成员、副主任戴跃强一行到京口,视察镇江鼎胜铝业有限公司。

8月6日,市安监局、人社局督查组到京口,督查全区粉尘与高毒物品危害作业场所治理专项行动效果。

8月11日,副市长陈建设率市科技、商务、国土等部门负责人到京口,考察京口工业园江苏绿洲新能源有限公司。

8月14日,市考核组一行到京口,检查考核全区申报省级"民主法治示范村(社区)"的四牌楼街道江一社区、大市口街道米山社区和谏壁镇雩北村3家单位。

8月17日,副市长冯士超专程到新民洲,现场推进江苏鼎盛重工有限公司的海洋工程装备基地项目。

8月17日,省民政厅双拥工作处处长赵晓东率调研组到京口,视察正东路街道京口路社区双拥工作。

8月19日,省爱卫办、省健教所督导组到京口,现场督导全区居民健康素养干预及监测工作。

8月30日,省妇联副主席陈芬一行到正东路街道江科大社区调研工作。市、区妇联领导陪同调研。

8月30日,市委组织部调研组到大市口街道、四牌楼街道,调研创先争优及学习实践活动赶超目标情况。区委常委、组织部部长倪兆顺陪同调研。

8月30日,市督查组到京口,督查全区安全生产工作。

9月4日,市委常委、秘书长李国忠到正东路街道贺家弄社区,慰问参加抗战的老党员李尚国,并送上鲜花和慰问金。

9月7日,常务副市长陈照煌到京口,调研全区民营经济转型及创业型城市推进情况。区领导胡宗元、蒋嵩峰陪同调研。

9月9日,市双拥办主任蒋建新到四牌楼街道民主新村社区,视察双拥工作。区领导孙国平、张玉平、蒋嵩峰陪同视察。

9月14日,省级文明社区考核组到四牌楼街道江一社区考核验收。区委常委、宣传部部长何光荣陪同考核。

9月14日,副市长冯士超率市经信委、统计、供电等部门负责人到江苏鸿泰钢铁有限公司,实地察看节能项目实施和推进情况。

9月15日,省政府教育督导组到京口,检查评估反馈问题和建议的整改落实情况。副区长曹丽虹汇报工作。区领导郑苏真、陆春生参加汇报会。

9月15日,副市长王萍到京口,视察全区麻疹强化免疫现场接种工作。副区长曹丽虹陪同视察。

9月17日,市政协主席郭礼荣一行到京口。视察调研区政协工作。市政协副主席赵腊根、许能斌、宋敬伟,市政协秘书长陈惠祥,区领导胡宗元、郭建、贾国祥、谢志荣、陆春生参加视察调研活动。

9月25日,省人才专家组到京口,实地考察全区申报新一轮省"双创"人才计划资助的6名高层次人才。

10月12日,副市长陈建设率市科技、财政和经信委等部门相关领导到京口,专题调研全区太阳能光伏科技服务平台项目进展情况。副区长陈跃生陪同调研。

10月13日,市委副书记张庆生到京口,实地察看京口工业园恒伟果蔬仓储交易市场。

10月13日,军分区管晓阳大校率领市人大解放军代表团到京口,视察全区双拥工作。区领导张玉平、郑苏真陪同视察。

10月15日,省级"民主法治示范村(社区)"考核组一行到京口,对申报省级"民主法治示范村(社区)"单位大市口街道米山社区抽检考核。

10月17日,市政协主席郭礼荣一行到京口,视察调研区政协工作。市政协副主席赵腊根、许能斌、宋敬伟,市政协秘书长陈惠祥,区领导胡宗元、郭建、贾国祥、谢志荣、陆春生参加视察调研活动。

10月21日,人力资源和社会保障部就业促进司副司长王亚栋一行到京口,督查指导创业型城市建设工作。

10月24日,市纪委检查组一行到大市口街道古城社区,检查"廉政文化进社区"创建工作情况。

10月25日,市平安建设督查考核组到大市口街道,检查指导综治平安建设工作。

10月30日,市委、市政府召开全市"投资促转型"现场交流会,与会人员到京口,参观鼎胜铝业项目。

11月2日,市委、市政府召开全市农业农村重大项目现场观摩推进会,与会人员到京口,参观恒伟果蔬仓储交易市场项目。

11月2日,省统计局局长朱晓明一行到京口,调研指导人口普查工作。区委常委、常务副区长徐建锋等陪同调研。

11月4日,市人大京口一组代表鄂金书一行到京口,开展接待选民活动。区委书记、区人大常委会主任胡宗元参加活动。

11月4日,市安委会督查组到京口,督查全区安全生产大检查回头看工作情况。区委常委、常务副区长徐建锋陪同督查。

11月5日,市双拥工作领导小组到象山镇考评"市级双拥模范镇"创建工作。区委常委、人武部政委张玉平陪同考评。

11月9日,镇江军分区司令员曹寅一行视察新民洲港口产业园。区政协主席、新民洲港口产业园开发建设总指挥贾国祥陪同视察。

11月9日,市农委副主任陈生荣带队督查共青团农场秸秆综合利用工作。副区长蒋嵩峰陪同督查。

11月17日,省国土资源厅执法局副局长陈定主一行到京口,检查指导"土地执法模范区"创建工作。区领导郭建、姚敬源、陈德福出席汇报会。

11月17日,市创业型城市建设工作督查组一行到京口,督查创建工作进展情况。副区长蒋嵩峰陪同督查。

11月18日,省610检查组一行到大市口街道,检查指导"无邪教地区"创建工作。

11月23日,市委副书记张庆

生率市相关部门负责人到京口，视察区档案馆二级馆创建工作。市委常委、宣传部长张洪水，区领导郭建、徐建锋、何光荣陪同视察。

11月29日，市委宣传部副部长董和建率队到京口，督查全区文化产业项目推进情况。区委常委、宣传部部长何光荣陪同督查。

12月2日，团省委副书记张国梁一行到谏壁镇，专题调研分类引导进城务工青年工作。区委常委、组织部部长倪兆顺陪同调研。

12月7～9日，市检查组到京口，检查考核全区综治和平安建设工作。区领导马国进、丁浩北陪同检查。

12月9日，省双拥办赵晓东处长率全市各辖区双拥办主任到京口，视察四牌楼街道民主新村社区双拥工作。

12月13日，省宗教局政策法规处周平处长一行到京口，检查宗教活动场所平安和谐创建工作。副区长蒋嵩峰陪同检查。

12月14日，市委常委、常务副市长陈照煌率市创业型城市领导小组成员到京口，表彰京口提前完成“私个经济注册资本净增超千亿”目标。

12月14日，市委副秘书长杭祝鸿率市创建办工作人员到京口，考核全区文明城市创建工作。区委常委、宣传部部长何光荣汇报全区2010年文明城市创建工作情况。区委副书记孙国平陪同考核。

12月28日，省综治和平安建设检查组到京口，检查考核2010年社会治安综合治理和平安建设工作。区领导马国进、丁浩北陪同检查。

12月28日，市安全生产责任目标考核组到京口，考核全区2010年安全生产责任目标完成情况。区委常委、常务副区长徐建锋陪同考核。

京口群贤

一、镇江市第三届“大爱之星”

“见义勇为好市民”——施玉亮　生前是市区贺家弄南门浴场个体业主，为人耿直热心，一贯乐于助人。2010年4月11日中午，在发现小偷盗窃他人汽车内财物时，挺身而出，为保护人民群众财产，勇敢地与歹徒进行搏斗，并为此献出了宝贵的生命，谱写了——新时代的正义之歌。被市文明委授予“见义勇为好市民”称号，被省政府追认为革命烈士。

保护百姓安危的好警察——王　刚　生前是京口交巡警大队谏壁中队民警，30年来，勤勤恳恳，任劳任怨，奋战在一线，既违法必究，又宽严相济；既铁面无私，又关爱弱势；既忠于职守，又廉洁奉公。只要上班，每天清晨7时30分，都会雷打不动地出现在谏壁镇的路面上疏导早高峰，为当地孩子和上班族保驾护航。每天站马路至少9小时，其中三分之一是义务加班。然而，2010年10月27日早上的一场意外车祸，让正在执勤的他倒在了奋斗30年的工作岗位上！

用母爱为自闭儿童开启心灵之门的好老师——张梅芳　她是京口区特殊教育中心老师，凭着一位年轻妈妈干预自闭症儿子10多年的心路历程，为了感恩区特殊教育中心收留自闭症儿子所付出的爱心，自学了自闭症教学技巧，心甘情愿为其他自闭症孩子当了3年义工。积极发挥骨干作用，无私提供了大量有关自闭症教学资料，培训了四五名教师，形成了自闭症教师团队，并积累了丰富的教学经验，使很多自闭症的孩子有了明显的改观。

二、镇江市第三届“大爱之星”入围奖

“爱民模范”——张宝华　他是镇江市公安局京口分局学府路派出所社区民警，勤政为民，恪尽职守，扎实创新地开展社区警务工作，创新出“大宝社区信息库”、“大宝爱民热线”、“大宝就业介绍站”等惠民服务平台，受到了辖区群众的好评。多年来，为群众办急事、解难事、做好事3720余件，有效化解群众矛盾纠纷2700余起，为企业挽回经济损失达200万余元，荣获“江苏省优秀政法干警”、“江苏省优秀人民警察”等荣誉称号。

三、“感动京口十佳女性”

真爱育苗——梅怀萍　她是京口区贺家弄幼儿园园长。梅花香自苦寒来。从花样年华的青春少女，到孩子们口中的“园长奶奶”，贺家弄幼儿园园长梅怀萍在幼教岗位上坚守了30多个春秋。她爱孩子，每天早晨，她站在园门口，迎接孩子的到来，能叫出全园每个孩子的名字；她爱教师，关心她们的成长进步，把自己点滴的经验毫无保留地传给她们；她更深深地热爱着自己的事业，把青春和心血无私地奉献给了贺家弄幼儿园这片热土。她靠创新谋发展，以科研提质量，在她的带领下，走过50年风雨路程的贺家弄幼儿园获得了一个个金字招牌：“全国十佳创新幼儿园”、“全国科技教育优秀实验基地”、“省级示范性实验幼儿园”，赢得了社会的肯定、家长的赞誉，成为镇江幼教园地的一朵奇葩。

大爱院长——张桂琴　她是京口区谏壁镇敬老院院长。有一种关怀发自内心，有一种博爱感人至深。五年来，她像亲生女儿一样照料着这里的16位老人，侍候生活完全不能自理、痴呆瘫痪的6位老人。清晨她为老人打扫房间、穿衣叠被；中午，她检查灶房伙食，为老人送上可口的饭菜；晚上，她陪着老人聊天，看着老人们个个入睡。炎炎夏日，她忙碌在敬老园的菜田里；艳阳冬日，她把卧床不起的老人逐个背到院里享受阳光。五年来，张桂琴从没睡过一个安稳觉。五年间，敬老院里有11位老人相继去世，张桂琴像亲人一般给他们缝制寿衣，陪伴他们安详地走到生命的终点。张桂琴，你用人间的大爱，诠释着生活的真谛，显示着超越平凡的勇气。你是敬老院里一缕丹桂馨香，你是老人心中一曲琴韵悠扬。

我能我行——潘　苇　她是镇江百家宜日用品有限公司总经理。从下岗女工到民营企业家，从中国化妆品优秀经销商到奉献社会的“百佳文明市民”，潘苇用自强和坚韧、用智慧和勤奋，书写着创业的新篇，践行着奋斗的志向。1997年，已过而立之年的潘苇，面对失业的重重困境,沮丧而彷徨,但不服输的性格让她重新崛起。她回到课堂,用替别人织毛衣的收入支付学费,以非凡的毅力先后取得了成人中专学历、财会专业证书、电算化专业证书。学识的增长拓宽了她的眼界,1999年,她进入化妆品领域,在艰苦打拼了六年后,成立了自己的公司。现如今,她的公司吸纳了近百名下岗、失业人员,年销售近千万元。创业之路充满艰辛,创业前景辉煌绚烂。潘苇,让我们一起期盼你创业的伟丽!

白衣天使——徐雪琴　她是京口区谏壁镇社区卫生服务中心妇产科主任。产房里,接生了无数希望;一双纤手,托举出一个新生的世界。她,就是谏壁镇社区卫生服务中心妇产科医生徐雪琴。她充满着爱心,对待产妇像慈祥的妈妈;她富含着恒心,抢救病人不放弃、不泄气;她温柔而耐心,遇到情绪失控的患者和家属,晓之以理动之以情,在轻言细语中平息了纷争。多年来,她放弃了一个又一个休息日,全身心地投入到工作中,为产妇解忧,为病人排难,哪怕是自己的母亲弥留之际,为了抢救一个叫薛翠的产妇,她也义不容辞地奔赴工作岗位。徐雪琴,你用雪一样洁白的情怀,书写着"白衣天使"感人的奉献篇章!

巾帼维权——袁　越　她是京口区人民检察院侦查监督科检察员。柔肩担道义、巾帼擎天平。京口区人民检察院侦查监督科检察员,一级检察官袁越,在自己的岗位上,将责任心、使命感化作了坚守的动力,为维护社会公平公正贡献着自己的力量!无论案情有多复杂,矛盾多纠结,她始终坚持宪法法律至上、党的事业至上、人民利益至上,她所办理的案件批捕准确率达到百分之百,没有一起引起涉法涉诉上访。"每一起案件都要经得起历史的检验,每一起案件都要办成铁案",这是她20多年来对良心的践诺。她热心青少年维权工作,建议成立了全市首家预防在校大学生犯罪研究中心,利用社区阳光观护中心帮教失足青少年,使我区青少年犯罪率连续4年持续下降。2007年、2009年两次被市检察院荣记三等功,是对她最好的肯定。袁越,我们期待着你的新跨越!

小巷总理——郝丽娟　她是京口区正东路街道京岘山社区党总支书记。在京岘山社区主任的岗位上,郝丽娟已走过12个年头。12年来,她几乎没有休过一个完整的节假日,居民家中管道堵塞,她帮忙联系疏通;邻里有了纠纷,她从中斡旋;小区有了垃圾,她手握扫帚;辖区居民下岗,她跑前跑后帮忙联系再就业……在她小小的身躯里总有着使不完的能量。"居民的满意是我唯一的追求",正是这朴实无华的信念激励着郝丽娟在自己的岗位上不断前行。在她的努力下,社区先后被评为省和谐社区、省民主法治示范社区、省绿色社区。社区的工作平凡而琐碎,但平凡里孕育着非凡,琐碎中成就着伟大!郝丽娟,请接受我们的致敬!

师德楷模——许丹茜　她是京口区红旗小学教师。她用灯火点亮了孩子们的心灵,她用知识开启了孩子们的梦想,她用关爱铺垫了孩子们的未来。17年来,她把自己的整个青春都献给了教育事业;用自己的真诚和付出诠释着"师爱为魂、学德为师、身正为范"。她,就是连续六年受区政府嘉奖,2009年被评为"京口区优秀教育工作者"的红旗小学数学教师许丹茜。是什么力量使许丹茜的人生脚步迈得这样坚实?为什么她成功的花篮装得如此盈满?那就是爱,对学生不图回报的爱,对教师这一崇高职业的爱。17年的从教生涯,许丹茜把爱镶在举手投足间,嵌在一颦一笑中,用爱浇灌着祖国的花蕾,用心引领着孩子们成长的步伐!

志愿标兵——严芬娣　她是大市口街道鼓楼岗社区退休党员。59岁的严芬娣是鼓楼岗社区的一名退休党员,2006年,她成为　"夕阳红"志愿者服务队的一员,在社区各项公益活动中活跃着她的身影。她主动与社区88岁的孤寡老人王锦洪签订了长期结对帮扶协议。从此后,她把老人视为亲人,数年如一日的帮老人买菜、做饭、浆洗,陪老人谈心聊天。在她的悉心照料下,王锦洪生活得很温暖。春节前,王锦洪身体状况不佳,严芬娣忙着请医送药,嘘寒问暖,一天上门四五趟。年初三,王锦洪因病去世,严芬娣和社区干部一起为他清理遗物,办理善后,让这位孤老安然走完了88年的人生旅程。她用自己平凡的举动,向社会捧出一颗慈爱奉献之心,她那无私奉献的爱久久回荡在人们的心中!

贤孝媳妇——何小芹　她是象山镇红旗社区居民。以坚强面对苦难,让泪水开出鲜花,用欢笑面对人生。红旗社区的何小芹,十多年为人妻为人媳的历程里,相夫教子,孝老爱亲,悉心照料体弱多病的公婆,用朴实无华的言行谱写了一曲"贤孝"的赞歌。婆婆重病缠身,何小芹像亲生女儿一样带她四处求医,用完了家中所有的积蓄,依然不言放弃。面对患了严重老年痴呆、生活完全不能自理的公公,何小芹毅然辞去工作,专心照顾老人,为老人洗澡、换衣、喂饭;为了方便照顾老人,夜里睡觉紧靠老人床位……长年累月的辛劳,让36岁的何小芹过早地苍老,但她无怨无悔。谁说久病床前无孝子?何小芹用她柔弱的肩头担负起家庭的重担;用她的一颗赤子之心,传承着中华民族尊老爱老的传统美德!

真情动迁——张春梅　她是四牌楼民主新村社区党总支书记。刚刚过去的2009年,是京口历史上大拆迁、大发展的重要一年。这一年里,拆迁现场涌现出多少勇挑重担、全力以赴的"拆迁明星"。江滨新村第二社区党总支书记张春梅正是其中突出的一位。在滨江旅游专线拆迁项目中,东片区片长兼第二组组长的张春梅,接受任务时,上高三的女儿正面临着紧张的复习迎考。惦着工作的分量,想着组织的重托,她忍下心头百般母爱,毅然选择了"舍小家顾大家",全身心地投入到拆迁工作中。她以女性特有的耐心和细致,用真爱和真情使棘手的大拆迁工作变成了温暖的阳光工程、和谐工程、惠民工程。正是因为有无数象张春梅这样奋战在拆迁第一线的奉献者，才创造了16天签约452户的京口拆迁新纪录。

四、特级教师

刘正才——江苏省特级教师。他热爱党和人民的教育事业，有较高的政治觉悟和良好的党性修养；师德高尚，多次获得区、市级先进教育工作者称号，先后被评为区十佳职业道德建设标兵、区优秀共产党员标兵、镇江市优秀教育工作者等。他在2004年6月份京口区中山路小学校长公推公选活动中脱颖而出，现担任中山路小学校长，深得全体师生和学生家长的信任和支持。

薛翠娣——1971年12月踏上教师工作岗位。先后获得全国优秀教师；茅以升家乡教育奖、江苏省特级语文教师、市有突出贡献中青年专家、市学科技术带头人、省红杉树园丁杯金奖、江苏省劳动模范等荣誉。

张晨晖——国家课程标准小学语文实验教科书编委会编委，凤凰母语教育科学研究所特约研究员，江苏省、镇江市"新长征突击手"，江苏省教材实验先进个人，江苏省特级教师，镇江市语文学科带头人，京口区十佳青年教师、京口区优秀教育工作者，京口区十佳青年。

张　林——江苏省特级教师，从事教育工作30余年，由于自己在教育教学多方面的努力，连续多年被评为镇江市骨干教师、镇江市学科带头人等。主编并出版了《作文起跑线》(上下册)，《模仿与创新》(小学六年级作文分册)，《小鬼当家谈古论今》，《有效教育系列丛书》计五本。在做好本职工作的同时，热情帮助青年教师进步。

媒体聚焦

1月份

1日

▲《镇江日报》在"要闻版"报道的标题为：《"京口群贤"受表彰》。内容摘要：京口区在各行各业选树出师德标兵、"五老"楷模、创业精英、文化俊杰、贤孝之星、慈善大使、敬业先锋等7个类别共28名先进典型。

4日

▲《镇江日报》在"要闻版"报道的标题为：《京口区经济社会跨越发展取得新业绩》。内容摘要：2009年，京口区积极应对国际金融危机，奋力实现经济社会发展新跨越。预计全年实现地区生产总值突破200亿元，增长13.8%，人均突破8000美元；地方一般预算收入8.3亿元，增长27.6%；社会消费品零售总额122亿元，增长22%；城镇居民人均可支配收入21964元，农民人均纯收入10400元，分别增长12%和12.5%。社会消费品零售总额、固定资产投资增幅全市第一，工业性投资增幅跻身全省前列。

7日

▲《镇江日报》在"要闻版"报道的标题为：《丹阳京口分别确定今年十件为民实事》。内容摘要：京口区的十件实事是：为特困残疾人免费实施助明、助行、助听康复行动，为重度残疾人免费实施生活护理服务计划；新建创业孵化基地3家，新增城镇就业6000人，扶持创业1000人；改造老城区、城中村60万平方米，整治老住宅小区30万平方米，建设安置房15万平方米；新建改造垃圾中转站4座、公厕13座；升级改造九里街、桃花坞菜市场，建设丹徒集镇综合服务市场；新建睦邻中心、社区综合服务中心2万方平米，建设居家养老服务平台；拓宽改造零龙公路，重建莺歌桥；实施校舍安全工程，新建改造校舍2.5万平方米；改扩建谏壁镇社区卫生服务中心，实施农村孕产妇住院分娩补助等四项重大公共卫生服务项目；启动实施新河街历史文化街区保护开发工程。

8日

▲《镇江日报》在"头版"报道的标题为：《决胜"十一五" 推进整体城市化——访京口区委书记胡宗元》。内容摘要：京口区委书记胡宗元在接受记者采访时说："2010年是实施'十一五'规划的决胜之年，也是京口实现赶超的关键之年。作为主城区，京口区将把'强投入快增长、调结构促转型、抓统筹惠民生'作为重中之重的工作，突出'决胜'十一五'，全力推进整体城市化'主题，推动经济总量扩张、产业优化升级、城乡统筹发展、社会和谐进步，迈出建设苏南一流城区的更大步伐"。一是提升现代服务业发展水平。二是加速先进制造业集聚发展。三是增强科技创新驱动作用。四是强化项目投入带动效应。胡宗元表示，京口区将突出"全力推进整体城市化"这一主题，加快老城区、城中村、老集镇"三大改造"，用两年时间基本消除城中村，提高京口整体城市化水平。重点实施五条街小学、市供销社、新生村等老城区、城中村以及丹徒、谏壁集镇改造，完成大东片区、零龙公路、虎踞桥等项目征地拆迁，抓紧米山雅居、象山花园等安置房建设，扎实做好花山、合山、宝塔山以及古运河、一夜河等山体水体整治。

17日

▲《镇江日报》在"头版"报道的标题为：《京口财政支出半数投入改善民生》。内容摘要：京口区2009年直接用于"民心工程"和社会事业的投入达到2.2亿元，约占全年财政支出的50%。全区共扶持创业659人，新增私营企业815户，个体工商户3598户，实际吸纳民资40亿元，一大批城乡居民通过创业走上了致富道路。新增就业6672人，转移农村劳动力736人，数千名下岗失业人员重新走上工作岗位。推进村企合作项目11个，发放各项涉农补贴176万元，进一步拓宽农民增收渠道。至2009年末，城镇居民人均可支配收入达到21964元，农民人均纯收入首次突破万元大关，达到10400元。全年对教育的投入达到1.78亿元，同比增长35.8%。建成恒顺实验小学，改造校舍2万平方米，全面实施12年免费特殊教育，免除义务教育阶段学杂费237万元，免费提供教科书278万元。投入1400余万元建成覆盖全区的社区卫生服务网络，将近3000名无养老保险的居民全部纳入养老保障体系，

同时将农村低保户的低保金从每月220元调整到每月350元,率先实现农村低保金与城市并轨。集中力量完成双井路片区、缪家门地块等旧城区、“城中村”拆迁约65万平方米,建成安置房近10万平方米,妥善安置拆迁群众1136户,有效改善了老城区居民的生活环境。累计投入1100万元,对江滨新村三期、花巷三期等4个总面积达40.3万平方米的老小区实施综合整治,受益群众达2万多人。投入500余万元,对全区原有67处街巷及失管小区实行全方位环卫保洁,实现了城乡环卫保洁全覆盖。拆除违法建筑5.2万平方米。全年用于城市管理方面的专项经费突破2000万元。实施“青山绿水”工程,推进花山综合整治,疏浚老鼠山河和玉带河,实施绿化造林4900亩。

24日

▲ 《镇江日报》在“头版”报道的标题为:《京口首次实现农民人均纯收入过万》。内容摘要:2009年,京口区农民人均纯收入首次突破万元大关,达到10400元,同比增长12.5%。与此同时,全区225名年收入2500元以下的农村绝对贫困人口全部实现脱贫。

▲ 《镇江日报》在“要闻版”报道的标题为:《京口区全力推进区域整体城市化》。内容摘要:京口区的总体目标是,城市建设方面:改造城中村60%以上,完成拆迁120万平方米,新建安置房15万平方米。城市管理方面:将按照“保持领先,提高水平,深化改革,促进发展”的工作要求,以“规范化、精细化、市场化、一体化”的思路,全面实施城市精致管理。交通基础建设方面:推动象山整体城市化和谏壁城镇建设,做好江滨大道东延、焦山路、象山路、学府路东延、338省道拓宽改造等市重点交通工程各项服务工作。实施五条街小学、康兴商城、色织总厂、市供销社等片区改造,高品质规划设计新河街保护式开发方案,启动实施丹徒、谏壁集镇改造,实现城镇面貌的根本改善。

27日

▲ 《镇江日报》在“社会周刊版”报道的标题为:《终身教育 成就终生—京口区荣膺全国社区教育实验区》。内容摘要:社区是社会的组成部分和基本单元,满足社区居民多层次、多样化的学习需求离不开教育。近年来,京口区坚持与社区建设相结合、与群众广泛参与相结合、与满足群众需求相结合,充分利用、拓展和开发各类教育资源,社区教育取得了长足的发展。京口区社区培训学院作为省级培训学院,获得了“江苏省职业教育与社会教育先进单位”的殊荣。所辖6个镇(街道)均已建成市级社区教育中心,其中四牌楼街道已创建为省级社区教育中心。日前,京口区顺利通过教育部职成教司的评审,成为“全国社区教育实验区”,是全国98家“全国社区教育实验区”之一,也是镇江市唯一的“全国社区教育实验区”。

2月份

2日

▲ 中央电视台在新闻联播栏目中报道:“象山镇社区卫生服务中心推进新医改破解看病难”的新闻。内容摘要:象山镇社区卫生服务中心整合资源,借力发展,走联合大医院之路,居民在社区享受三甲医院诊疗服务,积极破解居民看病难的经验和做法。

▲ 《镇江日报》在“头版”报道的标题为:《京口区全力推进整体城市化》。内容摘要:京口区确立了率先实现整体城市化、加速建设苏南一流城区的发展战略,制定出台《关于加快推进城乡一体化发展的意见》,决定从规划布局、产业发展、基础设施、公共服务、社会管理5个方面入手,全力推进区域整体城市化,充分展示京口跨越发展的新形象。实施“三大改造”是京口区全力推进整体城市化的重要举措和龙头工程。“三大改造”的主要内容是:投资47亿元,力争完成拆迁面积120万平方米,开工建设安置房80万平方米,启动市供销社、五条街小学等老城区改造,实施新华村、孟家湾等20个城中村改造,着手谏壁老集镇、丹徒老集镇改造,以大拆带动大建,达到区域形象的根本改观。加快推进城乡产业一体化发展。全区力争到2012年服务业对财税的贡献份额达到80%以上,到2012年确保新增服务外包企业100家,用2~3年时间,形成3个50亿产业集群。全面启动新一轮农村实事工程,完善农村道路、供水、供电、供气、通信等基础设施建设。到2012年,全区基本实现天然气、健身广场、村庄绿地、技防设施和文化活动室10个“村村有”。加快推进城乡公共服务一体化发展。确保到2012年本地农村新成长劳动力和被征地农民就业率达到90%以上,基本形成“健康保健进家庭,小病诊治在社区”的就医格局。全面推进城乡社会管理一体化,以荣膺“全国和谐社区建设示范区”为动力,进一步深化特色社区创建活动,加快城市社区管理模式向农村社区延伸,逐步实现城乡社区管理服务一体化。有序推进睦邻中心、社区综合服务中心建设,全年新增社区服务设施2万平方米。进一步完善城乡一体的大城管体制,加大东部地区环境综合整治力度,深入推进“青山绿水”工程,到2012年市级以上绿色社区比重达50%以上。

22日

▲ 《镇江日报》在“头版”报道的标题为:《京口区打造高新技术产业高地》。内容摘要:京口区发出了全力建设高新技术产业集聚区,实现后发先至、跨越发展的动员令。2010年全区安排科技创新资金1000万元,占财政预算支出的2%。努力实现全社会研发投入占地区生产总值比重高于全市平均水平;高新技术产业产值增长高于全市平均水平,高于全区规模以上工业产值增长。一是充分利用辖区内高校多,科技要素密集的优势,切实加强创新创业载体建设,确保全年新增10万平方米创新载体,力争达到15万平方米。二是紧紧围绕新能源、新材料、新光源、生物工程与医药、环保技术等有一定发展基础的重点产业,着手完善产业发展规划,主动对接丁卯科技城,实现“近水楼台先得月”,力争用三年左右时间打造50亿元级薄膜太阳能产业基地。三是积极实施“引、育、用、留”四结合

的人才发展战略,进一步完善人才优惠政策,落实人才专项资金,对符合条件的高层次人才给予配套资金、租房安家、生活津贴等经费补助,全年确保引进创新创业领军团队1个、领军人才5名。

23日

▲ 《镇江日报》在"要闻版"报道的标题为:《京口党员冬训凝聚民心促发展》。内容摘要:党员冬训年年搞,如何紧贴科学发展实践,赋予冬训新的内涵,把党员冬训真正办成凝心聚力促发展的助推器?京口区采取规定动作与自选动作相结合、集中教育与分散学习相结合、理论解读与解决实际问题相结合的办法,更加注重冬训的丰富性、针对性、实效性,确保达到凝聚民心民意、解决突出问题、促进科学发展的目标。主要做法:将凝聚人心、助推发展作为党员冬训的出发点,牢牢把握"助推跨越发展、加速城乡一体"这一主题,不断深化党员冬训的内涵。为增强冬训的感染力和渗透力,在抓好"普通党员走上讲台宣讲理论"这一特色动作的同时,结合各地实际不断丰富冬训的形式。将冬训的落脚点放在关注民生,为民排忧解难上,使党员冬训活动深入人心。四牌楼街道深化"助困、助弱、助业"工程,发动208名党员与162户困难家庭结成对子。全区在冬训期间,共看望慰问困难群众家庭1500余户,为群众解决住房、就医等实际问题近300件。

24日

▲ 在《创新》2010年第1期P31报道的标题为:《积极构建具有京口特色的城乡统筹党建工作新格局》。内容摘要:京口区是镇江市的主城区,为适应整体城市化、城乡一体化、农村社区化、农民居民化的趋势,紧扣城乡党组织"五好"建设目标,推动组织、党建、服务、文化等资源向农村倾斜,有效促进了区域内经济社会的协调发展。其主要做法:一是以区域党建为纽带,推动组织资源向农村集聚。二是以城乡互助为手段,加速党建资源向农村延伸。三是以服务为抓手,推动公共服务向农村覆盖。四是以党建文化为载体,推动先进文化向农村传播。

25日

▲ 《镇江日报》在"头版"报道的标题为:《京口出台创业扶持奖励政策》。内容摘要:京口区出台一系列创业扶持优惠奖励政策,这些政策更优惠、覆盖更全面,争取在全市率先达到国家级创业型城市标准。主要工作目标是:到2010年年底,全区所有街道达到创业型街道标准,力争1个镇达到创业型镇标准,全区建成8个创业孵化基地,新建面积1000平方米以上的创业实验基地1个;到2011年上半年,所有街道(镇)达到创业型街道(镇)标准,在全市率先建成国家级创业型城区。

▲ 《镇江日报》在"头版"报道的标题为:《京口政府机构改革启动》。内容摘要:京口区此次机构改革主要完成六方面的任务:一是加快转变政府职能。二是理顺职责关系。三是明确和强化责任。四是优化组织结构。机构改革后,京口区政府设置工作部门19个。五是完善管理体制。六是严格控制机构编制。京口区还根据需要,首次在较大范围内对部分政府部门正职岗位,镇、街道党(工)委书记等重点岗位,以及拟提拔享受正科级待遇的后备人选实施民主推荐。此举是该区扩大干部初始提名权的一次重要尝试。

3月份

2日

▲ 《镇江日报》在"要闻版"报道的标题为:《中储粮镇江项目建设全速推进》。内容摘要:中储粮镇江粮油加工及仓储物流项目,是中国储备粮管理总公司投资13亿元在我市建设的重点项目,也是国家2008年拉动内需新增1000亿国债投资项目之一。项目2009年2月正式开工,有望2010年全部建成投产,可形成从粮食到物流、仓储、加工完整的产业链,可储备油脂油料60万吨,年加工油料100万吨,加工油脂50万吨。

6日

▲ 《镇江日报》在"要闻·社会新闻版"报道的标题为:《京口将知识产权服务延伸至村(社区)——鼓励市民搞发明,服务企业搞创新》。内容摘要:京口区知识产权三级服务网络体系建设暨知识产权服务中心在区高创中心揭牌,此举意味着全区正式启动涵盖区、镇(街道)、村(社区)和知识产权服务体系建设。根据全区知识产权三级服务网络体系建设规划,在镇(街道)设立服务工作站,在重点村(社区)设立服务工作室,同时为每个工作站和工作室配备专业的专利代理机构作为知识产权工作顾问,以便迅速、便捷地为企业事业单位和个人申报专利提供咨询和服务。2009年,全区专利申请总量及发明专利申请总量均创建区以来的历史新高,百亿元GDP发明专利申请数名列全市第一。其中专利申报数比2008年同期增长102%,发明专利同比上升125%,授权专利同比上升50%,同时,还培育了海龙艾默生、精英软件等一批专利申请大户和示范企业。

7日

▲ 《镇江日报》在"头版"报道的标题为:《科捷项目建设争分夺秒》。内容摘要:镇江科捷锂电池有限公司是一家新兴高科技公司,由美国斯坦福大学博士后崔立峰等海外博士团队及风投公司共同投资。公司在全球范围内独家拥有"硅纳米线大功率锂电池负极材料"产品的生产技术,现已在美国申请产品发明专利。科捷锂电池项目位于京口工业园,总投资5000万美元,注册资本2000万美元,占地82亩,设计年生产1.5万吨纳米硅线大功率锂电池负极材料,达产后可实现年销售收入9亿元。科捷锂电池项目第一幢面积达7500平方米的厂房已建好两层。1.2万平方米的研发中心桩基工程已结束,即将开始地面工程施工,2010年底建成投入使用。锂电池正负极材料是眼下市场上炙手可热的产品。其中,正极材料仅国内年使用量就达到5万吨,而国内产量不足8000吨,多数靠从加、美、日三国进口。负极材料的需求量更大。镇江科捷锂电池有限公司计划用两三年时间实现正极材料年产2000吨,负极材料生产线

下半年开工建设，年产量达500吨，产值7500万元。另外，用两年时间将公司研发中心建成国家级纳米应用材料重点实验室。

8日

▲ 《镇江日报》在“头版”报道的标题为：《绿洲新能源：争取做最好的东西》。内容摘要：非晶硅薄膜太阳能电池项目位于京口工业园区内。项目投资方是江苏绿洲新能源有限公司。按照计划，一期投资达9800万美元的非晶硅薄膜太阳能电池项目，2010年4月份主体厂房建成，5月份设备进场调试，7月份开始试生产，争取9月份投产。江苏绿洲新能源有限公司董事长陈宝生谈到项目建设的“快速度”时透露：“项目落户也非常快，从2009年3月份开始谈，双方只见了3次面，就拍板定下来了。”他坦言，京口区给他们的“政策优惠”其实并不比其他地方好多少，关键是人，是京口人的诚意打动了他。他说，大年三十走的时候，郭建区长给他送行。回镇上班第一天，区委书记胡宗元又带领区委、区政府一班人前来看望慰问，询问项目最新进展和是否有难题，令人倍感温暖，信心倍增。他还说，“中国目前有二三十家生产薄膜太阳能的企业，竞争非常激烈，不力争做到前几位，很难生存。我们不跟人家比规模，而是靠科技、靠质量取胜，争取做最好的东西。公司将派出20名工程师赴韩国进行培训，7月份回到公司”。陈宝生表示，高新产业不同于传统产业，不能只看块头，而是看它的高附加值。我们公司只需要200来个工人，但要求的素质较高，操作工人都要大专毕业以上。目前，已有北大、浙大、武大等知名院校毕业生加盟。

10日

▲ 《镇江日报》在“要闻版”报道的标题为：《京口“保姆式”服务助千人创业——设立扶持资金提供“一条龙”服务》。内容摘要：京口区选调一批机关工作人员组成创业督导组，赴辖区镇、街道督导创业工作，开展“保姆式”创业服务，引导更多的劳动者走上创业之路，计划全年扶持1000人创业。帮扶对象主要是有创业意愿、准备在本区创业的大中专毕业生、下岗失业人员、被征地农民、进城创业的农村劳动者、复转军人、残疾人员。全区机关各部门，将通过代办证照，落实优惠政策，提供创业培训、创业贷款，帮助寻找创业项目、创业场地等帮扶形式，帮助有创业意愿的人员了解全市创业优惠政策，从创业立项、工商登记、贷款融资、市场营销、税费减免等各个环节提供“一条龙”服务，提高创业成功率，并帮助有创业意愿的人员用好用足创业优惠政策，规避经营风险，改善经营状况，提高创业稳定率。区政府设立创业扶持资金，从2010年起3年内，每年安排创业扶持资金不少于300万元；新创企业注册资金允许分期到位，允许创业人员将家庭住所、租借房等改为创业经营场所；对在本区工商注册登记的大学生创办的企业，不论户籍性质，稳定经营1年以上，按带动就业人数的多少，给予相应数额的奖励。

▲ 在省委党校《唯实》杂志2010年第2期刊登的标题为：《对劳动保障和谐监察模式的认识与思考》。内容摘要：京口区劳动保障部门立足于本区域的特色定位与资源优势，历经三年来的创新与实践，潜心打造出“劳动保障和谐监察模式”，在省内外同行中得到认同并产生一定的影响。此次长达8000字调研课题，与黑龙江省法学研究所共同合作完成，其理论创新和实践推广意义将对行政法理论劳动保障监察领域产生积极的影响。

11日

▲ 《镇江日报》在“要闻版”报道的标题为：《花山古城遗址休闲公园“五一”开园——集旅游、休闲、健身、文化娱乐于一起》。内容摘要：作为全市“青山绿水”两年行动计划重要内容之一的“花山环境综合整治”项目，目前进展顺利。花山位于我市主城区的东部，占地面积150余亩，南自古城公园，北至茶山，东起古城墙遗址，西与蔡家山交界。此次花山环境综合整治总投资约为1.2亿元。整治方案由具有甲级资质的浙江东华景观建筑规划设计有限公司设计，其总体设计原则为，依托山体、传承历史、体现绿色与自然。设计方案充分考虑古城墙遗址保护这一主题，设计近30处改造节点。其中，既有过街城楼、仿古廊亭，也有迎宾门楼、大面积绿地，还有健身场地、文艺演出广场、灯光喷泉等，建成后，这里将成为一座集旅游、休闲、健身、文化娱乐于一体的开放式公园，是广大市民又一理想的活动场所。

13日

▲ 《镇江日报》在“要闻版”报道的标题为：《京口加大造林力度积极创建生态京口》。内容摘要：根据市政府下达京口的2010年造林绿化任务，全区力争今年新增造林面积5000亩。其中成片造林3500亩，四旁植树30万株，森林覆盖率达到26%，城市绿化率达到40%以上。为实现“生态京口”创建目标，全区着力实施“三大工程”：绿色通道工程。重点抓好雩龙公路、禹山东路、焦山路、滨江东路、工业园区金阳大道和农场通港路等8条主要道路和古运河绿化带建设，做到乔、灌结合，常绿、落叶交替，提高道路绿化水平。村(居)绿化工程。全面实现村庄和小区、单位绿化达标，围绕“四旁”植树，开展生态林、经济林、景观林和围村林建设，提高村庄和小区绿化水平和档次，实现绿化覆盖率30%以上。成片造林工程。一是与农业结构调整相结合，在谏壁镇雩龙公路两侧和象山左湖、上隍等地开发竹园、茶、果经济林基地400亩。二是与植被恢复相结合，实施谏壁荒山雩山复绿和废弃采石宕口复绿400亩。三是与生态防护相结合，建设长江滩涂血防林工程2000亩。截至目前，全区绿化面积1745.5亩，其中新增成片林面积1535.5亩，占任务数的44%。

▲ 《镇江日报》在“要闻版”报道的标题为：《京口城管以奖代补加强菜市场整治》。内容摘要：京口辖区有菜市场9个，京口城管局创新管理模式，首次实施综合评分，对菜市场实施管理。综合评分分三部分内容：一是菜市场管理制度；二是菜市场周边管理；三是菜

市场内部管理。新的管理模式，与以前内紧外松相比，周边环境整治占大头，要求市场周边通行畅通，无流动摊点占道、无店外店、无乱堆乱放、无乱搭乱挂。市场周边市容环境卫生整洁，地面无积水、无漂浮物、无暴露垃圾等，并首次规定所有部门不得在菜市场门前收费。在菜市场内部管理方面，要求所有经营户保持市场通道畅通，无占道经营，场内店铺无外溢、各类经营摊位无外溢、无车辆停放。场内的垃圾应及时清理，市场配有保洁人员。市场内活禽、水产经营区相对独立，通风排气良好，无臭味外溢，卤菜销售点要有防蝇设施。新的管理模式将明确以奖代补标准，拟对每个菜市场每年补贴5万元，以确保新模式得以实施。

14日

▲ 《镇江日报》在“要闻·政协时空版”报道的标题为：《京口全面启动老小区整治——1.2万居民生活环境将得到改善》。内容摘要：2010年，京口老小区整治以“既雪中送炭，又锦上添花”为目标，范围包括弥陀寺巷片区、腰刀巷片区、花山湾八区和十区、桃花坞五区，整治小区总面积近30万平方米，近4000户，1.2万人受益，预计总资金1000余万元。整治工程主要包括内管网改造、道路改造修复、拆除违法建筑、新建小区垃圾箱房和公共车库、楼道内墙出新、小区绿化等工程。其中大市口周边的弥陀寺巷和腰刀巷两个片区，占改造项目总量的70%以上。

15日

▲ 《京江晚报》在A6版报道的标题为：《大学生村官角逐“两委会”负责人——京口区公开选拔社区党总书记　此举在全省开了先河》。内容摘要：京口区对竞争四牌楼街道阳光世纪花园社区党总支书记（主任提名人选）和健康路街道健康路社区党总支书记（主任提名人选）这两个职位的大学生村官进行公开选拔。通过报名及资格审查、笔试、驻点调研等层层筛选，目前正各自担任京口区下属社区党总支副书记的8位大学生村官走上台，面对一百多名社区居民进行10分钟的自我介绍和演讲，并回答居民代表们针对社区情况及竞选人的演讲内容随机提出的两个问题。阳光世纪花园社区党总支书记的最终候选人和健康路街道健康社区党总支书记最终候选人，由区委组织部、街道党工委联合组成考察组进行考察，经考察合格，确定为建议人选。再由两个街道党工委分别进行无记名差额投票决定拟正式任职人选，由区委组织部审批通过后，将正式任职人选在规定的范围内进行公示，并向社会公布选拔任用结果。京口区为今明两年的村（居）两委会集中换届提前布局，采用“六步法”公开遴选优秀大学生村官，大力推行大学生村官村（居）两委会主要负责人“一肩挑”工程，强化基层后备干部队伍建设。当选的优秀大学生村官统一作为乡科级党政后备干部进行培养。

▲ 《镇江日报》在“体育新闻·镇江就业版”报道的标题为：《京口区大市口街道全力出击领跑创业型街道建设工作》。内容摘要：大市口街道在创建型城市建设工作中出实招，重实绩。一是创建工作有计划。全年组织创业教育培训400人，扶持创业250人，创业带动就业1200人，街道建立1～2个创业基地，社区各建1个创业基地，建成达标创业基地5～6家，净增私营企业110户，净增个体工商户520户，街道建成创业型街道。二是创业政策有宣传。三是创建措施有落实。四是创建平台有特色。五是加强考核有力度。

16日

▲ 《新华日报》在A7版报道的标题为：《“如果我当一把手……”》。内容摘要：3月14日，镇江市京口区进行大学生“村官”竞选社区党总支书记演讲。参加竞选的分别是现任几个社区党总支副书记的大学生“村官”，竞选的职位是阳光世纪花园社区党总支书记。而作为评委则是来自社区的100多名党员和居民代表。从大学生“村官”中差额公开选拔一把手书记，这在镇江开了先河。4年来，京口区共引进51名大学生“村官”。下一步，京口区还将拿出6~8个基层一把手职位，让大学生“村官”担任。

19日

▲ 《新华日报》在A7版报道的标题为：《在农村，很多知识可立竿见影——一位大学生“村官”的成就感》。内容摘要：“当了两年半‘村官’后，我发现，在农村很多知识马上可以‘变现’，这使我有一种成就感。”说这番话的是从中国矿业大学毕业后来到镇江市京口区谏壁镇月湖社区当村官（担任社区党总支副书记）的丁方品。我还利用比较熟悉高校的优势，在社区和江苏大学之间牵线搭桥，一些专家教授成为社区产业群的技术顾问，突破了很多技术瓶颈。

22日

▲ 《镇江日报》在“要闻·社会新闻版”报道的标题为：《京口掀起创业型城市建设热潮——构建三大体系　加快载体建设》。内容摘要：京口区举行创业型城市建设工作对接汇报会。其主要做法：一是全区下辖各镇、街道、园区分别与市城管局、环保局、国土资源局等8家挂钩结对单位，就深入推进创建工作对接交流、共商对策、形成合力，以进一步掀起创建工作热潮。截至目前，全区已净增个体工商户529户，注册资本6.95亿元，已建成创业孵化基地5家、在建3家、待建3家，均达到或超过序时进度要求。二是全区在落实上级各项扶持政策的基础上，设立促进就业扶持资金，每年安排专项资金不少于300万元，用于全民创业奖励、创业培训以及服务体系建设等。同时，设立中小企业发展基金200万元，扶持中小企业发展。针对辖区内大中专院校多的特点，对在区工商部门登记注册的大中专毕业生，稳定经营6个月以上的，不论户籍性质，均给予一定的资金补贴。三是充分依托区域内大中专院校、职业技术学校、民办培训机构及区、街道（镇）、社区（村）自有的培训基地，构建良好的创业培训体系，截至目前，全区分别开展创业普训和创业教育培训4230人和1325人，分别占年计划的29.4%和61.3%，其中组织开展SYB培训5期227人。四是启动创业意向人员信息库、创业人员动态管理数据

库及创业项目库的建设,进一步完善区、街道(镇)、社区(村)三级创业服务网络,在区、街道(镇)人力资源市场建立"创业服务超市",提高创业成功率和稳定率。目前,已扶持创业331人,创业带动就业1179人,分别占年计划的33.1%和23.6%。五是积极推进各类创业载体建设,做到"区有创业园、镇(街道)有创业街、村(社区)有创业基地"。第一楼街步行街"星光时代"创业孵化基地、谏壁新街被征地农民创业街等载体的建成,打造一批低门槛创业平台。京口高创中心的运营吸引了20家高新技术企业入驻,近40名具有高级技术职称的人才在此创业。六是充分发挥辖区科教资源丰富的优势,利用学府路、经十二路、宗泽路等沿线区域,规划布局创新创业载体建设。投资1.8亿元、总建筑面积6万平方米的大学生创业园项目已签约,将于近期开工;总面积2万平方米的京口软件人才实训基地项目已正式立项;占地面积90亩的京口工业园区创新创业园项目已进入用地审批阶段。

26日

▲ 《镇江日报》在"体验跨越发展市民直通车版"报道的标题为:《61个重点产业项目全速推进——京口大项目建设亮点频现》。内容摘要:在集聚新兴产业方面,全区围绕新能源、新材料、新光源等领域,努力引进技术含量高、爆发力强、市场前景好的大项目,引导生产要素向重点产业集聚。绿洲新能源、科捷锂电池等项目开工建设并快速推进,正恺电子、飞格光电等电子信息通讯业快速发展,新能源、新材料、新光源、软件和服务外包等新兴产业正成为全区经济发展新亮点。在发展城市服务业方面,全力推进苏宁广场、财富广场和如意江南项目建设,着力打造城市地标。努力提升百富商业中心、第一楼街步行街等大项目的整体功能,引进更多的知名品牌入驻,进一步巩固大市口核心商圈地位。启动帝宝五星级酒店、大润发旗舰店等项目建设,发挥世纪联华等商贸载体的作用,进一步繁荣九里街、京口广场两个商业副中心。在产业链投资方面,全区保持有效投入高位增长,突出项目建设在调结构、快增长中的重要作用,全力以赴抓投入、促产出。推进薄膜太阳能、锂电池、电子信息等产业链向上下游延伸、高端化发展。引进关联企业,加快形成设备制造、硅烷生产、电池生产等产业链,努力用三年时间打造50亿元级薄膜太阳能产业基地。同时,该区按照省高新产业目录,引进符合要求的企业,不符合要求的坚决不引进。目前,全区上下正细化进度要求,落实推进责任,总投资达436亿元的61个重点产业类项目正在全速推进之中,其中有7个项目已正式开工建设,6个项目将在今年上半年竣工投产或建成开业。

▲ 《镇江日报》在"体验跨越发展市民直通车版"报道的标题为:《——"直通车"京口区纪行》。内容摘要:3月25日,"体验跨越发展市民直通车"开往京口区,无论是大体量的工业项目,还是巨无霸的商业项目,处处带给市民震撼、兴奋和期望。在谏壁镇粮山村长江边,20个直径达27米、高21米的巨型油罐,40个高20米、直径达30米的浅圆大豆仓,矗立在人们眼前,让前来参观的市民感受到前所未有的震撼。"这是由中央企业——中国储备粮管理总公司投资13亿元在镇江建设的中储粮镇江粮油加工及仓储物流项目。"该项目相关负责人向前来参观的市民介绍说,镇江项目是中储粮系统除日照、东莞外,建立的第三处储备基地。通过仓储、加工和物流三大体系建设,镇江基地将成为中储粮系统一基地。预计整个项目全部建成后,镇江公司年销售将达50亿元以上,成为长三角油脂加工的重要基地、粮油物流中心和国家粮油宏观调控的重要载体。"直通车"缓缓行驶在京口工业园区主干道上,一个个热火朝天的项目建设工地、一家家红红火火的大型企业从眼前经过。听着园区管委会副主任潘子成激情洋溢的介绍,"这是正兴车轮项目,总投资11.8亿元,设计年产车轮250万套和100万辆混合动力摩托车,将成为全国最大的车轮生产企业……这里是鼎盛铝业,总投资10.2亿元,是全球最大的空调器用铝箔生产基地,如果快的话,年底可能就会在A股上市!"市民们走进绿洲新能源建设项目现场。绿洲新能源公司非晶硅薄膜太阳能电池项目一期投资达9800万美元。今年4月份主体厂房就将建成,5月份设备进场调试,六七月份就会先试生产,争取国庆节前正式投产。恒顺商业广场,4月8日即将开业的欧尚超市正进行紧张的最后装修。沿着超市内部的员工楼梯,市民跟着工作人员来到二楼大卖场,一眼望过去,最直观的印象就是:大!"欧尚超市镇江店是欧尚在全国开的第36家分店,超市营业面积达3万平方米,卖场面积达10300平方米,是沃尔玛、大润发等超市的近3倍。"听着超市财务总监徐业诚的介绍,很多市民由衷地发出赞叹声,"真好,真大!"花山古城遗址休闲公园同样引起不少市民的关注。展示牌前,项目负责人吴长安向市民介绍,总投资约为1.2亿元的休闲公园3月8日全面施工,5月1日正式对外开放,"再过35天,眼前这片荒地就将变为一座美丽宜人的敞开式公园!"

25日

▲ 《江苏工人报》在A3版报道的标题为:《京口以"三招"应对用工荒》。内容摘要:京口区总工会针对长三角普遍出现的"用工荒"现象主动作为。一是塑造企业文化,做到用情留人。倡导"抱团取暖"精神,逆境暖职工,顺境暖企业。用文体活动凝聚人心,增强职工的归属感。二是开展春季要约,做到用待遇留人。全面开展工资协商活动,配合有关部门积极帮助农民工追讨欠薪。三是提升职工素质,做到为企业"送"人。常年开展技能练兵,建立初、中、高结构合理,产业需要的技术工人,一定程度上缓解就业结构性矛盾。

30日

▲ 《镇江日报》在"公共财政版"报道的标题为:《发挥财政资金引导作用,提升企业自主创新能力》。内容摘要:京口区财政部门发挥科技成果转化资金引导作用,在积极支持企业自主创新的同时,

加快科技成果向现实生产力转化，培育壮大具有自主知识产权的高新技术产业，增强区域经济整体素质和综合竞争力，加快经济发展方式转变，取得“经济添活力、财政增实力”的双赢效果。其主要做法，一是积极安排和筹措科技资金，支持“创新型京口”建设。2009年科技投入达733万元，超年初预算83万元。组织企业申报省、市重大科技成果转化专项补助资金，并设立区级科技成果转化资金，2009年，全区共报送企业类项目144个，申请各级各类财政扶持资金8000多万元，已获批准金额2760万元，同比增长88%，审核拨付到位资金达2054万元，其中科技类资金为1562万元，同比增长62%。二是发挥财政引导扶持职能，促进产业结构调整优化。一方面，科技成果转化资金对企业发展的引导促进作用逐步显现。另一方面，落实财政政策也帮助企业重塑自主创新主体地位。三是推动产学研合作，加快科技成果转化进程。京口区财政部门着力发展科技含量高的中小企业，当好“红娘”，促成企业和高校的“联姻”，陆续培育壮大中煤电子、鼎胜铝业、宝华半挂车配件等具有自主知识产权的高新技术产业项目。2009年在经济危机带来各种不利因素的情况下，镇江市中煤电子有限公司销售利润达3333万元，同比增长531%，增加税收达600万元，同比增长70.52%。四是健全“潜在”扶持企业项目库，提升区域经济活力和发展后劲。在科技成果申报和立项上做到有所倾斜，既大力扶持传统支柱产业，也积极培植将来潜力巨大的产业。倾力支持主导产业、支柱产业，有意识地培育一些新兴产业，放大优势，考虑选择有特色的产业进行扶持。在与外经、科技等部门达成共识的基础上，按照“公开、公平、透明、规范”的要求，建立健全基本涵盖全区企业技术改造、科技进步、新品开发等方面较为完整的项目库体系，对项目库实行动态管理，及时进行调整和充实。在项目申报上打破所有制界限，促进各类企业发展。企业的良性发展和壮大，奠定了坚实的地方财源基础，有力推动京口区域经济健康快速发展。

▲ 《京江晚报》在A4版报道的标题为：《让学子创业激情充分涌流——象山镇构建大学生创业生态链》。内容摘要：京口高创中心坐落在高校集中的学府路上，占地面积4000平方米，建筑面积8000余平方米，是京口区和象山镇两级政府投资近千万元建成的软件外包创业公共服务平台，是由象山镇政府2008年以来精心打造的一处创业创新基地，而总投资1.8亿元的京口高创中心二期工程明天又将奠基，这是该镇谋划推进大学生创业的又一处科技创业孵化基地。

通常情况下，办一家软件公司，租房成本每年约3万元到8万元，加上购买计算机、软件系统以及办公设备和招聘技术、行政人员等，前期没有35万元至50万元的资金很难办到。而如果进驻高创中心的话，这一切由政府资助建立的公共服务平台承担，企业不用购买办公设备，不用聘用秘书及财务人员，不用购置软硬件开发平台，就可以开张营业，其吸纳集聚效能十分显著。镇江启创网络工程有限公司是率先入驻高创中心的软件企业之一，公司原在市区南门大街租了一间写字楼，100多平方米面积每年租金需10余万元，而且没有停车处。而现在的办公面积增至400多平方米，还可享受免3年房租等政策优惠，企业开张仅半年，公司40名工作人员创造的财富就超过500万元。2009年，高创中心有高科技企业20家，核心技术团队12个。这些企业共通过各种资质认证10余个，申请发明专利25项，完成销售收入1.6亿元，平均每平方米达到1.75万元，利润4000万元，扣除地方政府对高科技企业的税收减免优惠比例，累计上缴税收530万元，为大学生提供180多个创业就业岗位。

江苏名通信息科技有限公司总裁名叫秦谦，年仅29岁，已成为江大和江科大有创业意向学子的偶像，他与另外三位合伙人从6万元起家，现在注册资本增至500万元，员工已有70多人。目前，他们已与江苏大学合作，成立网上营销实训基地，江苏大学提供实训基地及硬件设施，企业承担每年接收该校50名以上本科应届毕业生，扶持他们创业。

为更好鼓励创业，象山镇积极探索新的运作方式——引导社会多元化主体参与推进大学生创业，按照“企业主体、民办公助”原则建立，遵循“企业投资+服务平台”模式运行。除高创中心二期工程外，位于象山镇宗泽路沿线两处推进大学生创业创新的基地将陆续开工，一处是总投资6000万元的京口软件人才实训基地，另一处是总投资3.2亿元的京口大学生创新创业基地。这三项工程均由民间资本投建，全年兴建的大学生创业基地达6万多平方米。

31日

▲ 《镇江日报》在“要闻版”报道的标题为：《四牌楼街道建立代表委员“议事堂”》。内容摘要：京口区四牌楼街道人大代表接待中心、政协委员联系中心正式启用。该中心位于全市人口最密集的江滨新村第一社区内，总投资近40万元，建筑面积100平方米，由接待室和议事厅两部分组成，并配套改造居民民主议事广场。今后，每月10日、20日、30日，该街道辖区内的人大代表将在这里接待居民来访，倾听他们的心声。辖区内的政协委员，也将定期在这里与各界人士见面，收集社情民意，积极建言献策。

▲ 在《创新》2010年第3期P32报道的标题为：《让高新技术产业成为京口跨越发展的主动力》。内容摘要：京口区认真落实市委、市政府“跨越发展、创新驱动、绿色增长、和谐共享”要求，凝聚“科学技术是第一生产力”、“科技创新引领未来”的共识，全力推进高新技术产业集聚区建设，把高新技术产业作为推进京口跨越发展的主动力。主要体会：一是走创新驱动之路，建设高新技术产业集聚区，势在必行、志在必成人。从当前宏观发展趋势看，“科技创新引领未来”已经成为不可阻挡的历史潮流。从京口发展实际看，走好科技创新之路，建设高新技术集聚

区是必由之路、当务之急和最佳选择。从激烈的区域竞争看,京口面临着不进则退、你追我赶的逼人态势。二是建设高新技术产业集聚区,要明确目标,狠抓关键,务求实效。要完善产业发展规划;要狠抓项目推进;要加强平台建设;要增加研发投入;要强化人才支撑;要加强政府服务引导。

4月份

1日

▲ 《镇江日报》在A2版报道的标题为:《许津荣考察象山社区卫生服务中心》。内容摘要:象山社区卫生服务中心于2010年1月29日正式挂牌,是我市成立两大医疗集团后建立的首家集团社区卫生服务中心。中心覆盖15个社区和4个村,总人口4.5万人。加入康复医疗集团后,双方投资近100万元添置彩色B超、数字X线摄片机、心电监护仪、血糖仪等设备,并在中心开设心脑血管科、内分泌科、口腔科等专科专家门诊,周边居民用社区卫生服务的费用,就可以享受三级医院的服务。

▲ 《镇江日报》在A2版报道的标题为:《立足主城区特色 狠抓关键性环节——京口区打造城市服务业新高地》。内容摘要:位于谏辛公路边总投资1.26亿元的恒伟物流项目开工兴建,将建设华东地区单体最大的高温冷藏库,库区建筑面积达1.2万平方米,整个项目将于7月份竣工运行。位于学府路总投资5000万元的锦江之星旅馆项目,建筑面积8000平方米,建设周期为10个月。位于锦江之星项目对面的欧尚超市项目即将开业。离欧尚超市不远的百富商业中心项目、八佰伴五星级影城项目全速推进,将分别于10月和6月竣工营业。目前,全区集中精力建设30个总投资超150亿元的服务业大项目。截至2009年底,全区共有规模服务业企业140家,占全市总数的30%以上,其中有13家规模企业被评为国家、省和市服务业品牌企业。新增服务外包企业20家,国际服务外包接包合同签约总额、执行金额均列各辖市区第一。2010年,全区明确提出年内确保建成10万平方米、力争建成15万平方米载体的发展目标。建筑面积6万平方米、总投资1.8亿元的京口高创产业及文化创意园,已有20多位客商达成入驻意向,有三分之一的项目招商到位,一期工程年内将竣工运行。截至目前,全区已涌现出商贸、研发、中介、文化等特色楼幢近30幢,其中年营业收入超亿元楼宇6幢,超5000万元楼宇11幢,一座座商务楼宇已成为现代都市的"掘金地"。

3日

▲ 《新华日报》在头版报道的标题为:《今年推进的61个大项目紧扣"脱胎换骨"——京口区:转型从择商选资开始》。内容摘要:京口区前不久婉拒一个投资20亿元、预期第一年税收即可超亿元的化工项目,原因是不符合产业布局要求。2010年全区推进的61个大项目,都要紧扣"转型"这个主题。即将投产的科捷锂电池项目,拥有全球领先技术。即将投产的绿洲新能源项目,成本每瓦只要0.7美元,到市场上可以卖到1.8美元。投资30亿元的苏宁广场、投资4.3亿元的恒顺商业广场、投资2亿元的百富商业中心及一大批服务外包项目的进驻,使京口区服务业产生脱胎换骨的变化。

12日

▲ 《京江晚报》在A7版报道的标题为:《让"千里眼"更加犀利——京口警方推进技防监控联网建设纪实》。内容摘要:京口警方在全市率先投入使用联网监控设施,从2009年运行以来,已在423家场所行业、涉危单位和重点部位安装联网监控,依托联网监控图像接连破获"两抢一盗"、寻衅滋事等各类案件157起,化解矛盾纠纷61起。

13日

▲ 《扬子晚报》在A5版报道的标题为:《浴室老板追贼夺包被刺倒……——36岁的他永远走了,镇江警方已抓获3名嫌疑人中的一男子》。内容摘要:11日中午12时30分左右,位于镇江贺家弄里的南门浴场老板施玉亮,发现一男子撬开停在浴室门口的一辆轿车,盗取财物,迅速冲上去,将浴客财物夺回。不想该男子掏出随身刀具,穷凶极恶地直刺其胸口,小施当即血喷如注,但仍捂着胸口试图追贼……重伤的小施被众人迅即送至医院抢救,终因失血过多不幸身亡。参与作案的共有三名东北男子,目前其中一人被警方抓获,另两男窜逃回东北但被锁定,镇江两个抓捕小组已连夜赶赴东北。

▲ 镇江双拥国防教育网在"最新动态"栏报道的标题为《京口区采取多种手段共育实用人才》。内容摘要:京口区在江滨新村45号成立辖区部队科技文化培训中心;请专家为官兵传授果树培植技术;开设电脑知识培训班;举办文化专业培训,开设连队炊事员厨艺培训班等。全区每年有40~50人在部队立功受奖,有数名退伍军人成为企事业单位领导,多名退伍军人在自己创办的企业中带领周围群众共同致富。

20日

▲ 《京江晚报》在A8版报道的标题为:《刘捍东在京口调研时提出:抢抓机遇大力发展城市经济》。内容摘要:京口不断打造支柱产业集群,力争形成金属压延、汽车零部件及新能源、新光源、新材料3个50亿元产业集群,新民洲港口机械、海工装备、仓储物流和谏壁地区中储粮油加工、仓储物流2个百亿元产业集群。

26日

▲ 《镇江日报》在头版报道的标题为:《京口首季主要经济指标大幅增长——服务外包总量和增量继续领先全市》。内容摘要:1~3月份,全区实现地区生产总值62亿元,同比增长14.6%;全社会固定资产投资44.47亿元,同比增长34.7%,规模以上工业投资18.73亿元,同比增长55.1%;社会消费品零售总额36.9亿元,同比增长21%。年初排定的61个重点产业类项目正在快速推进之中,总投资10.4亿元的宝华搬迁项目抓紧土建工程施工;总投资5000万美元的科捷锂电池项目厂房即将完工,今年上半年将投入生产;总投资2亿元的百富中心项目主体工程即将竣工,今年国庆前将建成开业。截至目前,全区已有新宇国际码头

等8个亿元项目按时开工，欧尚超市等3个亿元项目建成开业，一季度累计完成投资16.11亿元，其中恒伟物流等10个纳入市目标考核的重点项目现已完成投资逾10亿元。25强重点工业企业，一季度销售收入占全区128家规模工业企业总量的92%，比去年底增加4个百分点。全区已新增注册离岸服务外包企业6家，服务外包企业总数达40家。一季度，实现服务外包合同额3091万美元，同比增长270%；服务外包执行额1808万美元，同比增长158%。

28日

▲ 《江苏工人报》在A2版报道的标题为：《京口区成立“环卫工人之家”》。内容摘要：京口区四牌楼街道将320平方米的营业用房改建成职工之家，并根据环卫职工职业特点，设置洗浴、健身、上网、影视、会议等功能室，向京口范围内的600多名环卫工人免费开放。这是镇江市环卫系统中建成的第一所“职工之家”。

5月份

6日

▲ 在《创新》2010年第4期P28报道的标题为：《强投入快增长 调结构促转型 抓统筹惠民生》。内容摘要：京口区的主要做法：一、强投入、快增长，推动主要指标上台阶。一是坚持高点定位。2010年，全区将咬定“主要经济指标增幅高于全市平均水平”的目标，确保GDP增长14%，一般预算收入突破10亿元，实际利用外资突破1亿美元，全社会固定资产投资超200亿元，社会消费品零售额超150亿元，“两个收入”分别增长12%和13%。二是狠抓项目建设。围绕总投资436亿元的61个重点产业类目，落实推进责任，确保项目开工一批，竣工一批，储备一批。三是优化项目投向。二、调结构、促转型，加快产业优化上层次。一是进一步优化区域发展格局。力争服务业增加值占GDP比重达到62%以上。二是大力发展创新型经济。力争全年新建科技创新载体15万平方米以上。三是培育更富特色的优势产业。三、抓统筹、惠民生，实现城乡一体上水平。一是推进“三大改造”，提升城市形态。将以老城区、城中村、老集镇“三大改造”为突破口，实施改造项目40个，完成全区60%的城中村改造任务，确保全区拆迁总面积达到120万平方米以上。二是突出富民优先，改善人民生活。三是优化城乡环境，建设宜居京口。

7日

▲ 《镇江日报》在A2版报道的标题为：《京口区未雨绸缪部署防汛防旱》。内容摘要：京口区立足防大汛、抗大灾、抢大险。截至目前，共储备草包2.2万只、编织袋2.85万只、铁丝390公斤等，组建防汛抢险突击队、巡逻队、民兵突击队10支360人。全区16公里长江堤防、7条骨干河道、西山水库、通江涵闸、排涝泵站等水利工程和城区26户危房、内涝等重点地段的防汛行政责任人和技术责任人全部落实，12个斜坡地质灾害隐患点的监测责任人、防灾责任人和责任单位全部到位。共青团农场4座灌溉站分别完成旧泵更新和站房改造任务，更换机组4台套共120千瓦。象山镇对全长2.8公里的玉带河整治量化，消除防汛隐患。谏壁镇实施2条320米沟渠的硬化配套建设，并新增蓄水塘坝1座。全区清除违法种植苗木1300余株，查处违法建设4起约400平方米。

8日

▲ 《镇江日报》在头版报道的标题为：《优化产业结构 转变发展方式——京口打造高新技术产业集聚区》。内容摘要：京口区省级企业研发中心达到7家。今年及去年引进的30多个大项目，全部符合产业目录要求，正兴轮毂、新型摩托车、高效电池等一批新兴产业大项目的落户，为打造高新技术产业集聚区打下良好基础。总投资5000万美元的科捷锂电池项目，今年7月份可小批量生产。总投资6亿元的绿洲新能源项目，今年三季度试生产。总投资达40余亿元的港机技改扩产等10大技改工程，目前进展顺利。总投资10.4亿元的宝华搬迁技改项目，竣工达产后年销售能力可达20.5亿元。总投资1.8亿元、建筑面积6万平方米的京口高创中心二期开工建设。总投资5000万元、建筑面积2万平方米的京口软件人才实训基地，选址意见、项目立项、用地预审已获批。总投资2.28亿元、总建筑面积9.5万平方米的京口工业园区创新创业园，一期工程2万平方米年内将竣工运行。

9日

▲ 《镇江日报》在A2版报道的标题为：《孜孜不倦，让金字招牌光彩熠熠——记京口劳模创新工作室二三事》。内容摘要：57岁的徐长林1970年参加工作，四十年来兢兢业业、任劳任怨，多次获得省、市表彰。2008年4月成立以他名字命名的劳模创新工作室后，他在实践中探索新工艺、新技术，改造后的退火炉年度节电300万度，节省电费180万元左右，而该项目投入的改造费仅用了10万元。徐长林带领工作人员从排放水回用质量的角度入手，使排放水经过净化后充分运用到企业的生产生活中。整个项目投资35万元，年节水9.1万吨，年节省自来水费及废水排放费80万元。“朱忠贵劳模创新工作室”是2009年7月在京口区瑞京农业科技示范园挂牌成立的，也是全市第一个农业劳模食用菌创新工作室。已向国家知识产权局申请国家专利26件，其中发明专利14件，实用新型专利2件；与其他单位共同申请发明专利6件，实用新型专利4件。2008年12月，以薛翠娣名字命名的劳模工作室成立。工作室作为全区社区教育的指导中心，还成为社区教育管理人员及师资的培训基地。

▲ 《镇江日报》在A7版报道的标题为：《四牌楼街道启动“八个一”创业活动》。内容摘要：在江二社区滨东创业街建立一个社区服务产业化基地，在江滨文化广场周边建立一个滨江假日创业市场，在龙吟坊商业街成立一个中小企业创业联盟，“五一”前举办一场“创业者之歌”文艺演出，完善一批创业场所，成功进行一批个体工商户转私营企业，建立一支100人创业示范团队，建立一个1000人创业带动就业群体。

22日

▲ 《镇江日报》在头版报道的标题为：《强投入快增长、调结构促转型、抓统筹惠民生——京口固定资产投资增幅全市领先》。内容摘要：2010年1~4月份，京口区实现全社会固定资产投资58.1亿元，同比增长33.2%，增幅位居全市第一。自2009年以来，全区全社会固定资产投资增幅已连续16个月保持全市领先。全区110个500万元以上的规模投资项目，项目数量虽只占总数的5%左右，今年1–4月份实现投资却高达53.61亿元，同比增长28.9%，占全社会固定资产投资总额的92.27%，与2008年年底相比增长了5.4个百分点。全区新兴产业实现投资6.01亿元，同比增长7倍以上，增幅位居全市第一。全区28个亿元以上项目实现投资38.3亿元，同比增长61.2%。全区竣工投产或建成开业的亿元以上项目已达8个。

31日

▲ 《镇江日报》在A4版报道的标题为：《着力提升市民文明素质和城市文明程度——京口区吹响创建号角》。内容摘要：京口区在京口广场举行"细节文明在京口，你我共创文明城"活动启动仪式。志愿者代表、市民督查员代表、京口群贤代表、社区群众代表以及省市区文明行业（单位）代表数百人参加了启动仪式。京口区将通过"文明创建我知晓"、"文明创建我参与"、"文明创建我来评"等行动，动员和引导广大单位和市民积极参加到创建工作中来。

6月份

8日

▲ 《镇江日报》在A2版报道的标题为：《活动拉动　典型带动　评比促动——京口区精神文明建设亮点频现》。内容摘要：京口区累计投入1亿余元，先后建成区文化馆、图书馆、美术馆及6个乡镇、街道文体活动中心等一大批文化设施，并实现每个社区（村）均建有一个文体活动室的目标。全区共选树贤孝之星、爱心大使、创业精英等7个类别的28名"京口群贤"。全区已涌现出省级文明行业、文明单位各3家，市级文明行业4家、文明单位35家；省文明标兵社区（村）、文明社区（村）、先进社区（村）8个，市级文明社区（村）35个，区级文明社区（村）47个，全区文明社区（村）覆盖率达95%以上。全区组织一系列文明创建行动。一是"文明创建我知晓"行动。二是"文明创建我参与"行动。三是"文明创建我来评"行动。

9日

▲ 《扬子晚报》在A2版报道的标题为：《江苏表彰30名见义勇为新市民——为抓歹徒英勇牺牲的镇江浴室小老板施玉亮等外来务工人员当选》。内容摘要：省见义勇为基金会等举办的首届"江苏见义勇为新市民"评选活动揭晓，奋不顾身抓捕盗窃歹徒而英勇牺牲的镇江市京口区浴室个体业主施玉亮等30名外来务工人员获此殊荣。施玉亮荣获特别奖，奖励10万元。对外来务工人员的见义勇为先进事迹进行大力表彰，在全国尚属首次。

16日

▲ 《镇江日报》在A2版报道的标题为：《筑牢秸秆禁烧"防火墙"——京口至今未现一处着火点》。内容摘要：京口地理位置十分特殊，很多农田紧邻主城区，一旦焚烧秸秆将对城区的空气质量产生严重影响。截至目前，全区20136亩夏粮收脱工作完成过半，至今未发现一处着火点。

23日

▲ 《扬子晚报》在A11版报道的标题为：《镇江〈瘗鹤铭〉4块残石出水——最重一块巨石达500吨，下一步专家将洗石找"真字"》。内容摘要：备受世人关注的镇江焦山《瘗鹤铭》疑似坠江巨石打捞工程，到6月22日画上圆满句号。四块巨石已全部被打捞出水并安放在平台上。四块巨石的出水时间分别在6月4日（打捞出现碎裂，可能跟那块巨石露在水面风化相对严重有关）、10日、15日和19日。在四块巨石中，最重的近500吨，最轻的也近90吨。巨石上的印迹，是自然风化或江水浸泡而成，或者是碑刻印记甚至是否就是《瘗鹤铭》所传的"真字"？接下来将组织相关专家进行逐一专业地清洗、清理，然后再进行拓片和考究。

▲ 《镇江日报》在头版报道的标题为：《京口构建城乡一体化党建新格局》。内容摘要：实行基层党组织城乡联动、结对共建，是京口区面对整体城市化、城乡一体化的发展现状，推进党建资源城乡共享，党建工作城乡互动，积极探索和实践城乡一体化党建工作新路子的举措之一。全区大力开展"四个结对"活动：建立19个区领导村居工作联系点；以推动一线人才、党建资源城市支持农村为重点，建立30个机关党支部结对对子；以"村企共建助推新农村建设"活动为载体，建立24个村企挂钩点；以"共过组织生活、共筑文化阵地、共解群众难题"为主线，建立42个村居共建对子，推动城乡基层党组织互联互助互动。

▲ 《镇江日报》在A2版报道的标题为：《滨江风光带立起"京口宝鼎"——预计下月上旬揭幕》。内容摘要：一尊重达18吨的京口宝鼎呈现在滨江旅游风光带西段，宝鼎西距北固山约两百余米，位于北固山铁瓮城传统文化之地。宝鼎为圆，基座为方，象征天圆地方，广场分高低3层，由台阶连贯，其底部广场半径接近40米。宝鼎口径4米，通高5.03米以三国时期的度量换算通高20.8尺，借此纪念公元208年镇江成为东吴政权中心。鼎用铜量18.02吨，以纪念公元208年镇江成为东吴政治中心至今1802年的历史。这也是华东地区最大的青铜鼎。将宝鼎置放于此，不仅是镇江滨江风光带的点睛之笔，同时也是传播东吴之地深厚文化的又一窗口。之所以取名京口宝鼎，乃是以镇江古名"京口"命名，象征此处为镇江代表性景点之一。建造宝鼎意在纪念镇江作为东吴之地悠久繁盛的历史文化，蕴含镇江对传统文化的传承和对未来的展望。

29日

▲ 《镇江日报》在头版报道的标题为：《京口18个项目集中开工——总投资17.6亿元》。内容摘要：在新开工的18个项目中，新兴

产业项目6个。总投资2.43亿元的智比特信息技术项目，主要从事国际服务外包业务，项目建成后年营收可达1000万美元以上。总投资1.26亿元的海龙核材研发及产业化项目，占地面积42亩，主要生产耐辐射材料、屏蔽材料、阻燃材料、保温节能材料等新材料，项目达产后，年销售收入将超过3亿元。总投资1.8亿元的镇江网购物流中心项目坐落在宗泽路上，总建筑面积3.1万平方米，项目建成后可设100个创业工作室，吸纳800至1000名大学生就业，年培训大学生1万名，形成年5亿元的网络销售规模。总投资5000万元的学府科技创业基地，将搭建4000平方米的科技孵化器创业平台，为即将入驻的20多家科技型企业提供一条龙服务。总投资1.8亿元的雩龙公路改造项目。公路总长5.25公里，连接金港大道、338省道、镇澄路等道路，改造工程，改造后路基由行车道和人行道组成，总宽20米，为二级公路结合城市道路，计划2010年底竣工通车。总投资5.1亿元的鼎胜铝业技改项目，将新上年产12万吨的铝卷材生产线，新项目达产后可年增销售收入20亿元，企业年销售收入将一举突破50亿元。投资1.26亿元的中野应急科技项目，生产装配式公路钢桥及路桥设备，进一步做大"中野桥梁"品牌。

7月份

5日

▲ 《镇江日报》在A7版版报道的标题为：《细化目标、强化措施——全力加快京口创业型城区建设步伐》。内容摘要：京口区紧密围绕"以创业带动就业"的发展战略，将创业型城区建设作为促进就业工作的重要抓手，强化和优化创业就业的服务职能，以落实全民创业政策为重点，以构建组织领导、政策扶持、创业服务、创业培训、目标考核五大体系为保障，大力推进全民创业活动。截至目前，全区创业教育培训6063人，完成目标任务的134.7%，SYB培训816人，完成目标任务的136%，扶持创业1769人，完成目标任务的176.9%，创业带动就业8247人，完成目标任务的164.9%。已建成的创业孵化基地10个，总面积77940平方米，创业实训基地4个，总面积32300平方米，培训基地2个，总面积480平方米；在建的创业孵化基地1个，总面积62000平方米；待建创业孵化基地3个，总面积10400平方米。全区从不断激发全民创业热情入手，放手发展民营经济，加快富民强区步伐，努力打造"创业京口"品牌，取得了初步成效。

9日

▲ 《镇江日报》在头版报道的标题为：《完善政策体系、落实扶持措施、构筑创新载体——京口着力招才引智加快经济转型》。内容摘要：京口区进一步推进"人才强区"战略，截至目前，全区共引进高层次创新创业领军人才18名，其中李溪入选国家千人计划项目，崔立峰等5人获省"双创"人才计划资助；引进博士、高级工程师等高级人才120余名；荣获市2009年度县域人才工作资助项目唯一一等奖。京口区拨出500万元专款，设立高层次创新创业领军人才工作专项资金，并制定出台《引进创新创业领军人才工作专项资金使用和管理办法》，截至6月底，已为各类人才解决子女入学、配偶就业、医疗保健等方面的难题150余件，切实做到让人才工作上安心、生活上舒心。全区共申报国家专利785项，其中发明专利153项；申报省级科技项目70个，新增省级高新技术产品18个。今年1~6月份，京口区预计实现地区生产总值129.6亿元，同比增长16%；一般预算收入5.3亿元，同比增长27.6%；全社会固定资产投资100亿元，同比增长38.8%，超额完成"双过半"的既定目标。

▲ 《京江晚报》在A4版报道的标题为：《京口"三大改造"工程稳步推进》。内容摘要：京口区把老城区、城中村、老集镇"三大改造"作为今年的重点工作来抓，确定41个"三大改造"项目，排定拆迁100万平方米、完成城中村改造60%以上、新建安置房15万平方米以上的工作任务。上半年，全区拆迁总面积40万平方米，实现土地上市359亩，融资4.5亿元。

17日

▲ 《镇江日报》在A2版报道的标题为：《以项目调结构、以结构促转型——京口工业园加快产业升级步伐》。内容摘要：京口工业园目前开工建设的项目有16个，总投资41亿元，其中10个项目年内竣工投产或部分投产。16个项目全部达产后，年销售可达100亿元以上。除3个技改项目，其他的都是新兴产业项目。总投资1.26亿元的海龙核材料科技项目、总投资9100万元的方源生物科技项目已正式落户园区；总投资4亿美元的航空航天用铝合金板项目、总投资12.4亿元的鼎胜铝业年产12万吨铝箔技改项目等正在积极洽谈之中。今年上半年，园区获批省级工程技术研究中心1个、博士后工作站1个、国家"千人计划"项目1个，申报省"双创"人才计划6个。1~6月份，预计完成规模以上固定资产投资10.11亿元，同比增长91%；定报工业销售19.23亿元，同比增长83.5%；一般预算收入1548.83万元，同比增长275.48%，实现了"双过半"的既定目标。园区配套建设11万伏、22万伏变电所各一座，兴建完善的自来水主管网系统，可实现"双回路"供电供水。建成日处理能力5万吨的污水处理厂1座和1座占地3亩的雨水泵站。据统计，上半年园区用于基础设施方面的投入近2亿元，园区在基础设施方面的投入总数已达6亿元。

24日

▲ 《镇江日报》在A2版报道的标题为：《整合资源军地联动、深化"六进"共建和谐——京口区构建社区双拥"立交桥"》。内容摘要：连日来，全区各社区积极开展形式多样的双拥活动，搭建起一座军民共建和谐的双拥工作"立交桥"。全区已有50%的社区与驻镇部队结成共建对子，73个社区均成立双拥工作站，每个社区都有2个双拥示范点，其中京口路社区建成全省第一条百米双拥优抚宣传长廊，被评为全省唯一的军民共建精神文明先进社区。宗泽路社区率

先在全省开通第一个社区双拥网站。健康社区成立拥军志愿队。蔡家山社区举办文化专业培训。石马湾社区开设连队炊事员厨艺培训班。正东路街道请专家为官兵传授果树栽培技术。京口路社区拿出部分资金,设立科技练兵基金。华润社区开设"星期三"讲堂。

▲ 《京江晚报》在A6版报道的标题为:《社区、机关、学校和志愿者都在努力——京口区启动"3+1"行动》。内容摘要:所谓"3+1"行动,就是细节文明在京口——社区在行动、机关在行动、学校在行动;细节文明在京口——志愿者在行动。全区选择从改良人们司空见惯的小细节入手,将广大市民关注的热点难点问题,细化成30个具体的创建项目,制成项目任务分解一览表,交由26个部门和单位对照序时进度具体组织实施。

26日

▲ 《镇江日报》在头版报道的标题为:《"三大改造"工程取得阶段性成果——象山镇加速推进城乡一体化》。内容摘要:象山镇今年以来已实施新生村地块等征地拆迁项目7个,征地800余亩,完成拆迁1120户,拆迁面积达26万平方米,改造城中村11个,城中村、老城区、老集镇"三大改造"工程取得阶段性成果。象山镇不断加大投入,全面开展黑臭河流整治工作,玉带河、象山桥—小八子饭庄沿线环境整治已全部结束,宗泽路沿线已完成工作量的95%以上,古运河沿线的整治工作正有序推进。上半年共帮助500余名失地农民和失水渔民上岗就业。全镇已评选产生出贤孝家庭、书香家庭、拥军家庭等5大类73户文明标兵家庭,镇文明户覆盖率为92%,文明村居覆盖率达95%。购置160台计算机,让软件开发人才"零成本"轻松创业。加快京口高创中心二期、京口软件人才实训基地、京口大学生创业园等4个创业载体建设,确保年内建成创业载体6万平方米。1~6月份,象山镇新增私营企业193家、个体工商户1025户,提前完成全年目标任务,并跻身全市民营经济发展十强镇行列。

8月

7日

▲ 《镇江日报》在头版报道的标题为:《切实增强城乡居民的幸福感和满意度——京口前7月民生建设投入1.5亿元》。内容摘要:京口区1~7月份,直接用于民生建设方面的投入达到1.5亿元,约占财政支出的60%。近日在北京举行的首届"中国城市民生建设调研成果发布会"上,京口区被评为"中国民生建设百强县(市、区)",位居第33位。今年1~7月份,全区将4000多名无养老保险的居民全部纳入养老保障体系,共发放低保户生活补贴658万元,同时将农村低保金调高到城市低保金标准,在全省率先实现农村低保金与城市低保金并轨。投入50余万元,将特困残疾人列入重点帮扶对象,全面启动助明、助行、助听"三助"行动。全区542名家庭经济困难学生无一失学。全区扶持创业1654人,创业带动就业7588人,分别完成全年指标的165%和152%;新增私营企业、个体工商户、注册资本等指标均全面完成全年任务。在四大公共卫生服务项目上投入30余万元,受益居民超5000人。全区累计完成老小区整治26个,整治面积190万平方米,受益群众达8万人。

14日

▲ 《镇江日报》在头版报道的标题为:《培植四大产业　打造五大基地——京口区新兴产业发展态势喜人》。内容摘要:今年1~7月份,京口区新兴产业预计实现销售52亿元,投资12亿元,同比分别增长70%和10倍以上,新兴产业销售和投资的增幅已连续多月排名全市第一。总投资达24亿元的7个新兴产业大项目正在快速推进之中,其中绿洲新能源、科捷锂电池等项目年内可望竣工投产或局部投产,其他项目明年可望全部竣工投产。7个新兴产业大项目全部竣工达产后,全区每年可新增新兴产业销售45亿元以上。截至目前,全区已新增注册离岸服务外包企业14家,服务外包企业总数达46家,位居全市第一。1~6月份,实现服务外包合同额3758万美元,服务外包执行额2512万美元,均超过序时进度要求,且总量继续在全市保持领先地位。

18日

▲ 《新华日报》在A8版报道的标题为:《"这里是我们说话的地方"——镇江京口区四牌楼街道见闻》。内容摘要:京口区四牌楼街道人大代表接待中心自2010年3月30日开设以来,在固定时间由人大代表接待选民反映问题,每月3次、每期参与接待的人大代表3名,截至2010年8月中旬,已接待选民62人次,收集建议32件,其中办理结束11件。今年7月初,社区居民王连源向人大代表徐彩华反映,江一、江二社区环境脏乱差,下水道排水不畅,下大雨时连化粪池里的污水都漫上来了。徐彩华及时与区建设部门联系,很快,建设部门派人改造了下水道和道路,整治了环境,整整投入了1000多万元,两个小区的面貌焕然一新。退休教师朱正良说老百姓说话有地方,很多矛盾和问题在最基层就得到解决,提出的问题能够及时解决,气顺了,社区就和谐了。

25日

▲ 《京江晚报》在A6版报道的标题为:《"梧桐树"引来"金凤凰"——京口区建设载体招才引智》。内容摘要:由留美博士林野创办的智比特信息技术(镇江)有限公司,乔迁进位于京口归国博士创业园三楼的新址,经营面积1000余平方米。林野是谏壁人,"智比特"是一家专门从事软件技术外包的高科技企业,林野回家创业,不仅带回了一个投资项目,还带回了一个由3名留美博士组成的高层次人才团队。"智比特"入驻创业园,是京口区不断加大载体建设力度、加快招才引智步伐的一个缩影。全区开工建设高创中心二期、工业园区高创中心、学府科技创业基地等一批创业创新载体,目前已建成运营4个,5个将在年内建成并投入使用。京口区成立首个企业院士和博士后工作站——中煤电子院士工作站、鼎胜铝业博士后工作站,新增中福马等7家省级企业研发中心,海洋工程装备研发中心等一批省级研发中心正在加紧

建设之中。全区共引进高层次创新创业领军人才18名，其中李溪入选国家千人计划项目，崔立峰等5人获江苏省“双创”人才计划资助；引进博士、硕士、高级工程师等高级人才120余名；荣获市2009年度县域人才工作资助项目唯一一等奖。截至2010年7月底，全区共申报国家专利785项，其中发明专利153项；申报省级科技项目70个，新增省级高新技术产品18个；实现一般预算收入6.12亿元，增长27.3%；全社会固定资产投资103.4亿元，增长30.1%；规模工业销售收入150.62亿元，增长18.8%，区域经济保持了强劲的发展势头。

28日

▲ 《京江晚报》在A6版报道的标题为：《“办实事，才是硬道理”——“鸡毛蒜皮看社区”系列报道之六》。内容摘要：京江晚报记者张翼对京口区正东路街道宝塔山社区采访后，努力回忆着采访时的每一个细节，试图写出“轰轰烈烈”的文章。然而，记者最终放弃了这个努力，因为记者发现采访并不是一个“跌宕起伏”的经历——没有动人的情节，没有感人的话语，也没有煽情的过程，甚至可以说，这是一次“平淡无奇”的采访。但，恰恰就是这种“平淡无奇”，却象征着稳定、安静。换句话说，对每个普通市民而言，需要的正是这种“平淡无奇”——笛短箫长的澎湃激情毕竟离生活太远，生活中更多的，是柴米油盐。社区为居民“办实事，才是硬道理”。

31日

▲ 《镇江日报》在头版报道的标题为：《京口：强力推进大学生创业》。内容摘要：2010年1~7月份，京口区大学生创业人数达597人，占市区大学生创业总人数的60%以上，创业带动就业近3000人，两项指标均超额完成全年任务。京口区规定，对在本区工商注册的大学生创办企业，放宽户籍限制，稳定经营6个月以上，给予一次性经费补贴；稳定经营1年以上，按带动就业人数的多少，给予实缴税收6%~8%的一次性奖励；在校接受孵化并在京口落地转化的创业项目，经评审可享受5万元以内的资助。截至目前，全区已有40余名创业大学生享受到相应政策。全区为创业大学生协调解决项目立项、税费减免、创业场所等问题400余件，累计为64名创业大学生协调解决创业贷款348万元。

9月

22日

▲ 《镇江日报》在头版报道的标题为：《政府出资搭建“零成本”创业平台——京口软件园力促企业做优做强》。内容摘要：京口软件园坐落在高校集中的学府路上，创办于2008年11月，由京口区政府投资1000万元改造闲置资产创建而成。由江苏名通信息科技有限公司开发的网络游戏《金山传奇》，在中国最大的网络游戏运营推广平台4399网站正式上线与用户见面。这是镇江市首款以镇江人文为背景的大型网络游戏，在国内率先实现以网页构架形式展示华丽场景和魔法效果，成功引领国内网页游戏升级。“名通科技”其实只是京口软件园众多入园企业不断突破自己，做优做大做强，实现跨越发展的一个缩影。优惠的创业政策，优质的创业平台，一流的创业服务，使软件园显示出强大的集聚吸纳效应，帮助入园企业迅速做优做大做强。“名通科技”今年通过开发网络游戏、电子商务平台、自动化管理软件三大业务，企业可实现营业收入3000万元，同比增长5倍以上。“星创传媒”是镇江市首家以网络为载体的文化传媒公司。今年营业收入将超600万元。“精英软件”是一家致力于发展行业类软件的高科技企业。现已占领省交管系统软件80%的市场份额，形成一定的垄断优势，仅有10名员工的“精英软件”今年可望实现营业收入超500余万元。京口软件园力促入园企业做优做强，企业运行质量得到不断提高。截至目前，入园企业共拥有软件著作权17个，申请发明专利71项，通过软件产品、软件企业“双软”认证11家，通过国家高新技术企业认证1家。1～8月份，入园企业累计实现营业收入1.5亿元，其中来自于欧美等地区的软件服务外包订单400万美元，均超过去年全年的总量。

▲ 《京江晚报》在A6版报道的标题为：《京口路社区的“民生基金”》。内容摘要：京口社区从2008年1月1日起设立“民生基金”，也是一项暖人心工程，发放对象有8大类：一是高龄老人，按照80岁以上老人80元、90岁以上老人100元、100岁以上老人200元标准，每月向辖区内老人发放爱心补贴。二是曾经在村里担任过领导职务的村支书、村委会主任、村办企业负责人。三是现役军人、伤残军人和退伍军人。四是优等学生和贫困学生，即每年考上本一、本二高校和重点中学的初中生、高中生。五是因病、因残出现困难的家庭。六是社会爱心捐助。七是各类困难群体。八是道路、水沟、公厕、垃圾箱等公共设施建设。京口社区每年集体经济收益150万元，却从中拿出三分之一用以改善民生，这已成为社区的一项制度，用以改善民生的制度。

10月

20日

▲ 《镇江日报》在头版报道的标题为：《总投资3亿美元，达产后年销售可达200亿元——国内最大铝合金板带项目落户京口》。内容摘要：京口区大项目建设及新兴产业发展取得重大突破。由爱励国际与鼎胜铝业合作双方共同投资3亿美元建设的交通运输用高强度大规格铝合金板带项目签约。爱励国际是世界500强企业，也是全球第三大航空板材生产商、第四大铝压延产品生产商和世界上5家经适航认证的民用航空材料指定供应商之一，总部设在美国的俄亥俄州。鼎胜铝业是中国民营企业500强，全球空调箔最大的生产商和国内产量最大的铝箔生产企业，也是国家级高新技术企业，产品出口占总销量的30%以上。除镇江外，公司还分别在杭州、洛阳等地设有生产基地。此次爱励国际、鼎胜铝业“强强联手”，是双方面向未来、优势互补的战略选择。爱励·鼎胜合作项目签约，这是第37家世界500强企业落户镇江，也是今年第3个投向新兴产

业、投资超20亿元的大项目。爱励国际和鼎胜铝业签约合作后,将联手投资3亿美元,在京口区工业园建设国家级"高性能高强度大规格铝合金板带"特色产业基地。其产品将填补国内在高端交通用铝合金材料上的空白,项目建成后,对我国交通产业发展具有十分重要的战略意义。项目设计年产铝合金板带15万吨,建成达产后可实现年销售收入超200亿元,其中:一期投资2亿美元,实际年产10万吨铝合金板带,计划年内开工建设,建设周期为两年。

23日

▲ 《镇江日报》在头版报道的标题为:《150万只蛋鸡项目落户京口——●总投资达10亿元,分三期建设,占地483亩●高品质鸡蛋无菌安全营养,可放心地"生吃"》。内容摘要:日本伊势食品株式会社、江苏伊康农业发展有限公司和京口区谏壁镇签署协议,联合投资10亿元在谏壁镇东京村建设"伊势150万只蛋鸡生产基地及配套产业项目"。该项目是全市2010年投资最大的农业项目,建成后将成为国内规模最大、设施最先进、自动化程度最高的数字化家禽养殖基地之一,对于丰富全市及华东地区菜篮子具有重要意义。伊势150万只蛋鸡生产基地及配套产业项目分三期建设,占地483亩,将采用世界上最先进的技术、设备和管理,最终形成饲养150万只蛋鸡的规模,以及与之配套的饲料加工厂、食品加工厂、肥料加工厂、疫苗培育中心等相关配套产业链。首期投资建设50万只蛋鸡的饲养规模及配套的包装厂和养小鸡厂,工期为一年至一年半,二、三期工程预计在3年内全部完成。日本伊势食品株式会社创建于1912年,经过上百年的规范化生产管理实践,已经使其发展成为集种植、养殖、加工、销售完整产业链为一体的世界现代农牧业产业化经营典范和知名跨国企业,其单体规模及市场份额在日本乃至全球都首屈一指。目前,伊势会社拥有30多家各类公司,员工达3000多人,年销售额超过700亿日元。1980年,伊势会社在美国成立伊势美国株式会社,鸡蛋生产量、销售量居全美第一。

27日

▲ 《镇江日报》在A2版报道的标题为:《运行质量提高 新兴产业发力——前三季京口丹徒工业经济增势强劲》。内容摘要:京口区2010年前三季度经济运行保持平稳较快的发展态势。1~9月份,全区实现全社会固定资产投资132亿元,同比增长29.1%,已连续21个月增幅名列全市第一;全社会工业性投入55亿元,同比增长34%,增幅列全市第一;新兴产业完成投资13亿元,同比增长13倍,增幅全市第一;实现销售收入91亿元,同比增长59%,增幅列全市第一,已提前一个季度完成全年任务。全区工业经济运行质量进一步提高,1~9月份,实现销售收入149亿元,占规模销售收入的77%;工业利税和利润分别高于销售增幅24个百分点、15个百分点。全区五大新兴产业中,1~9月份海洋工程完成销售10.8亿元,同比增长2.7倍;电子信息完成销售49.6亿元,同比增长64%;服务外包执行额3920万美元,同比增长1.5倍。

26日

▲ 《江苏工人报》在第3版报道的标题为:《从源头上维护职工合法权益——京口区力推用人单位依法制定"劳动规章"》。内容摘要:京口区总工会召开全区共决劳动规章工作推进会,明确"未经民主程序的劳动规章视为无效","如果用人单位不能提供制定劳动规章时依法履行民主程序的认定要件,将承担不利后果。"硬性规定。为从源头上维护职工的合法权益,京口区中级人民法院、区人力资源和社会保障局、区总工会联合下发的《关于规范用人单位劳动规章制度、促进基层民主管理工作的指导意见》,为企业依法制定、修改、完善企业规章制度活动提供有力的法律支撑和程序规范。用人单位制订劳动规章制度(草案),应当提交职工代表大会或职工大会进行讨论审议,广泛听取职工意见。用人单位制订或修改劳动规章制度时,应与工会或职工代表平等协商确定,并采用有效方式告知每一位劳动者。国有、集体及其控股企业制定涉及职工切身利益的劳动规章制度,依据有关法规,应当提交职工代表大会审议通过后,方能实施。明确依法履行劳动规章制度制定程序的认定材料包括用人单位的职代会制度(含职代会工作机构、届期、职工代表人数、产生办法等);职代会讨论劳动规章制度的会议纪要和公示情况;职代会召开情况报告表;协商代表签名的协商会议记录等,这些认定要件,在今后日常检查和调处因劳动规章引发的劳动争议时,由用人单位提供。如不能提供,用人单位很可能要承担不利后果。为确保企业依法制定企业规章制度,将采取专题培训、专项检查、制定示范文本等多种方式,在全区各类企业中全面推进"共决规章制度、促进企业发展"活动,确保两年内企业劳动规章共决率要求达到90%。

28日

▲ 《镇江日报》在A2版报道的标题为:《用贴心服务化解群众的心结——京口信访"重点区"变成"三无区"》。内容摘要:3年前,因为群众越级赴省、进京上访呈高发态势,信访矛盾重重,京口区被省信访工作领导小组列为"省信访稳定工作重点管理区"。三年过后,该区不仅迅速摘掉了这顶帽子,而且连续两年被省信访工作领导小组命名为信访工作"三无"县市区,中央信访督导组更是对这一"戏剧"性转变给予高度评价。近年来,随着城市化进程的加快,作为主城区的京口区拆迁量非常大,由此引发的矛盾也特别多。为此,京口区信访局在全市率先推行以"疏、代、陪"(有矛盾及时疏导、有问题代理咨询、有需要陪同上访)为核心的信访代理制度,选聘有觉悟、有能力、有声望的同志担任信访代理员,代表上访者与有关部门联系,帮助沟通协调,将无序上访转变为有序上访。同时,开展了"送法进拆迁工地"等活动,对所有拆迁干部进行信访工作培训,并向每个片区派驻信访维稳工作组,现场调处各类矛盾。三年来,全区拆迁量超过240万平方米,群众上访

量大幅下降，有的年份甚至做到了“零上访”。

11月

3日

▲ 《京江晚报》在A5版报道的标题为：《他的一项发明，打破亚热带地区夏季不种菇的传统，已在全国26个省市、10多万农民中推广应用——朱忠贵立体栽培助农增收10亿元》。内容摘要：朱忠贵现任中国食用菌协会理事、江苏省食用菌协会常务理事、镇江市食用菌研究所所长，他在研发基地——瑞京农业科技示范园，运用“菇瓜豆立体栽培”的创新技术，荣获“全国食用菌行业科技成果推广奖”，同时朱忠贵被授予“全国食用菌行业先进工作者”荣誉称号。这项创新技术以镇江为基地逐步向全国范围推广，打破亚热带地区夏季不种食用菌的传统，为我国四季育菇生产开辟新天地。据不完全统计，经过20多年在全国范围内的推广，目前已有26个省市、10多万农民应用这项立体栽培技术，累计为农民实现增收10多亿元。该项农业科研成果还曾获国家星火奖，被拍成科教电影和新闻纪录电影在国内外公开发行。

9日

▲ 《镇江日报》在A7版报道的标题为：《细化政策 规范管理——京口出台创业扶持资金使用管理办法》。内容摘要：京口区财政局出台《京口区创业扶持(大学生创业)资金使用管理办法》，进一步明确创业扶持资金的使用范围、申请程序和补贴标准。大学生毕业2年内创业可享补贴。毕业2年内并于2010年1月1日之后在京口区工商部门领取《营业执照》初始创业、稳定经营在6个月以上并缴纳社会保险的大中专毕业生，不论户籍性质，可按每户一次性给予1000元的初始创业补贴。毕业2年内在京口区创办从事科技成果转化、研发项目或从事文化创意类项目的大中专毕业生，经区人社局、发改和经信委、财政局联合评审可给予5万元～10万元的资助，用于商业贷款贴息和项目无偿资助。对在京口区工商注册登记的大学生创办的企业，不论户籍性质，稳定经营一年以上并带动就业人数在20～50人的，按第一个纳税年度实际缴税收总额的6%给予一次性奖励；带动就业人数在50人以上的，按第一个纳税年度实际缴税收总额的8%给予一次性奖励。按照《镇江市区创业孵化基地认定管理办法》经评估认定为市级创业孵化基地的，与吸纳符合条件的下岗失业人员人数挂钩，可按政策规定享受一次性补贴，新建的最高补贴不超过10万元，改建的最高补贴不超过5万元。对帮扶下岗失业人员、大中专毕业生、农村劳动力、被征地农民等人群创业的街道(镇)和社区(村)，每成功扶持1人创业给予500元奖励。

24日

▲ 《镇江日报》在头版报道的标题为：《宣廉 传廉 颂廉 唱廉——京口区社区廉政，文化建设有特色》。内容摘要：京口区大力推进“廉政文化进社区”活动：古城社区在古城公园的天桥上精心制作24块廉政文化宣传栏，用漫画、格言等形式，对过往行人进行廉政文化宣传教育；米山社区通过建设一条“廉路”、一幅“廉景”、一座“廉馆”等廉政文化阵地，营造出浓厚的廉政文化进社区氛围，积极打造“清廉米山”品牌。各社区通过建立廉政文化一条街、设立廉政文化春夏秋冬“四景”、开辟廉政文化展览室等多种形式，不断丰富以文宣廉的载体和内容。全区已建成廉政文化布幔灯箱特色街(路)总长12公里、廉政文化宣传廊(栏)总长1500米、大型廉政文化宣传广告牌总面积1200余平方米。全区拥有省级廉政文化进社区示范点2个，市级廉政文化进社区示范点18个，组建100多支老年合唱队、京剧票友会、社区艺术团，省、市级廉政文化进社区示范点总数在全市名列前茅。今年以来，全区共开展各种形式的廉政文化特色活动60余场次，吸引万余人次的社区居民参与其中、接受教育。

21日

▲ 《镇江日报》在头版报道的标题为：《象山镇：在融入城市服务城市中转型升级》。内容摘要：2008年，在象山镇积极争取下，京口区政府投资1000万元将地处学府路与谷阳路交叉口的世纪大厦改造为京口高创中心(京口软件园)，以优惠政策吸引附近高校的高层次人才前来创办高新技术企业，尤其是软件业。目前，已有24家信息技术密集、附加值高的企业入驻，业务涉及文化创意、互联网营销、嵌入式软件研发等特色领域，拥有核心技术团队12个，海归博士等高层次人才48名。短短两年时间，入园企业已拥有软件著作权17个；申请发明专利71项；通过软件产品、软件企业“双软”认证11家；通过ISO 27001体系认证11家；另有一家企业通过国家高新技术企业认证。今年1～10月份，入园企业累计实现营业收入1.88亿元，利税1700余万元，其中来自于欧美等地区的软件服务外包订单500万美元，均超过2009年全年的总量。

22日

▲ 《京江晚报》在A7版报道的标题为：《强化源头管理 完善防控网络——京口公安全面推进社会管理创新》。内容摘要：公安京口分局在全市率先成立网络虚拟社会治安管理工作办公室即“网管办”，组建35人的网络虚拟社会治安管理队伍，依托公安内网和互联网络，开展预警研判工作。截至今年10月，“网管办”已通过开展分析研判，提供各类违法犯罪线索180余条，指令破获各类案件88起，抓获嫌疑人67名；指令抓获网上逃犯25名，其中外省逃犯11名。实现监控视频信息全天候联网，使之成为公安机关监控、发现犯罪的“电子眼”。自启动以来，民警利用安装的数百只“电子眼”，已破获各类案件30余起。全区共成立6支群防群治巡防大队和72支、且每支不少于20人的群防群治巡防中队，解决组织不健全、保障不到位、触角不全面等问题，进一步强化群防群治的根基保障。

12月

6日

▲ 《镇江日报》在头版报道的标题为：《调新调高调优 加快

转型升级——京口新兴产业投资销售增势强劲》。内容摘要:京口区以强投入促增长为导向,以大项目建设为抓手,按照“调新、调高、调优”的总体要求,2010年1~10月份,全区实现全社会固定资产投资148.7亿元,同比增长28.2%,增幅连续22个月在全市领先,其中,新兴产业投资14.5亿元,同比增长14倍,增幅位居全市第一;定报工业销售收入219.53亿元,同比增长28.2%,其中,新兴产业销售收入99.6亿元,同比增长53.4%,增幅位居全市第一;完成社会消费品零售总额117.46亿元,同比增长18.5%,增幅在全市位居前列;开竣工项目已达36个,总投资438亿元的68个产业类大项目进展顺利,累计完成投资75亿元,其中,11个市重点项目完成投资44.35亿元,占年度计划的103.7%。新兴产业代表转型升级的方向,是京口经济发展的重中之重。总投资3亿美元的爱励·鼎胜合作项目10月19日正式签约,目前拆迁工作正在快速推进;总投资9800万美元的绿洲新能源项目即将建成投产;总投资50亿元的新民洲海洋工程装备基地项目在正式获批后,其开发建设明显提速。全区累计实施各类技改项目108个,目前已有一半以上的项目竣工投产,产品的品质和竞争力得到进一步提升;省级研发中心建设步伐加快,省级工程技术研究中心(技术中心)已达7家,还有5家正在加紧建设之中,首个院士工作站、博士后工作站即将挂牌运行;共申报国家专利861件,其中发明专利164件,新增省级高新技术产品10个,申报省级科技项目15个。全区新增服务外包企业17家,服务外包企业总数达48家,服务外包合同额、执行额均在全市处于领先地位。

9日

▲ 在《创新》2010年第11期P22报道的标题为:《在加快转型发展的道路上奋勇争先》。内容摘要:京口区在把握中明确转型发展的目标路径。在目标定位上,瞄准基本实现现代化的奋斗目标。在发展理念上,追求“好字优先、富民惠民、社会文明、平安和谐”。在基本路径上,把调结构、抓创新、快转型作为“十二五”发展的主线。全区在产业转型升级中实现跨越赶超。进一步优化生产力布局。做大做强城市经济和先进制造业。切实增强自主创新能力。引进培养一批高层次人才,在现有1人入选国家“千人计划”,申报新一轮国家“千人计划”2人,6人进入省“双创”工作考察,6人获得市第二批“331”计划资助。

15日

▲ 《京江晚报》在A3版报道的标题为:《京口区私个注册资本增幅第一》。内容摘要:京口在全市“私个经济注册资本净增超千亿竞赛”活动中增幅名列榜首。截至2010年11月21日,京口区私个注册资本净增幅在全市七个辖市区中雄居第一。大学生创业示范区一直是京口创业载体建设的主攻项目,也是全市创业型城市建设的亮点。从2010年起,市政府每年将提供250万元的资金扶持,京口区每年也将配套250万元扶持资金,在3年里,两级政府将拿出1500万元资金扶持大学生创业。

16日

▲ 《镇江日报》在第2版报道的标题为:《给予第一楼街11家商户政策扶持——京口区政府返还奖励资金21.5万元》。内容摘要:京口区政府为扶持步行街发展,给予锦尚川菜馆、豪味家餐饮、韦博英语等入驻第一楼街步行街的11家商户政策扶持,返还奖励资金21.5万元。近两年,市和区两级政府对步行街的发展给予更多的关注和扶持。从2010年1月1日起,凡符合第一楼街步行街业态规划布局的进驻品牌商家,经步行街管委会审核后,在税收上京口区将给予区实得税收部分的全额奖励补贴。同时,对入驻步行街的商家,京口区政府提供证照办理服务,并免费提供开业指导、政策咨询服务。截至目前,第一楼街步行街开业面积已达23571.55平方米,正在装修的面积为10249.69平方米,已进驻的主要品牌包括锦尚时尚餐厅、威士堡健身、“畅歌”KTV、“凤舞九天”酒吧、“韦博”英语等。

◆资料链接◆

敏成别墅全景　　陆为中　摄

敏成别墅

位于江苏省镇江市京口区四牌楼街道道署街社区解放路小学内。

敏成别墅为歇山顶,青砖小瓦,砖木一层结构,七架梁,大门朝北,房子建在台基之上,台基高0.5米,建筑东南角嵌有石碑一方,从东至西刻有"敏成别墅"四字,为张大千的师傅曾熙所题。。

镇·街道·场圃·工业园

责任编校：张　敏

象山镇

【概况】 象山镇位于镇江市东部，东与谏壁镇接壤，南临丁卯街道，西与正东路街道、大市口街道、四牌楼街道交错，北与长江相依。总面积43平方公里，耕地面积219公顷。辖4个行政村，15个社区。2010年末户籍人口52789人、24208户。户籍属学府路、九里街派出所。焦山公园、宗泽墓等名胜古迹坐落境内。辖区有江苏大学、镇江机电高职、镇江一中等大中专院校。2010年，实现地区生产总值42亿元，同比增长11%。一般预算收入2.23亿元，同比增长25.3%。定报工业销售100.39亿元。全社会固定资产投资52.93亿元，规模工业投入13.32亿元。社区消费品零售总额10.56亿元。城镇居民人均可支配收入23075元，农民年人均收入11935元，同比分别增长10.1%和11%。 （欧阳君）

【科技产业效应放大】 京口高创中心承载力进一步增强，入驻企业27家，全年营销2.1亿元，实现国际服务外包550万美元，软件类人才培训800人次，创成国家级高创中心。引导企业加大研发投入，建成中煤电子院士工作站，新增国家级

2010年象山镇各村（社区）基本情况

表29

村（社区）	办公地址	联系电话	书　记	主　任
上埠村	镇大公路上埠村委会	88881771	霍顺福	霍顺福
象山村	陈家门路象山村委会	85394329	张志平	张志平
长江村	长江村委会	88781256	仇松良	仇松良
左湖村	左湖村委会	88881203	徐庭国	侯国平
长岗社区	长岗社区居委会	88786235	周阿银	周阿银
丹徒社区	丹徒社区居委会	88795718	王长发	王长发
东风社区	东风社区居委会	88799055	徐卫东	徐卫东
东城社区	东城社区居委会	85378196	左乃宏	左乃宏
孟诚社区	孟诚社区居委会	85119902	孟家富	孟家富
学府路社区	学府路社区居委会	88787655	沃云兰	沃云兰
汝山社区	学府路世纪花园	88782564	姚白萍	姚白萍
宗泽路社区	宗泽路79号	88784008	袁春生	袁春生
景阳山社区	薛家湾148号	88782323	李　俊	李　俊
焦山社区	九里街焦山社区居委会	88855060	郦玉兰	郦玉兰
红旗社区	红旗社区居委会	85394169	张顺祥	韩　平
陈家门社区	陈家门社区居委会	88815368	尹秋涛	尹秋涛
江大社区	学府路301号	88780099	—	王　玲
九里街社区	象山桥3村6幢北侧	86116066	吴艳媚	蒋小青
林机社区	学府路300号	88798616	夏仁祺	夏仁祺

高新技术企业1家,创成省级工程技术研究中心4个,获得国家正式授权专利101件,大禹山创意新社区、京口大学生创新创业基地、京口软件人才实训基地等一批科技创新载体加快推进。（欧阳君）

左湖综合服务中心奠基仪式

【现代服务业比重提高】 成功引进中冶京诚置业、凯业房产、良奕置业等房地产开发企业,汇集优山美地、中南世纪城等一批高档楼盘,全年新开发楼盘70万平方米,销售40万平方米。红豆购物广场营销势头良好,商业副中心地位进一步提升。帝宝花园酒店、北京华联项目加紧启动。长岗片区物流业初具规模,京口物流园区建设进程加快。恺源商贸、九泰投资咨询公司一批总部经济成功落户,现代服务业规模和层次有效提升。（欧阳君）

【项目推进扎实有力】 总投资149亿元的46个项目扎实推进,索普60万吨醋酸造气三期项目加快投入,全国知名连锁餐饮企业“粤鸿和”开业纳客,京口纸业研发项目即将封顶,省交通工程公司搬迁、二重配套等项目取得实质性进展。招商力度不断加大,外资民资齐头并进。（欧阳君）

【“城中村”改造再掀高潮】 积极做好人口数据库、腾仓费发放、回迁安置房建设等各项工作,征地166.67公顷,启动实施江滨大道东延、禹山东路延续、新生村、新华村、象山花园一期2号地块、象山花园二期、象山路等拆迁项目13个,改造“城中村”18个,完成拆迁65万平方米,回迁安置264户。（欧阳君）

【生态环境显著改善】 大力开展覆盖全镇的环境综合整治。投入500余万元实施虹桥港、古运河、玉带河整治,全面完成主要污染物减排任务,人居环境明显优化。推广秸秆综合利用,实现夏秋两熟秸秆零焚烧。（欧阳君）

【民生工程取得实效】 左湖综合服务中心、左湖垃圾中转站开工奠基。“夕阳红”康乐养老中心建成使用。教工新村小区改造出新。合山“青山绿水”实施综合整治。（欧阳君）

【扶持创业力度加大】 投入10余万元加大创业型城市创建力度,全年新增个体工商户1211户、个人独资企业475家,新增注册资本25.23亿元,荣居全市民营经济发展十强镇之列。引进领军人才52人,建立领军团队2支,实现以创业带动就业1055人。与江苏大学共建“大学生创业联盟”,积极探索大学生创业“保姆式”服务。（欧阳君）

召开争先创优活动暨重点项目推进大会

【社会保障惠及百姓】 全年新增社保扩面2600人,征缴基金3900万元。组织再就业技能培训、创业培训,再就业工作成效显著。申报“江苏省社区居家养老服务中心”4家,按时足额发放“尊老金”及“长寿补贴”。（欧阳君）

【社区建设水平提升】 编制《象山镇社区建设与发展规划纲要》,规范指导社区建设。高度重视阵地建设,引导回迁安置小区和新建小区按标准完善公共设施。协调完

2010年象山镇骨干企业基本情况

表30　　　　单位:万元

企业名称	销售收入	法人代表
索普集团	576369	宋勤华
镇江中福马机械有限责任公司	20435	杨　健
镇江飞驰汽车集团有限责任公司	13646	邵　伟
镇江强灵照明有限公司	70850	邱芬娟
镇江市宝华半挂车配件有限公司	34679	童财宝
镇江震东电光源有限公司	8087	胡　勇
镇江索普化工新发展有限公实业司	27515	杨书生
镇江中煤电子有限公司	17346	贾柏青
元鼎饰材镇江有限公司	12658	曲昭昉
镇江市京口大宝轧钢厂	15090	董春宝
镇江蓝舶科技工程有限公司	10503	郭庆莲
镇江京口纸业有限责任公司	25117	郑秀惠
顺裕饰品(实业)镇江有限公司	3893	洪秋任
镇江京口颜料色漆厂	6868	尹建农
镇江金阳颜料化工有限公司	8100	尹建农
镇江飞达纤维工业有限公司	7247	施舒拉
镇江罗尔特商贸有限公司	32066	潘臣平
京通安装工程有限公司	6629	邹家骥
镇江市金鼎钢结构有限公司	6789	管德和
镇江隆全锅有限公司	3390	周锦生
镇江市胡氏光电科技有限公司	11461	胡建强
镇江市江大泵业科技有限公司	6002	左　恒
普莱克斯(镇江)工业气体有限公司	25659	周希龙

(欧阳君)

成方家湾新村、沃得雅苑、东城绿洲等小区社区办公用房移交工作。完成第九届村民委员会和第四届社区居民委员会换届选举工作。加强社区干部队伍建设,提升社区服务水平。(欧阳君)

【科教文卫全面发展】 加大学校周边环境整治力度,投入5.6万元加强学校技防和信息化建设,为41名品学兼优学生颁发奖学金2.5万元。新建长岗复兴村、东城绿洲两个全民健身广场,实现村(社区)健身器材全覆盖。通过“省级信息工程共享示范点”检查。创成“省级卫生村”2个,建成全市首家集团社区卫生服务中心。通过省“十一五”人口和计划生育目标管理责任制终期评估。完成全国第六次人口普查工作。荣获“市级双拥模范镇”、“江苏省双拥模范区争创有功单位”称号。(欧阳君)

【组织机构及领导人名录】

党委书记　李　牧

副书记　房林虹

(2010-04～　)

高月琴

(　～2010-11)

王荣兵

(　～2010-11)

王志斌

(2010-11～　)

王晓方

(2010-11～　)

纪委书记　高月琴

(　～2010-11)

贺国强

(2010-04～　)

组织委员　高翠兰

宣传委员　孙　昊

统战委员　朱爱华

(　～2010-04)

徐　劲

(2010-04～　)

党委委员　戎国平

(　～2010-04)

苏长青

(2010-04～　)

赵有保

仲智华

(2010-11～　)

人武部部长　赵有保

人大主席　高月琴

(　～2010-11)

人大副主席　王正辉

(　～2010-04)

张　青

(2010-04～　)

镇长　房林虹

(2010-04～　)

副镇长　戎国平

(　～2010-04)

苏长青

王嘉梅

陶　群

朱建军

团委书记　丁奕帆

妇联主席　许勤玉

工会副主席　　袁自福
党政办主任　　夏明先

谏壁镇

【概况】 谏壁镇位于镇江市东郊，距市中心13公里，北依长江，南与丹徒区辛丰镇接壤，东临镇江新区，西连象山镇，素有镇江“东大门”之称。镇大铁路及沿江公路、镇澄公路、金港大道穿镇而过，京杭大运河与长江在境内交汇。全镇总面积28.71平方公里，耕地492公顷。辖区有谏壁发电厂等部省、市、区属企事业单位100多家。辖4个行政村，8个社区。2010年末户籍人口34556人、16235户。2010年，谏壁镇深入贯彻落实科学发展观，紧紧围绕“加快转型升级、加速城乡一体”的工作主题和“三个高于”奋斗目标，突出“强投入快增长、调结构促转型、抓统筹惠民生”工作重点，苦干实干，争先争强，经济社会发展取得了新的业绩。镇被评为“省创建文明乡镇工作先进

2010年村(社区)基本情况

表31

村(社区)	办公地址	联系电话	书　记	主　任
雩山村	谏壁镇雩山村	83361860	钟文斌	蒋敏勇
蔡家村	谏壁镇蔡家村	83361858	陈生民	陈生民
雩北村	谏壁镇雩北村	85910366	郭　庆	郭　庆
东京村	谏壁镇东京村	83361855	沈明顺	沈明顺
粮山社区	谏壁镇粮山社区	83361382	朱继明	朱继明
焦湾社区	谏壁镇焦湾社区	83361162	焦厚清	焦厚清
月湖社区	谏壁镇月湖社区	83357650	李正喜	李正喜
东街社区	谏壁镇东街社区	85915001	朱兴明	朱兴明
西街社区	谏壁镇西街社区	85986199	刘　凯	刘　凯
越河街社区	谏壁镇越河街社区	85915501	毛幼平	毛幼平
电厂社区	谏壁镇电厂社区	85352420	赵裕平	赵裕平
索普社区	谏壁镇索普社区	84438155	—	苗明娟

2010年骨干企业基本情况

表32　　单位:万元

企业名称	销售收入	法人代表
江苏鸿泰钢铁有限公司	243739	王美武
中储粮镇江粮油有限公司	125000	邓浩田
中盛粮用油(镇江)有限公司	1918	林　杉
镇江市亚星船舶修造有限公司	5200	许华达
镇江格兰春普化工有限公司	15050	杜义才
镇江金州水务有限公司	1156	杨　军
镇江市正恺电子有限公司	8169	徐　正
镇江江城金属制品有限公司	1517	戴怀钢
镇江吉联时装有限公司	417	包连喜
镇江京口区谏壁印刷机械厂	1073	包家裕
南京中船镇江船舶辅机厂	19034	张仲初
镇江玛威司达建筑材料有限公司	3328	黄庆升
镇江金宝粘合剂有限公司	1891	简楦榕
镇江市镇特合金材料有限公司	3778	顾　军
镇江市腾翔光电有限公司	2395	徐晓波
镇江华翔鞋业有限公司	1438	常伟华
镇江市标力紧固件有限公司	7543	任国平
镇江市吉人加气混凝土有限公司	2939	沈建保
镇江市富邦鞋业有限公司	2846	薛金龙

(陆光金)

乡镇"、"省妇联基层组织建设示范乡镇"、"省双拥模范区争创嘉奖单位"、"省五四红旗团委创建单位"、"市农村垃圾处置长效管理工作先进乡镇"等荣誉称号，顺利通过省级环境优美乡镇考核验收。

（陆光金）

【经济实力有新增强】 大力实施工业强镇战略，全镇经济结构不断优化，发展质量稳步提升。全年完成全社会固定资产投资28亿元，同比增长87%，规模以上固定资产投资25亿元，规模工业投资23亿元，均实现翻番目标。定报工业销售突破百亿元大关，同比增长19.6%。完成社会消费品零售总额5亿元，同比增长66%。财政一般预算收入8500万元。中储粮项目累计投入5.58亿元，油罐区、仓储区全面投入运行，压榨项目建成，即将投产。总投资4.15亿元的鸿泰技改项目建成投产，形成年销售近30亿元规模。建筑面积18000平方米的鸿泰研发中心项目全面开工建设。强龙混凝土项目实现当年开工、当年投产。明兴混凝土、标力紧固件等项目相继落户，正在抓紧建设，逐步形成全镇规模经济梯次发展格局。围绕粮油加工、金属压延、新型电子等优势产业，积极实施产业链招商，着力引进关联度大、产出效益好的项目。全年完成实际到位外资2000万美元，吸纳民资32.4亿元。全市最大的农业项目——总投资10亿元人民币的伊势蛋鸡项目签约，与其合作的中方公司江苏伊康科技发展有限公司完成注册，日方对项目的设计方案正在有序进行。总投资超过3000万美元的80万吨硫酸及余热发电项目完成立项、报批，正在申领营业执照。内河航运、饲料加工、飞驰冷藏车等项目在全力推进。鼓励中储粮、鸿泰钢铁等企业加大有效投入，调整产品结构，不断壮大产业规模，增强集聚效应。引导船舶制造、船舶配件等中小企业加大研发力度，提高产品档次，提升市场竞争能力。全年新增规模企业5家，年销售收入500万元以上的规模企业达39家，其中超亿元企业6家。规模企业对全镇经济发展的支撑作用明显。

（陆光金）

日本伊势食品株式会社、江苏伊康农业发展有限公司和京口区谏壁镇正式签署协议

【环境面貌有新改善】 加大集镇整治力度，维护路面9万平方米、绿岛8000平方米，检修下水道25公里、路灯1200盏，镇区道路、管网、路灯、公厕等基础设施得到完善。新建农村道路6000米，村（社区）主要道路全部实现硬质化。投入70余万元对镇南、镇北排涝站更新改造。下大力气实施黑臭河流整治，境内断面水质顺利达标。所有农村社区通过市级绿色社区检查验收，东京、雩北和雩山村获省、市级环境综合整治示范村荣誉称号。全年查处违法建设445起、拆除6537平方米。完成338省道改造、雩龙公路扩建、电厂出线等拆迁任务，积极稳妥地做好蔡家路以南地块征地拆迁和安置工作，共完成征地80公顷、拆迁6万平方米，为大项目开工建设奠定基础。大城管考核整改率100%，成绩名列全区前茅。连续4个季度在全市农村环境卫生大考核乡镇排名中保持领先。顺利通过省级环境优美乡镇验收。（陆光金）

【社会事业有新进步】 强化治安防控体系建设，在全区率先成立群防群治巡防大队，连续多年被市委、市政府命名为"社会治安安全镇"。全年共接待群众来访129起，调处各类群众矛盾纠纷55起，排查、梳理各类稳定信息142条，涉及人员357人。依法整顿矿山、化工企业、烟花爆竹和公众场所，对资源消耗型、环境粗放型企业逐步关停并转。加强森林防火工作，组织专职巡山队，做好火情监测和巡山护林工作。（陆光金）

【党的建设有新增强】 积极推进创先争优活动，坚持"为民党建"理念，突出"推动科学发展，促进城乡一体"主题，开展基层党组织"五个好"、党员"五个模范"创建活动，充分发挥党员先锋模范作用，全面提高基层组织建设水平。选优配强村（社区）党组织领导班子，全面落实党风廉政建设责任制。在集体资产管理、财务管理、工程建设管理等方面加大监控力度，杜绝腐败现象的发生。积极推进政务公开、村务公开，自觉接受人大代表、政协委员和人民群众监督。镇党委被京口区委评为"五个好"党组织。

（陆光金）

【民生保障有新提高】 健全创业就业帮扶机制，全年新增私营企业545家，个体工商户1146家，注册资本46亿元，转移农村劳动力261人。镇慈善分会共筹措资金逾百万元，帮扶困难群众400余人次，配套发放低保救助保障金63.5万元，受惠群众达530人，全镇消除

举行"同在蓝天下,共浴爱的阳光"主题捐助活动

绝对贫困家庭。认真落实粮食直补、农资综合补贴等各项惠民政策,农民人均纯收入突破万元。全年发放粮食直补及农资补贴78万元,家电及汽车补贴49万元,涉及农户近3000户。全镇自来水普及率达到100%。被征地农民参加基本生活保障达100%。加大校园周边环境综治整治,提高九年义务教育的巩固率和合格率。积极改扩建谏壁医院近4000平方米。合作医疗参保率100%,参保金额镇、村两级达到69.3万元。新建、改造文体广场1.1万平方米,全民健身广场建设走在全市乡镇前列。

(陆光金)

【组织机构及领导人名录】

党委书记　朱定明
副书记　戎国平(2010-04~　)
　傅　岗
　刘远遥
纪委书记　刘远遥
组织委员　夏　雷
宣传委员　陶宝强
统战委员　王　芳(2010-04~　)
党委委员　傅　岗
　刘远遥
　陈　峰
　蒋建国
　杨团伟
　凌　晨
人大主席　傅　岗
副主席　夏　雷
　郭　庆
镇长　戎国平
副镇长　陈　峰
　刁华伟
　宋小燕
　董荣骏(2010-04~　)
人武部部长　杨团伟

大市口街道

【概况】 大市口街道位于镇江市中心繁华地段,东接象山镇,南至中山东路,西沿古运河,北临大西路、东吴路,总面积4平方公里。辖12个社区。辖区内交通便捷,金融网点集中,文化教育娱乐设施众多,有八佰伴、镇江商业城、第一楼街步行街、宜必思酒店、镇江日报社、市新华书店及镇江"城市客厅"、烈士陵园等各企事业单位100余家。2010年末户籍人口60797人、23247户。街道办事处驻青云门府学新村1号。2010年,街道被评为"省工会工作模范街道"、"省老年人体协工作示范街道"、"省全民健身活动先进单位"、"市安全生产先进集体"、"市社会治安综合治理先进街道"、"全市社区创业就业工作先进单位"。鼓楼岗社区被评

2010年大市口街道社区基本情况

表33

社　区	办公地址	联系电话	书　记	主　任
双井路社区	斜桥街131-7	85337172	王正俊	王正俊
弥陀寺巷社区	弥陀寺巷37-1-104	85337173	何　军	何　军
千秋桥社区	中山东路94号-1	85380155	邓荣才	邓荣才
高桥北社区	医政路5号大院内	86110560	戴　萍	戴　萍
鼓楼岗社区	鼓楼二村13号	85380157	朱建浩	朱建浩
老北门社区	老北门17号	85380158	孙王磊	陈胜利
东吴社区	花山湾6区18号楼前	85380160	王立玲	王立玲
蔡家山社区	花山湾8区15号	85380165	冷苏琴	冷苏琴
华润社区	华润新村14幢北侧	88824547	李桂花	李桂花
茶山社区	东吴路76号12幢西侧	85380170	江　涛	江　涛
米山社区	米山人家34幢	88963032	张元华	张元华
古城社区	花山湾中段红星修理厂内	88823941	王长珍	王长珍

2010年辖区骨干企业基本情况

表34　　单位:万元

企业名称	销售收入	法人代表
镇江百盛商城有限公司	73386	杨孙西
江苏烟草公司镇江公司	319649	胡龙海
镇江八佰伴商场有限公司	101464	陶庆荣
镇江家世界万方连锁超市	29161	潘培荣
镇江新华书店	6404	刘　强

（孔雪莲）

为“省级退管工作示范点”，茶山社区被评为“省绿色社区”，米山社区被评为“2007~2009年度省群众性精神文明建设先进单位”。

（孔雪莲）

【经济建设】　2010年，成为全社会固定资产投资20.3亿元，规模以上固定资产18.2亿元，一般预算收入0.95亿元，规模工业销售5000万元，规模工业利税400万元，社会消费品零售总额53.6亿元，实际到位外资196万美元。强势发展现代服务业，加大项目建设力度。积极促成八佰伴国际购物中心、镇江宜必思酒店、商业城购物广场、宫廷坊酒店、电脑数码一条街项目相继开业，加大第一楼街后续招商力度，农工商超市进场装修，积极引进会计、中介、咨询等商务服务业，以各类存量房产为平台，鼓励发展个体私营经济。积极引培新兴产业。结合制药厂、色织总厂地块等项目规划，积极培育市场前景阔、资源消耗低、带动系数大、就业机会多、综合效益好的战略性新兴产业，吸引落户软件行业7家，信息服务业25家、电子行业12家。着力打造文化产业。致力培树镇江书城“文化地标”，关注古城遗址休闲公园使用。有效提升社区服务业。以“便民、利民、为民”为出发点，打造“15分钟生活服务圈”，重点发展包括家庭服务、居家养老、早餐配送、美容美发的社区商业服务，改善居民生活品质。（孔雪莲）

【社区建设】　大力推行“前置式”、“服务型”、“阳光式”执法，共开展综合整治行动88次，出动1320人次，集中清理并整治城市“菜园子”近万平方米，清除小广告715850余处，高质量推进蔡家山、弥陀寺巷等老小区整治工作，配合古城遗址休闲公园建设，完成古城公园周边老小区改造出新工作，开创“控制违建重在预防”的防违治违新举措，在全区大城管考核中，以最高分的成绩通过斜桥街城管示范路的验收。成立政法综治工作中心，实现多个部门集中办公，全面推进“135”民主议事工作制度，化解各类矛盾纠纷120余件，调解成功率98%。响应全市创业型城市建设号召，努力构建创业型街道，新增私营企业数538户，新增个体工商户903户，新增私营个体注册资本33.55亿元，扶持创业404人，创业带动就业2026人。围绕“一社一特”要求，努力打造华润等具有全国知名度的综合性特色社区，先后接待巴勒斯坦参访团、世博非洲联合记者团的外国嘉宾，米山社区获“全市涉外工作先进集体”称号。

（孔雪莲）

【党建创新】　实施党员创业工程，建立创业培训机制，以街道党校、党员服务中心为主体，各级商会、民办培训机构为补充，采取基地培训、专家培训、技能培训、现场培训、结对培训的办法，大力开展党员创业技能培训。落实创业扶持政策，做好创业党员的初始创业补贴、创业实物补贴等工作，为10名创业党员申请52万元创业贷款。推进创业载体建设，积极打造第一楼街数码广场创业基地、八宝科技创业创新大厦，为高科技创业创新人才提供更高层次的孵化载体。各社区初步培育成门面型、楼宇型、市场型小型创业孵化基地11个。放大社区党建品牌，丰富鼓楼岗社区邻里文化，叫响茶山社区红色文化，提升米山社区服务文化，延伸蔡家山社区义工文化，在12个社区深入推广“135”民主议事制度，所有社区均设立民主议事工作室，充分发挥社区群众的监督主体

区委书记胡宗元赴大市口街道调研

作用。（孔雪莲）

【组织机构及领导人名录】

党工委书记 刘　平（　~2010-10）
姚　峰（2010-10~　）
副书记 包迎辉
纪工委书记 包迎辉
组织宣传委员 吴剑瑛
人大工作委员会主任 刘　平（　~2010-10）
姚　峰（2010-10~　）
副主任 虞向平
办事处主任 姚　峰（　~2010-10）
吕小康（2010-10~　）
副主任 曹　钢（　~2010-12）
颜丽娟（　~2010-04）
吴志辉
仲　伟
左巧民（2010-04~　）
党政办公室负责人 陈　卫
社区服务中心主任 夏　玮
综合治理办公室副主任 王加林
公共环境服务中心负责人 林　飞
财政所所长 商玉凤
经济服务中心负责人 张翠华
劳动保障所所长 李镇生

健康路街道

【概况】 健康路街道东至桃花山庄，南临正东路、京口路，西沿古运河，北依中山东路、花山路。总面积5.4平方公里。辖12个社区。2010年末户籍人口85710人、38771户。辖区内有党、政、军机关20余家，法人单位1710家，个体工商户和私营企业3630家，金融机构50多家，涉外宾馆8家，大、中、小学13所，医院3所，体育、娱乐场馆20多家。2010年，街道被评为"全国第二次经济普查先进集体"、"省基层团建示范点"、"市跨越发展有功单位"、"市信访工作'四无'街道"、"市安全生产工作先进集体"、"市双拥模范街道"、"市征兵工作先进单位"、"市社区创业就业工作先进单位"、"市企业退休人员社会化管理服务工作先进单位"。桃花坞社区被评为"省创建文明社区工作先进社区"，尚友社区被评为"市人口和计划生育工作星级示范社区"，气象里社区被评为"市社区创业就业工作先进单位"，梦溪社区被评为"市科普示范社区"。（张恒可）

【经济建设取得实质进展】 2010年，紧紧咬定赶超目标，努力构建"一核、两基地、四街区、二十楼"的发展格局，奋力打造现代商贸服务集聚区，整体实力跻身全市街道"第一方阵"，争当城市经济发展排头兵。全年实现规模以上工业销售收入7.4亿元，同比增长111.1%。规模以上工业利税总额6016万元，同比增长27.4%。全社会固定资产投资总额26.23亿元，同比增长217.5%。全社会消费品零售总额47.94亿元。财政总收入19.98亿元，一般预算收入1.21亿元。新增个体工商户数1227户，净增私营企业320家，新增注册资本31.2亿元。全年共申报新增国家火炬计划重点高新技术企业1家、省科技企业家培育计划1家、省第三批创新型企业1家、省级高新技术产品6件、省重点科技成果转化项目1件、完成专利申报60件、授权58件，进一步提升了企业的科技创新能力和市场竞争力，增强了科技型企业对街道经济的拉动作用。（张恒可）

【城市管理体系日趋完善】 主动作为打造城管示范街道，进一步狠抓桃花坞路城管示范路建设，从市容环境、占道经营、亮点工程等全方位入手，在实践中积极探索城市管理的有效模式。以城管队伍建设为基础，强化"三位一体"运作模式，加强执法人员与社区的联系，推进城市网格化管理，通过点面联

2010年健康路街道社区基本情况

表35

社　区	办公地点	联系电话	书　记	主　任
健　康	腰刀巷6号	85371718	胡　涛	胡　涛
山门口	腰刀巷6号	85371757	雍月琴	雍月琴
尚　友	古更楼巷35号	86110070	沈　涛	金　茜
寿邱街	寿邱街9号	86110176	方利荣	方利荣
梦　溪	中营街73-2号	86110138	吴爱民	吴爱民
气象里	气象里9-2号	86113101	伍云蓉	伍云蓉
桃花坞	桃花坞八区大院	86113105	沈　惠	沈　惠
石马湾	京口路158号	84498726	仲　彬	仲　彬
东　桃	桃花山庄25幢1楼	86113111	卢建华	卢建华
大学山	花山湾新村1区39-1号	86110639	于小燕	于小燕
花山南	花山湾新村3区10号	85380162	杨荣军	杨荣军
田家门	花山湾新村9区12号西侧	85380167	朱爱东	朱爱东

2010年健康路街道骨干企业基本情况

表36　　　　单位:万元

企业名称	销售收入	法人代表
镇江自来水公司	12795.80	谭章荣
江苏惠通集团	34648.70	刘正东
镇江市保港电力燃料有限公司	27580	唐润平
镇江市恺源商贸有限责任公司	37250.70	任满平
中国石化国际事业有限公司江苏镇江化工营业部	13263.10	陈卫平
镇江市中江能源有限公司	219941.00	田　超
镇江原源进出口有限公司	38977.50	邹　恽
镇江华星国际贸易有限公司	14233.90	张　骏
镇江苏宁电器有限公司	51140.10	陈世清
镇江市汉华进出口有限公司	24418.50	郦文军
镇江新世纪商厦有限责任公司	32597.4	赵新铝
镇江华宏进出口有限责任公司	16775.10	伊洪雷
镇江新世纪照明电器有限公司	15045.20	刘建华
镇江宏图三胞科技发展有限公司	12016	李　越
镇江市大祥百货贸易有限公司	4050.00	梁　缨
镇江宏马精细化工有限公司	4243.20	戴桂香

（张恒可）

动、整体协作等方式，提升城市管理的快速反应能力。以城管机制创新为手段，建立共建共联管理机制，通过座谈会、督查会、议事会等形式，积极解决群众反映的热点、难点问题，提升街道城市管理水平。全年共查处违法建设163起，拆除违法建设4256.56平方米，开展综合整治行动29次，出动人员1700人次，清理建筑残土1380余吨，草坪18300平方米；清除小招贴362700余处，楼道杂物1780余件；受理卫生投诉212人次。

（张恒可）

【社区管理不断创新完善】 规范社区人员管理，出台《健康路街道社区专职工作者管理办法》，要求持证上岗率达70%以上。打响社区“四民机制”品牌，建立社区民情收集站，成立社区三方民情会诊小组，召开民主议事会，公开为民办事承诺，接受群众监督。在12个社区开展“一居一品”和“一委一特”特色社区打造活动，6个社区品牌进一步完善，气象里社区零距离服务、桃花坞社区星光义工、寿邱街社区爱心天使、大学山社区心理咨询服务、田家门社区老少共建和健康社区电子一条街等品牌已成效显现。探索老小区“四位一体+准物业”新型管理模式，即物业、街道、业主、社区四方共同管理小区，在物业公司运作上确定较低的物业收费标准和服务标准，为居民提供基本的物业服务。提供“两保两管一除一小修”的准物业服务，建立业主、社区、街道、物业四方联席制度和目标信息反馈机制，确保小区物管覆盖，提高物业管理水平，积极改善小区的综合环境，为居民营造和谐的人居环境。（张恒可）

【民生领域形成立体网络】 不断丰富“零距离”服务内容，积极拓展服务形式，引入业务代理、中介服务等其他社会服务项目，加大“零距离”服务站点建设，形成“一社区一站点”格局。努力拓展“数字网”覆盖范围，建立网络舆情管理日巡查机制，加快街道便民服务中心改造进度，为社区群众提供就业、计生、民政等方面的便捷服务。真抓实干发展各项社会事业，不断丰富街道社区助老中心服务内容，放大“老来乐”居家养老品牌影响，创新虚拟养老新模式，着力做好计生服务工作，积极打造我区首个城市社区药品“两网”示范点建设。积极探索拥军活动新形式，创“健康双拥”一流品牌。2010年，位于桃花坞小区的街道居家养老服务中心和助残服务中心分别通过省级AAA级评估和省级残疾人居家养老机构验收，气象里社区“万家乐”虚拟养老院通过了市级居家养老服务机构验收。（张恒可）

【创业就业工作亮点突出】 积极贯彻落实“创业带动就业”发展战略，强势推进全民创业，发展民营经济，努力创建创业型街道，各项指标相比去年有了新突破。2010年，共组织创业意识教育培训33场，普训1386人次，创业技能培训483人，扶持创业334人，创业带动就业8010人，建成创业孵化基地2个，建成创业培训基地1个，建成实训基地1个。共办理再就业优惠证320本，办理社保补贴580人，办理小额贷款82人，发放贷款金额488万元。举办招聘会2场，城镇失业人员再就业1055人，困难人员实现再就业人数达460人。2010年，辖区大祥时尚街囊获镇江市创业实训基地、大学生创业孵化基地和女大学生创业实训基地等“三大基地”，荣获省级放心消费示范单位，公司常务副总仇德峰女士荣获首届京口区“十佳敬业女性”

组织有创业意向的居民参加培训班

称号。 （张恒可）

【党建精神文明彰显活力】 组织党员干部开展“学习张雅琴，争当带头人”为主要内容的创先争优活动，着力培养社区干部一心为民、埋头苦干的作风和勇于创新、锐意进取的精神。各级党组织组织各类集中培训20多场，冬训党员2200多人。共举办街道“社区大讲堂”12场，参加居民达3000人次。顺利完成12个社区党组织和居委会换届工作，换届后“一肩挑”比例超90%，其中，大学生“村官”任“两委”正职1人。全面推进文明城市创建各项工作。投入近5万元对辖区近60多组宣传栏统一更新，投入20多万元用于粉刷楼栋小广告。组织4次对小广告、乱堆乱放、菜市场、占道经营的集中治理。开展第一届“健康之星”文明社区人物评选活动。撰写理论研究及调研报告10篇，发表12篇新闻报道于国家级、省级报纸杂志，新闻信息用稿量全区遥遥领先。整合资源，强势推进廉政文化建设，先后组织开展重温入党誓词、缅怀革命先烈、廉政电教片展播月、廉政摄影展、迎国庆红歌会等活动，举办《廉政准则》学习心得交流会、述职述廉大会、廉政践诺测评会等来增强基层党员干部廉洁自律责任意识，筑牢拒腐防变的思想道德防线。 （张恒可）

【组织机构及领导人名录】

党工委书记	张立明（ ~2010-04）
	陆炳西（2010-04~ ）
副书记	郎德虎
	王大伟
纪工委书记	王大伟
党工委委员	蒋伟文（ ~2010-11）
	严　波
	汤　际
	殷云仙（2010-11~ ）
组织宣传委员	黄贤宇
人大工委委员会主任	张立明（ ~2010-04）
	陆炳西（2010-04~ ）
副主任	耿纪明（ ~2010-04）
	谭美荣（2010-04~ ）
办事处主任	郎德虎
副主任	蒋伟文（ ~2010-11）
	严　波
	汤　际
	殷云仙（2010-11~ ）
党政办公室	承凤驹
经济服务中心	刘　萍
公共环境卫生服务中心	朱文军
综合治理办公室	王　勤
司法所	肖荣军
财政所	谢菊英
劳动保障所	金　凤
民政办公室	梁春萍
计生办公室	韦银梅
资产办公室	武　玮

正东路街道

【概况】 正东路街道位于镇江市区东南部，毗邻古运河，是镇江市经济、文化、军事中心。总面积5.77平方公里。辖8个社区。2010年末户籍人口44821人、13945户。2010年街道获“省模范街道职工之家”、“市企业退休人员社会化管理服务工作先进集体”、“市‘四无’信访街道”、“全市社区创业就业工作先进单位”、“区十佳人民武装工作先进单位”、“区城市长效管理先进街道”、“区‘五好’党工委”等荣誉称号。 （袁微娜）

【城市面貌焕然一新】 开展集中整治和专项整治5次，解决重点难点问题10余个，新打造亮点3个。成立欧尚超市城管工作岗，取缔戴家湾露天菜场，规范东宫两侧和京口路88号疏导点运作，打造棒棰营示范疏导点1个。开展拆违行动70余次。对辖区内黑臭河流进行综合整治，清理沿河垃圾、打捞漂浮物5.5吨，清理迎水坡农作物12亩，生活垃圾20余吨。对军分区大院、学府雅苑等4个失管小区实行“三位一体”物业管理。修葺毒饵站60余个，投入各类消杀药物100公斤，顺利通过了省级灭蟑城市检查。拆迁安置逐个突破，先后实施古运河中段征地拆迁、虎踞桥片区拆迁和戴家湾“城中村”改造征地拆迁，拆迁490户，拆迁总面积9.76万平方米。完成恒泰新村三批回迁，回迁185户。 （袁微娜）

【双拥工作创建品牌】 继续将5月份确定为“双拥活动月”，开展“京口路双拥一条街”创建暨街道

2010年正东路街道社区基本情况

表37

社　　区	地　址	电　话	书　　记	主　　任
京口路社区	京口路88号	84416979	孟家园	龚家强
京岘山社区	京岘山38号3幢南	85908677	郝丽娟	郝丽娟
恒美嘉园社区	学府路80号恒美嘉园	85961381	许竹春	许竹春
宝塔山社区	学府路56号	84493606	刘　芸	刘　芸
江科大社区	梦溪路6号	84401294	—	张　琴
酒海街社区	酒海街5号	85340990	卜美琴	卜美琴
棒棰营社区	酒海街48号	84415605	丁玉华	丁玉华
贺家弄社区	贺家弄150号	85341970	朱陈敏	朱陈敏

2010年正东路街道骨干企业基本情况

表38　　单位：万元

企业名称	营业收入	法人代表
镇江展销馆有限责任公司	517	陈志龙
镇江市转业军官培训中心汇萃园	1457	谈文琴
镇江市多禾商贸有限公司	6141	顾文华
镇江观海楼酒店有限公司	3928	葛玉栋
镇江市船院空调有限公司	2276	朱建新
镇江市中油石化有限公司	7992	周小明
镇江市华诚电子进出口有限公司	5681	余　振
镇江市金舟软件有限公司	1148	葛世伦
镇江科大船苑计算机网络工程有限公司	2745	薛　峰
镇江天源服饰有限公司	1660	朱　民
镇江市华达物资有限责任公司	9212	马鸣峰
索普新发展化工物资贸易有限公司	43627	杨书生
东煌化工	5520	杜　尧
四洋柴油机有限公司	4515	冯学东
镇江四洋特种金属材料制造有限公司	2143	金乃民
镇江四洋电气工程有限公司	1514	陈　兵
中外合资镇江京友窗饰有限公司	8185	符俊仁
欧尚超市有限公司学府店	10158	翁家骏
镇江市京口锦绣皇宫大酒店	1890	鄂秀萍

（袁微娜）

军地两用人才培训基地揭牌仪式等系列活动。双拥信息和经验被省以上刊物录用5篇。输送合格兵员15名。街道被表彰为“区争创省双拥模范区有功单位”，被市委、市政府、军分区授予“双拥模范街道”称号。（袁微娜）

【辖区经济稳步提升】 全年完成一般预算收入7368万元；全社会固定资产投资13.1亿元，规模以上固定资产投资11.3亿元；规模工业销售3.5亿元，利税3050万元；社会消费品零售总额14.7亿元；实际利用外资200万美元。新增个体工商户1201户，私营企业454家；新增注册资本达23.63亿元。欧尚超市学府店、AO汽车生活馆营业；天正置业广场（大润发京口店）、锦江之星经济型宾馆开工建设；恒泰新村安置房交付使用；恒泰商业地块挂牌上市。完成了各类科技项目23个。完成专利申请数224件，完成授权专利发明228件。镇江学府科技创业园已被认定为省高创中心。引进了本科人才38人，研究生10人。职业技能鉴定450人，技师100人。在京岘山、京口路社区进行全国第六次人口普查试点，全国第六次人口普查期间，共落实普查员、普查指导员300多名，入户2万多户。（袁微娜）

【社会事业蓬勃发展】 全年新增就业1506人，新增注册资本达23.63亿元，新增个体工商户1201户，私营企业454家，办理创业贷款62人，共计375万元。街道获得全市社区创业就业工作先进单位。新增居民社会养老保险18人，为41名老年居民办理了养老补贴，498名征地农民进入数据

"锦江之星"开工仪式

库。全年接待劳动仲裁案件20起，结案率100%。发放低保资金73万元。落实为老服务，办理生活救助金、尊老金。为13名无固定收入重残人员办理了生活救助金，为17户贫困的大病家庭申请"慈善温暖行动"救助，为2名贫困残疾人家庭子女及6名高中和高等教育阶段残疾学生申请了教育专项补贴。积极健全残疾人组织网络，提供残疾人就业岗位11个，开展助明、助行、助听康复行动。获得"2009年度省住房保障工作优质服务窗口"称号。免费为新婚夫妇提供TORCH检测，近年来服务育龄群众8506人，实施RTI综合防治8000人。正东路社区卫生服务中心被评为"省示范城市社区卫生服务中心"。举办"激情正东"广场系列文化活动6场、社区运动会1场。（袁微娜）

【平安法治不断加强】 强化社区"十位一体"综治办规范化达标创建，加强街道政法综治工作中心建设，建成设施比较完善的街道社区康复中心。加大对校园周边环境整治力度，加强对综治委成员单位的检查指导。共排查矛盾纠纷731起，受理各类民间纠纷52件，调处52件，调解率100%，成功率100%，达成调解协议书38份。深入开展"五五"普法宣传。对社区矫正对象实施分类管理，成立"佟德武工作室"，举办"感恩·奉献"专场演出，得到省矫正办领导高度评价。社区信访代理制全面推广，全年共接待48批100余人次上访，16封人民来信全部圆满答复，无一例进京上访。禁毒、反邪教、流动人口管理工作取得新进步。（袁微娜）

【"创先争优"扎实开展】 围绕"创先争优"活动，紧扣"树先锋形象，促科学发展，创和谐正东"主题，开展"项目建设提升年"活动、"爱正东"岗位奉献活动、"创先争优"模范党员评比活动。以为民办实事为主抓手，以创新中求发展为主基调，扎扎实实做事、分层分类推进，在创先争优活动中争当先锋模范。在全区率先成立了京口路社区商会，成立全市首家街道侨联分会和社区侨联工作站。街道在全市非公有制经济人士思想政治工作会议上作经验介绍。克服重重困难完成了都天庙大殿上梁祈福法会。（袁微娜）

【精神文明亮点纷呈】 继续开展"学习提升月"活动，加强思想作风、学风、机关作风建设。街道8个社区有5个进入全市"创建全国文明城市"前二十名。辖区先后涌现出施玉亮、唐发荣等一批见义勇为积极分子，施玉亮入选第三届"大爱镇江"新闻人物。街道被区见义勇为基金会表彰为"2010年度见义勇为工作先进单位"。推举出叶兹茎、方秀生等一批金婚家庭，束瑞祥、陈蕾、顾海英等一批道德模范。杨俊达、马润春等老人奉献社区的事迹多次被媒体报道。（袁微娜）

【人大政协工作新提升】 加强人大"一个载体，二项制度"建设，利用代表联席会平台开展基层人大工作的创新做法，《镇江日报》、《民主建设》和镇江电视台分别以大篇幅报道。成立街道政协联络小组社情民意站，市、区政协予以高度评价。（袁微娜）

九九重阳文艺晚会

【群团工作有声有色】 在全市率先成立“好苏嫂”家政服务中心，贺家齐社区被评为“全国妇联基层组织建设示范社区”。团工委开展“相聚南山，畅享激情”登山、拓展训练等活动，建立2个非公有制企业“新青年团支部”。关工委建立有特色的“启航”青少年校外辅导站等。组织欧尚超市等企业建立工会。（袁微娜）

【组织机构及领导人名录】

党工委书记　虞　军
副书记　谢根龙
　许琛雨
纪工委书记　许琛雨
党工委委员　赵永明
　陈　坚
　（　～2010-11）
　李卫红
　朱伟广
　陈晓君
　（2010-11～　）
组织、宣传委员　朱伟广
人大工委主任　虞　军
副主任　谭美荣
　（　～2010-04）
　耿纪明
　（2010-04～　）
办事处主任　谢根龙
副主任　赵永明
　陈　坚
　（　～2010-11）
　李卫红
　陈晓君
　（2010-11～　）
人武部部长　许琛雨
党政办公室副主任
　杜庆安
经济服务中心主任
　刘文生
公共环境卫生服务中心主任　杨　琴
社区服务中心副主任
　周卫荣
综治办副主任　骆红霞
劳动保障所负责人
　段月娥
司法所所长　佟德武

四牌楼街道

【概况】 四牌楼街道东接象山镇，西与润州区宝塔路街道隔京杭古运河相望。南接大市口街道，北临长江。总面积3.5平方公里，辖10个社区。2010年末户籍人口53548人、22065户。户籍属四牌楼派出所和九里街派出所。街道办事处驻钓鱼巷19号。辖区内有闻名遐迩的北固山、焦山风景区，滨江旅

2010年四牌楼街道社区基本情况

表39

社　区	办公地址	联系电话	书　记	主　任
江一社区	江滨新村55幢后	88987966	张凤霞	张凤霞
江二社区	江滨新村163幢—2	88987900	张春梅	张春梅
道署街社区	道署街2号	85022956	叶　娟	叶　娟
阳光世纪花园社区	阳光世纪花园梧桐苑会所	88801096	丁方品	丁方品
虹桥社区	虹桥街10号	85281336	刘春辉	刘春辉
荷花塘社区	新河街10号	85289959	刘一力	嵇惠祥
民主新村社区	东吴新苑8—1号	88859982	袁筱靖	袁筱靖
江东社区	东吴路85号	88813179	刘崇顺	刘崇顺
香江花城社区	东吴路288号香江花城生活馆北侧	88827586	易苏川	易苏川
江山名洲社区	江山名洲望江园20号	88771078	夏　鹏	殷　莺

2010年四牌楼街道骨干企业基本情况

表40　单位：万元

企业名称	销售收入	法人代表
镇江港务集团有限公司	65117	戴永胜
中石化长江燃料有限公司镇江分公司	41835	严顺秋
江苏省华茂贸易有限公司	16182	张家俊
镇江亚龙焦化物资有限公司	13047	沈国胜
镇江金昌物资有限公司	11286	贾文丽
安利（中国）日用品有限公司镇江分公司	10082	张健蓉
镇江市天龙化工有限公司	5754	陈祝华
镇江香逸渔港餐饮娱乐有限公司	5585	毛向阳
镇江兴地商业管理有限公司	5438	徐　强
镇江市京口区通达碳素加工厂	5150	邱金春

（史宇清）

游专线和享有镇江“外滩”的沿江大道——长江路风光带。有民生银行镇江分行、中信银行镇江分行、镇江文广集团、港务集团有限公司、长江燃料有限公司、安利(中国)日用品有限公司、镇江餐饮龙头企业香逸渔港等国家、省、市属企业70余家,私营企业百余家。2010年,街道被评为“省计划生育先进单位”、“市信访工作‘四无’街道”、“市秸秆禁烧先进单位”、“市黑臭河流整治先进单位”,香江花城社区被评为“省绿色环保社区”等称号。(史宇清)

【推动经济转型升级】 2010年,完成全社会固定资产投资27.8亿元,同比增长67.1%,;规模以上固定资产投资24.6亿元,同比增长75.1%;全社会消费品零售总额12.4亿元,同比增长19.1%;地方一般收入1.01亿元;实际到位外资950万美元。皇冠假日酒店、如意江南、中银大厦、滨江时代广场四大项目稳步推进。协调推进龙吟坊、彩虹苑、南徐国际、滨江时代广场等10幢楼宇资源的招商引资项目。引进国色商务会所、禾嘉集成家居生活馆、源华时尚音乐广场等私营企业138家。对原传统楼宇经济升级改造,现有亿达通讯、泰德科技、国瑞信安电子信息工程等一批高新技术企业落户楼宇。借助文广集团、滨江时代广场等优势,积极发展动漫网游、文化传媒产业,确保50户以上现代服务业项目落户。充分利用“两山一湖一河”改造优势,着力引进游船码头等一批旅游项目,发展旅游经济。(史宇清)

【全面完成拆迁任务】 完成省交通收储及大东一期、二期和维科边角地拆迁项目,累计拆迁462户,6.9万平方米。做好大东片区金泉花园33户拆迁户安置工作和双井路1939户拆迁户及滨江旅游专线拆迁户临时安置补助费发放工作。(史宇清)

【丰富党建工作内涵】 以“各具特色,全面推广”为目标,在全市率先提出“三缘”(按地缘建在楼栋片区里,按趣缘建在文艺团队中,按业缘建在行业商会中)党小组构建,受到市委组织部的肯定。深入推进创先争优活动,全面完成学习实践科学发展观活动的各项目标任务,群众满意率达96.6%。顺利完成社区党组织换届工作。调整组织设置,将江二、民主新村、道署街社区升格为党委。及时足额做好党费收缴工作,全年收缴党费3.14万元。(史宇清)

【全力构建和谐局面】 在阳光世纪花园社区试点全市首家社区消防站工作,创建成全区唯一一家“一级综治办”和网络警务室。新建集政法综治各部门为一体的政法综治工作中心。打响“八个一”法治文化品牌,在全市基层法治文化建设现场会上推广,并被推荐为全市“十佳普法新事”。首批启动江山名洲等5家社区“网上居委会”试点工作,推行社区主任担任“论坛版主”制度,主动倾听民声,快速协调解决矛盾。率先建成开放全市首家街道人大代表接待选民中心和政协委员联络中心,全年共接待群众80余人次,收集群众意见、建议50余条。《新华日报》对此作专题报道。(史宇清)

【加快社区和谐建设步伐】 按照“地域相邻、人员相熟、文化相近、构成相似”原则,依托庭苑、楼栋、巷道,设置99个网格,网格化管理模式在全市推广。在全市率先建成社区“妇女儿童之家”。完成街道社区事务受理中心搬迁,政法综治中心改扩建,妇女儿童之家、社区信息化网络服务中心、人大代表接待选民中心、政协委员联络中心、环卫职工俱乐部及“85180111”及时应答平台建设等工作。荷花塘社区枫叶红老年公寓正式运营。江东社区金皇宾馆居家养老平台对外开放。创设江滨新村假日创业市场、驻镇在校大学生创业基地等创业平台。建成香江花城社区商会。启动香江快舟“创业号”。向区慈善总会捐款12万余元。开展“圆梦助学行动”,发放慈善助学金7.8万元。开展“冬季慈善温暖行动”,发放特困人员大病救助款9万余元,困难群体临时救助款2.2万元。开展结对帮扶活动,与镇江文广集团城市资讯频道等单位合作开展“爱之行”、“看电视,送健康”等慈善活动,发放爱心善款1万元,提供两个爱心报亭给社区困难家庭创业解困。为200名社区老人免费体检。举办以“夕阳无限好”为主题的老年人歌咏、扑克、书画活动。完成环保模范城市创建工作任务,黑臭河流整治取得成效。完成江滨新村、滨东、仓巷等农贸市场定点值守、整治任务。升级改造和整治九里街农贸市场。整治出新象山大道并将其

召开建设创业型城市工作推进会

举办法制滨江大舞台文艺演出活动

打造成文明示范路，龙吟坊商业街成为全市首条“环保一条街”。全年拆除违法建设200余处，7000余平方米。阳光世纪花园社区被评为“省‘五五普法’示范单位”，香江花城社区被评为“省创建文明社区工作先进社区”，江一社区蝉联“省文明社区标兵”，获全省城乡社区校外校辅导工作优秀辅导站、老干部“四就近”服务省级示范点，团工委获市五四红旗团委称号。

（史宇清）

【组织机构及领导人名录】

党工委书记　王永平
副书记　程　鹏
组织、宣传委员　成　华
人大工作委员会主任　王永平
副主任　徐彩华
办事处主任　林黎明
副主任　陈文安
　袁在森（　～2010-04）
　张晨阳（2010-04～　）
　左巧民（　～2010-04）
　颜丽娟（2010-04～　）
党政办公室负责人　杨吉林
经济管理办公室负责人　潘益民
城市管理办公室负责人　杨卫东
社区管理办公室负责人　陈甘玲

共青团农场

【概况】 共青团农场是一座半岛屿型沙洲，南临长江，北接扬州邗江，与焦山隔江相望，距镇江37公里，距扬州21公里，四季分明，气候宜人，雨水充沛，日照充足，无霜期长。属江苏省沿江开发重点区域，现有长江岸线11公里，其中：南依长江主航线5.88公里的深水岸线，北连苏北沿江一级高等公路及宁通高速，西距润扬大桥仅15公里，岸线资源丰富，交通十分便捷，区位优势明显。总面积22.5平方公里，耕地面积446.4公顷。2010年末户籍人口1380人790户。（刘爱兰）

【基础设施】 总投资5021万元的通港路，夹江北侧3.75公里竣工，南部吹砂段正在沉降观测，完成全部工程量80%。总投资3195万元的兴港路，基本竣工。总投资3591万元横港路，完成总工程量90%。通港路和兴港路路灯、绿化基本完成。投资80万元对五四路十二中段1016米严重损坏道路维修。

（刘爱兰）

【招商引资】 多形式开展上门招商、网上招商，1个新兴产业项目——海洋工程装备制造基地项目签约。全年共引进远华物流公

2010年共青团农场红旗村基本情况

表41

村	办公地址	联系电话	书　记	主　任
红旗村	新民洲	83356828	窦可伟	鄂洪生

2010年共青团农场骨干企业基本情况

表42　单位：万元

企业名称	销售收入	法人代表
江苏港盛重工有限公司	61500	王广德
扬子江生态产业有限公司	400	金永华
镇江金农面粉有限公司	400	胡晓祥
镇江一泉调味品有限公司	260	陈菊兰

（刘爱兰）

生产建设中的鼎盛重工

司、镇江常虹、镇江中兴、镇江市顺运、润运物流、镇江金三角百货、镇江瑞丰展示有限公司等30余家。（刘爱兰）

【新社区、行政服务中心建设】 总投资3500万元的行政服务中心，办公楼和后勤楼主体结构通过验收，二次装修、配套等设计方案已确定。总投资1.3亿元的新社区，完成全部工程量80%。（刘爱兰）

【土地复垦】 完成复垦面积5.36公顷，拆迁房屋3000平方米，砍伐树木2000多棵，涉及单位、住户90多家。（刘爱兰）

【农业工作】 认真落实粮食直补，良种补贴政策，切实减轻农民负担。大力推广建设绿色无公害蔬菜、有机稻米、野生畜禽及特种水产品养殖等高效农业基地，提高农产品经济效益。积极申报省、市设施农业项目，建设33.33公顷大棚西瓜基地，实现当年投产达效的目标。完成植树造林面积达38.67公顷。（刘爱兰）

【社会事业】 为红旗村6户无固定收入的老、弱、病、残等丧失劳动能力村民办理最低生活保障。实现劳动力转移38人，安排和推荐下岗职工再就业20人。开展就业培训1场次，培训人数100余人。参加全区第二届机关运动会。组织钓鱼爱好者参加区老年协会组织的钓鱼比赛。协助区文体局组织“活力京口”走进新民洲文艺演出活动。积极开展查螺灭螺和血吸虫病防治工作，全年查螺1408万平方米，灭螺122万平方米，共查病579人。（刘爱兰）

【组织机构及领导人名录】

党工委书记　仇　洋
副书记　冷　斌（　～2010-04）
　　江克成（2010-04～　）
纪工委书记　冷　斌（　～2010-04）
　　江克成（2010-04～　）
场长、管委会主任
　　顾明华
副场长、管委会副主任
　　王兴国
　　江克成（　～2010-04）
　　吴长安（2010-04～　）
　　蒋文煜
　　潘　昶
工会主席
　　冷　斌（　～2010-04）
　　江克成（2010-04～　）
经济发展部　徐玉龙
项目建设部　徐　海
农业水利部　马　华
社会事业部　杜宏林
财政部　李永海
党政办公室　刘爱兰

京露茶场

【概况】 京露茶场位于镇江市东吴路76号，在职干部职工14人，退休人员160人，区直属国有企业，正科级建制。2010年，实现企业财务收支平衡，职工养老、医疗等五项保险实际缴费率100%，职工年收入有所提高，企业安全生产无事故，实现“零信访”。（周　贞）

【努力提高资产经营效益】 加大房屋租金的收交，凡有特殊原因缓收等情况严格按照程序批准。从房屋招租、合同签订、租金收跟踪管理，督促到位，做好服务，全年经营收入80万元。新增学府路112号100平方米门面房，新增资产150万元，并做到当月收益。（周　贞）

【完成拆迁任务和土地交付】 完成古城公园征用拆迁任务，对3家租赁户给予搬迁安置补偿费。京岘山部分茶园被区城投规划用于安置房建设，做好土地的丈量和交付工作。（周　贞）

【关心职工生活】 对退休职工，在原有房贴和福利的基础上每年增发人均100元房贴。对内退职工每月增发80元生活费。对下岗职工组织走访慰问。加大对困难职工的帮扶工作。（周　贞）

【组织机构及领导人名录】

党支部书记　马荣虎
支部委员　吴生银（　～2010-04）
　　卢　玲
场长　马荣虎
副场长　吴生银（　～2010-04）
工会主席　吴生银

（　～2010-04）
李云秋
（2010-05～　）
办公室主任　　卢　玲

（周　贞）

京口工业园区

【概况】 京口工业园区位于镇江市主城区东翼，距市中心10公里。南至沿江公路（338省道）、北至金港大道、东至谏辛公路、西至横山东路，京杭大运河南北纵贯园区。园区南北长2.3公里，东西宽5.5公里。园区一期规划面积4平方公里，初步形成金属压延、电器设备制造、机械制造等特色优势产业集聚。基本建成"布局合理、设施配套、交通方便、机制健全、经济繁荣、环境优美"的现代化经济工业园，2010年，实现地方一般预算2700万元，全社会固定资产投资24.37亿元，规模以上固定资产投资24.37亿元，全社会工业投资19.82亿元，规模工业投入19.82亿元，技改投入12.84亿元，基础设施投入4.55亿元，规模工业销售收入39.15亿元。实际到位外资1550.78万美元。2010年末在园区工作的硕士以上学历人才27人，其中博士以上17人；申请中组部"千人计划"3个，已获批1个；省"双创"计划7个，3个已获批、4个已通过面试。申请并获批市"331"人才5个。（吴鹏飞）

【在建项目简介】

1.宝华半挂车配件搬迁技改项目。实施单位：镇江市宝华半挂车配件有限公司，总投资10.4亿元。

2.非晶硅薄膜太阳能光伏电池项目。实施单位：江苏绿洲新能源有限公司，计划总投资6亿美元，一期总投资1.5亿美元，报批9800万美元，实际到位外资4340万美元。

3.震东电光源搬迁技改项目。实施单位：镇江震东电光源有限公司，计划总投资1.43亿元。建筑面积1.54万平方米厂房竣工，并生产经营。

4.科捷锂电池项目。实施单位：镇江科捷锂电池有限公司，总投资5000万美元。

5.镇江恒伟物流有限公司食品仓储物流项目。实施单位：镇江恒伟物流有限公司，计划总投资1.3亿元。（吴鹏飞）

【新开工项目简介】

1.鼎胜铝业技改25万吨铝板带箔项目。实施单位：镇江鼎胜铝业股份有限公司，计划总投资12亿元。

2.中野应急科技项目。实施单位：江苏中野交通工程有限公司，计划总投资1.2亿元，注册资本3680万元，占地2.8公顷，总建设面积3万平方米，建设期为一年，投产后预计年销售额达到2亿元。

3.多频合路器技改及太阳能电池连接器项目。实施单位：镇江正恺电子有限公司，项目计划总投资6600万元。

4.归国博士创业园。实施单位：镇江绿洲创业园有限公司，计划总投资6000万元，建筑面积6500平方米。

5.海龙核材科技项目。实施单位：海龙核材科技（江苏）有限公司，项目计划总投资12600万元，占地2.8公顷。

6.方源生物科技项目。实施单位：镇江方源生物科技有限公司，计划总投资9500万元，占地2.07公顷，项目建成后将形成年产5万吨的能力，实现销售超3亿元。（吴鹏飞）

海龙核材项目在工业园区顺利开工

【基础设施建设简介】

1.蔡家路及排水工程。该工程东起京鼎大道，西止规划中的横山东路，全长1547.82米，是园区规划的东西向城市支路。工程由江苏天宇建设工程有限公司施工，镇江市市政工程监理有限公司监理。合同中标价1619.83万元。该工程于2010年11月20日开工建设，预计2011年8月竣工。

2.李华村中心沟改造排水工程。该工程是连通老鼠山河泵站和金阳大道地下排水管道的雨污水工程，全长800米。工程由常州市市政工程有限公司施工，镇江市市政监理有限公司监理。合同中标价281万元。该工程2010年12月18日开工建设，预计2011年4月竣工。（吴鹏飞）

【李华村】 李华村是京口工业园区内唯一的一个行政村，村民小组11个，2010年末户籍人口1468人、385户。耕地56.91公顷。村级收入45万元，年人均收入9660元。实现农村劳动力转移153人，进入征地保障128人。完成改水改厕272户。投资25万元新建1500平方米健身广场一处。（吴鹏飞）

【组织机构及领导人名录】

党工委书记　　眭月虎
副书记　　吴立宪
纪工委书记　　吴立宪
管委会主任　　王　忠
副主任　　曹　刚
　　许文兰
　　潘子成
　　吴新华
　　(2010-03～　)
人武部部长　　易怀锁
　　(吴鹏飞)

2010年京口工业园区各类科技项目情况

表43

申报项目	企业名称	项目名称	科技人才
高新技术企业	镇江市正恺电子有限公司		
	海龙核材科技(江苏)有限公司		
省级民营科技型企业	江苏飞格光电有限公司		
省第三批创新型企业	镇江鼎胜铝业股份有限公司		
	镇江市正恺电子有限公司		
省级高新技术产品	镇江鼎胜铝业股份有限公司	节能型高性能空调箔、冰箱冰柜用高表面优质铝合金带材	
	海龙核材科技(江苏)有限公司	FS-Z核级耐辐射铅硼屏蔽阻火模块	
	镇江市正恺电子有限公司	光伏接线PV-ZK1002型、太阳能光伏连接器PV-401型、光伏接线盒PV-ZK10型	
省自主创新产品	镇江市正恺电子有限公司	SCDMA/WLAN/TD-SCDMA合路器	
国家中小企业创新资金项目	海龙核材科技(江苏)有限公司	核工业用高膨胀耐辐照防火密封胶	
	江苏飞格光电有限公司	高速高容量的三网融合关键技术10G　EPON系统中偏振膜色散自动补偿技术的研发	
省重点科技产品转化项目	江苏绿洲新能源有限公司	非晶硅薄膜太阳能电池开发与产业化	
	海龙核材科技(江苏)有限公司	核级耐辐射复合功能系列材料关键技术开发与产业化	
	江苏飞格光电有限公司	基于三网融合大容量智能通讯技术的10G EPON光器件及光模块的研发与产业化	
省工业科技支撑计划	镇江科捷锂电池有限公司	纳米硅线大功率动力锂电池负极材料关键技术研究	
	江苏飞格光电有限公司	高速高容量的三网融合关键技术10G　EPON系统中偏振膜色散自动补偿技术的研发	
	江苏环能通环保科技有限公司	新型纳米复合材料对二氧化碳高效捕获和资源化技术的研发	
	江苏科海智能系统有限公司	配变电设备实时温度无线智能监测系统	
省科技基础设施建设计划(工程技术研究中心)	镇江正恺电子有限公司		
	镇江宝华半挂车配件有限公司		
	海龙核材科技(江苏)有限公司		
省基础研究计划(自然科学基金——企业博士创新项目)	江苏飞格光电有限公司	40Gb/s　PIN-TIA光接收器件的研究	
市工业科技支撑计划	江苏环能通环保科技有限公司	新型纳米复合材料对二氧化碳高效捕获和资源化技术的研发	
	镇江鼎胜铝业股份有限公司	8A01D铝合金铸轧坯料生产铝箔毛料的研究与开发	
	江苏飞格光电有限公司	高速高容量的三网融合关键技术10G　EPON系统中偏振膜色散自动补偿技术的研发	
市基础设施计划	镇江鼎胜铝业股份有限公司	工程技术研究中心	

2010年京口工业园区各类科技项目情况

续表43

申报项目	企业名称	项目名称	科技人才
市新兴产业科技专项	江苏飞格光电有限公司	基于三网融合大容量智能通讯技术的10G EPON光器件及光模块的研发与产业化	
	镇江鼎胜铝业股份有限公司	低过冷度铸轧技术生产高深冲性容器箔开发及产业化	
	海龙核材科技(江苏)有限公司	核工业用高膨胀耐辐照防火密封胶关键技术的开发与产业化	
省知识产权战略推进计划	海龙核材科技(江苏)有限公司		
市知识产权战略推进计划	海龙核材科技(江苏)有限公司		
国家“千人计划”	江苏环能通环保科技有限公司		李　溪
	江苏绿洲新能源有限公司		陈宝兴
	镇江科捷锂电池有限公司		崔立峰
省科技创新团队项目	江苏环能通环保科技有限公司		李　溪团队
	镇江科捷锂电池有限公司		崔立峰团队
	江苏绿洲新能源有限公司		陈宝兴团队
省“双创人才”	镇江博远环境工程有限公司		袁健飞
	海龙核材科技(江苏)有限公司		康　慨
	江苏环能通环保科技有限公司		余　颖
	江苏飞格光电有限公司		陈　欣
省科技企业家培育计划	海龙核材科技(江苏)有限公司		张开祥

（吴鹏飞）

◆资料链接◆

王龙亭(碑)

王龙亭(碑)

王龙亭(碑)，位于江苏大学校园东北角，占地面积100多平方米。

王龙原名王隆恩，江苏省扬中人，一九零八年十二月二十八日生于一个贫困的乡村私塾家庭。一九三九年四月参加新四军，同年加入中国共产党。一九四零年十月调地方工作，历任扬中抗敌委中心主任、扬中、山南、武进县县长、京沪中北特委敌伪工作委员会主任、苏中五地委敌工部部长等职。抗战胜利后，被任命为镇江市市长。一九四五年九月七日，赴和畅洲接受伪军投诚时，在丹徒镇附近江边同一批顽伪军相遇，不幸被捕，当场惨遭敌人杀害，终年三十七岁。

1985年9月，镇江市委、市政府决定，在王龙烈士牺牲处(现江苏大学校园内)建造王龙亭，昭彰烈士的革命业绩，以教育后人。9月6日动工，10月26日竣工，并举行仪式。王龙亭为四角形，以红漆粉饰的4根圆柱水泥柱支撑屋顶，上盖琉璃瓦。王龙烈士纪念碑立于亭中央。碑系汉白玉大理石雕琢而成，高1.2米，宽0.6米，镶嵌在汉白玉大理石砌成的底座上，面南背北。正面楷书“王龙烈士纪念碑”，背面阴刻《王龙烈士简介》。

友好往来

责任编校:张　敏

苏州市金阊区

区委书记　翟晓声
区　　长　戚　蕾

【概况】 金阊区位于苏州城区西北部,辖5个街道,42个社区居委会和10个村民委员会。2010年末常住人口20.39万人,暂住人口10.25万人。总面积35.7平方公里。区人民政府驻西环路3068号。2010年,全区实现地区生产总值105.24亿元,同比增长12.4%。地方一般预算收入10.56亿元,增长10.7%。全社会固定资产投资29.61亿元,同比增长24.4%。新增注册资本46.23亿元,同比增长27%。全口径财政收入19.36亿元;其中,地方一般预算收入10.56亿元,同比增长10.68%。

(王　增　袁洪滨　孙建中)

【区域经济】 出台《关于加快发展服务业的若干意见》,帮助辖区企业争取各类扶持资金7200多万元。举办创新型企业座谈会、银企对接联谊会等活动,开展工商、税务等法规培训工作。高度重视房地产企业健康发展,一批商务楼宇项目陆续开工,总面积达34.2万平方米。加强区招商中心建设,积极开展招商活动,全区累计新引进企业1401家,年末企业总户数超过7900家,总注册资本超过200亿元,其中,注册资本500万元以上的企业有772家,同比增长13.4%。鼓励石路国际商城等企业实施改造提升工程,强化载体带动和节庆促销作用。引进华海3C数码广场等品牌企业,举办石路e街区首届苏州科技数码节。苏州传化物流基地建成开业,吸引500多家物流企业入驻,总营业额超过5.29亿元。七里山塘通过国家AAAA级景区评审,游客量和影响力同步提升。出台《关于加快发展科技产业的工作意见》,协助申报科技项目25项,支持两家科技创业园成功创建为省级高新技术服务载体。设立专项引导资金,加快培育影视实践基地、虎丘婚纱城等文化产业项目,联合举办首届苏州婚庆文化产业博览会。

成立区政府国有资产监督管理局,加强对国有、集体资产经营管理的分类指导。

(王　增　袁洪滨　孙建中)

【城市建设】 完成虎丘地区综合改造工程规划的编制任务,参加虎丘山风景区总体规划的修订工作。注重山塘保护性修复与虎丘地区的规划衔接,虎丘山塘旅游策划通过评审。开展金阊新城第三轮控规调整工作,重点优化新城对外交通体系和城市功能布局。结合苏州轨道交通站点建设,修订石路西区综合改造规划,完善有关交通组织和地下空间的开发方案。在全市首创"八公开一监督"制度,重点项目的动迁工作加快推进,涉拆居民和单位得到妥善安置。金阊新城完成动迁面积21.7万平方米,石路西区和虎丘地区综合改造动迁加快实施,签约交房率均超过78%,相关定销房项目启动建设。金阊新城完成投入5.89亿元。312国道长青环岛改造项目竣工。新开河等驳岸整治全面完成,藕前路等基建项目如期建成。物流服务大厦开工建设。山塘保护性修复深入推进。完成义风园主体工程,实施观音阁、水码头等节点修缮项目,山塘街成功入选"中国历史文化名街"。

(王　增　袁洪滨　孙建中)

【城市管理】 全面推行警城联动机制,针对河道杂船、无证照经营、"黑车"运营等问题,开展集中整治,圆满完成沪宁城际铁路环境综合治理任务。以虎丘、白洋湾地区为重点,加大控违拆违力度,共拆除各类违建2.6万平方米。积极推广街巷新村保洁一体化模式,有序推进农村垃圾集中清理工作。调整石路、山塘街区综合管理机制。积极开展生态城市创建活动,全区所有公立学校、90%以上社区被评为省市级环保绿色单位,石路步行街、阊胥路通过苏州市环保示范街考核验收。

(王　增　袁洪滨　孙建中)

【人民生活】 实施为民办实事工程。一是就业和创业促进工作深入推进。全年帮扶3510人实现再就业,各社区(村)均达到充分就业创建标准。实施创业扶持"12345"工程,新增创业者1239名。二是老住宅小区综合整治收到实效。综合整治菱塘新村、观景新村等10个小区,并对124幢住宅楼实施坡顶改造工程,惠及居民5283户。三是街巷综合整治项目稳步实施。综合整治27条街巷、43幢零星住宅楼,惠及居民3276户。(因规划调整影响,12条街巷将跨年度实施)。四是农村泵房改造项目如期完成。祥杏桥、黄家庄等泵房完成改造并投入运行,颜家圩等泵房的升级改造基本完工,农村防汛设施得到进一步完善。五是环卫基础设施持续改善。全年新建和改建公厕8座,建成垃圾转运站两座,改造垃圾房65座,增设4处环卫工人休息点。六是教育设施建设加大投入。完成两所校舍加固、3所校园改造工程,区实验小学和阊西幼儿园移建项目主体结构封顶,新城初级中学主体工程通过验收。全区教育设施建设总投入达2.28亿元。七是技防设施建设取得新进展。在富强新苑、信记社区、春馨园新村、桐星社区等地安装监控探头262个,在白洋湾地区设置1000套农户联网接警系统。八是社区卫生服务再添新亮点。石路和白洋湾街道社区卫生服务中心分别完成主体项目和土建工程,各街道社区卫生服务中心总面积扩大到1.4万平方米。九是阳光福民工程全面实施。开展"四季阳光快乐行"、"阳光义工"关怀行动,启动"金乐龄"信息化养老服务工程,新增养老护理床位100张。十是精品社区建设加快推进。完成曹杨、菱塘等6个精品社区创建工作,各精品社区办公活动用房平均面积超过1000平方米。2010年,按照市级标准建成"幸福湾"人口文化园,完成直管公房解危面积2.3万平方米,翻修西园路、西塘河路等10条道路,新增绿化面积13.3万平方米,民生实事工程不断引向深入。(王 增 袁洪滨 孙建中)

【社会事业】 教育文体事业全面落实《教育品牌建设行动计划》,市级现代化小学、优质幼儿园达标率分别为100%和93%。区被评为全国数字化学习先行区、省教育现代化建设先进区,区老年大学被评为苏州市首批现代化老年大学。在全市率先出台《关于加强街道文化站建设的若干意见》,群众文体活动呈现五个街道"一街一品"新特点。成功举办"轧神仙"民俗文化节,参与承办中国国际民间艺术节、全国青少年文化遗产知识竞赛等重大活动,荣获中国文化遗产保护典范单位等称号。开展食品卫生专项检查,为辖区7周岁以下儿童提供免费疫苗接种3.48万人次。在全市率先完成流动人口双向协查工作。市0~3岁科学育儿示范基地金阊中心建成投运,石路和白洋湾街道的世代服务中心即将启用。2010年区被评为国家计生优质服务先进单位,通过省"十一五"人口协调发展先进区的评审。(王 增 袁洪滨 孙建中)

【社会保障】 开展"和谐金阊社保阳光行"主题活动,累计解决5949名被征地人员社保遗留问题。深入开展养老服务,2010年区被评为全国养老服务示范单位、全国老龄工作先进单位。创新探索社会援助机制,亚细亚阳光慈善基金成立。全力支援青海玉树和甘肃舟曲灾区建设。全年发放救助金786.2万元。通过全国残疾人工作示范城市的创建考评。

(王 增 袁洪滨 孙建中)

【社区建设】 在全区评选"十佳"社区工作者、"十佳"志愿者等一批先进典型。圆满完成43个社区(村)换届选举工作,社区直选比例达55%。创新实施"电子唱票"、选民见面会、社区工作离任交接等机制,得到中国社科院专家的关注。出台《社区专职工作者统一招聘录用指导意见》,规范社区用工程序。组织119名社区工作者参加全国职业水平考试,首届社区干部大专班顺利结业。

(王 增 袁洪滨 孙建中)

【民主与法治建设】 全面完成"五五"普法任务,完善公务员学法考法网络,加强对青少年、进城务工人员等群体的法制教育。提供法律咨询服务1800多件,办理法律援助案件207件。参与承办中英慈善立法研讨会等重要活动。区法院和区检察院达标项目开工建设。区连续第五次被评为省双拥模范区。开展全国第六次人口普查,做好统计、档案等服务工作。石路街道被评为全国侨法宣传角。重点开展"三项排查"工作,深入实施大调解"123410"工程,区被评为省社会治安综合治理安全区。率先建立突发公共事件综合应急救援队伍,积极开展消防联合演练、减灾社区创建等活动。

(王 增 袁洪滨 孙建中)

【精神文明建设】 居民丁建放、陈祖徐入选中央文明办发布的"中国好人榜"。各社区"护苗学校"实现全覆盖。与央视合作拍摄大型纪录片《虎丘》。以"繁华金阊、原味苏州"为主题,成功举办"世博金阊周"系列活动。配合区政协开展"阊门寻根"新闻行动。区被评为全国妇联基层组织建设示范区。

(王 增 袁洪滨 孙建中)

连云港市连云区

区委书记 唐国海
区 长 方 韬

【概况】 连云区位于江苏省东北部,海州湾南岸,是连云港市东部海滨港口城区,新亚欧大陆桥东桥头堡。辖11个乡镇(街道)、1个经济技术开发区、2个农场、5个盐场。总面积766.44平方公里,人口24.5万人。2010年,全区实现地区生产总值年均递增16.5%,总量达到55.9亿元。财政总收入、财政一般预算收入年均分别递增43.4%、31.2%,总量分别达到24.4亿元、8.8亿元。累计完成全社会固定资产投资270亿元,是"十五"时期的6.8倍。连续六年荣获市综合目标考评一等奖。(陶亚玲 汪昌国)

【城市建设】 连云新城完成海域匡围软基处理66.67公顷。建成海州湾商务中心、法检两院业务楼及平山路景观桥、胜利湖景观绿化亮化等工程。海湾路、海滨大道桥梁等路桥景观工程有序推进。融侨华府、保利海上五月花等一批高端房地产项目正在加快建设。中央商务区完成山海景观轴等地块拆迁2万平方米。金海财富广场、鸽岛亮化工程全面竣工。金港湾商务大厦、金海国际等地标建筑基本建成,金海滩项目顺利开工。海棠路、大港路沿线景观改造有序推进,新改建绿化面积10万平方米,铺设污水管网4.5公里,刷新亮化楼体4万平方米。"十一五"期间,累计投入68亿元,完成东哨西墅、平山转盘等地块拆迁160余万平方米;累计投入280亿元,新建北固山大道、海棠立交等一批路桥工程,建成胜利湖、海棠湖等景观绿地180万平方米,完成日出东方、海客瀛洲等项目100余栋高层、360余万平方米开发任务。美化亮化城区主干道两侧楼体61栋、18.9万平方米。建成墟沟污水处理厂,铺设供水、雨污水管网140公里,新增管道天然气用户1万户,新开公交专线7条,城市配套功能不断完善。 (陶亚玲 汪昌国)

【工业经济】 新建园区道路50公里,供水供电、绿化亮化等配套工程同步推进,形成以板桥工业园为主体,云山中小企业园、板桥紫菜加工园为补充的工业经济发展新平台。总投资200亿元的益海盐化、120亿元的环球铜业、60亿元的华乐合金等10个过亿元项目开工建设,36.5亿元的东茂矿业、20亿元的中彩多晶硅等13个过亿元项目竣工投产,瑞孚新能源、三吉利化工等13个过亿元项目签约落户。全年完成工业固定资产投资29.3亿元,同比增长40.3%。"十一五"期间,累计新开工过亿元项目52个,竣工投产过亿元项目39个。累计完成工业固定资产投资82.7亿元,是"十五"时期的7倍;实现规模工业产值166亿元,是"十五"时期的2.4倍。建成高新技术创业园、宝联科技园,新增市级以上高新技术企业、工程技术研究中心7家,实施市级以上科技发展计划项目86项。(陶亚玲 汪昌国)

【三产经济】 完成大沙湾旅游配套设施改造,后云台山景区法起寺、悟道庵、二桅尖等景点建设有序推进,自然与人文景观相互融合的高端旅游景区形象初步显现。建成海鲜美食街、好旺角海产品市场。大润发、嘉瑞宝广场等项目建设积极推进。实现三产增加值27.2亿元,同比增长16%。"十一五"期间,累计投资7亿元,推进连岛、后云台山等景区规划建设,开发形成海滨度假、渔家风情、山林休闲等特色旅游。成功举办连云港之夏、西游记文化节等旅游节庆活动,接待游客近1500万人次。建成德兰、光伸建材家居市场。完成鑫港花园地块改造。栖霞路、中华路中心商业圈档次不断提升。宝旺钢材、万邦物流等项目建设有序推进,全区仓储、货代等物流企业达740余家。累计实现三产增加值99.4亿元,是"十一五"时期的2.4倍。

(陶亚玲 汪昌国)

【农业经济】 全年实现农产品出口额5460万美元,同比增长10%。全区21个行政村、2个涉农社区集体收入全部超20万元,其中,过100万元达10个;实现农牧业总产值1.2亿元,同比增长2%;农民人均纯收入10750万元,同比增长10%。"十一五"期间,累计建成6000公顷亩藻类、20000公顷万亩贝类、866.67公顷海珍品和5万立方米海水育苗四大养殖基地,新增渔业无公害基地733.33公顷;食用菌、茶叶等特色种植规模不断扩大。新增市级以上农业龙头企业3家,农产品出口创汇累计达2.4亿美元,区被批准为全国农产品加工业示范基地。完成绿化造林733.33公顷,森林覆盖率达37%。

(陶亚玲 汪昌国)

【招商引资】 分别到香港、上海、深圳等地参加沿海开发推介会、举办投资说明会,邀请新加坡丰益、万邦集团等一批世界500强企业到连云区考察。益海盐化、环球铜业等一批龙头型、旗舰型重大沿海产业项目相继签约落户。累计新批外资项目62个,实际利用外资2.5亿美元,是"十五"时期的2.9倍;引进内联资金172亿元,五年翻了两番多。

(陶亚玲 汪昌国)

南通市崇川区

区委书记 吴 旭

区 长 唐吉玲(女)

【概况】 总面积99.98平方公里,辖10街道、107个社区,1个省级开发区、1个省级风景名胜区。2010年末,全区经济总量和人均地区生产总值实现双翻番。实现地区生产总值350亿元,是"十五"期末的2倍,总量位列全省主城区第二;人均地区生产总值64500元,是"十五"期末的2.1倍。财政总收入和一般预算收入实现双超越。财政总收入在全市率先突破百亿大关,达到102.3亿元,是"十五"期末的3.4倍;一般预算收入在全市率先突破40亿,达到41.5亿元,跃居全省主城区第一。固定资产投资总量和结构实现双提升。全社会固定资产投资累计达757亿元,是"十五"期间的5.7倍,列全省主城区第一;其中服务业投入占全社会固定资产投资比重达70.9%,高新技术产业投入占规模以上工业投入比重达33.8%。人民生活水平实现双突破。全区城镇居民人均可支配收入达23650元,农民人均纯收入达12400元。在苏中、苏北率先实现全面小康,在面向县级区域科学发展的国家级评比中荣获全国中小城市科学发展百强第八名、中国十佳和谐可持续发展城市等荣誉。 (袁 扬)

【经济结构快速转型】 以"项目突破年"活动为主题,全年实施重点项目193个,其中工业项目33个,服务业项目160个,总投资176亿元。中远川崎三期、金通灵迁建二期等18个重点项目相继竣工。醋纤五期、文峰城市广场等50个重大项目顺利开工。高新技术产业产值104亿元,占规模以上工业产值比重为28.1%。全社会研发投入占地区生产总值比重达2%,省级以上科技项目立项38项,争取各级科技经费2.1亿元，签约产学研成果转化项目30项。

（袁　扬）

【城市改造快速实施】　北城大桥、通沪大道高架等一批城市主干道相继通车。投入2亿元实施市政工程及基础设施项目40多个。代建公共投入项目14.8万平方米，项目总投资额超5亿元。启动11个城中村改造项目，面积52公顷，涉及居民1000多户。老小区整治更加惠民。"5+2"试点工作顺利实施，铁皮棚整治成效明显，第一批9个车库8500平方米已基本完成，提供非机动车位3700个，拆除铁皮棚1200多个，惠及群众1900多户。疏通污水管道3.5万米，补种草坪68万平方米，铺设草坪砖1.1万平方米。投入700多万元安装楼道灯5万余盏。分类统计全区387个住宅小区，建成崇川住宅小区基础数据库，移交公建配套用房近2万平方米。

（袁　扬）

【拆迁安置快速推进】　全年新开工拆迁项目38个，动迁民居2033户、28万平方米，非居732户、42万平方米。完成世纪大道东延段、南通科技、太平路改造拓宽、东快速路、车管所西侧道路、钟秀安置点等39个项目。在建安置房185万平方米，新开工安置房112万平方米，完成新胜三期、锦安二期等安置点3600多户入住，交付58万平方米。对35个征地拆迁项目进行风险评估，完善监督机制，拆迁安置更加规范。

（袁　扬）

【社会事业快速发展】　联合办学持续深化，学前教育名园引领"1+1"工程启动。积极拓展社区教育，全区107个社区全部与辖区中小学校结对，学校社区教育一体化初具雏形。成功举办社区文化艺术节等社区"三节"活动。麻疹疫苗接种率、乙肝疫苗补种率均达95%以上，60岁以上居民健康档案建档率达90%以上。全区依法生育率99.7%，流动人口计划生育管理服务率98.5%。建成创业孵化基地20家，实现城镇失业人员再就业1.3万人。城乡老年居民生活保障工程全面启动，共计发放养老补贴800多万元。进一步完善尊老金制度，高龄补贴发放范围扩大至80岁以上老人。完成货币安置时期被征地农民回保工作。

（袁　扬）

【社会建设快速升级】　实施"网格管理、组团服务、包干推进"运作机制，推行社区工作准入制，35个村进行社区股份制改革，建立村组股份合作社173个。实现街道、社区居家养老服务中心（站）全覆盖，建成区残疾人康复服务中心。新增社区社团250家，累计1250余家。社区建设论坛、百佳评选等各类活动影响广泛。

（袁　扬）

【社会环境快速优化】　投入2亿多元大力推进文明创建，市容环境得到有效整治。强势推进户外违法广告整治，全部拆除辖区内违法设置的高立柱广告125处，拆除其他各类广告近千块。集中开展"三小车辆"综合治理工作，更新置换车辆1500台，涉及从业人员3000多人。投入3000多万元对深水港河等河道进行全面整治，疏浚农村河道109条。实施老小区安全改造，加强校园安全建设，排查整治社会治安重点区域。成立区社区矫正教育管理服务中心，高危人群得到有效管控。成立全省首家涉外矛盾纠纷调处中心、新市民调解工作室，调处各类矛盾纠纷1300余起，调解成功率达99%。全面推行规模以上企业"1+3"安全监控模式，市、区挂牌督办安全隐患全部整改到位。成立区综合应急救援大队，公共卫生、社会安全等突发公共事件应急处理能力不断提高。

（袁　扬）

盐城市亭湖区

区委书记　王　荣

区　　长　陈红红

【概况】　亭湖区是盐城市的主城区，东、南与射阳县、大丰县毗邻，西、北与盐都区、建湖县接壤，辖6个镇、7个街道办事处和3个经济区。2010年末户籍人口90.2万人。总面积930.6平方公里，2010年，全区实现地区生产总值230亿元，人均地区生产总值超过5100美元，分别是"十五"末的3.4倍、2.6倍。全口径财政总收入52.58亿元、一般预算收入24.41亿元、税收收入20.1亿元，分别是"十五"末的9.5倍、9.4倍、8.9倍。

（金　倩）

【财政】　财政收入质量稳居全市前列。亭湖新区、新洋经济区财政收入超5亿元；黄海、毓龙、文峰街道超3亿元；五星街道超2亿元；环保产业园、南洋镇、新兴镇、大洋街道和先锋街道超亿元。

（金　倩）

【服务业】　一、二、三产业比重为7.8∶51.4∶40.8，二、三产业比重比"十五"末提高11.5个百分点。服务业增加值是"十五"末的3.4倍。社会消费品零售总额达144亿元，总量全市第一。环保、现代物流、光电、农副产品加工交易四大新特产业引领全区经济加快转型升级。与50多个院校建立产学研用合作关系。新认定国家级高新技术企业10家，建成国家级企业技术中心1家、省级企业技术中心和工程技术研究中心10家，新建博士后工作站4家。科技项目获国家级立项40项、省级65项。开发省级以上新产品88个、高新技术产品15个。创成中国名牌产品1件、中国驰名商标3件。申请专利1747件，授权专利883件。科技进步贡献率达45%。获评"全国科技进步县（区）"。

（金　倩）

【工业】　实现全社会固定资产投资527亿元，是"十五"期间的5倍。引进实施亿元以上项目289个，其中5亿元以上项目45个、10亿元以上项目20个。完成规模以上工业投资270亿元，是"十五"期间的5.8倍。新增定报企业143家，销售收入超亿元工业企业达92家，比"十五"末增加83家，销售收入超5亿元工业企业达12家。纳税超千万企业比"十五"末净增42家，摩比斯公司纳税超2亿元。高新技术产业累计实现产值115亿元，年均增长48%。

（金　倩）

【农业】 实现农业总产值42.6亿元,同比增长5.6%。农民年人均纯收入9985元,同比增长14.3%。粮棉油再获丰收。全区水稻和小麦总产分别达到12.69万吨和9.63万吨,其中夏粮总产达到14.2万吨。全年新增一户一棚农户超万名,新增高效农业0.43万公顷,其中设施农业0.13万公顷,高效农业占耕地比重提高到60.5%。引进20公顷高档苗木花卉、100公顷生态休闲农业、53.33公顷设施葡萄等高效农业项目,建成核心区面积扩大到400公顷;黄尖翔鹤园二期绿色家园、南洋才堂千亩耐盐苗木和梨果基地、便仓大禹生态农业园等一批镇级园区相继建成,总面积近万亩。农民新型合作组织蓬勃发展,新发展农民专业合作社101家,新成立农民资金互助合作社6家,新组建土地股份合作社10家,"三大合作"组织总数达372家,实现优势特色产业全覆盖,入社农户比例达40%,农业适度规模经营比重达41%。农业政策性保险面进一步扩大,保险险种扩大到6个,保险覆盖面达81.8%。 (金 倩)

【外向型经济】 全年新批外资项目162个,比"十五"期间净增114个。协议注册外资8.6亿美元,注册外资实际到账4.6亿美元,分别是"十五"期间的11倍、13.8倍,宝龙地产单个项目到账外资达5250万美元。突出日韩外资及港台地区资金利用工作,日韩外资及港台地区资金占到账外资总额的64.2%,台湾正崴电子、信音电子、蓝天百脑汇等一批重点外资项目落户。自营出口企业从"十五"末的40家增加到80家,累计实现自营出口6亿美元,年均增长25%。 (金 倩)

【载体建设】 四大新特产业园区基本实现战略规划、产业规划、空间布局规划、土地利用总体规划"四规合一"。园区配套实现从基础设施向公共服务配套的重要转变,环保产业园"绿巢"研发及公共服务平台、科学家工作室投入使用,现代物流园区公共服务平台开工建设。园区发展的支撑点从以项目为主向重大项目、高端人才、科技创新并重转变,招大引强、招才引智、招校引院正成为引领园区抢占发展制高点的主要抓手,复旦、同济、南大等知名院校研发平台落户环保产业园,中建材环保研究院主体竣工,科行集团建成全市首家国家级企业技术中心。环保产业园着眼于打造"中国烟气治理之都",落户亿元以上项目62个,其中32个项目建成投产,集聚了科行、聚龙、宇达等一批烟气治理企业,建成和在建厂房面积达80万平方米,产业特色化、规模化效应逐步显现。现代物流园区着眼于打造"苏北第一综合物流园区",入驻物流、市场企业40多家,建成营业面积100万平方米,以市场带动物流发展、以物流提升市场水平的互动效应逐步形成。农业三大载体着眼于打造"江北市场农业第一县(市、区)",农副产品批发市场建成营业面积21万平方米,农产品加工区引进实施亿元以上项目8个,现代农业示范园区建成核心区面积400公顷。光电产业园着眼于打造"江苏知名光电产业基地",引进实施伯乐达太阳能电池板、极立电子显示屏、微磁传感器等亿元以上项目16个。 (金 倩)

【社会事业】 科技项目获国家级立项11项、省级40项,新认定国家级高新技术企业5家,通过"全国科技进步县(区)"验收,获第六届国家专利和品牌博览会特别金奖,盐城亭湖高新技术创业园被认定为"省级高新技术创业服务中心"。威特牌商标获"中国驰名商标"。在全市率先高标准落实义务教育阶段教师绩效工资待遇,解放路学校教育集团素质教育全市领先,盐南中专成功创建为省四星级中等职业学校。"社区活动天天乐"获"全国第三届特色广场文化活动奖"。4家社区卫生服务中心通过"省级示范卫生服务中心"验收,40个农村社区卫生服务站达省标。免费接种甲型H1N1流感疫苗2.4万人。区体育局被表彰为"全国群众体育工作先进集体"。各镇(街道)"世代服务中心"全面建成,初步形成三级计生优质服务体系。区婚姻登记处被命名为"国家级示范窗口单位"。新增有线电视入户1.65万户、数字电视用户1万户。全区企事业单位引进博士13名、硕士41名,引进省高层次创新创业人才支持项目5个。"省级双拥模范区"通过验收。圆满完成第二次全国经济普查工作。 (金 倩)

【人民生活】 新增城镇就业再就业2.65万人,新转移农村劳动力1.17万人。新增私营企业2730家,个体工商户2.8万户,注册资本157亿元。养老、医疗、失业、工伤、生育五项基本保险参保人数净增3.3万人。新型农村养老保险、被征地农民基本生活保障参保人数分别达2.66万人、2.1万人,城镇居民医疗保险、新型农村合作医疗参合率分别达99%、99.65%。成立区慈善总会,募集资金1600万元,当年受助群众1000多人。城乡居民最低生活保障覆盖面进一步扩大,扶贫助学、帮困助医、残疾人生活救助、司法援助等社会救助体系不断完善。 (金 倩)

杭州市下城区

区委书记 赵 敏
区 长 项永丹

【概况】 下城区辖8个街道、71个社区。2010年末户籍人口40.10万人,人口自然增长率3.71‰。全区国内生产总值460.54亿元,同比增长11.8%。其中,第二产业增加值48.44亿元,同比增长11%;第三产业增加值412.1亿元,同比增长11.9%。工业总产值99.32亿元,同比增长26.2%。工业销售产值99亿元,同比增长26.9%。其中,规模以上工业总产值、销售产值为92.56亿元和92.20亿元,分别同比增长27.1%和27.9%;主营业务收入92.73亿元,同比增长23.1%;利税12.10亿元,同比增长20.1%。新培育11个国家重点扶持的高新技术企业、3个省级软件企业、14个市级高新技术企业。区科创中心创建为国家级科技企业孵化器。规模(限额)以上高新技术产业实现增加值60.07亿元。32个工业企业搬迁，5个专业市场完成改造提升。社会消费品零售总额453.74亿元，同比增长20%。其中，批发零售贸易业零售额433.25亿元，同比增长20.5%；住宿餐饮业零售额20.49亿元，同比增长10.4%。辖区内拥有亿元市场14个，实现成交额638.11亿元，同比增长10.4%，丝绸城被命名为省级重点市场，武林路时尚女装街入选浙江省首批特色商业示范街。新引进3家省级银行总部、191个非银行类金融企业，组建第2个小额贷款公司。文化创意企业营业收入260.42亿元，同比增长30.5%，中北创意街区列入全省重点发展集聚区，被认定为国家数字娱乐产业示范基地拓展区。全年举办会展活动60个。外贸进出口总额23.51亿美元，同比增长44.9%。其中进口总额11.38亿美元，同比增长64.2%；出口总额12.13亿美元，同比增长30.4%。全年引进外资企业36个，协议利用外资4.77亿美元、同比增长11.9%；实际利用外资2.53亿美元，同比增长38.8%。引进内资企业905个，到位资金84.73亿元，同比增长18.2%。全区财政收入106.16亿元，其中地方财政收入63.90亿元，分别同比增长8.2%和11.1%。地方财政支出19.25亿元，同比增长12.8%。其中，城乡社区事务支出3.10亿元，同比增长6.6%；社会保障和就业支出2.85亿元，同比增长30%；教育支出3.69亿元，同比增长9.8%；公共安全支出1.60亿元，同比下降2.9%；一般公共服务支出2.67亿元，同比增长5.3%。全社会固定资产投资总额103.01亿元，其中限额以上固定资产投资103.01亿元，分别同比增长15.3%和15.4%。从限额以上固定资产投资方向看，第二产业投资3.86亿元，同比增长12.4%；第三产业投资99.14亿元，同比增长15.6%。房地产开发投资70.74亿元，同比增长24.2%。房屋施工面积417.33万平方米，同比增长48%；竣工面积47.01万平方米，同比增长646.3%。商品房销售面积38.77万平方米，同比下降35.4%。完成中河、东河（下城段）沿岸29幢建筑4.7万平方米的立面整治和景观绿化、公园改造、游步道贯通。“农转非”安置房开工面积29.19万平方米，竣工面积28.14万平方米。北部路网中重工路二期工程及8条支小路基本建成。全区新增停车泊位812个，完成8处亮灯工程。改善危旧房1.39万平方米，庭院改善工程修缮庭院的38个144幢房屋，改造背街小巷36条、截污纳管项目40个。全年新增绿地9.26万平方米，实施东新河等13条河道断面监测，年配水量1173.87万立方米，每日新增截污量3320吨。专利申请量2512件，同比增长28.2%；专利授权量1697件，同比增长55.4%。全区有各类教育机构68个，其中小学17所，在校学生1.98万人；中学13所，在校学生1.17万人；特殊教育学校1所，幼儿园36所。区内符合条件的“新杭州人”子女100%招收入学。推行文化超市“五个一”运作模式，实现省、市体育先进街道全覆盖，初步构建“15分钟文化圈”和“10分钟体育圈”，创建省、市级体育先进社区24个，成为全市开展社区公共体育服务长效机制试点城区。有卫生机构数169个，拥有床位数727个，卫生技术人员1584人。成为全国中医药特色社区卫生服务示范区和浙江省卫生强区。计划生育率99.03%。全年投入资金226.67万元，为52户困难家庭提供基础装修，为359户困难家庭提供基础装修配送基本家具、家电。新建社区老年食堂20个，改扩建街道老人公寓2个。市区城镇居民人均可支配收入为30035元，同比增长11.8%；人均生活消费性支出20219元，同比增长8.7%。全年办理人大代表意见、建议96件，政协委员提案101件，满意率和基本满意率99.6%。受理信访电12094万件，办结率100%。（汪永照）

【推行为民服务绩效追踪机制】 结合深化“66810”为民服务办法，自主开发集“数字化的基础台账、网络化的民情日记、动态化的监督平台、民主化的考核依据、科学化的决策来源”等五大功能于一体的“66810”为民服务绩效追踪信息管理系统，组建区、街道、社区三级专兼职绩效追踪队伍，对服务绩效进行随机抽查、实时回访、定期追踪，对各社区、全体社区专职工作者进行综合考评，促使社区更好地为居民群众服务。全区共输入居民信息18.8万户、46.36万人，社工共走访居民家庭39.92万户次，居民事务受理量为12.17万件，已办结12.15万件，占受理总量99.78%。居民事务共回访5.72万件，占总量的47.33%；民情走访共抽查7.33万件，占全区走访总量的18.36%。（汪永照）

【全市首个“楼宇综合服务中心”成立】 为提升楼宇经济管理服务水平，拓宽政府服务企业渠道，将传统社区理念引入楼宇经济，开创“楼宇社区”理念，首创“楼宇合服务中心”。全区有9幢楼宇率先建成标准化的“楼宇综合服务中心”。“楼宇综合服务中心”承担经济服务、民生保障、城市管理、综合治理和党群建设五项职能。制定区《楼宇综合服务中心标准化建设实施指导意见》、《楼宇综合服务中心规范》等规范性文件，开通网上咨询问题，企业可获得政府相关部门的直接指导。标准化的“楼宇综合服务中心”实现由“企业找服务”为“政府送服务”。（汪永照）

【国际教育创新大会设立“文晖奖”】 2003～2010年，下城区成功承办了八届中国杭州国际教育创新大会。2010年11月8日，联合国教科文组织亚太地区教育局、中国联合国教科文组织全国委员会和下城区人民政府联合设立了以下城地名命名的亚太地区“文晖教育创新奖”，在第八届中国杭州国际教育创新大会上首次颁发，以表彰通过开展教育创新改善教学质量的个人或机构。柬埔寨的“高棉盲文与高棉手语创立”项目和中国北京外国语大学的“歆语项目”获首届“文晖奖”，马来西亚的“农村智能学校标准项目”、印度的“改善印度西北方邦城市贫困区对穷人的教育”项目和“凿壁上网教育项目”获荣誉奖。（汪永照）

【汽车精品街区获“中国特色商业街”称号】 绍兴路汽车文化精品街区位于绍兴路北起香积寺路、南至德胜路段,包括绍兴路沿街区域及杨六堡路、绍兴路400弄、杨家里3条路的部分周边区域,总长960米,经营面积26.7万平方米,是集名车展销、维修保养、检测办证、汽车创意等功能于一体的特色商业街区。街区共有相关企业(店铺)190个,包括奥迪、保时捷、宝马、凯迪拉克、丰田等9个国内外知名品牌汽车4S店。2010年,销售汽车16557辆,总交易额48.5亿元(其中汽车行业销售收入34.9亿元),上缴税金1.14亿元。在中国(北京)商业街发展高峰论坛上,绍兴路汽车文化精品街区被评为“中国特色商业街”。 (汪永照)

【社区卫生服务综合改革入选首届感动浙江卫生十大事例】 卫生工作紧扣“户户拥有家庭责任医生,人人享有基本卫生保健”目标,积极推进从“打造卫生强区”向“建设健康城区”转变、从“医疗服务”向“健康服务”的转变。2010年1月,在首届“感动浙江•卫生十大人物(事例)”评选中,全区深化社区卫生服务综合改革入选为首届“感动浙江•卫生十大事例”。(汪永照)

【城北体育公园开放】 城北体育公园位于下城区上塘河以东、重工路以南、白石路以西、绍兴路以北,总占地面积约44.7万平方米,是以体育锻炼为主要功能,集生态、休闲、运动于一体的城市综合性公园。2010年5月建成并向市民开放。 (汪永照)

学习交流

● 1月1~3日,美国博通通信有限公司软件部高级经理、无线通信集团林野博士到京口工业园区,考察、洽谈投资“MtoM”软件国际服务外包项目。

● 1月21日,美国MPX公司中国代表钱鸿滨到京口,洽谈光触媒空气环保机项目。

● 2月1~2日,旅美归国博士林野先生到京口,考察京口软件园和归国博士创业园,计划投资1000万元从事手机软件系统程序开发。

● 2月21日,希腊Sunlight Creating Energy(意译:阳光创能公司)首席代表陈乃礼先生到京口,实地考察京口工业园区并就投资生产铅酸、镍镉、锂电池项目进行洽谈。

● 2月26日,爱励国际(德铝)欧洲区副总Olli-Matti Saksi先生一行到京口,考察鼎盛铝业有限公司。

● 3月3日,江苏瑞蚨通软件科技有限公司周岳新董事长到京口,实地考察相关地块,计划建设瑞蚨通总部。

● 3月4日,美国MPX公司技术总监黄骏先生到京口,洽谈新型环保空调项目。

● 3月8日,巴勒斯坦友人到大市口街道米山社区参观交流。

● 3月8日,宏业地产公司董事长、广东浙江商会会长周国权到京口,考察长江路风光带、新河街和禹山北路等地块。

● 3月16日,美国MPX公司技术总监黄骏先生、南京利科电子有限公司技术总监焦尔钧先生和上海笔盛电子科技有限公司技术总监何跃先生到京口,考察归国博士创业园,为新型环保空调项目第一阶段2台样机组装、测试选址。

● 3月20~21日,中国商用飞机有限责任公司副总经理吴光辉先生一行到京口,考察鼎胜铝业,并洽谈合作事宜。

● 3月25日,中国建筑材料集团有限公司副总经理马建国一行到京口考察。

● 3月25日,美国MPX公司技术总监黄骏先生和南京利科电子系统有限责任公司总经理盛玉熙先生一行到京口,推进新型环保空调项目。

● 3月27日,日本伊势食品株式会社常务董事曹乃颖、日本专修大学李建平博士和江苏瑞蚨通软件科技有限公司董事长周岳新到京口,考察洽谈总投资50亿日元蛋鸡生产基地项目。

● 4月19日,中国工程院院士、清华大学国家工程技术研究中心主任、博士生导师吴澄一行到京口,视察镇江中煤电子有限公司,并洽谈设立“院士工作站”项目。

● 4月20日,山东省济南市市中区舜耕街道一行到京口,考察社区党建文化工作。

● 4月28~29日,联合国教科文组织城市规划专家董卫教授和广东浙商联合投资(控股)有限公司董事周国权等一行到京口,探讨新河街地块的大运河申遗工作。

● 5月3日,来自非洲肯尼亚、津巴布韦、安哥拉等15个国家的新闻记者到京口。参观大市口街道米山社区。

● 5月11日,中国工程物理研究院考察组一行到京口,考察海龙核材料、科捷锂电池、正恺电子三家企业和京口工业园区,洽谈合作项目。

● 5月19日,德国史密斯公司委托的易合(西班牙)合伙人王晓卉、咨询师潘淳、市国投总经理朱国建、飞驰汽车集团总经理邵伟一、常务副总经理黄俊等一行到京口,考察工业园区,洽谈投资冷藏车、半挂车项目。

● 5月28日,西藏自治区政法委系统维稳工作考察团到京口,观摩四牌楼街道阳光世纪花园社区十位一体政法综治规范化建设。

● 6月7~9日,台湾建日农业生技股份有限公司董事长陈盛根、总裁陈家和等一行到京口,考察洽谈农业项目。

● 6月8日,省科技厅组织科技专家到京口,考察中煤电子有限公司申报企业院士工作站项目。

● 6月11日,省民政厅社会事务处组织省涉外婚姻登记处一行到京口,参观全区婚姻登记处,并详细了解智能电子排队叫号系统、优生服务、婚姻服务预约登记等相关功能。

● 6月17日,日本伊势食品株式会社社长伊势彦信一行到京口考察、调研。

● 6月30日,重庆协信控制(集团)有限公司总裁助理林晓源等一行到京口,考察孟家湾、薛家湾等地块。

● 7月30日,加拿大江苏商会会

长、多伦多国际贸易俱乐部董事、加拿大思捷国际咨询有限公司总裁蒋涛到京口工业园区，考察、洽谈锂电池正负极材料供应。

● 8月3日，高达(上海)工程咨询有限公司环境工程师李鹏一行考察京口工业园区，环评调查爱励国际与鼎胜铝业合资的航空级铝合金板项目。

● 8月12日，中南民族大学民族学与社会学学院博士、副教授、硕士生导师，民族理论与民族政策教研室主任哈正利一行到京口，调研大市口街道千秋桥社区民族工作。

● 8月12日，省委宣传部组织“创新型经济镇江网络行”采访团一行到京口，采访镇江鼎胜铝业股份有限公司。

● 8月18日，辽宁省盘锦市政协研究室主任王君一行到京口，学习考察政协民主评议工作。

● 8月25日，扬中市政协副主席汤树良率扬中市无党派联谊会和有关部门领导一行到京口调研。

● 9月9~10日，山西省河津市市委书记杨勤荣率市党政代表团到京口，考察全区经济和社会事业发展情况。

● 9月15日，海口市纪委一行到京口，参观考察党务公开工作。

● 10月8日，江苏卫视“乡风文明环省行”栏目组到谏壁镇粮山文化大院，专题采访镇乡村文化工作。

● 10月14日，新疆生产建设兵团农四师一行到京口，参观考察四牌楼街道江一社区党建文化工作。

● 10月15日，三亚市纪委一行到京口，学习考察党务公开工作。

● 10月19日，青海省西宁市城西区区长吴天晓带领考察团到京口，考察全区经济和社会事业发展情况。

● 10月25日，丹阳市政协主席王健率市政协委员丹阳活动组到京口，开展学习交流活动。

● 11月11日，南通市港闸区考察团到京口，参观学习大市口街道华润社区“135”民主议事工作。

● 11月15日，西藏达孜县县委副书记郝静率考察团到京口，实地考察四牌楼街道江一社区党建文化建设。

● 11月24日，省政府妇儿工委督查组有关领导一行到京口，参观四牌楼街道江一社区妇女儿童之家。

● 11月25日，台湾多弘投资有限公司、顺明塑料管道(南京)有限公司一行到京口，实地察看京口工业园区，意向投资节能电热水器和聚乙烯管道(绿色环保)项目。

● 12月7日，赛珍珠国际基金会总裁、首席执行官JanerL.Mintzer(珍特•明泽)女士，董事Garole Watters(凯洛尔•瓦特)女士一行到京口，考察索普实验学校。

● 12月7日，上海城建集团副总经理钱志斌、陶祖伟等一行到京口，考察洽谈大禹山创意新社区项目。

● 12月20日，省委老干部局副局长王爱国一行到京口，参观区老年活动中心、老年健身设施和老年大学。

◆资料链接◆

宗泽墓

宗泽墓

宗泽墓位于京岘山北麓，占地面积1000平方米。

宗泽(1060–1128)，字汝霖，浙江义乌人，宋哲宗元佑进士，累官地方，以廉能著称，徽宗朝，因遭陷害，于宣和元年罢职，闲居京口四年。系宋代抗金名将。钦宗靖康年间，宗泽被起用为河北义兵都总管，截击金兵退路，夺回二帝，起用岳飞等为大将军，屡战屡胜，金人敬畏。曾二十四次上书赵构还都，遭到投降派的拒绝，忧愤成疾而卒。死后，宋廷追谥忠简。岳飞陪同宗泽之子宗颖扶柩至镇江，与发妻陈氏合葬于京岘山旁。

民国23年(1934年)墓道口建石牌坊一座，民国26年修缮，1966年毁，1984年按原基础整修，同年6月竣工。墓圹直径9米余，坟包直径3.5米，四周采用弧形錾凿石围护，上覆封土堆，通高2米。墓前树大理石碑，高1.9米，上刻“宋宗忠简公讳泽之墓”。墓门前台阶随地势呈曲尺形，台阶前筑有圆形花坛，再前为墓道，长达90米，两旁植冬青树。墓道前两侧，树方形花岗石柱一对，前刻“大宋濒危撑一柱，英雄垂死尚三呼”。背刻“颁表八百年前勋绩永昭明于日月，锡垂万千载后珠玑长炳耀乎乾坤”。

1982年3月25日，被公布为省级文物保护单位。

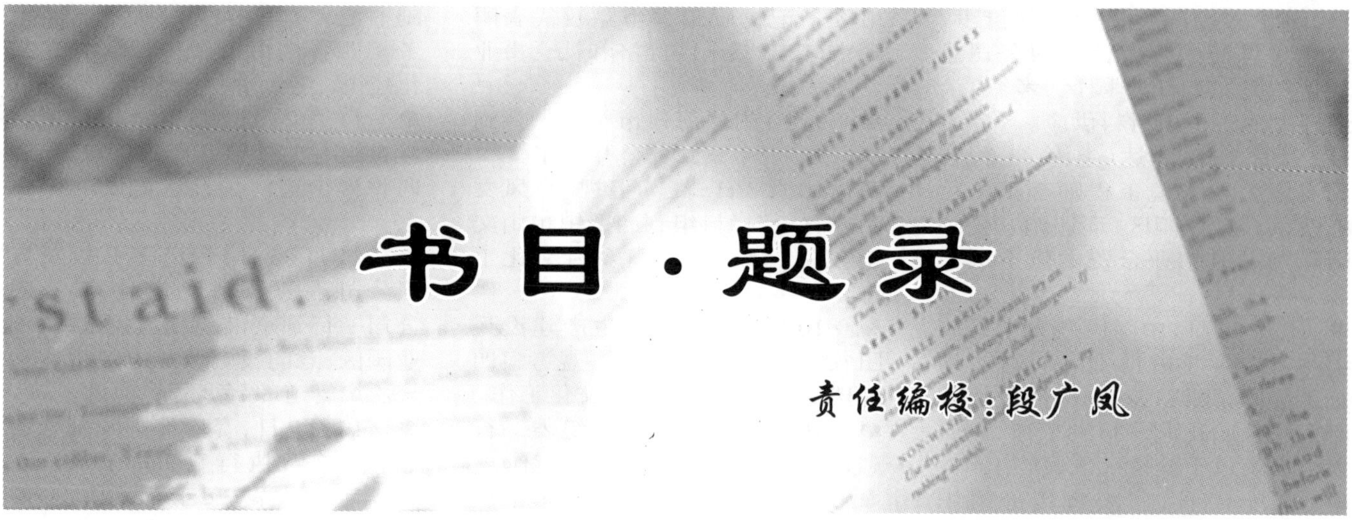

书目·题录

责任编校：段广凤

书　目

2010年京口区部分作者著作书目

表44

书　名	编著者	出版者	出版年月	字数(千字)
京口年鉴	史志档案办公室	方志出版社	2010-08	826
海纳百川	吴明宝		2010-05	15
翰墨情缘五十秋	胡德明		2010-07	25
张斋夜谭	张风雷	台海出版社	2010-07	16
知遇	袁达高	银河出版社	2010-07	15
京口夜话	徐　苏	江苏大学出版社	2010-11	34
乐游镇江	熊兴邦		2010-12	21
为90后喝彩	钟程发　吉　梅等		2010-12	12

题　录

2010年京口区部分作者发表国家级报刊题录

表45

标　题	作　者	发表报刊	发表日期
看桥读风景	郭　韵	《中国散文精致读本》	2010-09
醋香盈袖	郭　韵	《中国散文家代表作集》	2010-09

2010年京口区部分作者发表省级报刊题录

表46

标　题	作 者	发表报刊	发表日期
婉约沱江	郭　韵	《散文百家》第3期	2010-03
妈有三个女儿	郭　韵	《散文百家》第3期	2010-03
江南女子	郭　韵	《散文百家》第3期	2010-03
暖出寂寞的泪水	郭　韵	《散文百家》第3期	2010-03

◆资料链接◆

僧伽塔　　严潇　摄

僧伽塔

位于江苏省镇江市京口区正东路街道宝塔山社区运河路鼎石山上宝塔山公园内。

西域僧人僧伽圆寂后，葬于泗州，宋绍兴年间在寿丘山建塔纪念。明万历年间徙塔于鼎石山，八角七层仿木楼阁式砖塔，高32米，塔基为条石叠砌，底层平面八角形，每边长3.4米，塔身用青砖，底层每边长3米，高3.5米。以上各层直径依次相应收缩，高度相应递减。转角处有倚柱，每层四门，上下相错，隔层有叠涩腰檐，内木楼板和木梯已改为水泥质地。1962年于塔地宫发现鎏金木塔等文物。塔西有山门一处，山门上有僧伽塔匾额一块，门口有一对户对。

现为市级文物保护单位。

统计资料

责任编校：段广凤

京口区2010年主要情况综合一览

表47

项目	单位	2010年
一、基本概况		
土地面积	平方公里	118
耕地面积	公顷	1581
镇政府	个	2
街道办事处	个	4
居民委员会	个	67
村民委员会	个	10
二、总户数、总人口		
总户数	万户	12.7
总人口（户籍人口）	万人	33.01
本年人口自然增长率	‰	2.26
三、地区生产总值	亿元	260.46
其中：第一产业	亿元	3.88
第二产业	亿元	9.28
第三产业	亿元	16.63
四、工农业总产值	亿元	271.65
其中：工业总产值	亿元	269.4
农业总产值	亿元	2.25
五、全社会固定资产投资完成额	亿元	186.84
其中：工业性投入	亿元	73.13
六、财政总收入	亿元	16.26
其中：一般预算收入	亿元	10.03
七、社会消费品零售总额	亿元	139.91
八、实际利用外资	万美元	8300
合同利用外资	万美元	7555
九、出口总额	万美元	46541
十、在岗职工平均工资	元	43465
十一、城镇居民人均可支配收入	元	23767
十二、农民人均纯收入	元	11498

京口区2010年地区生产总值(当年价)

表48

项目	单位	2010年	按可比价±%
地区生产总值	亿元	260.46	13.6
第一产业	亿元	1.46	3.88
第二产业	亿元	98.59	9.28
第三产业	亿元	160.41	16.63
人均地区生产总值	元	67608	12.4
全区地区生产总值构成	%	100	—
第一产业	%	0.56	—
第二产业	%	37.85	—
第三产业	%	61.59	—

京口区2010年农业主要产品生产情况

表49

种类	单位	2010年
一、粮食作物		
面积	千公顷	2.27
总产	吨	13116
1.谷物		
面积	千公顷	1.96
总产	吨	12484
(1)夏收谷物		
面积	千公顷	0.94
总产	吨	4567
其中:小麦		
面积	千公顷	0.94
总产	吨	4567
(2)秋收谷物		
面积	千公顷	1.02
总产	吨	7917
其中:水稻		
面积	千公顷	0.7
总产	吨	5978
2.豆类		
面积	千公顷	0.28
总产	吨	541
二、油菜子		
面积	千公顷	0.36
总产	吨	858

京口区2010年规模工业企业主要经济指标

表50

	工业总产值（万元）	工业增加值（万元）	工业销售收入（万元）	利税总额（万元）	利润总额（万元）	资产总额（万元）	职工人数（人）
全区合计	2627642	647822	2618485	223907	128690	2922767	23575
象山镇	1010580	249150	1003887	70647	33622	1280894	10108
谏壁镇	1005430	247880	1004741	118237	67620	1021691	6732
工业园	388645	95817	391398	18781	16360	337806	1686
共青团农场	61500	15162	61000	3500	3000	28000	56
正东路街办	35159	8668	35152	3004	2097	17981	803
健康路街办	74362	18333	72591	6035	2757	148484	2456
大市口街办	5066	1249	5025	401	201	896	120
四牌楼街办	46900	11563	44691	3302	3033	87015	1614

京口区2010年全社会固定资产投资完成情况

表51　　单位:亿元

投资种类	2010年	2010年比2009年增长(%)
全社会固定资产投资	186.84	31.6
其中:工业投资	73.13	25.5
规模以上固定资产投资	147.44	22.3
其中:工业投资	52.49	3.2
房地产投资	18.37	7.5
民营投资	75.64	48.1

京口区2010年社会消费品零售总额完成情况

表52　　单位:万元

地区	社会消费品零售总额	
	2010年	同比增长
全区合计	1399079	18.6
象山镇	105600	18
谏壁镇	44000	17.8
工业园		
共青团农场		
正东路街办	147841	18.3
健康路街办	479440	18.7
大市口街办	497170	18.6
四牌楼街办	125028	19.2

京口区2010年户籍人口统计数据

表53

地区	年末数				出生(人)			死亡(人)		
	总户数(户)	总人口(人)			合计	男	女	合计	男	女
		合计	男	女						
全区合计	127026	330126	169850	160276	2194	1139	1055	1483	818	665
正东路街办	13945	44821	24742	20079	324	162	162	143	77	66
健康路街办	30524	82983	42937	40046	588	324	264	341	184	157
大市口街办	23247	60797	29893	30904	249	122	127	273	162	111
四牌楼街办	20864	54584	27857	26727	378	187	191	285	161	124
象山镇	23747	51525	26411	25114	440	230	210	220	118	102
谏壁镇	13764	32693	16673	16020	207	111	96	200	108	92
工业园	486	1469	698	771	7	3	4	13	4	9
共青团农场	449	1254	639	615	1	0	1	8	4	4

（林　亮）

◆资料链接◆

王宗培烈士墓

王宗培烈士墓

王宗培烈士墓，位于北固山中峰，中山纪念林塔附近。占地面积35平方米。

王宗培(? –1925)，镇江西乡牌岗村青年教师。1925年上海发生“五卅”惨案后，他积极投身于镇江的反帝爱国群众运动，为抗议政府延宕外交，同年7月20日晚，身怀遗书登上招商趸船，向趸船上乘凉人群演说五卅惨史，劝导国人坚决抑制洋货，并指责政府甘心媚外，延宕外交，说时痛哭流涕，猛然投江自尽。镇江学生联合会于7月21日晨将其尸身捞获后，即在江边大观楼设临时治丧事务所，为之置办衣棺，并立即拍发电报给北京政府，抗议政府延误外交。下午镇江各团体代表及军警学生将棺柩抬送至小街福寿庵寄厝。外交后援会为其正式建立治丧事务所，将王宗培之遗书印成传单，广为散发，各处张贴，并将王宗培悲愤投江的消息及遗书发给全国各大报馆。

1926年5月30日，镇江外交后援会为王宗培举行公葬。镇江各界人士游行送葬，将王宗培的棺柩送至北固山，建起王宗培烈士墓。墓的直径约2米，高1米余，前树白石碑，上刻“王宗培烈士之墓”。

先进集体名录(部分)

2010年京口区获国家表彰的先进集体

表54

单位名称	获得称号	授予单位	授予时间
区人民法院	维护妇女权益先进集体	中华全国妇女联合会	2010-04
正东路街道贺家弄社区	全国妇联基法组织建设示范社区	中华全国妇女联合会	2010-07
解放路小学	全国学校艺术教育先进单位	教育部艺术教育委员会	2010-10
象山镇	2010年度认定的国家科技产业孵化器	科学技术部	2010-12

2010年京口区获省表彰的先进集体

表55

单位名称	获得称号	授予单位	授予时间
象山镇象山村	省级卫生村	省爱委会	2010-01
象山镇上埠村	省级卫生村	省爱委会	2010-01
正东路街道	2009年度江苏省住房保障工作优质服务窗口	省住房和城乡建设厅	2010-01
区社保中心	县级机关事业单位养老保险经办工作先进单位	省机关事业社保基金管理中心	2010-03
象山镇	省放心消费创建活动示范区域单位	省放心消费创建活动办公室	2010-03
四牌楼街道香江花成社区	省放心消费创建活动示范区域单位	省放心消费创建活动办公室	2010-03
正东路街道京口路社区	省文明社区	江苏省委、省政府	2010-03
正东路街道酒海街社区	省文明社区	江苏省委、省政府	2010-03
正东路街道京岘山社区	省和谐示范社区	省民政厅	2010-03

续表55

单位名称	获得称号	授予单位	授予时间
京口区人民法院	人民陪审员工作先进集体	江苏省高级人民法院	2010-04
大市口街道	省工会工作模范乡镇(街道)	省总工会	2010-04
大市口街道茶山社区	省绿色社区	省环境保护委员会	2010-04
区住建局	省平安拆迁先进实施单位	省住房和城乡建设厅	2010-04
关工委	省"关心下一代周报"发行工作先进单位	省关工委	2010-06
大市口街道鼓楼岗社区	省级退管工作示范点	省人力资源和社会保障局	2010-07
四牌楼街道江一社区	省优秀校外辅导站	省文明办关工委	2010-08
区人民法院	省指导人民调解工作先进集体	省高院省司法厅	2010-09
区人民法院	维护国防利益和军人军属合法权益工作先进集体	省高院、军区政治部	2010-09
中山路小学	省模范职工之家	省总工会	2010-10
象山镇经济服务中心	省模范职工之家	省总工会	2010-10
大市口街道	省老年人体协工作示范街道	省老年人体育协会	2010-11
大市口街道米山社区	省文明社区	省精神文明建设委员会	2010-12
正东路街道酒海街社区	省文明社区	省精神文明建设委员会	2010-12
正东路街道京口路社区	省文明社区	省精神文明建设委员会	2010-12
市实验小学	省文明单位	省精神文明建设委员会	2010-12
健康路社区卫生服务中心	省文明单位	省精神文明建设委员会	2010-12
京口区检察院	省精神文明建设工作先进单位	省精神文明建设委员会	2010-12
中山路小学	省精神文明建设工作先进单位	省精神文明建设委员会	2010-12
京口区法院	省精神文明建设工作先进单位	省精神文明建设委员会	2010-12
区疾病预防控制中心	省精神文明建设工作先进单位	省精神文明建设委员会	2010-12
索普实验学校	省精神文明建设工作先进单位	省精神文明建设委员会	2010-12
区卫生和人口计划生育局	省创建文明行业工作先进行业	省精神文明建设委员会	2010-12
正东路街道	省模范街道职工之家	省总工会	2010-12
正东路街道	省级高新技术创业服务中心	省科技技术厅	2010-12
正东路街道江科大社区	省节水型社区	省水利厅	2010-12
正东路街道江科大社区	省园林式居住区	省政府	2010-12
区人民法院	京口 涉诉矛盾纠纷化解工作先进集体	省高级人民法院	2010-12
区工商联	全省县市区工商联先进集体	省工商联	2010-12
区人社局仲裁科	省劳动争议仲裁委员会先进单位	省人社厅	2010-12

2010年京口区获市表彰的先进集体

表56

单位名称	获得称号	授予单位	授予时间
大市口街道双井路社区	市文明社区	市委、市政府	2010-02
大市口街道弥陀寺巷社区	市文明社区	市委、市政府	2010-02
大市口街道千秋桥社区	市文明社区	市委、市政府	2010-02
大市口街道高桥北社区	市文明社区	市委、市政府	2010-02
大市口街道鼓楼岗社区	市文明社区	市委、市政府	2010-02
大市口街道东吴社区	市文明社区	市委、市政府	2010-02
大市口街道蔡家山社区	市文明社区	市委、市政府	2010-02
大市口街道茶山社区	市文明社区	市委、市政府	2010-02
大市口街道华润新村社区	市文明社区	市委、市政府	2010-02
大市口街道米山社区	市文明社区	市委、市政府	2010-02
大市口街道古城社区	市文明社区	市委、市政府	2010-02
正东路街道贺家弄社区	市文明社区	市委、市政府	2010-02
正东路街道江科大社区	市文明社区	市委、市政府	2010-02
谏壁镇粮山社区	市文明社区	市委、市政府	2010-02
京口区检察院	市文明单位	市委、市政府	2010-02
京口区检察院	市文明行业	市委、市政府	2010-02
大市口街道古城社区	服务跨越发展有功单位	市委、市政府	2010-02
区人民法院	服务跨越发展有功单位	市委、市政府	2010-02
区人社局	服务跨越发展有功单位	市委、市政府	2010-02
正东路街道	双拥模范街道	市委、市政府	2010-12

◆资料链接◆

刘景韶旧居封火墙　　邱溪　摄

刘景韶旧居

位于江苏省镇江市京口区健康路街道尚友社区永安路30号。

刘景韶，字琴子，原籍江苏建湖，古琴演奏家。师从“梅庵琴派”第二代著名琴家徐立孙。建国后，曾在上海音乐学院教授古琴20年，1986年发起成立镇江梦溪琴舍，对古琴艺术的发展做出了贡献。刘景韶旧居为民国建筑，呈“回”字形，砖木一层，青砖小瓦，大门朝南，五间两厢结构，屋顶有三个老虎窗。

现为市级文物保护单位。

文 件 题 录

中共京口区委2010年重要文件题录

表57

序号	文件名	文件号（镇京发）
1	关于印发《2010年全区重点工作》的通知	1
2	关于转发《镇江市京口区人大常委会2010年工作要点》的通知	4
3	关于批转《区政协2010年工作要点》的通知	5
4	2010年京口区文明城市创建工作实施意见	8
5	关于进一步深化全区党务公开工作的意见	9
6	关于进一步加强和改进新时期工会工作的意见	10
7	关于印发《2010年全区党风廉政建设和反腐败工作相关单位责任分解意见》的通知	12
8	关于全面推进重要权力节点监控机制建设的工作意见	15
9	关于进一步优化全区经济发展环境的意见	16
10	2010年京口区区级机关作风建设考核评比办法	17
11	关于成立深入开展创先争优活动领导小组的通知	18
12	关于建立区委常委、党员副区长创先争优活动联系点的通知	20
13	关于命名“五好”党委的决定	21
14	关于印发《京口区委党务公开目录(修订)》的通知	22
15	关于成立京口区村“两委会”换届选举工作领导小组的通知	24
16	关于明确马国进和张玉平同志区委常委工作分工的通知	25
17	关于申报镇江市第七届双拥模范乡镇(街道)名单的请示	27
18	关于调整区依法治区工作领导小组的通知	28

京口区人民政府2010年重要文件题录

表58

序号	文件名	文件号（镇京发）
1	关于区政府区长副区长工作分工的通知	1
2	关于表彰2009年度城市管理工作优秀社区(村)的决定	10
3	关于认真做好第六次人口全国人口普查工作的通知	11
4	关于表彰二○○九年人民武装工作先进单位和先进个人的决定	16
5	关于成立京口区土地执法模范区创建活动领导小组的通知	31
6	关于调整区全面推进依法行政工作领导小组的通知	48
7	关于调整部分副区长工作分工的通知	71
8	关于印发《深入推进满天星电子眼社会面视频监控系统工程建设的实施方案》的通知	81
9	关于调整区安全生产委员会成员的通知	88
10	关于调整区依法行政工作领导小组的通知	91
11	关于印发《京口区人民政府重大行政决策程序规定》的通知	94
12	关于印发《京口区人民政府领导干部学法制度》的通知	95
13	关于印发《京口区政府常务会议学法用法制度》的通知	96
14	关于印发《京口区现代服务业两年(2011~2012)跨越发展实施意见》的通知	97
15	关于成立京口区应急管理委员会的通知	99

◆资料链接◆

文昌阁　　严潇　摄

文昌阁

位于江苏省镇江市京口区象山镇焦山社区焦山东侧。

阁三层三重檐歇山顶，平面方形，边长6.1米，东西有券门，券门之间为青石板，小青砖，砖木结构，木质楼梯上下，屋脊罗汉钱式，三层通高12.05米，底层西北墙面嵌碑两方。

文 件 选 录

中共京口区委 京口区人民政府
关于命名表彰2006~2008年度京口区文明行业、
文明单位、文明社区、文明镇村的决定

镇京发〔2010〕7号 2010年2月3日

各镇党委、政府，各街道党工委、办事处，京口工业园区、港口产业园党工委、管委会，各场圃，区委各部委办局，区各委办局(公司)，区法院、检察院，区人武部，各群众团体：

2006年以来，我区各单位、部门认真贯彻落实邓小平理论、“三个代表”重要思想和科学发展观，围绕跨越发展目标，不断深化精神文明创建工作，有力促进了公民文明素质和城乡文明程度，涌现出一批三个文明建设协调发展、精神文明建设成绩突出的先进集体。为了表彰和激励先进，区委、区政府决定授予京口区教育局等8个系统“京口区文明行业”称号，象山镇等2个镇“京口区文明镇”称号，象山镇上隍村等5个村“京口区文明村”称号，大市口街道华润新村社区等47个社区“京口区文明社区”称号，镇江市国家税务局第一税务分局等60个单位“京口区文明单位”称号(名单附后)。

希望受表彰的单位珍惜荣誉，再接再厉，在全区三个文明建设中更好地发挥表率作用。各单位、各部门要深入学习实践科学发展观，高扬“苦干实干、争先争强”的主基调，学习先进单位的创建经验，不断提升精神文明建设水平，为建设苏南一流城区作出新的更大贡献。

附：京口区文明行业、文明单位文明社区、文明镇、文明村名单

京口区文明行业、文明单位文明社区、文明镇、文明村名单

一、文明行业(8家)

镇江市京口区教育系统
镇江市京口区卫生系统
镇江市京口区物价系统
镇江市京口区公安系统
镇江市京口区城市管理系统
镇江市京口区国土资源系统
镇江市京口工商行政管理系统
镇江市京口区交通系统

二、文明单位(60家)

镇江市国家税务局第一税务分局
镇江市规划局京口分局
镇江市京口区人民法院
镇江市京口区人民检察院
镇江市环境保护局京口分局
镇江市京口区物价局检查分局
镇江市京口公证处
镇江方源化学有限公司
镇江市中山路小学
镇江市索普实验学校
镇江市实验小学
镇江市京口区实验小学
镇江市江滨实验小学
镇江市八叉巷小学
镇江市解放路小学
镇江市南门小学
镇江市红旗小学
镇江市五条街小学

镇江市桃花坞小学
镇江市香江花城小学
镇江市中山路中心幼儿园
镇江市京口区贺家弄幼儿园
镇江工商行政管理局京口分局象山工商所
镇江工商行政管理局京口分局健康工商所
镇江工商行政管理局京口分局大市口工商所
镇江工商行政管理局京口分局谏壁工商所
镇江市国土资源局京口分局大市口国土资源所
镇江市国土资源局京口分局象山国土资源所
镇江市国土资源局京口分局四牌楼国土资源所
镇江市国土资源局京口分局谏壁国土资源所
镇江市国土资源局京口分局共青团农场国土资源所
镇江市公安局京口分局健康路派出所
镇江市公安局京口分局大市口派出所
镇江市公安局京口分局正东路派出所
镇江市公安局京口分局谏壁镇派出所
镇江市公安局京口分局学府路派出所
镇江市公安局京口分局九里街派出所
镇江市公安局京口分局四牌楼派出所
镇江市京口区建筑工程管理处
镇江市京口区房产管理处
镇江市京口区卫生监督所
镇江市京口区疾病预防控制中心
镇江市京口区妇幼保健所
镇江市京口区健康路社区卫生服务中心
镇江市京口区四牌楼社区卫生服务中心
镇江市京口区象山镇社区卫生服务中心
镇江市京口区谏壁镇社区卫生服务中心
镇江市丹徒中学
镇江市丹徒中心小学
镇江市第十中学
镇江市京口区环境卫生管理所
镇江市京口区运输管理所
镇江市谏壁中心小学
镇江市京口区谏壁镇农业服务中心
长江镇江通信管理处
中国银行股份有限公司镇江京口支行
镇江市京口区审计局
镇江市京口区农业经济局
镇江市住房公积金管理中心京口管理部
镇江市京口区关心下一代工作委员会

三、文明社区(47家)

镇江市京口区大市口街道华润新村社区
镇江市京口区大市口街道鼓楼岗社区
镇江市京口区大市口街道蔡家山社区
镇江市京口区大市口街道东吴社区
镇江市京口区大市口街道弥陀寺巷社区
镇江市京口区大市口街道古城社区
镇江市京口区大市口街道茶山社区
镇江市京口区大市口街道米山社区
镇江市京口区大市口街道千秋桥社区
镇江市京口区大市口街道双井路社区

镇江市京口区大市口街道高桥北社区
镇江市京口区正东路街道京口路社区
镇江市京口区正东路街道京岘山社区
镇江市京口区正东路街道江科大社区
镇江市京口区正东路街道贺家弄社区
镇江市京口区正东路街道酒海街社区
镇江市京口区正东路街道棒棰营社区
镇江市京口区正东路街道恒美嘉园社区
镇江市京口区健康路街道梦溪社区
镇江市京口区健康路街道田家门社区
镇江市京口区健康路街道石马湾社区
镇江市京口区健康路街道桃花坞社区
镇江市京口区健康路街道东桃社区
镇江市京口区健康路街道寿邱街社区
镇江市京口区健康路街道大学山社区
镇江市京口区健康路街道花山南社区
镇江市京口区四牌楼街道江滨新村第一社区
镇江市京口区四牌楼街道阳光世纪花园社区
镇江市京口区四牌楼街道民主新村社区
镇江市京口区四牌楼街道虹桥社区
镇江市京口区四牌楼街道香江花城社区
镇江市京口区四牌楼街道道署街社区
镇江市京口区象山镇长岗社区
镇江市京口区象山镇红旗社区
镇江市京口区象山镇景阳山社区
镇江市京口区象山镇孟诚社区
镇江市京口区象山镇陈家门社区
镇江市京口区象山镇宗泽路社区
镇江市京口区象山镇焦山社区
镇江市京口区象山镇丹徒社区
镇江市京口区象山镇东风社区
镇江市京口区象山镇东城社区
镇江市京口区象山镇学府路社区
镇江市京口区谏壁镇粮山社区
镇江市京口区谏壁镇西街社区
镇江市京口区谏壁镇月湖社区
镇江市京口区谏壁镇东街社区

四、文明镇(2家)

镇江市京口区象山镇
镇江市京口区谏壁镇

五、文明村(5家)

镇江市京口区象山镇上隍村
镇江市京口区象山镇长江村
镇江市京口区象山镇象山村
镇江市京口区谏壁镇雩山村
镇江市京口区谏壁镇蔡家村

关于表彰省级双拥模范区创建工作先进单位和个人的决定

镇京发〔2010〕23号　2010年7月22日

各镇党委,各街道党工委,京口工业园区党工委,各场圃党委(支部),区委各部委办局、区各委办局(公司)党委(党组、总支、支部),区法院、检察院党组,区人武部党委,各群众团体:

2006~2009年,全区各级各部门在区委、区政府的正确领导下,紧紧围绕"塑造双拥品牌,共建和谐京口"的主题,积极开展第九届省级双拥模范区创建活动,全区双拥工作迈上了新台阶、实现了新跨越,再次被省委、省政府、省军区命名为"江苏省双拥模范区"。根据镇江市双拥工作领导小组要求,为激励先进,进一步激发社会各界参与双拥工作的热情,经研究,决定对全区第九届省级双拥模范区创建工作先进单位和个人进行表彰。(名单附后)

希望受表彰的单位和个人再接再厉,争取更大的成绩。全区各级各部门要学习先进,创先争优,充分发挥自身优势,深入开展双拥特色活动,以苦干实干、争先争强的实际行动,巩固和扩大省级双拥模范区创建成果,为镇江市六创全国双拥模范城作出更大的贡献。

附:第九届省级双拥模范区创建工作先进单位和个人名单

第九届省级双拥模范区创建工作先进单位和个人名单

一、创建第九届省双拥模范区有功单位(10家)

象山镇人民政府

正东路街道办事处

大市口街道办事处

区人力资源和社会保障局

区教育局

区民政局

京口区人武部政工科

陆军船艇学院学员四队

象山镇宗泽路社区

正东路街道京口路社区

二、创建第九届省双拥模范区嘉奖单位(10家)

谏壁镇人民政府

健康路街道办事处

四牌楼街道办事处

73056部队部直

京口医院

谏壁少年军校

正东路街道优抚对象致富基地

四牌楼街道民主社区

大市口街道鼓楼岗社区

健康路街道石马湾社区

三、创建第九届省双拥模范区先进个人(23名)

何广林　陈德福　赵晓文　郭先武　吴大明

谭雪峰　薛安明　虞　军　赵有保　包迎辉

王大伟　程　鹏　陈秋香　李红杰　燕会友

王宏生　陈　实　李定松　孟家园　袁春生

袁筱靖　冷苏琴　王立群

索 引

责任编校：张 敏

索引采用主题分析方法编制，按标引词第一字汉语拼音字母顺序排列，第一字相同，按第二字排列，依次类推；同音字按笔划顺序排列，相同的，按起笔笔形横、直、撇、点、折顺序排列。标引词后的阿拉伯数字表示内容所在页码，数字后的英文字母(a、b、c)表示左栏、中栏、右栏。彩色画页未编索引。

A

B

C

K

L

M

N

P

Q

R

S

Z

象山镇

市、区两级领导视察东风社区商会创业基地

社区支部党员活动

东风社区

象山镇东风社区地处镇江市东郊，东与丹徒集镇接壤，南与古运河为畔，西临经十二路，北邻江苏大学，辖区总面积1.2平方公里，有4个居民小组，3个自然村，5个居民小区，总人口5000余人。辖区内三产商业网点星罗密布，经营网点户数1000余家。

慰问困难户

辖区购物中心

社区商会活动

辖区商业街

新农村建设示范点——东风新家园

建设中的新小区

辖区商业街

象山镇左湖村

左湖村位于市东郊，东至古运河，西至丁卯开发区，南至上埠与镇大铁路接壤，北至丹徒社区，新建镇大公路、禹山东路在村内经过。地理位置适中，交通便利。全村面积 2.7 平方公里，有 10 个村民小组，12 个自然村，总人口 1450 人。

党支部书记　徐庭国

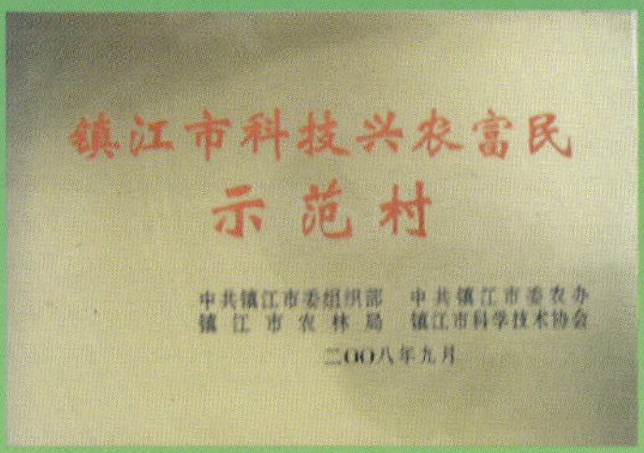

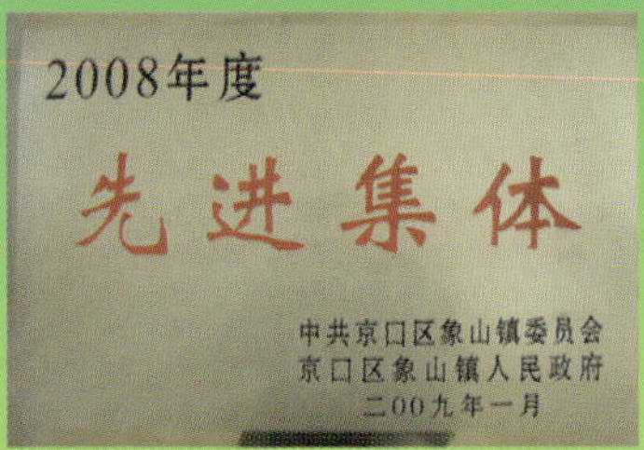

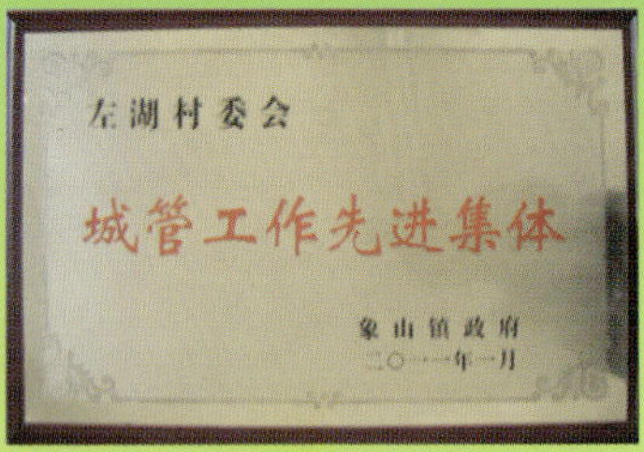

特色农业——草莓种植

特色农业——茶叶种植

开展关心下一代工作

植树添绿，美化环境

左湖村综合服务用房（在建）效果图

象山镇上埠村

村党支部书记霍顺福(右二)向到村视察的市、区领导汇报工作

上埠村地处京口区象山镇最东部，面积约3.2平方公里 。紧邻古运河，东邻化工开发区，南邻谏壁蔡家村，西邻丁卯开发区，金港大道和沪宁铁路贯穿村南北，交通十分便捷。上埠村下辖3个自然村，8个村民小组,常住户400余户，人口约1500人。辖区内有国铁上埠货场和民营企业8家，其中仓储物流业3家，年销售均在千万元以上。设立老年活动场所、健身活动场所，矛盾调处站及医疗保健室、阅览室、劳动就业保障中心、村民文化活动中心，全力打造文明、和谐、安全、富有的一流村居。

健身场地

村民文化活动

国铁上埠货场

重要的交通枢纽

办公楼

象山镇陈家门社区

社区党总支书记、主任　尹秋涛

社区工作人员会议

党总支学习

社区主任选举活动

慰问新兵

社区村民参加运动会

创业培训

社区舞龙队

谏壁镇东京村

党总支书记胡金喜接受记者采访

举办温氏养鸡技术培训班

东京村位于镇江市京口区最东面，东接镇江新区，南与丹徒区辛丰镇相邻，镇澄公路穿村而过。全村总面积4.5平方公里，耕地156公顷，8个自然村，17个村民小组，总户数610户，人口1806人。现有企业30余家，2007年完成工业销售4000余万元，村级集体收入32万元，农民人均收入6930元。

先后获得“双文明建设有功单位”“五好村”“共产党员先进性教育活动先进集体”等称号。

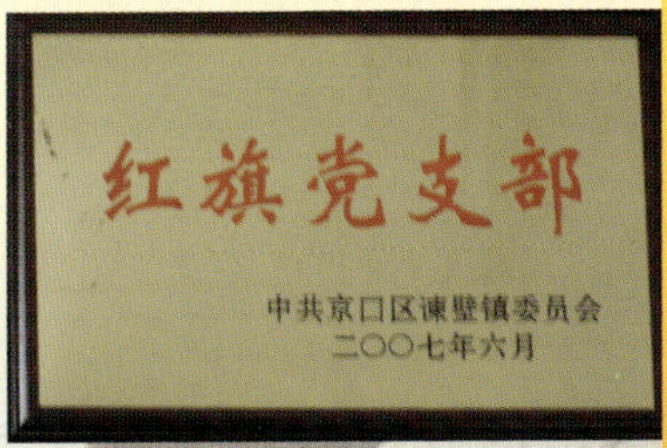

新农村建设示范点小康了望号

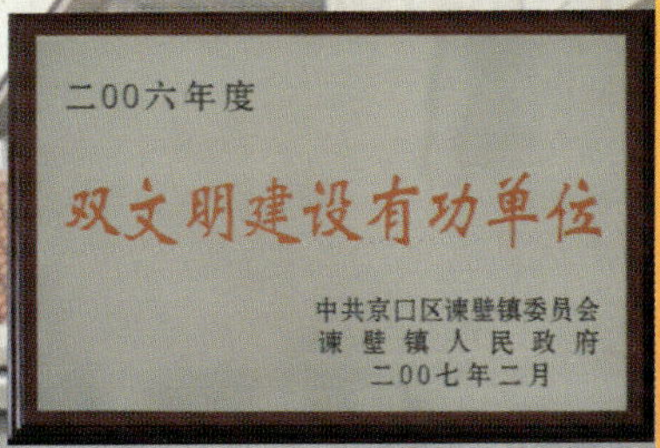

送娱乐到村庄

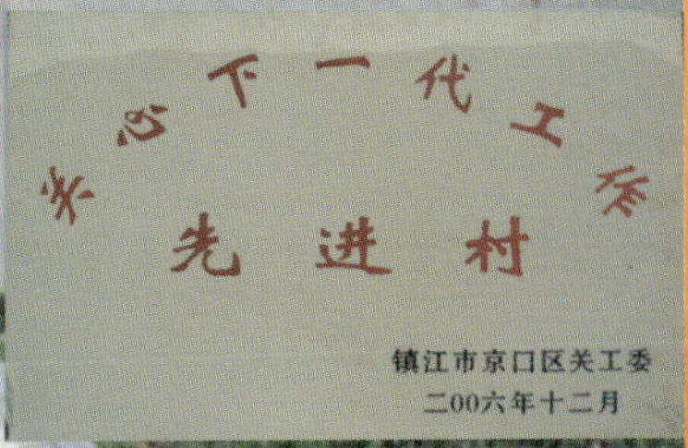

整治后的新农村

谏壁镇零北村

村党总支书记兼村委会主任　郭庆

创建民主法治示范村

领导调研

零北村位于京口区谏壁镇东部，沿江公路、镇澄公路、镇大公路和镇大铁路东西穿越，零龙公路、六九零四路南北贯通，零山山脉横贯东西，全村交通地理优越。全村辖区面积约 9.2 平方公里，现有 9 个自然村，17 个村小组，共 870 户，总人口 2120 人。面对新形势，抢抓新机遇，零北村在镇党委、政府的正确领导下，以务实的作风、争先的勇气，咬定目标不放松，重点抓落实，努力创造出科学发展的新业绩。2009 年村级收入达百万元，农民人均纯收入超万元。在今后的工作中，该村将继续坚持以十七大精神和十七届三中全会精神为指导，贯彻落实科学发展观，紧紧围绕新农村建设“二十字”方针，以“创新强村、创业富民”为目标，团结和带领全体村民，创新破难，不断美化村庄环境，积极发展现代农业，大力培育特色产业，推动村民创业致富，使全村经济社会各项事业得到快速发展。

美化环境

文化生活丰富

工业发展迅速

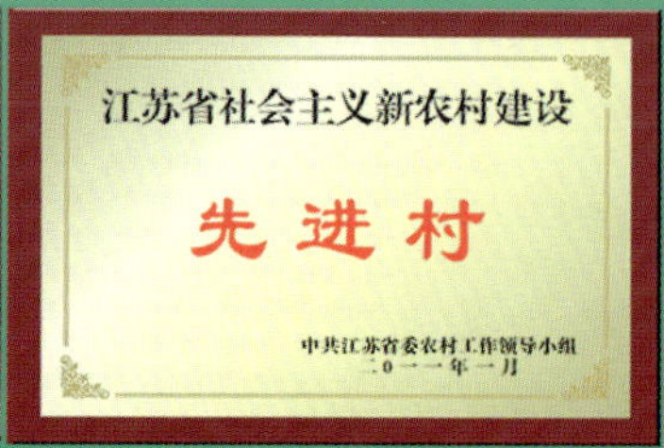

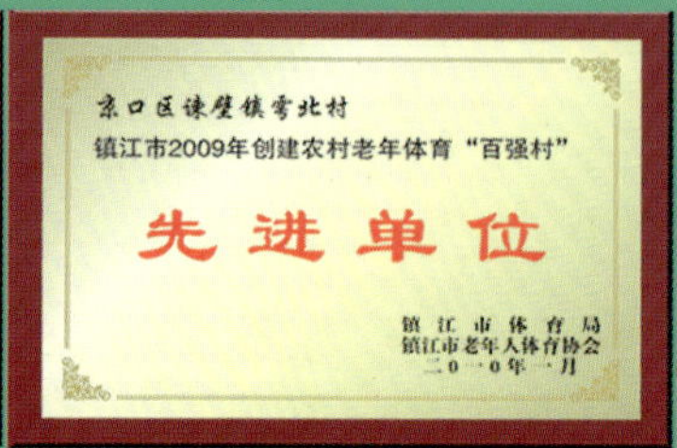

正东路街道京口路社区

京口路社区位于镇江东部，总面积 5 平方公里，辖区有 12 村民小组，3 个新建小区，住户 3000 余户，人口 10000 余人，是典型的涉农社区。2010 年，社区党组织以富民强基、和谐发展、全力推进现代化示范社区建设为目标，多方借助社会各界力量，整合辖区内资源优势，大力发展村级集体经济，建立以“育民、助民、富民、惠民”为宗旨的“民生基金”；从“体民情、立民生、促民建、引民评”的角度出发，积极搭建共享平台，让村改居进程中不断发展的村级经济惠及所有村民。

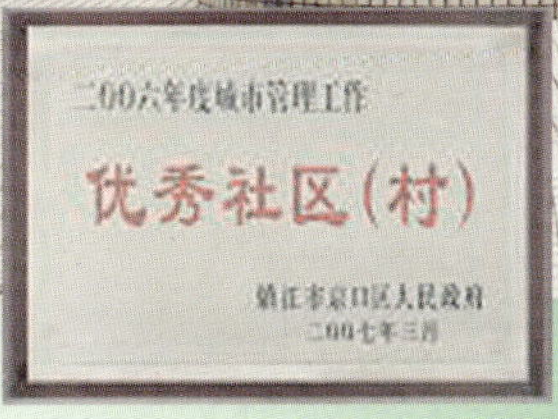

中储粮镇江基地

基地党委书记、公司总经理王嗣强在表彰大会上讲话

基地党委副书记、直属库主任张中在表彰大会上讲话

市委书记许津荣会见中储粮总公司总经理包克辛

总经理王嗣强颁发希望之星奖

中储粮镇江基地地处长江与京杭大运河交汇处，占地面积47.3公顷，拥有长江岸线720米。基地自2007年设立以来，努力加快基础设施建设，不断完善油脂产业链条，服务国家粮油市场宏观调控能力显著增强。

基地拥有中央储备粮镇江直属库和中储粮镇江粮油有限公司两个独立法人单位。镇江直属库承担基地的核心业务，即政策性油脂油料的库存管理，旨在按照“两个确保”“三个维护”全面推进储备粮管理制度化、规范化、科学化和精细化。镇江公司主要负责中央储备油脂油料的轮换经营，为江苏及周边地区接卸中转进口储备粮油，加工销售轮换出库油脂油料，执行粮食宏观调控任务，维护粮食市场稳定。镇江公司还利用现有资源，积极拓展中转、加工、贸易等业务，服务长三角地区及长江流域粮油企业，服务地方经济发展。基地积极探索建立现代企业管理制度，学习借鉴先进企业管理经验，通过ISO 9001和ISO 22000管理体系认证，体系健全，管理规范。有员工300多人，大专以上学历占70%以上。

2008年以来，镇江基地建设粮食现代物流项目，经国家发改委批复列入中央预算内投资计划，已批项目相继投入运营，2011年还配套建设大豆加工厂、油脂精炼厂和小包装车间，服务油脂油料轮换经营和市场供应。目标是完善集中转物流、储备、加工、销售为一体的油脂油料产业链，成为中储粮系统在长三角地区的油脂油料储备基地和粮油物流中心，成为国家调控粮油市场的重要载体。公司先后被授予镇江市、京口区劳动关系和谐企业、安全诚信优秀企业，并被确定为2011年镇江市百家民主管理重点培树单位，2011年获得镇江市重大项目完成奖，镇江直属库被评为“全国粮油仓储规范化管理先进企业”，基地项目办被江苏省总工会评为“江苏省工人先锋号”。

厂区一角

总结表彰大会现场

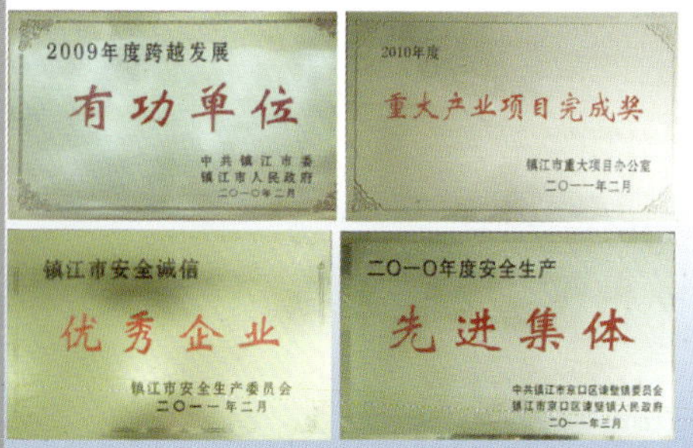

中储粮镇江基地全景图

江苏鸿泰钢铁有限公司

一期除尘改造项目

江苏鸿泰钢铁有限公司坐落于镇江京口工业园区，固定资产 11.3 亿元，占地 40 公顷，职工 800 多人，其中中、高级工程师 85 人。公司拥有两座 60 吨电弧炉和两座 80 吨电弧炉，两座 60 吨精炼炉和两座 80 吨精炼炉，两套三机三流 R6m 连铸机，一套五机五流 R8m 连铸机，三条直径 520 半连轧轧钢生产线，一条意大利 POMINI 轧钢生产线。生产 HRB335、HRB400，直径 10 ~ 25 规格钢筋混凝土用热轧带肋钢筋，具有年产钢 200 万吨、轧材 200 万吨的生产能力。是一个具有冶炼、连铸、轧材等综合性生产能力的中型钢铁企业，“鹤塔”牌钢筋畅销长三角地区。

公司通过 ISO 9001—2000 质量管理体系认证和产品质量认证，ISO 14001：2004 环境体系认证。公司高强度钢材和细晶粒热轧带肋钢筋的技改项目正在加紧实施当中，并进一步开发热轧盘螺和冷轧带肋钢筋等新品。在技术改造中使用新材料、新工艺、新技术，把节能降耗摆在首位，并加大二次能源的利用，以应对市场的挑战。

“诚信经营、稳健立足、创新致远、务实敬业”是公司的生产经营理念，公司倡导“质量力臻卓越，服务锲而不舍”的市场开拓精神，竭诚与广大客商携手并进，共创多赢！

液氧站

配电柜

厂房一角

生产线

成品库

江苏正恺电子科技有限公司

江苏正恺电子科技有限公司，原名镇江市正恺电子有限公司，位于风景秀丽的京口工业园区。公司始创于1995年，是专业设计、制造和销售射频同轴连接器、同轴电缆组件、无源微波器件及光伏连接器和接线盒的省级民营高新技术企业。

公司占地面积13000平方米，生产区域15000平方米，注册资金1000万元，拥有先进的生产和测试设备200余台，其中数控车床120余台，以及包括惠普公司的HP8753D矢量网络分析仪、天瑞公司的X荧光光谱仪和SUMMITEK公司的三阶互调仪等先进的测试设备。

公司组织健全并拥有一支高效的队伍。2010年顺利完成ISO 2008版换版工作，共获得受理发明专利4项，授权实用新型专利9项，外观设计专利14项；2010年被认定为省高新技术企业和省创新型企业，被认定省高新技术产品2项，批准建设省工程技术研究中心1处。

近年来，公司销售产值一直保持稳步增长，每年均以30%的速度递增，2010年实现销售额8169.4万元，创汇186万美元。

公司被多次授予"光彩之星""明星企业""诚信纳税企业""A级级信用企业""科技创新先锋"和"民营经济发展先进集体"等荣誉称号。

董事长兼总经理　徐 正

情系灾区

生产车间一角

先进的生产设备

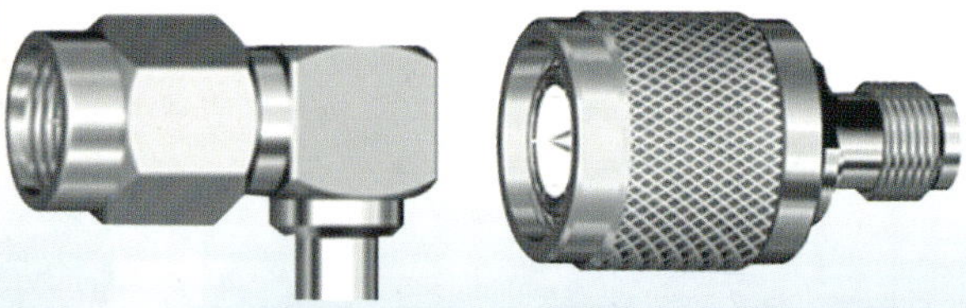

SMA公头弯式连接器

接线盒外观

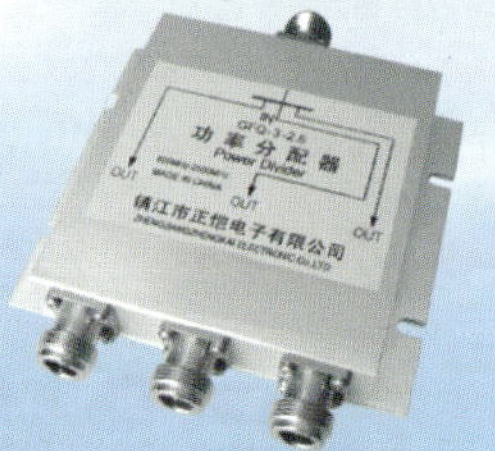

三功分器（100W）

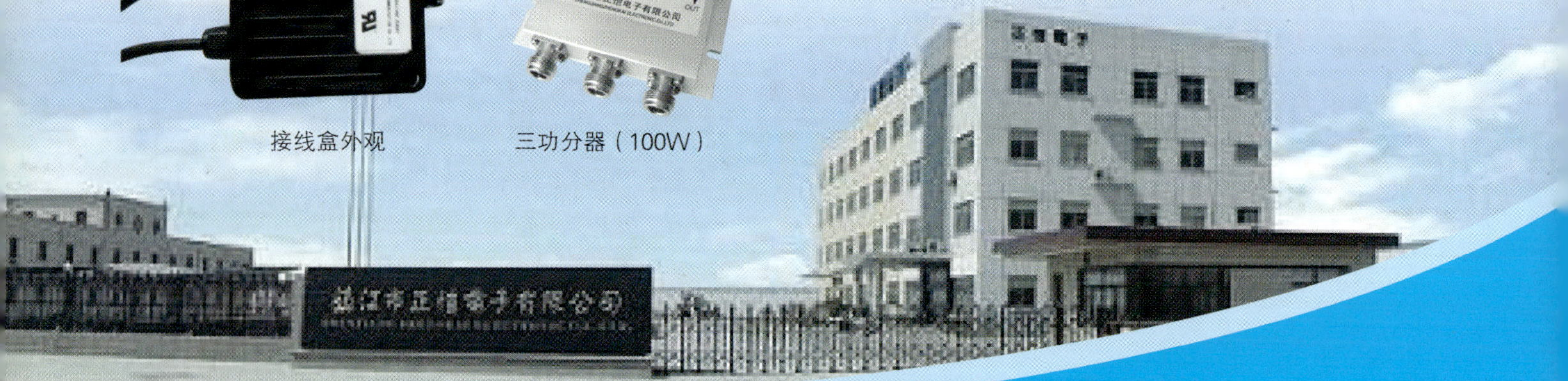

顺裕饰品实业(镇江)有限公司

顺裕饰品实业(镇江)有限公司坐落于风景秀丽的滨江之城——镇江。公司成立于 2001 年 8 月，拥有全面的硬件设施和高效的管理体系。现有注塑机、制管机、上下梁成型机等多台设备，并拥有自动流水涂装线，成套的静电喷涂生产线以及五金配件的制作加工生产线。公司主要生产销售各类百叶窗及其零配件、浴帘杆、各色塑料卫浴制品，还开辟塑胶模具的设计、生产与制造领域，专为客户进行模具的设计与开发、加工和制作。

公司致力于生产高品质、高质量、高水准的“三高”产品，大量销往欧美亚地区。以其别具一格的款式定位和坚不可摧的质量评估在世界范围内受到广泛好评。在稳定做外销的基础上，公司实力逐渐雄厚，经营者将独特的经营眼光锁定全球最具潜力的中国内地市场，以品牌连锁营销的方式拓展国内市场，以求将产品以顺裕式的服务方式呈现在国内客户面前。公司将坚持精益求精的品质和百年如一的质量，以激流勇进的高昂姿态在世界经济洪流中奋勇向前。

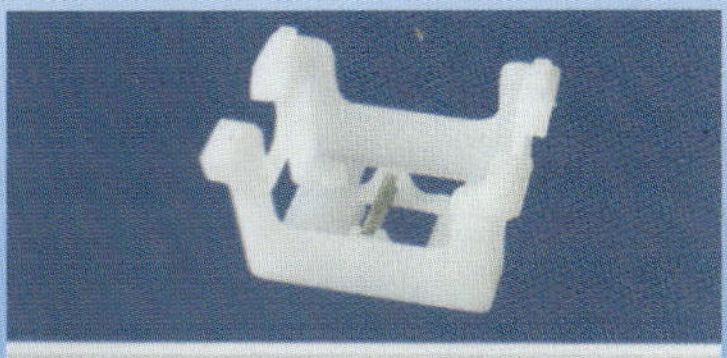

1" 四角固定座 SYBL-1" GZ-001
The 1" core mounting for blind

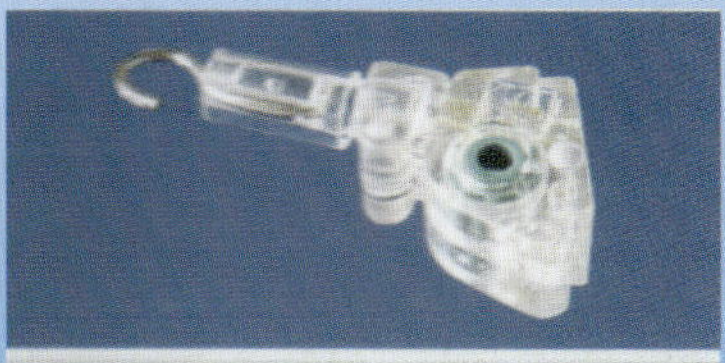

1" 塑料挂钩调制 SYBL-1" TP-004
The 1" mechanism for blind

中国银行京口支行

2010 年，京口支行积极贯彻落实江苏省“三力”、“八个突出八项转变”工作要求，创新经营思路，树立发展信心，经营管理、合规服务全面发展，资产规模稳步增长、经营效益稳步提高，资产质量稳步提升、IT 蓝图建设工作稳步推进。到 2010 年末，支行存款总量超过 37 亿元，贷款总量超过 15 亿元，净利润达到 4000 万元。

支行班子民主生活会

2011 年开门红誓师大会

爱励 · 鼎胜项目银团信息发布会

慰问困难家属

走进海门服务领先

全体员工拓展训练

蓝图建设动员会

全员专业销售技能培训

员工代表座谈会

镇江安信德物流仓储有限公司

镇江安信德物流仓储有限公司地址在镇江市象山镇上埕村，老镇大公路路口（索普集团向南 500 米）与金港大道天桥交汇处。东临京杭大运河谏壁码头，南有索普专用货场，西侧镇大公路，北靠大港码头。

公司占地 2.7 万平方米，室内库房约 1 万平方米，配有 5~10T 行车室外配有 20T 行车 3 台，另有约 1 万平方米库房可存放各类物资，并具备货物存放，提货场区有循环道路。公司还设有钢结构制作、安装，及板材下料制作非标件、卷板机、500T+1600T 油压机、剪板自动焊机、翻滚台架、气保焊机，等基本配套。可根据客户需要配置开平机，含有 30T 行车，实行一条龙服务。目前，物流仓储厂区现有约 1600 平方米门面房出租（地址：长岗与镇大公路连接处），适用于做各种门面及存放各种型号养料，生产厂房及仓库等用途，欢迎有需要的客户前来洽谈。

公司秉承“用户至上，质量第一”的服务宗旨，完善的设计、安装、调试、维护为服务体系，以科技为本，求实创新，诚实经营的理念为客户服务。公司拥有技术力量雄厚的工程队伍，随时提供技术指导和售后服务，并以响应时间快、工作效率高、解决问题及时受到客户们的好评，并承接各种板材钢结构件及非标件等，轮缘压制产品畅销国内外。公司竭诚为广大客户提供优质产品，并热忱欢迎新老客户光临指导！

库房一角

500T 油压机

炼胶机

杀菌锅

压力蒸煮锅

工程案例

镇江闽乐建材有限公司

公司为 2008 年 1 月 18 日设立的一家外商独立企业。是市政府招商引资的重点项目。位于镇江市谏壁镇，地处运河与长江的交汇处，交通十分便利。公司从可持续发展的战略思想出发，引进目前同行业最先进的蒸压加气混凝土砌块生产线。

闽乐云集环保建筑材料生产行业的高级技术人才，拥有强大的技术力量，生产工艺先进，是一个技术先进、设备齐全、管理健全的经济实体。年产量可达 25 万立方米。同时拥有砌筑砂浆生产设备一套，可年产 10 万吨。

公司占地面积 60000 多平方米，设有标准厂房 4800 余平方米，办公楼 620 平方米，原材料堆场 3200 余平方米和 18000 余平方米的成品堆放场地。是集生产、经营于一体的新型墙体材料专业生产企业，主要生产粉煤灰加气混凝土砌块、砂加气混凝土砌块等系列多规格产品。

闽乐秉持“厚德载物”的企业宗旨，倡导“以人为本，固本兴业”的企业文化，坚持“利益共同体”和“合作共赢”原则，牢记始于客户需要，终于客户满意的服务理念。

闽乐拥有一套完整的质量管理和保证体系及先进的试验、化验设备，从原材料到生产工艺等过程，实行道道把关和全程控制，确保优质产品到达工地。

闽乐全体员工恭候广大新老客户的光临。期待与您竭诚合作，携手并进，共同发展。

住宅应用

普通混合砂浆砌筑及悬挂演示

切割车间全景

石灰磨细

翻转脱模

镇江明兴混凝土有限公司

镇江明兴混凝土有限公司，总投资 3500 万元，注册资本 1000 万元。公司占地 3 公顷，拥有 200 吨水泥桶仓 6 个、200 吨粉煤灰桶仓 2 个、200 吨矿粉桶仓 1 个，能储存 10000 立方米的原材料场地，企业年产商品混凝土 40 万立方米。

公司拥有 2 套欧洲最大的搅拌机生产商之一的意大利明星产品：仕高玛 MAO3000/2000H, 双卧轴搅拌机系统，采用微机自控配料系统完成配料操作系统，并配有柴油机发电机组。混凝土运输设备为日本原产极东 EA122-30A 型日野混凝土搅拌车 20 辆，日本产三菱汽车泵（37 米）1 辆，日本产五十铃汽车泵（37 米）1 辆，德国产奔驰汽车泵（44 米）1 辆，日本产 JKK-90D-20 型拖泵 1 台，装载机 2 台。实现从工厂搅拌到现场泵送一体化、网络化（公司启用 GPS 全球卫星定位系统）、标准化、规范化作业，并建有建设部核定要求的混凝土专项实验室，确保产品一流。

公司秉承“质量第一、服务第一、价格合理”的宗旨，愿与镇江各界结盟交友。以“团结拼搏、追求卓越、敬业创新、诚信天下”的企业精神，努力将公司办成混凝土行业的明星企业。

画意江南工程12000立方米混凝土

新城家园工程35000立方米混凝土

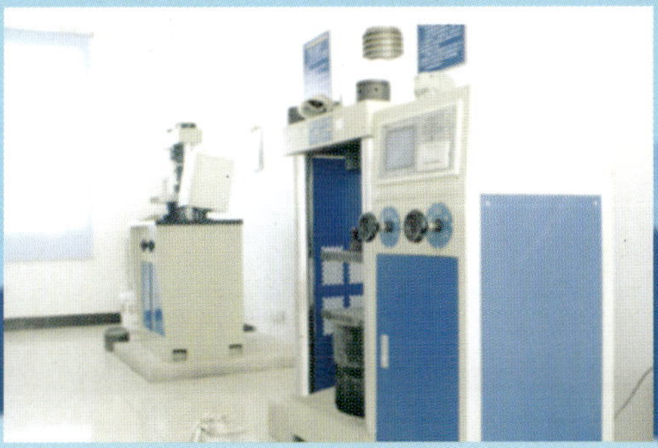

日本产日野混凝土搅拌车

德国产奔驰 44 米汽车泵

亚星船舶修造有限公司

公司成立于2005年12月(前身为镇江船舶保养厂),是一家由合股组建的民营企业。公司以镇江船舶学院、江苏船舶设计院为技术依托,以兄弟船厂为设备及劳动力支持。主要以建造出口油轮,化学品船作为自己的经营特色。具有自负盈亏,自主经营的独立法人资格。

公司占地面积3万平方米,其中厂房面积4000平方米,钢结构涂装房720平方米,仓库1500平方米。有各类管理及生产人员80人,建有135米×24米半潜式船台一座,配有80吨门机一台,厂内有大小门式吊机11台,并配有等离子数控切割机、剪板机、油压机等冷加工设备,年建造5000~10000吨各类船舶2~3艘,所有交付的船舶其进度及质量均得到船东及船检好评,分段报检合格率100%。

经过全厂几年来的不懈努力,管理体系日趋完善,在技术方面,依托镇江船舶学院、江苏省船舶设计研究所,工厂组建5人技术部,负责现场技术、工艺的指导与监督;在质量管理体系方面,加强各施工方的理论与实际教育,除落实“自检、厂检、船检”三级检验制度外,有5人组建的质检部,每天不间断的对生产各环节进行检查,有效控制产品质量;在生产管理方面,拥有有各类专业技术人员9人,实行项目管理责任制,除制定详细生产计划、落实各项生产任务外,与安全保障部的3人一起组成全厂皆是安全员的安全保障体系。制度的完善与落实,保证工厂安全,产品及时交付。

公司将以“质量至上、客户至上”的理念,努力为国内外客户提供优质的产品和服务。

80T门吊

等离子数控切割机

船舶分段合拢

船舶分段建造

江苏三瑞纸业有限公司

江苏三瑞纸业有限公司成立于1994年6月24日，是一家专业生产铸涂纸企业。公司占地33300平方米，拥有厂房25580平方米。年生产20000万吨高档铸涂纸，公司通过质量管理体系认证、SGS品质认证，“三瑞”品牌获知名商标。

主要产品：“三瑞牌”高档玻璃卡纸、彩色喷墨纸、珠光色卡纸等三大系列近30个品种规格。产品畅销全国各地并远销五大洲和地区。

公司秉承以质量求发展为基础，树立企业良好形象。以稳定良好的业绩，赢得客户信赖。面向未来，在持续发展的道路上不断创新前进，通过企业的经营活动为社会做贡献。

电话:86-0511-88829908　　传真:86-0511-88807606

地址：江苏省镇江市九里街宗泽路3号　　网址:http://www.sunrisepaperco.com

江苏金象集团公司

公司位于镇江市象山镇九里街东，大禹山脚下，长江之滨，距市中心仅 3.5 公里。始建于 1966 年，前身为象山农机厂、象山机械厂、镇江冶金机械厂。1992 年产值超 1 亿元，利税 1000 万元，位列市规模企业第八强。1994 年 5 月，经省体改委批准成立。

公司拥有土地面积近 13 公顷，现有职工 1000 名，属镇办乡镇企业。随着国家产业结构的调整，公司实施"退二进三"战略，主要以土地租赁为主。为江苏鸿泰钢铁有限公司和元鼎饰材实业有限公司提供厂房和场地租赁，在支持企业发展壮大和京口地方经济建设中作出积极贡献。

金象人将高点定位，倡导以人为本、爱岗敬业的企业文化，遵循以诚为本、恪守承诺、业精于勤、合作双赢的经营理念，期待与全国各地的商业伙伴精诚合作。

服务宗旨：热情 周到 优质 高效 诚信 安全 快捷

公司愿景：以最用心、最贴心的服务满足您最安心、最称心的需求。

镇江市吉仁加气混凝土有限公司

加气混凝土砌块生产线

镇江市吉仁加气混凝土有限公司，是镇江市新型墙体材料生产企业。公司处于长江、京杭大运河交界处的谏壁镇，紧靠沪宁高速公路和 312 国道，水陆交通极为便利。

公司工业基础设施完备，具备良好的发展空间，是镇江市唯一专业生产建筑节能型产品"蒸压加气混凝土砌块"的企业。公司拥有 20 多名经营管理和专业技术人员，具备丰富的生产管理经验和技术控制技能。

公司新建一条符合国家产业政策要求的加气混凝土砌块生产线，引进先进的翻转式自动切割机组两套，配置制浆系统、供配汽蒸养系统、转移进出釜系统，实现整条工艺生产线机械化生产作业。公司设有监控室和中心实验室，强化物料检验、成品测试的功能和手段。装备水平的提高、控制手段的多样、技术调整措施的完善，保证企业产品质量的长期稳定和不断提高。

公司有加气混凝土砌块生产核心设备两套和八台蒸压釜在生产运行，达到 30 万立方米 / 年的生产及供货能力。

工程效果图

蒸养釜

成品场

镇江金叶螺旋桨有限公司

成品交验

镇江金叶螺旋桨有限公司是一家专业生产船舶螺旋桨的厂家。公司坐落于江苏省镇江京口工业园区内，占地面积2万多平方米。产品包括定距桨、可调桨叶片及桨毂等螺旋桨和配套的轴系产品。产品质量通过ISO 9001体系认证，并获得中国CCS船级社、法国BV船级社、美国KR、意大利RINA等主要国家船级社认可。

公司宗旨：以最优质的传品为用户服务。

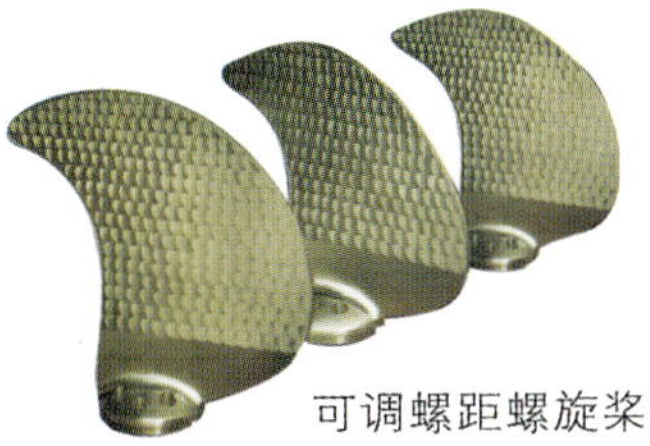
可调螺距螺旋桨

桨毂

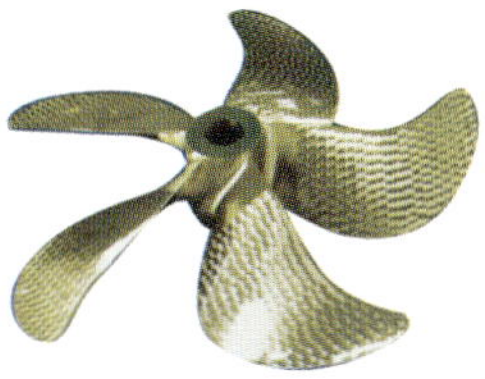
大型油船螺旋桨

镇江船舶辅机厂

ZHENJIANG MARINE AUXILIARY MACHINERY WORKS

南京中船绿洲机器有限公司、镇江船舶辅机厂隶属中国船舶工业集团公司，专业研制生产船舶救生装置和各类电动、液压甲板机械，是亚洲地区最大的船舶救生装置制造企业。

工厂占地面积12万平方米，拥有焊接、热处理、机械加工、装配以及完备的表面处理等生产手段。产品应用CAD设计和先进的试验检测手段。

主要产品：自由降落式、重力式、平台式、单臂回转式、隐蔽式、连杆式等救生艇、筏降放装置、快速救助艇降放装置；多用途电动、液压回转起重机、平移式起重机、机舱行车；舷梯绞车、系泊绞车、起货绞车、特种绞车、锚机、船坞引船设备；船用电控箱等百余种各种型式、规格的船舶设备。

工厂通过ISO 9001质量体系认证，产品符合国际标准及有关国际规范的要求，并获得CCS、LR、GL、ABS、BV、NK、DNV、RINA等船级社和USCG、EC等验船部门的认可，拥有全球售后服务网络。

快速救助艇降放装置

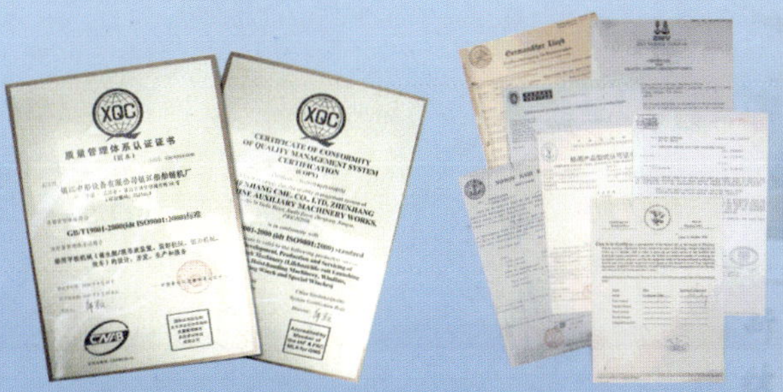

单臂回转艇筏[illegible]起重机

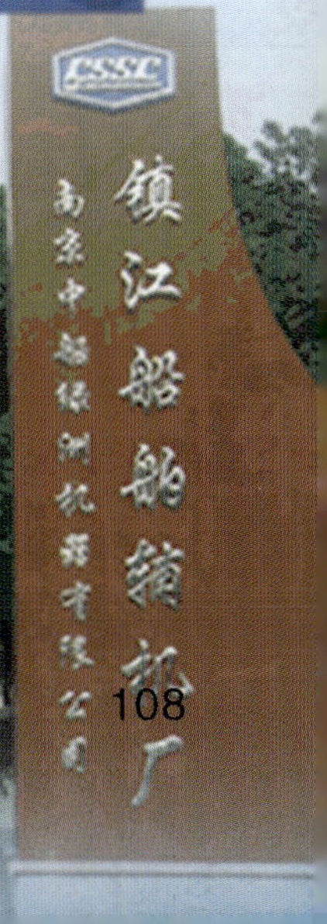

恒顺
长三角·恒顺城
恒美嘉园3期
古运河畔·4万平米人文景观社区
京口 2011 年鉴
JING KOU YEAR BOOK
南临古运河/北邻恒顺实验小学
坐拥欧尚成熟商圈/占据镇江最优越的教育资源
小面积多功能复式挑空住宅备受青睐
86-118平方米多种户型任你选择
火爆热销中
4万平方米人文景观社区
坐拥世界500强欧尚超市成熟商圈
恒顺生活圈 完美配套
古运河畔百步之遥
从幼儿园到大学的一站式全程化教育环境
多功能、节能环保小区
品鉴热线 88787888/88787000
开发商：镇江恒顺房地产开发有限公司 全程策划：上海世唐

中国联合网络通信有

2010 年，镇江联通按照年初确定的“在发展中调整结构，在创新中增强活力，全面提升综合竞争实力”的整体发展要求，通过不断加大市场拓展力度，持续增强支撑保障能力，全面夯实基础管理，各项工作均取得了新进展。一是抓好自建窗口服务品牌的达标创建工作，从日常评价考核、服务培训与提升、岗位技能练兵、管理制度及流程等四个方面重点开展工作，进一步提升服务水平，提升了客户满意度。二是用户结构、业务结构，渠道结构等结构调整初见成效；宽带和 3G 业务快速发展，成为拉动增长的主要驱动力；2G 业务平衡发展，固话业务发展趋缓，保障了整体收入的稳定。同时，公司的移动业务、固网业务整体增长水平均高于